SAP® Build

SAP PRESS

SAP PRESS ist eine gemeinschaftliche Initiative von SAP SE und der Rheinwerk Verlag GmbH. Unser Ziel ist es, Ihnen als Anwendern qualifiziertes SAP-Wissen zur Verfügung zu stellen. SAP PRESS vereint das Know-how der SAP und die verlegerische Kompetenz von Rheinwerk. Die Bücher bieten Ihnen Expertenwissen zu technischen wie auch zu betriebswirtschaftlichen SAP-Themen.

Damit Sie nach weiteren Titeln Ihres Interessengebiets nicht lange suchen müssen, haben wir eine kleine Auswahl zusammengestellt.

Martin Koch, Daniel Krancz
Apps entwickeln mit SAP Build Apps
498 Seiten, 2023, geb.
ISBN 978-3-8362-9139-2
www.sap-press.de/5577

Jan Ahrensmeyer, Enrico Hegenbart
SAP Integration Suite: Das Praxishandbuch
451 Seiten, 2024, geb.
ISBN 978-3-8362-9933-6
www.sap-press.de/5831

Johannes Strasser et al.
Business Process Transformation mit SAP Signavio
484 Seiten, 2023, geb.
ISBN 978-3-8362-9174-3
www.sap-press.de/5590

Holger Seubert
SAP Business Technology Platform: Einsatz, Services, Erfolgsfaktoren
3. Aufl., ca. 500 Seiten, 2024, geb.
ISBN 978-3-367-10055-2
www.sap-press.de/5860

Stefan Bohlmann, Larissa Haas, Christoph Häberlein,
Ulrich Hoffmann, Thomas Neuhaus

SAP® Build

Low-Code-Entwicklung und Automatisierung

Rheinwerk
Publishing

Liebe Leserin, lieber Leser,

SAP-Landschaften sind komplex, und wir alle wissen, wie schnell sich Technologien und Anforderungen in der IT-Welt ändern. Genau da setzt SAP PRESS an: mit Büchern, die nicht nur Theorie vermitteln, sondern konkret im Alltag helfen.

In diesem Buch finden Sie direkt umsetzbare Ratschläge, praktische Beispiele und Lösungen für drängende Herausforderungen. Unsere Autor*innen sind Profis, die wissen, wo der Schuh drückt – und wie man Probleme effizient löst. Mit ihrer Erfahrung an Ihrer Seite können Sie Ihre SAP-Projekte gezielter angehen, fundiertere Entscheidungen treffen und die vielen Facetten von SAP besser meistern.

Ob Sie gerade erst beginnen oder schon lange im SAP-Umfeld tätig sind: Wir sind davon überzeugt, dass dieses Buch Ihnen hilfreiche Anleitungen und Tipps an die Hand gibt, um Ihre täglichen Aufgaben und Projekte erfolgreich zu meistern.

Wir freuen uns stets über Lob, aber auch über kritische Anmerkungen, die uns helfen, unsere Bücher zu verbessern. Zögern Sie also nicht, sich bei mir zu melden; Ihr Feedback ist jederzeit willkommen.

Wir wünschen Ihnen viele Aha-Momente und eine erfolgreiche Umsetzung mit diesem Buch!

Ihre Nicole Gürgens
Lektorat SAP PRESS

nicole.guergens@rheinwerk-verlag.de
www.rheinwerk-verlag.de
Rheinwerk Verlag · Rheinwerkallee 4 · 53227 Bonn

Auf einen Blick

Wir hoffen, dass Sie Freude an diesem Buch haben und sich Ihre Erwartungen erfüllen. Ihre Anregungen und Kommentare sind uns jederzeit willkommen. Bitte bewerten Sie doch das Buch auf unserer Website unter **www.rheinwerk-verlag.de/feedback**.

An diesem Buch haben viele mitgewirkt, insbesondere:

Lektorat Nicole Gürgens
Korrektorat Annette Lennartz, Bonn
Herstellung Ralf Kepnik
Typografie und Layout Vera Brauner
Einbandgestaltung Bastian Illerhaus
Coverbilder iStock: 9847857863 © matejmo
Satz SatzPro, Krefeld
Druck Beltz Grafische Betriebe, Bad Langensalza

FSC www.fsc.org MIX Papier | Fördert gute Waldnutzung FSC® C089473

Dieses Buch wurde gesetzt aus der TheAntiquaB (9,35/13,7 pt) in FrameMaker.
Gedruckt wurde es mit mineralölfreien Farben auf chlorfrei gebleichtem, FSC®-zertifiziertem Offsetpapier (90 g/m²).
Hergestellt in Deutschland.

Bibliografische Information der Deutschen Nationalbibliothek:
Die Deutsche Nationalbibliothek verzeichnet diese Publikation in der Deutschen Nationalbibliografie; detaillierte bibliografische Daten sind im Internet über *http://dnb.dnb.de* abrufbar.

ISBN 978-3-367-10153-5

1. Auflage 2024

Informationen zu unserem Verlag und Kontaktmöglichkeiten finden Sie auf unserer Verlagswebsite **www.rheinwerk-verlag.de**. Dort können Sie sich auch umfassend über unser aktuelles Programm informieren und unsere Bücher und E-Books bestellen.

Inhalt

TEIL II SAP Build im Kontext des intelligenten Unternehmens

TEIL III Key Capabilities von SAP Build

TEIL IV Use Cases für verschiedene Geschäftsbereiche

13 Use Case: Hotdesking mit SAP Build Apps 393

14 Use Case: Ein zentrales Applikationsportal mit SAP Build 437

Einleitung

Mit der digitalen Transformation und immer schnelleren technologischen Entwicklung stehen Unternehmen heute vor zahlreichen Herausforderungen: Geschäftsprozesse müssen abteilungsübergreifend digitalisiert und automatisiert werden. Neue Anwendungen sollen rasch entwickelt und ausgerollt werden, um innovativ und wettbewerbsfähig zu bleiben. Gleichzeitig fehlt es an IT-Fachkräften und die Entwicklungsabteilungen sind überlastet.

Hier setzt *SAP Build* an, eine Low-Code-/No-Code-Plattform, die Ende 2022 von SAP angekündigt wurde. SAP Build besteht aus drei Cloud-Services, die es Anwender*innen mit wenigen oder keinen Programmierkenntnissen ermöglichen, Enterprise-Apps zu entwickeln, Workflows zu automatisieren und Unternehmensportale zu erstellen.

Die Idee dahinter ist, Fachanwender*innen zu *Citizen Developern* zu machen. So sollen einfache Entwicklungsaufgaben demokratisiert und die IT-Abteilung entlastet werden. Durch die intuitive Drag-and-drop-Oberfläche in der Entwicklungsumgebung können Anwendungen schnell und einfach erstellt werden – ganz ohne komplexen Code.

Dieses Buch gibt einen umfassenden Überblick über SAP Build und zeigt, wie die Plattform strategisch zur Digitalisierung und Automatisierung von Geschäftsprozessen im intelligenten Unternehmen eingesetzt werden kann.

Zielgruppe

Das Buch richtet sich an ein breites Publikum, das SAP Build kennenlernen und anwenden möchte:

- Key User und Fachanwender*innen, die Anwendungen und Automatisierungen erstellen wollen
- professionelle Entwickler*innen, die ihre Arbeit mit Low-Code beschleunigen wollen
- IT-Administrator*innen, die SAP Build bereitstellen, verwalten und die Governance sicherstellen wollen
- SAP-Berater*innen, die ihre Kunden zu den Möglichkeiten von SAP Build beraten wollen

Zielsetzung

Ziel des Buches ist es, Ihnen einen Einblick in die Funktionsweise und Einsatzmöglichkeiten von SAP Build zu geben. Die einzelnen Services und deren Zusammenspiel werden erläutert und anhand von Praxisbeispielen veranschaulicht.

Sie werden verstehen, wie Sie SAP Build nutzen können, um Unternehmens-Apps und Portale zu entwickeln, Prozesse zu automatisieren und bestehende Systeme zu erweitern – ohne tiefgreifende Programmierkenntnisse. Gleichzeitig werden Governance-Aspekte beleuchtet und Empfehlungen für den produktiven Einsatz gegeben.

Aufbau des Buches

Dieses Buch ist in fünf Teile untergliedert. **Teil I**, »Ausgangslage und Herausforderungen intelligenter Unternehmen«, gibt Ihnen einen Überblick über die aktuelle Situation und die Herausforderungen von Unternehmen. **Kapitel 1**, »Herausforderungen intelligenter Unternehmen«, beschreibt aktuelle Herausforderungen und Problemstellungen intelligenter Unternehmen im Kontext der Digitalisierung. **Kapitel 2**, »Problemlösungen«, bietet einen Überblick über verschiedene Grundprinzipien und Lösungsstrategien, um den zuvor dargestellten Herausforderungen in Unternehmen zu begegnen.

In **Teil II**, »SAP Build im Kontext des intelligenten Unternehmens«, gehen wir etwas näher auf SAP Build als Werkzeug im Unternehmen ein und beschreiben grundlegende Aspekte. **Kapitel 3**, »Was ist das Leitbild von SAP Build?«, erläutert das Konzept und den Zweck von SAP Build als Werkzeug zur Erstellung von Geschäftsanwendungen, Automatisierungs-Workflows und Geschäftsseiten ohne umfangreiche Programmierkenntnisse. In **Kapitel 4**, »Zielgruppen von SAP Build«, beschreiben wir, wie SAP Build von unterschiedlichen Rollen (den Fachbereichen, der Entwicklungsabteilung und der Administration) im Projektteam genutzt werden kann. Sie finden anhand spezifischer Fachbeispiele heraus, welche Vorteile SAP Build diesen Rollen bietet. **Kapitel 5**, »Entwicklung mit SAP Build«, befasst sich mit neuen Ansätzen in der Softwareentwicklung unter Verwendung von SAP Build. Es vergleicht traditionelle Entwicklungsmethoden mit den Möglichkeiten, die SAP Build bietet, um Prozessänderungen in Ihrem Unternehmen schneller, effizienter und übersichtlicher zu gestalten. **Kapitel 6**, »Systeme mit SAP

Build erweitern«, behandelt die Integration und Erweiterung von SAP-Systemen mit SAP Build, insbesondere von SAP S/4HANA. Es erklärt das Konzept des Clean Core und wie SAP Build genutzt werden kann, um Systeme zu erweitern, ohne den Kern zu modifizieren. Das Kapitel beschreibt verschiedene Integrationsmöglichkeiten, einschließlich der Erstellung von Anwendungen mit SAP Build Apps, der Nutzung von SAP Build Work Zone und der Prozessautomatisierung mit SAP Build Process Automation. Es werden auch Beispiele für die Integration mit Drittanbietersystemen gegeben, wie die Anbindung an Microsoft 365. Wenn Mitarbeitende aus den Fachbereichen zu Key Usern werden und aktiv an der Entwicklung neuer Apps, Websites oder Prozesse beteiligt sind, ist die Governance von entscheidender Bedeutung. In **Kapitel 7**, »Governance mit SAP Build«, wird die Bedeutung von Governance beim Einsatz von SAP Build erläutert. Wir beschreiben die Herausforderungen der Schatten-IT, die Definition von Governance und die Governance-Triade für SAP Build. Zudem zeichnen wir bewährte Praktiken und Strategien zur effizienten Nutzung nach sowie die Rolle eines Center of Excellence bei der Implementierung von SAP Build im Unternehmen. In **Kapitel 8**, »KI mit SAP Build«, geben wir Ihnen eine theoretische Einführung in KI, erklären wichtige Begriffe und Unterschiede zwischen den KI-Arten. Sie lernen technische Details der Integration von KI-Modellen in SAP kennen, einschließlich der notwendigen Voraussetzungen und konkreter Implementierungsbeispiele. Abschließend werden zwei praxisnahe Beispiele vorgestellt, die sowohl die Möglichkeiten als auch die technische Umsetzung der Verbindung von KI und SAP Build demonstrieren.

In **Teil III**, »Key Capabilities von SAP Build«, stellen wir Ihnen die einzelnen Lösungen von SAP Build und deren Funktionen vor. In **Kapitel 9**, »SAP Build Process Automation«, stellen wir Ihnen die erste Lösung von SAP Build zur Prozessautomatisierung vor. Wir erklären die Hauptkomponenten Robotic Process Automation (RPA) und Workflow Management sowie deren Bedeutung für die Geschäftsprozessoptimierung. Das Kapitel zeigt, wie diese Low-Code-/No-Code-Lösungen in Unternehmen eingesetzt werden können, um Aufgaben zu automatisieren und Entscheidungsprozesse zu verbessern. Es werden auch Enterprise Automation und die Verwendung von SAP Signavio mit SAP Build thematisiert. In **Kapitel 10**, »SAP Build Apps«, lernen Sie die Funktionen von SAP Build Apps zur schnellen Erstellung professioneller Anwendungen kennen. Es behandelt die Einrichtung, die Frontend- und Backend-Entwicklung sowie die Arbeit mit Benutzeroberflächen, Logik, Entitäten und Visual Cloud Functions. Das Kapitel schließt mit einer Erläuterung des Fusion-Team-Konzepts und dessen Vorteilen für die Anwendungsentwicklung ab. In **Kapitel 11**, »SAP Build Work Zone«, stellen wir Ihnen die Lösung für den zentralen Einstiegspunkt in SAP-Systeme in den beiden Versionen Standard und Advanced Edition vor sowie ihre Funktionen und Einsatzmöglichkeiten. Das Kapitel behandelt die Integration verschiedener Systeme, die mobile Nutzung, technische Grundlagen und Anpassungsmöglichkeiten. Es bietet einen Überblick über diese cloudbasierte Lösung zur Vereinheitlichung des Zugangs zu SAP- und Drittanbieteranwendungen als Nachfolger des SAP Enterprise Portals.

In **Teil IV**, »Use Cases für verschiedene Geschäftsbereiche«, wird der praktische Einsatz von SAP Build in verschiedenen Beispielszenarien aus unterschiedlichen Branchen und Unternehmensbereichen demonstriert. **Kapitel 12**, »Use Case: Automatisierte Erfassung von Nachhaltigkeitsdaten mit SAP Build für ein CSRD-Reporting«, zeigt einen Anwendungsfall, in dem wir demonstrieren, wie SAP Build, generative KI, SAP BTP und Robotic Process Automation zusammenwirken, um Daten aus verschiedenen Quellen effizient zu integrieren und zu verarbeiten. Der Use Case verdeutlicht, wie Unternehmen mit dieser Lösung CSRD-Anforderungen erfüllen und gleichzeitig Kosten und Aufwand reduzieren. **Kapitel 13**, »Use Case: Hotdesking mit SAP Build Apps«, demonstriert die Entwicklung einer Hotdesking-Anwendung mit SAP Build Apps. Es erklärt die Problemstellung des Schreibtischteilens in modernen Büros und zeigt die schrittweise Umsetzung einer Lösung. Das Kapitel behandelt sowohl die Frontend-Gestaltung als auch die Backend-Entwicklung einschließlich der Arbeit mit Entitäten und Visual Cloud Functions. Es bietet einen praktischen Einblick in die Anwendung von SAP Build Apps zur Lösung aktueller Herausforderungen bei der Verteilung von Arbeitsplätzen. **Kapitel 14**, »Use Case: Ein zentrales Applikationsportal mit SAP Build«, zeigt die Implementierung eines Applikationsportals mit SAP Build Work Zone bei einem fiktiven Unternehmen. Es behandelt den gesamten Prozess von der Entscheidungsfindung über die technische Umsetzung bis hin zum fertigen Portal. Das Kapitel erklärt die Integration verschiedener Systeme, die Konfiguration von SAP Build Work Zone und die Vorteile der Lösung. **Kapitel 15**, »Use Case: SAP Build im Bereich Human Resources«, erklärt die Vorteile von Low-Code-/No-Code-Lösungen im Bereich HR und beschreibt typische Herausforderungen und Potenziale. Das Kapitel präsentiert einen detaillierten Anwendungsfall zur Automatisierung eines Gehaltserhöhungsprozesses mit SAP Build Process Automation und diskutiert weitere mögliche HR-Anwendungsfälle. Es demonstriert, wie SAP Build HR-Prozesse optimieren und effizienter gestalten kann.

In **Teil V**, »Umsetzungsempfehlungen und Perspektiven«, geben wir Ihnen abschließend einige Tipps und Empfehlungen, wie Sie den Einsatz von SAP Build in Ihrem Unternehmen richtig angehen. Wir geben Ihnen außerdem einen Ausblick auf die Zukunft von SAP Build für die Pro-Code-Entwicklung. **Kapitel 16**, »Empfehlungen für den Einsatz«, bietet praktische Anleitungen zur Implementierung von SAP Build. Wir zeigen Ihnen, wie Sie geeignete Anwendungsfälle auswählen, erste Schritte planen und Applikationen durch verschiedene Entwicklungsstadien führen. Das Kapitel behandelt den gesamten Softwarelebenszyklus einschließlich dem Änderungsmanagement und verknüpft die Theorie mit praktischer Anwendung für eine erfolgreiche SAP-Build-Nutzung in Unternehmen. In **Kapitel 17**, »Ausblick: Pro-Code-Entwicklung mit SAP Build«, geben wir Ihnen einen Überblick über die Pro-Code-Entwicklung mit SAP Build Code unter Einbeziehung des neuen Copiloten Joule.

[!]

Mögliche Änderungen an den Funktionen

Die Informationen in diesem Buch wurden sorgfältig zusammengestellt und stellen den aktuellen Stand zur Drucklegung des Buches dar. Bitte beachten Sie, dass die beschriebenen Funktionen dennoch Änderungen unterliegen können.

Danksagungen

Wir, die AGILITA AG, bedanken uns herzlich beim Rheinwerk Verlag für die Möglichkeit, an diesem Fachbuch mitwirken zu dürfen. Besonders hervorzuheben sind Thomas Neuhaus, Christian Hanusch und Michael Schwarz für ihr Engagement und ihre wertvollen Beiträge. Ihre Expertise und Zusammenarbeit haben maßgeblich zum Inhalt dieses Buches beigetragen. Der Dank gilt auch den Kolleg*innen, die Input für dieses Buch gegeben haben. Es war uns eine Freude und Ehre, Teil dieses Projekts zu sein. Herzlichen Dank!

AGILITA AG

Ich möchte mich bei allen bedanken, die an der Entstehung des Buchs maßgeblich beteiligt waren und ohne die das Buch nicht so toll geworden wäre. Mein größter Dank gilt dem Autor:innen-Team: Durch euch hat das Schreiben und Überarbeiten viel Spaß gemacht, trotz der einen oder anderen Hürde, die wir nehmen mussten. Dazu zählt vor allem Dr. Tommi Kramer, der uns beim Erarbeiten der Inhalte und beim Schreiben der Kapitel immer unterstützt hat. Nicht zuletzt möchte ich mich bei der Geschäftsleitung der sovanta AG bedanken, die uns das Vertrauen geschenkt hat, damit wir genügend Freiheit hatten, um dieses Buch zu schreiben. Ihr seid alle ein großer Teil dieses Erfolgs!

Larissa Haas

Danke an die FIS GmbH, vor allem an Dieter Ball und das Team: Tanita, Marco, Onur und Rob, ihr seid die wahren MVPs!

Ein herzlicher Dank geht an mein Deloitte-Team, ihr seid ein unermüdlicher Quell der Inspiration! Christian, Sertel und Andreas, eure Begeisterung gibt mir Energie.

Weiter danke ich meiner Familie und ganz besonders meinen Söhnen Oskar und Moritz. Papa hat jetzt wieder mehr Zeit!

Zu guter Letzt möchte ich meiner Freundin Priscilla danken, die mich dazu ermutigt hat, an dem Buch mitzuwirken, und mich liebevoll durch alle Höhen und Tiefen begleitet hat. Conejita, te amo!

Christoph Häberlein

Das Autorenteam von VANTAiO bedankt sich bei Nicole Gürgens für die tolle Unterstützung, sie hat uns hervorragend in diesem Buchprojekt begleitet, unermüdlich unsere Fragen beantwortet, Texte optimiert und Anregungen zum Inhalt gegeben. Ein weiteres großes Dankeschön geht an die Kollegen von SAP, insbesondere an Florian Büch, Produktmanager für SAP Build Work Zone, und Patrick Schad, Produktmanager für SAP Build Apps, für ihr wertvolles Feedback zu unseren Kapiteln.

VANTAiO

TEIL I

Ausgangslage und Herausforderungen intelligenter Unternehmen

Kapitel 1
Herausforderungen intelligenter Unternehmen

In diesem Kapitel erhalten Sie einen Überblick über die Herausforderungen intelligenter Unternehmen. Dabei werden wir sowohl die konjunkturelle Situation der Unternehmen beleuchten als auch die Herausforderungsbereiche branchenneutral betrachten.

Zum Zeitpunkt der Drucklegung des Buches befinden wir uns wohl in einer der herausforderndsten Phasen für Unternehmen seit der Dotcom-Blase in den 2000er Jahren und der Finanzkrise 2008, die durch den Zusammenbruch des US-amerikanischen Immobilienmarktes ausgelöst wurde. Expert*innen gehen jedoch davon aus, dass die aktuelle Situation tiefer geht, Unternehmen auf viel mehr Ebenen betrifft und als strategische Transformation auch länger andauern wird.

In Abschnitt 1.1 geben wir zunächst einen kurzen Überblick, was unter einem intelligenten Unternehmen zu verstehen ist und wie der Begriff von SAP geprägt wurde. Anschließend erläutern wir in Abschnitt 1.2, in welcher strategischen, wirtschaftlichen und technologischen Ausgangslage sich die Anwenderunternehmen in Deutschland, Österreich und der Schweiz befinden. In Abschnitt 1.3 beschäftigen wir uns mit den aktuellen Herausforderungen der Unternehmen aus Sicht des Marktes, der Organisation und der Prozesse.

1.1 Definition: Das intelligente Unternehmen

SAP hat im Jahr 2021 erstmalig den Begriff des »intelligenten Unternehmens« geprägt. Insbesondere durch die Erfahrungen der Coronapandemie hatte sich gezeigt, wie fragil viele Unternehmen sein können, wenn sich die Rahmenbedingungen ändern. Zu dieser Zeit haben die globalen Lieferketten nicht mehr funktioniert, und Firmen konnten ihre Leistungen nicht mehr erbringen.

Definition

Unter einem intelligenten Unternehmen wird eine Organisation verstanden, die grundsätzlich widerstandsfähig gegenüber Veränderungen der Umwelt ist und schnellere Reaktionen ermöglicht. Hierbei wird nicht nur das eigene Unternehmen isoliert betrachtet, sondern insbesondere die Vernetzung mit anderen Unternehmen im Sinne einer gemeinsamen Wertschöpfung.

Die Realisierung eines intelligenten Unternehmens benötigt zwingend Technologie, insbesondere Technologie, die vor den Unternehmensgrenzen nicht haltmacht, sondern ein Plattformdenken und kollaborative Wertschöpfung beinhaltet, Technologie, die von SAP und ihrem Partnernetzwerk mit der *SAP Business Technology Platform* (SAP BTP) angeboten wird. In diesem Buch wird es darum gehen, wie mit der *SAP-Build-Suite* auf Basis der SAP BTP intelligente Lösungen umgesetzt werden können.

[»]

Hinterfragen des eigenen Geschäftsmodells

Intelligente Unternehmen hinterfragen ihr eigenes, traditionelles Geschäftsmodell. Ein Beispiel wäre etwa die Wandlung des Leistungsangebots von verkaufsorientierten zu miet- oder nutzungsbasierten Modellen. Phillips bietet mit *Light as a Service* ein Modell an, mit dem Unternehmen eine Beleuchtungsleistung auf Mietbasis kaufen, nicht aber die Leuchtmittel selbst erwerben.

1.2 Ausgangslage

Die Anforderungen auf dem Weg zum intelligenten Unternehmen sowie die neuen technologischen Möglichkeiten von SAP treffen aktuell auf ein wirtschaftliches Klima im deutschsprachigen Raum, das bestenfalls als »angespannt« bezeichnet werden kann. Viele Unternehmen haben die Coronapandemie zwar vollständig hinter sich gelassen, doch jetzt treten die wirklichen Probleme zutage und die wirtschaftliche Stagnation wird sichtbar. Hinzu kommt ein geopolitisches Umfeld, das sich bezüglich seiner Unsicherheit massiv vom Umfeld der letzten Jahre unterscheidet. Dieses Empfinden zeigt sich auch in aktuellen Untersuchungen zur wirtschaftlichen Situation und den geplanten Investitionen, die wir im Folgenden einmal darstellen möchten.

1.2.1 Entwicklung des Bruttoinlandsprodukts

Betrachten wir zunächst einmal die aktuelle Wirtschaftsleistung in Deutschland. Hierfür ist das Bruttoinlandsprodukt (BIP) ein passender Indikator. Unter dem Bruttoinlandsprodukt werden die im Inland hergestellten Waren und Dienstleistungen verstanden, die nicht als Vorleistungen für andere Produktionen verwendet werden. Das Bruttoinlandsprodukt pro Kopf lag im Jahr 2023 z. B. in Deutschland bei 48.750 €. Vergleicht man dies mit dem Vorjahreswert von 46.264 €, ist das deutsche Bruttoinlandsprodukt und damit die Wirtschaftsleistung – unter Berücksichtigung der Inflation – sogar um 0,2 % gesunken (Quelle: Statista: Bruttoinlandsprodukt (BIP) je Einwohner in Deutschland von 1970 bis 2023 (2024), *http://s-prs.de/v1015301*, [zuletzt abgerufen am 08.07.2024]).

Rezession und Stagnation

Statistisch gesehen befindet sich Deutschland damit in einer Rezession. Auch für das Jahr 2024 sieht es nicht viel besser aus. Mit einem angekündigten Wachstum von 0,2 % befände sich Deutschland in einer Stagnation. Ob dieser prognostizierte Wert am Ende tatsächlich auch eintreten wird, ist aktuell mehr als fraglich. Erst im Herbst 2023 wurde die ursprüngliche Einschätzung von 1,1 % nach unten korrigiert. Die Wirtschaftsexpert*innen sind sich einig, dass die Preissituation im Energiesektor, die weltwirtschaftliche Lage, die Auswirkungen des Ukraine-Krieges sowie die allgemein hohe Inflation auch 2025 und darüber hinaus noch stark zu spüren sein werden.

Folgen der wirtschaftlichen Lage

Diese Folgen sind auch für Arbeitnehmer*innen deutlich spürbar. Gestiegene Kosten in allen Lebensbereichen bei nur moderaten Gehaltssteigerungen führen für viele Arbeitnehmer*innen zu Reallohnsenkungen. Die großen Streikwellen zu Beginn des Jahres 2024 haben die Unzufriedenheit der Bevölkerung mehr als deutlich gemacht. Die Unzufriedenheit in Verbindung mit den durchgesetzten Forderungen erhöhen wiederum den Druck auf Arbeitgeber effizienter und intelligenter zu werden. Dies vor dem Hintergrund eines anhaltenden Fachkräftemangels, insbesondere in niedrigeren Lohnsegmenten.

1.2.2 Aktuelle Konjunkturumfragen

Die Deutsche Industrie- und Handelskammer (DIHK) hat zum Jahresbeginn 2024 deutschlandweit insgesamt 27.000 Unternehmen aus allen Branchen und Regionen im Rahmen ihrer Konjunkturumfrage befragt (Quelle: Zenzen, Jupp (2024): Konjunkturumfrage Jahresbeginn 2024 – Schlechte Stimmung verfestigt sich, *http://s-prs.de/v1015302*, [zuletzt abgerufen am 21.04.2024]).

Geschäftserwartungen

Die Geschäftserwartungen sind insgesamt als »zurückhaltend« bzw. »verschlechtert« einzustufen. Nur 14 % der Unternehmen rechnen mit einer Verbesserung. Ein Drittel der Unternehmen (35 %) erwartet in den kommenden zwölf Monaten dagegen eine geschäftliche Verschlechterung.

Nach Ansicht der DIHK ist dies ein deutliches Alarmzeichen, das Deutschland und Europa sehr ernst nehmen sollten, insbesondere, wenn man die aktuellen Zahlen einmal in den Kontext der letzten Jahre setzt. Bis auf den Zeitraum der Finanzkrise im Jahr 2009 war die Stimmung zwischen 2004 und 2019 deutlich positiver.

Zu einem ähnlichen Ergebnis kommt das Institut der deutschen Wirtschaft im Rahmen seiner Frühjahrsumfrage vom April 2024. Bei den befragten 2.000 Unternehmen hat sich insgesamt seit dem Herbst 2023 die wirtschaftliche Geschäftssituation nicht verbessert. Nur 18 % der befragten Unternehmen bewerten dabei ihre geschäftliche Situation besser als bei der Umfrage aus dem Vorjahreszeitraum. Zusammengefasst bedeutet dies, dass die Unternehmen auch im Jahr 2024 nicht von einer wirtschaftlichen Erholung ausgehen (Quelle: Grömling, Michael (2024): IW-Konjunkturumfrage Frühjahr 2024 – Unternehmen sehen keine Erholung in 2024, *http://s-prs.de/v1015303*, [zuletzt abgerufen am 21.04.2024]).

Weiterentwicklung fehlt

Betrachtet man diese Daten rückblickend auf die letzten sechs Jahre, ist insgesamt keine wirtschaftliche Weiterentwicklung in Deutschland erkennbar. Politische Verwerfungen und Nachwehen der Coronakrise erschweren Unternehmen signifikant den wirtschaftlichen Aufschwung. Neben den weltpolitischen Themen weisen die Unternehmen aber auch auf aus ihrer Sicht hausgemachte Probleme hin. Kritisiert wird hierbei insbesondere eine fehlende Investitions- und Angebotsorientierung der Politik. Diese Grundausrichtung wird von fast zwei von drei Unternehmen als Risiko für ihre Investitionsentscheidung in Deutschland gesehen.

1.2.3 Entwicklung der IT-Investitionen

Im jährlichen Turnus befragt die DSAG (Deutsche SAP-Anwendergruppe) ihre Mitglieder in Deutschland, Österreich und der Schweiz zu ihren Schwerpunkten und Investitionen in SAP-Technologien. Im Jahr 2024 wurden 228 Mitgliedsunternehmen befragt (Quelle: Kircher, Thomas (2024): S/4HANA-Cloud-Strategie auf dem Prüfstand, RISE with SAP mit Potenzial, *http://s-prs.de/v1015304*, [zuletzt abgerufen am 09.07.2024]).

IT-Gesamtbudget

Das IT-Gesamtbudget steigt bei insgesamt 43 % der befragten Unternehmen. Dies ist jedoch ein deutlicher Rückgang zum Wert des Vorjahres von 54 %. Deutlich mehr Unternehmen (36 %) planen mit gleichbleibenden Budgets. Bei 18 % der Unternehmen sinkt das Budget sogar. Leicht verändert ist dies bei den Investitionen in SAP. Hier planen 46 % der befragten Unternehmen, mehr zu investieren im Vergleich zum Vorjahreswert von 52 %. Zusammenfassend lässt sich sagen, dass sich die tendenziell schwierige und unsichere Marktsituation in den Budgets widerspiegelt und die Unternehmen aus nachvollziehbaren Gründen abwartend reagieren.

Allerdings ist diese allgemeine Aussage in Bezug auf einzelne Technologiebereiche wie die SAP Business Technology Platform (SAP BTP) differenziert zu bewerten. Im Vergleich zum Vorjahr steigt der Gesamtwert von mittleren und hohen Investitionen von 24 % auf 33 %. Gut ein Drittel entfällt dabei auf den Bereich der Analyselösungen, 27 % auf Integrationslösungen und 17 % auf den Bereich Anwendungsentwicklung- und Automatisierung.

Insbesondere für die SAP-Partner ergibt sich damit ein doch eher unsicheres Gesamtbild. Gelder für umfassende Investitionen und Neuerungen könnten zum Jahresende 2024 fehlen, und SAP-Software wird zukünftig besonders standardnah eingesetzt. Für Bestandssysteme, deren Wartung eigentlich zum 31. Dezember 2027 ausläuft, wird sehr genau geprüft, ob nicht über einen sogenannten Extended Support eine längere Nutzungsdauer der Plattform möglich ist.

1.3 Herausforderungen

Mehrdimensionale Herausforderungen

Was bedeutet diese Ausgangssituation nun für Unternehmen und welche Herausforderungen ergeben sich daraus? Zunächst einmal sind die Herausforderungen mehrdimensional und treten im Verbund auf. Unternehmen stehen also nicht nur in einem speziellen Segment vor einer isolierten Herausforderung, sondern diese wirken parallel und gemeinsam auf das Unternehmen ein.

Absatzmärkte, die bisher als sicher galten, brechen durch geopolitische Konflikte weg, Mitarbeitende stellen inflationsbedingt vehemente und weitreichende Forderungen an ihre Arbeitgeber und Prozesse sollen in Rekordzeit digital neu aufgestellt werden. Viele Unternehmen müssen sich auf eine neue Wirtschaftsordnung einstellen, und die IT muss als Umsetzer den Weg in die neue Welt ebnen. Doch was sind jetzt die Herausforderungen? In den folgenden Abschnitten möchten wir darauf näher eingehen und haben die Herausforderungen in drei große Themenbereiche bzw. Perspektiven aufgeteilt.

1.3.1 Märkte und Angebote

Jedes Unternehmen verfügt über ein spezifisches Produkt- oder Dienstleistungsportfolio und ist in einem oder mehreren Absatzmärkten aktiv. Bei den Herausforderungen im Bereich »Märkte und Angebote« geht es somit darum, wie sich das eigene Angebot zukünftig entwickeln muss und welche neuen Absatzmärkte möglich oder welche alten bedroht sind. Ein kurzes Praxisbeispiel soll dies verdeutlichen. Durch den Technologiewandel hin zur Elektromobilität im Automobilsektor sind viele Automobilzulieferer gezwungen, neue Angebote auf den Markt zu bringen. Bisherige Zulieferungen für Verbrennungsmotoren, wie z. B. eine Abgasanlage, werden schlichtweg nicht mehr benötigt.

Weitreichende Globalisierung

Über kaum eine Herausforderung ist wahrscheinlich in Bezug auf die Wettbewerbssituation von Unternehmen mehr geschrieben worden als über die Globalisierung. Besondere Bedeutung erlangte der Begriff nach dem Ende des kalten Krieges Anfang der 1990er Jahre, der eine starke Öffnung der weltweiten Märkte zur Folge hatte.

Globalisierungsbeispiel: Volkswagen

Deutsche Unternehmen haben aber bereits davor versucht, neue Absatzmärkte für die eigenen Produkte zu erschließen. Volkswagen begann 1984 im Rahmen eines Joint Ventures mit dem chinesischen Unternehmen SAIC Motor mit dem Modell Santana seine ersten Autos im chinesischen Markt zu verkaufen und startete kurz danach auch mit der Produktion der ersten Fahrzeuge in China. Umgekehrt etablierten Anfang der 1990er Jahre die südkoreanischen Automobilhersteller Hyundai und Kia ihrerseits Modelle auf dem deutschen Markt und sicherten sich hiesige Marktanteile. Vielleicht erinnern Sie sich noch an die anfängliche Unterschätzung dieser neuen Marktplayer innerhalb der Bevölkerung. Ein Blick auf den aktuellen Automarkt dürfte deutlich machen, welche gravierenden Veränderungen sich seitdem vollzogen haben. Heute kann im Rahmen der Elektromobilität sogar beides beobachtet werden: Neue Wettbewerber besetzen zukünftige Absatzmärkte und treten zusätzlich in den angestammten Absatzmarkt ein.

[zB]

Chinesische Automobilanbieter

Mit der starken Verbreitung der Elektromobilität haben sich große chinesische Anbieter, wie z. B. BYD, global etabliert. Dies führt dazu, dass deutsche Automobilanbieter sehr viel weniger auf dem chinesischen Markt verkaufen, während zeitgleich die chinesischen Automobile auch bei deutschen Konsumenten sehr populär sind. Und dies passiert aktuell in einer sehr hohen Geschwindigkeit. Während der ersten Besuche deutscher Manager in China nach Ende der Coronapandemie waren diese extrem überrascht, welches Qualitätsniveau dort in kurzer Zeit erreicht worden ist.

Aber nicht nur im Automobilsektor sind viele Unternehmen heute von Globalisierungsherausforderungen betroffen. Fast jede Branche setzt sich mit »Globalisierungsthemen« auseinander. Zurzeit werden Märkte wieder künstlich beschränkt, der Zugang zu Rohstoffen ist nicht möglich oder Absatzmärkte werden sanktioniert. Mit Beginn des Ukraine-Krieges ist über Nacht der russische Markt weggebrochen und hat Unternehmen empfindlich getroffen.

Globalisierung in neuer Geschwindigkeit

In Bezug auf die Globalisierung treten wir auch in neue Geschwindigkeitssphären ein. Auch Unternehmen im deutschsprachigen Raum werden immer mehr von Unternehmen herausgefordert, in denen bestimmte technologische Entwicklungsstufen einfach übersprungen worden sind. Viele kennen diese subjektiven Erlebnisse, dass Mobilfunknetze in vielen Ländern besser zu funktionieren scheinen als beispielsweise in Deutschland. Die Frage ist: Wie ist das eigentlich möglich? Es sind die Menschen mit ihrem *Growth Mindset*. Junge Studierende verfügen weltweit über einen vollständigen Wissenszugang und arbeiten hungrig an den nächsten Karriereschritten. Bei diesen Wettbewerber*innen gibt es keine Beharrungskräfte, sondern es werden mutig neue Wege beschritten.

Disruptiver Wettbewerb

The Innovators Dilemma

In seinem 1997 veröffentlichen Buch »The Innovators Dilemma« (1. Auflage, Harvard Business Review Press) prägte der amerikanische Hochschulprofessor und Wirtschaftswissenschaftler Clayton M. Christensen den Begriff *Disruption*. Häufig wird der Begriff der Disruption auch mit dem Begriff der Innovation verwechselt, auf den wir später noch eingehen werden.

Was ist Disruption?

Bei Disruption geht es darum, wie Innovationen oder Kombinationen von Innovationen einen bestehenden Markt von Grund auf verändern, neue Märkte durch eine Bedarfserfüllung von Konsument*innen erschaffen, bisher in einem Markt führende Unternehmen oder Produkte überflüssig machen oder sogar vorhandene Märkte sprichwörtlich zerstört werden. Dies wird dadurch erreicht, dass die Leistungsfähigkeit von Produkten in einem starken Ausmaß verbessert wird oder sogar völlig neue Produkte erschaffen werden. Disruptionen können dabei das gesamte Unternehmen betreffen und das eigene Angebot oder aber nur einen kleinen Teilbereich, z. B. in der Produktion, überflüssig machen.

Technologische Disruption

Der Ursprung von Disruptionen ist dabei nicht immer gleich, sondern sie können mehrere Ursachen haben. Der häufigste Grund für Disruptionen ist Technologie bzw. Technik. Dabei macht eine technologische Erfindung eine bestehende Technologie obsolet. Jeder kennt das Beispiel der klassischen Filmkamera, die durch Digitalkameras ersetzt wurde, oder aber Streaminganbieter wie Netflix, die große Videothekenanbieter wie Blockbuster Inc. überflüssig machten.

Das Tückische für Unternehmen in bestehenden Märkten ist dabei, dass diese Disruptionen meist sehr klein beginnen, mit Innovationen in Teilsegmenten oder einzelnen Prozessen der jeweiligen Branche. Sie sind anfangs schwer zu erkennen, werden geheim gehalten und breiten sich dann z. B. durch entstehende Kostenvorteile stark aus. Wird ein Bereich besonders kostengünstig oder effizient bedient, führt dies zu einem immensen Wettbewerbsvorteil.

[zB]

Unboxing

Ein aktuelles Beispiel sind die Pläne des Automobilherstellers Tesla, Autos zukünftig von innen nach außen zu bauen. Dieses sogenannte *Unboxing-Verfahren* ist eine Umkehrung der bisherigen Produktionslogik und Arbeitsweise. Das Ziel ist es, dass das Personal wesentlich ergonomischer und somit schneller arbeiten kann. Insgesamt sollen durch das Verfahren 40 % weniger Mitarbeitende benötigt und die Autos um 30 % schneller gebaut werden.

Geschäftliche Disruption

Disruption kann aber auch auf Ebene des Geschäftsmodells erfolgen. Dabei werden bestehende Unternehmen meist nicht vollständig verdrängt, spüren aber schmerzhafte wirtschaftliche Einschnitte. Auch in diesem Umfeld gibt es sehr bekannte Beispiele. Uber hat es trotz regulatorischer Hürden mittlerweile geschafft, einen Anteil des persönlichen Transportwesens in Deutschland zu übernehmen und sogar als Auslieferungsdienst für den Elektronikfachhandel zu fungieren. Ein ähnliches Plattformgeschäft im Rahmen von privaten Übernachtungen hat bekanntlich Airbnb erreicht.

Disruption entsteht aber auch dadurch, dass vorhandene Kundenbedürfnisse befriedigt werden, für die es bisher überhaupt noch kein Angebot gab. Hierbei kommt es dann zu signifikanten Veränderungen bzw. Verschiebungen am Markt. Bestehende Märkte werden erweitert oder neue geschaffen. Hierfür ist der Bildungssektor ein gutes Beispiel. Plattformanbieter haben ein globales Angebot geschaffen, das traditionellen lokalen Weiterbildungs- und Schulungsangeboten überlegen ist, da Kund*innen weltweit auf diese Ressourcen zugreifen können.

Weitere Quellen für Disruptionen sind Veränderungen in der Wertschöpfungskette, d. h., wenn sich Anbieter am Markt anders als bisher zusammenschließen bzw. ihre Zusammenarbeit verändern, oder aber die Disruption durch den Gesetzgeber bedingt ist. Märkte werden z. B. geöffnet für neue Marktbegleiter oder Regularien werden gesenkt und machen damit bestehende Geschäftsmodelle unvorteilhafter.

Ausgeprägter Innovationsdruck

Wie bereits eingangs erwähnt, gibt es einen Unterschied zwischen Innovation und Disruption. Innovationen sind häufig evolutionär und verbessern bestehende Produkte oder Services eines Unternehmens. Innovationen können, müssen aber nicht zu einer Disruption führen. Eine grundlegende Marktveränderung ist mit einer Innovation meistens nicht verbunden. Wie es der lateinische Wortstamm sagt, kann die Innovation als Erneuerung oder Veränderung sehr viel einfacher erfolgen als eine Disruption und sollte auch als Innovationsmanagement im Unternehmen verankert werden.

Innovationsdruck

Wenn wir in diesem Buch von den Herausforderungen im Bereich der Innovation sprechen, meinen wir eigentlich den Innovationsdruck oder den Druck zur schnellen kontinuierlichen Verbesserung, dem Unternehmen heute ausgesetzt sind.

[zB]

Self-Service-Kassen

Ein Beispiel aus dem Lebensmitteleinzelhandel verdeutlicht dies. Bietet ein Anbieter Self-Service-Kassen an, können Kunden mit wenigen Artikeln ihren Einkauf trotz langer Schlangen zu Stoßzeiten sehr viel schneller erledigen. Des Weiteren umgehen die Anbieter die Probleme des fehlenden Fachpersonals. Wird diese Möglichkeit des Check-outs nicht angeboten, wird der Wettbewerber – selbst, wenn er ein deutlich besseres Sortiment anbietet – aufgrund der fehlenden Innovation nicht bevorzugt.

Innovation ist dabei auch nach innen gerichtet zu sehen und bedeutet ein Gleichziehen mit den Best Practices der jeweiligen Branche, damit daraus kein Wettbewerbsnachteil entsteht.

Gescheiterte Innovationen

Nicht immer setzen sich Innovationen durch. Innovation bedeutet, in allen Akzeptanzkriterien der Kund*innen oder Mitarbeiter*innen entscheidend besser oder zumindest gut genug zu sein. In der Literatur gibt es genügend prominente Beispiele gescheiterter Innovationen, wie z. B. den Wankelmotor. Diese Motoren liefern viel Leistung bei geringerem Gewicht und laufen vibrationsärmer. In der Praxis gibt es aber deutliche Nachteile im Bereich der Verbrauchseffizienz, der Emissionen oder im Verschleiß. In diesem Umfeld lassen sich unzählige weitere Beispiele aufführen. Oder kennen Sie noch die Produkte Google Glass, Microsoft Zune oder das Iridium-Satellitentelefon?

Innovation kann in Produkten auch kontinuierlich erfolgen. In der Softwareindustrie ist dies bereits üblich und wird in anderen Branchen adaptiert. Moderne Pkw haben z. B. Hardwarekomponenten verbaut, die nutzungsorientiert nach Bedarf aktiviert werden können, wie z. B. eine intelligente Abstandsautomatik. Abschließend bleibt zu sagen, dass sich die Halbwertszeit neuer Innovationen stark verkürzt hat. Für Unternehmen gibt es deshalb die Herausforderung zur kontinuierlichen Innovation. Dies erfordert effiziente Wege der internen und externen Zusammenarbeit sowie verfügbare Arbeitszeit, um Innovationen zu identifizieren und zum Leben zu erwecken.

Mehr Nachhaltigkeit

Rückblick in das Jahr 1970

Wagen wir einen kleinen Rückblick in das Jahr 1970. Aus ökologischer Sicht war die Gesamtsituation prinzipiell in Ordnung und ausgeglichen. Dies bedeutet, wir haben dem System Erde nicht mehr genommen, als uns bereitgestellt wurde. Das hat sich mittlerweile dramatisch geändert – unsere jährliche »Entnahme« übersteigt die bereitgestellten Ressourcen bei Weitem.

Die Ursachen hierfür sind vielfältig und breit gestreut. Ein Grund liegt im massiven Bevölkerungswachstum. Lebten zu Beginn der 1950er Jahre ca. 2,7 Milliarden Menschen auf der Erde, liegt die Zahl heute bei über 7,5 Milliarden. In den nächsten Jahren wird sich dies zwar abschwächen. Prognosen gehen aber für das Jahr 2100 immer noch von einer Weltbevölkerung von 11 Milliarden Menschen aus. Ein weiterer Faktor ist die schnelle Industrialisierung mit einer starken Produktion und dem Verbrauch nicht regenerativer (»fossiler«) Brennstoffe. Dies hat zu einer starken Emission der Treibhausgase geführt und damit zur allgemeinen Erderwärmung beigetragen. Weitere Ursachen liegen in einer wenig nachhaltigen Landwirtschaft mit dem Einsatz von schädlichen Pestiziden, in der allgemeinen Konsumsteigerung mit einer immensen Abfallproduktion sowie dem technologischen Fortschritt selbst, der zu schwer abbaubaren elektronischen Abfällen und Chemikalien führt.

Global Footprint Network (GFN)

Um dies einmal zu verdeutlichen, berechnet das Global Footprint Network (GFN) den jährlichen Erdüberlastungstag. Dieser Tag markiert den Zeitpunkt, ab dem die Ressourcen aufgebraucht sind, die eigentlich für zwölf Monate reichen sollten. Der Erdüberlastungstag wird auch nationenspezifisch ermittelt und ist weltweit recht unterschiedlich. Er gibt an, an welchem Tag der Ressourcenverbrauch erreicht wäre, wenn die ganze Welt so wirtschaften würde wie die jeweils betrachtete Nation. Er ist damit ein Indikator für die Nachhaltigkeit eines Landes. In Deutschland fiel der Erdüberlastungstag im Jahr 2024 auf den 2. Mai, in Österreich und der Schweiz auf den 6. April.

Nachhaltigkeits-strategie

Kein Unternehmen wird somit zukünftig ohne eine Nachhaltigkeitsstrategie auskommen. Nachhaltigkeit wird essenzieller Bestandteil der Unternehmensstrategie, sehr wahrscheinlich wird sie sogar im Kern der Unternehmensstrategie liegen. Nachhaltigkeit wird dabei alle Bereiche eines Unternehmens betreffen. Es wird darum gehen, die Energieeffizienz zu verbessern, insbesondere auch im Bereich der IT. Lieferketten müssen transparenter und nachhaltiger werden, das eigene Produkt- oder Dienstleistungsportfolio muss wieder langlebiger und schädliche Umweltauswirkungen müssen reduziert werden.

Dies sehen auch die DSAG-Mitgliedsunternehmen so. In der Anfang 2024 durchgeführten Mitgliederbefragung haben 51 % der Unternehmen angegeben, dass Nachhaltigkeit ein wichtiges Thema darstellt. Für die Folgejahre dürfte dieser Wert aufgrund steigender regulatorischer Anforderungen noch deutlich zunehmen.

Everything as a Service

Angebotswandel

In der IT-Branche haben SAP-Kunden den Angebotswandel bereits umfassend und praxisnah miterlebt. Lange Jahre war es üblich, eine Software einmalig zu kaufen und diese dann über einen entsprechend Wartungs- und Supportvertrag mit dem jeweiligen Anbieter auf dem aktuellen technischen Stand zu halten. Die Software wurde eigenständig im Rechenzentrum oder beim Hostingdienstleister installiert, betrieben und aktualisiert.

Durch Cloud-Technologien hat sich dieses Paradigma vollständig geändert. Anstatt ein Softwareprodukt zu kaufen und selbst zu betreiben, wird jetzt ein den Leistungen entsprechender Service vom Anbieter gemietet. Dieses Mietmodell wird auf verschiedenen technologischen Ebenen angeboten. *Platform as a Service* (PaaS) oder *Software as a Service* (SaaS) sind hier die entsprechenden Stichworte. Neben der Software erwerben die Kund*innen somit auch gleichzeitig den technischen Betrieb, dessen Leistungsumfang in einem *Servicelevel* definiert ist.

Vom Produkt zum Dienst – Rolls-Royce

Dieser Trend weg vom Produkt hin zum Dienst erfasst viel mehr Branchen, als diesen momentan vielleicht bewusst ist. In der Fachterminologie spricht man von *Everything as a Service* oder kurz *XaaS*. Eines der bekanntesten Beispiele ist das des Triebwerkherstellers Rolls-Royce. Dort wird seit vielen Jahren unter dem Markennamen »TotalCare« ein spezifischer Service angeboten. Verkauft wird hierbei nicht mehr das Flugzeugtriebwerk an sich, sondern die Bereitstellung des Triebwerkes in Kombination mit verschiedenen Services wie Monitoring, Wartung und Reparatur. Die Fluggesellschaften bezahlen nur für das tatsächliche Ergebnis, d. h. die Leistung, die das Triebwerk erbringt, in Form eines festen Betrags pro Betriebsstunde (Flugzeit).

Dies bedeutet auch, dass im Fall von Ruhezeiten oder einer Nicht-Benutzung des Triebwerkes nichts bezahlt werden muss.

Nehmen wir hierzu einmal die Kundenperspektive ein. Für einen Kunden von Rolls-Royce ist dieses Dienstleistungsangebot mit verschiedenen Vorteilen verbunden:

- Umwandlung der Kapitalausgaben (engl. Capital Expenditures, kurz CapEx) in Betriebsausgaben (engl. Operational Expenditures, OpEx) und damit einfachere Budgetierung, Verringerung großer Anfangsinvestitionen, ein besserer Cashflow sowie steuerliche Vorteile
- Verringerung der Risiken, die durch den Einsatz veralteter Technologien entstehen würden
- deutlich flexiblere Reaktion auf eigene Nachfrageschwankungen (Während der Coronapandemie war dies im Flugverkehr sehr stark der Fall.)
- einfachere Konzentration auf das eigene Kerngeschäft, d. h. die Erbringung von Flugdienstleistungen

Für ein Unternehmen ist es also auch eine technologische Investition, ein solches Leistungsangebot bzw. Ökosystems zu errichten. Essenziell ist eine digitale Serviceplattform mit entsprechenden Applikations- und Monitoringservices, die für Kunden sowohl per Website als auch per App verfügbar ist. Dies ist auch ein sehr gutes Beispiel dafür, wie die verschiedenen Herausforderungen miteinander verbunden sind. Die Diensteorientierung, d. h. der Aufbau eines serviceorientierten Angebots, kann hervorragend dazu beitragen, eigene Nachhaltigkeitsziele zu erreichen.

1.3.2 Menschen und Organisation

Auch wenn es in diesem Buch vor allem um technologische Produkte geht, so sind es doch die Menschen in den Organisationen, für die diese Innovationen entstehen. Mitarbeitende sollen von unnötigen Routinetätigkeiten befreit werden, Zeit für echte Wertschöpfung haben, sich persönlich um Kunden kümmern können und mit Spaß und Freude ihrer Tätigkeit nachgehen. Doch auch in diesem Themenbereich stehen Unternehmen vor einigen Herausforderungen. Die vielfach zitierte Schnelllebigkeit geht nämlich an den Menschen nicht spurlos vorbei.

Fachkräftemangel

Eine der größten Herausforderungen für Unternehmen ist der vielzitierte Fachkräftemangel. Überall fehlen insbesondere qualifizierte Mitarbeiter*innen und offene Stellen bleiben lange Zeit unbesetzt. Der Fachkräftemangel hat verschiedene Auswirkungen für Unternehmen. Es kann zu Verzögerungen bei der Erbringung der eigenen Dienstleistung oder der Herstellung eines Produkts kommen. Im schlimmsten Fall können Verträge mit Kunden schlichtweg nicht erfüllt werden und führen im Unternehmen zu wirtschaftlichen und rechtlichen Schwierigkeiten.

Demografische Veränderungen

Doch wo liegen die Ursachen? Demografische Veränderungen haben dazu geführt, dass mehr ältere Menschen aus dem Arbeitsmarkt ausscheiden, als jüngere Mitarbeitende nachrücken, um die entstandenen Lücken zu schließen. Hinzukommen vermehrte Herausforderungen im Bildungssystem und in der betrieblichen Weiterbildung, d. h., die für ein Unternehmen erforderlichen Kompetenzen werden nicht in ausreichendem Maße und in der passenden Geschwindigkeit erworben. Dies verschärft den quantitativen Mangel an Mitarbeitenden zusätzlich.

Ergebnisse des Gallup-Instituts

In Abschnitt 1.1, »Definition: Das intelligente Unternehmen«, haben wir dargestellt, dass die aktuelle wirtschaftliche Situation von Unternehmen sich nicht als besonders positiv darstellt. Einmal pro Jahr führt das Gallup-Institut mit seinem Gallup Engagement Index eine Befragung von Mitarbeitenden eines Unternehmens durch. Diese wirtschaftliche Gesamtsituation und Ausgangslage jedes einzelnen Unternehmens spiegelt sich auch im Vertrauen der Mitarbeiter*innen in die eigene Organisation wider. In diesem Jahr sind lediglich 25 % der Mitarbeitenden uneingeschränkt überzeugt, dass die eigene Unternehmensleitung die zukünftigen Herausforderungen erfolgreich gestalten wird (Quelle: Gallup Inc. (2023): Gallup Engagement Index Deutschland 2023, *http://s-prs.de/v1015305*, [zuletzt abgerufen am 09.07.2024]). Fast ein Fünftel der Arbeitnehmenden (19 %) fühlen keine emotionale Bindung zu ihrem Arbeitgeber und machen den berühmten Dienst nach Vorschrift. Dieser Wert ist im Vergleich der höchste Stand seit dem Jahr 2012. Am anderen Ende der Skala finden sich nur 14 % der Mitarbeitenden emotional stark verbunden mit dem eigenen Unternehmen. Fast die Hälfte aller Mitarbeitenden (45 %) befinden sich auf der Suche nach einem neuen Job oder sind offen für neue Engagements bei anderen Unternehmen.

Der Fachkräftemangel wird Unternehmen in der Zukunft immer mehr zur technologischen Innovation zwingen, um die erforderlichen Tätigkeiten mit dem bestehenden oder weniger Personal erbringen zu können. Hierbei kann die künstliche Intelligenz sicherlich eine sehr wichtige Rolle spielen, um insbesondere bei der Kopf- und Wissensarbeit die Produktivität zu steigern. Allerdings wird die künstliche Intelligenz auch vermehrt von Mitarbeitenden als Bedrohung für den eigenen Arbeitsplatz gesehen. Hier sind also Aufklärungsarbeit in den Unternehmen und ein transparenter Change-Prozess erforderlich.

Berücksichtigung der Generationenbedürfnisse

Jeder von uns hat sicherlich schon einmal beobachtet, dass sich die grundsätzliche Einstellung zur Arbeit und deren Bedeutung innerhalb der Generationen gewandelt hat. Das ist im Grunde kein Problem, es bedeutet jedoch, dass Strategien und Technologien gleichzeitig für mehrere Arbeitnehmergenerationen wirksam sein müssen und die Synchronität der Generationen in einem Unternehmen gewährleistet ist. Das ist nicht einfach. Im Jahr 2024 befinden sich vier Generationen mit ihren eigenen Wert- und Arbeitsvorstellungen in Unternehmen. Natürlich ist die nachfolgende Charakterisierung generalisierend, aber eine Beachtung hilft bei der Umsetzung von Innovationen im Unternehmen.

Babyboomer (60–74 Jahre)

Wir befinden uns zurzeit an einem Wendepunkt, an dem die *Babyboomer* in hoher Zahl aus den Unternehmen ausscheiden. Aus Sicht der Unternehmen sind die Babyboomer als Nachkommen der durch Kriegswirren geprägten stillen Generation, also geboren in den Nachkriegsjahren bis Mitte der 1960er Jahre, auf den ersten Blick die optimalen Mitarbeiter*innen. Die Arbeit spielte durch elterliche Prägung sowie die verbrachte Kindheit im »Wirtschaftswunderland« eine maßgebliche Rolle im Leben der Menschen. Das Engagement für das eigene Unternehmen ist bei dieser Generation sehr hoch und kombiniert mit einer hervorragenden Arbeitsmoral, einer ausgeprägten Loyalität und der Bereitschaft zu ausgedehnten Arbeitszeiten. Einen langen Zeitraum bei ein- und demselben Arbeitgeber beschäftigt zu sein gilt bei Babyboomern als ein Zeichen für Erfolg und führt zu sozialer Anerkennung.

Generation X (44–59 Jahre)

Die nachfolgende *Generation X* mit einem Geburtsdatum zwischen Mitte der 1960er Jahre bis zum Anfang der 1980er Jahre hat im beruflichen Umfeld bis auf wenige Ausnahmen fast nur einen wirtschaftlichen Aufschwung kennengelernt. Diese Mitarbeitenden sind karriereorientiert, legen aber auch Wert auf Flexibilität am Arbeitsplatz und entsprechende Freiheiten. Das Privatleben wird dabei nicht mehr vollständig unter den Teppich gekehrt, sondern stellt einen Teil der eigenen Verwirklichung dar. Diese Mitarbeitenden sind bereits mit Computertechnologie groß geworden und sind grundsätzlich positiv eingestellt, die eigene Arbeit mithilfe der Technologie effizienter zu gestalten. Insbesondere ist in dieser Generation auch das selbstständige Arbeiten besonders ausgeprägt.

Generation Y (28–43 Jahre)

Als *Generation Y* werden Mitarbeitende definiert, die Anfang der 1980er Jahre bis Mitte der 1990er Jahre geboren wurden. Diese sogenannten Millennials sind vollständig mit moderner Technologie aufgewachsen und haben eine hohe digitale Affinität. Um hier eine zeitliche Einordnung vorzunehmen: Ein Mobiltelefon ist für diese Generation ein erlerntes Kommunikationsinstrument, d. h. bereits zu Schulzeiten häufig normal gewesen. Grundsätzlich ist diese Generation aber auch geprägt von Unsicherheit – ein Berufseinstieg erfolgte nicht selten während der Finanzkrise 2008 mit entsprechend befristeten Arbeitsverträgen. Gegenüber der Generation X hat sich die Bedeutung der Arbeit weiter reduziert und ist einer umfassenden Work-Life-Balance gewichen. Eine umfassende teamorientierte Arbeitsweise wird bevorzugt, idealerweise in Kombination mit flachen Hierarchien. Die Wirtschaftlichkeit des eigenen Unternehmens ist wichtig, aber soziale und ökologische Aspekte treten vermehrt in den Vordergrund. Negative Erfahrungen im Familienkreis mit Einstellungen der Babyboomer führten zur Verhaltensänderung.

Generation Z (12–27 Jahre)

Als erste vollständig digitale Generation gilt die *Generation Z*. Internet, Social Media und Smartphones sind alltäglich und es wird erwartet, dass solche Instrumente auch am Arbeitsplatz zur Verfügung stehen. Eine positive Eigenschaft der Generation ist ihre besonders schnelle Anpassungsfähigkeit an geänderte Umweltbedingungen. Das Thema Nachhaltigkeit sowie soziale Gerechtigkeit stehen ganz oben in der Wichtigkeit ihrer persönlichen Themen. Viele befinden sich am Anfang ihrer beruflichen Karriere oder sammeln gerade erste Berufserfahrungen.

Eindämmung der Informationsüberflutung

Die wirksame Regelung der Informationsflüsse in Unternehmen stellt mittlerweile eine große Herausforderung im Bereich Menschen und Organisationen dar. War es früher im betrieblichen Umfeld noch üblich, die Informationsverteilung über die entsprechenden Hierarchieebenen zu regeln, findet heute ein vergleichsweise freier Informationsfluss mit einer immensen Informationsmenge statt.

Informationsüberlastung

Dieser führt aber auch immer mehr zum Problem der Informationsüberlastung. Die Mitarbeiter*innen sind bei der Vielzahl von E-Mails, sozialen Medien und im Web verfügbaren Informationen kaum noch in der Lage, diese selbstständig zu sortieren und für ihre Arbeit nutzbar zu machen. Sie stoßen an ihre kognitiven Verarbeitungsgrenzen. Gleichzeitig ist die paradoxe Situation zu beobachten, dass eine Informationsüberflutung bei einem gleichzeitigen Informationsmangel auftritt. Eine Vielzahl der eintreffenden

Informationen ist irrelevant für das eigene Tätigkeitsumfeld, während potenziell relevante und hilfreiche Informationen für den einzelnen Mitarbeitenden nicht vorhanden oder zugreifbar sind.

Arbeitsunfähigkeit

Die Informationsüberlastung und ihre Teilauswirkung in Form kognitiver Überlastung, Unkonzentriertheit sowie emotionaler Erschöpfung am Arbeitsplatz ist zu einem wichtigen Thema im HR-Umfeld geworden. Sie kann sogar maßgeblich zur Arbeitsunfähigkeit durch Burn-out beitragen. Die AOK zählte für das Jahr 2022 durchschnittlich 6,8 Arbeitsunfähigkeitsfälle je 1.000 Mitglieder auf Basis einer Burn-out-Diagnose, d. h. Stress am Arbeitsplatz, der nicht erfolgreich verarbeitet werden kann. Dies entspricht einem Anstieg von über 50 % im Vergleich zur Situation vor zehn Jahren und ist mittlerweile eine Hauptursache für Arbeitsunfähigkeit (Quelle: Radtke, Rainer (2024): Arbeitsunfähigkeitsfälle aufgrund von Burn-out-Erkrankungen in Deutschland bis 2022, *http://s-prs.de/v1015306*, [zuletzt abgerufen am 09.07.2024]).

Effiziente Kooperation zwischen Mensch und Maschine

Deep Blue schlägt Kasparov

Das Jahr 1997 war rückblickend ein Meilenstein in der Zusammenarbeit zwischen Mensch und Maschine, zumindest im Hinblick auf geistige Tätigkeit bzw. Kopfarbeit. Wobei Zusammenarbeit in diesem Kontext eigentlich der falsche Ausdruck ist. Vor 27 Jahren ist es IBMs Schachcomputer Deep Blue erstmalig gelungen, Garry Kasparov, einen amtierenden Schachweltmeister, zu besiegen. Schachcomputer und Schachprogramme gab es damals bereits seit vielen Jahren, doch dieses »Level« der Spielstärke war völlig neu.

Ähnlich werden wir die Situation beurteilen, wenn wir in ein paar Jahren auf den November 2022 zurückblicken werden. Die Veröffentlichung von ChatGPT, einem Chatbot mit der Möglichkeit, natürliche und informative Antworten zu generieren, war beeindruckend, vielleicht ein wenig ähnlich wie 1997. Uns allen ist klar, dass wir Zeitzeugen sind, wie eine neue Qualität der KI-Entwicklung erreicht wird. In den nächsten 18 Monaten sollten unzählige neue KI-Innovationen in ungeahnter Geschwindigkeit folgen.

KI-Einsatz

Die Wissenschaft ist sich inzwischen einig, dass KI-Technologien zu einem starken Produktivitätsfortschritt in der Kopf- und Wissensarbeit führen werden. Es stellt sich nicht mehr die Frage, ob wir als Menschen mit KI arbeiten, sondern nur noch wie und in welchem Umfang. Jeder Arbeitsbereich wird betroffen sein, jeder Prozess und jeder Mensch. Die Zusammenarbeit mit der Maschine wird weit über die Bedienung des Computers hinausgehen. Insbesondere durch den vermehrten Einsatz von KI-Werkzeugen wie ChatGPT ist der Wissenszugang im Gegensatz zu einer klassischen Internetsuche nochmal dramatisch vereinfacht worden. Heute ist es möglich, zu fast jedem Themengebiet eine Anfrage zu stellen, die dann im Regelfall zu einer vernünftigen Antwort führt.

Blaue und rote Arbeit

Allerdings funktioniert KI nicht in jedem Arbeitsbereich gleich gut. Ein gutes Modell ist dabei die Einteilung in blaue und rote Arbeit. Mit blauer Arbeit sind Routinearbeiten gemeint, die vergleichsweise vorhersehbar und ableitbar sind. Hier werden wir uns damit anfreunden müssen, dass diese zukünftig vermehrt von KI-Systemen erledigt werden. Warum auch nicht? Häufig werden diese Tätigkeiten auch von den Mitarbeiter*innen selbst als stupide eingestuft. Erfolgreiche Beispiele von Early-Adopter-Unternehmen sind längst etabliert. So wird diese Technologie mittlerweile im Kundenservice beim Bezahldienstleister Klarna eingesetzt und ersetzt dort in einem großen Umfang die menschliche, geistige Arbeitskraft. Die rote Arbeit stellt den anderen Arbeitsbereich dar. Diese ist kollaborativ und kreativ und funktioniert besonders gut im Team. Es geht um Problemlösungen, die Erarbeitung von kreativen Vorschlägen und Maßnahmen zur Differenzierung. Hierbei kann KI ebenfalls unterstützen, wie z. B. bei der Ideenfindung. Die Hauptarbeit wird aber weiterhin von Menschen übernommen.

1.3.3 Prozesse und IT

Damit ein Unternehmen im Tagesgeschäft funktioniert, sind für die Leistungserbringung verschiedene Arten von Prozessen erforderlich. Ein Prozess ist dabei eine Sammlung strukturierter und geordneter Aktivitäten mit dem Ziel, ein vorher definiertes Ergebnis zu erreichen. Prozesse laufen heute in der Regel mit IT-Unterstützung ab.

Prozessarten

Typischerweise findet man im Unternehmen drei Arten von Prozessen, die einen definierten Aktivitätenbereich umfassen. Damit die strategischen Ziele eines Unternehmens erreicht werden können, sind übergeordnete Managementprozesse erforderlich. Hierzu zählen z. B. die Unternehmensplanung (*strategische Planung*) oder die Budgetierung. Die eigentliche Wertschöpfung, d. h. die Produktion von Erzeugnissen oder die Erbringung von Dienstleistungen, erfolgt in den Kernprozessen, auch *Geschäftsprozesse* genannt. Diese Prozesse liegen in der Verantwortung der Geschäftsbereiche wie Einkauf, Vertrieb, Logistik, Produktion oder Kundenservice. Damit das Unternehmen im Ganzen funktioniert, sind verschiedene Supportprozesse (*sekundäre Prozesse*) erforderlich. Hierzu zählen z. B. das Personalwesen, die Finanzbuchhaltung oder das Gebäudemanagement.

Nahezu alle Unternehmensprozesse werden heute mithilfe der IT umgesetzt, auch die Prozesserfüllung und Prozessumsetzung wird erst durch die

IT möglich. In der Vergangenheit haben sich eine Vielzahl von Softwaresystemen etabliert – prozessübergreifende ERP-Systeme, Software für Dokumentation und Zusammenarbeit oder IT-Sicherheitssoftware. Wir alle arbeiten täglich mit den verschiedenen Produkten.

Eine gute Möglichkeit, sich den Herausforderungen in den verschiedenen Prozessbereichen zu nähern, ist eine problemorientierte Sichtweise. Die Herausforderungen sind nämlich tatsächlich unabhängig von der jeweiligen Branche und der Art des Unternehmens zu beobachten und somit unternehmensneutral überprüfbar.

Zunehmende Komplexität

Je länger ein System existiert, desto komplexer wird es in der Regel. »Bei uns ist alles unnötig kompliziert und könnte einfacher sein«, so lautet häufig die Aussage von Mitarbeitenden in Unternehmen. Vor allem ältere IT-Systeme werden häufig als zu komplex eingestuft. Dies ist aber auch davon abhängig, wie lange und wie intensiv die Systeme benutzt werden. Mitarbeitende mit einer langen Betriebszugehörigkeit oder einer hohen Nutzungsintensität verfügen über das entsprechende Zugangswissen oder haben sich persönliche Anleitungen geschrieben, was in welchem Prozess zu beachten ist.

[zB]

Benutzeroberflächen im Auto

Das Thema der Komplexität betrifft auch neue Anwendungsfälle und Systeme, wie die Benutzeroberflächen in modernen Autos zeigen. Hierbei wird versucht, den Anwender*innen über Touchscreens eine große Zahl von Funktionen bereitzustellen. Die Anzahl der Funktionen ist aber so hoch geworden, dass den Anwender*innen sprichwörtlich der Durchblick fehlt. Die Folgen sind erhebliche Ablenkung und Konzentrationsprobleme während der Fahrt.

Komplexität im Unternehmen und in Prozessen kann viele Formen annehmen und hat maßgebliche Auswirkungen auf die Effizienz, die Kostensituation und damit auch auf die Wettbewerbsfähigkeit eines Unternehmens.

Regulatorische Komplexität

Ein Großteil der Komplexität entsteht für Unternehmen mittlerweile durch die regulatorische Komplexität, d. h. vielfältige rechtliche Vorschriften am Stammsitz und in den Absatzmärkten. Pharmaunternehmen sind davon besonders betroffen. Es gibt eine Vielzahl von Sicherheits- und Gesundheitsregelungen zu beachten. Zunehmende Regulatorik entsteht aber auch in den internen Unternehmensprozessen, wie z. B. im Bereich Compliance.

Eine große Herausforderung besteht darin, dass Mitarbeitende diese Regelungen überhaupt mitbekommen, insbesondere wenn diese sich einmal ändern.

Großkonzerne leiden häufig unter einer historisch bedingten strukturellen Komplexität. Eine zu hohe Zahl von Hierarchieebenen erschwert die Umsetzung schlanker Prozesse und führt zu langen Entscheidungswegen.

Ein guter Indikator, welche Prozessbereiche zu kompliziert sind, ist die Dauer der Onboarding-Prozesse. Insbesondere neue Mitarbeiter*innen bekommen die Komplexität zu spüren, da sie einen noch unverstellten Blick auf das neue Unternehmen haben.

Potenzielle Fragen

Folgende Fragestellungen können helfen, Herausforderungen in diesem Umfeld zu identifizieren:

- Gibt es typische wiederkehrende Aktivitäten, die Mitarbeitende zwar ausüben, deren Sinn und Zweck aber nicht verstanden wird?
- Welche Verständnisprobleme schildern neue Mitarbeiter*innen immer wieder kurz nach Abschluss des Onboardings?
- Gibt es Bereiche, bei denen der Prozessablauf grundsätzlich in Ordnung ist, aber die entsprechenden IT-Applikation zu viele Funktionen haben und überfrachtet sind?
- In welchen Prozessen können wir die Komplexität nicht reduzieren, vielleicht aber den Ablauf des Prozesses übersichtlicher erklären?

Verstärkte Fragmentierung

Eine Fragmentierung in den Unternehmensprozessen und der IT kann auf unterschiedliche Weise sichtbar werden und verschiedene Formen annehmen. Ein typischer Fall für eine Fragmentierung ist der System- oder Anwendungswechsel. Mitarbeiter*innen müssen für einen Aktivitätenvorgang das System wechseln, obwohl die Teilaktivitäten logisch zu einem gemeinsamen Prozess gehören. Teilweise beinhaltet dies einen echten Plattformwechsel, mit völlig unterschiedlichen Benutzeroberflächen. Fragmentierung führt sehr häufig zur digitalen Blindleistung. Dies bedeutet, dass die jeweilige Tätigkeit – wie ein Copy-and-paste-Vorgang bestimmter Nummern – zwar wichtig ist für den Prozess, aber als Aktivität selbst keinerlei Mehrwert erzeugt.

[zB]

Managementreporting

Ein für einen Geschäftsbereich verantwortlicher Manager möchte sich wöchentlich einen Überblick über die wichtigsten Kennzahlen in seinem Bereich verschaffen. Diese findet er aber nicht in einem System, sondern auf mehreren analytischen Plattformen (Auswertungssystemen) des Unternehmens. Neben der Fragmentierung kommt es in den Systemen selbst auch noch zur Intransparenz. Dies bedeutet, es fehlen wichtige fachliche Erläuterungen und Kontextinformationen zu den Geschäftszahlen. Sein Prozess der Auswertung ist somit fragmentiert und erfordert ein hohes individuelles Wissen, um eine richtige Interpretation der Daten herbeizuführen.

Fragmentierung im Customer Service

Fragmentierte Prozesse finden sich aktuell noch in vielen Unternehmen im Customer Service. Dort, wo es früher nur die Kommunikation per Brief oder Telefon gab, sind heute multiple Kontaktmöglichkeiten (Touchpoints) zu den Endkund*innen entstanden. Per App werden Belege, wie z. B. Rezepte, eingereicht, die Nachfrage zum Bearbeitungsstand erfolgt per Formular auf der Website und die anschließende Beschwerde über eine zu lange Bearbeitungszeit dann über Social Media. Die Kundendaten sind in diesem Fall verteilt und werden aus systemischer Sicht betrachtet und nicht aus der Sicht der Kund*innen.

Fragmentierung kann aber auch in einem Anwendungssystem selbst auftauchen. Dies ist dann der Fall, wenn eine eigentlich zusammengehörende Objektstruktur innerhalb einer Anwendung an verschiedenen Stellen zu finden ist, z. B. wenn im Intranet eine bereichsbezogene Struktur gewählt wurde, anstatt die Informationen thematisch aus Sicht der Mitarbeiter*innen zusammenzufassen.

Potenzielle Fragen

Folgende Fragestellungen können helfen, Herausforderungen im Umfeld der Fragmentierung zu identifizieren:

- In welchen Prozessen und in welchen Systemen werden im Arbeitsalltag Daten von einem System in ein anderes System kopiert?
- Wie viele Systeme sind typischerweise erforderlich, um einen bestimmten Arbeitsschritt oder eine Aufgabe erledigen zu können?
- Gibt es Anwendungen, bei denen in der Menüstruktur immer stark hin- und hergesprungen wird?

- Gibt es spezielle Aspekte, die vor allem immer wieder in der Zusammenarbeit mit Kund*innen zu einer Fragmentierung führen?
- Für welche Prozesse wäre es wünschenswert, diese in Kombination zwischen Desktop oder mobilem Endgerät durchführen zu können?

Weitreichende Inflexibilität

Die Coronapandemie hat gezeigt, wie schnell sich Unternehmensprozesse und Arbeitsweisen geänderten Rahmenbedingungen anpassen lassen müssen.

Die Inflexibilität von Prozessen und der IT kann sich auf sehr unterschiedliche Arten zeigen. Im Rahmen von Genehmigungsprozessen ist im Prozess und im System starr festgelegt, welche Abfolgen und Hierarchien befolgt werden müssen. Im Fall von kurzfristigen Abwesenheiten kommt es dadurch zu unnötigen Liege- und Wartezeiten beim Antragsteller. Oder die Inflexibilität entsteht durch den Einsatz veralteter, monolithischer Technologien. Aus technischer Sicht ist es nicht möglich, Daten per Schnittstelle automatisiert in ein anderes System zu überführen.

[zB]

Mobiler Abruf des elektronischen Gehaltsnachweises

Nehmen wir an, Mitarbeiter*innen im Außendienst wollen auf Services des internen HR-Systems auch mobil zugreifen, um für einen privaten Kreditantrag die Gehaltsnachweise der letzten drei Monate herunterzuladen. Dies ist aber nicht auf die Schnelle möglich, da das gesamte HR-Serviceportal nur vom Desktop-Rechner aus zugänglich ist und zusätzlich eine umständliche Einwahl über eine VPN-Verbindung erfordert. In der Praxis stellt man fest, dass dies im Durchschnitt mehr als 10 Minuten dauert für eine Tätigkeit, die mit einer mobilen Mitarbeiter-App nur eine Minute erfordern würde.

Ursachen

Die Ursachen für eine Inflexibilität sind vielfältig. In allen Unternehmen sind die IT-Systeme historisch gewachsen. Legacy-Systeme sind zwar technologisch »veraltet«, aber stark in den Geschäftsprozessen des Unternehmens verankert und nicht ohne Weiteres durch eine Standardlösung ersetzbar. Inflexibilität kann aber auch, wie bereits erwähnt, organisatorisch bedingt sein durch zu starre, festgefahrene und tiefe Hierarchien im Unternehmen. Eine typische Ursache sind bis auf die kleinste Einheit definierte Regelwerke. Diese Regeln stammen meist aus einer Zeit, in der durch Prozesseffizienz und Gleichartigkeit noch Wettbewerbsvorteile erlangt werden konnten. Heute geht es aber vor allem darum, dass Maßnahmen überhaupt effektiv und wirksam sind.

[o]

Potenzielle Fragen

Folgende Fragestellungen können helfen, Herausforderungen im Umfeld der Inflexibilität zu identifizieren:

- In welchen Bereichen müssen Mitarbeitende immer wieder improvisieren, um ihr jeweiliges Ziel zu erreichen bzw. den Arbeitsschritt erledigen zu können?
- Gibt es klar definierte Ausnahmeregelungen, wie von starren Abläufen auch einmal abgewichen werden kann, oder bleibt dies im Unklaren?
- In welchen Bereichen zeigt sich konkret die Inflexibilität, und warum ist dort mehr Flexibilität erforderlich?
- Sind die Gründe für starre Lösungen oder Prozesse nachvollziehbar oder ist es so, dass dies schon immer so gemacht wurde?
- Gibt es gegebenenfalls flexible Lösungen in Bereichen des Unternehmens, die auch für andere Unternehmensbereiche geeignet wären?

Hohe Redundanz

Der Begriff Redundanz ist in der IT häufig negativ belegt. Dabei muss Redundanz aber nicht immer schlecht sein. Teilweise ist sie erforderlich, um überhaupt bestimmte Sicherheitskriterien erfüllen zu können. Redundanz, also die Existenz von doppelten oder sogar mehrfachen »Elementen«, kann deshalb sowohl positiv als auch negativ betrachtet werden. In diesem Abschnitt möchten wir den Fokus auf die negativen Aspekte richten, bei denen durch Redundanz keine Wertschöpfung erreicht wird und ein unnötiger Ressourcenverbrauch stattfindet.

[zB]

Ablage der Kundenkommunikation

Mitarbeitende im Vertrieb eines Unternehmens müssen wichtige Kundengespräche im CRM-System des Unternehmens dokumentieren. Damit aber auch alle anderen Mitarbeiter*innen mit entsprechendem Kundenkontakt diese Informationen erhalten, wird an einen Sammelverteiler eine zusätzliche E-Mail mit den gleichen Inhalten verschickt oder es erfolgt ein Posting im entsprechenden Kundenkanal einer eingesetzten Kollaborationssoftware. Die Folge sind redundante Informationen, die ihrerseits wiederum jeweils nicht vollständig sind und keinen Gesamtblick auf die Kundensituation erlauben.

Ursachen für Redundanz

Redundanz in Prozessen und insbesondere in der IT kann sehr unterschiedliche Ursachen haben. Eine häufige Quelle sind Altlasten, die durch Akquisitionen oder Unternehmenszusammenschlüsse entstanden sind. Abteilungen sind dann mehrfach vorhanden ebenso wie die zugehörigen IT-Systeme. Natürlich wird versucht, diese nach und nach zusammenzulegen und zu vereinheitlichen. Häufig genug überleben aber immer noch redundante Lösungen, weil eine geringe Änderungsbereitschaft bei den Mitarbeiter*innen besteht, alte Zöpfe auch einmal abzuschneiden. Ein weiterer Grund ist die Autonomie der Fachabteilungen, in gewissem Umfang eigenständig IT-Systeme beschaffen zu können. Insbesondere durch den schnellen technologischen Wandel, werden in kurzen Zyklen funktional überschneidende Systeme angeschafft.

Potenzielle Fragen

Folgende Fragestellungen können helfen, Herausforderungen im Umfeld der Redundanz zu identifizieren:

- Sind durch eine Unternehmensakquisition Plattformen im Einsatz, die einen ähnlichen Einsatzzweck haben?
- Wo kommt es innerhalb von Prozessen oder IT-Systemen zur Mehrfacheingabe ein- und derselben Daten, nur damit alle Prozessbeteiligten auf einem Stand sind?
- Gibt es eine Stelle, an der alle Beteiligten eine vollständige Prozesseinsicht haben, oder sind diese verteilt?
- Müssen bestimmte Arbeitsschritte mehrfach durchgeführt werden, ohne dass es dafür eine sinnvolle Erklärung gibt?
- Gibt es in IT-Anwendungen Bereiche, die sich sehr ähneln und eigentlich über Personalisierung oder Konfigurationsoptionen zusammengefasst werden könnten?

Betrachtung weiterer Dimensionen

Sind damit die Problembereiche vollständig aufgelistet? Die Antwort lautet nein. Neben diesen Herausforderungen gibt es im Unternehmen weitere Problembereiche, die man ebenfalls in Betracht ziehen kann. Hierzu zählen z. B. folgende Probleme:

- Nichtskalierbarkeit
- Inkonsistenz
- Intransparenz

Nichtskalierbarkeit Nichtskalierbarkeit bedeutet, dass ein System nicht mehr mit den gestiegenen quantitativen Anforderungen umgehen kann. Wir können hierbei zwei Sichtweisen einnehmen: zum einen die Nichtskalierbarkeit der Prozesse und der IT, zum anderen die Nichtskalierbarkeit in Bezug auf die parallele Umsetzung von Prozessverbesserungen oder die Durchführung von IT-Projekten.

Wächst ein Unternehmen stark in Bezug auf seine Mitarbeiter*innen oder Kunden, stoßen bisher erfolgreiche Übergangslösungen schnell an ihre Grenzen. Ein Beispiel stellen Mitarbeiter-Apps dar, die zwar Kommunikationsprobleme lösen, die erforderliche Integration von Self-Services aber nicht mehr gewährleisten können.

Im anderen Fall übersteigen die potenziellen Projektwünsche einfach die Kapazitäten des eigenen Unternehmens. Da heute fast jede Prozessverbesserung IT-Investitionen erfordert, können der Finanzbedarf, eigenes Personal oder aber externe Unterstützung schnell zum Engpass werden. Insbesondere klagen vermehrt interne IT-Abteilungen der Unternehmen über eine zu hohe Belastung. Gleichzeitig sind diese IT-Mitarbeiter*innen stark gefragt und es herrscht ein intensiver Wettbewerb um die besten IT-Kräfte. Aus diesem Grund ist übrigens auch der Einsatz von Low-Code-Werkzeugen so attraktiv. Es geht im Kern gar nicht darum, schneller zu programmieren, sondern den Bedarf an IT und Anwendungsmodernisierung überhaupt noch decken zu können. Aus dem gleichen Grund ruhen auch große Hoffnungen auf dem Einsatz von KI in der Anwendungsentwicklung durch »Nicht-Programmierer*innen«.

Intransparenz Eine weitere Herausforderung ist die zunehmende Intransparenz. Intransparenz ist häufig eine Folge der gestiegenen Komplexität. Je vielfältiger und größer ein Unternehmen wird, desto geringer wird subjektiv die Transparenz. Viele von uns kennen ein Beispiel, bei denen Informationen im Unternehmen zwar vorliegen, im Bedarfsfall aber einfach nicht gefunden werden oder der Zugriff darauf schlichtweg nicht möglich ist. Das ist mit Intransparenz gemeint.

Inkonsistenz Die dritte Herausforderung, Inkonsistenz, ist häufig eine Folge der Redundanz. Sobald Prozesse oder IT für ein- und denselben Anwendungsfall doppelt vorhanden sind, kommt es zur Inkonsistenz. Unterschiedliche Personen fragen z. B. unterschiedliche Systeme ab und kommen zu unterschiedlichen

Ergebnissen. Inkonsistenz kann dabei zu hohen Folgeaufwänden führen, da z. B. umfangreiche Abstimmungen erforderlich sind, was denn jetzt wohl richtig ist.

1.4 Zusammenfassung

Die wirtschaftliche Lage im DACH-Raum ist mit einem sinkenden Bruttoinlandsprodukt (BIP) und einer drohenden Stagnation im Jahr 2024 angespannt. Unternehmen und Arbeitnehmer*innen spüren die Auswirkungen hoher Inflation, gestiegener Energiekosten und geopolitischer Unsicherheiten. Firmen stehen vor wirtschaftlichen Herausforderungen, sehen die Geschäftserwartungen überwiegend pessimistisch und kritisieren eine mangelnde Investitionsorientierung der Politik. IT-Investitionen, insbesondere in SAP-Technologien, sind zurückhaltend, was auf die unsichere Marktlage zurückzuführen ist.

Die Herausforderungen der Unternehmen sind vielschichtig und betreffen verschiedene Bereiche, darunter Märkte und Angebote, Menschen und Organisation sowie Prozesse und IT. Unternehmen müssen ihre Produkt- und Dienstleistungsportfolios neuen Absatzmärkten anpassen und sich auf disruptiven Wettbewerb einstellen. Der Übergang zu neuen Technologien erfordert flexible und innovative Geschäftsmodelle.

In den Organisationen sind Lösungen für den Fachkräftemangel erforderlich, der sich durch demografische Veränderungen und den Wandel der Arbeitsmarktbedingungen verschärft. Unternehmen müssen die Bedürfnisse verschiedener Generationen berücksichtigen. Immer wichtiger wird die effiziente Kooperation zwischen Mensch und Maschine, insbesondere durch den Einsatz von KI, um Produktivitätsfortschritte zu erzielen und Mitarbeiter zu entlasten.

In den Prozessen und der IT sind Unternehmen mit zunehmender Komplexität, Fragmentierung, Inflexibilität und hoher Redundanz konfrontiert. Alte und komplexe IT-Systeme erschweren die Effizienz und erhöhen die Kosten. Fragmentierte Systeme und Prozesse führen zu digitaler Blindleistung und ineffizientem Arbeitsfluss. Unternehmen müssen zudem mit der Intransparenz von Informationen und der Inkonsistenz von Daten umgehen, um fundierte Entscheidungen treffen zu können.

Auf diese Herausforderungen wollen wir in Kapitel 2, »Problemlösungen«, weiter eingehen, um anschließend SAP Build zu betrachten.

Kapitel 2
Problemlösungen

In diesem Kapitel geben wir Ihnen einen Überblick verschiedener Grundprinzipien und Lösungsstrategien, um den dargestellten Herausforderungen zu begegnen.

Der größte Engpass, um den im vorherigen Kapitel dargestellten Herausforderungen zu begegnen, sind die wirtschaftlich begrenzten Mittel sowie Mitarbeiter*innen, die an den Problemlösungen und Veränderungsprojekten auch zeitlich mitwirken können. Die Einbindung externer Unterstützung zur Erlangung spezieller Kompetenzen oder quantitativen Aufstockung von Teams ist natürlich ein probates Mittel, sollte aber immer nur in begrenztem Umfang erfolgen.

In diesem Kapitel nehmen wir eine Zweiteilung vor. In Abschnitt 2.1 betrachten wir zunächst allgemein gültige Methodiken zur Problemlösung. Anschließend erfolgt in Abschnitt 2.2 die Betrachtung, wie eine fachliche Problemlösung aussehen kann.

2.1 Methodische Problemlösung

Dieses Buch soll kein umfassender Handlungsleitfaden für professionelles IT-Projektmanagement sein. In diesem Kapitel möchten wir aber wichtige Grundprinzipien darstellen, auf deren Basis IT-Projekte mit der SAP-Build-Suite unabhängig von Branche oder Geschäftsbereich umgesetzt werden sollten.

2.1.1 Herausforderungen verstehen

In Kapitel 1, »Herausforderungen intelligenter Unternehmen«, haben wir definiert, vor welchen wirtschaftlichen Herausforderungen Unternehmen aktuell stehen und wie diese in die Themenbereiche Märkte und Angebot, Menschen und Organisation sowie Prozesse und IT eingeteilt werden können.

Spezifische Herausforderungen

Wir alle wissen, dass jedes Unternehmen anders ist. Deshalb ist es zunächst einmal wichtig, die exemplarischen Herausforderungen für das eigene Unternehmen zu validieren und die spezifischen Herausforderungen herauszuarbeiten.

Wenn z. B. der härteste Wettbewerber sein Portfolio bereits vom Produktverkauf auf ein serviceorientiertes Angebot umgestellt hat oder durch eine Innovation einen nachhaltigen Kostenvorteil erzielt hat, ergibt sich daraus ein unmittelbarer und offensichtlicher Handlungsdruck. Manche Herausforderungen verbergen sich jedoch unter der Oberfläche des Eisberges und sind nicht so leicht zu erkennen. Gibt es z. B. Beschwerden der Mitarbeitenden, dass alles so kompliziert geworden sei, ist dies diffuser und eine Lösungsempfehlung liegt nicht unmittelbar auf der Hand.

Das Problem ist selten klar!

Sehr häufig ist in der Praxis eine grundlegende Falschannahme anzutreffen. Wir denken, das Problem oder die Herausforderung wäre klar und für alle Beteiligten in der Organisation offensichtlich. Es wird in Onlinemeetings oder beim Mittagessen immer wieder darüber gesprochen und diskutiert. In einer moderierten Diskussion stellt sich aber dann durch aktives Nachfragen heraus, dass die Herausforderungen von den Beteiligten sehr unterschiedlich gesehen werden.

Dies können wir uns an einem einfachen Beispiel verdeutlichen. Anwender*innen müssen mehrfach die gleichen Daten in verschiedenen Systemen eingeben und beschweren sich auch regelmäßig darüber. Das ist aber nicht das Problem. Diese Mehrfacherfassung wird von den meisten Mitarbeitenden zuverlässig erledigt. Das Problem ist die Ineffizienz, d. h. der zu hohe und nicht wertschöpfende Zeitaufwand für diese Tätigkeiten. In der Folge können nämlich andere wichtige Arbeiten von den Mitarbeitenden gar nicht erledigt werden. Dies wiederum führt in der digitalen Arbeitskette zu Problemen wie einer verspäteten Kundenauslieferung oder einer zu langsamen Reklamationsbearbeitung. In der Praxis bezeichnet man dies auch als Problemhierarchie. In der Analyse ist es wichtig, durch gemeinsame Diskussion zu den echten und wirklichen Problemen zu gelangen.

Fragenstruktur

Um die Probleme klar und transparent herauszuarbeiten, hat sich in der Praxis die folgende Fragenstruktur bewährt. Dies sollte idealerweise in einem interdisziplinären Team erfolgen, damit die verschiedensten Perspektiven des Problems adressiert werden:

1. Was ist das wahrgenommene Problem und was sind die Probleme hinter dem Problem (Problemhierarchie)?
2. Welche Interessen und Prioritätsperspektiven haben die einzelnen Stakeholder im Unternehmen auf das Problem?

3. Wo liegen die Ursachen und Auslöser für dieses Problem? Also: Warum tritt dieses Problem überhaupt auf?
4. Was sind die negativen geschäftlichen Auswirkungen der Probleme für das Geschäft und sind diese quantifizierbar?
5. Welche Lösungsideen gibt es für die Probleme und wie könnte eine Umsetzung aussehen?

Einfach starten!

Startet man diese Analysephase im Unternehmen, ist es ratsam, zu Beginn vielleicht nicht direkt das komplizierteste Themengebiet für eine Umsetzung mit SAP Build herauszusuchen. Ein gutes Betätigungsfeld ist das Segment »Mensch und Organisation«. Hier gibt es in allen Unternehmen Nachholbedarf. Besteht z. B. das Problem des Fachkräftemangels, könnte man dies in einem Kreativworkshop beleuchten. Dabei zeigt sich vielleicht, dass die Fluktuationsrate in den letzten Jahren deutlich gestiegen ist. Zeitgleich haben Mitarbeiter*innen immer wieder über Informationsüberflutung und Arbeitsüberlastung geklagt, die ursächlich vor allem in der Prozessfragmentierung liegt. Würde man in jetzt in Zukunft einen personalisierten, digitalen Einstiegspunkt mit SAP Build Work Zone für alle Applikationen etablieren, steigt die Zufriedenheit der Mitarbeitenden. Zusätzlich wird das eigene Unternehmen attraktiver für junge Bewerber*innen, die sich entsprechend der Generationenbedürfnisse ein modernes digitales Arbeitsumfeld wünschen.

Interdisziplinär agieren

In der Problemanalyse sollte das Team interdisziplinär und altersstrukturell gemischt sein. Methodisch sollten moderne Kreativitätstechniken wie Design Thinking angewendet werden. Neue Ideen können insbesondere durch junge Mitarbeitende entstehen, die eben noch nicht »Karriere« gemacht haben und einen frischen und unverbauten Blick auf die Dinge haben. Zusätzlich können auch Endkunden oder Lieferanten in den Prozess eingebunden werden. Darüber entstehen meist auch völlig neue Perspektiven auf die Probleme. Auf jeden Fall sind die Tage vorbei, an denen sich wenige Manager*innen an der Unternehmensspitze die Lösungen ausgedacht haben. Heute gilt es, die kreative Energie des gesamten Unternehmens zu nutzen und alle Mitarbeitenden für eine kontinuierliche Verbesserung sowie das Einbringen neuer Ideen in die Verantwortung zu nehmen. Die Antworten von morgen finden wir nicht in unserem Tun von gestern.

2.1.2 Programm und Projektstruktur

Im ersten Schritt wurden jetzt die Probleme auf dem Weg zum intelligenten Unternehmen klar herausgearbeitet und erste Lösungsideen definiert.

Doch wie geht es dann weiter? In der Praxis hat es sich bewährt, hierfür eine Programm- und Projektstruktur aufzusetzen.

Programm

Unter einem Programm wird hierbei der Zusammenschluss bzw. die Gruppierung von mehreren Projekten verstanden, die einem gemeinsamen, übergeordneten Programmziel dienen. Über das Programmmanagement wird die Verteilung der Mitarbeiter*innen und externen Partner auf die Projekte geregelt, ein übergeordnetes Risikomanagement durchgeführt, die zeitliche Planung koordiniert und die Budgetverteilung definiert. Die Definition eines Programms ist wichtig, um tatsächlich größere bzw. strategischere Ziele des Unternehmens erreichen zu können, die über ein einzelnes Projekt so nicht realisierbar wären. Des Weiteren liegt bei einer reinen Projektfokussierung der Fokus meist auf dem Projekterfolg. Dies muss aber nicht immer dem übergeordneten Programmerfolg dienlich sein, wenn z. B. durch eine intensive Ressourcenallokation ein anderes Projekt seine Ziele nicht erreichen kann und somit der Gesamterfolg gefährdet ist. Zur Lösung der Herausforderungen kann es mehrere Programme geben, die parallel in der Organisation umgesetzt werden.

Projekte und Teilprojekte

Unterhalb des Programms erfolgt die eigentliche Durchführung der Projekte. Die Projekte innerhalb eines Programms sind meist miteinander verwandt oder bedingen einander. Je nach Größe, kann ein Projekt auch wiederum in Teilprojekte untergliedert werden. Jedes Projekt sollte dabei ein klares Projektziel, einen Start- und Endtermin sowie eine verantwortliche Projektleitung haben. Im Rahmen der Erstinitialisierung oder einer neuen Lösung kann dies z. B. der später verantwortliche Product Owner sein.

Beispiel für eine Struktur

Diese Struktur wollen wir einmal an einem Beispiel verdeutlichen. Als Programmname könnte der Titel »Modernisierung des digitalen Arbeitsplatzes für Verwaltungsmitarbeitende« dienen. Die Zielsetzung besteht darin, das bisherige stark fragmentierte Arbeiten zukünftig über eine Oberfläche abbilden zu können. Hierfür ist es erforderlich, einen zentralen Einstiegspunkt und die dahinterliegende Anwendungslandschaft neu aufzubauen. Innerhalb des Programms werden somit drei verschiedene Projekte abgebildet:

1. **Zentraler Einstiegspunkt**
   - erste Anlaufstelle für Mitarbeitende für den jeweiligen Arbeitsbereich
   - rollenspezifische Bereitstellung von Anwendungen und Inhalten für das Tätigkeitsfeld
   - selektive Bereitstellung von Services für mobile Endgeräte
2. **Anwendungsmodernisierung**
   - Ablösung bzw. Erneuerung von insgesamt 15 Anwendungen

   - Aufsplittung der Anwendungen in kleinere, überschaubarere und leichter wartbare Einheiten
   - Umsetzung der Anwendungen durch eine gemischte Nutzung von Low-Code- und Pro-Code-Entwicklungswerkzeugen
3. **Prozessautomatisierung**
   - Digitalisierung verschiedener Prozesse, die heute noch manuell, per E-Mail oder über Listen verwaltet werden, wie z. B. IT-Bestellungen, Gästebewirtung oder Besucheranmeldung
   - Einführung eines zentralen Genehmigungscockpits für wichtige Prozessschritte und Aufgaben

2.1.3 Agile Umsetzungsmethodik

Statt des früher gängigen Wasserfallmodells, sollten die einzelnen Projekte heute in einer agilen Arbeitsweise durchgeführt werden. Viele kleinere Sprints ersetzen die traditionellen Projektphasen und erzeugen in jeder Phase mindestens eine nutzbare Funktion der Gesamtlösung. Die Sprintlänge kann dabei je nach Projekt variieren und reicht von zwei Wochen bis hin zu drei Monaten.

Minimal Viable Product

Für jedes Projekt wird auch ein sogenanntes *Minimal Viable Product* (MVP) definiert. Dabei handelt es sich um die simpelste Form einer Lösung, um die absoluten essenziellen Bedürfnisse der Benutzer zu erfüllen. Mit diesem Konzept soll frühzeitig überprüft werden, ob der jeweilige Lösungsansatz in der Praxis überhaupt tragbar ist und zum gewünschten Ziel führt. Dieses Konzept wird mittelfristig ausgeweitet zum Konzept des *Minimal Lovable Products* (MLP), mit dem versucht wird, zu einer frühen Phase schon eine wirkliche Begeisterung bei den Benutzer*innen hervorzurufen und eine deutliche Verbesserung im Vergleich zur bisherigen Arbeitsweise zu bieten. Ein MLP benötigt allerdings auch mehr initiale Umsetzungszeit als das MVP.

Projektteam

Die Zusammensetzung des Teams ist bereichsübergreifend und bindet teilweise externe Partner ein. Im Vordergrund steht dabei, alle Kompetenzen für die Erreichung des Projektziels von Beginn an am Tisch zu haben. In jedem Sprint werden idealerweise die späteren Benutzer*innen eingebunden und geben über Reviews eine Rückmeldung zu dem jeweiligen Fortschritt. Besonders wichtig ist auch die gemeinsame kritische Rückschau im Team, auch *Retrospektive* genannt. In dieser wird der vorhergehende Sprint analysiert und Verbesserungsmöglichkeiten werden identifiziert.

2.2 Fachliche Problemlösung

Zielsetzung dieses Buches ist es, den Beitrag der SAP-Build-Familie mit den jeweiligen Produkten für das intelligente Unternehmen zu erläutern. Im Folgenden wollen wir kurz erläutern, welche fachlichen Problemlösungen aus übergeordneter Sicht mit SAP Build umgesetzt werden können. Dies sind zum einen zentrale Einstiegspunkte, inklusive der Möglichkeit zum Informationsmanagement und zur Zusammenarbeit, zum anderen moderne Prozesse und Anwendungen, die in die zentralen Einstiegspunkte thematisch integriert werden.

2.2.1 Zentrale Einstiegspunkte

Historie und heutige Bezeichnungen

Zentrale Einstiegspunkte gibt es schon seit mehr als 20 Jahren. Am Markt existiert für diese Systeme kein einheitlicher Begriff. Gängig ist z. B. immer noch der Begriff des Portals. Je nach Zielgruppe spricht man dann vom Mitarbeiterportal, vom Kundenportal oder vom Lieferantenportal. Es sind aber auch bereichspezifische Ausprägungen möglich, wie z. B. ein HR-Portal oder ein Reportingportal. Heute werden auch die Begriffe Intranet, Social Intranet oder Digital Workplace verwendet.

Ursprünglich entstanden diese Systeme aus der Notwendigkeit heraus, dass Anwender*innen in der ganzen Menge von Hyperlinks und Internetquellen irgendwann die Übersicht verloren hatten, was eigentlich wo zu finden ist. Die ersten Systeme waren dabei sehr textorientiert und stellten nicht viel mehr als eine thematisch geordnete Sammlung von Links zu anderen Websites dar.

Evolutionäre Entwicklung

An diesem grundsätzlichen Bedürfnis der Benutzer*innen nach Struktur und Ordnung hat sich bis heute allerdings nichts geändert. Im Gegenteil: Der Bedarf ist durch die zunehmende Komplexität sogar noch größer geworden. So wie bei einer Evolution von Industrieprodukten, entwickeln sich auch die zentralen Einstiegspunkte immer weiter, um die gestiegenen Bedarfe der Benutzer*innen zu erfüllen. Die Oberflächen wurden mit der Zeit immer visueller, Informationen wurden über Navigationsbäume direkt als Content-Seiten integriert und es wurden umfangreiche Suchfunktionen aufgebaut. Viele Systeme integrieren auch typische Self-Services aus einem SAP-System, wie z. B. einen Urlaubsantrag.

Digital Workplace

Heute sprechen wir in der Innenperspektive z. B. von einem *Digital Workplace*, der rund um die Uhr verfügbar ist, die Bedürfnisse der User proaktiv erkennt, visuell besonders ansprechend gestaltet ist und natürlich auch auf dem Smartphone zur Verfügung steht. Vielfach werden auch noch virtuelle

Arbeitsräume genutzt, die eine Projektarbeit verteilter Projektteams unterstützen. Und eine besondere Rolle kommt dem digitalen Einstiegspunkt nach wie vor zu. Er sorgt idealerweise für einen einheitlichen Login zu den integrierten Systemen, damit die Anwender*innen sich nicht mehrere Zugangsnamen und Passwörter merken müssen. Ein digitaler Einstiegspunkt bietet sich aber nicht nur für die internen Mitarbeitenden an, sondern auch für B2B-Kunden oder für Lieferanten. Fast jedes Unternehmen betreibt hier mittlerweile ein entsprechendes Portal bzw. ein Zugangssystem.

Vorteile

Ein digitaler Einstiegspunkt bietet den grundsätzlichen Vorteil, dass er thematisch organisiert ist und eine technologische Abstraktion von den angeschlossenen Systemen bietet. Somit ist der Austausch eines Systems bzw. eines Service sehr viel einfacher, da nur der entsprechende Link ausgetauscht werden musss. Im Zuge der SAP-Evolution ist die Welt allerdings in diesem Punkt variantenreicher geworden bzw. die technologische Abgrenzung schwieriger. Heute bieten SAP-Fachlösungen wie SAP S/4HANA oder SAP SuccessFactors einen portalartigen Einstieg, der auf den ersten Blick nicht mehr ohne Weiteres von den übergeordneten Einstiegspunkten rund um die SAP Build Work Zone zu unterscheiden ist. Darauf werden wir in den späteren Kapiteln, insbesondere in Kapitel 11, »SAP Build Work Zone«, noch einmal gesondert eingehen.

2.2.2 Service- und Anwendungsentwicklung

Die Anwendungslandschaft (Application Landscape) ist in vielen Unternehmen stark diversifiziert.

Unterschiedliche Benutzeroberflächen

Endanwender*innen arbeiten mit Softwareprodukten verschiedener Hersteller, die mit unterschiedlichen Benutzer-Interfaces aufwarten. Diese sind insbesondere bei Cloud-Lösungen erfrischend modern, bei Bestandssystemen aber deutlich in die Jahre gekommen. Das ist auch innerhalb der SAP-Welt der Fall. Auch hier wurden evolutionär verschiedenste Benutzeroberflächen eingesetzt, mit ihrem jeweils eigenständigen Look-and-feel. Ältere Softwareprodukte bedeuten zwar nicht notwendigerweise eine schlechtere Funktionalität, moderne Features wie eine responsive Darstellung fehlen aber trotzdem. Aber wie bei der Mode kommt es auch bei der IT aus Sicht der Benutzer*innen auf das Gefühl an. Wer trägt schon gerne einen 20 Jahre alten Anzug? Eine Überalterung der IT führt zwangsläufig zu einem Imageproblem, und das Unternehmen wird von jungen Bewerber*innen als »altbacken« eingestuft.

IT-Management

Die Vielfalt in den Anwendungstechnologien hat aber auch auf das IT-Management erhebliche Auswirkungen. Je breiter und variantenreicher ein

Unternehmen hier aufgestellt ist, desto höher sind die damit verbundenen Aufwände. Im IT-Support müssen verschiedene Kompetenzen bei den Mitarbeitenden vorhanden sein, um mit Rat und Tat zur Seite stehen zu können. Die Weiterentwicklung oder Wartung einer Software kann sich als Problem erweisen. Handelt es sich um spezielle Technologien sind die Expert*innen rar und schlechte Entwicklungsdokumentationen erschweren Neulingen den Einstieg. Oftmals fehlen aber auch dringend erforderliche Integrationsmöglichkeiten und offene Schnittstellen.

Vielzahl von Anwendungen

Die Menge der Anwendungen hat sich in den letzten Jahren massiv erhöht. Im Konzernumfeld sind häufig mehr als tausend Anwendungen und Services im Einsatz. Diese verteilen sich auf unterschiedliche Prozessbereiche oder Geschäftssegmente und sind auch international unterschiedlich. Häufig ist diese Heterogenität auch durch Akquisitionen bedingt. In der Summe erzeugt diese »Unübersichtlichkeit« eine hohe Komplexität im Anwendungsmanagement. Dies zeigt sich auch versteckt in Umfragen des Gallup-Instituts. Nur 22 % der Mitarbeitenden sind mit dem Onboarding zufrieden. Dies liegt zum Teil an der »komplexen Anwendungslandschaft«. Anwender*innen schätzen nun einmal die Einfachheit, nicht die Komplexität (Quelle: Gallup Inc. (2023): Gallup Engagement Index Deutschland 2023, *http://s-prs.de/v1015305*, [zuletzt abgerufen am 22.04.2024]).

Paradigmenwechsel

In der Service- und Anwendungsentwicklung hat mittlerweile ein Paradigmenwechsel stattgefunden. Früher waren Anwendungssysteme vergleichbar mit einem großen und starren Gebilde. Ähnlich einem Stein, der zwar sehr stabil ist, sich aber keinen Zentimeter vom Fleck bewegt. Einmal umgesetzt waren Veränderungen nur schwer und mit großen Anstrengungen möglich. Das war früher auch in Ordnung, weil das Geschäft der Unternehmen vergleichsweise stabil und nicht der heutigen Marktdynamik ausgesetzt war.

Serviceorientierung

Heute setzen Unternehmen in der Anwendungsentwicklung aber auf eine Serviceorientierung. Es entstehen kleinere Anwendungseinheiten für eine spezielle Aufgabe. Diese Einheiten sind in der Praxis viel einfacher zu modifizieren. SAP hat hierfür das *SAP-Fiori-Designprinzip* im Jahr 2013 ins Leben gerufen. Hiermit wurde die Benutzungserfahrung mit SAP-Produkten deutlich verbessert. Anwendungen werden im Rahmen der SAP-Fiori-Philosophie in Häppchen für spezifische Aufgaben bereitgestellt (rollenbasiert) und sind im Hinblick auf ihre Oberflächen geräteunabhängig nutzbar (responsives Design). Schritt für Schritt wird das gesamte SAP-Portfolio auf das SAP-Fiori-Designsystem umgestellt. Hiervon sind auch alle zugekauften Produkte betroffen, die ursprünglich noch mit anderen Benutzeroberflächen ausgeliefert worden sind. Mittlerweile können wir hier von einem

De-facto-Standard im SAP-bezogenen Anwendungsdesign sprechen. Dies hat natürlich auch Auswirkungen auf alle Erweiterungslösungen und Zusatzentwicklungen im SAP-Umfeld. Alle Marktpartner haben hier jetzt einen optischen Orientierungspunkt, wie moderne Anwendungsoberflächen im SAP-Kontext funktionieren müssen.

Umsetzung moderner Anwendungen

In der Praxis hat es sich für eine Vorbereitung der Anwendungsmodernisierung bewährt, die eigene Anwendungslandschaft zunächst einmal zu klassifizieren. Dies kann z. B. durch eine Einordnung in die Kategorien *Prozesszuordnung*, *Komplexität* und *Benutzergruppe* erfolgen.

Prozesszuordnung

Bei der Zuordnung der Anwendung in Prozesse unterscheidet man typischerweise in Kernprozesse, Supportprozesse und spezialisierte Prozesse. Unter *Kernprozessen* versteht man dabei essenzielle und kritische Prozesse, ohne die ein Unternehmen nicht handlungsfähig ist. Dies ist z. B. die Materialwirtschaft, die Produktionsplanung oder die Finanzbuchhaltung. Supportprozesse hingegen unterstützen, wie der Name bereits ausdrückt, das Unternehmen in seinen betrieblichen Abläufen. Hierunter fallen etwa das Personalmanagement oder der Einkauf. Diese Prozessarten sind zwar branchenspezifisch ausgeprägt, ähneln sich jedoch stark im Unternehmensvergleich. Anders verhält es sich bei den spezialisierten Prozessen, die teilweise auch die Differenzierung des Unternehmens repräsentieren. Beispiele für spezialisierte Prozesse sind die individuelle Verwaltung und das Management von Ladesäulen für E-Fahrzeuge eines Energiedienstleisters, Loyalitätsprogramme im Einzelhandel oder die klinische Studienverwaltung in der pharmazeutischen Industrie.

Komplexität

Anwendungen unterscheiden sich auch in ihrer *Komplexität*. Hierfür ist es sinnvoll, zunächst ein einfaches Schema anzuwenden mit einer Einteilung in die Segmente »Niedrige Komplexität«, »Mittlere Komplexität« und »Hohe Komplexität«. Vor allem im Bereich der niedrigen Komplexität bietet SAP Build mit seinen Werkzeugen ein enormes Potenzial. Hierzu zählen z. B. einfache Formulare zur Dateneingabe wie Bestellformulare, Veranstaltungsregistrierungen oder Mitarbeiterumfragen. Diese Anwendungen beinhalten keine speziellen Geschäftslogiken oder Integrationen mit anderen Systemen. In die Kategorie »Mittlere Komplexität« fallen Anwendungen, die bereits eine Geschäftslogik enthalten und mit anderen Anwendungen integriert sind. Wird z. B. im Reporting ein interaktives Dashboard verwendet, das eine Datenanbindung zu verschiedenen Systemen nutzt, fällt das in diese Kategorie. Sind in der Anwendung spezielle Geschäftslogiken umgesetzt, d. h. mehrstufige Workflows, Berechnungen oder Überprüfungen, sind dies typische Indikatoren für eine mittlere Komplexität. Praxisbeispiele sind die Wartungsplanung und -verfolgung der betrieblichen Infrastruktur oder das Rezepturmanagement in der chemischen Industrie. Anwendungen mit hoher Komplexität bieten viele individuelle Funktionen und Besonderheiten, ausgeklügelte Geschäftslogiken sowie diverse Integrationen zu anderen Systemen des Unternehmens. Typischerweise fallen die Teilmodule eines SAP-Systems wie die Finanzbuchhaltung, die Produktionsplanung oder das Lieferantenmanagement in diesen Bereich. Häufig werden Anwendungen maßgeschneidert auf das Unternehmen angepasst und berücksichtigen die individuellen Besonderheiten.

Benutzergruppe

Bei der dritten Kategorie handelt es sich um ein ebenfalls sehr wichtiges Klassifizierungskriterium, nämlich die *Zuordnung nach Benutzergruppen*. Im Grundsatz können interne und externe Benutzergruppen unterschieden werden. Interne Benutzer sind Mitarbeiter*innen des Unternehmens, die entweder in Festanstellungen oder über Personaldienstleister in den Unternehmensprozessen tätig sind. Externe Benutzer*innen umfassen Lieferanten, Kunden oder Partner des Unternehmens. Innerhalb dieser Gruppen ist es wichtig, zwischen der absoluten Menge der Benutzer*innen (Anzahl) und der Benutzungsintensität zu unterscheiden. Ein Beispiel: Eine Zeiterfassung wird von allen Mitarbeitern*innen des Unternehmens täglich verwendet, während der Dienstwagenantrag nur von einer kleinen Anzahl von Mitarbeiter*innen alle drei Jahre verwendet wird. Dies kann bereits ein sehr guter Indikator dafür sein, wie sich eine spätere Investition dann auch »rechnet«.

Umsetzung moderner Anwendungen

Die Wege, wie moderne Anwendungen umgesetzt werden, können unterschiedlich sein. Es gibt auch hier nicht die eine oder die beste Methode. Die Umsetzung erfolgt als Technologiemix, von dem die Anwender*innen durch ein einheitliches Oberflächendesign allerdings nichts mitbekommen sollten. Geht es um die Entwicklung eigener Anwendungen oder Erweiterungen, sind grundsätzlich drei verschiedene Ansätze möglich:

- No-Code-Entwicklung
- Low-Code-Entwicklung
- Pro-Code-Entwicklung

No-Code-Entwicklung

Die Zielsetzung der No-Code-Entwicklung besteht darin, Fachanwender*innen mit ihren spezifischen Fach- und Prozesskenntnissen die Möglichkeit zu bieten, einfache Workflow-Prozesse und Aufgaben zu automatisieren, ohne Softwareentwickler*innen hinzuziehen zu müssen. Die Umsetzung erfolgt dabei in einer einfachen, grafischen Benutzeroberfläche. Erforderliche Formulare und User-Interface-Elemente werden per Drag-and-drop erzeugt. Die gesamte Entscheidungslogik wird in übersichtlichen Tabellen verwaltet. Die erstellten Lösungen können in ihrem Lebenszyklus sehr einfach veränderten Rahmenbedingungen wie einer Gesetzesänderung angepasst werden. Ein Beispiel ist die Einführung eines zusätzlichen Workflow-Schritts. Typischerweise kann eine No-Code-Entwicklung auch um Pro-Code-Elemente ergänzt werden, falls in einem Teilbereich doch einmal komplexere Logiken abgebildet werden müssen oder spezielle Schnittstellen erforderlich sind. Hierbei ist zu beachten, dass SAP mittlerweile recht gute Konfigurationsmöglichkeiten für seine eigenen Anwendungen anbietet. Es ist also nicht zwingend eine »Neuentwicklung« erforderlich, sondern es können über Konfigurationen die Inhalte sowie die Anwendungsoberflächen dem eigenen Unternehmen angepasst werden.

Low-Code-Entwicklung

Zwischen der No-Code-Entwicklung und der Low-Code-Entwicklung besteht ein fließender Übergang. In den späteren Kapiteln werden wir noch darauf eingehen, wie SAP hierbei eine Abgrenzung in seinem Portfolio vornimmt. Im Gegensatz zur No-Code-Entwicklung richtet sich die Low-Code-Entwicklung auf der Basis von SAP Build Apps sowohl an versierte Fachanwender*innen als auch an professionelle Entwickler*innen. Die Benutzeroberflächen können sehr einfach und flexibel gestaltet werden – allerdings im Rahmen der Funktionsweise der einzelnen Komponenten/Editoren und nicht ganz so frei, wie es beim reinen Pro-Coding-Ansatz der Fall ist. Es besteht dafür die Möglichkeit, JavaScript für logische Erweiterungen zu benutzen. Zielsetzung der Low-Code-Entwicklung ist vor allem eine schnellere Umsetzung von Lösungen bei einer einfachen Wartbarkeit. Die Umsetzenden werden hierbei auch grafisch unterstützt, auf das Coding kann aber in fast allen Bereichen Einfluss genommen werden.

Pro-Code-Entwicklung

Die Pro-Code-Entwicklung richtet sich an professionelle Entwickler*innen und basiert auf professionellen Entwicklungswerkzeugen bei vollständiger Freiheit in der Entwicklung. Diese Umgebungen sind auch tatsächlich für Fachanwender*innen ohne Programmierkenntnisse nicht mehr verständlich. Insbesondere durch den Einsatz künstlicher Intelligenz entwickeln sich diese Werkzeuge wie SAP Build Code aber auch rasant weiter. Ein Großteil des Programmcodes kann bereits heute automatisch in Form einer Deskription erzeugt werden.

2.3 Zusammenfassung

Die SAP-Build-Suite bietet mit Ihren Teilprodukten viele Möglichkeiten für fachliche Problemlösungen intelligenter Unternehmen. Dies sind zum einen zentrale Einstiegspunkte, inklusive der Möglichkeit zum Informationsmanagement und zur Zusammenarbeit, zum anderen moderne Prozesse und Anwendungen, die auf Wunsch in die zentralen Einstiegspunkte thematisch integriert werden können.

Für Unternehmen ist es wichtig, die spezifischen Herausforderungen des eigenen Unternehmens zu validieren und die wirklichen Probleme zu identifizieren, da diese oft unter der Oberfläche liegen. Kommt es hier zu falschen Annahmen oder ist die Betrachtung nicht tiefgründig genug, wird es zu Akzeptanzproblemen der Lösungen kommen. Investieren Sie deshalb genügend Zeit in die Problemanalyse und starten Sie nicht zu früh in die Lösungsdefinition bzw. Umsetzung. In der Problemanalyse sollte das Team unbedingt interdisziplinär und altersstrukturell gemischt sein. Die Teilnehmer*innen repräsentieren hier typischerweise den späteren Benutzerkreis.

Für einen technologischen Ansatz hat es sich bewährt, zunächst mit einem einfachen Thema in eine erste Umsetzung zu starten und die Produktfamilie und Möglichkeiten so besser kennenzulernen. Ein gutes Betätigungsfeld ist das Segment »Mensch und Organisation«.

In der Gesamtperspektive sollten Sie aber größer denken. Die Einführung von SAP Build im Unternehmen ist selten ein einzelnes, losgelöstes Projekt. Vielmehr handelt es sich um ein Programm, dass mehrere Projekte gruppiert und mit einem übergeordneten Programmziel versehen wird. Soll z. B. ein Programm »Modernisierung des digitalen Arbeitsplatzes für Verwaltungsmitarbeitende« aufgesetzt werden, so besteht dies aus mehreren Projekten bzw. Teilprojekten. Hierzu zählen der Aufbau eines zentralen Einstiegspunktes, die Anwendungsmodernisierung und die Prozessautomatisierung.

Nutzen Sie für die Umsetzung dabei das Konzept des *Minimal Lovable Products* (MLP) und arbeiten Sie iterativ agil. Hiermit erreichen Sie bereits in der ersten Ausbaustufe eine wirkliche Begeisterung bei den Benutzer*innen und bieten eine deutliche Verbesserung im Vergleich zur bisherigen Arbeitsweise.

TEIL II

SAP Build im Kontext des intelligenten Unternehmens

Kapitel 3
Was ist das Leitbild von SAP Build?

In diesem Kapitel zeigen wir auf, wie das Leitbild von SAP Build zu verstehen ist und für welche Bedürfnisse die Lösungen eingesetzt werden können. Sie erhalten zudem eine Übersicht der Werkzeuge und der Anwendung.

SAP Build ist eine Low-No-Code-Plattform, die es Ihnen ermöglicht, Geschäftsanwendungen, Automatisierungs-Workflows und Geschäftsseiten zu erstellen, ohne dass dafür umfangreiche Programmierkenntnisse erforderlich sind. Die Plattform zielt darauf ab, die Geschäftstransformation zu beschleunigen, und ermöglicht es sowohl technischen als auch nicht technischen Benutzer*innen (sogenannten *Key Usern*), effizient an der Entwicklung von Lösungen mitzuwirken. Zudem macht Low-Code professionelle Entwickler*innen auch produktiver, z. B. bei der Entwicklung von Frontend-Anwendungen. Auch erfahrene Full-Stack-Entwickler*innen nutzen gerne Vorlagen (Store Content) und Metadaten sowie generative künstliche Intelligenz (KI) für Codegenerierung und Low-Code-Entwicklung.

In Abschnitt 3.1 beschreiben wir allgemein das Ziel von SAP Build und die Definition von Low-Code-/No-Code-Plattformen. In Abschnitt 3.2 erklären wir Ihnen den Sinn und die Motivation, warum es diese Plattform gibt. Abschnitt 3.3 gibt einen Überblick über die wichtigsten Funktionen von SAP Build.

3.1 Ziel

Das Ziel von SAP Build ist es, die Geschäftstransformation und Innovation durch benutzerfreundliche Entwicklungswerkzeuge zu ermöglichen. SAP Build zielt zudem darauf ab, Unternehmen und Entwickler*innen in die Lage zu versetzen, schnell und effizient Anwendungen, Erweiterungen und Integrationen zu erstellen, die spezifisch auf Geschäftsbedürfnisse zugeschnitten sind. In Abbildung 3.1 sehen Sie die Kernfunktionen von SAP Build im Überblick. Diese Kernfunktionen beinhalten folgende Komponenten: SAP Build Apps für das Erstellen von Low-Code-Apps, SAP Build Process

Automation für das Erstellen von Low-Code-Automatisierungen und Workflows, SAP Build Work Zone für das Erstellen von Low-Code-Unternehmensportalen und Webseiten. Die Komponenten können nahtlos und sicher miteinander und in Backend-Systeme integriert werden.

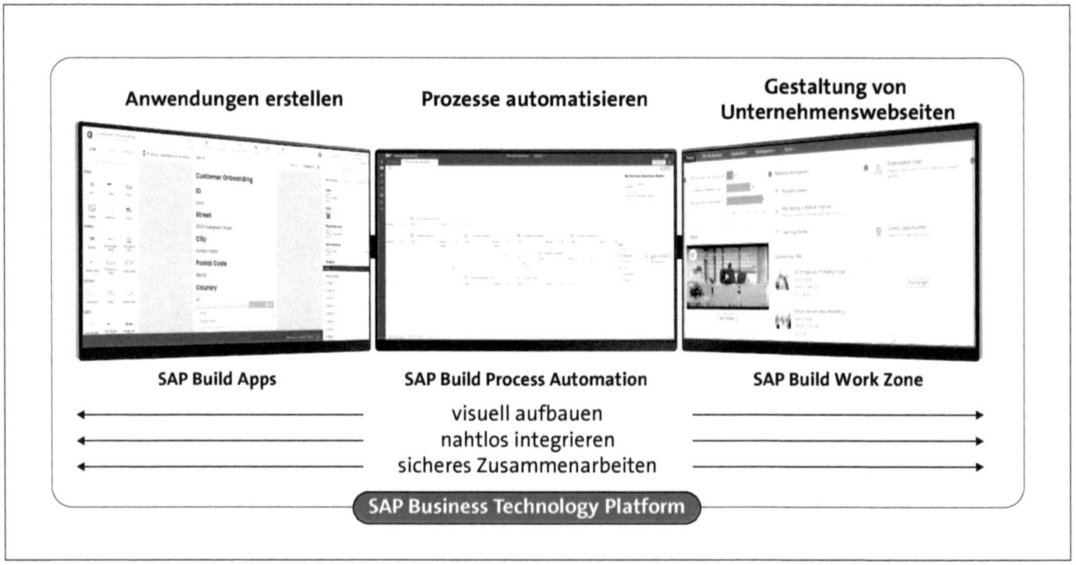

Abbildung 3.1 Überblick über die Kernfunktionen von SAP Build

Damit Sie das Ziel von SAP Build etwas besser verstehen, müssen Sie wissen, was eine zukunftsorientierte Low-Code-/No-Code-Plattform (LCNC-Plattform) wie SAP Build bieten kann und welche verschiedenen Eigenschaften für Unternehmen relevant sind:

- **Geschäftstransformation beschleunigen**

  LCNC-Plattformen zielen darauf ab, die Geschäftstransformation zu beschleunigen, indem sie Unternehmen ermöglichen, Anwendungen, Workflows und Geschäftsseiten schnell und effizient zu erstellen. Dies unterstützt die Anpassungsfähigkeit der Unternehmen in einem sich ständig verändernden Markt.

- **Zugänglichkeit für alle**

  Die LCNC-Plattformen ermöglichen sowohl technischen als auch nicht technischen Benutzer*innen, effektiv an der Entwicklung von Lösungen teilzunehmen. Dieser inklusive Ansatz fördert eine breitere Beteiligung und Innovation im Unternehmen.

- **Förderung und Befähigung von Key Usern**

  Durch die Bereitstellung einer benutzerfreundlichen Entwicklungsumgebung ermöglichen die LCNC-Plattformen den sogenannten Key Usern, also Geschäftsnutzer*innen ohne tiefe technische Kenntnisse, eigene Anwendungen zu entwickeln. Dies trägt zur Demokratisierung der Technologieentwicklung bei.

- **Integration und Flexibilität**

  Die LCNC-Plattformen integrieren sich nahtlos in bestehende Systeme, was die Flexibilität erhöht und eine umfassende Lösung für verschiedene Geschäftsanforderungen bietet.

- **Sicherheit und Compliance sowie Governance und Lifecycle Management**

  Trotz der Einfachheit und Benutzerfreundlichkeit legen die LCNC-Plattformen großen Wert auf Sicherheit und Compliance, um die Integrität und Sicherheit der Unternehmensdaten und -anwendungen zu gewährleisten. Auch das Zusammenspiel von Entwicklung und IT-Administration für Governance, Transport Management und Lifecycle Management ist notwendig.

- **Nachhaltigkeit und Verantwortung**

  Im Einklang mit den allgemeinen Werten können die LCNC-Plattformen auch Aspekte der Nachhaltigkeit und sozialen Verantwortung beinhalten, indem sie Lösungen fördern, die positive Auswirkungen auf Gesellschaft und Umwelt haben.

Insgesamt stehen Low-Code-/No-Code-Plattformen für Innovation, Zugänglichkeit und Effizienz in der Anwendungsentwicklung mit einem klaren Fokus auf der Beschleunigung der digitalen Transformation und der Ermöglichung einer aktiven Teilnahme eines breiten Spektrums von Benutzer*innen an der Gestaltung von Geschäftslösungen. Etwas tiefer beleuchtet der Kontext zur digitalen Transformation.

Digitale Transformation

Im Zuge der digitalen Transformation spielt es eine immer größere Rolle für Unternehmen, die Fachbereiche einzubeziehen. Das Ziel besteht darin, dass auch Nicht-Programmierer*innen effizient Anwendungen, Prozesse und Geschäftsseiten gestalten und automatisieren können, was eine wesentliche Verbesserung der täglichen Arbeitsabläufe und Prozessabwicklungen mit sich bringt. Das bedeutet, dass dank LCNC-Plattformen technisch versierte Personen aus den Fachbereichen und professionelle Entwickler*innen gemeinsam aktiv an der digitalen Umgestaltung mitwirken können, indem sie maßgeschneiderte Anwendungen und Formulare zur Datenerfassung kreieren und Prozesse automatisieren. Ein prägnantes Beispiel ist die Digitalisierung und Automatisierung wiederkehrender Aufgaben mittels Robotic Process Automation (RPA), die Teil von SAP Build Process Automation ist. Dies kann nicht nur fachliches Know-how freisetzen, sondern auch Zeitressourcen sparen und so die Konzentration auf strategisch relevante Aufgaben ermöglichen.

Ein weiterer wichtiger Faktor ist, dass professionelle Entwickler*innen schneller zu einer Lösung kommen: Für erste einfache Anwendungen kann ein User Interface mit wenigen Klicks erstellt, können Unternehmensportale mit Drag-and-drop aufgesetzt oder Prozessautomatisierungen umgesetzt werden. Das Entwickeln von Low-Code-Lösungen ist intuitiv und benutzerfreundlich, vergleichbar mit dem Erstellen einer Präsentation. Auf einer leeren Leinwand lassen sich Vorlagen und vorgefertigte Komponenten mühelos einfügen, um individuelle Anwendungen zu gestalten. So nehmen wir nun SAP Build mit diesen Zielen genauer unter die Lupe.

Visuelles Erstellen

Der besondere Mehrwert von SAP Build liegt in der visuellen Erstellung von Anwendungen und Geschäftsseiten sowie in der codefreien Automatisierung von Prozessen. Die Plattform ermöglicht eine konfigurierbare umfassende Integration von Geschäftsdaten und -prozessen aus SAP- und Nicht-SAP-Systemen, gestützt durch eine Vielzahl vorbereiteter Konnektoren und Geschäftsinhalte. Diese Funktionalität fördert die Erstellung von Side-by-Side-Erweiterungen und die reibungslose Integration externer Systeme.

[»]

Side-by-Side-Erweiterungen

Side-by-Side-Erweiterungen sind Erweiterungen und Integrationen mit benutzerdefinierten oder Standardgeschäftsanwendungen auf der SAP Business Technology Platform (SAP BTP). Dies geschieht entweder über stabile APIs oder über Geschäftsereignisse aus einem SAP-Produkt, wie z. B. SAP S/4HANA. Diese werden am Schluss des Kapitels noch ausführlich erklärt.

Wiederverwendbare Komponenten und Vorlagen

Ein weiteres zentrales Merkmal von SAP Build ist die Fähigkeit, erstellte Artefakte – darunter UX-Komponenten, Workflows, Datenmodelle und Geschäftslogiken – über verschiedene Produkte und Projekte hinweg zu teilen. Dies fördert nicht nur die Wiederverwendung von Komponenten, sondern erleichtert auch die Erstellung durchgängiger Lösungen. Ein umfangreiches Angebot an vordefinierten Vorlagen und Modulen, die sich intuitiv per Drag-and-drop in die Entwicklungsfläche integrieren lassen, macht die Anwendungsentwicklung effizient und benutzerfreundlich. SAP Build verbindet somit Individualität mit Synergie, indem es eine flexible und integrierte Entwicklungsplattform bereitstellt. Speziell auch die Prozessautomatisierung wird durch über 1.300 verfügbare Komponenten erheblich vereinfacht. Im SAP Store befinden sich über 500 Vorlagen, die Sie einfach übernehmen können. Weitere Vorlagen werden kontinuierlich hinzugefügt.

Kollaboration und Administration

Wie funktioniert die Zusammenarbeit? SAP Build unterstützt die sichere Zusammenarbeit in Teams und über Projekte hinweg, indem Lösungen für eine spätere Wiederverwendung in anderen Projekten und Produkten gespeichert werden können. Zudem berücksichtigt die Plattform wichtige Aspekte wie Administration und Lebenszyklusmanagement von Unternehmensanwendungen, was SAP Build zu einem umfassenden und effizienten Werkzeug im Kontext der Unternehmensdigitalisierung macht.

Lobby

Ein weiterer essenzieller Aspekt von SAP Build ist die Schaffung einer einheitlichen Plattform, die es ermöglicht, Entwickler*innen mit unterschiedlichem Hintergrund – von Key Usern ohne spezialisierte Programmierkenntnisse bis hin zu professionellen Pro-Code-Entwickler*innen – unter einem Dach zusammenzubringen. Dabei spielt der zentrale Einstiegspunkt von SAP Build, die *Lobby* (siehe Abbildung 3.2), eine zentrale Rolle. Der gemeinsame Einstiegspunkt fördert eine integrative Entwicklungsatmosphäre, in der Projekte nicht nur geteilt, sondern auch in ihrer Vielfalt und Komplexität angereichert werden können.

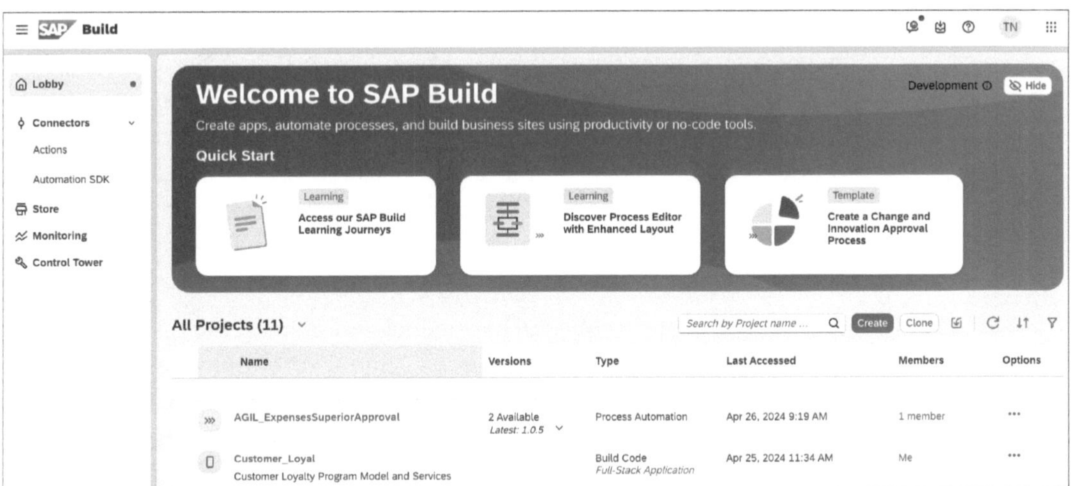

Abbildung 3.2 SAP Build Lobby als zentraler Einstieg

Durch die Lobby wird eine gemeinsame Schnittstelle nahtloser, kollaborativer Workflows geschaffen, der die Grenzen zwischen technischen und fachlichen Expert*innen aufhebt. Wie Sie in Abbildung 3.3 sehen, haben die

Entwickler*innen die Wahl zwischen drei Optionen, die wiederum in eine der Lösungen führen, die wir in Abschnitt 3.3, »Übersicht der Key Capabilities«, noch genauer beschreiben.

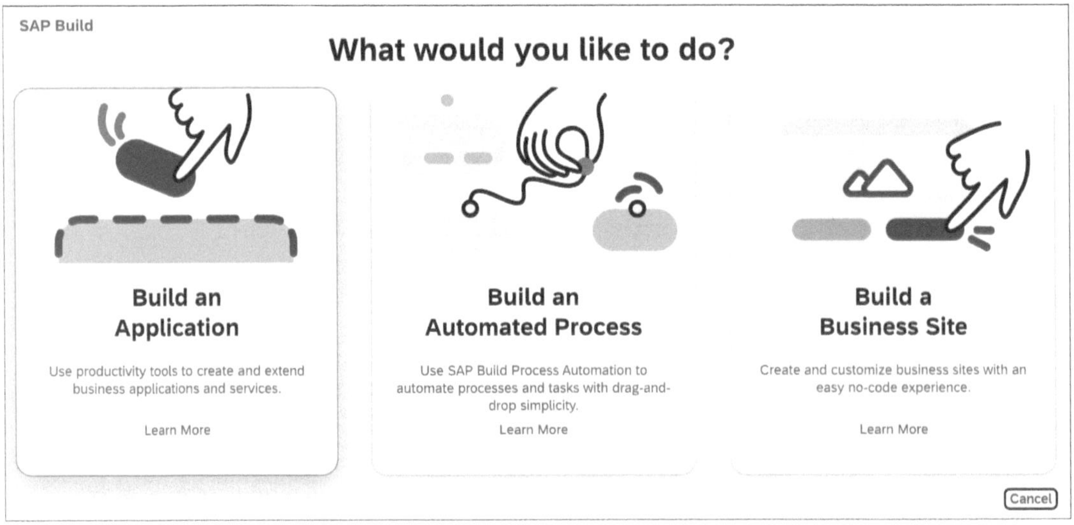

Abbildung 3.3 SAP Build Lobby: Art des Projekts wählen

Harmonisierung der Benutzeroberflächen

Ein weiterer Punkt ist die Integration und Durchgängigkeit der Lösungen. Durch die Vereinheitlichung der Benutzeroberflächen in der SAP BTP und in SAP Build (siehe Abbildung 3.4) wird die Zusammenarbeit zwischen verschiedenen Entwicklergruppen maßgeblich gestärkt. Diese Harmonisierung erleichtert den Austausch von Know-how und fördert eine kohärente Entwicklungspraxis über die gesamte Plattform hinweg. Entwickler*innen profitieren unabhängig von ihrer Spezialisierung oder ihrem Erfahrungsgrad von einer intuitiven und konsistenten User Experience, die es erleichtert, sich auf die Logik und Funktionalität der zu erstellenden Lösungen zu konzentrieren.

Einheitliche Benutzeroberflächen reduzieren die Einarbeitungszeit, minimieren Verwirrung und erleichtern den Zugriff auf Werkzeuge und Ressourcen. Dies ist besonders vorteilhaft in einem Umfeld, das sowohl Key User*innen als auch Pro-Code-Entwickler*innen umfasst, da es die Barriere für den Einstieg in die Entwicklung verringert und eine Plattform bietet, auf der beide Gruppen effektiv und effizient zusammenarbeiten können. Darüber hinaus ermöglicht die standardisierte Oberfläche eine nahtlose Integration verschiedener Projekte und Komponenten, was die Wiederverwendbarkeit von Code und die Pflege von Entwicklungsstandards unterstützt. Dies trägt dazu bei, dass SAP Build nicht nur ein Werkzeug für die Entwicklung, sondern auch ein Katalysator für die Förderung einer integrativen und adaptiven Entwicklergemeinschaft ist, die bestrebt ist, zusammenzuarbeiten und innovative Lösungen innerhalb des SAP-Ökosystems zu schaffen. Durch diese geschaffene Konvergenz erreicht und erleichtert man die Einhaltung von Governance- und Sicherheitsstandard, da Richtlinien zentral definiert und durchgesetzt werden können.

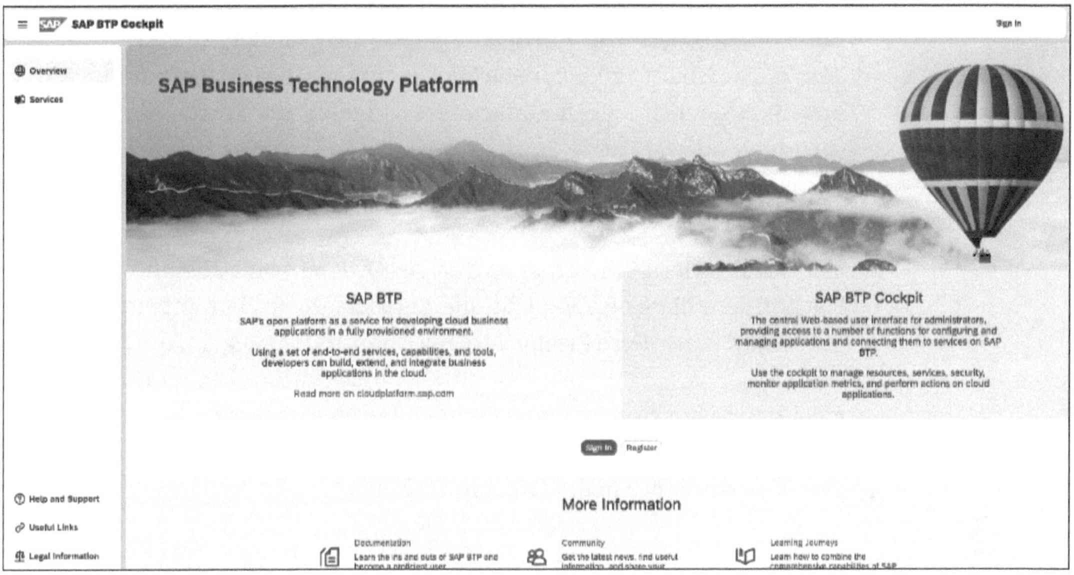

Abbildung 3.4 Einheitliches Interface: SAP BTP Cockpit

Zentrale Zugriffsverwaltung und Sicherheit

Ein weiterer Vorteil dieser Herangehensweise ist die zentrale Verwaltung der Zugriffsrechte auf Ressourcen und Systeme, sowohl SAP-eigene als auch externe. Die zentrale Steuerung von Berechtigungen ermöglicht es, die Sicherheitspolitik konsistent und effizient zu gestalten, Risiken zu minimieren und Compliance-Anforderungen gerecht zu werden. Durch die zentrale Governance können Entwickler*innen auf alle notwendigen Ressourcen zugreifen, während gleichzeitig die Integrität und Sicherheit der Unternehmensdaten gewährleistet bleibt.

Governance

Dabei sind wir nun schon im nächsten wichtigen Thema von Low-Code-/No-Code-Plattformen: Governance und Sicherheit. Nicht integrierte Low-Code-Lösungen schnell, ohne Strategie und ohne Governance einzuführen, bringt zahlreiche Risiken und Herausforderungen mit sich. Dazu zählen z. B.:

- Bedenken in Bezug auf die Sicherheit
- Compliance-Fragen

- Defizite bei der Integration von Systemen und deren Daten
- unwirtschaftliche Nutzung von Ressourcen sowie das Risiko von Überproduktion und Redundanz
- nicht unterstützte Lösungen in der Unternehmens-IT
- Verlust der Kontrolle

Besonders der letzte Aspekt ist leider in vielen Unternehmen bereits der Fall: Vom Business und von den Fachbereichen wurden Anwendungen mit dem Ziel beschafft, eine schnelle Lösung für tägliche Herausforderungen zu finden. Zusätzlich locken Einfachheit, Schnelligkeit, kostenlose Versuchsversionen oder günstige Starterpakete. Oft entpuppen sich diese Schnellkäufe später beim Gebrauch und beim Roll-out in Unternehmen (Enterprise-Lizenzen) als sehr teuer.

Eine strukturierte Governance für No-Code-/Low-Code- und Pro-Code-Plattformen, die es ermöglicht, die Entwicklungen den Entwickler*innen zuzuteilen, kann diese Risiken abschwächen, indem Regeln und Abläufe für den Einsatz von Technologien, für Kommunikationswege und für die Ermächtigung der Nutzer*innen deutlich festgelegt werden. In Abschnitt 3.3, »Übersicht der Key Capabilities«, gehen wir noch einmal genauer auf das Thema Governance in der Organisation ein.

3.2 Sinn und Motivation

Zwei zentrale Themen verdienen besondere Aufmerksamkeit, um die Zukunft der Geschäftswelt und der Technologieentwicklung zu verstehen. Wir werden einer noch nie da gewesenen Zunahme an Entwicklungen gegenüberstehen, die Geschäftsmodelle werden sich rasant und kontinuierlich wandeln. Die Fähigkeit, sich diesen Veränderungen schnell anzupassen und agil zu reagieren, wird entscheidend sein. Auf der einen Seite stehen robuste, standardisierte ERP-Systeme, die die Kernprozesse eines Unternehmens abbilden und Stabilität bieten. Auf der anderen Seite muss das Unternehmen im Vordergrund agil bleiben, mit Anwendungen, die den täglichen, sich ständig verändernden Geschäftsanforderungen gerecht werden. Das Fachwissen und die Bedürfnisse für diese Anwendungen sind tief in den Fachabteilungen der Unternehmen verankert – dort, wo das Verständnis für das Geschäft, den Markt, die Kund*innen, Lieferanten und Wettbewerber liegt. Diese Fachexpert*innen müssen in die Lage versetzt werden, mit Anwendungen, Prozessautomatisierungen und Workflows schnell auf Marktveränderungen zu reagieren.

Fachkräftemangel und Low-Code-Lösungen

Zudem sehen wir uns mit einer zunehmenden Verknappung der Entwicklungsressourcen konfrontiert. Es ist absehbar, dass wir in Zukunft nicht genügend Entwickler*innen haben werden, um den Bedarf unserer Wirtschaft zu decken. Daher ist es essenziell, die vorhandenen Entwicklungsressourcen gezielt dort einzusetzen, wo echte Entwicklungsarbeit notwendig ist. In den letzten Jahren haben makroökonomische Herausforderungen wie steigende Inflation, Arbeitskräftemangel und Unterbrechungen der Lieferketten Unternehmen dazu gezwungen, agiler und effizienter zu werden als je zuvor. Doch im Wettlauf um Modernisierung und Optimierung sind die Entwicklungsteams überlastet. Unternehmen wenden sich Low-Code zu, um die Lücke zwischen ihren Entwicklungs- und Automatisierungsanforderungen und dem zunehmenden Mangel an Entwicklungsressourcen zu schließen.

Dieses Szenario unterstreicht die Notwendigkeit von Key-User-Entwicklung und Low-Code-/No-Code-Plattformen, die es Fachexpert*innen ermöglichen, eigene Lösungen zu gestalten und so die Lücke in der Softwareentwicklung zu schließen. Durch die Ermächtigung der Fachbereiche zur Selbstentwicklung von Lösungen können sich Entwickler*innen auf komplexe und wertschöpfende Projekte konzentrieren, während gleichzeitig die Innovationsfähigkeit und Anpassungsgeschwindigkeit des gesamten Unternehmens gesteigert wird.

Key-User-Entwicklungen

Key-User-Entwicklung ist eine innovative Bewegung, die das Potenzial hat, die bestehende Kluft an technischem Know-how zu überbrücken, die insbesondere im Bereich der erfahrenen Entwickler*innen zu spüren ist. Diese Bewegung ermöglicht es, eine Kultur der Innovation zu etablieren, die Key User und Fachabteilungen erlaubt, schnell und eigenständig auf ihre spezifischen Anforderungen zu reagieren, ohne auf traditionelle IT-Lösungen angewiesen zu sein. Damit kann eine Synergie geschaffen werden, die sowohl für die IT-Abteilungen als auch für die Geschäftsbereiche vorteilhaft ist.

Die Stärke der Key-User-Entwicklung liegt darin, dass es nicht technische Geschäftsnutzer*innen befähigt, die Automatisierung von Prozessen und die Entwicklung von Anwendungen selbst in die Hand zu nehmen. Diese Anwendungen sind nicht nur maßgeschneidert auf die Bedürfnisse ihrer täglichen Arbeit, sondern sie tragen auch dazu bei, menschliche Fehler zu reduzieren und die Kundenerfahrung zu verbessern. Durch die Demokratisierung der Entwicklungstools wird das Fachwissen der Mitarbeitenden direkt in wertvolle, technische Lösungen umgewandelt, wodurch die Effizienz gesteigert und die Innovationsfähigkeit des Unternehmens insgesamt erhöht wird. Die Key-User*innen sind damit das wichtigste Element im Digitalisierungskonzept, um die digitale Transformation in Unternehmen voranzutreiben und allen Mitarbeitenden die Möglichkeit zu geben, aktiv an dieser Entwicklung teilzuhaben. Dies erweitert die Rolle von Geschäftsanwender*innen, indem sie zu Key-User*innen werden und aktiv zur digitalen Transformation ihrer Organisation beitragen können. Mit LCNC-Tools werden Fachexpertise und technische Umsetzung in Einklang gebracht, um die Entwicklungsdynamik zu erhöhen und Innovationen voranzutreiben.

Abbildung 3.5 zeigt das Wachstum der Applikationen in der nächsten Zeit, z. B. in Unternehmungen, im Vergleich von Pro-Code zu Low-Code und zu No-Code. In der Abbildung sehen Sie auch, dass die Professional Developer alle drei Bereiche unterstützen und abdecken.

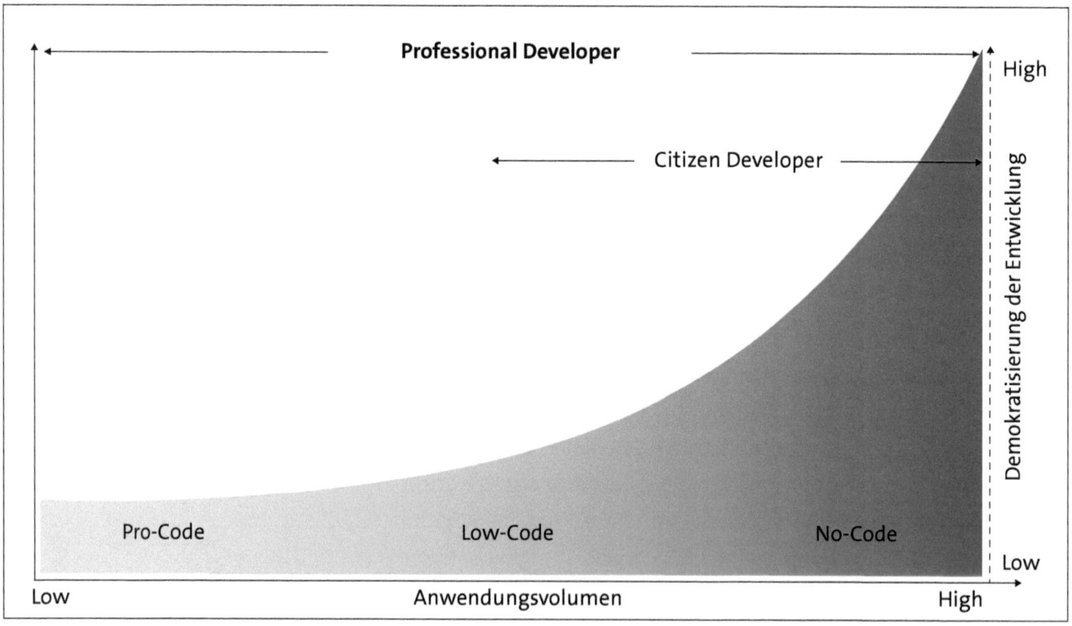

Abbildung 3.5 Wachstum der Softwareentwicklung und Anforderungen

Quadranten der Softwareentwicklung

Die Typologie der Entwickler*innen in den Bereichen Low-Code, No-Code und Pro-Code ist komplex und vielschichtig. Key-User-Entwickler*innen stehen im Zentrum dieser Typologie und repräsentieren den demokratisierenden Einfluss von Low-Code-/No-Code-Plattformen auf die Softwareentwicklung. Die Typologie erstreckt sich über vier Quadranten, die durch den Bedarf an Anpassbarkeit und Flexibilität während des Entwicklungsprozesses sowie durch das jeweilige Fähigkeitsniveau der Entwickler*innen definiert sind. Jeder dieser Quadranten reflektiert eine andere Mischung aus diesen Dimensionen, von hochadaptiven, flexiblen Ansätzen bis hin zu stärker standardisierten und regelbasierten Umgebungen (siehe Abbildung 3.6). Die vier Quadranten repräsentieren die folgenden Bereiche:

- **Key-User-Entwickler*innen**, die mit No-Code-Plattformen arbeiten und minimalen Anpassungsbedarf bei maximaler Benutzerfreundlichkeit suchen
- **Key-User-Entwickler*innen und Business Developer,** die Low-Code-Optionen nutzen, um Anwendungen mit gewissen Anpassungsmöglichkeiten zu entwickeln, ohne tief in komplexe Codierung einzusteigen
- **Pro-Code- und Systementwickler*innen,** die in traditionelleren Pro-Code-Umgebungen arbeiten und ein hohes Maß an Customizing benötigen, um komplexe Systeme und Integrationen zu entwickeln
- **Hybrid Developer,** die eine Mischung aus Low- und Pro-Code-Elementen nutzen, um sowohl Flexibilität als auch tiefe Anpassungsfähigkeit zu erreichen. Der Begriff, der hierfür verwendet wird, ist Fusion Development, also das Zusammenspiel von Fach- und IT-Abteilung.

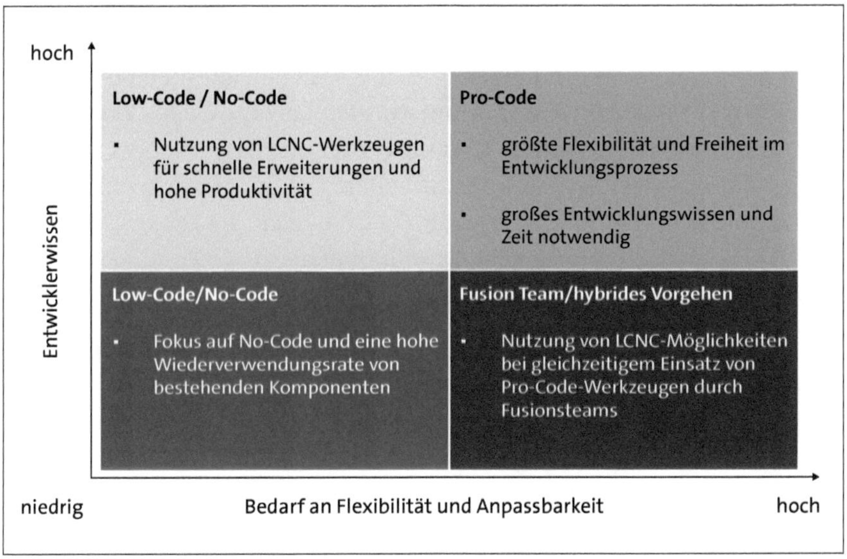

Abbildung 3.6 Vier Quadranten

Diese Typologie verdeutlicht, dass die Entwicklung von Software zunehmend nicht nur eine Frage des technischen Könnens, sondern auch der Wahl der richtigen Werkzeuge und Ansätze ist, um den jeweiligen Bedürfnissen der Entwickler*innen und der Projekte gerecht zu werden. In diesem sich weiterentwickelnden Ökosystem ist es entscheidend, dass die Werkzeuge und Plattformen so gestaltet sind, dass sie Entwickler*innen aller Fähigkeitsstufen unterstützen und ihnen ermöglichen, effektiv zur digitalen Transformation beizutragen.

Generative KI in der Entwicklung

Als weitere Motivation und Sinn für den Einsatz von SAP Build ist die generative KI mit ihren Möglichkeiten der Low-Code- und Pro-Code-Entwicklung zu nennen. Dabei könnte der Low-Code-Bereich sogar noch wichtiger sein, da hier eine gute und durchgängige Unterstützung der Key User notwendig ist. Dieser neue Entwicklungstrend ist nicht nur eine technologische Neuerung, er bietet auch eine Reihe Vorteile. Dazu gehören z. B.:

- **Effizienzsteigerung und Produktivität**

  Generative KI kann den Entwicklungsprozess erheblich beschleunigen, indem sie automatisiert Code generiert, der von Entwickler*innen weiter verfeinert werden kann. Low-Code-Plattformen nutzen diese Technologie, um einfache Anwendungen schnell und mit minimalem Programmieraufwand zu erstellen. Dies ermöglicht es Unternehmen, schneller auf Marktanforderungen zu reagieren und ihre Time-to-Market zu verkürzen.

- **Qualitätsverbesserung durch KI-gestützte Pro-Code-Generierung**

  Für komplexere Anwendungen und Integrationen, die eine höhere Präzision und Feinabstimmung erfordern, bietet die Pro-Code-Generierung durch KI erhebliche Vorteile. KI kann Muster und Best Practices aus riesigen Datenmengen lernen und anwenden, um qualitativ hochwertigen und optimierten Code zu erstellen. Dies reduziert die Fehleranfälligkeit und erhöht die Robustheit der Anwendungen.

- **Integration und Flexibilität im SAP-Umfeld**

  SAP-Systeme sind oft komplex und erfordern maßgeschneiderte Lösungen. Generative KI kann hier unterstützen, indem sie spezifische SAP-Module und -Funktionalitäten versteht und integriert. Durch die Kombination von Low-Code für schnelle Anpassungen und Pro-Code für tiefgehende Integration und Anpassung können Unternehmen flexible und skalierbare Lösungen entwickeln, die nahtlos in ihre bestehende SAP-Landschaft integriert werden.

- **Zukunftssicherheit und Innovationsförderung**

  Der Einsatz von generativer KI in der Softwareentwicklung ermöglicht es Unternehmen, mit den neuesten technologischen Trends Schritt zu halten und sich auf zukünftige Innovationen vorzubereiten. Die kontinuierliche Verbesserung und das Lernen der KI-Systeme stellen sicher, dass die entwickelten Lösungen immer auf dem neuesten Stand der Technik sind und den sich ändernden Geschäftsanforderungen gerecht werden.

Der Trend zur generativen KI in Verbindung mit Low-Code- und Pro-Code-Generierung ist ein bedeutender Schritt in der Evolution der Softwareentwicklung. Insbesondere im SAP-Umfeld bietet dieser Ansatz eine Vielzahl von Vorteilen, die von Effizienzsteigerungen und Produktivitätsgewinnen bis hin zur Förderung von Innovation und Qualität reichen. Unternehmen, die diesen Trend frühzeitig adaptieren, können sich einen erheblichen Wettbewerbsvorteil sichern und ihre digitale Transformation erfolgreich vorantreiben.

3.3 Übersicht der Key Capabilities

Im Berufsalltag kämpfen Angestellte oft damit, relevante Informationen zu finden, verbringen zu viel Zeit mit dem Wechsel zwischen Geschäftsanwendungen oder finden nicht die benötigte Anwendung für eine spezifische Aufgabe. Komplexe Unternehmenstechnologielandschaften führen zu schlechten Benutzererfahrungen aufgrund der Vielzahl unterschiedlicher Inhaltsarten, Benutzeroberflächen, IT-Systeme, Inhaltsverzeichnisse, Anwendungen und Kanäle.

SAP Build ermöglicht es denjenigen, die am nächsten an den Geschäftsproblemen dran sind, dem Finanzmanagement, den Supply-Chain-Gurus und Fertigungsexpert*innen, Unternehmensanwendungen zu erstellen und zu erweitern, Prozesse zu automatisieren und Geschäftsseiten per Drag-and-drop zu gestalten. In diesem Abschnitt möchten wir daher zunächst auf die grundlegenden Prinzipien von SAP Build eingehen, die SAP BTP als Grundlage für die Lösungen kurz vorstellen und im Anschluss die Leitbilder der Lösungen SAP Build Apps, SAP Build Work Zone und SAP Build Process Automation einzeln kurz erläutern.

3.3.1 Vorteile und wichtige Funktionen

Dabei bietet SAP Build vor allem die folgenden Vorteile:

- **Sicheres Zusammenarbeiten**

  Fördern der Zusammenarbeit zwischen Geschäfts- und Entwicklungsteams mit integriertem Governance und Lifecycle Management

- **Visuelles Erstellen**

  Erstellen von Unternehmensanwendungen, Automatisieren von Prozessen und Entwerfen von Geschäftsseiten, ohne Code zu schreiben

- **Nahtlose Integration**

  Beschleunigen der Entwicklung mit vorgefertigten Konnektoren und Business Content für SAP- und Nicht-SAP-Systeme
- **Einheitliches Monitoring**

  Monitoring der gesammelten Ereignisse aus den bereitgestellten Workflows und Automatisierungsaufträgen
- **Grundkonfiguration an einer Stelle**

  Control Tower, um die Details und verschiedene Einstellungen zu überprüfen, die für Tenants erforderlich sind
- **Store für alle Vorlagen**

  Der Store bietet vorgefertigte Inhalte, die von SAP und autorisierten Partnern erstellt und kuratiert wurden.

Abbildung 3.7 gibt Ihnen einen Überblick über die Key Capabilities von SAP Build, die wir in diesem Abschnitt noch näher erläutern werden.

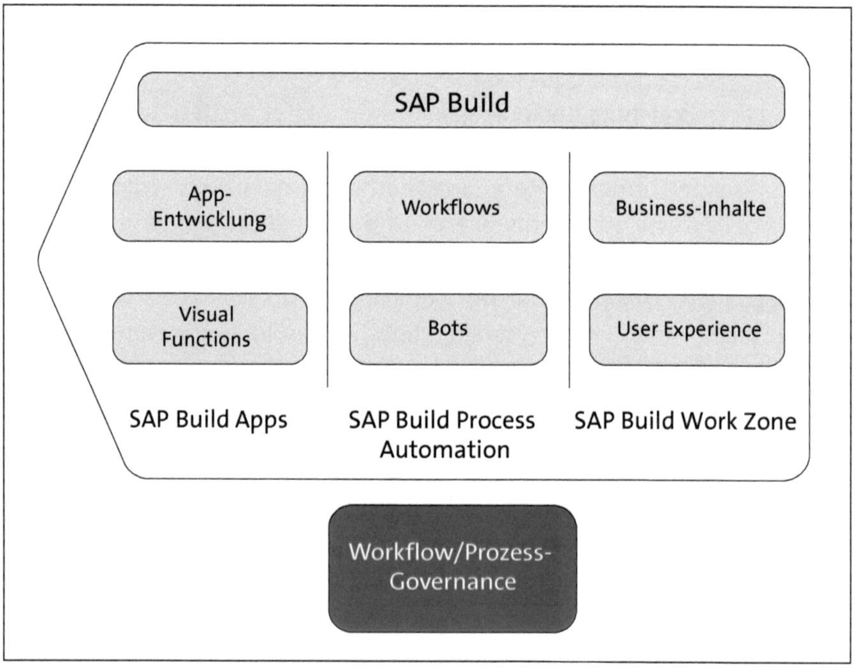

Abbildung 3.7 Key Capabilities von SAP Build

SAP Build ermöglicht also, mehr Anwender*innen unabhängig von ihrem Kenntnisstand zu entwickeln, und entlastet damit professionelle Entwickler*innen.

Im Folgenden möchten wir auf die einzelnen Vorteile noch einmal genauer eingehen. Wir starten mit dem organisatorischen Zusammenarbeiten, gehen dann zu dem Erstellen von Applikationen, der Integration, dem Überwachen und der Konfiguration mit SAP Build.

Prozess, Organisation und Governance

Die Grundlage der ganzen Zusammenarbeit der Tools ist ein einheitlicher Entwicklungsprozess, die Organisation und die definierte Governance.

Eine gute Governance des Entwicklungsprozesses, ob Code, Low-Code oder No-Code, ist für den Erfolg von Low-Code-Lösungen unerlässlich. Obwohl Low-Code-Tools die Anwendungsentwicklung revolutionieren, bringen sie auch neue Herausforderungen für IT- und Geschäftsleitung mit sich. Die IT-Organisation muss sicherstellen, dass keine Schatten-IT entsteht und dass Key-User*innen in der Lage sind, Anwendungen zu erstellen, die sicher, skalierbar und mit den Unternehmensstandards konform sind. Diese Unterstützung umfasst nicht nur eine frühzeitige Einbindung der Interessengruppen, sondern auch spezifische Schulungs- und Zertifizierungsprogramme für Key User sowie eine umfassende und präzise Dokumentation und Richtlinien. Diese Elemente sind entscheidend auf dem Weg zu einer erfolgreichen Zusammenarbeit zwischen Fachbereich und IT. Diese Zusammenarbeit wird auch *Governance-Triade* genannt (siehe Abschnitt 7.4, »SAP-Build-Governance-Triade«). Zur Governance-Triade gehören die folgenden drei Punkte:

- menschliche Komponente
- Prozess bzw. Prozessmanagement
- technologische Werkzeuge und Infrastruktur

Center of Excellence

Alle drei Elemente der Governance-Triade (Menschen, Prozesse, Technologie) sollten letztlich von der IT-Organisation gesteuert werden. SAP stellt sich außerdem vor, dass eine erfolgreiche Skalierung von SAP Build im gesamten Unternehmen am besten durch die Einrichtung eines von der IT geleiteten *Centers of Excellence* (CoE) unterstützt werden kann. Das CoE für SAP Build sollte folgende Schlüsselaufgaben übernehmen:

- **Entwicklungsskalierung mit Sicherheit**

  Dies beinhaltet die Einführung von Sicherheitsmechanismen, wie integrierte Sicherheitsvorkehrungen, sorgfältig ausgewählte APIs und Aktionsprojekte sowie die Nutzung vordefinierter Artefakte und Anwendungspakete. Weiterhin sind die Festlegung von Richtlinien, Genehmigungsprozessen und Entwicklungsabläufen wichtig. Diese Elemente sind ausschlaggebend für eine sichere Skalierung der Entwicklung im Unternehmen, bei gleichzeitiger Gewährleistung von Sicherheit und Effizienz.

- **Entwicklung im Low-Code-Bereich (Lifecycle Management)**
  Hierbei geht es um die Integration hochklassiger DevOps in die Prozesse. Dies schließt die Einbindung von Managementfähigkeiten, die für bestimmte Anwendungsfälle geeignet sind, sowie Continuous Integration und Continuous Delivery (CI/CD) in den Entwicklungsprozess ein. Dieser umfassende Ansatz sorgt für eine effiziente Entwicklung und Implementierung von Lösungen in der gesamten Organisation.
- **Fusion-Entwicklung**
  Im Fokus steht hier die Förderung einer dynamischen Zusammenarbeit zwischen verschiedenen Gruppen innerhalb der Organisation. Es geht darum, Co-Kreationsmodelle und Fähigkeiten zu entwickeln, die eine Zusammenarbeit zwischen IT, Geschäftsbereichsentwickler*innen und Key-User-Entwicklung fördern. Dieser Ansatz maximiert die Nützlichkeit und Anwendbarkeit der entwickelten Lösungen.
- **Operationalisierte Governance**
  In diesem Bereich des CoE liegt der Fokus auf der Umsetzung von Governance-Strategien. Dazu gehört die Einrichtung und Nutzung von CoE- und CoP-(Community-of-Practice-)Rahmen sowie der Einsatz von Methoden und Werkzeugen, um Entwickler aller Fähigkeitsstufen effektiv zu unterstützen. Dies gewährleistet, dass alle Beteiligten in der Organisation befähigt werden und die Governance-Strategien erfolgreich umgesetzt werden.

Weiterführende Informationen zu den Themen Governance und der Einführung eines CoE finden Sie in Kapitel 7, »Governance mit SAP Build«.

3.3.2 SAP BTP als Basis für SAP Build

Fünf Bereiche der SAP-BTP-Services

Die SAP-Build-Lösungen basieren wie viele der SAP-Services auf der SAP BTP. In diesem Abschnitt möchten wir Ihnen einen Überblick über die SAP-BTP-Services geben, damit Sie die SAP-Build-Suite im Kontext der Plattform und die Abhängigkeiten und Ergänzungen zu anderem Softwarekomponenten wie Data, KI und Integration verstehen. Die SAP BTP wird von SAP in fünf Bereiche eingeteilt, die Sie auch in Abbildung 3.8 sehen:

- App-Entwicklung
- Automatisierung
- Integration
- Daten und Analytics
- KI

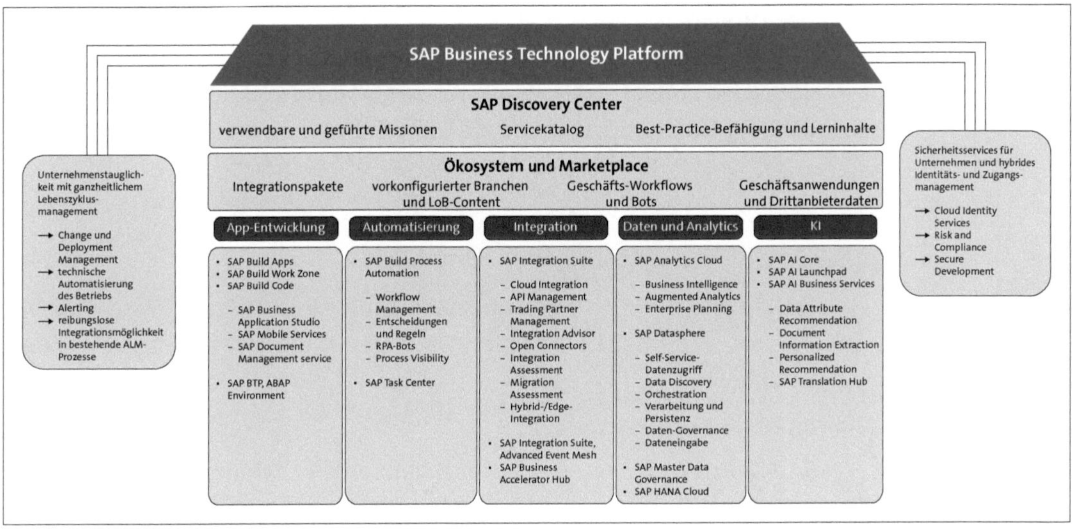

Abbildung 3.8 SAP-BTP-Cloud-Services

In der SAP BTP werden die drei Komponenten von SAP Build und deren Funktionen – SAP Build Work Zone, SAP Build Apps und SAP Build Process Automation – in die folgenden Bereiche eingeteilt:

- **App-Entwicklung**

  SAP BTP bietet eine Reihe von Werkzeugen, Services und Programmiermodellen für die Erweiterung Ihrer Systeme und Lösungen. Es gibt im Bereich SAP BTP App Development viele Möglichkeiten und Wege, SAP- und Nicht-SAP-Anwendungen und -Systeme zu integrieren und zu erweitern. Mit den Services können Anwendungen auf Basis von diversen Programmiersprachen (Java, JavaScript, ABAP und weiteren) oder auf Basis von No-/Low-Code entwickelt werden. Mit der Entwicklungsumgebung von SAP Build Apps, SAP Build Work Zone und dem SAP Business Application Studio sowie seit April 2024 auch mit SAP Build Code, können neue Anwendungsseiten und Anwendungen erstellt oder bestehende Anwendungen erweitert werden.

- **Automatisierung**

  Die SAP BTP bietet mit SAP Build Process Automation eine Lösung mit einer Reihe von Werkzeugen und Services für die Automatisierung und Erstellung von Workflows, Formularen und Aufgaben, die auf den Prozessen Ihrer Systeme und Lösungen basieren. Es gibt viele Möglichkeiten und Wege, Ihre SAP- und Nicht-SAP-Anwendungen und -Systeme zu automatisieren und Prozesse über Workflows abzubilden. Die Automatisierungen und Workflows können im Low-Code-/No-Code-Ansatz entwickelt werden. Im Weiteren gehören Tools wie das SAP Task Center dazu, das eine zentrale Inbox für alle SAP-Anwendungen bietet, sowie die Business Role Engine als ein Teil der Process Automation und einige integrierte AI-Services.

3.3.3 SAP-Build-Lösungen im Überblick

Nachdem wir Ihnen im vorherigen Abschnitt die SAP BTP als Basis von SAP Build vorgestellt haben, möchten wir nun auf die vier Lösungen von SAP Build eingehen. Zu den Lösungen gehören folgende Produkte:

- **SAP Build Work Zone**

  SAP Build Work Zone vereint die (früheren) Funktionen von SAP Launchpad Service mit SAP Fiori Elements, UI-Technologien und SAP Work Zone in einer Lösung und ermöglicht die schnelle Erstellung von ansprechenden und personalisierten Unternehmens-Websites.
- **SAP Build Apps**

  SAP Build Apps ermöglicht es Anwender*innen, ansprechende Web- und mobile Unternehmensanwendungen zu erstellen.
- **SAP Build Code (neu)**

  SAP Build Code steht für Codeentwicklung auf Basis generativer KI mit dem Assistenten Joule. Optimiert für die Entwicklung von Java- und JavaScript-Anwendungen bietet SAP Build Code eine sofort einsatzbereite Umgebung für die Programmierung, das Testen, die Integration und die Verwaltung des Lebenszyklus von Anwendungen.
- **SAP Build Process Automation**

  SAP Build Process Automation ermöglicht die Automatisierung von Workflows und Aufgaben mit umfassenden Workflow-Management-, Robotic-Process-Automation- und KI-Funktionen.

SAP Build Work Zone

SAP Build Work Zone zielt darauf ab, die Benutzererfahrung in komplexen Technologielandschaften von Unternehmen zu verbessern, indem eine einheitliche und intelligente Plattform geschaffen wird, die die Produktivität, das Engagement und die Effizienz steigert. Sie kombiniert verschiedene Inhaltstypen, Werkzeuge, Systeme und Kanäle, um eine konsistente und ansprechende Erfahrung über alle Geschäftsprozesse und Anwendungen hinweg zu bieten. Ziel ist es, den Mitarbeitenden zu helfen, schnell und einfach die benötigten Informationen zu finden, über geschäftliche Aktualisierungen informiert zu bleiben, Aufgaben auszuführen, Informationen mit ihren Teams auszutauschen und auf relevante Berichte und Warnmeldungen zuzugreifen.

SAP Build Work Zone bietet Anwender*innen einen zentralen Zugriff auf SAP- und kundenspezifische Anwendungen und Erweiterungen sowie auf Lösungen von Drittanbietern (Cloud/on premise) in einer personalisierten, rollenbasierten Benutzeroberfläche mit Suche, Aufgaben, Benachrichtigungen, Karten und mehr.

Standard und Advanced

SAP Build Work Zone ist in zwei Editionen erhältlich: Standard und Advanced. Während sich die Standard Edition auf die Anwendungsintegration und einen von den Administrator*innen bereitgestellten zentralen Einstiegspunkt konzentriert, ermöglicht die erweiterte Edition den Aufbau eines ansprechenden digitalen Arbeitsplatzes und eines Mitarbeiterportals, in dem Geschäftsdaten mit unstrukturierten Informationen (Dokumente, Nachrichten, Videos usw.) kombiniert werden. Darüber hinaus bietet sie Geschäftsanwender*innen Self-Services für die gemeinsame Nutzung von Informationen (z. B. in Form einer Wissensdatenbank, eines Forums oder Wikis).

Weiter gibt es die Möglichkeit der *Guided Experiences*, die mehrstufige Geschäftsprozesse vereinfachen sollen, indem sie in überschaubare und intuitive Schritte zerlegt werden. Jeder Schritt kann mit verschiedenen Arten von Inhalten angereichert werden, z. B. mit Videos, Dokumenten, Formularen, Aufgaben, UI-Karten und Anwendungen, um den Nutzer*innen alle notwendigen Informationen für die Ausführung des jeweiligen Schritts zu liefern.

SAP Build Work Zone erweitert zudem die Low-Code-/No-Code-Fähigkeiten auf der Ebene der Benutzererfahrung, indem es den Benutzer*innen einen Konsumkanal für Workflows, Anwendungen und Dienste bietet. Dadurch wird eine Personalisierung ohne Code und die Erstellung von Seiten/Portalen ermöglicht. Abbildung 3.9 beschreibt die Fähigkeit von SAP Build Work Zone und den Unterschied zwischen der Standard und der Advanced Edition. Weiter werden die Integrationsmöglichkeiten mit weiteren SAP-Build- und SAP-BTP-Services dargestellt. Die SAP Integration Suite kann hier genutzt werden, um weitere Systeme und Applikationen anzubinden. Auf diese gehen wir am Ende des Kapitels genauer ein.

In den folgenden Abschnitten gehen wir nun genauer auf die einzelnen Versionen von SAP Build Work Zone ein:

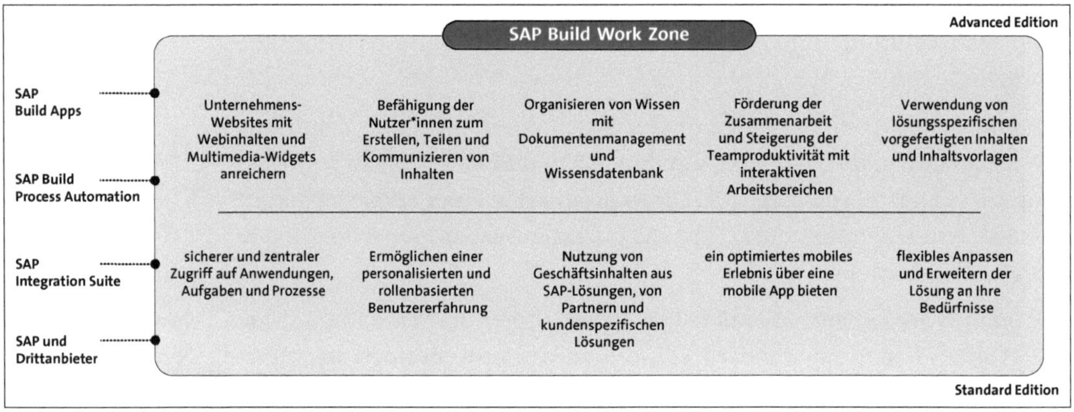

Abbildung 3.9 SAP Build Work Zone

SAP Start

SAP Start ist eine kostenlose, von SAP verwaltete Startseite, die speziell für SAP-Cloud-Lösungen konzipiert ist. Sie ermöglicht es Benutzer*innen, auf vorkonfigurierte Anwendungen und Aufgaben aus verschiedenen Geschäftsbereichen zuzugreifen, unabhängig von verbundenen Systemen.

SAP Build Work Zone, Standard Edition

SAP Build Work Zone, Standard Edition (früher bekannt als SAP Launchpad Service), bietet einen zentralen Zugriff auf Anwendungen, Aufgaben und Prozesse aus verschiedenen Cloud- und On-Premise-Systemen. Es ermöglicht die Integration benutzerdefinierter Anwendungen mit SAP-Standardanwendungen und unterstützt Erweiterungen und Anpassungen, einschließlich benutzerdefinierter Themen. In der SAP Roadmap von SAP Build Work Zone, Standard Edition sind weitere wichtige Verbesserungen geplant, die Bereiche wie Navigation (Seiten, Arbeitsbereich), Visualisierung (UI-Integrationskarten) sowie die Erstellung und Bereitstellung vorgefertigter Inhalte umfassen.

SAP Build Work Zone, Advanced Edition

SAP Build Work Zone, Advanced Edition (früher bekannt als SAP Work Zone) ergänzt das Standardangebot um erweiterte Funktionen für Content Management, Web Content, Team Workspaces und Integration mit Lösungen von Drittanbietern (z. B. MS Teams). Außerdem ermöglicht die Edition Geschäftsanwender*innen die Erstellung und Veröffentlichung von Inhalten. In der SAP Roadmap von SAP Build Work Zone, Advanced Edition sind weitere größere Verbesserungen im Bereich der Integration mit Geschäftsanwendungen (Benachrichtigungen, Aufgabencenter usw.), der Menüerstellung und eines vereinfachten Upgrades der Standardversion geplant.

Die verschiedenen Komponenten von SAP Work Zone, Advanced Edition können je nach den spezifischen Funktionen und Anforderungen variieren. Einige typische Komponenten könnten jedoch sein:

- Integrationswerkzeuge: Tools zur nahtlosen Integration von SAP- und Nicht-SAP-Anwendungen sowie zur Anbindung externer Datenquellen
- Anpassungs- und Erweiterungswerkzeuge: Module und Werkzeuge zur Anpassung und Erweiterung der Arbeitsumgebung, einschließlich der Integration von benutzerdefinierten Funktionen und Erweiterungen
- Sicherheitskomponenten: zusätzliche Sicherheitsfunktionen und Kontrollen zur Gewährleistung der Datensicherheit und zum Schutz vor unbefugtem Zugriff
- Analyse- und Reportingtools: Werkzeuge zur Analyse von Daten und zur Generierung von Berichten, um Einblicke in die Nutzung und Leistung der Arbeitsumgebung zu gewinnen
- Kollaborationstools: erweiterte Kollaborationsfunktionen wie Feed, Dokumentenaustausch, Chat über MS-Teams-Integration und gemeinsames Arbeiten an Projekten
- Benutzer- und Zugriffsverwaltung: Werkzeuge zur Verwaltung von Benutzern, Rollen und Berechtigungen innerhalb der Arbeitsumgebung
- Content-Management-System (CMS): ein CMS zur Verwaltung von Inhalten, Dokumenten und Ressourcen innerhalb der Arbeitsumgebung
- Entwicklungsplattform: eine Plattform zur Entwicklung von benutzerdefinierten Anwendungen und Erweiterungen, die in die Arbeitsumgebung integriert werden können

Mobile Services

Ein wesentlicher Schwerpunkt liegt auf der Nutzung von Cloud und mobilen Endgeräten als zentralen Einstiegspunkten in das intelligente Unternehmen (siehe Abbildung 3.10). Durch SAP Build Work Zone und verwandte Produkte erhalten Benutzer*innen jederzeit und überall nahtlosen Zugriff auf Geschäftsanwendungen, Prozesse und Daten. Dies stellt einen weiteren wichtigen Aspekt dar, der den zentralen Einstiegspunkt von SAP- und Nicht-SAP-Applikationen über SAP Build Work Zone unterstreicht.

Der Einstieg in die Entwicklung von SAP Build Work Zone, Standard und Advanced Edition geschieht auch über die SAP Build Lobby (siehe Abbildung 3.11).

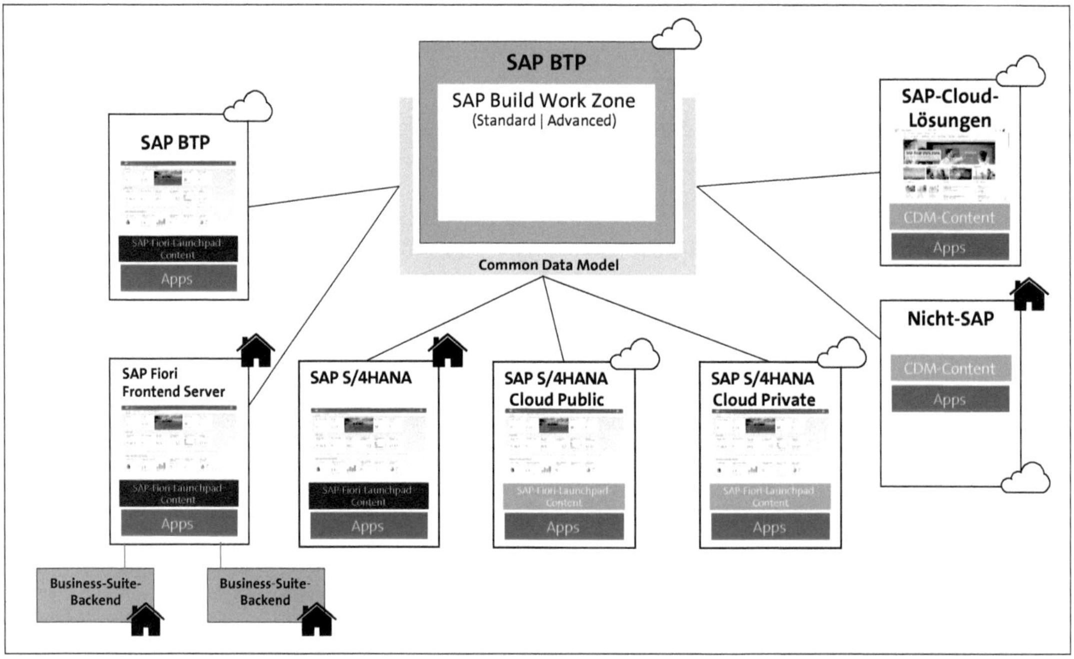

Abbildung 3.10 SAP Build Work Zone als zentraler Einstiegspunkt in die Unternehmensapplikationslandschaft

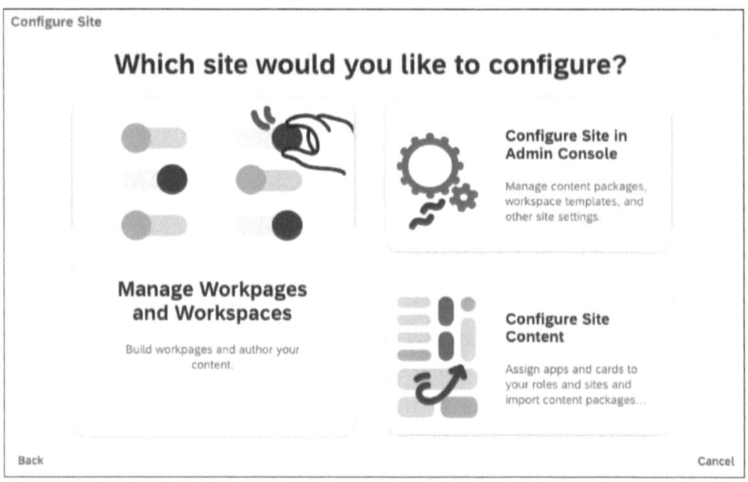

Abbildung 3.11 SAP Build Work Zone: Projekt auswählen

Es gibt zwei Arten von Inhaltspaketen, die für Kunden verfügbar sind:

- **Zentral bereitgestellte Inhaltspakete**

  Inhaltspakete, die allen Kunden der SAP Build Work Zone, Standard und Advanced Edition zur Verfügung stehen und keinen manuellen Upload erfordern. Diese Content-Pakete können nicht heruntergeladen oder angepasst werden, sondern müssen vom Administrator installiert werden, bevor die Content-Artefakte verwendet werden können. Von den Inhaltspaketen lässt sich aber eine Kopie erstellen, die angepasst werden kann.

- **Benutzerdefinierte Inhaltspakete**

  Inhaltspakete, die vom Kunden entwickelt und von den Administrator*innen manuell in den Subaccount hochgeladen wurden. Diese Inhaltspakete müssen ebenfalls von den Administrator*innen installiert werden, bevor die Inhaltsartefakte verwendet werden können.

Content-Pakete können die folgenden Content-Artefakte enthalten (siehe Abbildung 3.12):

- UI-Integrationskarten
- Arbeitsbereichsvorlagen
- exportierte Workspaces und Workpages

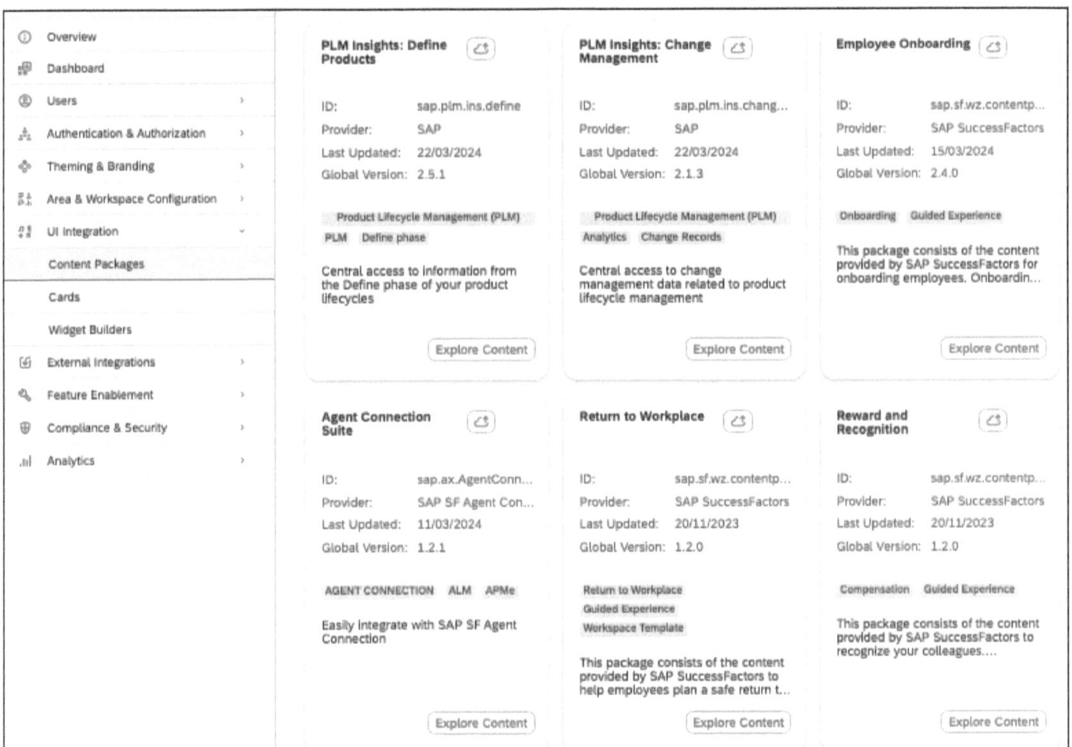

Abbildung 3.12 Content-Pakete

Workspace Templates In SAP Build Work Zone stehen sogenannte *Workspace Templates* zur Verfügung, die es den Benutzer*innen ermöglichen, Arbeitsbereichsinhalte schnell und einheitlich zu erstellen. Dadurch müssen Arbeitsbereiche nicht von Grund auf neu erstellt werden, stattdessen können vordefinierte Vorlagen verwendet werden, die verschiedenen Geschäftsszenarien entsprechen. Als Entwickler*innen können Sie auch zusätzliche Vorlagen erstellen und sie für ihren Subaccount bereitstellen (siehe Abbildung 3.13).

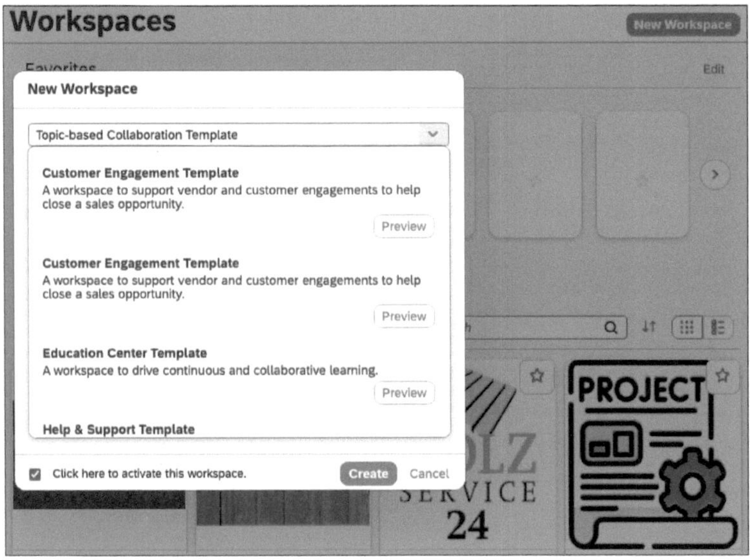

Abbildung 3.13 Workspaces in SAP Build Work Zone

Mehr Informationen zu SAP Build Work Zone finden Sie in Kapitel 11.

SAP Build Apps

SAP Build Apps ist eine visuelle Entwicklungslösung zum Erstellen von Unternehmensanwendungen, ohne dass Code geschrieben werden muss. Diese Applikation hat den Ursprung in der Firma App Gyver und wurde nach dem Kauf von SAP zu SAP Build Apps weiterentwickelt. SAP Build Apps ist primär für die Gestaltung mobiler Apps konzipiert. Die Standardarbeitsfläche hat die Form eines Mobiltelefons, kann jedoch nach Bedarf in jede gewünschte Form angepasst werden (z. B. für Tablets oder Webanwendungen). Darüber hinaus ermöglicht SAP Build Apps Entwickler*innen oder Geschäftsanwender*innen auch mit grundlegenden Programmierkenntnissen das Schreiben kleiner JavaScript-Module zur Durchführung spezifischer Anpassungen oder Erweiterungen. In Abbildung 3.14 finden Sie wieder eine Übersicht aller SAP-Build-Apps-Funktionen und deren Kombinationen mit anderen SAP-Build- und SAP-BTP-Services.

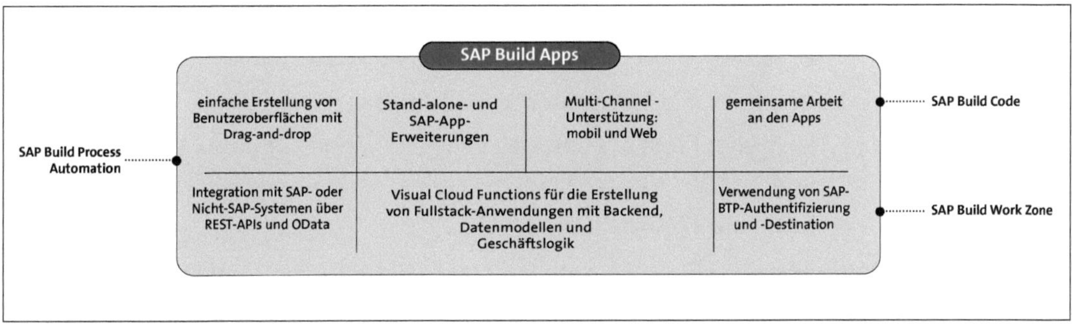

Abbildung 3.14 SAP Build Apps

Web- und mobile Applikationen

In SAP Build Apps haben Sie beim Erstellen von Anwendungen die Wahl zwischen zwei Optionen (siehe Abbildung 3.15):

- **Web & Mobile Application**
  Hierbei erstellen Sie Web- und mobile Anwendungen per Drag-and-drop mit einer umfangreichen Bibliothek von anpassbaren Komponenten für die Benutzeroberfläche, logischen Abläufen und Formeln für die Datentransformation.
- **Application Backend**
  Die Auswahl dieser Option dient dem Persistieren von Daten, dem Ausführen von Anwendungslogik und der Erstellung von No-Code-Anwendungs-Backends mithilfe der integrierten Cloud-Funktionen. Außerdem entwickeln Sie Lösungen, die eigenständig oder zusammen mit Ihren bestehenden SAP-Datenmodellen verwendet werden können.

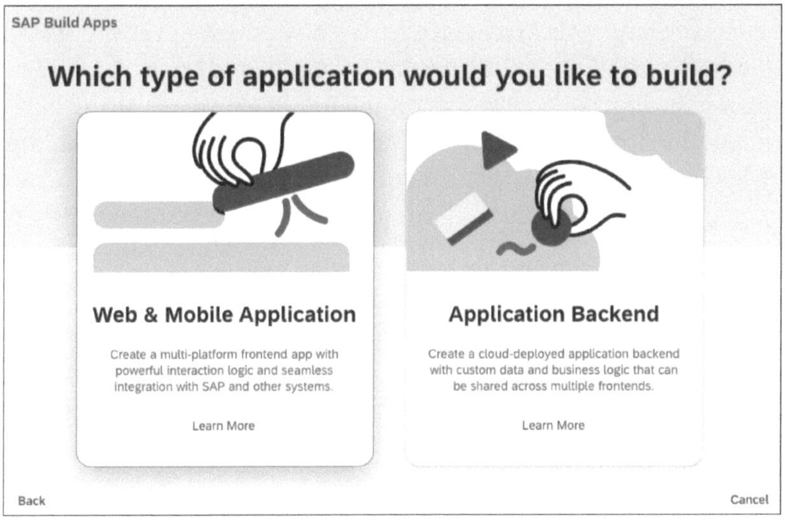

Abbildung 3.15 Projektart in SAP Build Apps wählen

Beim Prozess zur Erstellung einer App mit SAP Build Apps gibt es eine typische Methodik oder einen typischen Prozessablauf:

- **Benutzeroberfläche der Anwendung bauen**

  Sie bezieht sich auf das, was Benutzer*innen auf dem Bildschirm sehen und womit sie interagieren.

- **Datenabruf einrichten**

  Bezieht sich auf die von Backend-Systemen abgerufenen Informationen, die im Allgemeinen in der Benutzeroberfläche angezeigt werden.

- **Logik eingeben**

  Sie definiert die Aktionen, die als Reaktion auf Benutzerinteraktionen oder Anwendungsereignisse ausgeführt werden.

Diese Teile müssen von Anfang an berücksichtigt werden, wobei es sich empfiehlt, zunächst einen High-Level-Plan für die App zu erstellen.

SAP-Fiori-Design

Wie sehen die SAP Build Apps aus? Wie kann ich auf die UI Designs Einfluss nehmen? Seit der Version SAP Build Apps stehen den Anwender*innen SAP-Standard-Themes zu Verfügung. Das Theme von SAP Fiori ermöglicht es, SAP Build Apps gemäß dem SAP-Fiori-Designsystem zu gestalten. Durch die Verwendung dieses Themes kann sichergestellt werden, dass Anwendungen eine konsistente Benutzererfahrung bieten, die den modernen Standards von SAP entspricht. Die SAP Fiori Design Guidelines legen Richtlinien und Best Practices fest, um eine intuitive Benutzeroberfläche und eine einfache Interaktion mit Anwendungen zu gewährleisten. Darin ist eine Vielzahl von UI-Elementen, Farben, Schriftarten und anderen Gestaltungselementen enthalten, die in SAP Build Apps integriert worden sind. Eine kleine Anmerkung am Rande, die Pixel-Perfect-UI5-Entwicklung mit Low-Code ist auch eine Stärke (es gibt vermutlich kein Low-Code-Produkt, in dem das so gut gelungen ist wie in SAP Build Apps). Abbildung 3.16 zeigt die Möglichkeiten von SAP Build Apps, das User Interface anzupassen, und wie sich das Tool an den Standard von SAP hält, damit über alle SAP-Applikationen und Entwicklungsmöglichkeiten hinweg das gleiche User Interface erstellt werden kann.

Backend-Applikation erstellen

Mit der zweiten Option können Sie in SAP Build Apps Backend-Applikationen erstellen. Full-Stack-Entwickler*innen, die sowohl mit dem Frontend als auch mit dem Backend arbeiten, sind in der Lage, ganze Anwendungen selbst zu erstellen. Normalerweise benötigt man dafür unterschiedliche Fähigkeiten, Programmiersprachen oder zumindest unterschiedliche Ansätze.

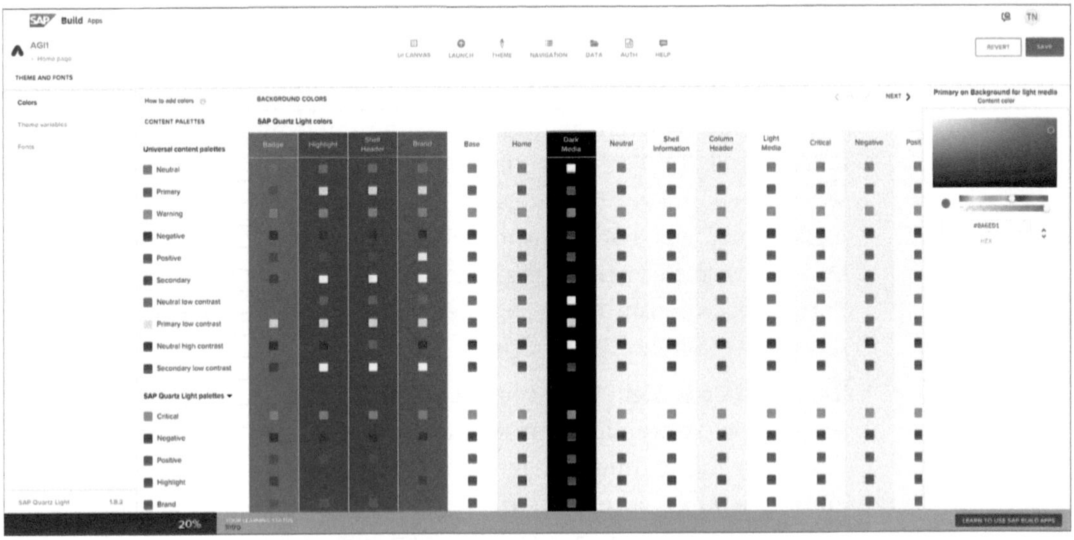

Abbildung 3.16 Theme in SAP Build Apps auswählen

Persistieren von Daten und Ausführen von Anwendungslogik

Mithilfe der integrierten grafischen Cloud-Funktionen (Visual Cloud Functions) können programmierfreie Anwendungs-Backends erstellt werden. Mit diesen Backend-Entwicklungen können Lösungen, die eigenständig oder zusammen mit den vorhandenen SAP-Datenmodellen genutzt werden, erstellt werden. In den eigenen Datenquellen können Entwickler*innen Datentabellen, sogenannte *Entitäten*, entwerfen und diese mit Daten füllen. Diese Datenquellen können dann in ihren Anwendungen verwendet werden, anstatt sich nur auf Daten aus externen Quellen zu verlassen. Das folgende Vorgehen können Sie also für das Erstellen einer SAP-Build-Apps-Backend-Applikation wählen:

1. Erstellen von Datenentitäten für die Applikation:

   Erstellen beliebiger Strukturen für die neue Backend-Applikation sowie das Erstellen von Daten aus integrierten Systemen

2. Erstellen der Logikfunktion für die Applikation:

   Erstellen der Backend-Logik in Form von Aktionen. Sie definiert die Aktionen, die als Reaktion auf Anwendungsereignisse und Anwendungslogik ausgeführt werden soll.

   Diese Aktionen, die die Daten verwenden, können aber auch Berechnungen durchführen und eine Teilmenge der Daten auf der Grundlage von Parametern zurückgeben, die von der Anwendung gesendet oder verlangt werden.

Mehr Informationen zu SAP Build Apps finden Sie in Kapitel 10.

SAP Build Code

SAP Build Code ist eine leistungsstarke Plattform für die Anwendungsentwicklung, die durch ihre fortschrittliche KI-Codegenerierung mit dem Copilot Joule eine effiziente Entwicklungsumgebung bietet. Diese KI-gestützte Funktion optimiert die Entwicklung von Java- und JavaScript-Anwendungen und ermöglicht es Entwickler*innen, komplexe Anwendungslogik direkt aus natürlichsprachlichen Beschreibungen zu generieren. Dadurch wird die Entwicklungsgeschwindigkeit erhöht und der Prozess für Entwickler*innen intuitiver gestaltet, insbesondere für diejenigen ohne traditionelle Programmiererfahrung.

SAP Build Code stellt eine umfassende Umgebung zur Verfügung, die alle Aspekte der Anwendungsentwicklung abdeckt, einschließlich Codierung, Tests, Integration und Management des gesamten Anwendungslebenszyklus. Diese integrierte Plattform vereinfacht den Entwicklungsprozess und steigert die Produktivität der Entwickler*innen erheblich.

Die Plattform bietet vorgefertigte Vorlagen und Guided Experiences (zur Unterstützung bei der Auswahl des richtigen Entwicklungswerkzeugs), um den Entwicklungsprozess weiter zu beschleunigen und zu vereinfachen. So können Entwickler*innen schnell und effizient Full-Stack-, Backend- und mobile Apps erstellen und erweitern. Zudem ist SAP Build Code speziell auf SAP-Entwicklung ausgerichtet und ermöglicht eine nahtlose Integration mit anderen SAP-Technologien und -Systemen. Mit vorgefertigten Integrationen, APIs und Geschäftsdiensten können Entwickler*innen problemlos mit SAP- und Drittanbieteranwendungen und -daten kommunizieren. Dies erleichtert die Entwicklung von Anwendungen, die auf eine breite Palette von Datenquellen und Geschäftssystemen zugreifen können, was die Flexibilität und Funktionalität der Anwendungen erhöht.

SAP Build Code basiert auf der SAP BTP und nutzt deren bewährte Funktionen und Möglichkeiten, einschließlich sicherer Authentifizierung, Autorisierung und Datenschutz. Dies ist entscheidend für den Schutz sensibler Unternehmensdaten. Darüber hinaus ermöglicht SAP Build Code die schnelle Erweiterung von Unternehmensanwendungen wie SAP S/4HANA, um spezifische Anforderungen und Geschäftsszenarien zu erfüllen (Side-by-Side-Erweiterung).

Die Plattform fördert die Zusammenarbeit zwischen Entwickler*innen und anderen Fachexpert*innen. Das verbesserte Fusion Development erleichtert die effektive Zusammenarbeit mit anderen professionellen Entwickler*innen und Geschäftsexpert*innen zur Erstellung innovativer und hochwertiger Anwendungen.

Durch das Kombinieren von Anwendungen über verschiedene SAP-Build-Lösungen hinweg können Entwickler*innen das optimale Werkzeug für ihre spezifischen Anforderungen auswählen und verwenden. Diese Flexibilität ermöglicht es ihnen, die Anforderungen ihrer Projekte präzise zu erfüllen und gleichzeitig von den Vorteilen der integrierten SAP-Landschaft zu profitieren.

Zusätzlich bietet SAP Build Code eine integrierte Governance, die alle Stakeholder, einschließlich Entwickler*innen, Fachexpert*innen und IT-Administrator*innen, vereint. Diese Governance-Struktur gewährleistet die Einhaltung von Richtlinien und Best Practices während des gesamten Entwicklungsprozesses und trägt dazu bei, bessere Geschäftsergebnisse sicher voranzutreiben.

Auch hier ist die Lobby von SAP Build die zentrale Einstiegsseite. Die Grundlage von SAP Build Code ist das bereits bekannte SAP Business Application Studio. Das SAP Business Application Studio ist eine cloudbasierte Entwicklungsumgebung, die für professionelle Entwickler*innen der Erstellung von Anwendungen und Erweiterung von SAP-Lösungen dient. Wenn Sie in SAP Build Code einsteigen, stehen Ihnen zwei Optionen für die Entwicklung zur Verfügung (siehe Abbildung 3.17):

- **UI Application**
  Mit Auswahl dieser Option erstellen Sie ein User Interface mit SAP Fiori Freestyle oder SAP Fiori Elements.
- **Full-Stack Application**
  Mit der Auswahl dieser Option entwickeln Sie Erweiterungen und Full-Stack-Applikationen (eigene Applikationen) mit einem mobilen oder einem Desktop-User-Interface.

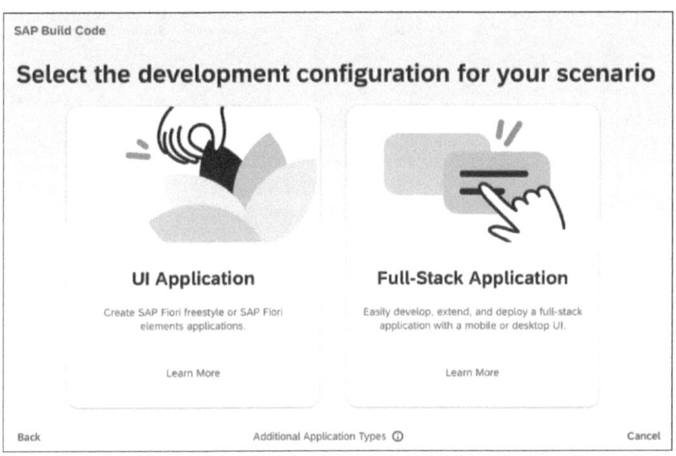

Abbildung 3.17 Entwicklungskonfiguration in SAP Build Code auswählen

[»]

SAP Fiori Elements und SAP Fiori Freestyle

SAP Fiori Elements ist ein Framework, das auf SAPUI5 beruht. Dieses Framework unterstützt die meistgenutzten Anwendungsfälle und enthält vorkonfigurierte Benutzeroberflächen, wie z. B. Overview Pages, List Reports, Worklists, Object Lists und Analytical List Pages, als Standard-User-Interface. Weiterhin gibt es aber auch Standardelemente für die Ausgabe und das Filtern des Inhalts einer Datenbankabfrage oder die Suche nach Business-Objekten. Im Gegensatz dazu wird in SAP Fiori Freestyle frei entwickelt, nur die SAP Fiori Design Guidelines sind dort vorgeben.

In Abbildung 3.18 sehen Sie anhand eines Beispiels, wie Joule in SAP Build Code die Grundlagen einer Applikation erstellt. Die im Prompt beschriebenen Objekte werden vorgeschlagen und können übernommen werden. Joule erstellt dann die Datenmodelle sowie die Services.

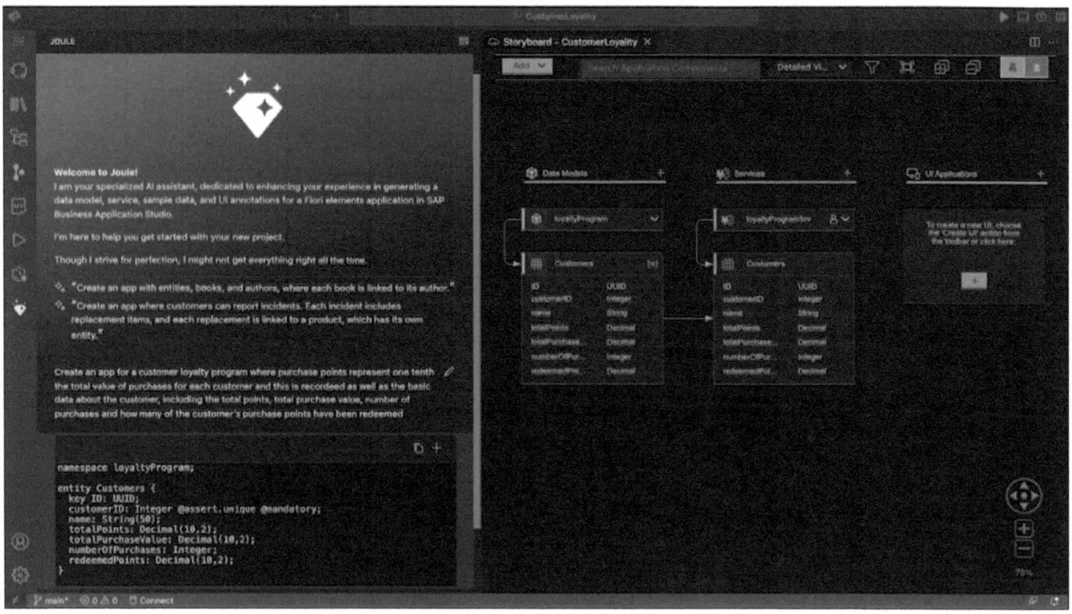

Abbildung 3.18 SAP Build Code mit Joule

Mehr Informationen zu SAP Build Code finden Sie in Kapitel 17.

SAP Build Process Automation

SAP Build Process Automation (siehe Abbildung 3.19) ermöglicht es Ihnen, Workflows zu entwickeln und Aufgaben für Ihre tägliche Arbeit zu automatisieren, ohne die Notwendigkeit, Code zu schreiben. Diese Plattform vereint die Funktionalitäten von SAP Workflow Management und SAP Intelligent Robotic Process Automation, was es Organisationen und Unternehmen ermöglicht, die Automatisierung, Workflows und Prozesse mithilfe visueller Funktionen effektiv zu verwalten.

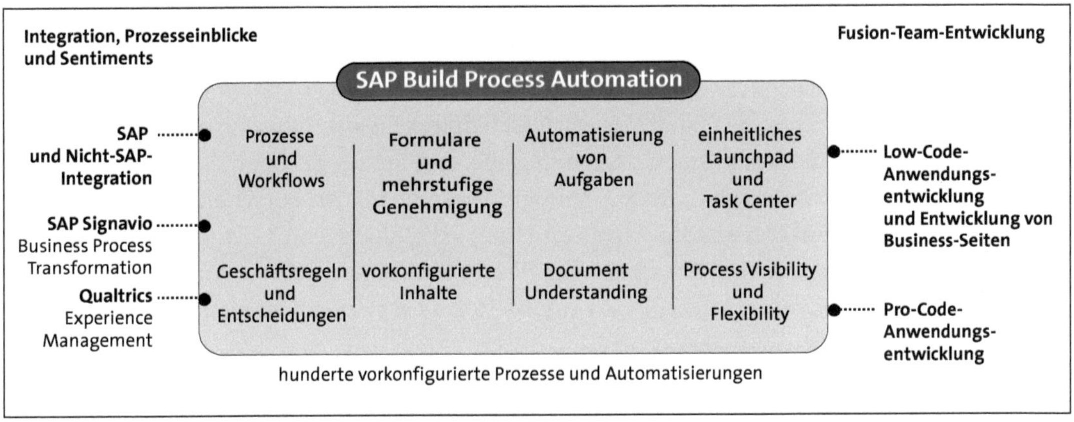

Abbildung 3.19 SAP Build Process Automation

SAP Build Process Automation bietet eine Vielzahl leistungsstarker Produktfunktionen, die es Nutzer*innen ermöglichen, ihre Prozesse effizient zu automatisieren und zu optimieren. Zu diesen Funktionen gehören:

- **Schneller Projektstart**

  Mit vorgefertigten Inhaltspaketen, die auf bewährten Anwendungsfällen basieren, können Nutzer*innen ihre Projekte sofort starten. Diese Pakete bieten vorkonfigurierte Lösungen für häufige Geschäftsszenarien und beschleunigen somit die Implementierung.

- **Visuelle Erstellung von Workflows**

  Nutzer können Workflows visuell erstellen, um Aufgaben zu automatisieren und Entscheidungen zu vereinfachen. Durch eine benutzerfreundliche Oberfläche können komplexe Abläufe einfach gestaltet werden.

- **Einheitliches Workflow Management**

  Die Plattform integriert SAP Intelligent Robotic Process Automation, um ein konsistentes Workflow Management zu gewährleisten. Dadurch können Nutzer*innen nahtlos zwischen verschiedenen Automatisierungstechnologien und -tools wechseln.

- **Nahtlose Integration**

  SAP Build Process Automation lässt sich problemlos in andere Anwendungen und Systeme integrieren. Dadurch können Nutzer*innen ihre Automatisierungslösungen nahtlos in ihre bestehende IT-Landschaft einbinden und von einer reibungslosen Datenübertragung profitieren. Die SAP-

Build-Process-Automation-Plattform ermöglicht es, sicher zu entwickeln, ohne die Risiken einer Schatten-IT einzugehen. Durch strenge Sicherheitsmaßnahmen und Kontrollen wird sichergestellt, dass alle entwickelten Prozesse den Unternehmensrichtlinien entsprechen und keine Sicherheitslücken entstehen.

- **Business-Role-Funktionen**

  Die Entscheidungsfunktion von SAP Build Process Automation ermöglicht die Erstellung von Geschäftsregeln, die entweder direkt in externen Anwendungen oder innerhalb von Prozessen oder Automatisierungen verwendet werden können. Diese erstellten Entscheidungen sind wiederverwendbar und können in verschiedenen Lösungen eingesetzt werden. Eine Entscheidung, die für eine eigenständige Anwendung erstellt wurde, kann auch in einem Prozess verwendet werden und umgekehrt.

- **Künstliche Intelligenz**

  SAP Build Process Automation ermöglicht auch die Erfassung und Extraktion von Informationen aus Dokumenten mittels Bot-Automatisierung. Nutzer*innen können Geschäftsdokumente klassifizieren und sie an die entsprechenden Prozesse weiterleiten. Darüber hinaus können Daten aus verschiedenen Quellen extrahiert und in entsprechende Datensätze umgewandelt werden. Diese Funktion unterstützt Unternehmen dabei, ihre Dokumentenverarbeitung zu automatisieren und effizienter zu gestalten, indem sie den manuellen Arbeitsaufwand reduziert und die Genauigkeit der Datenextraktion verbessert.

Auch hier beginnen Sie in der Lobby von SAP Build und wählen für Ihr SAP-Build-Process-Automation-Projekt eine von zwei Optionen aus (siehe Abbildung 3.20):

- Business Process
- Task Automation

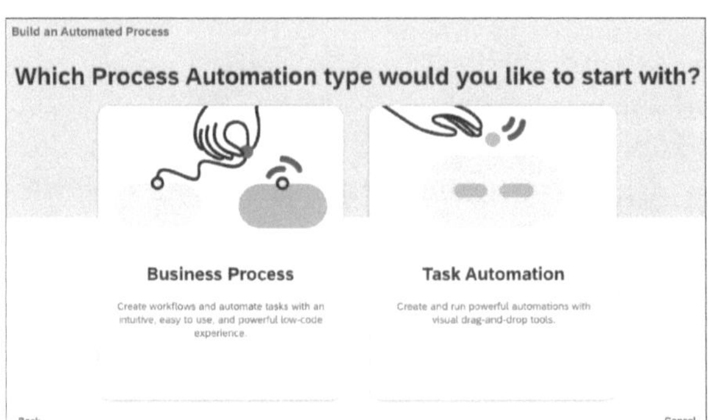

Abbildung 3.20 Lobby von SAP Build Process Automation

RPA und Task Automation

Die Task Automation ermöglicht das Erstellen einer Robotic Process Automation (RPA). Die RPA-Funktion von SAP Build Process Automation bietet eine verbesserte Benutzererfahrung für Key User durch grafisch flexible Funktionen wie den Process Builder und Auto Capturing of Screens, also das Aufnehmen von User-Interface-Aktionen am Bildschirm. Diese Aufnahmen können dann direkt für die RPA verwendet und je nach Bedarf erweitert werden. Mit der Aufnahme kann die RPA-Funktion anschließend den gleichen Task wie der/die Anwender*in auf dem User Interface ausführen. Es gibt wiederverwendbare Artefakte wie Bots, die sofort einsatzbereit sind. Über das Aufgabencenter (Task Center) in der SAP-Build-Lobby und einen Startbildschirm wird die Automatisierung gesteuert. Abbildung 3.21 zeigt ein Beispiel einer Task Automation für ein Sales Order Approval.

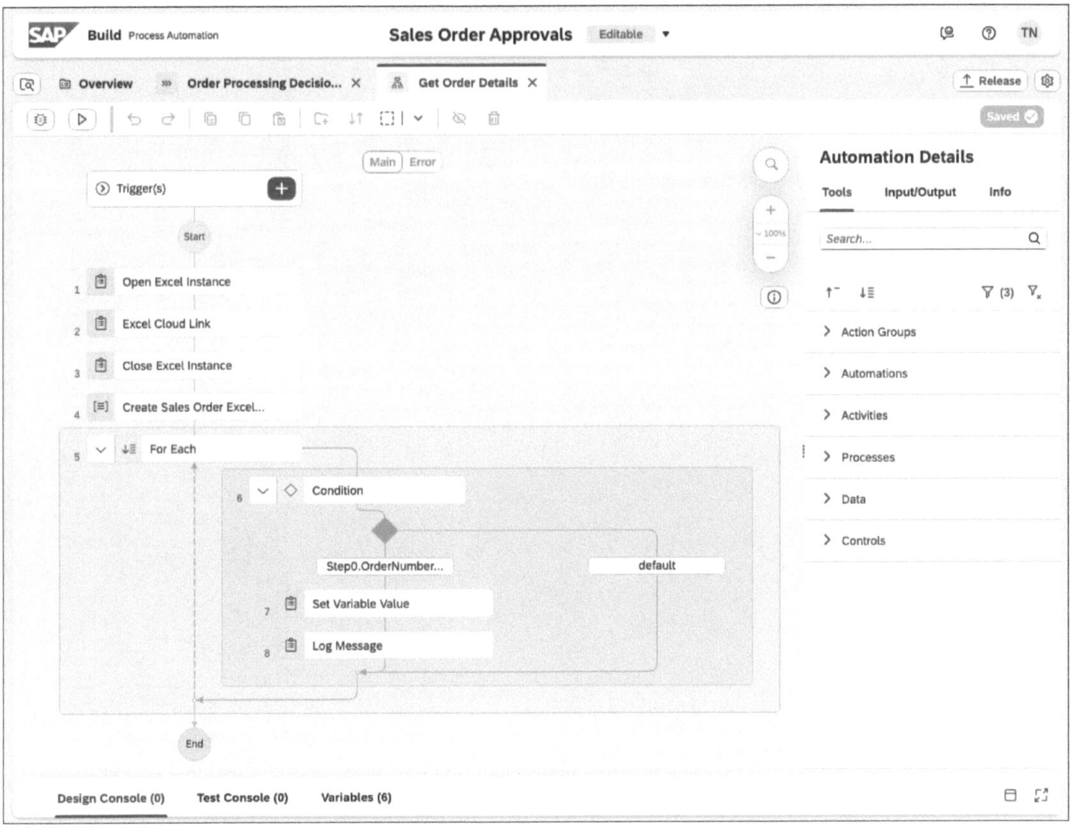

Abbildung 3.21 Robotic Process Automation

Workflow-Funktion

Die Workflow-Funktion von SAP Build Process Automation bietet eine verbesserte Benutzererfahrung für Key-User-Entwickler*innen durch grafisch flexible Funktionen wie den Process Builder und den Form Builder. Alle fortgeschrittenen Workflow-Management-Fähigkeiten wie Geschäftsregeln,

Prozesssichtbarkeit, Flexibilität und KI sind ebenfalls verfügbar. Es gibt wiederverwendbare Artefakte und Workflow-Komponenten, die sofort einsatzbereit sind. Abbildung 3.22 zeigt ein Workflow-Beispiel eines Sales Order Approvals. Der Business Process und die Task Automation lassen sich kombinieren und können sich gegenseitig aufrufen. Zudem sehen Sie, dass die Benutzeroberflächen zum Erstellen des Ablaufs in beiden Tools identisch sind.

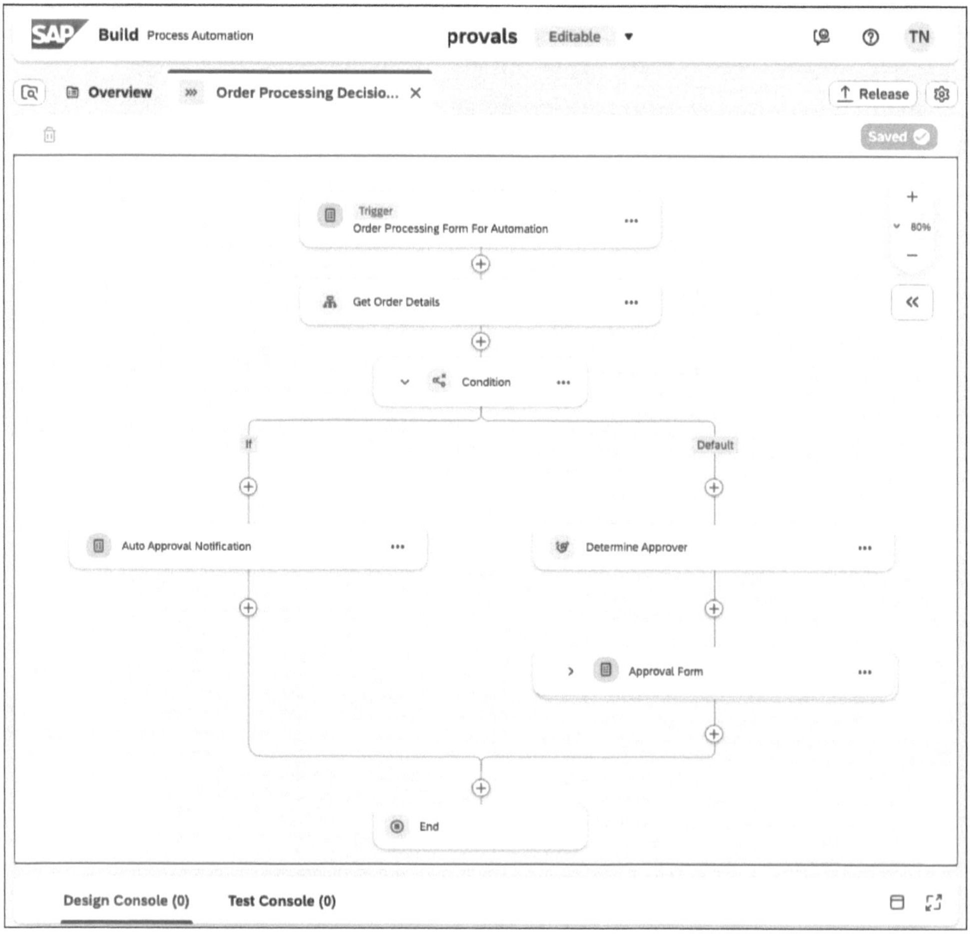

Abbildung 3.22 Workflow in SAP Build Process Automation

Rules Die Business Rules sind Teil von SAP Build Process Automation. Diese Geschäftsregelfunktion bietet in SAP Build Process Automation eine leistungsstarke Möglichkeit zur Automatisierung komplexer Geschäftsrichtlinien, um die Gesamteffizienz von Entscheidungsprozessen und Anwendungen zu steigern. Mit den Decisions können Nutzer*innen Entscheidungslogiken aus ihren Prozessen und Anwendungen extrahieren und in ein separates Artefakt überführen. Dieses Entscheidungsartefakt dient als zentraler Ort zur Verwaltung aller Geschäftsregeln, unabhängig von den zugehörigen Prozessen und Anwendungen. Dabei wird ein integrierter Lifecycle und die Governance gewährleistet, um sicherzustellen, dass die Geschäftsregeln konsistent und Compliance-konform bleiben. Durch diese Funktion können Unternehmen ihre Entscheidungsprozesse optimieren und eine verbesserte Kontrolle über ihre Geschäftslogik erreichen.

Visibility

Eine weitere wichtige Funktion von SAP Build Process Automation sind die Visibility Scenarios. Kern der Visibility Scenarios ist die Prozesstransparenz, die Fähigkeit, in Echtzeit einen klaren Einblick in die verschiedenen Prozesse der SAP Build Process Automation zu erhalten, die in einem Unternehmen ablaufen. Dadurch können Sie die Abläufe mühelos nachverfolgen, analysieren und optimieren und so eine höhere Effizienz und Effektivität erreichen. Abbildung 3.23 zeigt dies anhand eines Beispiels eines Sales-Order-Prozesses

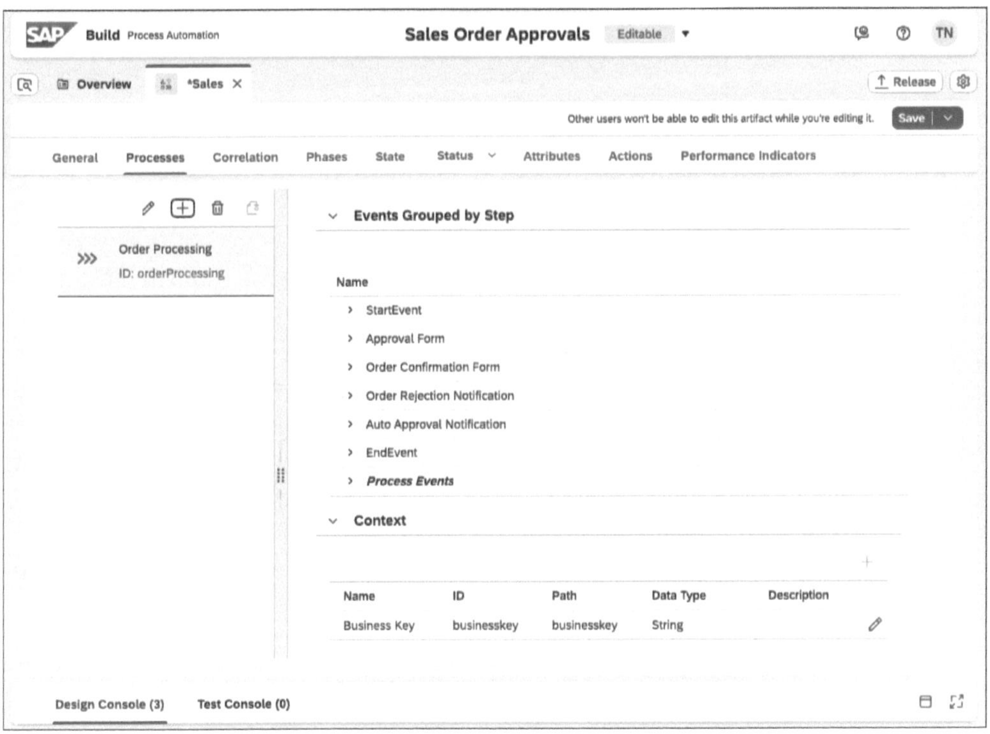

Abbildung 3.23 Visibility Scenarios anlegen

Mehr Informationen zu SAP Build Process Automation finden Sie in Kapitel 9.

Damit beenden wir den Abschnitt über die SAP-Build-Services und -Komponenten. Mehr dazu erfahren Sie in den folgenden Kapiteln.

3.3.4 SAP-Build-Basisfunktionen im Überblick

Steigen wir in die Basisfunktionen der SAP Build Lobby ein. Diese können und werden übergreifend für die SAP-Build-Komponenten genutzt. Die Funktionen finden Sie im Menü in der Lobby.

Connection Die *Connector Actions* sind Funktionen in SAP Build, die eine nahtlose Integration von Prozessen mit externen Systemen ermöglichen, unabhängig davon, ob es sich um SAP- oder Nicht-SAP-Systeme handelt. Das zentrale Verwalten dieser Verbindungen zu den Umsystemen an einer Stelle bietet einige Vorteile bei der Administration und Governance (siehe Abbildung 3.24).

Abbildung 3.24 Connectors

Dabei sehen Sie, welche Benutzer der Action zugewiesen sind und woher die Actions in dieser Version kommen. Dabei gibt es auch Actions aus dem Store, auf die wir in diesem Kapitel noch eingehen. In Abbildung 3.25 sehen Sie die Details der Actions. Bei den Actions können wie gewohnt die Funktionen `GET`, `POST`, `PUT`, `DELETE` und `PATCH` genutzt werden. Weiter ist es möglich, Eingabeparameter (**Input**) zu definieren. Die Ausgabeparameter (**Output**) können reduziert werden. Dies ist ein großer Vorteil, da Sie anschließend direkt im Tool die Verbindungen testen und das Ergebnis anschauen können. Das Ganze lässt sich auch versionieren und wie ein Entwicklungsprojekt publizieren.

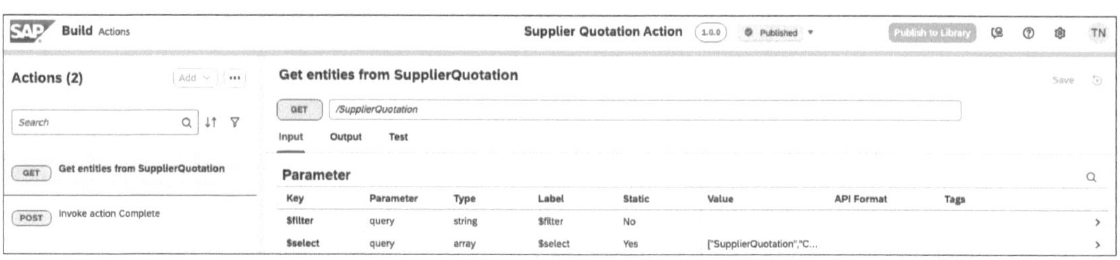

Abbildung 3.25 Actions

Software Development Kit

Das Connection Automation SDK ist ein Software Development Kit, das für die Verbindungen zwischen Prozessautomatisierung und den zu automatisierenden Applikationen verwendet und hier zentral verwaltet wird. SDKs sind ein wichtiger Bestandteil der Task Automation mit SAP Build Process Automation, um das visuelle Verarbeiten von Applikationen über ein User Interface zu ermöglichen. Außerdem sind einige KI-Funktionen in den verschiedenen SDKs enthalten. Zu den Anbietern von SDKs gehören etwa Microsoft, Google, Adobe, SAP und SAP Ariba. Die SDKs können jederzeit vom SAP Build Store geladen werden, wie Sie in Abbildung 3.26 sehen.

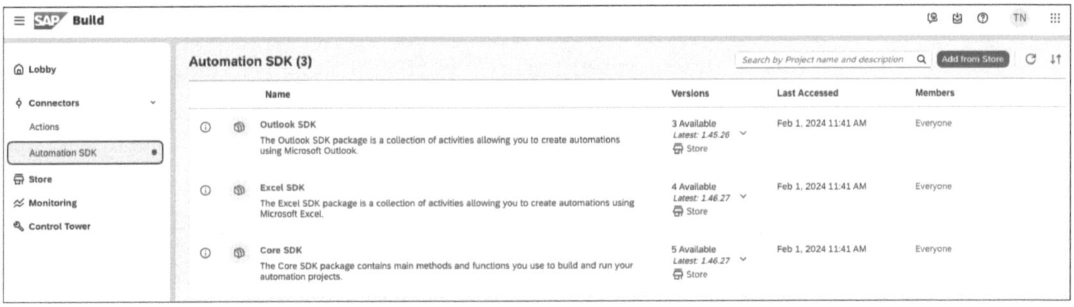

Abbildung 3.26 SDK zur Automatisierung einsetzen

Store

Im Store finden Sie eine große Auswahl an vorgefertigten Inhalten, die von SAP und autorisierten Partnern sorgfältig zusammengestellt wurden. Diese Inhalte können kostenpflichtig oder kostenlos sein und sind direkt von der Startseite aus zugänglich. Der Store bietet zudem eine benutzerfreundliche Oberfläche mit einer Vielzahl von Filteroptionen, einer leistungsstarken Suchfunktion und detaillierten Inhaltsbeschreibungen. So können Sie schnell und effizient die Inhalte finden, die für Ihre spezifischen Anforderungen am besten geeignet sind.

Im SAP Build Store sind Projekte nach Kriterien gruppiert und sorgfältig beschrieben (siehe Abbildung 3.27).

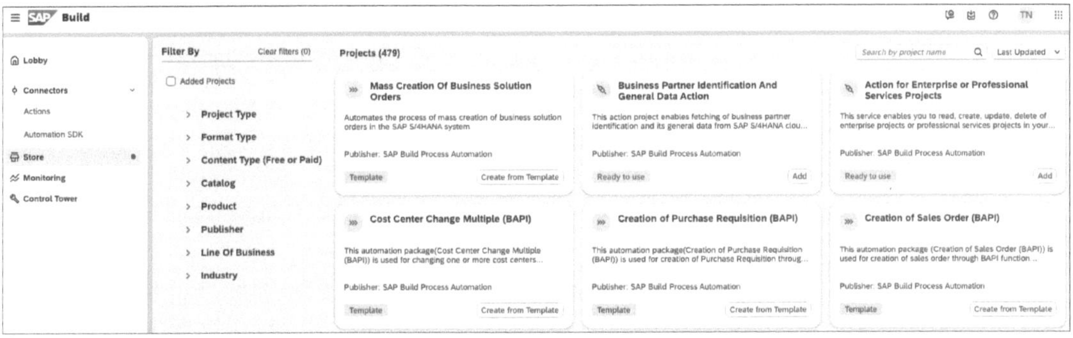

Abbildung 3.27 Store

Den im Store vorhandenen Content finden Sie auch öffentlich im SAP Business Accelerator Hub unter **SAP Business Accelerator Hub • SAP Business Technology Platform • SAP Build** oder unter diesem Link: *https://hub.sap.com/build*

Artefakte können direkt aus dem Shop in die Lobby hinzugefügt werden. Das beschleunigt den Prozess der Erstellung einer Prozessautomatisierung oder eines Workflows mit RPA-Bots erheblich. Der zur Verfügung gestellte Inhalt wächst wöchentlich.

Monitor

Auf der Überwachungsseite von SAP Build Process Automation werden Ereignisse gesammelt, die aus den bereitgestellten Workflows und Automatisierungsaufträgen stammen und dem Benutzer zur Verfügung gestellt werden. Diese Ereignisse spiegeln den Zustand der Agenten, den Status der durchgeführten Aufträge und die geschäftliche Aktivität der Überwachungsereignisse wider.

[»]

Agent

Dabei handelt es sich um eine lokal installierte Software auf den Computern und Laptops der Anwender*innen. Dieser installierte Agent führt lokal auf den Geräten die erstellte Task Automation aus. Der Begriff Agent wird in Kapitel 9, »SAP Build Process Automation«, ausführlich beschrieben.

Im Monitoring von SAP Build Process Automation sind folgende Kacheln zu sehen:

- **Process and Workflow Instances**: In dieser Übersicht sehen Sie eine Liste aller deployten Workflow-Instanzen. Sie können direkt auf diese Instanzen zugreifen. Im Weiteren können Sie auf die Logs der Workflow-Schritte zugreifen und die Entscheidungen nachvollziehen. Auch das Abbrechen und Stoppen von Workflows ist in der Übersicht möglich. Das Error Reporting findet auch an dieser Stelle statt.
- **Automation Jobs**: In dieser Übersicht finden Sie alle Automatisierungsfehler, Warnungen, Variablen und andere Informationen. Zusätzlich können hier Jobs abgebrochen werden.
- **Acquired Events**: In dieser Übersicht können Sie die Ereignisse einsehen, die von der Capability Process Visibility erfasst wurden. Dabei können Sie Visibility Events, Visibility Event Errors und Business Events überwachen.
- **Automation Overview**: Hier wird der Status der Jobs angezeigt. Sie können überprüfen, ob ein Job heute, in den letzten sieben Tagen oder im

letzten Monat fehlgeschlagen ist. Sie erhalten eine Übersicht in Form eines Dashboards.

- **Automation Concurrent Quota**: Hier werden die verwendeten Lizenzkontingente der Plattform angezeigt, um einen Überblick über die Kosten zu erhalten.
- **Process and Workflow**: In dieser Ansicht können Sie Instanzen einsehen und neue Instanzen starten. Instanzen sind publizierte Process- and Workflow-Projekte, die zur Laufzeit zur Verfügung stehen.
- **Visibility Scenarios**: Hier können Sie die bereits erwähnten Visibility Scenarios verwalten, Jobs zur Verarbeitung der Daten planen und auch die verarbeiteten Daten löschen. Außerdem können Sie in dieser Ansicht Informationen zu den Verarbeitungsprotokollen und den Details einer Szenariodefinition einsehen.
- **Business Rules**: In dieser Übersicht können Sie die Anwendung zur Verwaltung von Regelprojekten (**Manage Rule Projects**) starten und erweiterte Konfigurationen für Regelprojekte durchführen, die als Teil von Liveprozesspaketen importiert werden. Darüber hinaus können mithilfe von öffentlichen REST-APIs komplexe Szenarien modelliert werden.

SAP Cloud ALM

Das Monitoringtool von SAP Build ist sehr umfangreich und die Möglichkeiten vielfältig. In Abbildung 3.28 bekommen Sie einen Überblick über das Monitoring und dessen einzelne Komponenten. Im Weiteren können Sie die SAP-Build-Komponenten gesamtheitlich auch mittels SAP Cloud Application Lifecycle Managements (SAP Cloud ALM) überwachen. SAP Cloud ALM ist die native Out-of-the-box-Cloud-Lösung für das Management und die Operation von Cloud- und Hybrid-Landschaften.

[+]

Weiterführende Informationen zu SAP Cloud ALM

Weitere Informationen zu SAP Cloud ALM finden Sie in dem Buch »SAP Cloud ALM. Das umfassende Handbuch« von Matthias Friedrich et al. (SAP PRESS 2023).

Control Tower

Im Control Tower in SAP Build können Sie die Details und die verschiedenen Einstellungen überprüfen, die für den SAP-Build-Tenant erforderlich sind. Weiter sehen Sie im Control Tower eine Übersicht der Details, Status und Fehlermeldungen (siehe Abbildung 3.29) des Tenants. Zudem können Sie die unterschiedlichen Einstellungen pflegen, die für die Ausführung Ihrer Projekte erforderlich sind.

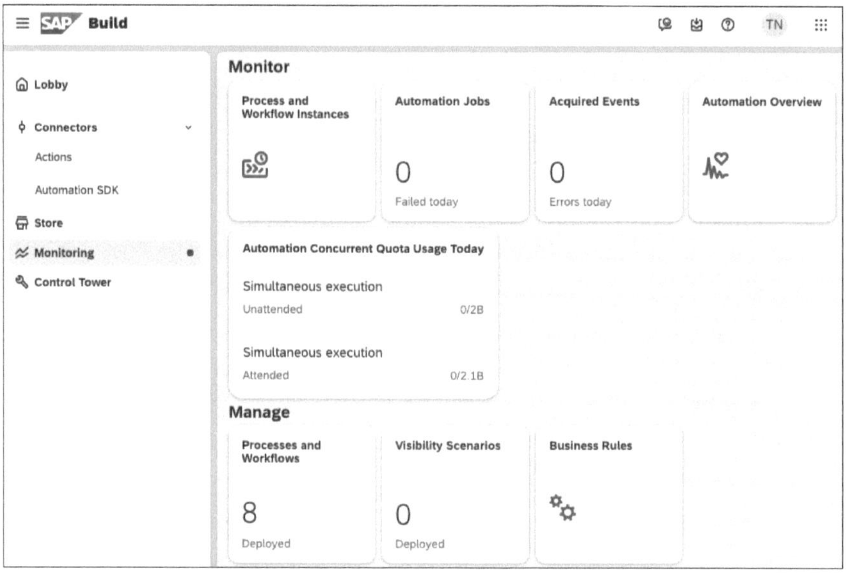

Abbildung 3.28 Monitoring in SAP Build Process Automation

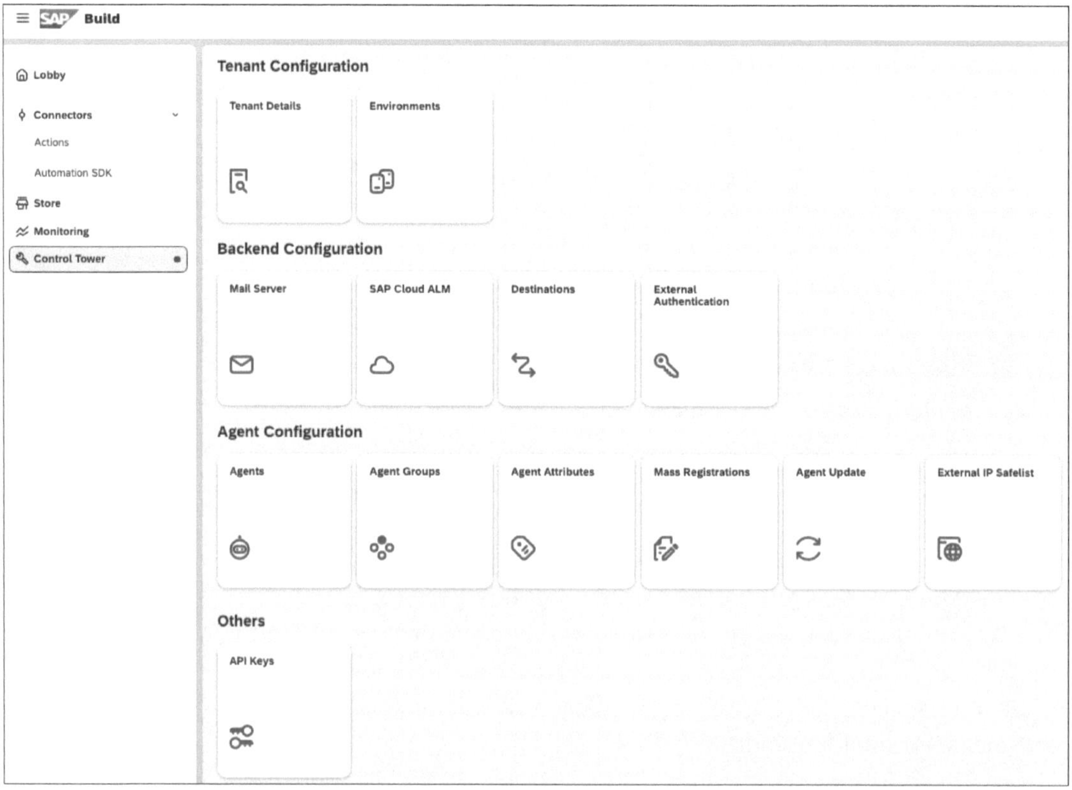

Abbildung 3.29 Control Tower

Wie Sie in Abbildung 3.29 sehen, können Sie dort die folgenden Funktionen und Einstellungsmöglichkeiten in drei Bereichen mit verschiedenen Kacheln nutzen:

- Bereich **Tenant Configuration**:
  - Kachel **Tenant Details**: Hier konfigurieren Sie die Grundeinstellungen des SAP-Build-Tenants.
  - Kachel **Environments**: Hier werden Automatisierungsprojekte und der Funktionsbereich auf die Zugriffsrechte, die Trigger des Agents, das Agent Management, das Variablenmanagement und die API Key Managements verwaltet.
- Bereich **Backend Configuration**:
  - Kachel **Mail Server**
    Die Kachel ermöglicht das Einrichten von Mail-Servern für das Versenden von Überwachungsmeldungen.
  - Kachel **SAP Cloud ALM**: Durch die Integration von SAP Build mit SAP Cloud ALM können, wie oben erwähnt, SAP-Build-Komponenten mit anderen Cloud-Services wie SAP S/4HANA Cloud auf der SAP-Cloud-ALM-for-Operation überwacht werden. Hier bietet sich eine Möglichkeit, den Ende-zu-Ende-Prozess durchgängig zu überwachen. Diese Konzepte sollten Sie unbedingt in die Operation der SAP-Landschaft miteinbeziehen und einrichten.
  - Kachel **Destinations**: Die Destinationen sind vordefinierte Endpunkte auf der SAP BTP, die zur Kommunikation mit anderen SAP- und Drittsystemen verwendet werden. Im SAP BTP Cockpit werden unter **Connectivity Destinations** die Destinationen gepflegt und eingerichtet. Diese können hier den SAP-Build-Applikationen freigegeben und zur Verfügung gestellt werden. Dies ermöglicht es, bereits erstellte und genutzte Verbindungen der SAP BTP gleich zu nutzen.
  - Kachel **External Authentication**: Mittels der Google-Authentifikation werden Google-Services in Google E-Mail, Kalender, File Share, Gmail und weiteren Google-Cloud-Services eingerichtet und eingebunden, Microsoft-Services werden mittels der Microsoft-Authentifikation in Microsoft E-Mail, Kalender, File Share und weiteren Microsoft-Azure-Cloud-Services eingerichtet und eingebunden.
- Bereich **Agent Configuration**:
  - Kachel **Agents**: Der Agent ist die lokale RPA-Komponente, die, wie oben erwähnt, auf Computersystemen (PC, Desktop oder Server) installiert wird. Die Konfigurationen und Übersichten des Agenten sind hier einheitlich einsehbar und konfigurierbar.

  - Kachel **Agent Groups**: Mit der Funktion **Agent Groups** können Agenten in der Cloud registriert und zu Gruppen zusammengefasst werden. Die Gruppen dienen unter anderem dazu, gleiche und abhängige Agents zusammen zu registrieren.
  - Kachel **Agent Attributes**: Weiter können Agentenattribute gepflegt und administriert werden. Diese Agentenattribute ermöglichen es, Agenten zu filtern und sicherzustellen, dass ein bestimmter Agent die gewünschten Aufgaben ausführt.
  - Kachel **Agent Update**: Das **Agent Update** ermöglicht es, die jeweiligen Agentensoftwares upzudaten und sie als aktive oder nicht aktive Versionen (Test- und Beta-Versionen) zuzulassen.
  - Kachel **External IP Safelist**: In der External IP Safelist gibt man der Cloud die IP-Adresse des lokalen Agenten an, damit diese freigegeben ist und nicht blockiert wird.
- Bereich **Others**:
  - Kachel **API Keys**: Hier können API Keys für die Freigabe und Authentifikation der SAP-Build-API definiert werden. Die SAP-Build-API finden Sie auch im SAP Business Accelerator Hub unter SAP Build Process Automation oder unter diesem Link: *http://s-prs.de/v1015309*

3.3.5 Der Blick über den Tellerrand der Kapazitäten

In diesem Abschnitt möchten wir auf vier Themen und Produkte eingehen, die sehr nahe an SAP Build sind und optimale Kombinationen möglich machen.

SAP-BTP-Side-by-Side-Erweiterungen

Die bereits mehrfach erwähnten SAP-BTP-Side-by-Side-Erweiterungen sind externe Anwendungen, die außerhalb von SAP-Kernsystemen laufen und über standardisierte SAP-APIs mit der Anwendung interagieren. Im Gegensatz zu In-App-Erweiterungen sind sie nicht an die Einschränkungen innerhalb der Kernanwendung gebunden. Auf der SAP BTP stehen verschiedene Optionen zur Verfügung, um solche Erweiterungen zu erstellen, einschließlich des SAP-Build-Portfolios, die es Geschäftsanwender*innen ermöglichen, ihre Erweiterungen flexibel zu gestalten.

Dazu gibt es verschiedene Möglichkeiten:

- SAP Build Work Zone: Zugriff auf bestehende Applikationen im SAP-Core-Backend-System

- SAP Build Apps: Erweiterungen von Datenzugriffen auf das SAP-Core-Backend-System mittels eines eigenen User Interface
- SAP Build Process Automation: Erweiterungen von Workflow und Automatisierungen von Tasks auf dem SAP-Core-Backend-System
- SAP Build Code: Entwicklung auf Basis vom SAP Business Application Studio und Generative-KI-Entwicklungen.
- SAP Cloud Application Programming Model: Das SAP Cloud Application Programming Model (CAP) ist ein Framework aus Sprachen, Bibliotheken und Werkzeugen für die Entwicklung von Services und Anwendungen auf Unternehmensniveau. Es führt Entwickler entlang eines Pfades bewährter Best Practices und bietet eine Fülle von sofort einsetzbaren Lösungen für wiederkehrende Aufgaben.

Durch den Side-by-Side-Ansatz kann das Clean-Core-Paradigma verfolgt werden. Dieses trennt Erweiterungen von der SAP-Kernanwendung und verknüpft sie über stabile Schnittstellen mit Geschäftsobjekten. Durch diesen Ansatz werden reibungslose Upgrades und Erweiterungen ermöglicht und Probleme beim Wechsel von SAP S/4HANA vor Ort in die Cloud vermieden. SAP verfolgt mit diesem Konzept das Ziel, Kunden dabei zu unterstützen, ihre Software durch nahtlose Updates zu erweitern.

SAP Signavio

SAP Build integriert sich auch nahtlos mit den Lösungen von *SAP Signavio*, um von Prozesseinblicken zu Prozessverbesserungen zu gelangen. SAP Signavio Process Intelligence kann automatisierte Aktionen durch APIs auslösen, um Prozessautomatisierungen mit Workflows und Bots durchzuführen. Zusätzlich ergänzt SAP Build Process Automation die SAP Signavio Process Governance, die die Genehmigung von Änderungen an Prozessmodellen im SAP Signavio Process Manager verwaltet. Diese Integration bietet ein umfassendes Set an Fähigkeiten für Geschäftstransformation und Automatisierung.

Integration mit SAP Build Process Automation

Um eine Geschäftstransformation von Prozessanalysen zur Prozessautomatisierung zu beschleunigen, können 135 maßgeschneiderte Prozessverbesserungsempfehlungen aus SAP Signavio Process Intelligence direkt in SAP Build Process Automation integriert werden. Für SAP Build Process Automation und Task Automation ist es also hilfreich, den Prozess zuerst von SAP Signavio zu erhalten und dann in SAP Build umzusetzen.

Die Kombination der beiden Tools ist in Abbildung 3.30 gut ersichtlich und ergänzt Abbildung 3.7.

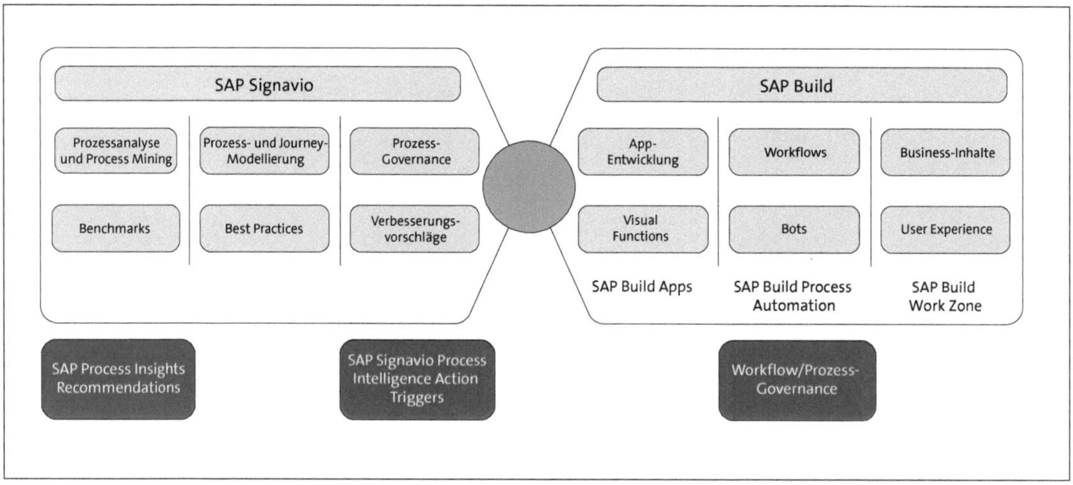

Abbildung 3.30 SAP Signavio und SAP Build Process Automation

[+]

Weiterführende Informationen zu SAP Signavio

Weitere Informationen zu SAP Signavio finden Sie in dem Buch »Business Process Transformation mit SAP Signavio« von Johannes Strasser et al. (SAP PRESS 2023).

Auf der Roadmap von SAP Signavio und SAP Build Process Automation stehen einige wichtige gemeinsame Key Features an, wie z. B. der erleichterte Austausch von Prozess-Flows zwischen den Tools oder die Rückführungen von erreichten Verbesserungen durch SAP Build im Prozess an SAP Signavio, die die Integration der beiden Tools erleichtern werden.

Enterprise Automation

Die *Enterprise Automation* von SAP nutzt führende SAP-Technologien wie die SAP Integration Suite, SAP-Signavio-Lösungen, SAP-Build-Lösungen und KI, um komplexe, Ende-zu-Ende-Geschäftsprozesse zu verbinden und zu automatisieren. Diese Technologien arbeiten zusammen, um Kunden eine schnelle und unkomplizierte Verbindung mit jeder On-Premise- oder Cloud-IT-Landschaft zu ermöglichen und Einblicke in Geschäftsprozesse und deren Leistung zu gewinnen und diese Prozesse nahtlos zu automatisieren.

Die Idee hinter der Enterprise Automation von SAP besteht darin, Hyperautomatisierung und Prozesskomponierbarkeit aus verschiedenen Tools zu kombinieren:

- Hyperautomatisierung bezieht sich auf die Nutzung fortschrittlicher Technologien zur vollständigen Automatisierung und Optimierung von Geschäftsprozessen. Im Gegensatz zur traditionellen Automatisierung, die sich auf die Automatisierung einzelner Aufgaben oder Aktivitäten konzentriert, zielt Hyperautomation darauf ab, gesamte Geschäftsprozesse zu automatisieren und zu optimieren.
- Prozesskomponierbarkeit ermöglicht es, neue Prozesse durch die flexible und modulare Kombination vorhandener Prozesskomponenten zu erstellen. Dabei werden verschiedene Elemente wie Anwendungsbenutzeroberflächen und Workflow-Vorlagen von Buying 360 und SAP SuccessFactors Guided Experiences orchestriert, um vollständig automatisierte Workflows zu schaffen. Weiter lassen sich auch Nicht-SAP-Workflow- und Automatisierungsapplikationen mit SAP Build Enterprise kombinieren und orchestrieren. Dabei spielen die Überwachung und der Betrieb eine große Rolle.

SAP Integration Suite

Diese Plattform ist bei allen SAP-Build-Tools und weiteren SAP-Systemen und -Applikationen als zentrale Integration zu verschiedenen SAP- und Drittsystemen mit verschiedenen Kommunikationsprotokollen und Konnektoren als Unterstützung vorgesehen. Die SAP Integration Suite ermöglicht das Anbinden von diversen Partnern im Bereich Business-to-Business (B2B), Application-to-Application (A2A) und Business-to-Government (B2G). Bei der Process Automation steht die SAP Integration Suite für das Anbinden und die Integration von Drittanbieterautomationstools für SAP- und Drittapplikationen (siehe Abbildung 3.31).

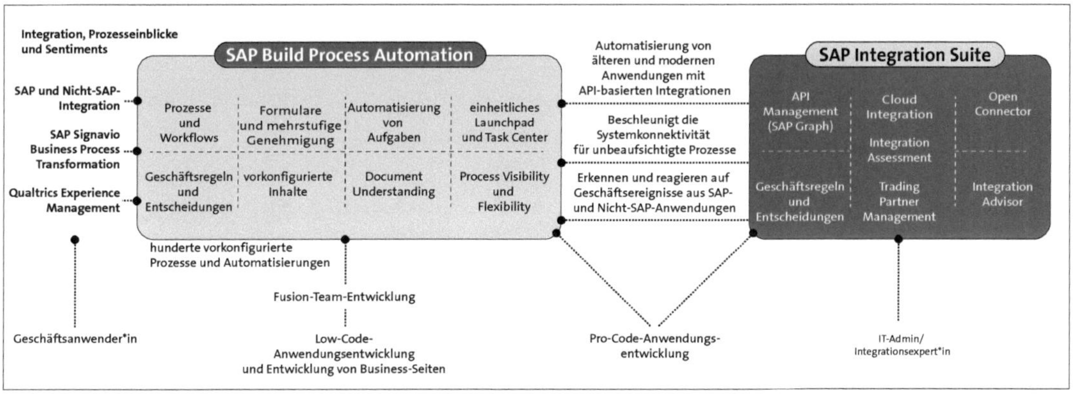

Abbildung 3.31 Zusammenspiel mit der SAP Integration Suite

[+]

Weiterführende Informationen zu SAP Integration Suite

Weitere Informationen zu SAP Integration Suite finden Sie in dem Buch »SAP Integration Suite. Das Praxishandbuch« von Jan Arensmeyer und Enrico Hegenbart (SAP PRESS 2024).

SAP Task Center

In diesem Abschnitt schauen wir uns das SAP Task Center an. Dieses erleichtert die Integration aller Aufgaben aus diversen Systemen in einer zentralen Lösung. Durch diesen Service können sich Endbenutzer*innen über die zentrale Webanwendung SAP Task Center mit SAP-Anwendungen verbinden und somit einen einzigen Zugangspunkt für ihre zugewiesenen Aufgaben erhalten. Es dient als einheitlicher Posteingang für Aufgaben und als zentraler Einstieg aus verschiedenen Anwendungen, wodurch die Bearbeitungszeit für geschäftskritische Aufgaben verkürzt wird. Geschäftsanwender*innen können bequem alle ihre Aufgaben aus den verschiedenen Systemen bearbeiten, ohne zwischen verschiedenen Posteingängen wechseln oder sich separat anmelden zu müssen.

Das SAP Task Center nützt bei einem zentralen Eingang von Tasks auch bei SAP Build Apps, SAP Build Work Zone, SAP Build Process Automation, Business Process und Task Automation. Die Aufgaben, die aus den SAP-Build-Tools durch Automation- und Prozess-Workflows generiert werden, können zentral abgearbeitet werden.

Das SAP Task Center zielt darauf ab, die Effizienz zu steigern und die Qualität von Genehmigungsprozessen zu verbessern, indem es Folgendes ermöglicht:

- Reduzierung des Zeitaufwands für Benutzer*innen bei der Navigation durch verschiedene Systeme und beim Auffinden von Vorgängen, die ihre Genehmigung oder Aufmerksamkeit erfordern
- Beschleunigung der Genehmigungs- oder Bearbeitungszeit für kritische Vorgänge, die den Geschäftsbetrieb beeinträchtigen können, wenn sie nicht rechtzeitig genehmigt werden
- Steigerung der Qualität und Konsistenz von Genehmigungen durch einen einheitlichen und strukturierten Ansatz
- einheitlicher Mobile-Ansatz für alle Applikationen

3.4 Zusammenfassung

SAP Build richtet sich an alle Unternehmen, die sich für die Zukunft und deren Herausforderungen aufstellen möchten. Sei es die Fähigkeit, schnell auf Veränderungen reagieren zu müssen, flexibel zu sein, innovativ zu bleiben oder die Performance an Entwicklungsressourcen zu optimieren. SAP Build wächst zu einem einheitlichen Angebot für die Entwicklung, Automatisierung und Erweiterung von Anwendungen zusammen. Dabei wird der strategische Ansatz von SAP zum Thema Clean Core und Side-by-Side-Erweiterung unterstützt.

Wichtige Eigenschaften und Vorteile: SAP Build beschleunigt die digitale und Geschäftstransformation, indem es Unternehmen ermöglicht, schnell und effizient Portale, Anwendungen, Automationen und Workflows zu erstellen. Dies unterstützt die Anpassungsfähigkeit der Unternehmen in einem sich ständig verändernden Marktumfeld. Key User, also Fachpersonal ohne tiefere Programmierkenntnisse, werden befähigt, eigene Anwendungen zu entwickeln, was zur Demokratisierung der Technologieentwicklung beiträgt. Trotz der Einfachheit und Benutzerfreundlichkeit legt SAP Build großen Wert auf Sicherheit und Compliance, um die Integrität und Sicherheit der Unternehmensdaten und -anwendungen zu gewährleisten.

Integration und Flexibilität

SAP Build integriert sich nahtlos in bestehende SAP- und Nicht-SAP-Systeme, erhöht die Flexibilität und bietet eine umfassende Lösung für verschiedene Geschäftsanforderungen. Diese Integration erleichtert die Erstellung von Side-by-Side-Erweiterungen und die reibungslose Integration externer Systeme, was die Erstellung maßgeschneiderter Anwendungen unterstützt.

Visuelle Erstellung und Wiederverwendbarkeit

Ein besonderer Mehrwert von SAP Build liegt in der visuellen Erstellung von Anwendungen und Geschäftsseiten sowie in der codefreien Automatisierung von Prozessen. Die Plattform fördert die Wiederverwendung von erstellten Artefakten wie UX-Komponenten, Workflows, Datenmodellen und Geschäftslogiken über verschiedene Projekte hinweg.

Zusammenarbeit und Administration

SAP Build unterstützt die sichere Zusammenarbeit in Teams und über Projekte hinweg, indem Lösungen für eine spätere Wiederverwendung gespeichert werden können. Die Plattform fördert eine integrative Entwicklungsatmosphäre, in der Projekte in ihrer Vielfalt und Komplexität angereichert werden können. Eine zentrale Rolle spielt dabei die Lobby von SAP Build, die als gemeinsamer Einstiegspunkt eine nahtlose kollaborative Arbeitsweise ermöglicht.

Governance und Sicherheit

Ein strukturierter Governance-Ansatz ist für den Erfolg von Low-Code-Lösungen unerlässlich. Die Governance-Triade, bestehend aus den Komponenten Menschen, Prozesse und Technologie, stellt sicher, dass Innovationen den geschäftlichen Anforderungen entsprechen. Ein Center of Excellence (CoE) bietet Überwachung und Unterstützung für Teams, die mit SAP Build arbeiten, und gewährleistet eine sichere Skalierung der Entwicklung im Unternehmen.

SAP BTP als Basis

SAP Build basiert auf der SAP Business Technology Platform (SAP BTP), die eine Reihe von Werkzeugen und Services zur Unterstützung der Entwicklung, Automatisierung, Datenhaltung und Integration von Anwendungen bietet. Die Plattform ermöglicht die Nutzung von Daten und künstlicher Intelligenz, was die Erstellung flexibler und skalierbarer Lösungen unterstützt, des Weiteren professionale Operationen mit der CI/CD-Pipeline, Transportmanagement, Monitoring, Anbindung an die SAP Integration Suite und SAP-Build-Store bzw. SAP Business Accelerator Hub mit mehr als 500 Content-Paketen.

Fazit

SAP Build ist eine leistungsstarke Plattform auf Basis der SAP BTP, die Unternehmen dabei unterstützt, die digitale Transformation zu beschleunigen und eine breitere Beteiligung an der Anwendungsentwicklung zu fördern. Mit benutzerfreundlichen Tools, nahtloser Integration und einer starken Governance-Struktur bietet SAP Build eine umfassende Lösung für die modernen Geschäftsanforderungen.

Kapitel 4
Zielgruppen von SAP Build

4

*SAP Build ist ein Service, der in Unternehmen nicht nur von Expert*innen, sondern vom gesamten Projektteam verwendet werden kann und je nach Rolle der Mitarbeitenden unterschiedlich genutzt wird. In diesem Kapitel stellen wir Ihnen die verschiedenen Zielgruppen von SAP Build vor.*

In Zeiten, in denen Unternehmen ihre digitale Transformation immer stärker vorantreiben, ist einerseits der Bedarf an IT-Spezialist*innen wie Entwickler*innen enorm und kann vom Markt nur sehr schwer gedeckt werden, andererseits erfordert die neue Intensivierung in der digitalen Wende von diesen Expert*innen ein hohes Maß an Wissen, das über die Beherrschung von Programmiersprachen hinausgeht und unter anderem ein tiefes Verständnis von Geschäfts- und operativen Prozessen betrifft. Häufig ist es für Unternehmen heutzutage wichtiger, dass Entwickler*innen branchenspezifisches Wissen mitbringen als die Fähigkeit, performanten und wohl strukturierten Code zu schreiben. Der Grund dafür ist vor allem, dass IT-Projekte im Rahmen der digitalen Transformation sehr kostenintensiv sind und daher möglichst effizient durchgeführt werden müssen. Die Durchsetzung von Entwicklungsstandards, -werkzeugen und -richtlinien sowohl auf internationaler als auch auf Anbieterebene trägt maßgeblich dazu bei, dass sich mittlerweile neben den Entwickler*innen eine neue Gruppe von Projektmitarbeitenden etabliert hat: die *Citizen Developer*.

Aber auch Pro Code Developer profitieren von SAP Build, sowohl von den neuen Funktionalitäten, die vom Service bereitgestellt werden, als auch von einer massiven Zeitersparnis, die im Rahmen der pragmatischen Entwicklungsfunktionen gewährleistet wird.

In diesem Kapitel möchten wir auf die unterschiedlichen Zielgruppen von SAP Build und deren Anforderungen eingehen. Dabei beginnen wir in Abschnitt 4.1 mit einem kurzen Überblick über die Rollen des Citizen Developers und des Pro Code Developers. In Abschnitt 4.2 und Abschnitt 4.3 gehen wir dann noch einmal genauer darauf ein, wie SAP Build von Citizen- und Pro-Code-Entwickler*innen eingesetzt werden kann, und zeigen Ihnen anhand verschiedener Fallbeispiele aus dem operativen Geschäft, wie der Einsatz gelingt. In Abschnitt 4.4 möchten wir auch die Rolle der IT-Administration im Kontext von SAP Build kurz beleuchten.

4.1 Citizen Developer und Pro Code Developer im Überblick

Unternehmen, die ihre Hyperautomatisierungsstrategie umsetzen, setzen zum einen auf die altbekannten Entwickler*innen, die Pro Code Developer, als auch auf die sogenannten Citizen Developer. *Citizen Developer* sind für Unternehmen, die ihre digitale Transformation vorantreiben wollen, von entscheidender Bedeutung. Sie gelten zwar aufgrund ihrer Ausbildung eher als Generalist*innen denn als Expert*innen, sie haben aber einen wichtigen Vorteil: Sie decken zwei wichtige Aspekte in einer Person ab – Wissen über Geschäftsprozesse und Abläufe sowie IT-Kompetenz – und können so maßgeblich dazu beitragen, IT-Projekte über die Ziellinie zu bringen. Durch Citizen Development ist es z. B. möglich, dass Mitarbeitende aus dem Finanzwesen einen kompletten Arbeitsablauf im Projekt selbst bearbeiten, indem sie eine Anwendung zur automatisierten Erstellung einer Gutschrift erstellen. Die Projektleitung wäre beispielsweise in der Lage, Tätigkeiten wie die Abbildung von Entscheidungsprozessen selbst zu definieren und umzusetzen. Kurz gesagt wird die Projektarbeit erheblich verschlankt, allein schon durch die Reduzierung der Kommunikation. Und nicht nur das: Teilweise sind Unternehmen durch den Einsatz von Citizen Developern bei der Umsetzung kleinerer IT-Projekte nun in der Lage, diese ohne externe Unterstützung durch Entwicklungsfirmen oder ein eigenes IT-Team umzusetzen. Das spart nicht nur Kosten bei der Erstellung, sondern auch bei der Wartung.

Aufgabe der Citizen Developer

Um Missverständnisse zu vermeiden, möchten wir betonen, dass die »konventionellen Entwickler*innen«, die Pro Code Developer, durch den Einsatz von Citizen Developern nicht ins Abseits gedrängt werden. Nicht jeder Anwendungsfall kann von Citizen Developern abgebildet werden. Komplexe Softwarearchitekturen sowie die Abbildung komplexer Geschäftsprozesse erfordern nach wie vor das Wirken von »klassischen« Entwickler*innen. Ziel der Citizen Developer ist es auch nicht, sämtliche Entwicklungen, die im Rahmen eines Transformationsprojekts anfallen, selbst durchzuführen. Sie entlasten das Projekt bei der Umsetzung hochwertiger, klar strukturierter und damit gut umsetzbarer Projektteilaufgaben. Eine weitere Aufgabe der Citizen Developer ist die Erstellung von Automatisierungen. Diese Aufgabe stellt oft keine Konkurrenz zur klassischen Entwicklung dar, ist aber auch für Citizen Developer realisierbar und stellt für Unternehmen insofern einen Mehrwert dar, als Mitarbeitende durch die Automatisierung redundanter, tagtäglicher Vorgänge entlastet werden und sich zeitgleich wichtiger, geistig fordernder Arbeit widmen können. Diese *Automatisierungen* können trotz einfacher Umsetzung ein hohes Maß an Komplexität abbilden und letztendlich den Unternehmen helfen, Kosten einzusparen.

Mit den Lösungen von SAP Build stellt SAP Citizen Developern (und Pro Code Developern) drei Services zur Verfügung: SAP Build Process Automation, SAP Build Apps und SAP Build Work Zone. Alle drei Lösungen sollen bei der Ausübung des Tagesgeschäfts unterstützen und in Kombination einen starken Lösungsansatz für zahlreiche Fragestellungen der Unternehmenstransformation aufzeigen. Im Folgenden soll genauer beschrieben werden, wie sich SAP Build in der Entwicklung, d. h. der Design Time, bei Citizen Developern und Pro Code Developern auswirkt und wie es verwendet werden kann.

4.2 SAP Build für Citizen Developer

In diesem Abschnitt besprechen wir die Bedeutung von SAP Build in der Entwicklung, zunächst im Hinblick auf die Citizen Developer und in Abschnitt 4.3 mit Blick auf die Pro Code Developer. Dabei gehen wir jeweils anfänglich auf funktionelle sowie technische Möglichkeiten der SAP-Build-Lösungen für die entsprechende Rolle ein und veranschaulichen dies jeweils anhand eines Beispiels.

4.2.1 SAP Build Apps für Citizen Developer

Citizen Developer und SAP Build Apps

Zu Beginn schauen wir uns *SAP Build Apps* an. Durch den Service wird es Citizen Developern ermöglicht, Webanwendungen sowie mobile Anwendungen zu entwickeln. Dabei bedient sich SAP Build Apps zwar der Begriffe aus der Entwicklungswelt, erklärt den Benutzer*innen aber auf relativ einfache Art, wie die Funktionen verwendet werden können. Für Citizen Developer ist der Service zudem aus einem Grund ganz besonders interessant: Er ermöglicht die Tätigkeit im Bereich der Low-Code-Entwicklungen und befähigt damit letztendlich zum Citizen Developing. SAP Build Apps stellt Benutzer*innen zwei Werkzeuge bereit, mit denen Anwendungen entwickelt werden können. Schon bei der Erstellung einer neuen Anwendung in SAP Build Apps dürfen sie entscheiden, welche Art von Anwendung entstehen soll: In einem Wizard wird unterschieden zwischen **Webanwendung und mobile Anwendung** und **Anwendungs-Backend** (siehe Abbildung 4.1).

Möglichkeitsspektrum: Frontend- und Backend-Entwicklung

Zwar verwendet SAP hier mit *Backend* oder *Frontend-App*, wie in Abbildung 4.1 zu sehen ist, immer noch Begriffe, die aus dem Entwicklerjargon stammen, jedoch wird den Citizen Developern immer eine Erläuterung geliefert, was genau hinter etwaigen Begriffen steht.

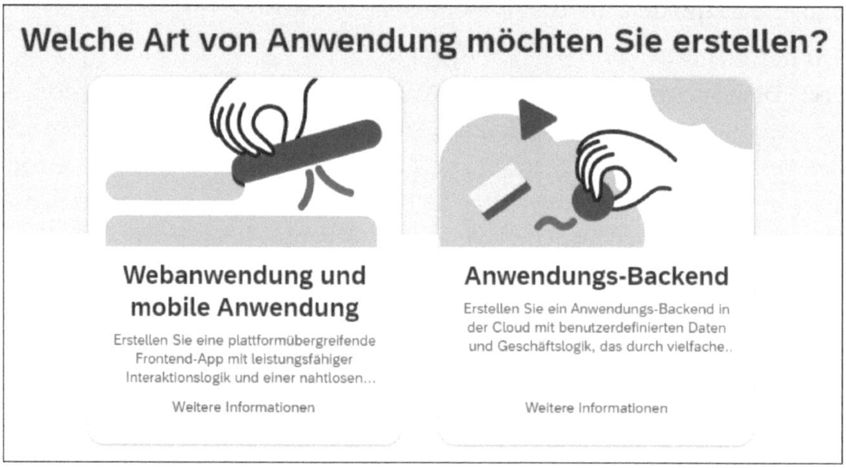

Abbildung 4.1 Wizard zur App-Erstellung

Was Citizen Developern hier explizit entgegenkommt, ist, dass die Entwicklungsumgebung beider Funktionen auf dem Low-Code-Ansatz basiert und Funktionalitäten wie Datenbankschemata, Verbindungen in andere Systeme – etwa zum Lesen und Schreiben von Daten – sowie sämtliche Anwendungslogik über ein *WYSIWYG-Interface* erstellt werden können. WYSIWYG ist die Kurzform für »What You See Is What You Get« und beschreibt eine Entwicklung mithilfe eines Interface statt geschriebener Befehle. Auch ist wichtig zu verstehen, dass beide Anwendungen (Frontend und Backend) autark stehen können, aber jede selbstverständlich von der anderen gemäß klassischer Entwicklung profitiert: Frontend-Anwendungen dienen der Anzeige des Interface für Benutzer*innen und sollten zudem keine tiefe Prozesslogik enthalten, also quasi so simpel wie möglich sein, um Cross-Site-Scripting (Hackerangriffe) zu vermeiden. Backends dagegen sollten aufwendigere Logik erhalten. Zwar wird diese generelle Direktive dem Citizen Developer von SAP nicht direkt vermittelt, indirekt passiert dies durch die Auswahl bzw. durch die Einschränkung der Funktionen je Anwendungstyp dagegen schon. Hierauf und auf die Grundfunktionalitäten der jeweiligen Anwendung und ihre Bedeutung für den Citizen Developer soll im Folgenden eingegangen werden.

UI Canvas

Betrachten wir zuerst die Frontend-Funktion von SAP Build Apps. Der zentrale Einstieg ist das Menü **UI CANVAS**, das in Abbildung 4.2 zu sehen ist.

Dort wird das Interface einer Anwendung angezeigt, die Kassierer*innen in der Kantine dabei hilft, zu erkennen, ob Mitarbeitende schon ihre tägliche Essenspauschale verwendet haben.

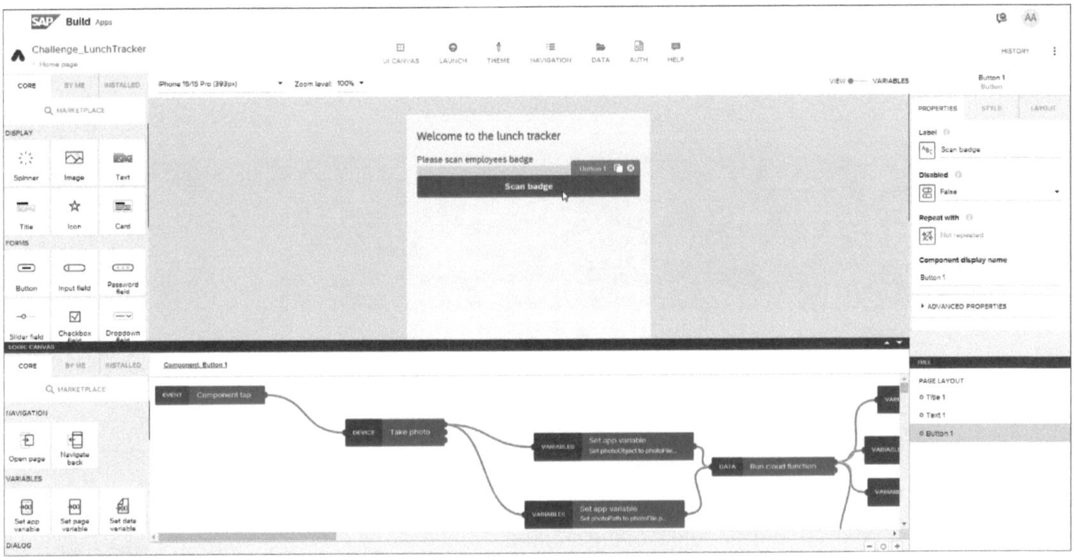

Abbildung 4.2 UI Canvas – Frontend-Entwicklung

Eine Besonderheit von SAP Build Apps besteht darin, dass die Entwickler*innen die Bestandteile des Benutzer-Interface der Anwendung einfach per Drag-and-drop aus der Seitenleiste in das *Canvas* der Anwendung (den mittleren Bereich) ziehen können. Dabei werden out of the box zahlreiche Interface-Elemente bereitstellt. In der Beispielanwendung, die in Abbildung 4.2 zu sehen ist, wurde etwa ein Button mit der Beschriftung **Scan badge** ausgewählt. Für diesen Button können nun in der rechten Seitenleiste Properties, also Eigenschaften, hinzugefügt werden. Über die Registerkarte **Style** im rechten Seitenmenü können außerdem vordefinierte Styles gewählt werden. Ein Style definiert das Aussehen einer Website oder Anwendung, z. B. unter Verwendung unterschiedlicher Farben, Formen oder Abstände. Durch diese beiden Werkzeuge allein wird das Entwickeln auch Menschen möglich, die kein HTML oder CSS beherrschen.

Marketplace

Im unteren Teil des Bildschirms, **Logic Canvas** genannt, können die Developer Prozesslogik für die gesamte Seite oder für einzelne Elemente auf der Seite integrieren, wie etwa für den Button **Scan badge**. Ohne dass Wissen über JavaScript notwendig wäre, können Citizen Developer z. B. die Navigation zwischen Seiten, das Öffnen von Dialogmenüs oder Busy Handler einrichten. Auch exotischere Elemente wie **Take Photo** oder **Scan QR/barcode** können in den Prozess durch einfache Drag-and-drop-Aktionen eingefügt werden. Das Logic Canvas ist für das Citizen Development besonders stark dadurch, dass genauso wie beim **Display Canvas** ein Marketplace bereitsteht, in dem sich die Entwickler*innen neuer Funktionen bedienen und eigene hochladen können. Abbildung 4.3 zeigt einen Ausschnitt des Marketplace mit Flow-Funktionen, die zum Download und zur sofortigen Verwendung bereitstehen.

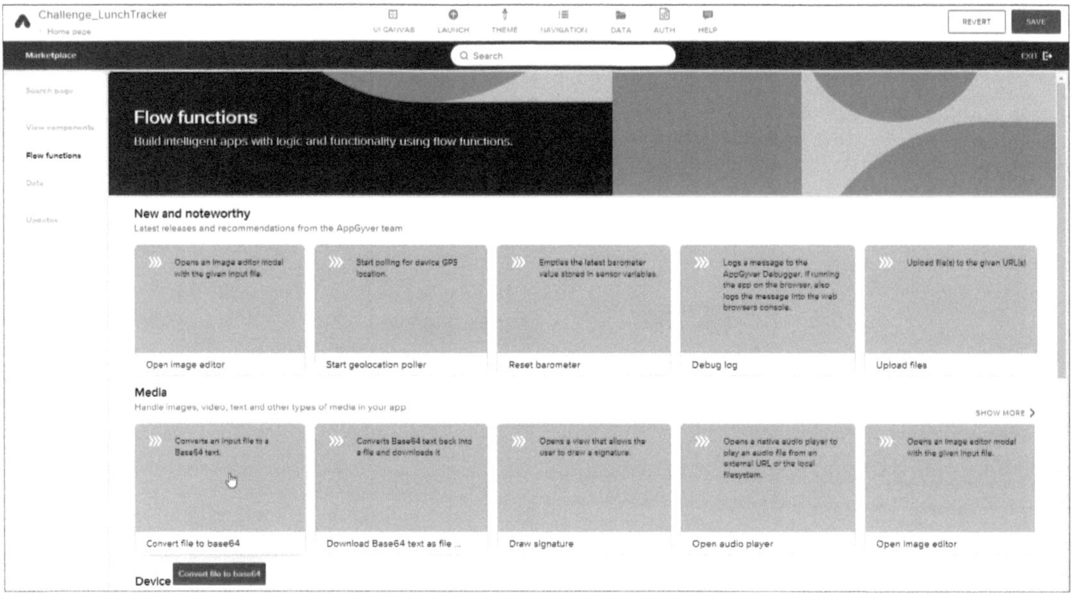

Abbildung 4.3 Marketplace für UI-Elemente und Funktionen

Responsiveness und Design

Alle mit SAP Build Apps erstellten Anwendungen sind *responsive*, d. h., dass die Elemente des entwickelten Frontends auf (fast) allen Geräten richtig angezeigt werden. Das Styling der Seiten kann unter dem Menüpunkt **THEME** angepasst werden. In diesem Menü kann das Design der Anwendung im Ganzen und nicht nur einzelne Elemente wie zuvor beschrieben angepasst werden. Die Benutzer*innen haben hier die Möglichkeit, je nach Firmen- oder Kundenwunsch ein eigenes Farbschema zu entwerfen und das Schriftbild anzupassen. Für den Citizen Developer ist dies interessant, da sämtliche CSS-Kenntnisse wegfallen, die für das Styling konventioneller Anwendungen notwendig sind.

Schnelles Testen mobiler Anwendungen

Auch im Hinblick auf das Testen von Anwendungen bietet SAP Build Apps vereinfachte Möglichkeiten für Citizen Developer. Das entworfene Frontend kann durch Klick auf den Menüpunkt **LAUNCH** schnell getestet werden. Dabei haben die Entwickler*innen aus den Fachabteilungen vor allem bei der Entwicklung von mobilen Anwendungen einen Geschwindigkeitsvorteil. SAP-Fiori-Elements- oder SAPUI5-Frontend-Anwendungen, die auf dem Handy oder auf dem PC laufen sollen, müssen erst hochgeladen werden, um Ende zu Ende getestet werden zu können, was mehrere Minuten in Anspruch nehmen kann und feinsäuberlich durch Code konfiguriert sein muss. Ist die Anwendung falsch konfiguriert, gelingt das Deployment nicht. SAP-Build-Apps-Anwendungen können hingegen direkt über die von SAP bereitgestellte Anwendung SAP Build Apps geladen werden. Änderungen in der Entwicklungsumgebung werden live an die mobile App synchronisiert, in der getestet werden kann. Die zuvor beschriebene Anwendung zur Prüfung der Essenspauschale dient in Abbildung 4.4 als Beispiel.

Abbildung 4.4 Testen und Debuggen einer mobilen App ohne Deployment

Integration von Backend-Systemen

Ein weiterer Punkt, der für die Gestaltung einer Anwendung in der Regel notwendig ist, ist die Integration eines Backend-Systems. Backend-Systeme sind generell für die Logik zuständig. Sie liefern Daten, die dann etwa in Listenform angezeigt werden, sie können Daten empfangen, die von einem Benutzer über ein Frontend erfasst wurden – beispielsweise ein Foto, das aufgenommen wurde. Sie stoßen auch Folgeprozesse in anderen Systemen an. Auch hierfür bietet SAP Builds Apps eine Option für Citizen Developer. SAP Build Apps erlaubt unter dem Menüpunkt **DATA** die Integration von Backend-Systemen (siehe Abbildung 4.5).

Die einfachste Möglichkeit, Datenstrukturen für die Anzeige zu erzeugen, ist über die Funktion **On-device storage**, mit der Daten auf dem Gerät, also über das Frontend, zur Laufzeit gespeichert werden. SAP Build Apps erlaubt hier das Erstellen von *Entities*, also eines Datenbankschemas, über ein WYSIWYG-Interface. Während dies für manche Anwendungsfälle sinnvoll ist, bietet SAP Build Apps auch die Möglichkeit, Daten, z. B. Produktstammdaten, aus einem Backend-System abzufragen. An dieser Stelle können Backend-Lösungen, die über SAP Build Apps erstellt wurden, integriert werden, aber selbstverständlich können auch andere Backends, wie z. B. ein Backend des *SAP Cloud Application Programming Models* (kurz CAP) integriert werden. Die Integration dieser Datenquellen geschieht einfach über das Dropdown-Menü im Bereich **SAP Build Apps classic data entities**. Citizen Developer profitieren wiederum davon, dass jegliche Integration einfach durch ein WYSIWYG-Interface umgesetzt werden kann.

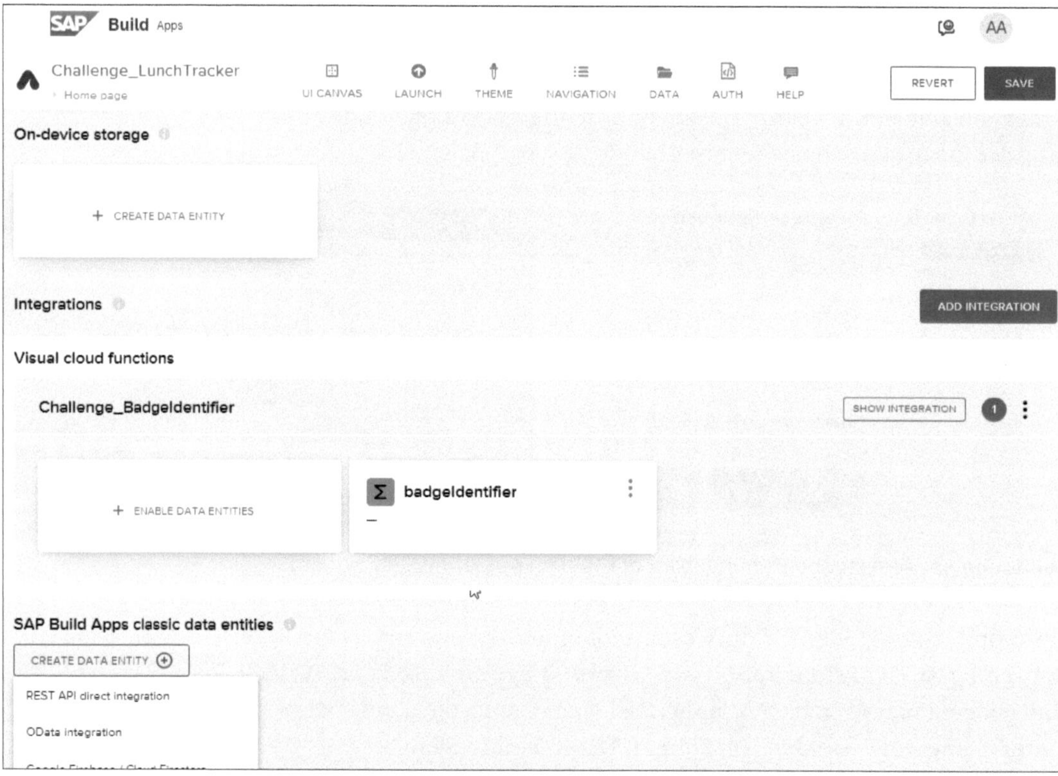

Abbildung 4.5 Integration von Backend-Systemen

Dreh- und Angelpunkt: Entitäten

Neben fremden Backends, sogenannten Remote Services, kann SAP Build Apps auch eigene Backends integrieren, in denen Daten abgelegt oder gelesen werden können. In SAP Build Apps lässt sich ein Backend-Service durch die Auswahl der Option **Anwendungs-Backend** erstellen. Dabei geschieht die Entwicklung grafisch statt über Code. Der wohl wichtigste Menüpunkt ist **Entities**: Hier werden Datenbankstrukturen definiert, die an späterer Stelle verwendet werden können (siehe Abbildung 4.6).

Auf der linken Seite des Bildschirms sind die schon erstellten Entities und Felder zu sehen, auf der rechten Seite lässt sich die ausgewählte Entity, die zuvor über die Datenbankstruktur erstellt wurde, einfach durch das WYSIWYG-Interface erweitern oder manipulieren.

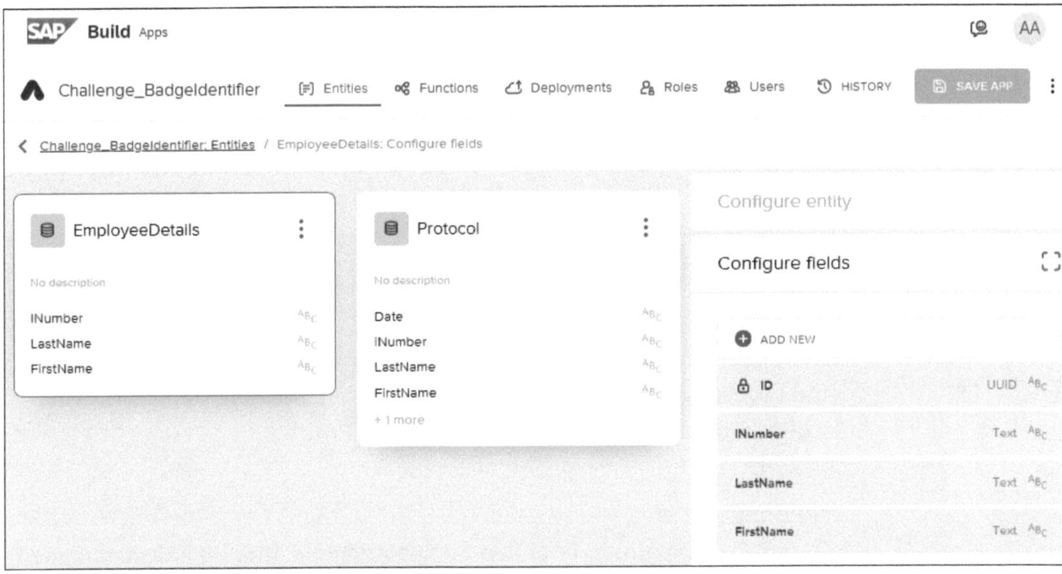

Abbildung 4.6 Backend-Entities anlegen

Über den Menüpunkt **Functions** können die Benutzer*innen neue Cloud-Funktionen hinzufügen. Ihre Aufgabe ist es, die Kommunikation zwischen Frontend und Backend zu ermöglichen. Cloud-Funktionen werden wie fast alle Bestandteile von SAP Build Apps über das UI Canvas erstellt und sind daher für Citizen Developer einfach verfügbar. Abbildung 4.7 stellt dies dar.

Cloud-Funktionen

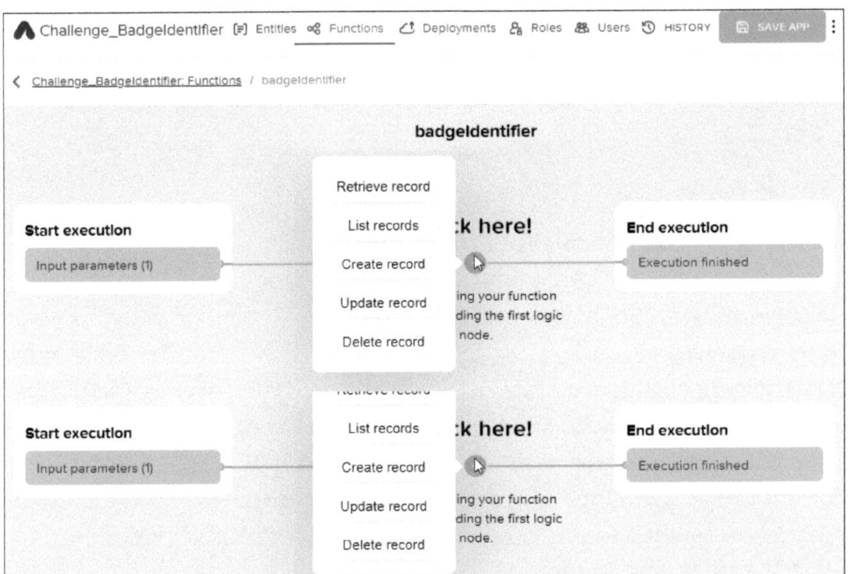

Abbildung 4.7 Backend-Funktionen erstellen

Alle Cloud-Funktionen funktionieren generell gleich und sind auch mit jedem gängigen Backend-System vergleichbar. Wenn Sie den Prozess starten, indem Sie auf **Start execution** klicken (siehe Abbildung 4.7), wird die Funktion mit mehreren zuvor definierten Eingabeparametern ausgeführt. Innerhalb der Funktionen werden Daten zusammengestellt und im Output, rechts im Bild unter **End execution** zu sehen, dem Frontend bereitgestellt. Datensätze zuvor definierter Entitäten können hier befüllt, gelesen, aktualisiert oder gelöscht werden.

Rollen und Benutzermanagement leicht gemacht

Die Menüpunkte **Roles** und **Users** erlauben das einfache Hinzufügen von Rollen ganz ohne Coding sowie das Onboarding von Benutzer*innen. Anhand von Rollen kann der Citizen Developer bestimmen, wer Zugriff auf das Backend-System bekommt und auf welche Entitäten wie zugegriffen werden kann.

Abbildung 4.8 zeigt, wie einfach Rollen in SAP Build Apps definiert werden können. Rollen können über den Button **Add Role**, im Bild links neben dem Pluszeichen zu sehen, schnell hinzugefügt werden. Über das Kontextmenü auf der rechten Seite wird durch einen Mausklick definiert, welche Rechte eine Rolle per Entität hat.

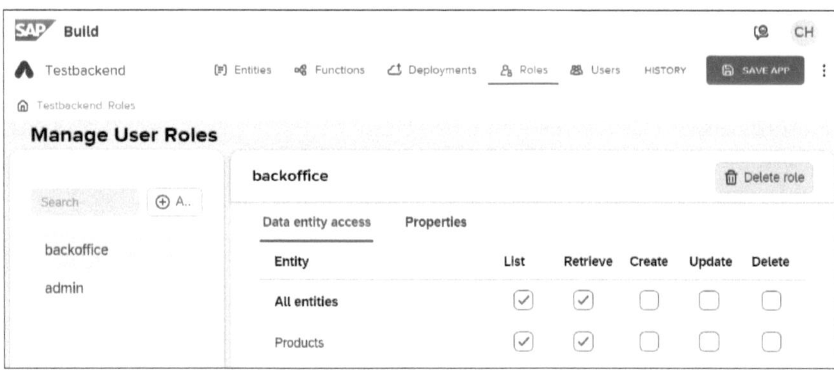

Abbildung 4.8 Rollen per Mausklick definieren

Dagegen müssen Sie in einem CAP-Backend die Rollen zunächst in einer Datei namens **xs-security.json** definieren. Die Zuweisung der Rolle kann erst erfolgen, nachdem der Service in einer Core-Data-Services-Datei (CDS) erstellt wurde. *Core Data Services* bieten eine leistungsfähige und flexible Möglichkeit zur Datenmodellierung. Die Einfachheit von SAP Build Apps kommt Citizen Developern in diesem Kontext besonders entgegen. In Abbildung 4.9 sehen Sie zum Vergleich, wie Rollen im Rahmen einer CAP-Applikation aufgesetzt werden.

```
{
    "xsappname": "testbackend",
    "tenant-mode": "dedicated",
    "description": "Security profile of Testbackend",
    "scopes": [
        {
            "name": "$XSAPPNAME.Backoffice",
            "description": "View Testbackend app content"
        },
        {
            "name": "$XSAPPNAME.Admin",
            "description": "Manage Testbackend app content"
        }
    ],

    "role-templates": [
        {
            "name": "testbackend_backoffice",
            "default-role-name": "Viewer: Testbackend App",
            "description": "Viewer for Testbackend App",
            "scope-references": ["$XSAPPNAME.Backoffice"]

        },
        {
            "name": "testbackend_admin",
            "default-role-name": "Admin: Testbackend App",
            "description": "Manager for Testbackend App",
            "scope-references": ["$XSAPPNAME.Admin"]
        }
    ]
}
```

Abbildung 4.9 Rollen im Rahmen einer CAP-Applikation aufsetzen

Backend-System hochladen

Bevor die Anwendung verwendet werden kann, muss sie hochgeladen werden. Dies gilt auch für das SAP-Build-Apps-Backend. Der Vorgang erfolgt über den Menüpunkt **Deployments**. Bei herkömmlichen Applikationen kann das Hochladen recht aufwendig und zeitintensiv sein. Bei einer CAP-Applikation läuft der Prozess über eine sorgfältig erstellte MTA-Datei (Multi-Target-Application). Diese Datei definiert präzise, aus welchen Komponenten die Anwendung besteht und wie diese miteinander verknüpft sind. Jedes Detail, einschließlich Buchstaben und Leerzeichen, muss dabei akribisch gepflegt werden. Im Gegensatz dazu ist das Deployment eines SAP-Build-Apps-Backends vergleichsweise einfach. Mit nur einem Klick ist der Vorgang abgeschlossen, und sowohl das Backend als auch sämtliche Frontend-Anwendungen sind in der Umgebung zugänglich (siehe Abbildung 4.10).

Abbildung 4.10 App durch einen Klick hochladen

Destination Service: sicherer Zugriff auf Backend-Systeme

Das erstellte Backend-System ist nun in der Frontend-Komponente von SAP Build Apps verfügbar. Aber auch der Anschluss externer Systeme, wie z. B. eines ERP-Systems, wenn es z. B. um das Erstellen einer Bestellung geht, ist möglich. Um sicher auf andere Tenants zugreifen zu können, werden sogenannte *Destinations* bedient. Wird innerhalb einer Destination ein entsprechender On-Premise-Endpunkt definiert, ist über den Cloud Connector sogar das Lesen, Schreiben und Ändern der Daten in einem On-Premise-System möglich. All dies erfolgt schnell und unkompliziert und wird über eine Low-Code-SAP-Build-Apps-App entwickelt. In Abbildung 4.11 sehen Sie, wie eine Destination konfiguriert wird.

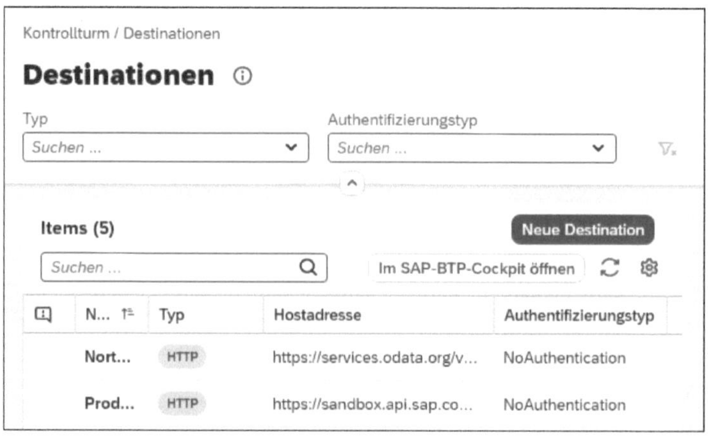

Abbildung 4.11 Destinationen anlegen

Folgendes lässt sich festhalten: Die Vorteile von SAP Build Apps liegen für die Citizen Developer also vor allem darin, dass sie Anwendungen entwickeln können, ohne JavaScript, Node.js, Java oder SQL verwenden zu müssen. Auch die Zeitersparnis bei der Erstellung einer Anwendung im Vergleich zu konventionellen Anwendungen kann erheblich sein.

[zB]

Zeitersparnis mit SAP Build Apps

Um die Effizienz von SAP Build Apps zu veranschaulichen, betrachten wir ein konkretes Beispiel: die Entwicklung einer Anwendung zum Scannen von Barcodes. Die traditionelle Entwicklung mit UI5 inklusive Tests und Deployment dauert ca. einen Tag. Mit SAP Build Apps lässt sich der gleiche Fall in 30 Minuten abschließen.

Das folgende Fallbeispiel soll die Rolle des Citizen Developers unter Einbezug von SAP Build Apps verdeutlichen. Tiefergehende Informationen zum Umgang mit SAP Build Apps finden Sie in Kapitel 10, »SAP Build Apps«.

Fallbeispiel: Lager-App

Unser fiktiver Citizen Developer heißt Herr Sommer und arbeitet als Head of Procurement, in einem KMU in der Schweiz, das recycelbare Batterien herstellt. Das Unternehmen sieht bei der Lagerverwaltung Defizite, da die Bestände nicht ordnungsgemäß gepflegt sind, weil der Rückmeldeprozess für Lagerbestände durch Mitarbeitende mit einem langen Weg zum Backoffice verbunden ist und daher oft einfach nicht stattfindet. Vor diesem Hintergrund erhält Herr Sommer den Auftrag, eine Lösung zu entwickeln, die hier Abhilfe schafft. In einem klassischen IT-Projekt würde diese Aufgabe typischerweise von mindestens einer Person aus dem Entwicklungsteam, einer Person aus den Fachbereichen, die mit den operativen Prozessen vertraut ist, und möglicherweise einer Person als Projektleitung ausgeübt werden. Nun ist Herr Sommer zum einem aufgrund seiner Tätigkeit mit den betrieblichen Abläufen in diesem Fall bestens vertraut, zum anderen verfügt er mit SAP Build Apps über die notwendigen Mittel, um den Anforderungen der Geschäftsleitung gerecht zu werden.

Herr Sommer entscheidet sich für eine kreative Lösung. Lagergegenstände werden fortan mit QR-Code versehen. Beim Verlassen des Lagers werden an einem Terminal die mitgenommenen Materialien gescannt und so SAP ERP mitgeteilt, welcher Artikel aus dem Lager entfernt wurde. So wird der Lagerbestand on the fly gemeldet und der lange Weg zum Backoffice vermieden.

Für den Teil des Scannens entwickelt Herr Sommer ein SAP-Build-Apps-Frontend, das den Input vom Scanner empfängt und an einen Backend-Service übermittelt. Der SAP-Build-Apps-Backend-Service reicht die Daten schnell und pragmatisch an das ERP-System weiter und aktualisiert so die Bestände.

4.2.2 Workflow-Funktion von SAP Build Process Automation für Citizen Developer

Workflows

Mit *SAP Build Process Automation* bekommen Citizen Developer in Form der Workflow-Funktion einen Service an die Hand, der es ihnen ermöglicht, komplexe Entscheidungsprozesse zu gestalten und in bestehende Systemlandschaften zu integrieren. Für Citizen Developer ist besonders interessant, dass zuvor über SAP Build Apps gebaute Anwendungen nahtlos integriert werden können bzw. einen Workflow anstoßen oder durch einen Workflow angestoßen werden können. Für die Citizen Developer bedeutet dies, dass entwickelte SAP-Build-Apps-Anwendungen ein neues Level an Tiefe erfahren, das über die einfache Benutzung durch die Endbenutzer*innen hinausgeht.

Das Herzstück eines Workflows: die Prozessstruktur

Die Workflow-Komponente von SAP Build Process Automation bedient sich schon wie SAP Build Apps eines WYSIWYG-Interface, das es Citizen Developern ermöglicht, Workflows zu erstellen. Sogenannte *Prozesse* stellen hier das Herzstück der Anwendung dar. Grafisch wird ein solcher Prozess in Abbildung 4.12 veranschaulicht.

Ähnlich wie beim Backend-System haben Prozesse einen *Startpunkt*, der mit Eingabeparametern definiert werden kann, und einen *Endpunkt*, der Ausgabeparameter an das anstoßende System zurückreichen kann. Einzelne Prozessschritte definieren den Prozess als Ganzen und können etwa dazu dienen, um Entscheidungen durch reale Personen miteinfließen zu lassen – beispielsweise unter Zusendung und Absegnung eines Bestätigungsformulars an die Inbox eines Entscheiders oder einer Entscheiderin. Auch können Automatisierungen durch Roboter und Backend-Systeme über Aktionen angestoßen werden oder E-Mails definiert und eingeplant werden.

Durch einen Klick auf das Pluszeichen am jeweiligen Schritt der Prozesskette können Entwickler*innen einfach neue Prozessschritte hinzufügen. Abbildung 4.13 zeigt einen exemplarischen Ausschnitt der möglichen Prozessschritte, aus denen Developer wählen können.

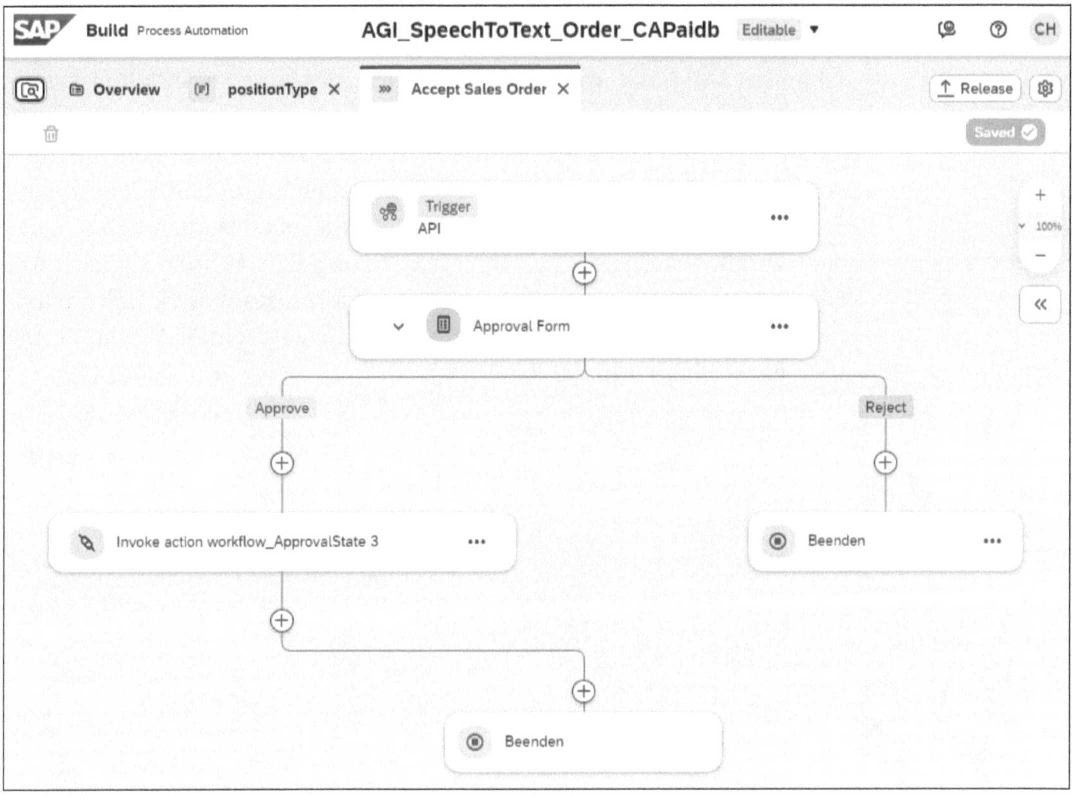

Abbildung 4.12 Struktur eines Prozesses in SAP Build Process Automation

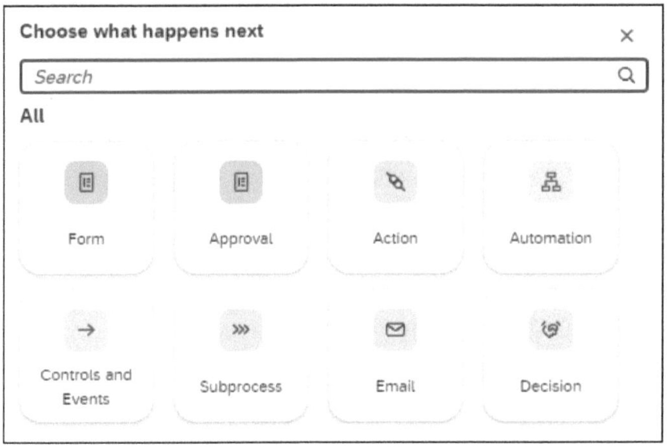

Abbildung 4.13 Prozessschritte einfach durch Klick hinzufügen

Formulare Auch die genannten Formulare, die Vorgesetzten im Rahmen des Prozesses zur Entscheidung übermittelt werden, lassen sich einfach erstellen. Wie schon bei SAP Build Apps lassen sich auch hier ohne Entwicklungskenntnisse Formularelemente über Drag-and-drop dem Formular an gewünschter Stelle hinzufügen. Dabei ist das Formular insofern intelligent, als auch von Entscheider*innen eingegebene Werte oder ausgewählte Checkboxen am Ende des Workflows dem System zurückgegeben werden können, das den Workflow ausgelöst hat. Inhalte des Formulars können zugleich mit Eingabeparametern, d. h. Daten, die beim Starten des Workflows vom aufrufenden System mitgegeben wurden, angereichert werden. Abbildung 4.14 stellt ein solches Formular dar.

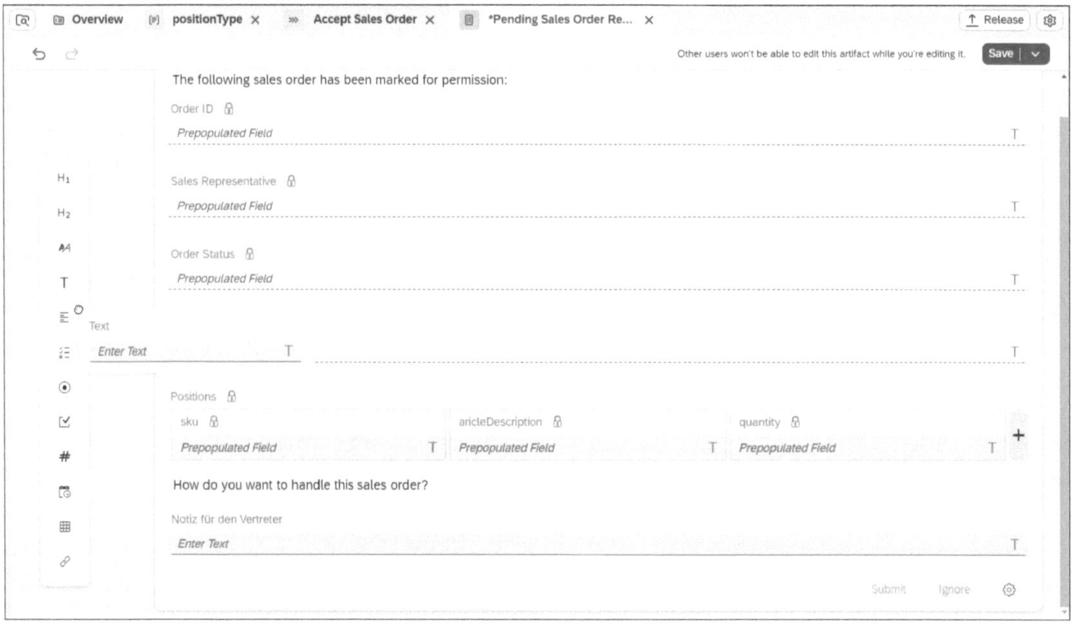

Abbildung 4.14 Formulare sind schnell erstellt.

Verbildlichen wir die Möglichkeiten des Dargestellten am Beispiel der Lager-App von Herrn Sommer.

Fallbeispiel: Lager-Automatisierungs-App

Genehmigungsprozesse einbeziehen Die Geschäftsleitung ist mit Herr Sommers Lösung zum Lagerproblem sehr zufrieden, aber es gibt immer Verbesserungspotenzial. Und wer wäre für die Umsetzung besser geeignet als ein kreativer Kopf wie Herr Sommer? Der Wunsch der Geschäftsleitung ist es, automatische Nachbestellungen auszulösen, wenn Lagerbestände unterschritten werden. Allerdings dürfen nur Bestellungen, die sich in einem Volumen von 5.000 CHF befinden, automatisiert werden, alles andere bedarf einer Genehmigung – damit hatte man in der Vergangenheit schlechte Erfahrungen gemacht.

Herr Sommer entscheidet sich, die bestehende Lösung zu erweitern und verwendet dabei die Workflow-Komponente von SAP Build Process Automation. Die Lösung sieht so aus, dass nach wie vor Lagerrückmeldungen gemäß der bestehenden Definition stattfinden, aber als Folgeschritt, also nach Aktualisierung des Lagerbestandes, nun SAP Build Apps überprüft, ob ein Bestand unterschritten wurde. Ist dies der Fall, so wird nach Abfrage der Preisfindung ermittelt, ob eine Nachbestellung genehmigt werden muss oder problemlos automatisiert durchlaufen kann.

All dies passiert über einfach umsetzbare ERP-Anfragen in dem von Herrn Sommer aufgesetzten SAP-Build-Apps-Backend. An dieser Stelle kommt SAP Build Process Automation zum Tragen. Der Entscheidungsprozess, den Herr Sommer definiert hat, wird direkt vom SAP Build Apps-Backend angestoßen und geht an einen Entscheider, also an Herrn Sommer selbst als Head of Procurement, der ihn im Fall eines Bestellvolumens, das größer als 5.000 CHF ist, genehmigen muss. Im Fall einer Genehmigung ist der Workflow selbst in der Lage, über integrierte Schnittstellen eine entsprechende Bestellung im ERP-System auszulösen. Genauso werden Workflow-Bestellungen gehandhabt, die unter einem Volumen von 5.000 CHF liegen – diese werden automatisch durch den Workflow gereicht und erzeugen ohne Bestätigung durch Herrn Sommer eine Bestellung. Nicht genehmigte Bestellungen werden an das Postfach des Vorgesetzten, Herrn Kupferschmid, weitergegeben. Abbildung 4.15 stellt den entworfenen Workflow gut dar.

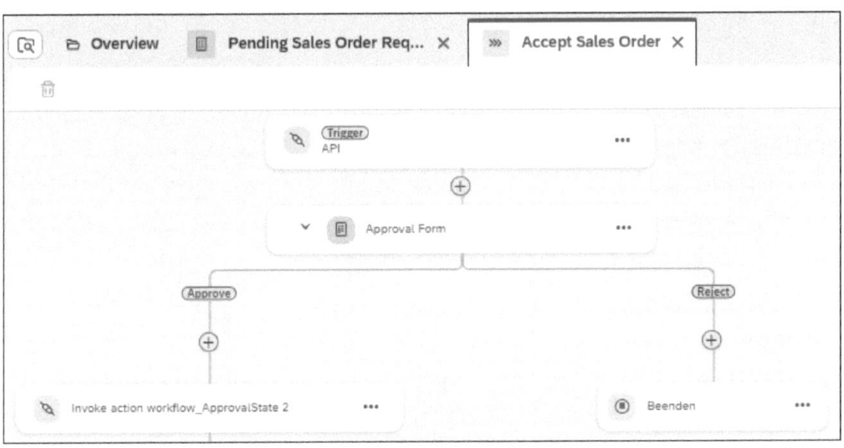

Abbildung 4.15 Workflow für einen Genehmigungsprozess

Der Prozess wird durch den *API-Trigger* angestoßen, wie in Abbildung 4.15 zu sehen. Dieser Auslöser enthält Daten zur Bestellung, beispielsweise Informationen zu den Artikelpositionen. In einem Folgeschritt wird das Bestätigungsformular definiert, das in der Abbildung durch das violette Piktogramm dargestellt wird, das dem Entscheider später in Form eines Work Items angeboten werden soll. Dieses Formular enthält in strukturierter Art und Weise die zuvor genannten Artikelpositionen. Je nachdem, wie entschieden wird, wird der Prozess in einem Folgeschritt in Form einer Genehmigung (in der Abbildung unten links) oder einer Zurückweisung (unten rechts) beendet und entsprechend dem Ausgang auch die SAP-Build-Apps-Lösung benachrichtigt.

4.2.3 Automatisierungsfunktion von SAP Build Process Automation für Citizen Developer

Robotic Process Automation

Redundante und langwierige Arbeiten sind oft kostenineffizient und für Mitarbeitende auf Dauer monoton. Auch neigen Mitarbeitende zu Fehlern, da mit Dauer der Ausübung die Aufmerksamkeit sinkt. Hier greift die Funktion *Robotic Process Automation* von SAP Build Process Automation. Der Service ermöglicht es über Automatisierungen, sogenannte Bot-Lösungen zu entwerfen, die Benutzer*innen redundante, alltägliche Arbeiten abnehmen und diese Tätigkeiten massiv beschleunigen. Sie sind weniger fehleranfällig. Mitarbeitende, die von diesen Services unterstützt werden, können in der gewonnenen Zeit anderen wertvollen Tätigkeiten nachgehen. Da der Entwicklung von Automatisierungen ähnlich wie bei SAP Build Apps eine logische Denkweise zugrunde liegt, sind diese prädestiniert für Citizen Developer, da sie aufgrund der Low-Code-Tools einfach gebaut werden können.

Standard-Use-Cases out of the box bereitgestellt

Im *SAP Store* werden den Citizen Developern Workflow- und Automatisierungs-Templates für zahlreiche Business Cases zur Verfügung gestellt – und das alles direkt einsatzbereit (out of the box). Die Citizen Developer können sich entweder dieser Workflows bedienen und diese bei Spezialfällen sogar weiterentwickeln, indem sie Details leicht und unkompliziert abändern, oder selbst eigene Automatisierungen entwerfen.

Dabei gibt es für die Entwickler*innen zahlreiche Werkzeuge, die sie bei der Arbeit unterstützen: Excel-Dateien können über drei Klicks erzeugt, ausgelesen oder beschrieben werden, Outlook-Korrespondenz kann verwertet werden, SAP GUI sowie andere clientseitige Applikationen können prozessiert werden, als ob ein echter Benutzer Buchungen im E3-System vornehmen würde. Genauso können problemlos Web-Interfaces automatisiert bedient und verarbeitet werden. Sämtliche dieser Werkzeuge sind über Drag-and-drop-Aktionen verwendbar, können also ohne tiefgreifende Programmierkenntnisse, wie z. B. Erstellen eines Axios-Aufrufes in Node.js, über den eine Schnittstelle angesteuert werden kann, integriert werden.

Schauen wir uns die Vorteile für Citizen Developer an dieser Stelle etwas genauer an.

Prozesse ohne Programmierkenntnisse erstellen

Das Herzstück der Automatisierungsfunktion von SAP Build Process Automation sind die *Automatisierungen*. Hier lassen sich anhand von Aktivitäten, die in Abbildung 4.16 rechts zu sehen sind, komplexe Prozesse abbilden und automatisieren. Das Layout erinnert bewusst an die Workflow-Funktion von SAP Build Process Automation. Programmierkenntnisse sind nicht notwendig, auch wenn gesagt werden muss, dass Eigenlogik über spezielle Skriptaktivitäten, denen JavaScript zugrunde liegt, implementiert werden kann.

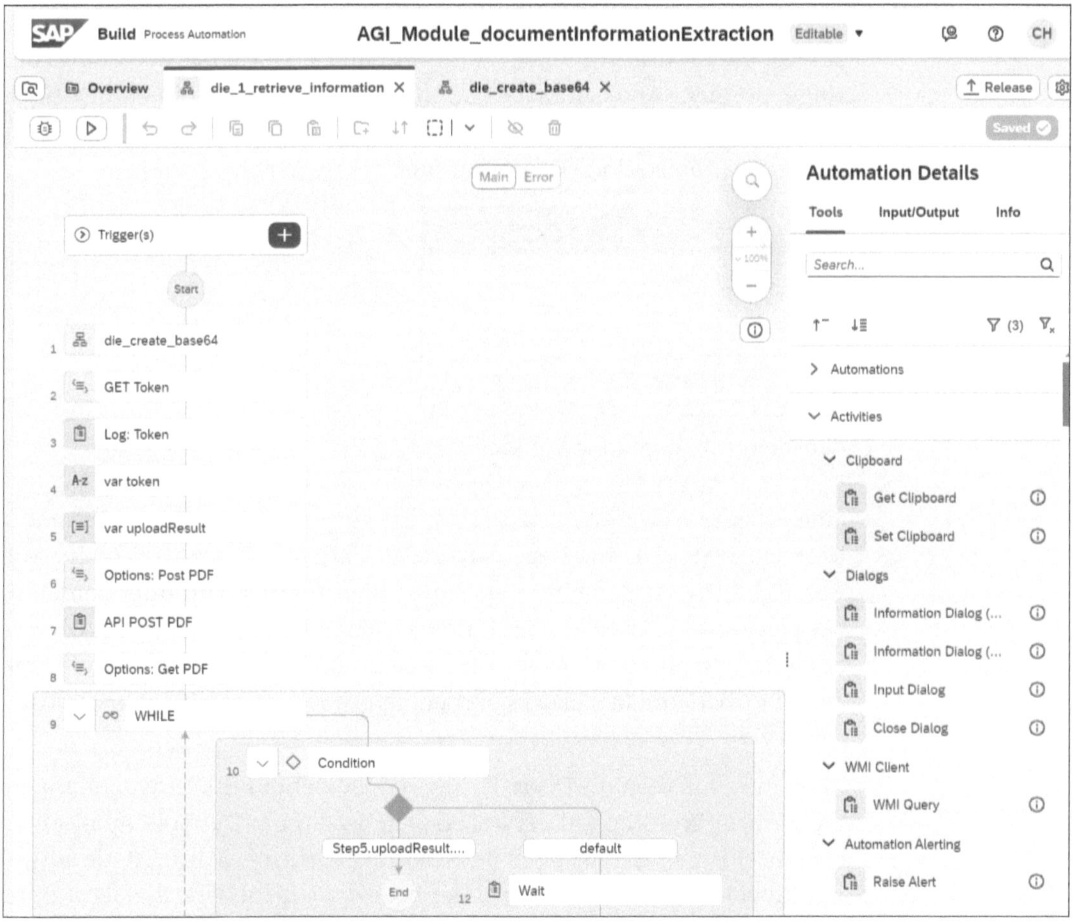

Abbildung 4.16 Automatisierungs-Canvas

Anwendungen zur späteren Automatisierung erfassen

Neben Standardanwendungen wie Excel oder Outlook lassen sich auch fast alle anderen Web- oder native Anwendungen automatisieren. Eine derartige Automatisierung dient dem Prozessieren eines User Interface: Das heißt, der Roboter simuliert Mausklicks oder Tastatureingaben, um die tägliche Routine einer realen Person zu automatisieren. Durch die Sequenzierung oder Modularisierung von Automatisierungen lassen sich auch komplexe Aufgaben automatisieren. Beispielsweise kann der Roboter in nur wenigen Entwicklungsschritten trainiert werden, eine Excel-Datei mit Bestellungen auszulesen und im Anschluss daran mithilfe der Daten im Interface einer Shop-Lösung Bestellungen zu erzeugen.

Das Erfassen einer Anwendung ist einfach: SAP Build Process Automation stellt hierfür einen *Recorder* zur Verfügung, mit dem Anwendungen »aufgenommen« werden können (siehe Abbildung 4.17). Die Entwickler*innen spielen dabei die einzelnen Prozessschritte selbst am PC durch, während der Recorder Schritt für Schritt aufnimmt und auf Basis des Recordings die aufgenommene Applikation deklariert und den Prozess in ein Automatisierungs-Template überführt. Um das Recordingtool zu starten, navigieren Sie zu **Create • Applikation • Capturing Tool**.

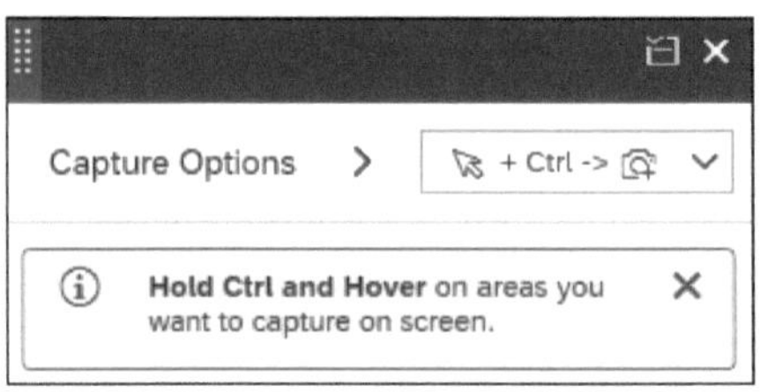

Abbildung 4.17 Capturing-Werkzeug

Eine erfasste Anwendung lässt sich, wie für Citizen Developer gewohnt, über ein WYSIWYG-Interface genauer deklarieren und auszeichnen. Mit Auszeichnung ist gemeint, dass Entwickler*innen bestimmte Elemente, beispielsweise Textfelder oder Buttons, deklarieren können, damit der Roboter diese später beim Ausführen der Automatisierung erkennt und hier Texteingaben und Mausklicks vornehmen kann, um den Prozess voranzutreiben.

Abbildung 4.18 zeigt die Deklarierung von Elementen einer zuvor erfassten SAP-Concur-Website. Auf der linken Seite sind unter **Declared Application** die einzelnen erfassten Seiten der Website aufgelistet. Mittig ist die ausgewählte Website selbst zu sehen. Der blau hervorgehobene Bereich wurde durch den Benutzer selektiert und ermöglicht die Elementdeklarierung, zu sehen auf der rechten Seite des Bildes.

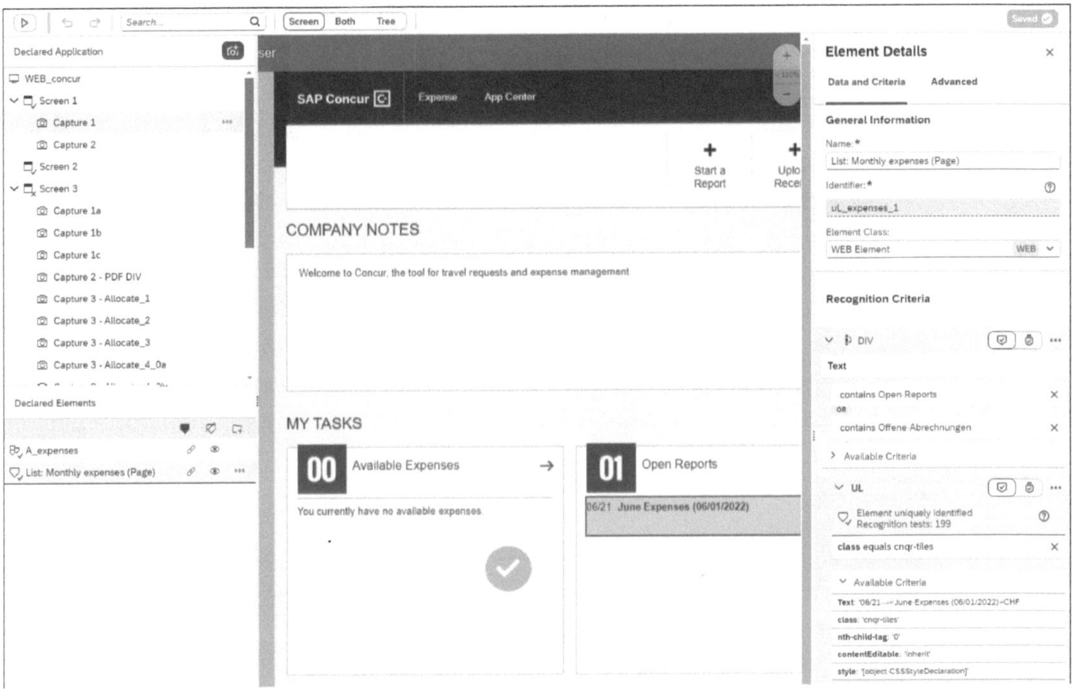

Abbildung 4.18 Applikationen deklarieren

Fallbeispiel: Lead-Roboter

Robotic Process Automation am Beispiel eines Lead-Roboters

Frau Dongtian ist im gleichen Unternehmen wie Herr Sommer in der Buchhaltung tätig. Ihre Liebe gilt nicht nur dem Detail, sondern auch neuen Technologien. KI und Blockchain sind in aller Munde – zumindest hat sie viel darüber gelesen und kann sich daher mit Herrn Sommer in den Kaffeepausen intensiv über diese gemeinsame Leidenschaft austauschen. Über Herrn Sommer hat Frau Dongtian erfahren, dass Automatisierungen auch innerhalb der Firma angewandt werden – und gar nicht so schwer umzusetzen sind. Nach 3 Stunden Übung an einem ruhigen Freitagnachmittag macht sich Frau Dongtian daran, einen eigenen Bot zu entwerfen. Er soll ihr die Arbeit beim Anlegen von Leads abnehmen.

Der bisherige Prozess ist nämlich sehr zeitaufwendig. Interessent*innen melden sich per E-Mail, diese werden im Anschluss von Frau Dongtian aus Outlook heruntergeladen, Metadaten wie Name und E-Mail des Interessenten werden notiert und im Anschluss erstellt Frau Dongtian zu jedem Lead, sofern nicht schon im ERP-System vorhanden, ein entsprechendes Business-Objekt, mit der zuvor heruntergeladenen E-Mail im Anhang.

Die Automatisierungslösung von Frau Dongtian soll nun genauso vorgehen: Der Roboter lädt zu Beginn alle E-Mails aus dem Lead-Postfach in die lokale Verzeichnisstruktur herunter und extrahiert Lead-Metadaten. Im Anschluss erstellt der Roboter über die Lead-Schnittstelle auf Basis der extrahierten Metadaten das passende Business-Objekt im ERP-System und fügt die zuvor heruntergeladene Korrespondenz, ebenfalls über eine API, diesem hinzu. Abgearbeitete E-Mails werden vom Roboter in das Lead-Handled-Postfach verschoben. Beim Aufruf der APIs bedient sich der Roboter zuvor definierter Destinationen auf der SAP BTP. Da Frau Dongtian den Job nicht während der Arbeitszeit laufen lassen will, wird dieser automatisiert während der Mittagspause an fünf Tagen in der Woche gestartet. Das Low-Code-Entwicklungs-Interface des von Frau Dongtian entworfenen Roboters sehen Sie in Abbildung 4.19.

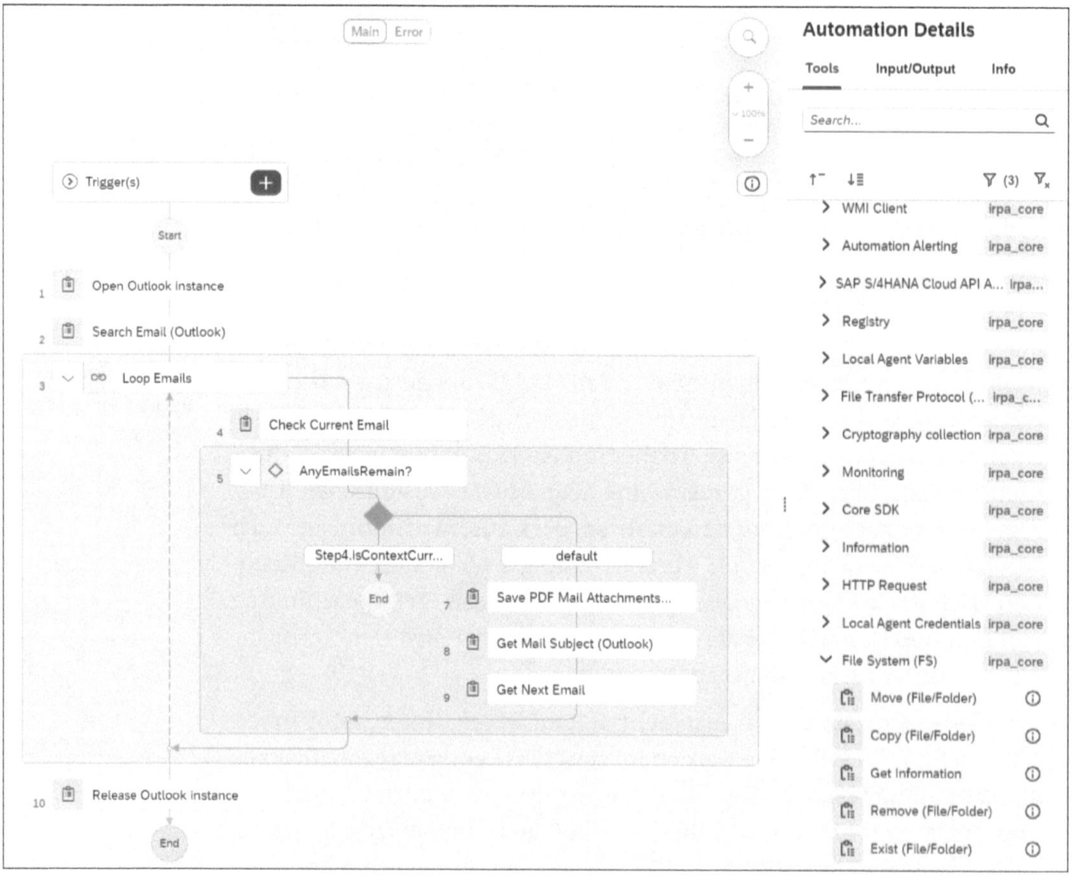

Abbildung 4.19 Automatisierungsbeispiel mit Robotic Process Automation

4.3 SAP Build für Pro Code Developer

Im Kontext der digitalen Transformation ist SAP Build auch eine Unterstützung für professionelle Entwickler*innen, die Pro Code Developer. Pro Code Developer sind aufgrund ihrer Ausbildung und Erfahrung bereits in der Lage, Entwicklungsaufgaben zu verstehen und eigenständig umzusetzen. Je mehr Erfahrung sie haben, desto schneller können sie in der Regel Aufgaben bearbeiten. Wir gehen also nicht davon aus, dass SAP Build den professionellen Entwickler*innen die Entwicklung erst ermöglicht. Stattdessen soll das Produkt auf Makroebene (im Projektteam) sowie auf Mikroebene (in der zugeteilten Projekteaufgabe) für Entlastung sorgen. Wie dies geschieht, schauen wir uns nun genauer an.

Entlastung durch Zeitersparnis

Betrachten wir zunächst die Makroebene: das Projekt. Projekte bestehen aus vielen kleinen Bausteinen, den Projektaufgaben. Diese werden Projektmitarbeitenden zugewiesen und müssen sequenziell oder parallel abgearbeitet werden. Dabei ist für den Projekterfolg nicht nur entscheidend, ob diese Aufgaben in der zuvor definierten Zeit, also im Budget, erledigt werden, sondern auch, wie die Projektbesetzung aussieht. Bei einem guten Teil der Projektaufgaben in IT-Projekten handelt es sich um Entwicklungsaufgaben. Es können zwar nicht sämtliche Entwicklungsaufgaben mit SAP Build abgedeckt werden, viele Aufgaben können durch den Einsatz von z. B. SAP Build Apps aber deutlich abgekürzt werden. Andere Aufgaben wie das Bereitstellen von Workflows oder die Automatisierung von clientseitigen Prozessen sind SAP Build Process Automation vorbehalten.

Erweiterung bestehender Lösungen

Der Wert von Pro-Code-Entwicklungen kann durch ein heterogenes Umfeld, unter anderem durch das Einbeziehen von Low-Code-Tools, sogar gesteigert werden. Dies wird besonders deutlich durch die Nutzung von Kernfunktionen wie SAP Build Apps (Low-Code) und SAP Build Process Automation, die zusammenarbeiten, um die Arbeit der Pro Code Developer effizienter zu gestalten. Betrachten wir nun, wie jede dieser Komponenten dazu beitragen kann, die Entwicklungsprozesse zu optimieren.

4.3.1 SAP Build Apps für Pro Code Developer

Pro-Code-Unterstützung

Die Low-Code-Funktionen von SAP Build Apps ermöglichen es Pro Code Developern, sich auf höhere Abstraktionsebenen zu konzentrieren und dennoch maßgeschneiderte Anwendungen zu erstellen. Im Pro-Code-Bereich stellt SAP mit CAP, SAPUI5 und SAP Fiori Elements bereits Möglichkeiten auf der SAP BTP zur Verfügung, mit denen Frontend- und Backend-Entwicklungen erstellt werden können. Während der Frontend-Vorreiter SAPUI5 klar durch seine Individualisierungsmöglichkeiten glänzt, sind diese Anwendungen dennoch recht aufwendig in der Wartung und nicht so Update-sicher wie Anwendungen, die mit SAP Fiori Elements entwickelt wurden. SAP Fiori Elements lässt sich, obwohl das Framework mit Sicherheit etwas unflexibler ist als SAPUI5, wesentlich zeiteffizienter und schneller entwickeln. Beide Frameworks lassen zwar eine individuelle Entwicklung zu, diese ist allerdings zeitaufwendig. In SAP Build Apps können hingegen komplette Frontend-Anwendungen in wenigen Stunden erstellt werden – je nach Anwendungsfall können einzelne Anwendungen sogar innerhalb von Minuten erzeugt werden.

Marketplace-Funktionen verkürzen Entwicklungszeit

Für Pro Code Developer ist hier schon die schiere Zeitersparnis ein Grund, um SAP Build Apps in Erwägung zu ziehen, natürlich unter der Prämisse, dass der Use Case mit SAP Build Apps abbildbar ist. Nehmen wir ein Beispiel: Out of the box verfügen weder SAPUI5 noch SAP Fiori Elements über eine Scanfunktion, die es Benutzer*innen erlauben würde, einen Barcode zu scannen. Diese Funktion ließe sich mit dem notwendigen Fachwissen zwar einfach implementieren, wäre aber mit einem Zeitaufwand von einigen Stunden verbunden. In SAP Build Apps ist eine derartige Funktion mit einem Mausklick erstellbar, was in Abbildung 4.20 zu sehen ist, indem wir uns den Logic Canvas von SAP Build Apps wieder vor Augen führen.

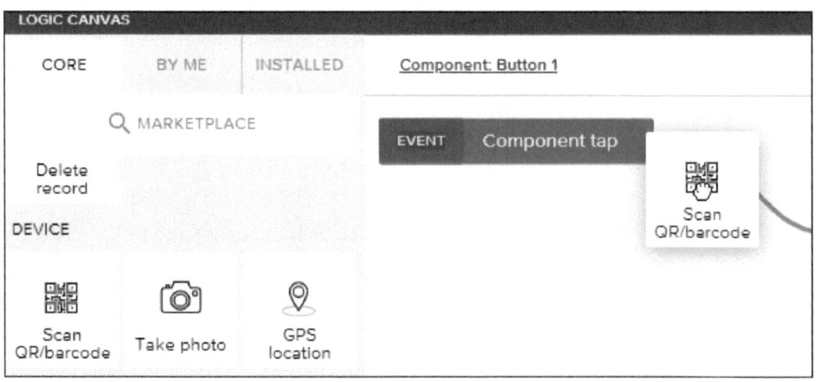

Abbildung 4.20 Scan-QR-/Barcode-Funktion in SAP Build Apps

Außerdem sollten Sie bedenken, dass bei selbst geschriebenen Funktionen während der Entwicklung Fehler auftreten können und diese daher immer verschiedenen Tests unterzogen werden müssen. Auch sollten Sie im Hinblick auf die Wartbarkeit berücksichtigen, dass eigene Funktionen im Rahmen eines Updates unter Umständen angepasst werden müssen – jede Anpassung ist mit Aufwand verbunden. Die von SAP Build Apps gelieferten nativen Funktionen, z. B. die Scanfunktionalität, betreffen die Entwickler*innen hier bestenfalls indirekt, was als Vorteil angesehen werden kann.

Custom-Scripting durch JavaScript-Werkzeug

Aber nicht nur die Standardfunktionen ermöglichen die schnelle und sichere Entwicklung komplexer Applikationen. Der Marketplace bietet mit einer ständig wachsenden Zahl neuer Funktionen eine Vielzahl von Möglichkeiten, die Entwicklungszeit effektiv zu verkürzen. Durch die JavaScript-Funktion im Logic Canvas kann darüber hinaus jede Logik abgebildet werden, die mit den Standardwerkzeugen nicht darstellbar ist. Durch diese Funktion wird SAP Build Apps für die Pro Code Developer für wesentlich mehr Anwendungsfälle zugänglich, da etwaige individuelle Anforderungen, die die Applikation abdecken soll, durch individuelles JavaScript-Coding bedient werden können. Abbildung 4.21 veranschaulicht dies.

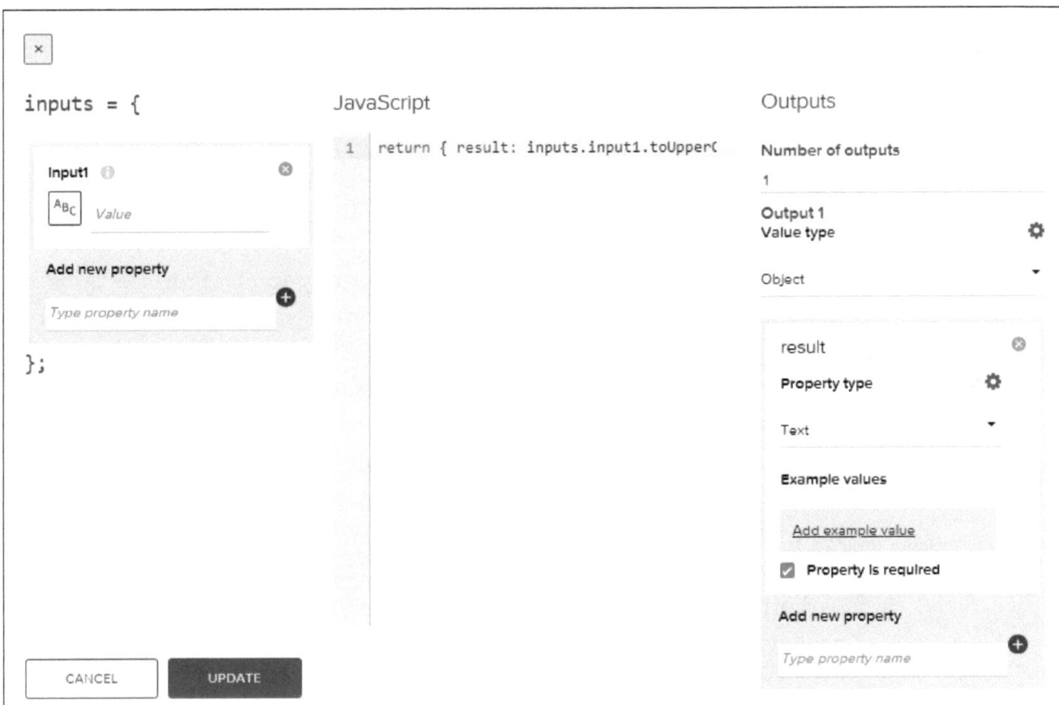

Abbildung 4.21 Custom-Scripting in SAP Build Apps einfügen

Natürlich bietet auch die Erstellung von Frontend-Interfaces über den Menüpunkt **UI Canvas** eine gewisse Zeitersparnis für Pro-Code-Entwickler*innen.

Backend für allgemeine Use Cases

In ähnlicher Weise, also in Bezug auf Kosten und Zeit, sind auch die Vorteile der Backend-Komponente von SAP Build Apps für Pro Code Developer zu sehen. Die meisten Backend-Systeme dienen dazu, Daten zu speichern, zu aktualisieren, zu löschen oder zu lesen – und das ohne komplizierte Logik. Genau hieran knüpft SAP Build Apps an: Daten werden gelesen oder gespeichert – dies geschieht über Cloud-Funktionen, die mit wenigen Klicks erstellt werden und die Daten durch die Pipeline schieben oder verarbeiten. Für Pro Code Developer werden komplexe CAP-Backend-Systeme weiterhin zum Tagesgeschäft gehören, aber Geschäftsprozesse, die auf eine geradlinige Struktur getrimmt sind, können aus Zeitgründen sicherlich mit SAP Build Apps in wenigen Minuten entwickelt werden. Zusammenfassend lässt sich festhalten, dass SAP Build Apps vor allem im Punkt Zeitersparnis für Pro-Code-Entwickler*innen interessant ist. Zu beachten ist auch, dass es möglich ist, verschiedene Komponenten in einer Lösung zu verwenden. Wenn die Entwickler*innen nun eine bestehende Lösung, beispielsweise mehrere Interfaces mit einem CAP-Backend, erweitern möchten, ist SAP-Build-Apps-Frontend eine kosteneffiziente Möglichkeit, um diese Lücke zu schließen und das Lösungsökosystem zu erweitern. Das folgende Beispiel soll diesen Gedanken veranschaulichen.

Fallbeispiel: Geschäftspartner-Hub

Erweiterung einer bestehenden CAP-Lösung mit SAP Build Apps

Das Unternehmen von Herrn Müller arbeitet bereits seit zwei Jahren mit der sogenannten Business-Partner-Validierungsapplikation. Die Applikation entstand im ersten Schritt der Einführung von SAP S/4HANA, Public Cloud, weg von einem R3-System. Die Idee war, die Geschäftspartner ab sofort nicht mehr in den regionalen Strukturen des alten ERP-Systems zu validieren. Stattdessen sollte dies in einer dafür entwickelten Anwendung außerhalb des Kernsystems, nämlich auf der SAP BTP, passieren. Genutzt wurde dafür eine CAP-Anwendung inklusive eines SAP-Fiori-Frontends. Während die CAP-Lösung der Zwischenspeicherung und eventuellen Validierung eines Geschäftspartners dient, wird das SAP-Fiori-Frontend von Backoffice-Mitarbeitenden genutzt, um die Validierung zu starten oder gegebenenfalls fehlerhafte Daten anzupassen. Im Anschluss an die Validierung würde die Anwendung die Anlage des Geschäftspartners im ERP-System initiieren. Im Rahmen der Systemumstellung auf SAP S/4HANA, Public Cloud konnte diese Anwendung sofort wieder in Betrieb genommen werden, lediglich die Verbindungen der SAP BTP von der alten in die neue Systemlandschaft mussten angepasst werden.

Diese Anwendung soll nun für Außendienstmitarbeitende der Firma erweitert werden. Diese sind bei der ständigen Kundenakquise darauf angewiesen, potenzielle Neukunden schnell zu erfassen – am besten direkt unterwegs auf dem Handy.

Herr Müller entscheidet sich für eine anspruchsvolle Lösung mit SAP Build Apps. Aus seiner Sicht sind zwei Komponenten betroffen: Die bestehende CAP-Anwendung sowie ein neu zu gestaltendes Frontend für die Außendienstmitarbeitenden. Herr Müller weiß, dass das CAP-Backend kaum angepasst werden muss. Die Schnittstelle, die für die Zwischenspeicherung der Datensätze verwendet wird, kann auch für das Empfangen der von den Mitarbeitenden erfassten Geschäftspartner verwendet werden. Es muss also lediglich eine Benutzeroberfläche entwickelt werden.

Mit SAP Build Apps erstellt Herr Müller in wenigen Minuten ein Frontend, das alle relevanten Geschäftspartnerfelder zur Verfügung stellt: den Namen, die Anschrift, die Kontaktdaten sowie die Umsatzsteuernummer. Innerhalb von 15 Minuten hat Herr Müller die CAP-Anwendung integriert und nach dem Hochladen ist die Applikation bereit zum Testen.

In Abbildung 4.22 sehen Sie die auf diese Weise erstellte Benutzeroberfläche der Applikation zur Geschäftspartnererfassung. Das Interface inklusive der variablen Integration zum CAP-Backend ist mit wenigen Klicks erstellt.

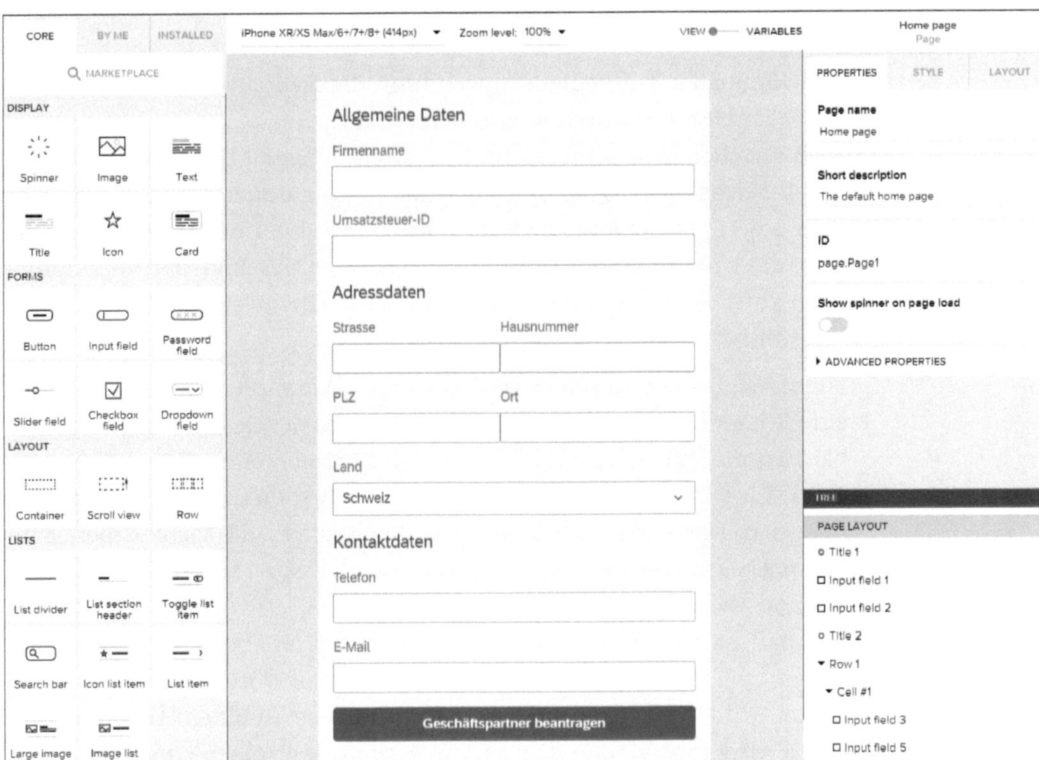

Abbildung 4.22 Das neu erstellte Benutzer-Interface der Applikation zur Geschäftspartnererfassung

Ungewöhnlich für Herrn Müller ist, dass das Testen länger dauert als die Entwicklung. Nach einem Monat wird die Applikation vom Vertrieb abgenommen und wird sofort von den Mitarbeitenden genutzt.

4.3.2 SAP Build Process Automation für Pro Code Developer

Menschliches Eingreifen durch Workflows

Während es bei SAP Build Apps vor allem um Zeitersparnis geht, liegt der Vorteil bei den Komponenten von SAP Build Process Automation für Pro Code Developer ganz klar in der *Erweiterbarkeit*. Die Workflow-Komponente von SAP Build Process Automation ermöglicht die Integration von Genehmigungs- und Freigabeprozessen. Dies führt dazu, dass bestehende SAP-BTP-Lösungen aufgewertet werden, unabhängig davon, ob sie auf Basis des SAP Cloud Application Programming Models oder SAP Build Apps entwickelt wurden. Es können insgesamt mehr Anwendungsfälle mit diesen Lösungen umgesetzt werden. Wie bereits beschrieben, steht die klassische Entwicklung nicht in direkter Konkurrenz zu SAP Build Process Automation. Im Folgenden soll dies anhand eines Beispiels näher betrachtet werden.

Fallbeispiel: Erweiterung des Geschäftspartner-Hubs um Genehmigungsprozesse

Im Rahmen der Außendienstanwendung, die die manuelle Erfassung von Geschäftspartnern durch Außendienstmitarbeitende ermöglicht, werden auch Geschäftspartnerdaten in das System eingeführt, die aus Sicht des Fachbereichs einer gesonderten Genehmigung durch einen Entscheider oder eine Entscheiderin bedürfen. Aufgrund der strategischen Ausrichtung des Unternehmens muss bei bestimmten Geschäftspartnern individuell entschieden werden, ob diese als Geschäftsobjekt im System angelegt werden.

Für diesen Fall entwickelt Herr Müller einen Workflow, der die Work Items auf Basis eines Antragsformulars, das die Daten des Geschäftspartners enthält, an die entsprechenden Entscheider*innen weiterleiten soll. Dieser Workflow wird über eine Schnittstelle in die bestehende CAP-Anwendung integriert: Dies geschieht genau an der Stelle, an der die Sachbearbeiter*innen nach erfolgreicher Validierung des Geschäftspartners die Daten durch Klick auf den Button **Jetzt übermitteln** an das ERP-System übermitteln. Der Geschäftspartner wird in diesem Moment auf CAP-Ebene bis auf Weiteres eingefroren. Je nach Entscheidung, die über das Work-Item-Formular getroffen wird, wird der Datensatz auf CAP-Ebene zu einem späteren Zeitpunkt wieder aktiviert und an das ERP-System übertragen – oder er wird bei Benachrichtigung der Bearbeiter*innen vollständig aus der CAP-Datenbank entfernt.

Abbildung 4.23 zeigt den von Herrn Müller entworfenen Workflow. Ähnlich wie der von Herrn Sommer erstellte Workflow im Rahmen der Bestellgenehmigungen muss dieser Workflow ebenfalls über eine Schnittstelle von der CAP-Seite aus angestoßen werden. In Abbildung 4.23 ist dieser Prozessschritt durch das pinke Piktogramm oben im Bild mit der Beschriftung **API** gekennzeichnet. Im Folgeschritt **Business Partner Approval Form** wird das Bestätigungsformular gestaltet, das späteren Entscheider*innen über Work Items zur Entscheidung vorgelegt wird. Geschäftspartnerdaten, die den Workflow über die CAP-Anwendung erreichen, werden hier verknüpft. Je nach Entscheidung wird der entsprechende Folgeschritt ausgelöst. In beiden Fällen wird das CAP-Backend benachrichtigt: Im Fall der Genehmigung, zu sehen in der Abbildung links, selbstverständlich anders als im Fall einer Zurückweisung, zu sehen in der Abbildung rechts. Wird der Geschäftspartner abgelehnt, wird zusätzlich eine Benachrichtigung per E-Mail ausgelöst, um den Außendienstmitarbeitenden, der den Geschäftspartner ursprünglich erfasst hat, über die Entscheidung zu informieren.

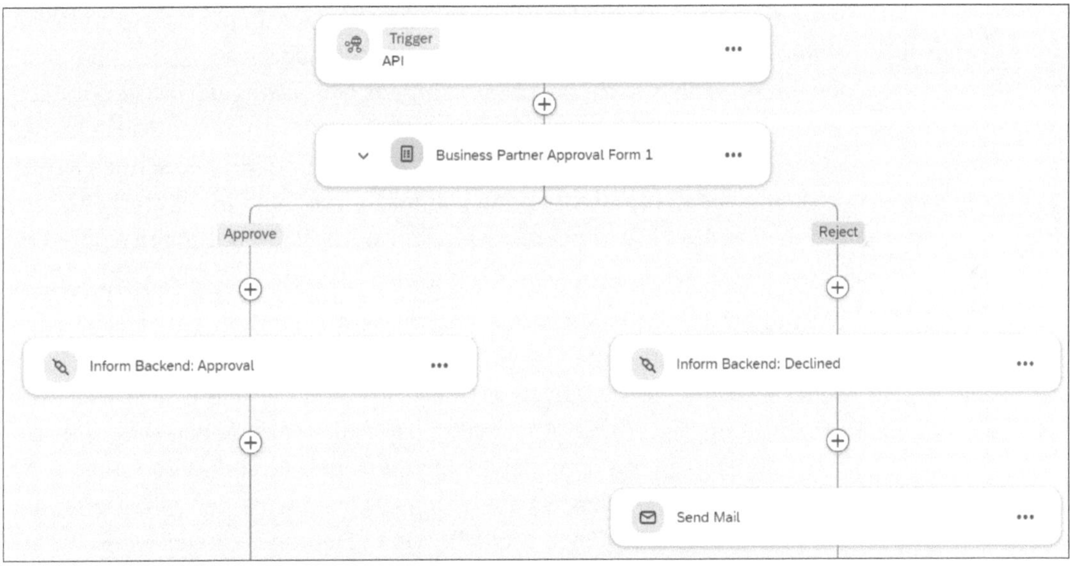

Abbildung 4.23 Übersicht über den von Herrn Müller erstellten Workflow-Prozess

4.4 SAP Build für IT-Administrator*innen und Endanwender*innen

Bedeutung für IT-Administrator*innen

Für IT-Administrator*innen bietet SAP Build bedeutende Vorteile in der Laufzeitumgebung. Durch den Einsatz von SAP Build können Administrator*innen die Governance, Sicherheit und Compliance der entwickelten Anwendungen sicherstellen, ohne die Flexibilität und Agilität der Entwicklungsprozesse zu beeinträchtigen. Administrator*innen können Governance und Compliance sicherstellen, indem sie Richtlinien und Frameworks definieren, die sicherstellen, dass alle entwickelten Anwendungen den Unternehmensstandards und gesetzlichen Anforderungen entsprechen (siehe Kapitel 7, »Governance mit SAP Build«). Darüber hinaus ermöglicht SAP Build die zentrale Verwaltung von Entwicklungsprojekten, Ressourcenzuweisungen und Berechtigungen, wodurch eine effiziente Kontrolle der IT-Landschaft gewährleistet wird. Administrator*innen können Sicherheitsrichtlinien durchsetzen, Zugriffskontrollen verwalten und die Anwendungssicherheit überwachen, um Datenlecks oder unberechtigte Zugriffe zu verhindern.

Bedeutung für Endanwender*innen

Endanwender*innen profitieren von SAP Build durch eine verbesserte Benutzererfahrung und die Möglichkeit, Anwendungen zu nutzen, die speziell auf ihre individuellen Arbeitsprozesse und Bedürfnisse zugeschnitten sind. SAP Build ermöglicht es ihnen, ihre Effizienz durch die Nutzung maßgeschneiderter Anwendungen oder Automatisierungen zu steigern. Darüber hinaus ermöglicht der Low-Code-No-Code-Ansatz den Endanwender*innen eine direkte Beteiligung an der Gestaltung der Anwendungen, die sie in ihrer täglichen Arbeit nutzen, was zu einer höheren Zufriedenheit und Akzeptanz führt. Durch die Möglichkeit, Anwendungen schnell zu entwickeln oder anzupassen, können Unternehmen und ihre Mitarbeitenden flexibler auf Marktveränderungen oder interne Anforderungen reagieren.

Es muss jedoch betont werden, dass die Unternehmen im gleichen Maße, in dem die Mitarbeitenden durch Enterprise Automation entlastet werden, darauf achten müssen, diese Mitarbeitenden durch die Ausbildung höherwertiger Kompetenzen an neue, qualitativ hochwertigere Tätigkeiten heranzuführen. Enterprise Automation, also die Automatisierung von Geschäftsprozessen mit dem Ziel der Effizienz- und Produktivitätssteigerung, und die Umstrukturierung des Tätigkeitsspektrums der Mitarbeitenden sind zwei Seiten derselben Medaille. Diese Herangehensweise gewährleistet, dass, während die Prozesse optimiert werden, auch die Fähigkeiten und Kompetenzen der Mitarbeitenden kontinuierlich weiterentwickelt werden, um den sich ändernden Anforderungen der Arbeitswelt gerecht zu werden.

4.5 Zusammenfassung

SAP Build richtet sich an verschiedene Zielgruppen innerhalb eines Unternehmens und unterstützt sowohl Expert*innen als auch das gesamte Projektteam bei der digitalen Transformation. Diese Zielgruppen umfassen Citizen Developer und Pro Code Developer, die jeweils unterschiedliche Anforderungen und Nutzungsmöglichkeiten haben. Citizen Developer kombinieren Geschäftsprozesswissen und IT-Kompetenz und tragen zur Effizienzsteigerung bei IT-Projekten bei, indem sie Automatisierungen und Anwendungen ohne tiefgehende Programmierkenntnisse entwickeln. Pro Code Developer profitieren von SAP Build durch neue Funktionalitäten und Zeitersparnis bei der Umsetzung komplexer Aufgaben. Beide Gruppen nutzen SAP Build Process Automation, SAP Build Apps und SAP Build Work Zone, um Entwicklungsprozesse zu optimieren und Unternehmensprojekte effizienter zu gestalten.

Kapitel 5
Entwicklung mit SAP Build

In diesem Kapitel zeigen wir auf, wie die Softwareentwicklung in der Vergangenheit aussah und wie neue Wege beschritten werden können, um mithilfe von SAP Build und den damit einhergehenden Programmierparadigmen Prozessänderungen schneller, effizienter und übersichtlicher zu gestalten.

5

Die Entwicklung von Software ist seit jeher ein komplexes Unterfangen. Jede noch so kleine Entscheidung kann gravierende Auswirkungen auf das Ergebnis von oft jahrelanger Arbeit und Mühe haben. Gerade in der heutigen Zeit ist Schnelligkeit sowie die viel beschworene Agilität eines Unternehmens von entscheidender Bedeutung.

In diesem Kapitel werden wir die Entwicklung mit SAP Build vorstellen. Mit der richtigen Idee lässt sich damit potenziell ein exorbitanter Geschwindigkeitszuwachs bei der Entwicklung erzielen. Wie das genau funktioniert, wird in Abschnitt 5.1 näher erläutert. Nach der Herleitung und Verdeutlichung der Methode und des damit verbundenen Paradigmenwechsels wird deutlich, welche Vorteile Ihnen die Entwicklung mit SAP Build bietet. In Abschnitt 5.2 gehen wir auf die einzelnen Teilbereiche der SAP-Build-Suite ein und zeigen Ihnen, wie diese Anwendungsbereiche ineinandergreifen und welche Funktionen sich dahinter verbergen. In Abschnitt 5.3 erläutern wir, wie sich die Applikationen und Angebote von SAP Build in Ihr Unternehmen und Ihre Prozesse einfügen und Ihnen so eine einheitliche Benutzererfahrung bieten.

5.1 Die Low-Code-Methode

Low-Code und No-Code

Low-Code und No-Code als Methoden der Softwareentwicklung sind derzeit in aller Munde. So werden die Methoden von den einen als Hype bezeichnet, als das nächste Phänomen der modernen Entwicklung, das aber genauso schnell wieder in der Versenkung verschwindet, wie es aufgetaucht ist. Andere sehen in den Methoden eine Art Heilsbringer, den heiligen Gral, die Endstufe der Evolution der Softwareentwicklung, die dieses hochkomplexe Themengebiet einer breiten Masse von Mitarbeitenden zugänglich macht, für die bisher jegliche Entwicklungstätigkeit ein Buch mit sieben Siegeln war.

Welches dieser beiden Lager recht hat, wird die Zukunft zeigen. Zunächst wollen wir die Motivation hinter der Methode aufzeigen und erläutern, warum Sie diesem neuen Programmierparadigma folgen sollten.

5.1.1 Warum Low-Code/No-Code?

ABAP

Jahrzehntelang wurde die Entwicklung in und um SAP-Systeme von einer einzigen Programmiersprache dominiert: *ABAP*. Die von SAP proprietär entwickelte Advanced Business Application Programming Language bestimmte das Tagesgeschäft in hochspezialisierten Entwicklungsabteilungen. Hier wurden Reports (ausführbare Programme), Dynpros (dynamische Programme, die ersten grafischen User Interfaces), Funktionsbausteine und andere Entwicklungsobjekte geschickt mit OpenSQL gemischt, um neue Standards zu setzen, Eigenentwicklungen zu realisieren oder bestehende Standardsoftware kundenspezifisch zu erweitern.

Solche Programmierungen konnten je nach geplantem Umfang und dem damals vorherrschenden Wasserfallmodell einige Zeit in Anspruch nehmen. Die Frage, ob die Anwendung tatsächlich die Bedürfnisse des Unternehmens abdeckte, wurde in der Regel erst am Ende der Entwicklung vollständig beantwortet.

Wasserfallmodell

Ging die Entwicklung am Kern des Geschäfts vorbei, musste sie erneut angegangen werden. Im schlimmsten Fall musste die Anwendung komplett neu konzipiert werden, was im Wasserfallmodell wiederum einige Zeit in Anspruch nahm. Ein Return on Investment konnte so in weite Ferne rücken.

[»]

Wasserfallmodell

Das Wasserfallmodell ist ein streng lineares Projektvorgehensmodell. Dabei werden einzelne Phasen sequenziell durchlaufen. Aus der Analyse der Anforderung entspringt ein Lastenheft. Mit diesem Lastenheft werden das Anwendungsdesign und die einhergehende Softwarearchitektur festgelegt. Diese wird implementiert, wodurch die Software entsteht, die sodann getestet und in Betrieb genommen wird. Sofern ein Phasenübergang in die nächste Phase nicht möglich ist, wird entweder in der aktuellen Phase nachgebessert oder gegebenenfalls in die vorherige Phase verzweigt, um das Phasenergebnis zu verifizieren.

Mit dem technischen Fortschritt und der Diversifizierung in der eingesetzten Hardware, sowohl serverseitig als auch bei den Endgeräten, wurde die Entwicklung vor weitere Herausforderungen gestellt. Webanwendungen in diversen Programmiersprachen wie Java, HTML und JavaScript, teilweise mit eingebetteten ABAP-Schnipseln oder auch mit einem vollständigen ABAP-Backend, brachen die Fokussierung in den Entwicklungsabteilungen auf. Neue Anforderungen, sowohl technischer als auch applikatorischer Natur, erforderten auch ein Weiterdenken in der Methodik.

Einzug agiler Methoden

Mit dem Einzug agiler Methoden und Vorgehensmodelle wie Scrum oder auch Kanban in die Softwareentwicklung sind zahlreiche Entwicklungen beschleunigt worden.

[«]

Scrum

Scrum ist ein Regelwerk für die agile Entwicklung von Produkten, innerhalb dessen es drei festgelegte Rollen gibt. Entwickler*innen, Product Owner und Scrum Master. Innerhalb festgelegter Entwicklungszyklen, den Sprints, wird das Produkt durch die Entwickler*innen gemäß den vom Product Owner definierten Aufgaben hergestellt. Hindernisse werden mithilfe des Scrum Masters aus dem Weg geräumt. In Planungsmeetings und Retrospektiven werden Qualitätsmanagement und Planung des nächsten Sprints betrieben, um die Produktivität zu optimieren.

Beide Methoden achten dabei vor allem auf ein kleinteiligeres und inkrementelles Vorgehen. Die daraus resultierende Software kann durch dieses Vorgehen immer wieder getestet werden, während laufend neue Funktionen eingebunden werden. Durch die auf diese Weise automatisch entstehenden kontinuierlichen Feedbackschleifen zwischen Kund*innen, Beratung und Entwicklung wird die Qualität von Software, Tests und Funktionen deutlich gesteigert. Features werden schneller entwickelt, getestet und in die gegebenenfalls mit verringertem Funktionsumfang bereits lauffähige Software integriert. So entsteht im besten Fall auf günstigere Art und Weise eine robustere Software, die obendrein ihr Geld bereits verdient, während sie eigentlich noch in der Entwicklung steckt.

[«]

Kanban

Kanban kommt ursprünglich aus der Fertigung und wurde erdacht, um den Materialfluss zu optimieren. In der IT lässt sich das Prinzip aber ebenso gut anwenden. Tasks oder Storys werden aufgeschrieben und damit visualisiert. Gleichzeitige Arbeiten von Mitarbeitenden werden beschränkt, Work in Progress wird somit eingedämmt. Mitarbeitende dürfen sich erst neue Arbeit holen, wenn die vorherige abgeschlossen ist. Dies erhöht den Durchsatz. Durch regelmäßige Feedbackrunden und das Bekenntnis zu einem kontinuierlichen Verbesserungsprozess werden immer wieder neue Dinge ausprobiert und evaluiert.

Herausforderungen monolithischer Softwareentwicklung

Auch die Art und Weise, wie die Software erdacht und implementiert wird, hat sich durch andere Herangehensweisen drastisch verändert. Große Anwendungen wurden früher als gigantische Programme erdacht. Diese Monolithen der Softwareentwicklung machten den Entwickler*innen das Leben durchaus schwer. So ist ein derartiges Konstrukt überaus anfällig für Fehler. Das Finden und Bereinigen derselben gleicht einem Drahtseilakt mit verbundenen Augen. Gerne wird das Debuggen einer Software gleichgesetzt mit dem Lösen einer Detektivgeschichte, bei der die Entwickler*innen sowohl Täter als auch Detektiv sind. Die vielen Abhängigkeiten der einzelnen Funktionen des Monolithen, agierend auf globalen Daten, die durch Wechselwirkungen mit anderen Funktionen den Zustand auch unerwartet ändern können, machen die Wartung und Pflege solcher Software zu einer Mammutaufgabe. Die technische Schuld solcher Systeme wächst schnell ins Unermessliche.

[»]

Technische Schuld

Als technische Schuld bezeichnen Informatiker*innen die möglichen Konsequenzen einer bewussten oder auch unbewussten Missachtung gängiger Designprinzipien in der Softwareentwicklung. Der Begriff verdeutlicht dabei für alle Beteiligten, insbesondere auch Anforderer der Entwicklung, die Konsequenzen der Aufschiebung von Maßnahmen zur Erhöhung von Sicherheit oder Qualität der Entwicklung. Technische Schuld bedeutet auch, dass die Softwareentwicklung tatsächlich langsamer vonstattengeht; je mehr technische Schuld angehäuft und nicht adressiert wird, desto langsamer wird die eigentliche Entwicklung.

Microservices und modulare Architektur

Einhergehend mit der Mannigfaltigkeit der Anforderungen und mit der Granularität in der Entwicklung durch das Herunterbrechen der Gesamtaufgabe auf viele kleine, modulare User Storys werden die einzelnen Features der Software voneinander entkoppelt, wo es nur geht. Daraus resultiert eine vollständig andere Architektur: Wo früher der Monolith zu sehen war, gelten heutzutage kleine, granulare Services als das Mittel der Wahl. Diese kleinteiligen *Microservices* liefern bestimmte Funktionen, rohe Daten oder Ergebnisse komplexer Berechnungen. Durch ihre Kleinteiligkeit sind sie oft beliebig aneinanderzustecken, fast wie ein Legobaukasten, bei dem die Bindeglieder eben aus Code bestehen. Besteht ein Fehler in einem dieser Microservices, ist er durch eine sinnvolle Testabdeckung durch beispielsweise Unit Tests bereits leichter zu identifizieren und damit auch wesentlich leichter zu beheben, da die einzelnen Services untereinander möglichst entkoppelt sind und dadurch keine Wechselwirkungen mit anderen Services entstehen. Die technische Schuld einer derartigen Architektur ist wesentlich leichter zu handhaben.

Fachkräftemangel

Wir sehen also deutlich, dass die Effizienz und Auslieferungsgeschwindigkeit in der Softwareentwicklung durch die Auswahl unterschiedlicher, auf die Aufgabe zugeschnittener Methoden eine deutliche Steigerung erfahren hat. Dennoch ist durch die immer fortwährende Digitalisierung ein anderer Engpass entstanden. Dadurch, dass ja nicht nur Arbeitsprozesse in digitaler Form abgebildet werden, sondern ein Großteil unseres täglichen Lebens digital erfasst wird – wer trägt heutzutage kein Mobiltelefon, keinen Fitnesstracker, keine Smartwatch, nutzt nicht das Internet für Einkäufe oder sieht sich nicht die neuesten lustigen Katzenvideos an –, steigt proportional der Bedarf an jenen Menschen, die die schier unermessliche Menge an Daten und Anforderungen in Einklang bringen und die entsprechende Software herstellen. Um hier einmal eine Zahl in den Raum zu werfen und den Mangel an Fachkräften in der IT greifbar zu machen: Allein in Deutschland fehlen laut dem Branchenverband Bitkom ca. 149.000 IT-Fachkräfte (Quelle: bitkom (2023): Rekord-Fachkräftemangel: In Deutschland sind 149.000 IT-Jobs unbesetzt, *http://s-prs.de/v1015307*, [zuletzt abgerufen am 09.07.2024]).

Digitale Kompetenz

Natürlich lässt sich die Anzahl der verfügbaren Fachkräfte in Anbetracht dieses massiven Bedarfs kurzfristig kaum wirkungsvoll steigern – weder durch Zuwanderung noch durch Ausbildung. Gleichermaßen ist aber dadurch, dass die mit und im Internet aufgewachsenen Generationen den Arbeitsmarkt erreichen, ein wesentlich größerer Pool an digital affinen Arbeitskräften entstanden. Diese jungen Menschen gehen wie selbstverständlich mit den neuesten Trends um, seien es ein TikTok-Tanz, ChatGPT oder das Metaverse.

User Experience

Gleichzeitig erhalten sie durch ihr eigenes Benutzerverhalten ein völlig anderes Verständnis für User Experience. Simplizität zahlt sich aus, virale Phänomene zeugen selten von einer großen und unnötigen Komplexität.

Sie werden sich vielleicht bereits denken können, in welche Richtung sich das Kapitel bewegt. Während auf der einen Seite mit klassischer Softwareentwicklung eine Spezialisierung steht, von der aber letztlich nicht mehr genug gefunden werden kann, um alle Bedarfe zu decken, steht auf der anderen Seite eine ungleichmäßig viel höhere Anzahl an Digital Natives, die vielleicht nicht das spezielle Domänenwissen, aber dafür eine ganz andere Sicht- und Denkweise mitbringen. Wie bringt man das jetzt zusammen? Bedienen wir uns doch des alten Sprichwortes: Wenn der Prophet nicht zum Berg kommt, muss eben der Berg zum Propheten kommen.

Abstraktion der Softwareentwicklung

Eine gangbare Lösung kann es sein, Softwareentwicklung zu abstrahieren und zu vereinfachen. Dadurch entfällt der hohe Bedarf an Spezialisierung und die Software kann von IT-affinen Mitarbeitenden erstellt werden. So ist das im Entwicklungsprozess oft notwendige Wissen über das abzubildende Anwendungsszenario und die zu erwartenden Daten bereits vorhanden, das Spezialwissen über die Entwicklung selbst muss dagegen nicht so stark ausgeprägt sein. Im besten Fall werden alle Kolleg*innen dazu ermächtigt, einfachere Aufgaben der Softwareentwicklung zu übernehmen. Das Kunststück besteht hierbei darin, die Abstraktion der Softwareentwicklung derart einfach zu gestalten, dass sich alle mit möglichst geringem Schulungsaufwand in der Lage sehen, Prozesse und Anwendungen selbstständig abzubilden.

Dies bedeutet bei Weitem nicht, dass die Zeit der Softwareentwicklungsspezialist*innen abgelaufen ist! Sie werden weiterhin dringend benötigt, schon allein deshalb, weil sich diese Art von Abstraktion auch nicht von selbst programmiert. Weiterhin werden sie, wie unter anderem in Teil III, »Key Capabilities von SAP Build«, noch erläutert wird, für Schnittstellen und zur Herstellung von prozessspezifischen Daten-Providern benötigt.

Wandel der IT-Abteilungen

Das Ziel ist es letzten Endes, die vielfältigen Anforderungen und Aufgaben, die an die Entwicklungsabteilungen gestellt werden, auf mehr Köpfe zu verteilen. Die Entwicklungsabteilungen werden dadurch entlastet, ihre Aufgaben werden aber auch vielfältiger und granularer. Sie entwickeln sich vom Dienstleister, der von den Fachbereichen oftmals auch als Antagonist gesehen wird, zum wertvollen Partner in der schnellen Umsetzung von Anforderungen aller Art. Dabei werden Teile der Implementierung durch die vorher bereits erläuterte Abstraktion der Entwicklungsleistung durch die anfordernde Fachabteilung geleistet, der dort angestellte Citizen Developer kann beispielsweise das grafische Benutzer-Interface selbst gestalten. Die Methoden, mit denen das erreicht werden kann, nennen sich Low-Code und No-Code, Methoden, die nicht nur bei den Citizen Developern, sondern insbesondere auch bei professionellen Entwickler*innen großen Anklang finden, da sie von ihnen als Entwicklungsbeschleuniger verwendet werden.

5.1.2 Was sind Low-Code und No-Code?

Low-Code und No-Code

Low-Code und No-Code (kurz LCNC) sind als Methoden gerade in aller Munde, es ist aufgrund der zuvor beschriebenen Problematik des Fachkräftemangels ein wahrer Hype darum entstanden. Doch was genau ist LCNC eigentlich?

Als Low-Code und No-Code wird allgemeinerweise ein visueller Ansatz der Softwareentwicklung bezeichnet, bei dem mithilfe von grafischen Entwicklungselementen per Drag-and-drop Applikationen entwickelt werden. Dabei wird aus den abstrakten Elementen schlussendlich maschinell Code generiert. Man spricht hier auch von modellgetriebener Entwicklung, da die Entwickler*innen die Anwendungen auf Basis von High-Level-Modellen erstellen. Diese Modelle spezifizieren das Datenmodell, die Business-Logik, den Datenfluss und eben auch das Benutzer-Interface der Anwendung, indem Komponenten wie Buttons, Ein- und Ausgabefelder, Datenquellen und auch Anwendungslogik auf der sogenannten Leinwand, dem Canvas, angeordnet und verbunden werden. Die Plattform generiert daraus dann ausführbaren Code. Low-Code steht in diesem Kontext dafür, dass voll ausgebildete, professionelle Entwickler*innen in den generierten Code eingreifen können oder gegebenenfalls sogar müssen und die Entwicklung damit weiter vorantreiben.

No-Code

Bei No-Code verhält es sich ganz ähnlich, jedoch ist hier kein Anteil an manueller Programmiertätigkeit vorgesehen. Die Anwendung wird ausschließlich mittels Drag-and-drop vorgefertigter Elemente »zusammengesteckt«. Dadurch, dass optimalerweise kein IT-spezifisches Fachwissen vorhanden sein muss, um schnell und effizient Anwendungen zu gestalten, richtet sich No-Code an technisch affine, aber vor allem auch mit dem in der Anwendung notwendigen Domänenwissen ausgestattete Mitarbeitende des Unternehmens, die *Citizen Developer*. So könnte beispielsweise ein Mitarbeiter des Einkaufs im Unternehmen eine Anwendung erdenken und gestalten, die z. B: in den Bestellprozess eingreift und einen im Unternehmen vorhandenen Schmerzpunkt (Pain Point) direkt in Wohlgefallen auflöst. Die Optimierung erfolgt da, wo sie notwendig ist, und wird durch direkt betroffene Mitarbeiter*innen umgesetzt.

Automatische Codegenerierung

Die Idee der automatischen Codegenerierung an sich ist nicht unbedingt neu. Insbesondere im Design von grafischen Benutzerschnittstellen gab es schon diverse Ansätze, wie beispielsweise um ca. 2005 herum den grafischen Oberflächencodegenerator *Matisse* für die Java-IDE Netbeans (siehe Abbildung 5.1).

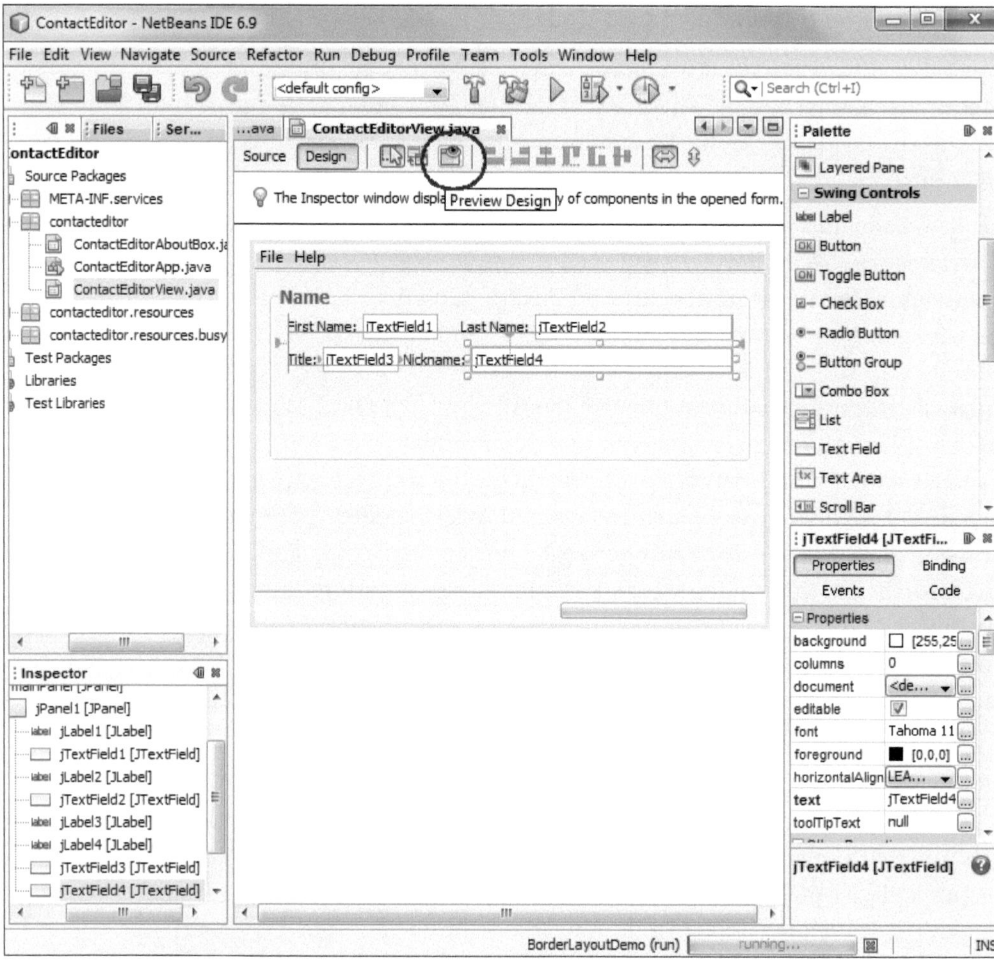

Abbildung 5.1 Der GUI-Editor »Matisse« für NetBeans

Mit diesem Editor konnten Java-Swing-Anwendungen visuell erstellt werden. Ein Eingreifen der Entwickler*innen war jedoch zwingend notwendig. Es mussten etwa alle aktionsauslösenden Elemente, wie beispielsweise Buttons, mit einer *Action* verknüpft werden. Diese Actions wurden dann mithilfe einer Umsetzung des Entwurfsmusters *Listener* mit einem Aktionsbehandler verknüpft.

Web Dynpro

Dieses Vorgehen wurde bereits bei einer anderen SAP-Oberflächentechnologie verwendet – die Ähnlichkeit des Matisse-Editors mit dem Editor Web Dynpro von SAP ist nicht von der Hand zu weisen (siehe Abbildung 5.2).

Auch hier werden die Oberflächenelemente per Drag-and-drop in ein Layout eingefügt, das nach bestimmten Regeln gestaltet wird. Den Elementen können Aktionen zugewiesen werden, die dann eine entsprechende Aktionsbehandlung nach sich ziehen. Diese Aktionsbehandlung kann von professionellen Entwickler*innen ausprogrammiert werden. Ebenfalls gab es bereits Ansätze der Codegenerierung, beispielsweise zum Zugriff auf im Kontext der Webanwendung gehaltenen Daten. Diese Möglichkeiten der Automatisierung des Programmiervorgangs bleiben hinter den heutigen Möglichkeiten jedoch weit zurück. Der Ansatz und die verwendeten Entwurfsmuster lassen die Ähnlichkeit des Netbeans-Editors und des Web Dynpro ABAP View Designers zwar frappierend wirken. Dies liegt jedoch daran, dass die verwendeten Entwurfsmuster und zugrunde liegenden Ideen die gleichen sind. Sie sind universell einsetzbar, eine Verwandtschaft der beiden Technologien ist aber tatsächlich nicht vorhanden.

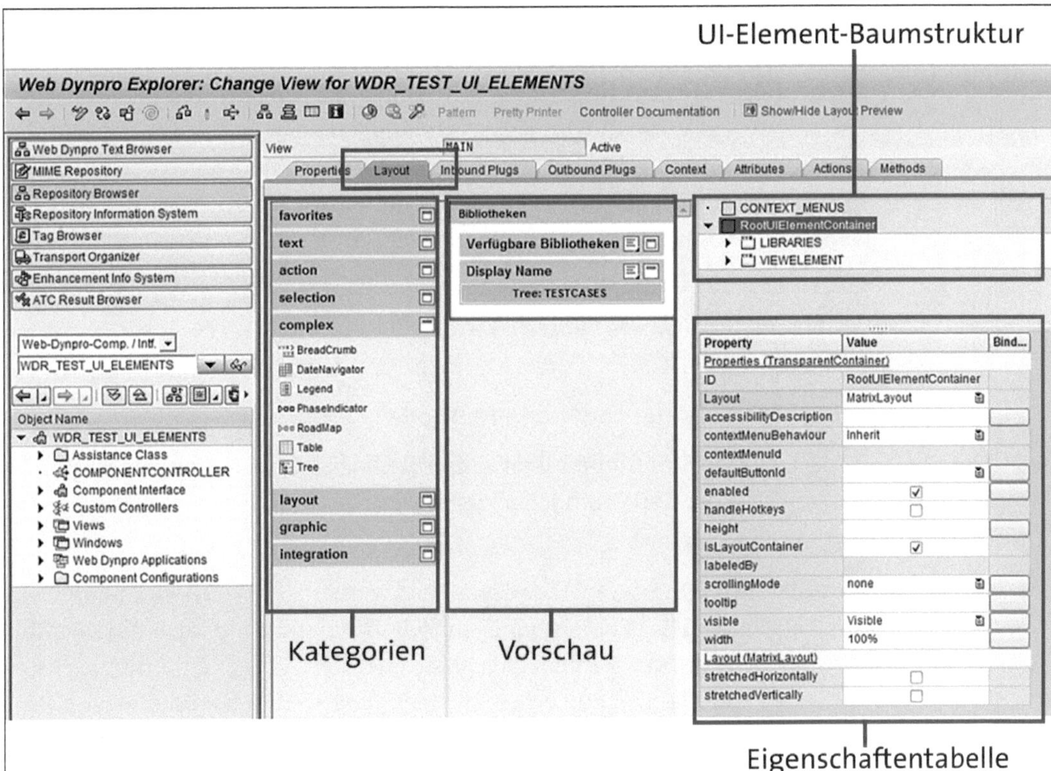

Abbildung 5.2 Web Dynpro ABAP View Designer

SAP Fiori Elements

Der nächste Oberflächenansatz aus dem Hause SAP, die nach dem SAP-Fiori-Regelwerk entwickelten *UI5-Applikationen*, hat im Sinne der Methodenevolution von Pro-Code zu No-Code eine kleine Sonderstellung. Hier wurde mithilfe von *SAP Fiori Elements* dennoch eine Technologiebasis geschaffen, die rein aufgrund von Annotationen in einem im Backend beheimateten CDS View eine vollständige Oberfläche mit entsprechender Anwendungslogik generiert. Dies lässt sich getrost als Low-Code Programmierung sehen.

Programmieren ist Automatisieren

Programmieren ist letzten Endes das Automatisieren von Schritten, sei es das Programmieren einer hochkomplexen Software, einer If-this-then-that-Routine zum Anschalten der Weihnachtsbeleuchtung mithilfe smarter Geräte oder selbst das Einstellen einer Weckroutine, bei der zu sanfter Musik das Licht graduell heller wird – all das ist ein Akt der Automatisierung von Tätigkeiten. Eine Software zur Codegenerierung automatisiert und abstrahiert folglich den Ablauf der Programmiertätigkeit. Natürlich ist hier eine gehörige Menge an Denkarbeit notwendig, die Citizen Developer müssen in der Lage sein, die Logik ihrer Anwendung klar darzustellen und in der abstrakten Form einzustellen, wie sie in der Low-Code-Plattform benötigt wird. Dafür werden sie aber natürlich auch ausgebildet und geschult, und den Entwickler*innen wird selbstverständlich auch Hilfe zur Seite gestellt, beispielsweise durch vorgefertigte Komponenten und hilfreiche Tutorials. Hier wollen wir auch auf das Konzept der Fusion Teams verweisen, das in Kapitel 7, »Governance mit SAP Build« erklärt wird.

Letztlich bietet die Low-Code-Methode gegenüber der herkömmlichen Softwareentwicklung einige Vorteile.

5.1.3 Vorteile der Low-Code-Methode

Vorteile der Low-Code-Methode

Die Low-Code-Methode bietet einige, teilweise bereits erwähnte Vorteile gegenüber der herkömmlichen Softwareentwicklung:

- **Einfachheit**

  Die Entwicklung mit Low-Code-Plattformen ist einfach zu handhaben. Durch visuelle Elemente, die mittels Drag-and-drop zusammengefügt und angeordnet werden, gleicht sie eher dem kreativen Zusammenstecken von Klemmbausteinen als dem klassischen Verständnis von Programmierung. Wenn Sie jetzt aber glauben, dass die Entwicklung mit LCNC nur ein Kinderspielzeug sei, sei Ihnen versichert, dass Sie damit trotz aller Simplizität der Entwicklungsweise hochkomplexe Anwendungen gestalten können.

- **Geschwindigkeit**

  Softwareprojekte, die mithilfe der Low-Code-Methode umgesetzt werden, sind normalerweise wesentlich schneller fertig als ihre manuell programmierten Gegenstücke. Die Kosten sinken für die Erstellung, aber auch für die Wartung und Pflege der Anwendungen. Einzelne Anwendungen oder die Automatisierung kleiner Prozesse können bereits nach wenigen Tagen abgeschlossen sein, komplexe Prozessabbildungen und Applikationen brauchen üblicherweise wenige Wochen.

- **Benutzerfreundlichkeit**

  Die Anwendungen, die mithilfe der Low-Code-Methode entworfen wurden, bestechen durch ihre gute Benutzererfahrung. Die Bedienung geht intuitiv von der Hand und ist für alle Anwender*innen schnell und einfach zu erlernen. Durch die endgeräteunabhängige Standardisierung der Oberflächenelemente wird über alle Endgeräte hinweg ein einheitliches Look-and-feel gewährleistet.

- **Skalierbarkeit**

  Low-Code-Anwendungen lassen sich leicht skalieren, sofern ihr Betriebsmodell auf Cloud-Technologien basiert. Die Cloud-Technologiebasis bietet etwa die Möglichkeit, zu Spitzenzeiten benötigte zusätzliche Ressourcen einzusetzen.

- **Sicherheit**

  Low-Code-Plattformen sind üblicherweise stark abgesichert. Sie bieten hochwertige Mechanismen, wie beispielsweise eine integrierte Zugangskontrolle oder auch Verschlüsselungsmechanismen, um die damit erstellten Anwendungen ebenfalls abzusichern.

- **Integration**

  Üblicherweise bieten Low-Code-Plattformen den sie einsetzenden Unternehmen vielfältige Anschlusspunkte und -technologien an, über die beispielsweise im Unternehmen eingesetzte Systeme wie SAP S/4HANA oder andere Standardsoftware als Datenquellen angebunden werden können. Insbesondere können Sie auch mehrere Datenquellen in einer Anwendung verknüpfen, wodurch sich noch bessere Integrationsszenarien und letztlich eine höhere Geschwindigkeit erzielen lassen.

- **Wiederverwendbarkeit**

  Low-Code- und No-Code-Plattformen bieten üblicherweise fertige Bausteine an, die sich dann auf dem Canvas zusammen zu einem fertigen Konstrukt, der Anwendung, verbinden lassen. Dabei gibt es aber nicht nur einfachere Bausteine wie einen Button, sondern oft ganze Komponenten, die ihrerseits aus mehreren einzelnen Bausteinen bestehen, oder komplexer *Pre-Built Content*, wie er derzeit in Form von vordefinierten Prozessflüssen, Formularen, Regeln und Interfaces für SAP Build Process Automation zur Verfügung gestellt wird. Diese Komponenten lassen sich immer wieder verwenden, und das nicht nur innerhalb ihrer Anwendung. Bei der Erstellung einer Anwendung mit SAP Build Apps z. B. gibt es nicht nur den Marketplace, über den Sie sich High-Level-Komponenten herunterladen können, die von anderen Entwickler*innen erstellt und bereitgestellt wurden. Sie haben zusätzlich auch die Möglichkeit, eigene Komponenten zu erstellen und in beliebig vielen Anwendungen wiederzuverwenden. Sie benötigen eine bestimmte Art von Filter-Pop-up in mehreren Anwendungen? Dann müssen Sie die Komponente nur einmal erstellen und in alle Anwendungen kopieren, in der sie benötigt wird.

- **Agilitätsgewinn**

  Low-Code-Plattformen ermöglichen es Organisationen, ihre Anwendungen schneller und effizienter sich verändernden Anforderungen aus dem Business anzupassen. Visuelle Programmierung und konfigurationsgetriebene Entwicklung erleichtern die Veränderung der Anwendung enorm, egal, ob es sich dabei um Änderungen an der Benutzeroberfläche, Funktion oder Geschäftslogik handelt. Und nicht nur das, Low-Code und No-Code können auf diese Weise sogar noch die Sicherheit der Anwendungen verbessern, indem sie menschliche Fehler und den allseits verhassten »Spaghetticode« eindämmen.

- **Fusion Teams**

  Der Begriff des Fusion Teams wird in Kapitel 7, »Governance mit SAP Build«, noch einmal genauer aufgegriffen. Es handelt sich dabei um crossfunktionale Teams, also bestehend aus Teammitgliedern aus unterschiedlichen Bereichen von Business und IT. Üblicherweise sind in Fusion Teams Programmierer*innen und ihre Kolleg*innen aus der betroffenen Fachbereichsabteilung gemeinsam an der Findung einer Lösung beteiligt. Ohne die hohe Einstiegshürde der Übersetzung von Code für Laien lässt sich ein solches Team viel leichter integrieren.

- **Entwicklungsdemokratisierung**

  Die Entwicklung wird mit dem Einsatz von Low-Code- und No-Code-Plattformen demokratisiert. Was genau ist damit gemeint? Nun, sicher hilft es, ein Grundverständnis für das Programmieren zu haben. Dieses ist aber nicht mehr notwendig und so können nahezu alle interessierten Mitarbeiter*innen ermächtigt werden, ihre eigenen Lösungen zu erdenken und auch zu erproben. Durch das bereits angesprochene schnellere Feedback entwickelt sich so schnell eine positive Fehlerkultur. Scheitern kostet weniger, die Einstiegshürde ist niedriger und das Frustrationspotenzial geringer. Die Entwicklung neuer Ideen wird demokratischer, denn alle können in diesem großen Sandkasten mitbauen!

Sinnvoller Einsatz der Methode

Abbildung 5.3, die Sie bereits in Kapitel 3 kennengelernt haben, verdeutlicht noch einmal, wann ein Einsatz von LCNC-Methoden sinnvoll ist. LCNC ist eigentlich immer sinnvoll und kann gewinnbringend eingesetzt werden. Ist der Bedarf an Entwicklungswissen für eine Anpassung hoch und die Entwicklung gleichzeitig nicht zu zeitkritisch, ist einem Einsatz von Pro-Code nichts entgegenzusetzen. Bei hohem Zeitdruck können dann trotzdem insbesondere Low-Code-Tools helfen, da die Entwickler*innen mit Pro-Code-Wissen hier ja nur noch in einigen Fällen eingreifen müssen. Eine Menge Code wird aber bereits generiert, was im Umkehrschluss bedeutet, dass dieser Code auch nicht unter großem Zeitaufwand manuell geschrieben werden muss und dementsprechend potenziell weniger fehlerbehaftet ist. Ist das Entwicklungswissen aber nur begrenzt vorhanden und es steht kein Pro-Code-Wissen zur Verfügung, dann ist der Einsatz von No-Code-Mitteln die beste Wahl, um überhaupt in vertretbarer Zeit zu einem sinnvollen Ergebnis zu kommen. Sind Entwickler*innen zwar vorhanden, aber stehen nicht im benötigten Maße und Umfang zur Verfügung, dass eine reine Pro-Code-Anwendung realisiert werden könnte, dann ergibt es durchaus Sinn, hier die bereits erwähnten Fusion Teams einzubringen.

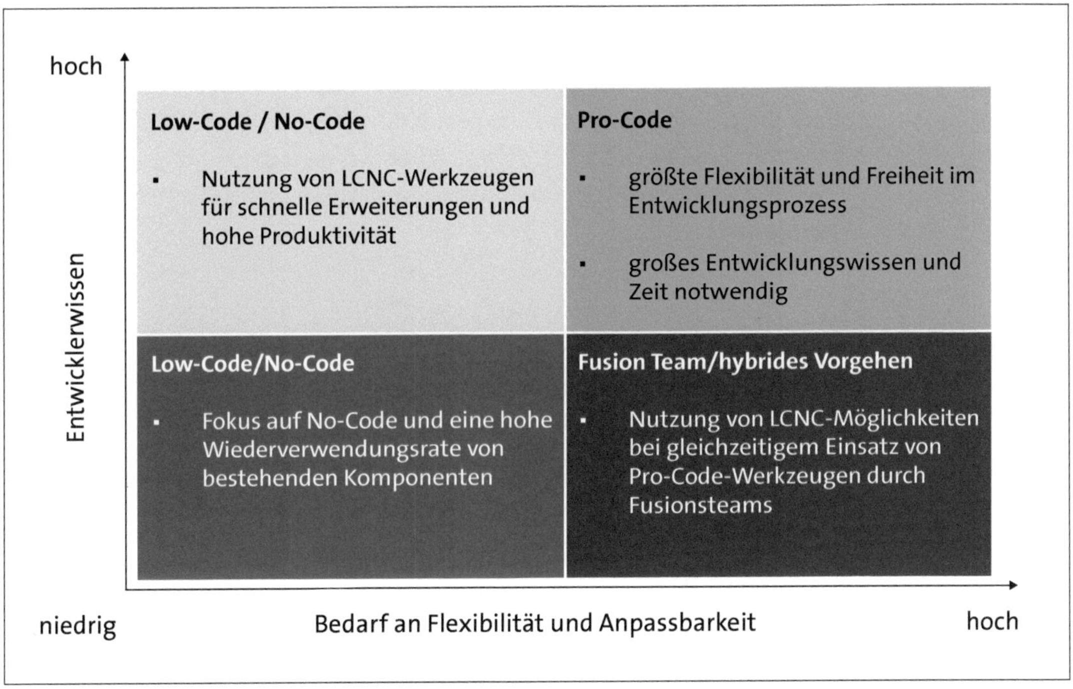

Abbildung 5.3 Differenzierte Anwendungsfälle der unterschiedlichen Vorgehensweisen

5.2 Das SAP-Build-Portfolio

SAP-Build-Portfolio

Während die Motivation und Definition für LCNC weitestgehend frei von der letztendlichen Wahl der tatsächlichen Plattform ist und die Vorteile ebenfalls weitestgehend allgemeingültig sind, werfen wir hier im Buch selbstverständlich die titelgebende Plattform SAP Build in den Ring. SAP Build besteht aus vier Teilbereichen: SAP Build Apps, SAP Build Process Automation, SAP Build Work Zone und SAP Build Code. Während die ersten drei genannten Bereiche tatsächlich dem Low-Code-Paradigma folgen, ist SAP Build Code eine etwas anders gelagerte Lösung. Im Folgenden stellen wir Ihnen die einzelnen Teilbereiche etwas genauer vor, um diese einzuordnen und Ihnen einen Vorgeschmack auf die Folgekapitel mit Detailinformationen zu den jeweiligen Produktbereichen zu geben.

Die drei Low-Code-Säulen SAP Build Apps, SAP Build Process Automation und SAP Build Work Zone werden durch einen weiteren Baustein im SAP-Build-Portfolio ergänzt: SAP Build Code. SAP Build Code lässt sich nicht als Angebot an Citizen Developer verstehen, sondern richtet sich eher an professionelle Entwickler*innen. Damit hebt es sich natürlich deutlich vom Rest der SAP-Build-Suite ab. Es ist als Bindeglied zwischen dem SAP-Build-Low-Code- und -No-Code-Portfolio und der ABAP-Welt zu verstehen, wie Sie in Abbildung 5.4 sehen können. Durch die Unterstützung von generativer künstlicher Intelligenz wird den professionellen Entwickler*innen Code bereits vorgeschlagen. Im Folgenden gehen wir genauer auf ein paar Feinheiten der gesamten SAP-Build-Suite ein und wie sich diese miteinander integrieren lassen.

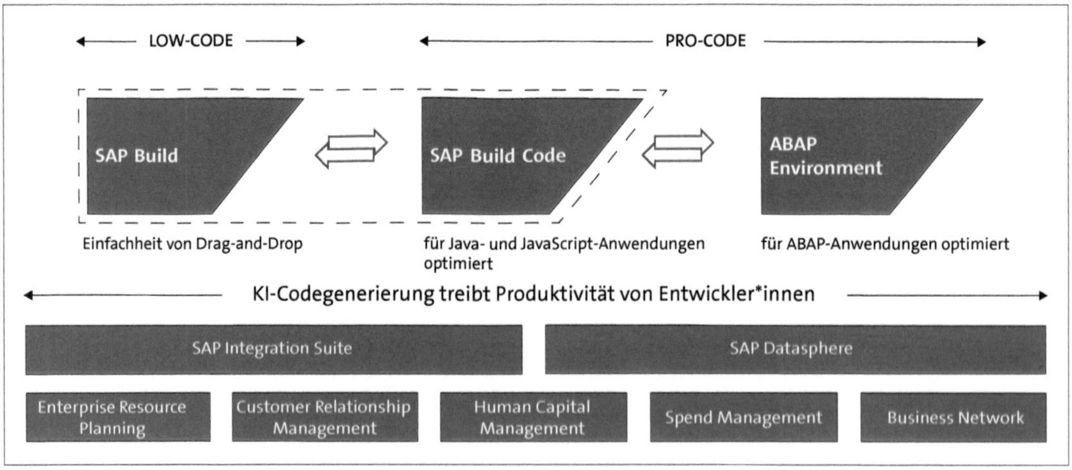

Abbildung 5.4 Einordnung von SAP Build Code

5.2.1 SAP Build Apps

Mithilfe von *SAP Build Apps* lassen sich schnell und einfach Applikationen erstellen, die sowohl als Web-Apps für den Browser auf diversen Endgeräten als auch als native Apps auf Mobiltelefonen und Tablets eingesetzt werden können. Dabei ist es wichtig herauszustellen, dass diese Apps für Mobiltelefone nicht etwa als simple Vollbildbrowser-Container für eine Web-App zur Verfügung gestellt werden. Stattdessen werden tatsächlich native Apps erstellt, die dann entsprechend über den Apple App Store oder Google Play zur Verfügung gestellt werden können.

Web-Apps

Dennoch lassen sich auch Web-Apps erstellen, die sich dann hervorragend unter anderem als Content in SAP Build Work Zone einbetten lassen, wie wir beispielsweise im nachfolgenden Abschnitt demonstrieren werden. Wie Sie später in Kapitel 6, »Systeme mit SAP Build erweitern«, dieses Buches noch sehen werden, können diese Webanwendungen aber nicht nur als Stand-alone-Anwendung genutzt werden, sondern auch zur Erweiterung bereits bestehender Anwendungen, beispielsweise der SAP-Customer-Experience-Suite.

Native mobile Anwendung

Das heißt, dass die Web-App hier durchaus ihre Berechtigung hat. Aber auch die native mobile Anwendung hat ihre Vorteile. So können beispielsweise die Workflows aus SAP Build Process Automation getriggert werden. Dies hat bei den mobilen Anwendungen einen besonderen Charme, da man hier Zugriff auf diverse Funktionen des Telefons hat. Gerade die Nutzung der Kamera, sei es zum Fotografieren und Weiterverarbeiten von Dokumenten oder auch zum Einlesen eines QR-Codes, macht diese Option sehr attraktiv. Das Smartphone wird so zum alltäglichen Handwerkszeug aller Nutzer*innen und ist schnell aus der Arbeit nicht mehr wegzudenken, denn auch in SAP Build Work Zone kann es noch mal eine Rolle spielen!

5.2.2 SAP Build Work Zone

Ziel

SAP Build Work Zone bietet nicht nur einfach die Erstellung einer Webseite an. Das Ziel von SAP Build Work Zone ist es, das Benutzererlebnis über die komplexen Systemlandschaften eines Unternehmens hinweg mithilfe einer einheitlichen und intelligenten Plattform zu verbessern, um die Effizienz und die Produktivität zu steigern, aber auch, um die Arbeit angenehm und flott von der Hand gehen zu lassen. Über verschiedene Kanäle und Inhalte bietet sie Werkzeuge, um eine einheitliche und fesselnde Erfahrung über Geschäftsprozess- und Applikationsgrenzen hinweg zu gewährleisten. Ein weiteres Ziel ist es auch, dass alle Mitarbeiter*innen, Kund*innen und Lieferant*innen die für ihre Arbeit notwendigen Informationen einfach und schnell in eigens dafür zugeschnittenen Portalen zur Verfügung gestellt bekommen. Weiterhin können sie sich, je nach bereitgestellten Inhalten, mit Kolleg*innen austauschen, ihren Aufgaben nachgehen, sich über Unternehmensneuigkeiten informieren oder auch für sie relevante Reports prüfen.

Als zentraler Einstiegspunkt für die Mitarbeitenden nimmt SAP Build Work Zone auch für die anderen Produkte aus dem SAP-Build-Portfolio eine zentrale Rolle ein, wie in den nachfolgenden Anwendungsfällen auch gezeigt wird. Die Aufgaben rund um die SAP Build Process Automation lassen sich hier vollumfänglich integrieren. Dabei geht es nicht nur um ein Trigger-Formular, das man selbstverständlich in eine Seite von SAP Build Work Zone mit einbinden kann, sondern auch die anderen Prozessteile, die eine menschliche Interaktion notwendig machen, lassen sich in die Seite integrieren. Formulare jeglicher Art und auch Task Center für Workflow-Aufgaben können eingebettet werden, um den Prozess-Flow möglichst effizient unterstützen zu können. Das Monitoring, das mit jedem modellierten Prozess ebenfalls gleich mit aufgebaut wird, lässt sich natürlich auch gleich integrieren.

Dass Webanwendungen, die mit SAP Build Apps erstellt wurden, schnell und einfach als Kachel zur Verfügung gestellt werden können, werden wir ebenfalls demonstrieren. SAP Build Work Zone kann aber noch wesentlich mehr. Seien Sie gespannt auf Kapitel 11!

5.2.3 SAP Build Process Automation

SAP Build Process Automation

SAP Build Process Automation ist stark vereinfacht gesagt erst einmal eine Workflow-Engine. Natürlich ist die Lösung dem SAP Business Workflow haushoch überlegen und bietet wesentlich mehr Funktionen, darunter etwa Automatisierung, Business Rules, Document Processing und Process Visibility, sie hat aber auch einen ganz anderen Zweck.

Rufen wir uns noch einmal ins Gedächtnis, was ein Geschäftsprozess ist: eine sich immer wiederholende Sammlung von Aufgaben, die abgeschlossen werden müssen, um ein Ziel oder Ergebnis für das Unternehmen zu erreichen. Diese Aufgaben sind typischerweise einer von sechs Kategorien zugeordnet, wie Sie sie auch in Abbildung 5.5 sehen:

- Prozessinitiierung
- Sammeln von Daten
- Routen der Daten
- Entscheidungen
- Aufgaben mit menschlicher Beteiligung
- Erstellen neuer Daten

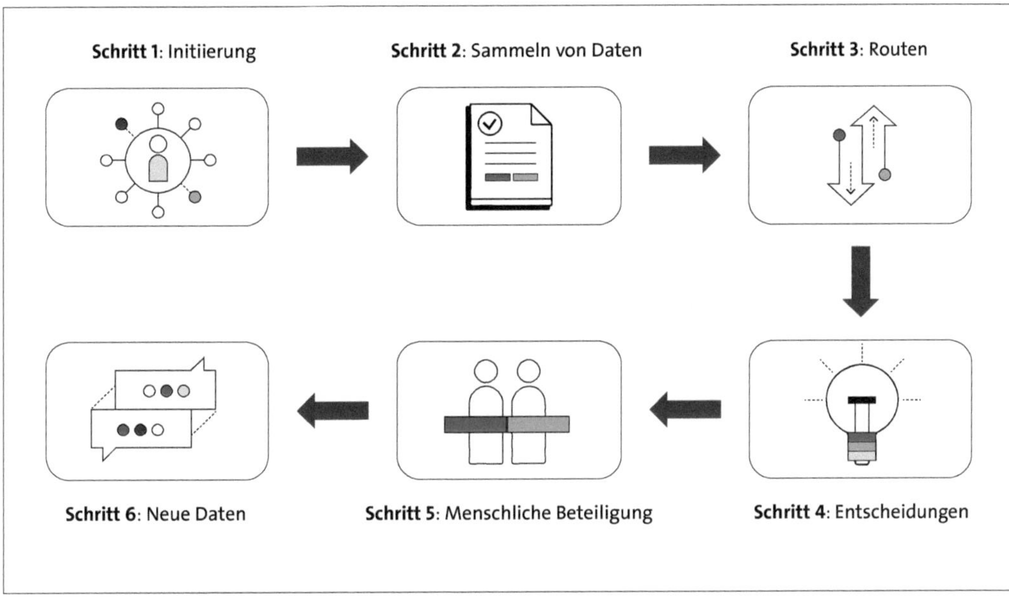

Abbildung 5.5 Typische Bestandteile eines Prozesses

SAP Build Process Automation kombiniert dabei die Fähigkeiten eines Workflow-Managements mit Robotic Process Automation und einer No-Code-Benutzererfahrung. Wie Sie noch sehen werden, lassen sich die Schritte der Prozessautomatisierung auch gut mit SAP Build Apps integrieren, da sich alle Formulare auch als Anwendung in SAP Build Apps gestalten lassen. So können dedizierte Genehmigungs-Apps beispielsweise auch als mobile Anwendungen bereitgestellt werden. Die Mobilgeräte lassen sich aber auch zum Starten von Prozessen nutzen, und die Fähigkeiten der Mobilgeräte lassen einzigartige Verknüpfungen zu. Stellen Sie sich als Beispiel gerne vor, wie im Lager mithilfe des Mobiltelefons die Pickliste des Lagerpersonals abgearbeitet wird. Anstatt anzukreuzen, welche Artikel bereits gepickt wurden, wird ein QR-Code gescannt. Hinter dem Scan liegt ein Prozess, der den Lagerbestand prüft und mittels Predictive Analytics feststellt, dass der Lagerbestand für die Hochrechnung des Bedarfs nicht mehr ausreicht, sodass vorausschauend vollautomatisch eine Bestellung oder ein Produktionsauftrag angelegt wird. Dieser Auftrag oder die Bestellanforderung wird dann dem zuständigen Genehmiger weitergeleitet, der sie über das mobil verfügbare SAP Build Work Zone direkt genehmigt. Derartige Szenarien sind dank der tiefen Integration des SAP-Build-Portfolios in das gesamte Ökosystem der SAP BTP nicht nur denkbar, sondern werden tagtäglich zur Realität. Auch die KI-Unterstützung ist hier auf verschiedenste Arten möglich. Wie sich das für Entwickler*innen anfühlt, schauen wir uns auch gleich an. Wenn

Sie es jedoch kaum erwarten können, mehr über SAP Build Process Automation zu erfahren, dann springen Sie gleich in Kapitel 9.

5.2.4 SAP Build Code

SAP Build Code

SAP Build Code ist, wie bereits beschrieben, ein Angebot an professionelle Entwickler*innen. Als Teil des SAP-Build-Portfolios ist es jedoch weiter weg von der LCNC-Lösung und dem Entwickeln »auf der grünen Wiese«, wobei auch hier, wo durch professionelle Entwickler*innen wie durch Zauberei und aus dem Nichts heraus aus obskuren Wörtern und Passagen ganze Programme entstehen, der Entwicklungsprozess beschleunigt wird, und zwar durch den Einsatz generativer künstlicher Intelligenz.

[»]

Generative künstliche Intelligenz

Als generative künstliche Intelligenz versteht man eine künstliche Intelligenz, die unter Zuhilfenahme von generativen statistischen Modellen aus vorher analysierten Trainingsdaten neue, zufällige Daten mit ähnlichen Charakteristiken erstellt. So können aus den bisher gelernten Daten und einem sogenannten *Prompt*, gewissermaßen der Fragestellung an die künstliche Intelligenz, neue Daten generiert werden. Während es verschiedene Arten generativer künstlicher Intelligenz gibt, haben sich derzeit die sogenannten *Large Language Models* als Stand der aktuellen Technik etabliert. Mehr Informationen zum Thema KI im Kontext von SAP Build finden Sie in Kapitel 8.

Joule

Dabei setzt SAP Build Code auf den SAP-eigenen Assistenten basierend auf generativer künstlicher Intelligenz, auf *Joule*. Joule ist weit mehr als nur ein Copilot für die Entwicklung, wird er doch in nahezu alle Cloud-Angebote von SAP integriert und kann nicht nur natürliche Sprache, sondern insbesondere auch die Geschäftsdaten verstehen und beispielsweise auf Muster hin analysieren. Als generative KI ist Joule immer dabei, zu lernen, und eignet sich insbesondere durch die Analyse der unternehmenseigenen Daten immer neues Wissen an. Durch diesen kontinuierlichen Lernprozess ist Joule dann auch in der Lage, immer bessere Analysen und schnellere Antworten zu liefern. Das unterstützt die Benutzer*innen in ihrer täglichen Arbeit; das Unternehmen wird dadurch insgesamt natürlich gestärkt, denn alle Geschäftsprozesse können durch Joule unterstützt werden.

Codegenerierung

Dennoch ist Joule eben auch ein Werkzeug für die Entwicklung, denn auch die Weiterentwicklung von Anwendungen und damit des unternehmenseigenen Ökosystems ist ja letzten Endes ein Geschäftsprozess. Unter anderem angelernt mit der extensiven Codebasis, die SAP zur Verfügung steht, kann nicht nur die in vielen Entwicklungstools gängige Codewortvorhersage verbessert werden. Die KI kann auf Verlangen auch ganze Codepassagen erstellen. Aufgrund der Qualität der genutzten Trainingsdaten wird dieser Code ebenfalls eine hohe Qualität aufweisen. Nicht nur repetitive Aufgaben wie das Erstellen einzelner Getter- und Setter-Methoden, sondern auch wesentlich komplexere Aufgaben können so in Windeseile erledigt werden. Die *Codegenerierung* unterstützt so den Entwicklungsprozess und lässt Ergebnisse deutlich schneller sichtbar werden.

SAP Business Application Studio

Auch wenn sich SAP Build Code nicht wie die anderen Bestandteile des SAP-Build-Portfolios an Citizen Developers, sondern an professionelle Entwickler*innen richtet, ist es Bestandteil des SAP-Build-Portfolios. Warum das so ist, schauen wir uns jetzt auch noch einmal an. Denn SAP Build Code ist nicht nur als Plug-in für eine integrierte Entwicklungsumgebung zu verstehen, die den Entwickler*innen auf Knopfdruck zur Hand gehen kann und einzelne Aufgaben übernimmt! SAP Build Code bietet wesentlich mehr als nur Codegenerierung: Eingebettet in die Lobby von SAP Build und das *SAP Business Application Studio*, eröffnen sich mit diesem Werkzeug noch ganz andere Möglichkeiten. Durch die tiefe Integration in die SAP BTP lassen sich jegliche Arten von Services schnell und einfach anbinden. Diese Assets lassen sich direkt in der Entwicklungsumgebung verwalten, die das SAP Business Application Studio bietet, wie Sie in Abbildung 5.6 sehen.

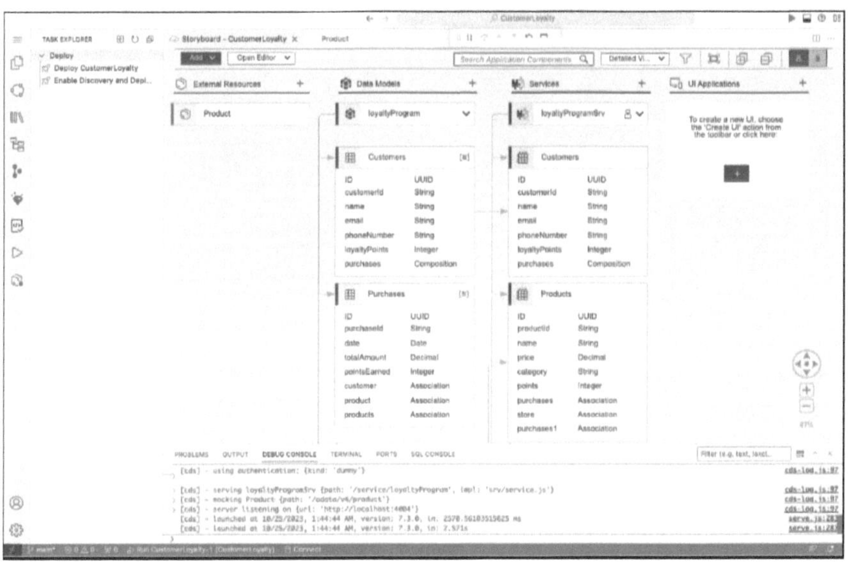

Abbildung 5.6 Die Verwaltung von Services und der darauf basierenden Datenmodelle sowie zugehöriger UI-Komponenten

Business-Services, APIs, Vorlagen und andere Integrationen lassen sich als vorkonfigurierte Inhalte direkt in dem in das SAP Business Application Studio integrierten Servicecenter suchen und in das Projekt einbinden.

SAP Cloud Application Programming Model

SAP Build Code ist wahrscheinlich die schnellste Möglichkeit, den vollen Umfang des *SAP Cloud Application Programming Models*(kurz CAP) einzusetzen. In dem Programmiermodell CAP verstecken sich einige Technologien aus dem SAP-Umfeld und viele Best Practices. Wie Sie in Abbildung 5.7 sehen, gehen die Technologien aber weit über reine SAP-Technologien hinaus. Der Fokus von CAP liegt aber nicht nur auf den Technologien, die sich gerade in der heutigen Zeit schnell wandeln können, sondern insbesondere darauf, ein Framework anzubieten, das schnelle Entwicklungen trotz sich verändernder Technik-Stacks ermöglicht. Zu diversen Technologien, die unter einer Open-Source-Lizenz verfügbar sind, wie beispielsweise die Programmiersprache Java und das Spring-Framework oder auch Node.js, fügt das CAP vor allem noch die Core Data Services hinzu, die sowohl eine universelle Sprache zum Modellieren von Domänen als auch Servicedefinitionen bereitstellen. Weiterhin gehören Mock-Werkzeuge zum Repertoire, wodurch Tests schnell und einfach auch ohne die Anbindung aller Schnittstellen bereits während der Entwicklung durchgeführt werden können.

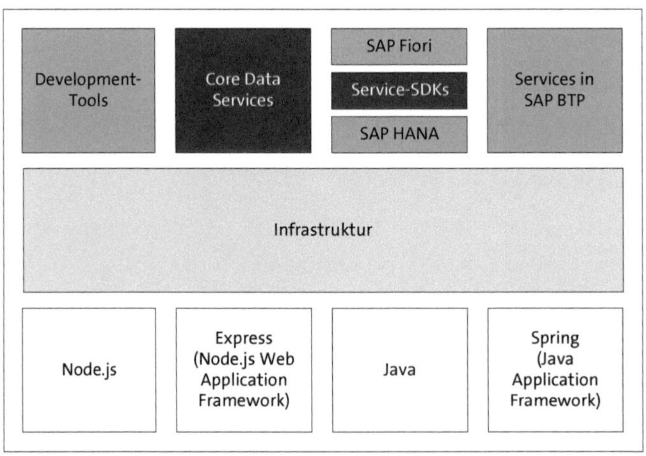

Abbildung 5.7 Bestandteile und Aufbau des SAP Cloud Application Programming Models

Integration von Joule

Wo kommt jetzt aber dabei die künstliche Intelligenz ins Spiel? Bisher haben Sie nur Verwaltung und ein Framework gesehen, aber wie funktioniert jetzt das Prompting und die Programmierung mit Joule als Copilot? Die Antwort sehen Sie in Abbildung 5.8, in der die Integration von Joule direkt erkennbar ist. Auf der linken Seite befindet sich ein Bereich, in dem die User ihre Prompts für Joule in einer Art Chat eingeben können.

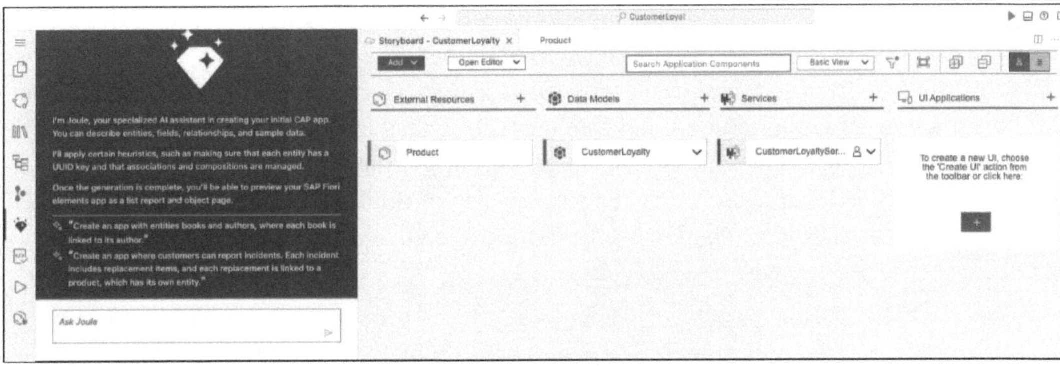

Abbildung 5.8 Joule in SAP Business Application Studio eingebettet

Dabei bietet Joule nicht nur die Möglichkeit, sich Programmcode vorschlagen zu lassen, wie in Abbildung 5.9 zu sehen ist.

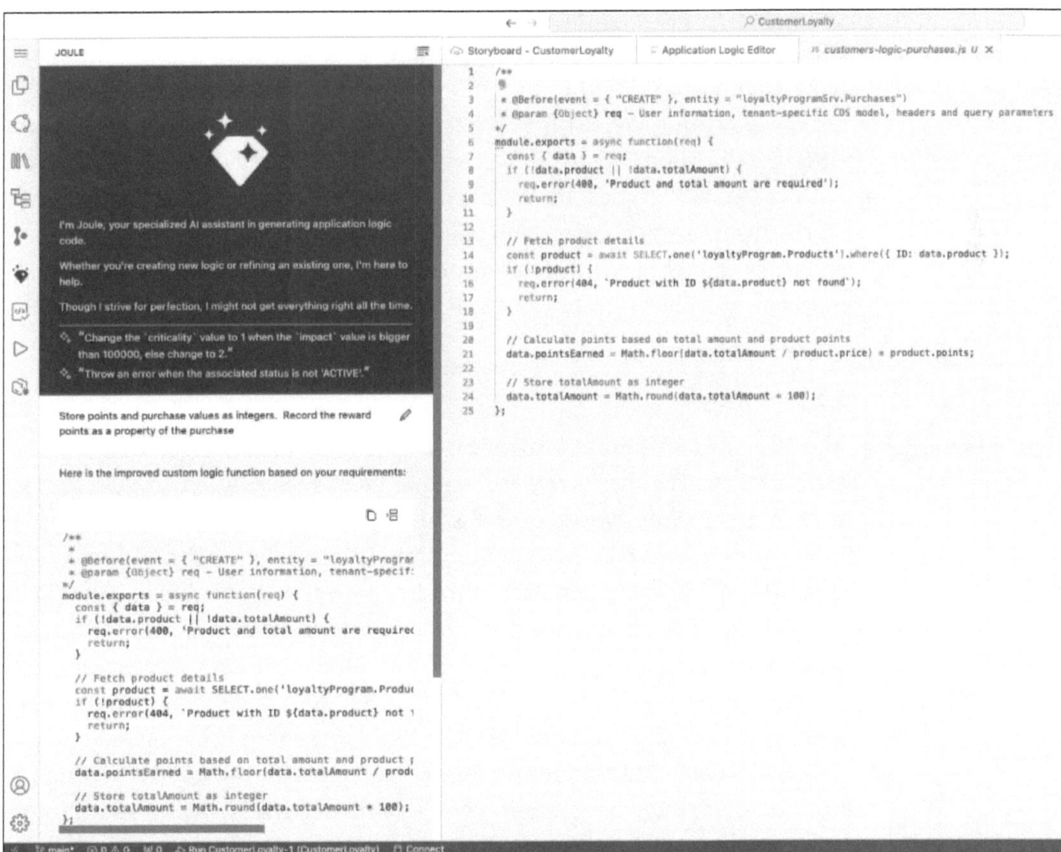

Abbildung 5.9 Codevorschlag von Joule nach Prompt

Neben der eigentlichen Programmiertätigkeit kann die künstliche Intelligenz auch Daten beschaffen und über die bereitgestellten und angebundenen Services auch verändern. Positive wie negative Unit-Tests für einzelne Codemodule kann die KI genauso schnell und einfach erschaffen, wodurch sich eine einzigartige Testabdeckung ergibt. Gepaart mit SAPUI5-Annotationen lassen sich auf diesem Weg mithilfe von Joule schnell und einfach SAP-Fiori-Elements-Anwendungen erstellen.

[»]

Unit-Testing

Beim Unit-Testing werden einzelne Units in Form von Codepassagen, also Funktionen, Module oder Klassen, mit speziell dafür geschriebenen Unit-Tests einem Verhaltenstest unterzogen. Diese Tests basieren darauf, dass sich das eine zu testende Unit bei gleichbleibenden Eingaben vorhersehbar verhalten sollte und immer messbar die gleichen Ergebnisse liefert.

Interoperabilität

Durch die *Interoperabilität* (siehe Abbildung 5.4) zwischen SAP Build Code, der nativen ABAP-Welt und dem Rest des SAP-Build-Portfolios lassen sich auf diese Art und Weise die Softwareentwicklung, aber auch die Kollaboration zwischen den Fachbereichen und der Entwicklung in den sogenannten Fusion Teams komplett neu denken und gestalten. Die so gestalteten SAP-Fiori-Anwendungen lassen sich beispielsweise in SAP Build Work Zone anstelle des Launchpads integrieren, oder können Daten für eine Prozessautomatisierung liefern. Mehr über SAP Build Code erfahren Sie in Kapitel 17.

5.2.5 Lobby

User Experience

Alle Teile des SAP-Build-Portfolios können also unabhängig voneinander sehr erfolgreich eingesetzt werden, um beliebige Szenarien von der Portalseite mit SAP Build Work Zone bis hin zur allein stehenden App mit SAP Build Apps zu erstellen. Mit seiner einheitlichen Lobby für alle drei Low-Code-/No-Code-Lösungen harmonisiert SAP Build dennoch den Einstieg in die Welt der einfachen Lösungen. Dieses einheitliche und harmonische Entwicklererlebnis endet jedoch nicht in der Lobby. Die Lobby dient lediglich als Ausgangsort für alle Produkterfahrungen. Neben den auf Citizen Developer gemünzten Angeboten des SAP-Build-Portfolios erhalten Sie von der Lobby aus auch Zugriff auf SAP Build Code, die KI-unterstützte Lösung für Pro-Coder. Im Zuge der einheitlichen User Experience ist vor allem hervorzuheben, dass alle erstellten Artefakte wie UX-Komponenten, Workflows, Datenmodelle und Business-Logik über alle Produkte und Projekte hinweg geteilt werden können. Damit können nicht nur Komponenten wiederverwendet werden. Alle Produkte beinhalten auch eine große Menge an vordefinierten Templates und Modulen, die per Drag-and-drop auf der Entwicklungsoberfläche platziert werden können. Durch den Marketplace, in dem auch andere LCNC-Entwickler*innen ihre eigenen Komponenten anbieten können, kommen auch noch täglich mehr dazu. Somit können nicht nur allein stehende Anwendungen realisiert werden, sondern vor allem auch Ende-zu-Ende-Prozesse realisiert werden. Wie genau das funktioniert, schauen wir uns im nächsten Abschnitt an.

5.3 Entwicklung von Ende-zu-Ende-Prozessen

Ende-zu-Ende-Prozesse

Natürlich stellt sich die Frage, ob man mit der SAP-Build-Suite auch Ende-zu-Ende-Prozesse entwickeln kann. Um diese Frage abschließend zu beantworten, müssen wir erst einmal klären, was genau damit gemeint ist. Was also ist ein Ende-zu-Ende-Prozess?

Modul

Gehen wir mal einen Schritt zurück in die Zeit, als R/3 das aktuelle ERP-System war und alle Anwender*innen von Modulen redeten. Alles war einem *Modul* zugeordnet. Das Business-Objekt Bestellung war ein Teil des Moduls Material Management, genauer gesagt Material Management Purchasing, das Ihnen vielleicht aus dem SAP Support Portal als Untergliederung beim Suchen von SAP-Hinweisen bekannt ist. Die Aufteilung nach Modulen war eine sinnvolle Unterteilung, wurden doch gleich gelagerte Aufgaben technisch dem gleichen Modul zugeordnet, waren den gleichen Berechtigungsrollen zugeordnet und wurden schließlich vermutlich von den gleichen Sachbearbeiter*innen bearbeitet.

Prozesse

Während dies also durchaus einleuchtet, hat SAP beim SAP-S/4HANA-System eine andere Sicht noch viel stärker als vorher bedient. Deutlicher als zuvor sprechen wir von *Prozessen*, die den Modulen übergeordnet sind. Wo bettet sich die Bestellung denn im Prozess ein? Woraus entsteht denn eine Bestellung? Sie kann beispielsweise aus dem Kundenauftrag entstehen. Endet der Kundenauftragsprozess aber mit der Bestellung? Nein, hier gehört noch viel mehr dazu! Der Kundenauftrag löst die Bestellung eines fertigen Teils oder auch einen Fertigungsauftrag aus, dann werden die Anlieferung bzw. der Wareneingang dazu erstellt, die Belieferung des Kundenauftrags wird erstellt, ebenso wie die Faktura. Die Bestellung erfolgte auch bei einem Lieferanten, dessen Rechnung ebenfalls bezahlt werden will, und so landen wir schließlich in zwei separaten Prozessen, Lead to Cash, das ist der Kundenauftragsprozess vom Angebot bis hin zu Rechnungsstellung und Zahlungseingang, sowie dem Prozess Record to Report, also letzten Endes Finanzbuchhaltung und Controlling.

Level-1-Prozesse Diese Wertschöpfungsketten bilden die sogenannten Level-1-Prozesse in SAP S/4HANA, sie werden als oberste Schicht auch Ende-zu-Ende-Prozesse genannt. Eine etwas wissenschaftlicher anmutende Definition eines Ende-zu-Ende-Prozesses lautet: Ein Ende-zu-Ende-Prozess besteht aus einer sequenziellen Selektion von Prozessen oder Unterprozessen, die an dem Erfüllen eines Kundenbedürfnisses beteiligt sind. Der Fokus liegt auf einer horizontalen Sicht von einem Ende zum anderen und nicht mehr auf einer funktionalen oder modulorientierten Sicht auf den Prozess.

[»]

Prozesslevel

Die Prozesslevel kommen aus dem Business Process Modeling. Dabei werden die Prozesse modelliert. Der höchste Level ist hier 1, von hier aus geht es dann per Drilldown in die niedrigeren Prozesslevel, bis man schließlich im Level 4 einzelne Aktivitäten beschreibt. Dies kann beispielsweise die Anlage eines Kundenauftrags oder eine Kreditlimitprüfung in SAP S/4HANA sein.

Da nun klar ist, was genau mit Ende-zu-Ende-Prozess gemeint ist, wollen wir uns genauer ansehen, wie sich innerhalb dieser Prozesse entwickeln lässt und wie mithilfe des SAP-Build-Portfolios manche altbekannten Wege vielleicht doch auf neuartige Weise begangen werden können. Wir zeigen anhand von Beispielen nicht nur die Verknüpfung der einzelnen Bestandteile von SAP Build, sondern insbesondere auch, wie man mittels dieser Verknüpfungen Prozesse neu denken kann.

Integrationsbeispiele Im Folgenden werden ein paar Beispiele für die Integration von SAP-Build-Produkten in einen Ende-zu-Ende-Prozess sehr grob vorgestellt, einer davon wird wesentlich detaillierter dargestellt. Auf Grundlage dieses detailreichen Anwendungsfalls erschließen wir uns dann in Abschnitt 5.2, »Das SAP-Build-Portfolio«, die Key Capabilities von SAP Build und ihre Integration und Interoperabilität.

5.3.1 Das Vorstellungsgespräch

Prozessautomatisierung Einer der wichtigsten Prozesse im HR-Umfeld ist sicherlich das Recruiting, also die Gewinnung neuer Talente für ein Unternehmen. Gerade in Zeiten des Fachkräftemangels möchte man diesen Prozess so effizient wie möglich gestalten. Nichts ist jedoch ineffizienter, als manuell einen Outlook-

Termin zu finden, an dem alle für die Einstellungsentscheidung notwendigen Personen Zeit haben und nicht nur die Zusagen zu verfolgen, sondern insbesondere im Fall von Absagen den Termin zu verschieben und damit weiter zu koordinieren. In diesem Beispiel geht es darum, durch *Prozessautomatisierung* mithilfe einer Integration in Microsoft Outlook bzw. unter Zuhilfenahme des Microsoft-365-Cloud-Software-Development-Kits möglichst automatisiert eine freie Zeit für das Vorstellungsgespräch zu finden und dann auch automatisch den Termin auf Basis der Zu- und Absagen zu aktualisieren.

Externe Authentifizierung

Auf die externe Authentifizierung, die für die Verbindung von SAP Build Process Automation mit Office 365 erforderlich ist, wird hier nicht näher eingegangen, da dies den Rahmen dieses Abschnitts sprengen würde. Sie muss im Control Tower von SAP Build als externe Authentifizierungsmethode eingestellt werden. Mit den eigenen Zugangsdaten muss diese Methode dann im Desktop Agent hinterlegt werden.

Dependencies

In Abbildung 5.10 ist der gesamte Prozess schematisch dargestellt. Im Folgenden werden wir auf die einzelnen Schritte noch einmal genauer eingehen. Vorher muss im Projekt noch die sogenannte *Business Process Project Dependency* hinzugefügt werden, um auf die Office-365-Bausteine zugreifen zu können. Dies geschieht in den **Project Properties**, dem als Zahnrad dargestellten Button rechts oben in der Entwicklungsumgebung von SAP Build Process Automation, und dort dann unter **Dependencies**.

[«]

Dependency

Eine Dependency oder Abhängigkeit beschreibt in der Softwareentwicklung, dass Programme oder Codeabschnitte von Fremdbibliotheken oder Frameworks abhängig und ohne diese abhängigen Komponenten nicht lauffähig sind.

Im vorliegenden Beispiel sind die Office-365-Bausteine nur verfügbar, wenn die Office-Integration als Dependency im Projekt eingetragen wird.

Datentypdefinition

Des Weiteren muss ein Datentyp definiert werden. Benötigt wird der Datentyp **Teilnehmer**, der als Liste ausgeprägt wird. In dieser Liste werden die folgenden Felder aufgenommen: Name, Vorname, E-Mail-Adresse sowie eine Unterscheidung, ob die teilnehmende Person Kandidat*in ist. Weiterhin müssen Eingabeparameter definiert werden, um die Daten innerhalb des Prozesses auch an die Office-Integration übergeben zu können. Die Liste der Teilnehmenden sowie Beginn und Ende des Meetings werden ebenfalls hier definiert.

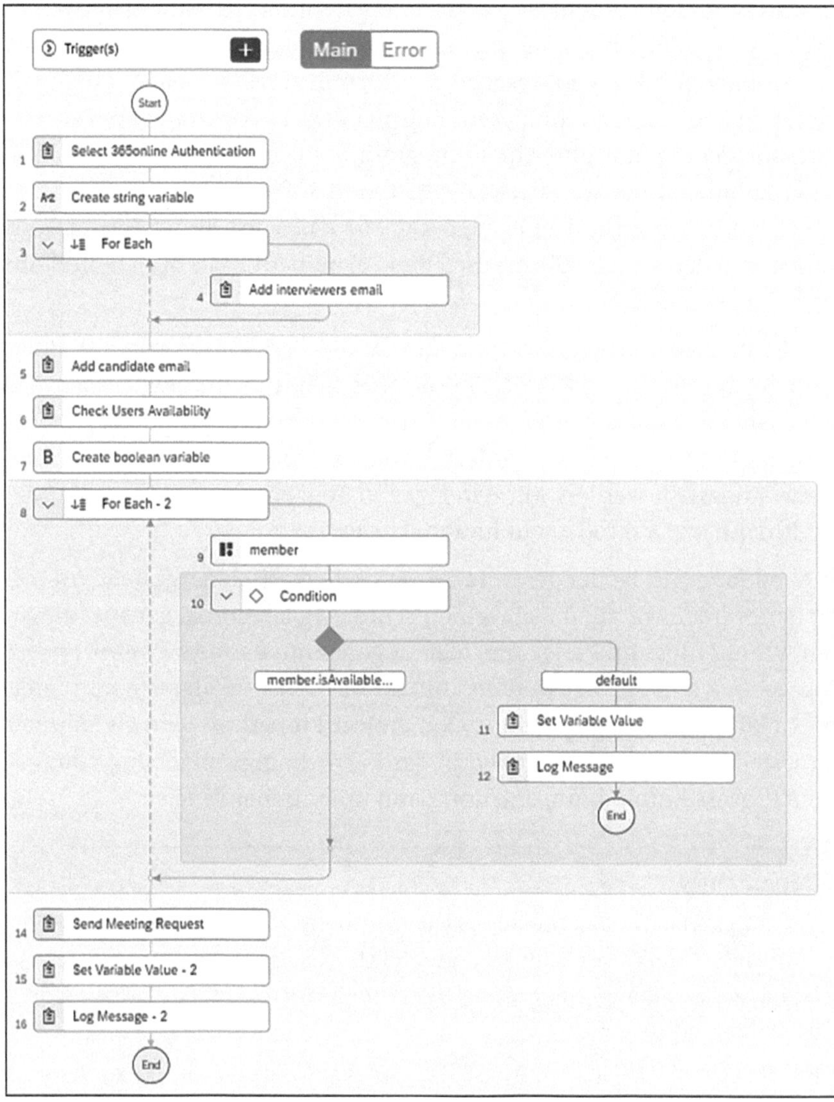

Abbildung 5.10 Prozess der Verfügbarkeitsprüfung

Office-365-Integration

Der erste Prozessschritt ist **Select 365online Authentication**. Dieser Schritt nutzt die zuvor definierte Abhängigkeit zur Authentifizierung in Office 365, um auch auf die Kalenderdaten der Teilnehmenden zugreifen zu können. Als nächster Schritt folgt ein Logikblock, in dem die E-Mail-Adressen aus der Liste der Teilnehmenden extrahiert und in eine Stringvariable einfügt werden (siehe Prozessschritt 2 **Create string variable**). Dies geschieht durch eine erste For-Each-Schleife (siehe Prozessschritt 3 **For Each**), die die E-Mail-Adressen aller Teilnehmer*innen aus der Liste konkateniert (siehe Prozessschritt 4 **Add interviewers email**). Außerhalb der Schleife wird dann noch die E-Mail-Adresse des Kandidaten oder der Kandidatin hinzugefügt (siehe Prozessschritt 5 **Add candidate email**), bevor die nun erstellte Verkettung der E-Mail-Adressen an den Baustein zur Verfügbarkeitsprüfung weitergegeben wird (siehe Prozessschritt 6 **Check Users Availability**). Das Ergebnis wird pro Teilnehmer*in in der booleschen Variablen festgehalten, die als nächster Schritt definiert wird (siehe Prozessschritt 7 **Create boolean variable**). Es folgt eine weitere Schleife, die für alle zuvor ermittelten Verfügbarkeiten der Teilnehmenden durchlaufen wird (Prozessschritt 8 **For Each – 2** und Prozessschritt 9 **member**). Mithilfe der Bedingung (siehe Prozessschritt 10 **Condition**) wird der Prozesspfad verzweigt. Das Ergebnis der Verfügbarkeitsprüfung wird geprüft, um dann entweder eine Nachricht auszugeben, welche Teilnehmenden nicht verfügbar sind, oder, falls alle Teilnehmer*innen einen freien Kalender haben, die Meetinganfrage auch zu versenden.

Integration mit Drittsoftware

Dieser Anwendungsfall kann nun zu einem echten Ende-zu-Ende-Prozess ausgebaut werden, indem weitere Prozessautomatisierungsschritte definiert werden. So könnte z. B. im Fall einer Absage nach Alternativterminen gesucht werden und der Termin automatisch aktualisiert oder ebenfalls abgesagt werden. Dies würde jedoch den Rahmen dieses Abschnitts sprengen, weshalb wir hier auf eine ausführliche Beschreibung verzichten. Das Augenmerk soll hier vor allem auf der Integration mit Drittsoftware liegen, wodurch sich eine spannende Automatisierung für eine effiziente Planung von Vorstellungsgesprächen ergibt. Dieses Thema wird auch in Kapitel 6, »Systeme mit SAP Build erweitern«, wieder aufgegriffen, in dem es unter anderem um die Integration mit Fremdsoftware geht, aber auch um die Möglichkeiten der Erweiterung von Systemen mit SAP Build. Ein ausführliches Beispiel für den Einsatz von SAP Build in HR-Prozessen finden Sie zudem in Kapitel 15, »Use Case: SAP Build im Bereich Human Resources«.

5.3.2 Der Abwesenheitsantrag

Erfassung von Abwesenheitsanträgen

Durch die in Europa gesetzlich vorgeschriebene Zeiterfassung hat vermutlich jedes Unternehmen bereits eine Art Workflow für die *Erfassung von Abwesenheitsanträgen* im Einsatz. Die Genehmigung der Abwesenheit ist in diesen Workflow jedoch nicht immer integriert. Aus diesem Grund wollen wir hier einen weiteren kurzen Anwendungsfall zeigen, der zumindest kurz erläutert, wie Sie diese Anforderung in SAP Build umsetzen könnten.

Prozessautomatisierung

Es beginnt erneut mit einer *Prozessautomatisierung*, die Sie in Abbildung 5.11 sehen. Der Prozess beginnt mit dem Trigger oder **Auslöser**, in diesem Fall einem Formular, in dem die Mitarbeitenden ihren Antrag stellen können. Über eine Entscheidung mit Entscheidungstabelle wird gesteuert, wer diesen Abwesenheitsantrag genehmigen darf. Die so ausgewählte Person erhält dann das Genehmigungsformular, auf dem die Daten des Antrags noch einmal übersichtlich aufgelistet sind. Nach der Entscheidung wird der antragsstellende Mitarbeitende über das Formular informiert, ob der Antrag genehmigt wurde oder nicht. An dieser Stelle endet der Prozess zunächst.

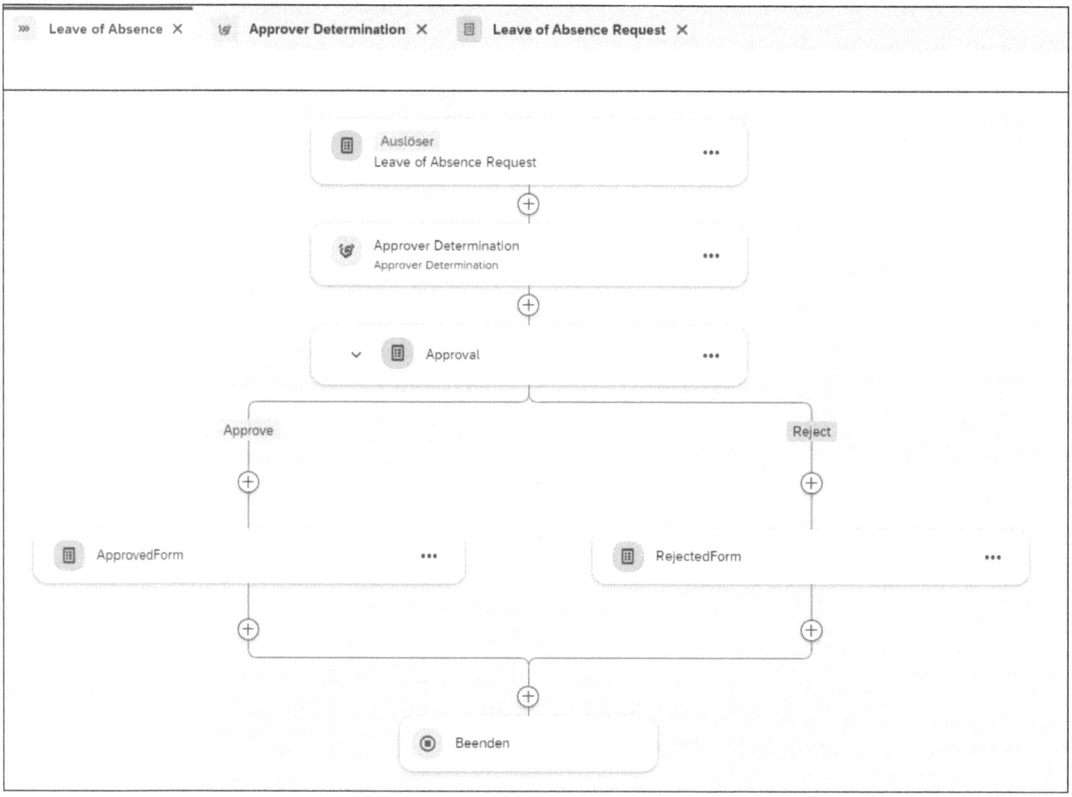

Abbildung 5.11 Genehmigungsprozess für einen Abwesenheitsantrag

Instanzerzeugung

Nachdem der Prozess aufgebaut wurde, muss er freigegeben und publiziert werden. Das Formular kann als UI5-Anwendung ins HTML5-Repository der SAP BTP eingefügt werden. Dies ermöglicht es, das Formular in SAP Build Work Zone auf einer Seite als Kachel zusammenzufassen. Um dies umzusetzen, müssen Sie zunächst eine Servicedestination für SAP Build Process Automation in Ihrem SAP-BTP-Account erzeugen. Wenn Sie eine neue Instanz von SAP Build Process Automation in Ihrem SAP-BTP-Account erzeugen, geschieht dies oft automatisch. Wenn dies passiert ist, sehen Sie im SAP-

BTP-Cockpit in Ihrem Subaccount unter **Instances and Subscriptions** eine *Instanz* mit dem Namen `sap_process_automation` (siehe Abbildung 5.12). Ist dort keine Instanz zu finden, können Sie diese über den Button **Create** rechts oben neu anlegen. Wählen Sie im Pop-up-Fenster, das sich öffnet, als Service **SAP Build Process Automation** aus. Wählen Sie außerdem den Standardplan, die Cloud-Foundry-Umgebung und einen Space aus den Dropdown-Menüs aus und geben Sie der Instanz einen sprechenden Namen.

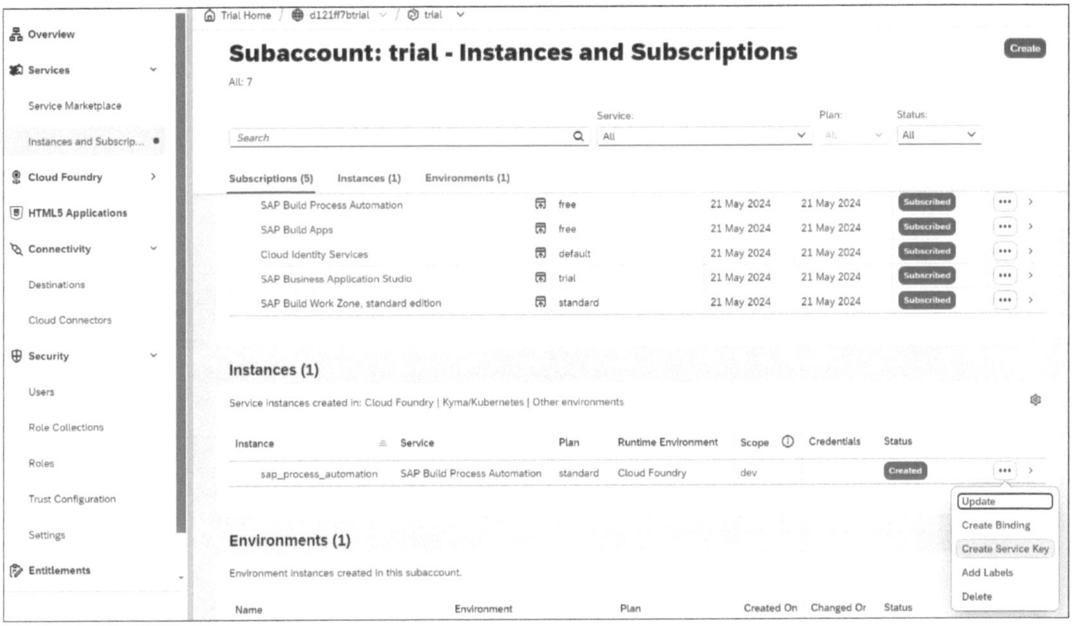

Abbildung 5.12 Instanz und Service-Key erzeugen

Service-Key

Nun benötigen Sie noch einen *Service-Key*. Um diesen zu erzeugen, klicken Sie in der Zeile der Instanz auf das Drei-Punkte-Menü und wählen Sie im Dropdown-Menü die Option **Create Service Key** aus. Alternativ können Sie auch im Detailbild der Instanz unter **Service Keys** den Button **Create** anklicken. Vergeben Sie nun einen Namen für den Service-Key, beispielsweise `spa_key`. Sie definieren keine weiteren JSON-Daten und erzeugen den Key. Dieser sollte etwa aussehen, wie in der Ansicht in Abbildung 5.13.

Über das Drei-Punkte-Menü hinter dem Key können Sie nun den Schlüssel im JSON-Format anschauen (siehe Abbildung 5.14). Notieren Sie sich die für Sie wichtigen Werte **api**, **clientid**, **clientsecret** und **url** aus dem JSON-Format. Sie benötigen diese Werte, um damit eine SAP-BTP-Destination zu erzeugen.

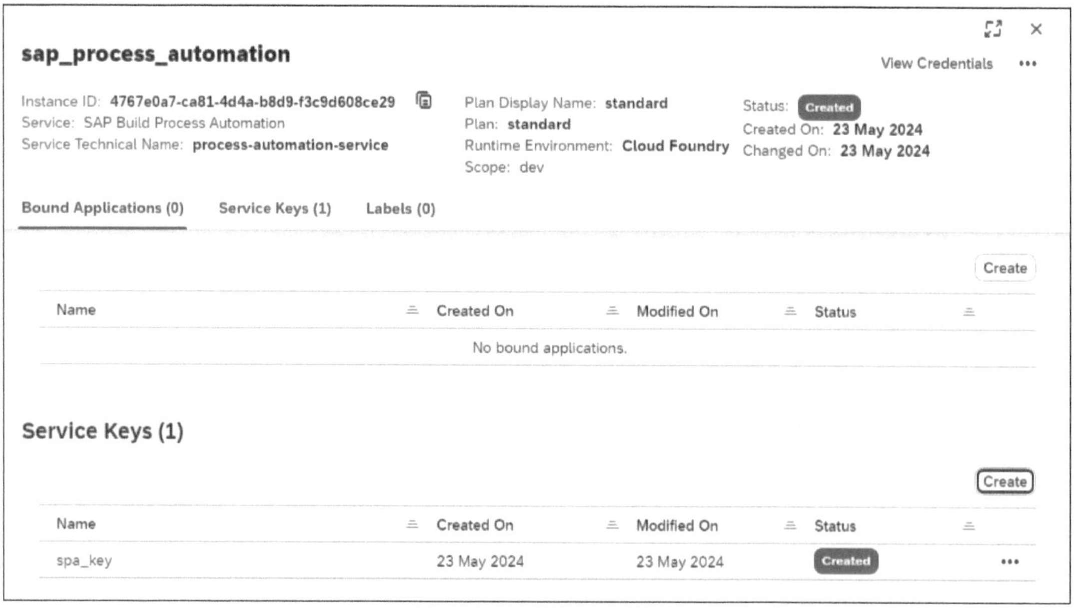

Abbildung 5.13 Erzeugter Service-Key

Abbildung 5.14 Die Werte des Service-Keys

Destination erzeugen

Im nächsten Schritt erzeugen Sie eine *Destination* im SAP-BTP-Cockpit. Dafür navigieren Sie in Ihren Subaccount und wählen im Menü **Connectivity** den Unterpunkt **Destinations** aus. Mit einem Klick auf den Button **Create Destination** öffnet sich die **Destination Configuration**. Füllen Sie die Eingabefelder mit den Werten aus dem Service-Key. Die URL entnehmen Sie dem

Wert `api` aus dem Service-Key. Die Werte **Client ID** und **Client Secret** finden Sie namensgleich im Service-Key und tragen sie hier ein, und die **Token Service URL** ist die Authentication-URL, der Sie das Suffix `/oauth/token` hinzufügen.

Pflegen Sie noch die beiden Eigenschaften **HTML5.DynamicDestination** und **WebIDEEnabled**, um später auch SAP-Build-Apps-Anwendungen ansteuern zu können, und speichern Sie die Destination. Die Destination sollte dann etwa so aussehen wie in Abbildung 5.15.

Abbildung 5.15 Destination mit zusätzlichen Eigenschaften konfigurieren

Wenn Sie alles richtig eingestellt haben, stehen Ihnen die Formulare aus der Prozessautomatisierung nun auch im Subaccount unter HTML5-Applikationen zur Verfügung und sie können damit auch in eine Seite von SAP Build Work Zone eingefügt werden.

Dieses kurze Beispiel zeigt wohl sehr deutlich, wie schnell und effizient sich einzelne Prozesse mit wenig Aufwand automatisieren lassen.

5.3.3 Die Eingangsrechnung von Mitarbeitenden

Manueller Eingangsrechnungsprozess

Wahrscheinlich kennen Sie diese Problembeschreibung. Sie wurden beauftragt, noch schnell ein paar Blumen für die Verabschiedung der Kollegin zu besorgen, waren beim Kundentermin und haben alle zum Essen eingeladen oder haben auf anderem Wege eine Papierrechnung an Ihren Arbeitgeber erhalten. Wie bekommen Sie diese Rechnung nun in das Buchhaltungssystem? Im schlimmsten Fall trägt man die Papierbelege in die Finanzbuchhaltung, wo sie dann erst einmal in einem Papierstapel verloren gehen, gegebenenfalls sogar in Papierform den »Genehmigungsprozess« in Form von mehreren Datenablagekörben durchlaufen, bevor sie dann abgezeichnet werden und nach Monaten endlich das Geld fließt. Dieser *manuelle Eingangsrechnungsprozess* verschlingt also Zeit, Mühe und ist hochgradig ineffizient.

Trigger-Formular

Auch für diesen Anwendungsfall können Sie SAP Build bemühen. Die Lösung kann hier eine Prozessautomatisierung sein. Wie in Abbildung 5.16 gezeigt, wird zunächst ein Formular genutzt, um das Rechnungsdokument in Form einer PDF-Datei an einen KI-Service zu übergeben, der die Daten komfortabel aus dem Dokument ausliest. Dieses *Trigger-Formular* startet den Prozess. Alternativ wäre hier aber beispielsweise auch ein API-Trigger möglich, indem das Dokument beispielsweise als Foto durch eine native Mobilanwendung, die mit SAP Build Apps erstellt wurde, an den Document Information Extraction Service übergeben wird. Über den Document Information Extraction Service ist anzumerken, dass dieser direkt in SAP Build Process Automation integriert ist. Die Document Information Extraction Services werden out of the box ohne weiter anfallende Kosten angeboten und ermöglichen eine effiziente Erkennung von Dokumenten auf der Basis der von Ihnen definierten Dokumentenschemata.

Abbildung 5.16 Der Datentyp Invoice

Der nächste Prozessschritt ist die eigentliche Automatisierung mithilfe des eben genannten Document Information Extraction Service. Sie muss außerhalb der SAP BTP erfolgen. In diesem Fall wird eine separate Software namens *Desktop Agent* verwendet. Im Prozess müssen Sie außerdem Datentypen für Eingabe und Ausgabe definieren. Sie definieren den Datentyp Rechnung (**Invoice**), wie in Abbildung 5.16 gezeigt. Dem Prozessschritt 2, **Extract Invoice Data**, fügen Sie dann Eingabe- und Ausgabeparameter hinzu.

Welche dies sind, können Sie Abbildung 5.17 entnehmen. `FilePath` wird im Trigger-Formular definiert, `InvoiceDetails` nutzt den vorher erstellten Datentyp Invoice.

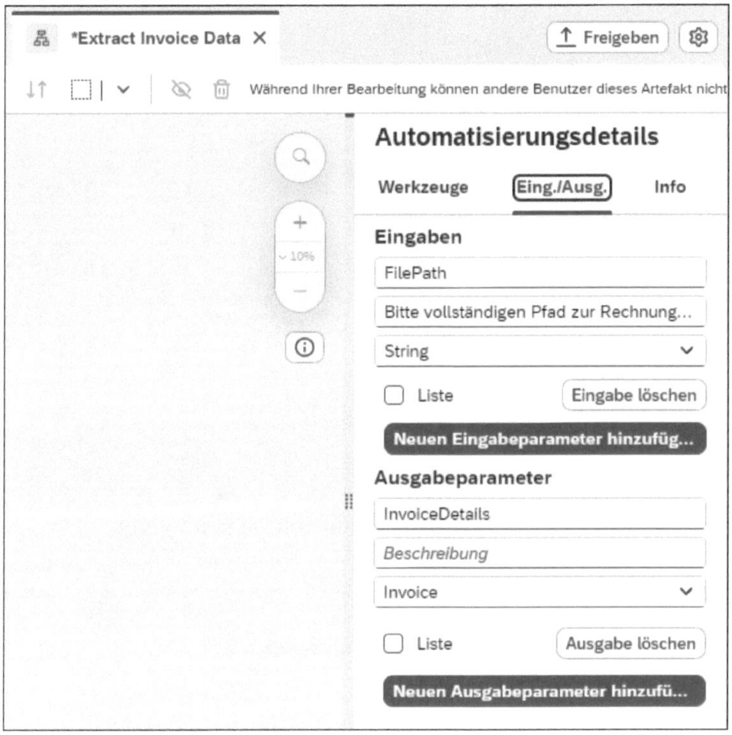

Abbildung 5.17 Ein- und Ausgabeparameter des Prozessschritts 2

Anschließend an die Datentypdefinition wenden Sie sich dem Dokumentenschema für den Document Information Extraction Service zu. Aus den vordefinierten Dokumententypen muss der Typ Rechnung ausgewählt und ein Schema definiert werden, das ist in etwa eine Schablone der zu erwartenden Werte und ihrer Positionen auf dem Dokument (siehe Abbildung 5.18). Die Datenübertragung muss mittels eines Mappings noch sichergestellt und sodann die Automatisierung aktiviert werden.

Entscheidungstabelle

Der dritte und nächste Schritt im Prozess ist die Entscheidung. Wie Sie in Abbildung 5.19 sehen, wird mithilfe einer *Entscheidungstabelle* ermittelt, wer die Rechnung genehmigen wird. In diesem Fall ist es ausreichend, festzulegen, dass die Vorgesetzen dazu berechtigt sind, wenn die Antragstellenden Mitglied einer bestimmten Abteilung sind. Nun definieren Sie noch die Eingabe- und Ausgabeparameter der Entscheidung und wenden sich dann den Formularen der Lösung zu.

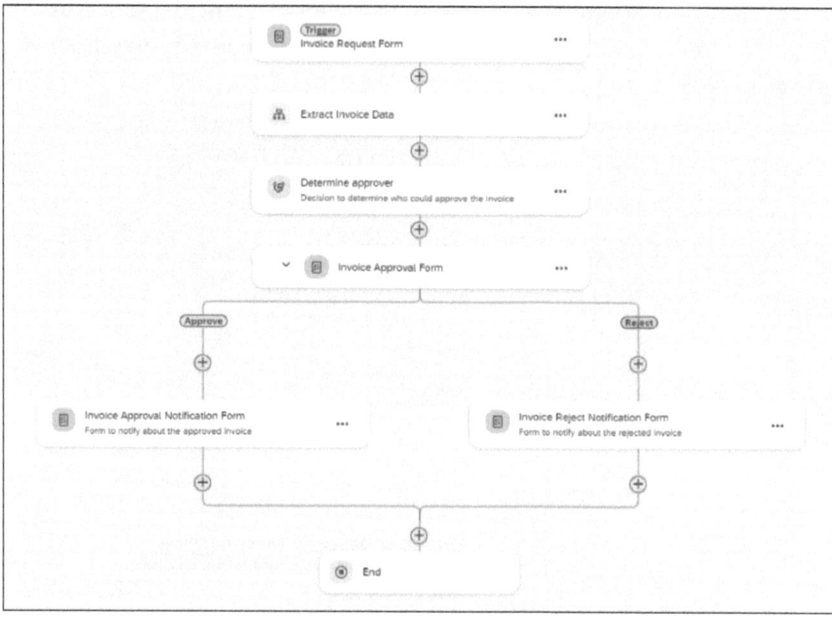

Abbildung 5.18 Der Prozess der Eingangsrechnung mit Genehmigung

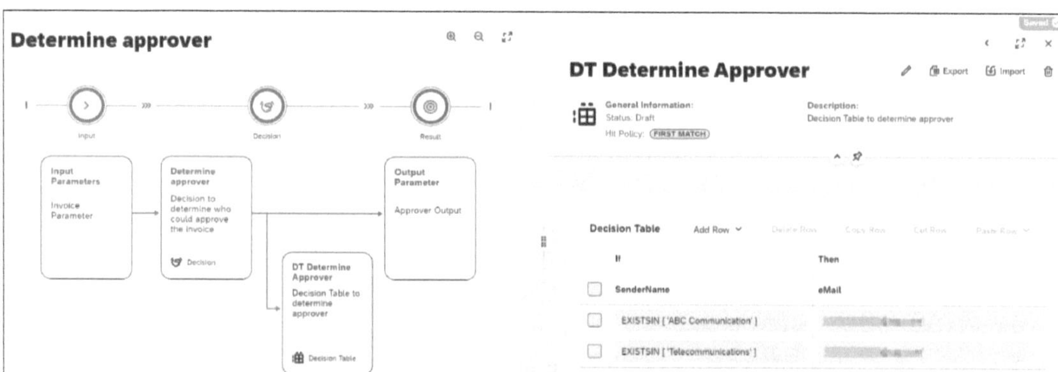

Abbildung 5.19 Entscheidungstabelle zur Genehmigung der Rechnung

Formulare Das Formular **Invoice Approval Form**, das Sie als Nächstes im Prozess sehen, ist die eigentliche Genehmigung. Sie definieren das Genehmigungsformular. Die genauen Schritte erläutern wir hier nicht, in Abschnitt 5.3.4, »Der Kundenauftragsprozess«, finden Sie aber eine detaillierte Beschreibung dieses Vorgehens. Das Genehmigungsformular wird im Prozess dann den entsprechenden Genehmiger*innen angezeigt, Sie können die Rechnung einsehen und die Daten prüfen. Wird die Rechnung genehmigt, steuern Sie ein entsprechendes Formular an, das der Absender*in anzeigt, dass die Rechnung genehmigt wurde. Als Grundlage für das Ablehnungsformular können Sie dieses erstellte Genehmigungsformular nehmen und müssen dann nur die Texte entsprechend anpassen. Der Vorteil der Formulare liegt darin, dass sie als Benachrichtigung beispielsweise in der Anwendung **MyInbox** auftauchen können, sodass die Mitarbeitenden sie sofort einsehen können.

Streng genommen geht der Prozess hier natürlich noch weiter, da noch kein SAP-Beleg erzeugt wurde. Dies könnte beispielsweise über ein exponiertes BAPI geschehen, das dann die Eingangsrechnung als Beleg an die Buchhaltung schickt. Dennoch sehen Sie recht gut, wie einfach die einzelnen Teile des SAP-Build-Portfolios ineinandergreifen und sich verzahnen lassen, um Prozesse zu vereinfachen und zu automatisieren.

[«]

BAPI

BAPI steht für Business Application Programming Interface. Hiermit werden einzelne Funktionen zu einem Business-Objekt gekapselt, beispielsweise zum Kundenauftrag, Materialbeleg oder auch der Eingangsrechnung. BAPIs sind im SAP-Backend als sogenannte Funktionsbausteine realisiert, die zur Kundenverwendung freigegeben sind und auch für Remote Function Calls (RFCs) zur Verfügung stehen. Sie werden verarbeitet, ohne dass dabei Bildschirmdialoge verwendet werden, und sind damit geradezu prädestiniert, um als Backend-Funktionalität für eine Webanwendung genutzt zu werden.

5.3.4 Der Kundenauftragsprozess

Kundenauftrag

Der Ende-zu-Ende-Prozess, den wir uns in diesem Abschnitt anschauen wollen, ist einer der absoluten Kernprozesse im SAP-Umfeld, der Prozess rund um den *Kundenauftrag*. Dabei ist das Ziel, dass Sie einen Genehmigungsprozess in SAP Build Process Automation aufsetzen, der Trigger-gesteuert ist, was bedeutet, dass er losläuft, sobald ein bestimmter Schalter umgelegt wird. Diesen Schalter bauen Sie als Webanwendung in SAP Build Apps, in der Sie die Eingabe der Daten eines Kundenauftrags ermöglichen. Das Absenden des Auftrags in der Anwendung triggert dann den Genehmigungs-Workflow, den Sie vorher in SAP Build Process Automation aufgesetzt haben. Zu guter Letzt ermöglichen Sie den Aufruf der Webanwendung, indem Sie sie in eine Seite von SAP Build Work Zone integrieren. Dieser Anwendungsfall wird in einem deutlich höheren Detailgrad aufgezeigt, als die vorherigen Anwendungsfälle.

Projekt erstellen

Sie legen also los und beginnen in der Lobby von SAP Build. Dort erstellen Sie ein Projekt, wobei Sie zunächst die Option **Build an automated Process** und dann im Folgebildschirm die Option **Business Process** auswählen. In der Dialogbox zum Erstellen des Prozesses geben Sie einen Projektnamen, beispielsweise »Sales Order Management«, mit einer entsprechenden Beschreibung, ein.

Business Process erstellen

Als Nächstes erstellen Sie einen *Business Process* in Ihrem gerade erstellten Process-Automation-Projekt. Dies tun Sie im Pop-up-Fenster **Process anlegen**, das nach dem Erstellen des Projekts automatisch angezeigt wird. Ein Business Process kann am besten als ein Workflow innerhalb eines beliebigen Business-Szenarios beschrieben werden. Es ist eine sich wiederholende Reihe von Aktivitäten, die ausgeführt werden müssen, um ein Geschäftsziel zu erreichen. Sie geben dem Workflow einen Namen, beispielsweise »Order Processing«. Auch hier geben Sie wieder eine sprechende Beschreibung ein und erstellen den Prozess. Das Muss-Feld **Identifier** wird dabei automatisch ausgefüllt, in unserem Beispiel wird hier automatisch der Wert `orderProcessing` vorgegeben.

Business Process Builder

Nun werden Sie zum *Business Process Builder* weitergeleitet. Die Modellierung des Prozesses findet im sogenannten Canvas (dt. Leinwand) des Builders statt (siehe Abbildung 5.20). Hier können Sie einzelne Prozessartefakte hinzufügen und mit Konnektoren und Prozesskontrollen verbinden, um den Informationsfluss festzulegen.

Abbildung 5.20 Process Builder mit dem Process Builder Canvas

Datentypdefinition

Bevor Sie mit der Prozessmodellierung beginnen, müssen Sie zunächst einen *Datentyp* definieren, der zur Datenweitergabe zwischen den einzelnen Prozessschritten genutzt wird. Navigieren Sie dazu in den **Project Content**, das ist der Button links oben mit dem kleinen Ordnersymbol, und erstellen Sie über das Plussymbol • **Create** • **Data Type** den Datentyp (siehe Abbildung 5.21).

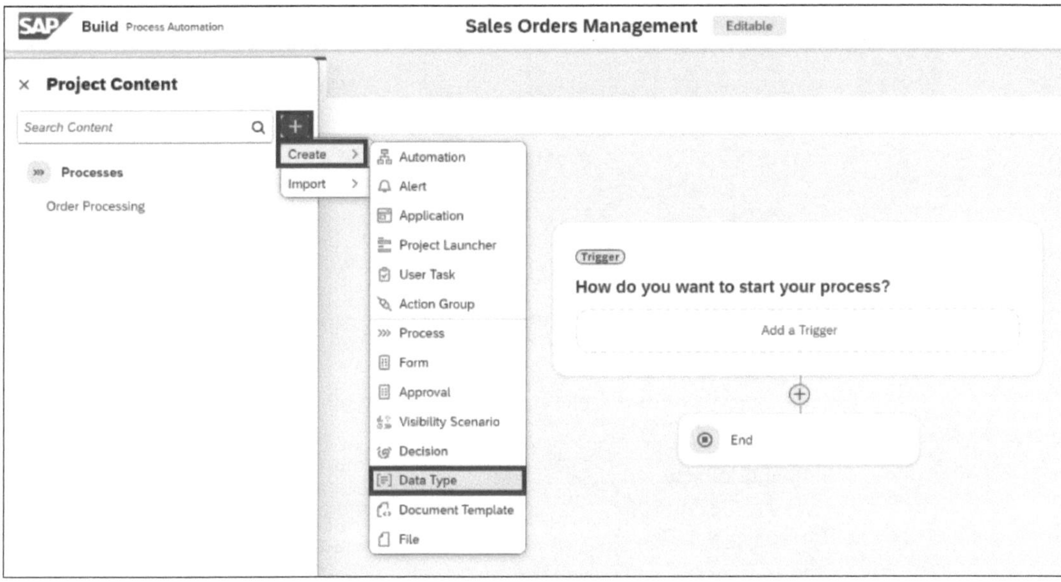

Abbildung 5.21 Die Navigation zum Erstellen des Datentyps

Nennen Sie den Datentyp »Sales Order«, auch hier wird der Identifier `salesOrder` automatisch vergeben. Jetzt fügen Sie die Felder der Datenstruktur hinzu, wie in Abbildung 5.22 zu sehen ist.

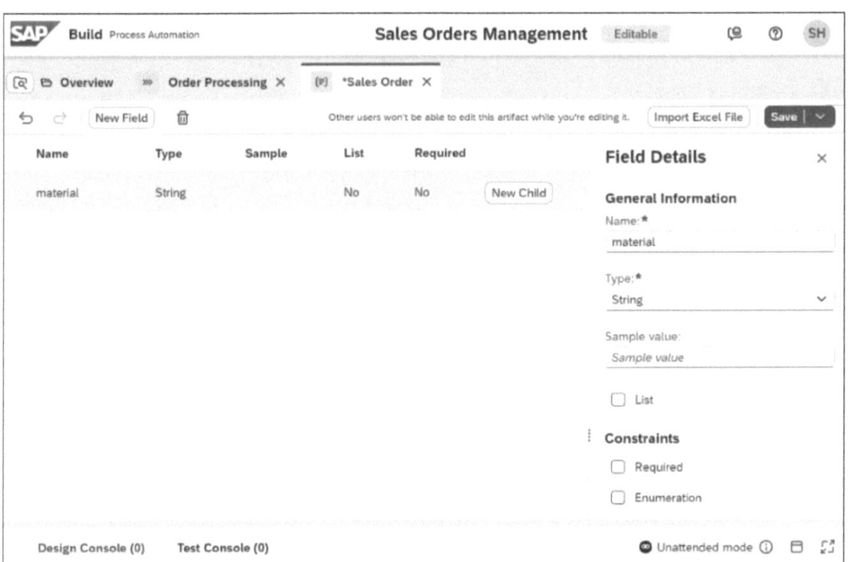

Abbildung 5.22 Einzelne Felder und ihre Eigenschaften hinzufügen

Über den Button **New Field** wird das neue Feld angelegt, wodurch sich auf der rechten Seite die Feldeigenschaften öffnen. Hier können Sie festlegen, welchen Namen und Datentyp das Feld haben soll. Sie vergeben die Namen und Datentypen für unser Beispiel entsprechend den Daten in Tabelle 5.1.

Feldname	Typ
Material	String
orderAmount	Number
shipToParty	String
salesOrderType	String
salesOrganisation	String
distributionChannel	String
shippingCountry	String
expectedDeliveryDate	Date
Division	String

Tabelle 5.1 Definition der Feldwerte und Typen für den Datentyp

Achten Sie hier unbedingt darauf, die Felder exakt so einzutragen, weil der API-Trigger, den Sie gleich definieren, diese Werte exakt so benötigt, da der Feldtransport über die exakte Namensgleichheit erfolgt. Haben Sie alle Felder angelegt, speichern Sie den Datentyp ab und wenden sich dann dem API-Trigger zu.

API-Trigger Ein Business Process kann auf zwei Arten angestoßen werden, durch ein Eingabeformular oder durch einen *API-Trigger*. Da die Daten in diesem Fall aber durch eine mit SAP Build Apps erstellte Anwendung eingegeben werden sollen, wird hier kein Formular, sondern ein API-Trigger verwendet. Navigieren Sie dafür zurück in das Canvas des Prozesses und klicken Sie in der Mitte auf den Button **Add a Trigger**. Auch hier geben Sie dem Trigger einen Namen, beispielsweise »Sales Order Trigger«. Der Identifier wird auch hier automatisch als `salesOrderTrigger` vergeben (siehe Abbildung 5.23).

Fügen Sie dem Prozess dann über die Seitenleiste **Process Details**, erreichbar über den Doppelpfeil auf der rechten Seite, wie in Abbildung 5.23 gezeigt, Variablen hinzu, indem Sie unter **Process Details** zu den **Variables** navigieren und dann den Button **Configure** drücken. Im Fenster für die Konfiguration der Prozesseingaben wählen Sie **Add Input** und fügen dort wie in Abbildung 5.24 den Parameter `salesorderdetails` vom Typ **Sales Or-**

der ein. Der Typ lässt sich über ein Dropdown-Menü auswählen, in dem **Sales Order** bereits enthalten ist, da Sie diesen Typ vorher definiert haben. Markieren Sie noch die Checkbox, dass der Parameter als **Erforderlich (Required)**, also als Muss-Feld, definiert ist und fügen Sie den Parameter dann mit einem Klick auf den Button **Apply** hinzu. Die einzelnen Felder der `salesorderdetails` vom Typ Sales Order werden dann wie in Abbildung 5.25 ersichtlich auf der rechten Seite angezeigt.

Abbildung 5.23 Navigation zu Prozessdetails

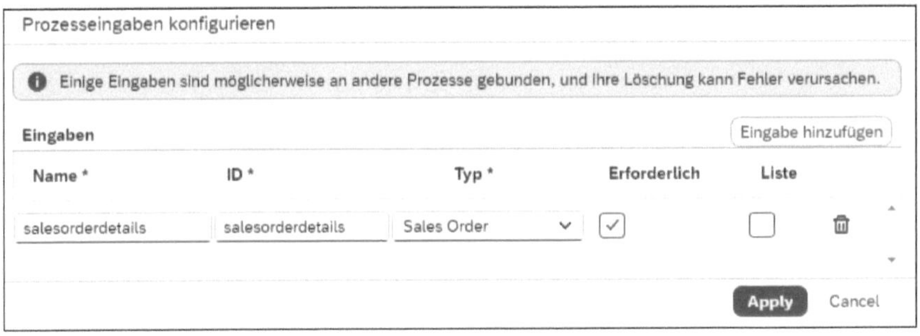

Abbildung 5.24 Definition von Eingabevariablen zum Prozess

Abbildung 5.25 Eingefügte Prozesseingabevariablen

Genehmigungsformular erstellen

Als Nächstes erstellen Sie dann das *Genehmigungsformular*. Genehmigungen sind ein wichtiger Bestandteil vieler Geschäftsprozesse, ob sie nun manuell oder basierend auf bestimmten Prozessbedingungen auch automatisch ausgeführt werden. In unserem Kundenauftragsgenehmigungsprozess muss der Lieferant die Anfragen durchschauen und bestätigen. Um das interaktive Formular nun in den Prozess einzufügen, klicken Sie unter dem bereits definierten Trigger auf das Pluszeichen. Im sich nun öffnenden Fenster wählen Sie, wie in Abbildung 5.26 bereits rot hinterlegt, die Kachel **Approval** und die Option **Blank Approval**, also ein leeres Formular, aus.

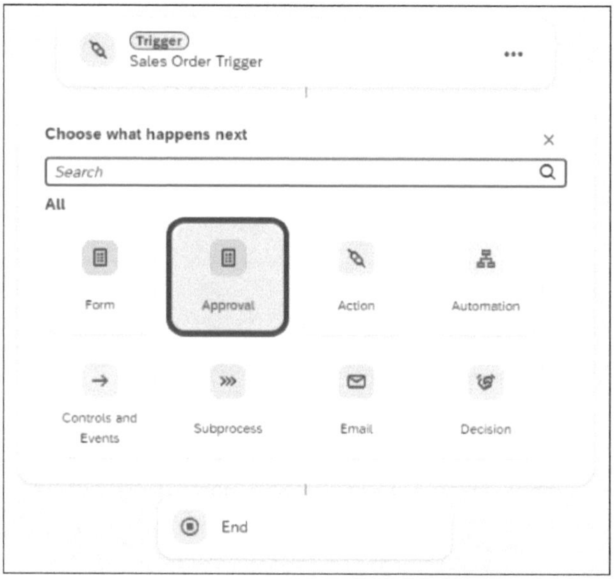

Abbildung 5.26 Optionen für die Prozessmodellierung

Erneut geben Sie dem Formular einen Namen und eine Beschreibung und öffnen dann mittels Open Editor im Drei-Punkte-Menü auf der rechten Seite im Detailbereich den Formulareditor. Das Formular können Sie nun per Drag-and-drop beispielsweise analog zu Tabelle 5.2 visuell gestalten.

Labels	Formularfeldtyp	Read-Only
Approve sales Order	HeadLine 1	
A new order has been received. Please review and confirm whether the requirements can be met or not.	Paragraph	
Material	Text	X

Tabelle 5.2 Inhaltsvorschlag für das Formular

Labels	Formularfeldtyp	Read-Only
Order Amount	Number	X
Customer Name	Text	X
Expected Delivery Date	Date	X
I acknowledge that we have received your order and will process it based on the availability.	Checkbox	
Message to buyer	TextArea	

Tabelle 5.2 Inhaltsvorschlag für das Formular (Forts.)

Das Ergebnis dieses Formulars sieht dann etwa aus wie in Abbildung 5.27.

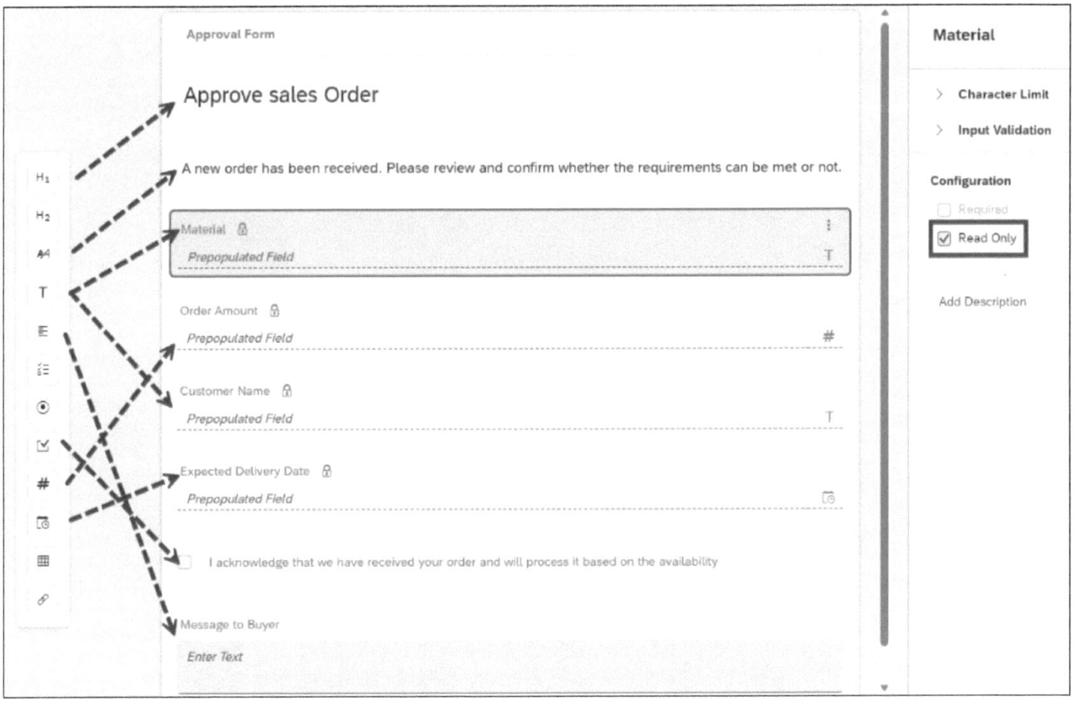

Abbildung 5.27 Per Drag-and-drop erstelltes Formular mit Elementen der linken Leiste

Nachdem Sie das Formular gespeichert haben, definieren Sie noch die Empfänger des Formulars, indem Sie Ihr Approval Form per Klick markieren und **Subject** und **Recipients**, also Betreffzeile und Empfänger, konfigurieren. Beim Betreff geben Sie »Please review« ein und wählen dann aus den Sales-Order-Details das Material aus, sodass der Feldinhalt hierfür hergenommen wird. Als Empfänger tragen Sie hier im ersten Schritt Ihre eigene E-Mail-Adresse ein, mit der Sie sich an der Lobby angemeldet haben. Die Eingabefelder des Genehmigungsformulars befüllen Sie entsprechend der Inputs und speichern dann.

Bestätigungsformular erstellen

Im nächsten Schritt erstellen und konfigurieren Sie ein neues Formular, Sie nennen es »Order Confirmation Form«. Mit einem Klick auf den Button **Open Editor** öffnen Sie erneut den Formulareditor und erstellen ein *Bestätigungsformular*, das könnte beispielsweise aussehen wie in Abbildung 5.28. Die Schritte sind analog zu denen des vorherigen Formulars, sodass hier auf eine weitere Ausführung verzichtet wird.

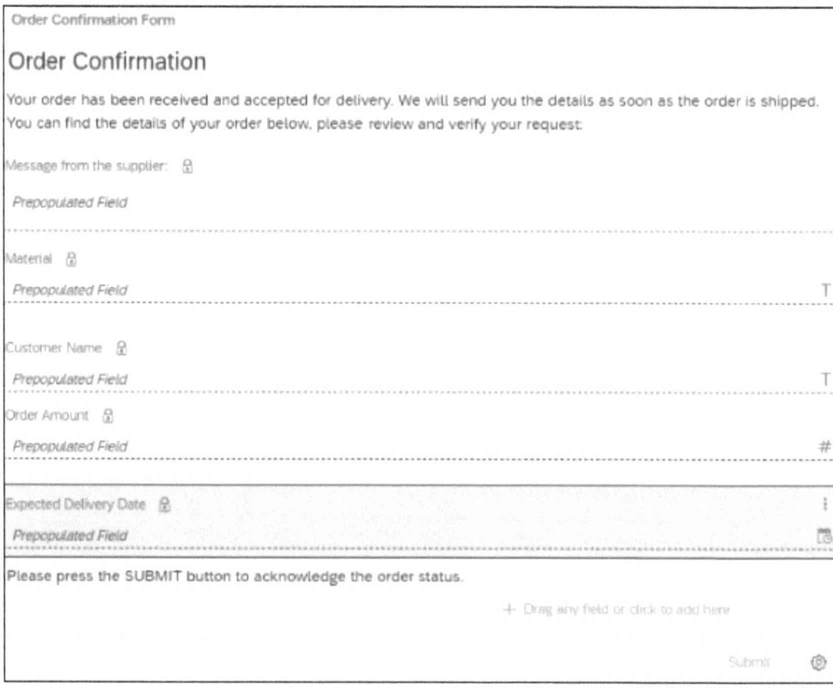

Abbildung 5.28 Bestellbestätigungsformular

Springen Sie zurück und konfigurieren Sie noch Betreff sowie Empfänger und auch die Eingabeparameter analog zu dem vorherigen Formular, bevor Sie sich einem anderen Artefakt zuwenden, dem Versenden einer Benachrichtigung für den Fall einer Ablehnung des Auftrags.

E-Mail-Benachrichtigung

Der Prozess sieht nun aus wie in Abbildung 5.29. Wie Sie sehen, muss die Seite der Ablehnung natürlich noch ausgeprägt werden. Sie nehmen an, dass in der SAP BTP bereits eine SMTP Mail Destination für den automatisierten E-Mail-Versand mit dem SMTP-Protokoll eingerichtet ist, beispielsweise die Destination *sap_process_automation_mail*. Falls nicht, finden Sie im SAP Help Portal eine Anleitung unter *http://s-prs.de/v1015308*. Drücken Sie nun im Prozesspfad unter **Reject** auf das Plussymbol und wählen Sie im erscheinenden Pop-up-Fenster die Option **E-Mail**. Nun müssen Sie Mail Header und Mail Body konfigurieren. Sie definieren den E-Mail-Betreff und auch die Adresse, an die die E-Mail geschickt werden soll. Für Testzwecke können Sie selbstverständlich gerne die eigene E-Mail-Adresse verwenden, da hier im Beispiel aktuell keine Datenvariable dafür vorgesehen ist. Sie springen weiter in den Mail Body und haben dort Zugriff auf unsere Variablen, sodass der Kreativität für die Ablehnungsnachricht keine Grenzen gesetzt sind.

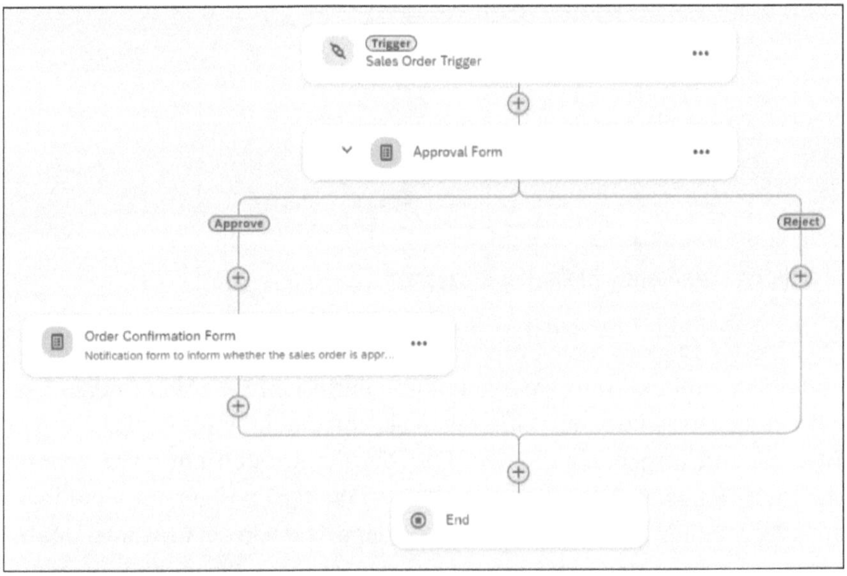

Abbildung 5.29 Der bisherige Prozess ohne Reject-Seite

Zu guter Letzt springen Sie in der Prozessübersicht noch einmal zu den Auslösern bzw. Triggern und notieren sich die `definitionID`. Sie benötigen diese für die Verknüpfung mit der App, die Sie gleich gestalten werden. Die Ausprägung des Prozesses selbst ist nun aber erst einmal abgeschlossen und sieht aus wie in Abbildung 5.30.

SAP-Build-Apps-Webanwendung

Sie schließen jetzt den Prozess und kehren in die SAP Build Lobby zurück, in der Sie noch ein neues Projekt erstellen, dieses Mal eine *SAP-Build-Apps-Webanwendung*. Sie vergeben einen sprechenden Namen, beispielsweise »Create Sales Order«, und landen dann sofort in der Entwicklungsumgebung für SAP Build Apps. Wie genau diese funktioniert, wird in Kapitel 10 noch einmal genauer beschrieben, wir zeigen hier daher nur, was grob getan werden muss.

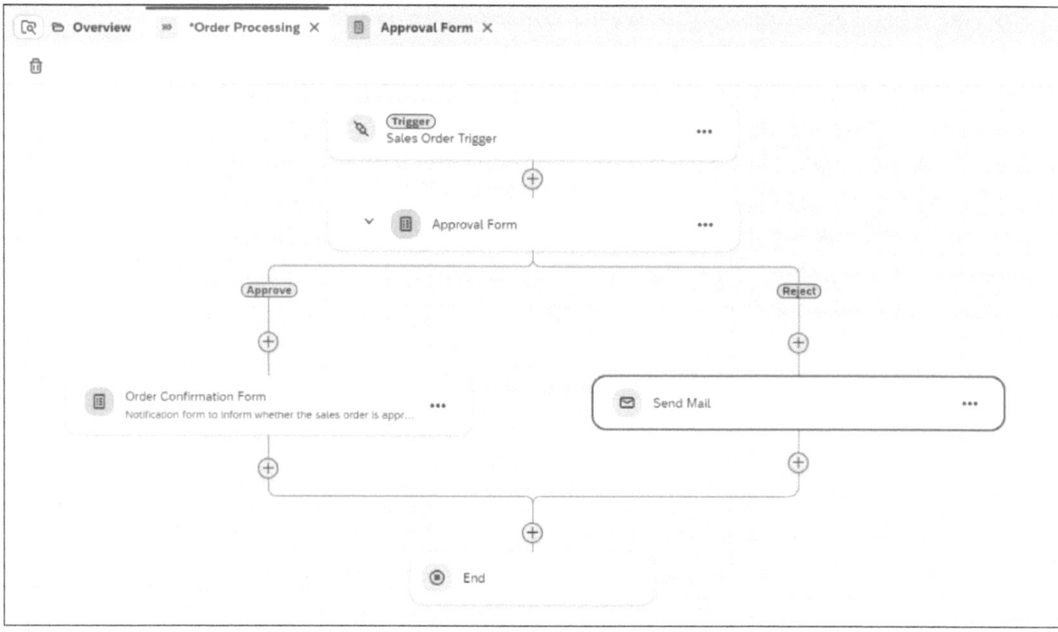

Abbildung 5.30 Abgeschlossener Prozess

Layout definieren Der Einstieg in jedes neue Projekt ist immer eine Seite mit einer Headline und einem Fülltext. Diese markieren und entfernen Sie, um Ihr neues Layout definieren zu können. Dann fügen Sie von der linken Seite das Element **Title** ein und vergeben auf der rechten Seite unter **Content** einen ansprechenden Titel wie »Sales Order Workflow«. Weiterhin fügen Sie vier Eingabefelder hinzu. Die Labels der Eingabefelder setzen Sie auf **Customer**, **Material**, **Amount** und **Delivery Date.** Zu guter Letzt fügen Sie einen Button mit dem Label **Get Approval** hinzu. Das Layout sollte dann etwa so aussehen wie in Abbildung 5.31.

Authentifizierungsmethode Als Nächstes springen Sie in den Bereich **Auth** und implementieren eine *Authentifizierungsmethode*. Sie wählen die Option **SAP BTP Authentication**. Diese wird benötigt, um auf Destinations in der SAP BTP zugreifen zu können. Sie fügt der Anwendung auch automatisch eine Login-Seite hinzu, die eine Authentifizierung bei Anwendungseinstieg ermöglicht und so sicherstellt, dass ohne Authentifizierung keine Ressourcen aufgerufen werden können.

Datenressource Nachdem Sie die Authentifizierung aktiviert haben, wechseln Sie in den Bereich **Data**. Dort definieren Sie aus der in Abschnitt 5.3.2, »Der Abwesenheitsantrag«, beschriebenen angelegten SAP-BTP-Destination eine *Datenressource*. Sie wählen wie in Abbildung 5.32 die SAP-BTP-Destination **REST API direct integration** aus.

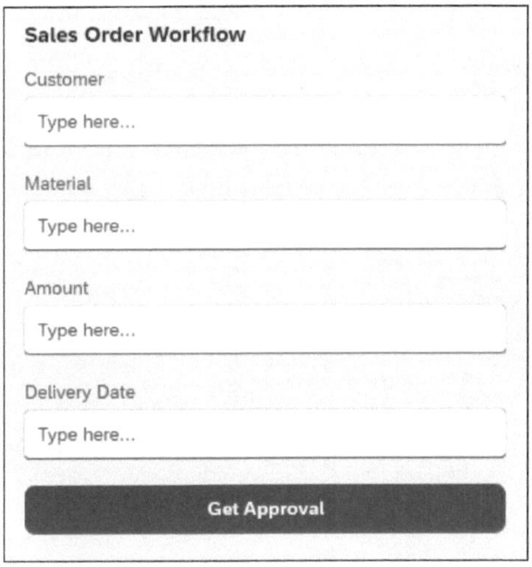

Abbildung 5.31 Das einfach gehaltene Anwendungslayout

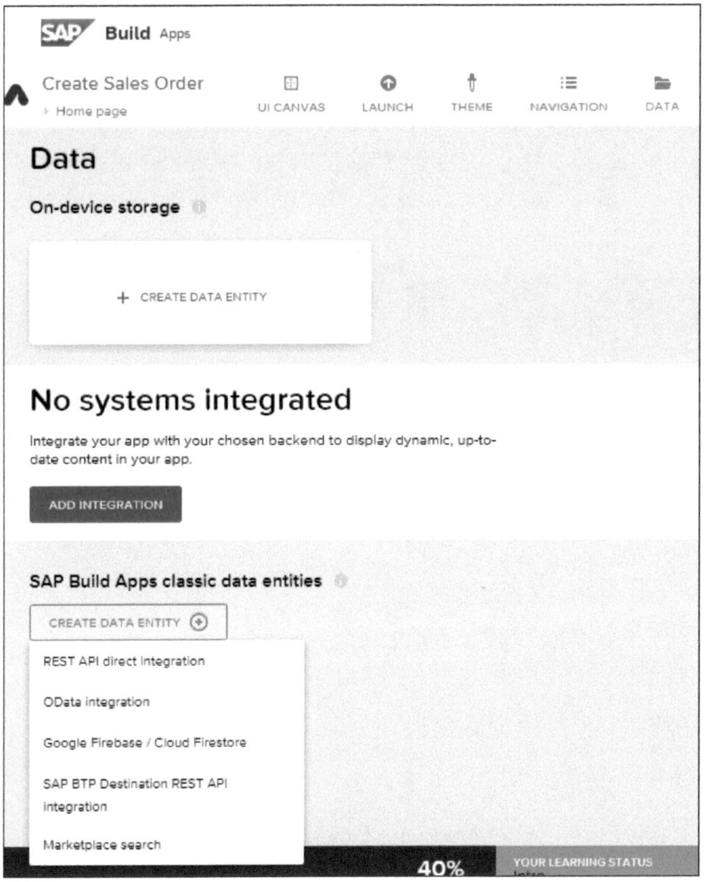

Abbildung 5.32 SAP-BTP-Destination »REST API direct integration« konfigurieren

Im folgenden Pop-up-Fenster tragen Sie als Namen der Data Entity einen sprechenden Namen ein, beispielsweise »Trigger Workflow«, und wählen die vorher definierte Destination **sap_process_automation** aus dem Dropdown-Menü aus. Weiterhin fügen Sie unter **Resource schema** ein neues **Object** ein, dem Sie wie in Abbildung 5.33 den Namen »salesOrderDetails« geben.

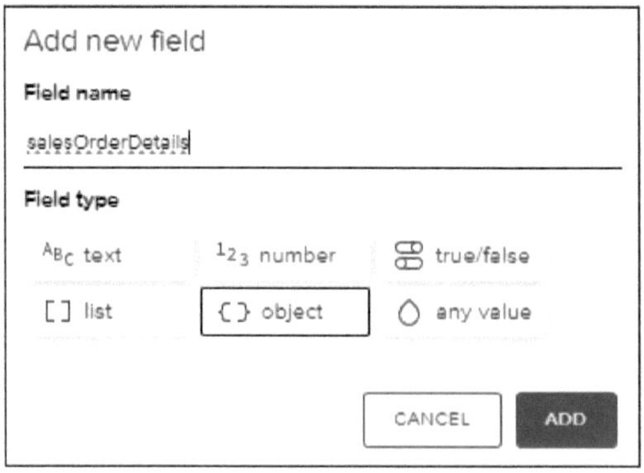

Abbildung 5.33 Datenquelle mit einem Objekt dargestellt

Ein Objekt wäre kein Objekt ohne Eigenschaften, die innerhalb des Objekts in Feldern abgespeichert werden. Daher fügen Sie einige Felder hinzu. Welche Felder und welche Datentypen diese Felder haben sollen, entnehmen Sie Tabelle 5.3.

Feldname	Datentyp
ShipToParty	Text
Material	Text
OrderAmount	Number
ExptectedDeliveryDate	Text
Division	Text
SalesOrderType	Text
ShippingCountry	Text
SalesOrganisation	Text
DistributionChannel	Text

Tabelle 5.3 Feld- und Datentypdefinition des Objekts

Die fertige Datenressource sieht dann aus wie in Abbildung 5.34.

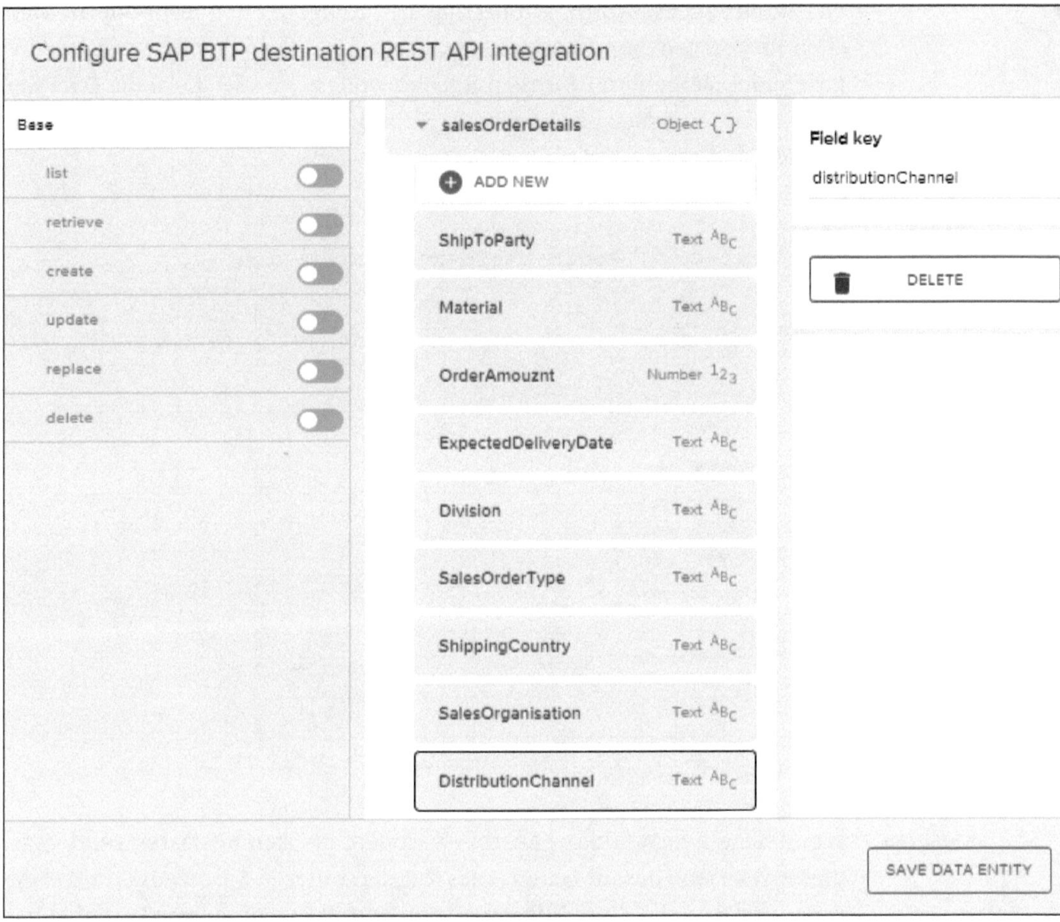

Abbildung 5.34 Datenquelle mit Feldern in einem Objekt

Verknüpfung zur Prozessautomatisierung

Damit ist die Datenquelle aber noch nicht fertig. Sie sehen auf der linken Seite unter **Base** noch weitere Schieberegler. Aktivieren Sie den Regler für die Aktion **create**. Auf der Create-Seite fügen Sie in den Request Header den Schlüssel *Content-Type* und den zugehörigen Wert »application/json« (siehe Abbildung 5.35) ein. Für den Request Body müssen Sie eine Formel einfügen. Sie drücken daher das X beim Request Body und klicken dann auf **Formula • Create Formula**. Im Formeleditor fügen Sie den folgenden Code ein:

```
ENCODE_JSON({  "definitionId": "<your definition ID>",  "context":
query.record })
```

Dabei ersetzen Sie `<your definition ID>` durch die vorher aus dem Trigger des Prozesses entnommene Definition-ID. Das Request Body Mapping formatiert automatisch den Body für diese HTTP-Request. In Bezug auf die

SAP-Build-Process-Automation-Trigger-API zeigt der Request Body an, welchen Prozess Sie damit anstoßen wollen, und außerdem auch, welche Eingabefelder Sie in dem Prozess mitgeben wollen. Sie speichern die Data Entity nun ab und speichern auch zur Sicherheit das ganze Projekt über den Button **Save** oben rechts.

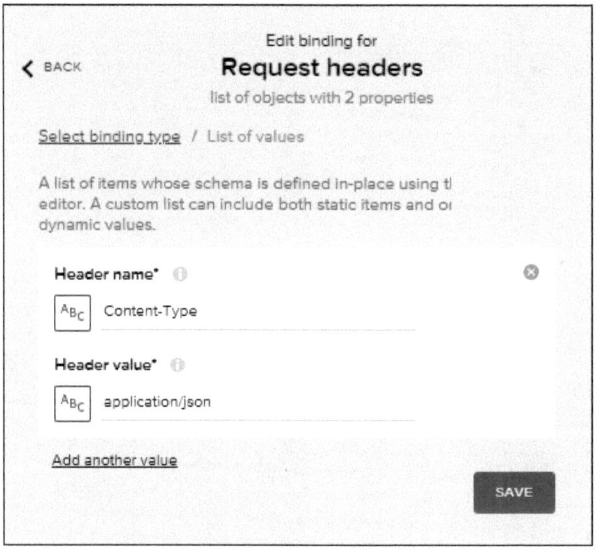

Abbildung 5.35 Request Header definieren

Variablen

Wenn Sie einen Workflow anstoßen wollen, müssen Sie Daten senden. In diesem Fall sind das die Daten eines Kundenauftrags. Sie erzeugen also eine Datenvariable, die diese Informationen beinhaltet. Eine Datenvariable hat ihre Basis immer in einer bestimmten Datenressource, was bedeutet, dass das Datenschema aus der Datenressource übernommen wird. In unserem Fall ist dies ein Objekt mit mehreren Feldern, wie Sie sie vorher definiert haben. Springen Sie nun zurück auf die Seite **UI CANVAS** und wechseln Sie mit dem Schieberegler auf der rechten Seite zu den **VARIABLES.** Dort wählen Sie im Menü auf der linken Seite dann den Eintrag **DATA VARIABLES** aus. Mit einem Klick auf den Button **ADD DATA VARIABLE** (siehe Abbildung 5.36) legen Sie die Datenvariable **Trigger Workflow1** an. Das Schema kann entsprechend der Zuordnung zur Datenressource nicht verändert werden. Das Einzige, was Sie noch tun müssen, ist, auf der rechten Seite **New Data Record** zu setzen, da es sich hierbei ja um einen neu von uns zu übergebenden Datensatz handelt. Wo kommen diese Daten jetzt aber her? Nun, Sie haben Eingabefelder definiert. Diese müssen Sie jetzt nur noch an die entsprechenden Felder unserer Datenvariable binden, hierfür definieren Sie gleich ein Binding zwischen Datenvariable und UI-Element.

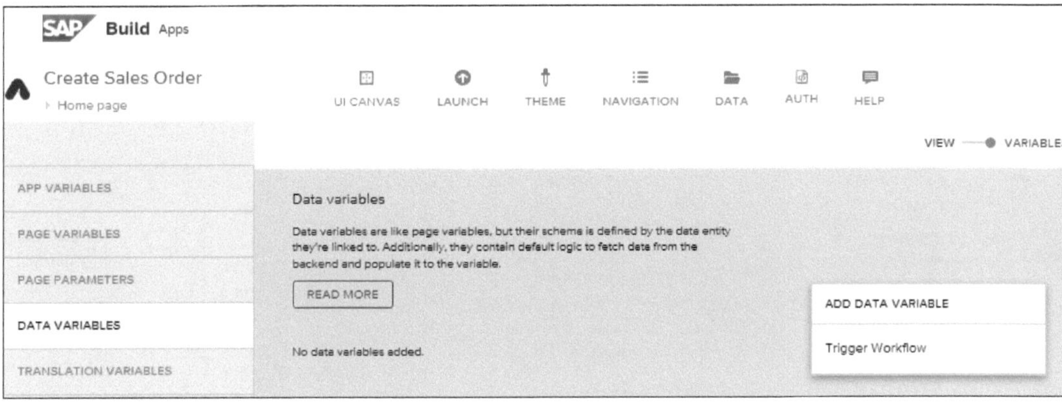

Abbildung 5.36 Datenvariable einfügen

Binding

Für dieses *Binding* navigieren Sie über den Schieberegler wieder von den Variablen zurück, indem Sie **VIEW** anklicken (siehe Abbildung 5.36 oben rechts). Markieren Sie in dieser Ansicht das erste Eingabefeld **Customer**. Auf der rechten Seite sehen Sie, dass hinter Value noch **No Value** steht, hier besteht aktuell kein Binding, wie Sie in Abbildung 5.37 sehen.

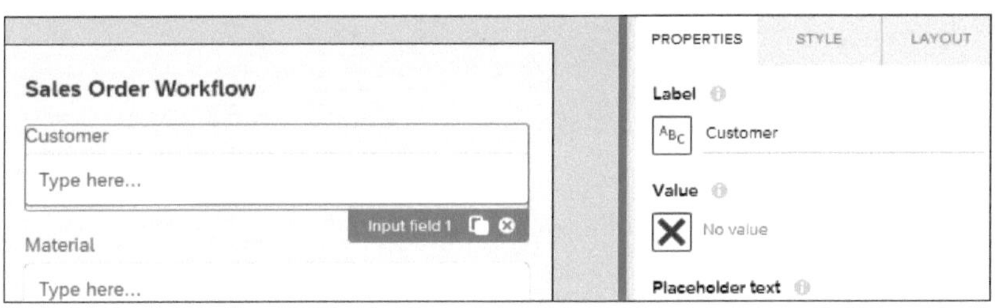

Abbildung 5.37 Binding anlegen

Klicken Sie auf das X und wählen Sie dann unter **Data and Variables • Data variable • Trigger Workflow1 • shipToParty** aus. Genauso gehen Sie für Material, Menge und das Lieferdatum vor.

Logik

Nun sind alle unsere Eingabefelder gebunden und versorgen den Prozess tatsächlich mit Daten. Wenn Sie die Anwendung aber ausführen – dies können Sie testen, indem Sie im Bereich **LAUNCH** die Preview-Möglichkeit auswählen –, werden Sie feststellen, dass gar nichts passiert! Das liegt daran, dass Sie zwar einen Button eingefügt haben, diesem aber noch keine entsprechende *Logik* hinterlegt haben. Dafür wählen Sie auf dem UI Canvas den Button aus und sehen dann kontextsensitiv rechts unten den neuen Button **Show Logic for Button1**. Auf diesen klicken Sie, wodurch sich der Bereich für die Logikdefinition öffnet. Auf der linken Seite suchen Sie das

Artefakt **Create record**, fügen es per Drag-and-drop in das Logik-Canvas ein und verbinden das Event **Component tap**, wie in Abbildung 5.38 gezeigt, durch Markieren und Ziehen eines Verbinders mit dem Artefakt **Create record**.

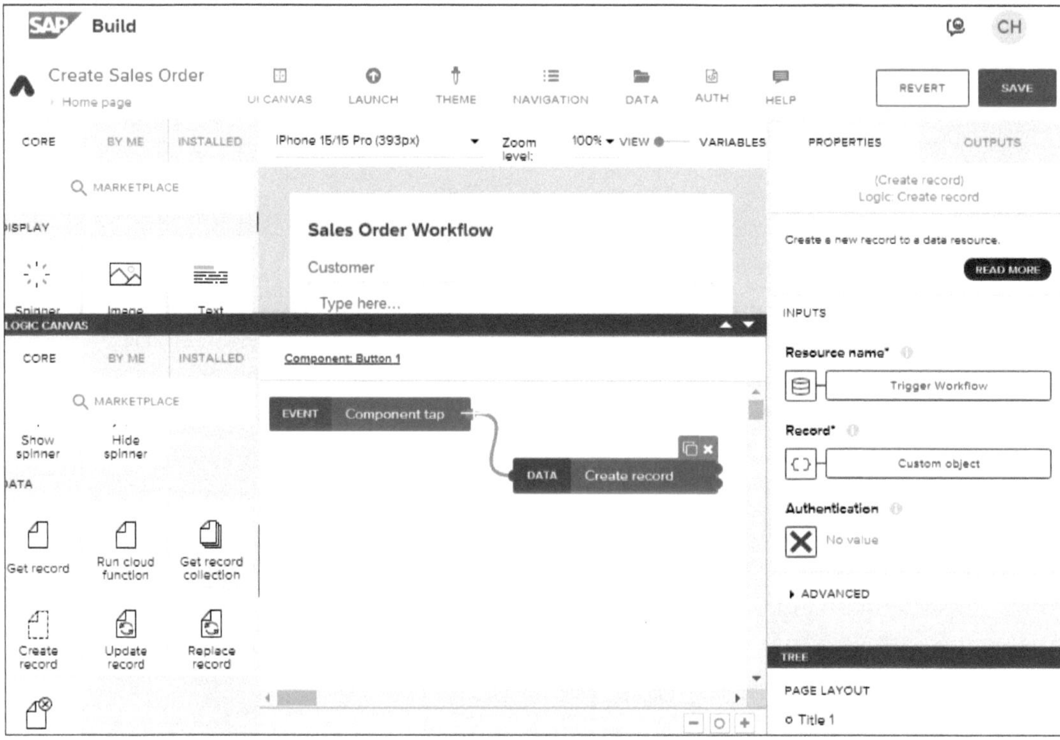

Abbildung 5.38 Logikdefinition des Buttons

Auf der rechten Seite sehen Sie die Eigenschaften (**PROPERTIES**) des Artefakts **Create record**. Der Ressourcenname ist bereits korrekt vorbelegt, da Sie nur eine einzige Datenvariable definiert haben. Im Bereich **Record** wird aber der tatsächliche, konkrete Datensatz abgelegt, nicht nur das Schema, und das müssen Sie nun ebenfalls mit einem Binding belegen. Dies können Sie manuell machen, das dauert aber recht lange, und so nutzen Sie an dieser Stelle die Macht von JavaScript und damit eine Formel. Sie klicken also im Bereich **Record** auf das Symbol mit den zwei geschweiften Klammern, um das Binding anzulegen. Im Pop-up-Fenster wählen Sie **Formula** aus und geben die folgende Formel ein:

```
{salesorderdetails: {shipToParty: data["Trigger
Workflow1"].salesorderdetails.shipToParty, material:
data["Trigger Workflow1"].salesorderdetails.material, orderAmount:
NUMBER(data["Trigger Workflow1"].salesorderdetails.orderAmount),
```

```
expectedDeliveryDate: data["Trigger
Workflow1"].salesorderdetails.expectedDeliveryDate, division: "1010",
salesOrderType: "OR", shippingCountry: "Barbados", salesOrganisation:
"10", distributionChannel: "1000"}}
```

Da Sie nur vier Eingabefelder definiert haben, werden die restlichen Felder wahlweise als Festwert oder aus der Datenvariable übergeben – dies ist zukunftssicher, falls Sie weitere Eingabefelder definieren wollen. Seien Sie bei der manuellen Anpassung der Formel besonders vorsichtig, denn die Datenvariable heißt exakt Trigger Workflow1. Wenn hier ein Tippfehler passiert, wird das Binding nicht funktionieren.

Build Service

Sie haben nun erfolgreich die Anwendung für den Workflow-Trigger gebaut und müssen sie nun nur noch testen und, falls sie Ihnen so gefällt, wie sie ist, deployen. Dies tun Sie über den Build Service von SAP Build Apps. Sie wechseln erneut auf den Bereich **LAUNCH** und wählen dort aber nicht die Option zur Preview, sondern den *Build Service*. Es öffnet sich eine neue Registerkarte, auf der Sie im Bereich **Web App** den Button **BUILD** anklicken. Im nächsten Schritt vergeben Sie eine Versionsnummer, beispielsweise »1.0.0«, und wählen als Dateityp das MTAR-Archiv aus. Wenn Sie mit den Einstellungen zufrieden sind, starten Sie den Build-Vorgang über den Build-Button. Dieser Vorgang kann bis zu 20 Minuten dauern.

[«]

MTAR

MTAR steht für Multitarget Application Archive. Es handelt sich dabei um eine Deployment-Einheit, die für den Transport mehrerer Anwendungsteile geschaffen wurde. Diese Anwendungsteile bilden gemeinsam die Multitarget Application (MTA). In ihr sind bereits alle Abhängigkeiten vereint, die für ein erfolgreiches Deployment notwendig sind.

Deployment

Wechselt der Status des Builds auf **delivered**, lässt sich per Knopfdruck das *Deployment* starten. Sie deployen Ihre Anwendung in die Cloud-Foundry-Umgebung Ihres SAP-BTP-Subaccounts. Der Deployment-Vorgang dauert etwa 2 Minuten, dann erhalten Sie den Link zur Anwendung. Auch diesen Link sollten Sie zwischenspeichern, denn Sie werden ihn gleich noch brauchen, wenn Sie die Anwendung im nächsten Schritt in SAP Build Work Zone integrieren.

SAP Build Work Zone

Navigieren Sie also zurück in die Lobby und erstellen Sie ein neues Projekt. Dabei wählen Sie nun **Build a Business Site • Manage Workpages and Workspaces**. Workspaces sind die Bausteine von *SAP Build Work Zone*. Ein Workspace kann sehr unterschiedliche Inhalte aufnehmen, von Bildern über

Kacheln, WebDynpro- und SAP-Fiori-Apps bis hin zu ganzen Diskussionsforen, was in Kapitel 11, »SAP Build Work Zone«, noch einmal genauer erklärt wird.

Workspace erstellen

Klicken Sie auf den Button **New Workspace**, um einen neuen Workspace anzulegen, und definieren Sie ihn ohne Template, wie Sie es in Abbildung 5.39 sehen. Sie nennen ihn »Sales Management« und vergeben eine sinnvolle Beschreibung. Setzen Sie ihn auf **Private**, da Sie ihn nur eingeladenen Personen zur Verfügung stellen wollen, nicht dem gesamten Unternehmen. Haben Sie ihn erstellt, landen Sie auf einer Seite, die etwa wie Abbildung 5.40 aussehen sollte.

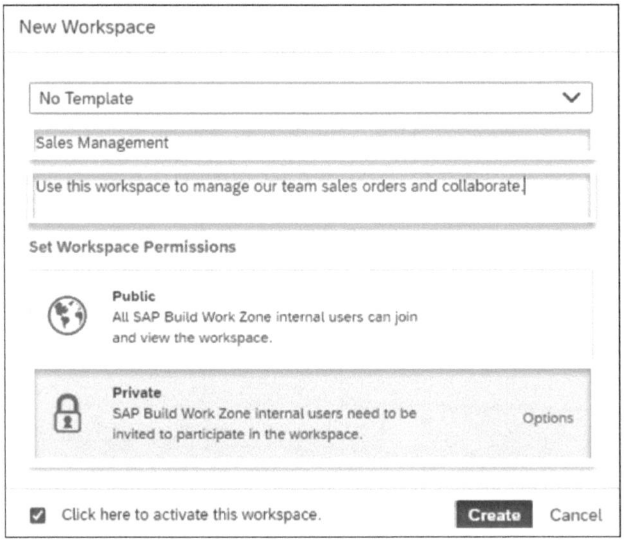

Abbildung 5.39 Workspace erstellen

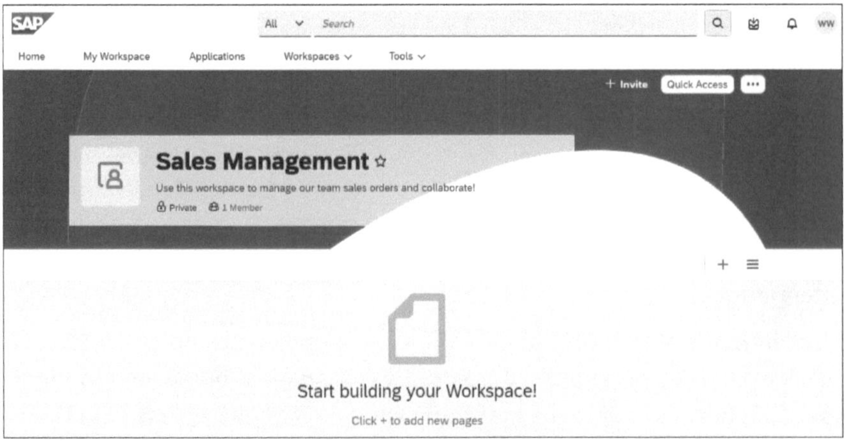

Abbildung 5.40 Ansicht des Workspace ohne Inhalt

Diese Ansicht sieht noch recht leer aus. Fügen Sie über den blauen Plus-Button eine Workpage hinzu. Die Workpage nimmt den Inhalt auf, den Sie später präsentieren wollen. In diesem Beispiel werden Sie nur eine einzelne Anwendung hinzufügen. Natürlich sind hier der Fantasie aber keine Grenzen gesetzt. Wählen Sie also, nachdem Sie den Plus-Button angeklickt haben, die Option **Workpage** aus und vergeben einen Titel, beispielsweise »Sales Orders«. Als Workpage Type legen Sie **New Workpage** fest und speichern die Workpage im Content-Folder. Sie haben nun eine leere Workpage erzeugt (siehe Abbildung 5.41).

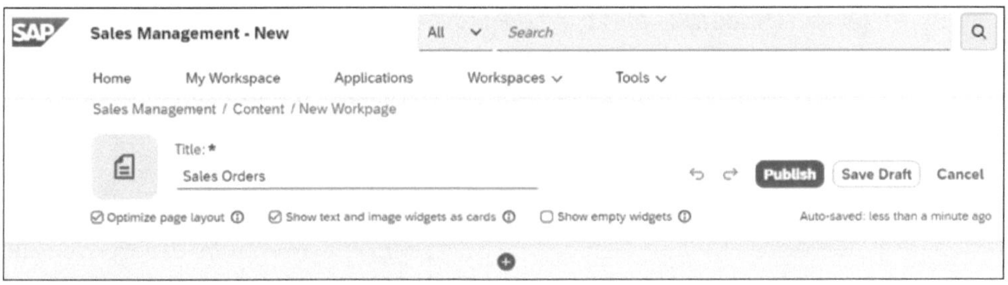

Abbildung 5.41 Die leere Workpage

Content Explorer

Bevor Sie Ihre Workpage über eine Verknüpfung zu Ihrer Anwendung hinzufügen können, müssen Sie die Anwendung zunächst einmal im *Content Explorer* bekannt machen. Sie springen daher über das Benutzeravatar-Menü rechts oben in die **Administration Console** des Workspace ab. Dort klappen Sie das Menü **External Integrations** auf und springen zum **Business Content**. Dort verbirgt sich der Content-Manager, den Sie nun aufrufen. Der Content-Manager hat zwei Registerkarten, **My Content**, wo Sie Content Items manuell konfigurieren können, sowie den **Content Explorer**, wo Sie bereitgestellte Inhalte der verfügbaren Content Provider ansehen und ihren Inhalten hinzufügen können. Innerhalb des Content-Managers ist auf der linken Seite ein Navigations-Panel. Dort rufen Sie den Channel Manager auf. Sie sehen den automatisch erzeugten HTML5-Content-Provider, der immer zur Verfügung steht. Über den Aktualisieren-Button auf der rechten Seite (siehe Abbildung 5.42) holen Sie sich alle neu hinzugefügten Anwendungen aus dem HTML5-Repository.

Content-Manager

Anschließend springen Sie zurück in den *Content-Manager* und bleiben dort nicht auf der Registerkarte **My Content**, sondern wechseln zum **Content Explorer**, wählen den HTML5-Apps-Content-Provider aus und sehen dort Ihre Anwendung **Sales Order Trigger**. Setzen Sie das Häkchen in der Checkbox vor Ihrer App und fügen Sie sie mit dem Button **Add to my Content** Ihrem eigenen Content hinzu. Wechseln Sie nun zurück zur Registerkarte **My Content**, finden Sie dort nun auch unsere Anwendung.

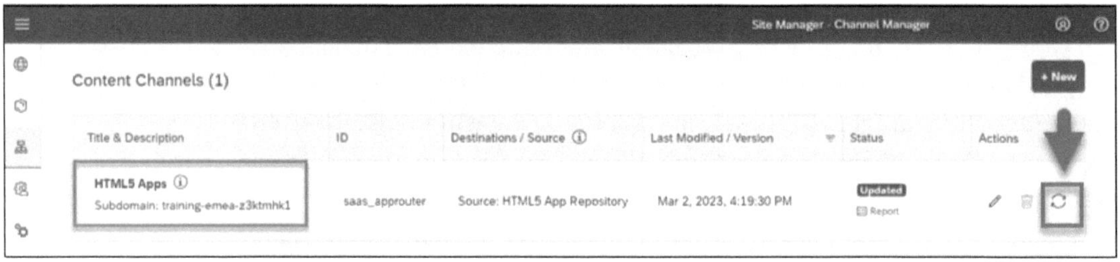

Abbildung 5.42 Content aktualisieren aus dem HTML5-Repository der SAP BTP

Rolle Ebenfalls finden Sie dort ganz oben in der Liste einen Eintrag **Everyone**. Dies ist eine Rolle, die automatisch allen Besucher*innen des Workspace zur Verfügung steht. Dieser Rolle fügen Sie auch Ihre Anwendung hinzu. Markieren Sie dazu die Rolle und editieren Sie sie, indem Sie den **Edit**-Button rechts oben drücken. Es öffnet sich der Rolleneditor, der, wie in Abbildung 5.43 gezeigt, sehr simpel gehalten ist. Auf der rechten Seite sehen Sie die der Rolle zuweisbaren Inhalte. Neben dem Namen Ihrer Anwendung drücken Sie auf das Pluszeichen und speichern die Rolle wieder ab.

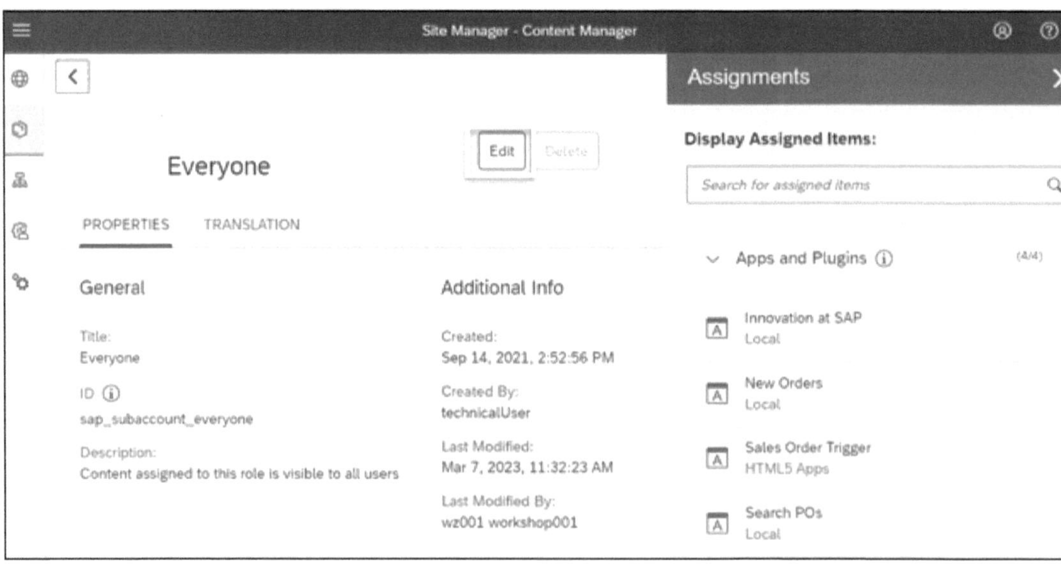

Abbildung 5.43 Der Rolleneditor

Anwendung der Workpage hinzufügen Nun haben Sie alle Voraussetzungen erfüllt, um Ihre Anwendung Ihrer Workpage hinzuzufügen. Navigieren Sie zu Ihrem Workspace **Sales Management** und suchen Sie auf der rechten Seite das Stiftsymbol, mit dem Sie den Page-Designer für die Workpage aufrufen. Über das kleine blaue Pluszeichen, wie Sie es schon in Abbildung 5.41 gesehen haben, fügen Sie eine Sektion und dieser dann über den Button **Add Widget** aus der sich damit öffnenden Widgetgalerie Ihre Anwendung hinzu. Diese Anwendung ist wiederum hinter einer Kachel verborgen, weshalb Sie in der Widgetgalerie eben diese Kachel auswählen und dann unsere Anwendung **Sales Order Trigger** hinzufügen. Haben Sie dies erledigt, veröffentlichen Sie Ihre Seite über den Button **Publish**. Der Ende-zu-Ende-Prozess ist damit abgeschlossen! Sie haben mit SAP Build Apps eine Webanwendung erstellt, die einen mit SAP Build Process Automation erzeugten Prozess mit KI-Unterstützung anstößt, und diese Anwendung schlussendlich über die SAP Build Work Zone einem breiten Publikum zur Verfügung gestellt.

Mithilfe der hier dargestellten Anwendungsfälle haben Sie gesehen, dass es auf sehr unterschiedliche Art und Weise möglich ist, mit den Mitteln, die uns SAP Build zur Verfügung stellt, Ende-zu-Ende-Prozesse zu realisieren. Insbesondere haben wir hier beispielhaft immer wieder zur Schau gestellt, wie sich die einzelnen Komponenten des Portfolios integrieren lassen. Auf einige dieser Punkte wollen wir jetzt noch einmal gesondert im nächsten Kapitel 6, »Systeme mit SAP Build erweitern«, eingehen.

5.4 Zusammenfassung

In Abschnitt 5.1 haben Sie zunächst einmal die Herausforderungen kennengelernt, mit denen IT-Abteilungen, insbesondere aber die Entwicklungsabteilungen von Unternehmen zu kämpfen haben. Durch das neue Low-Code-Programmierparadigma entstehen in einzigartiger Zusammenarbeit zwischen Fachabteilung und IT-Abteilung schnell und effizient die komplexesten Anwendungen und Prozesse.

Abschnitt 5.2 geht auf die wichtigsten Funktionen der einzelnen Produkte im SAP-Build-Portfolio im Kontext der Entwicklung ein. Dabei steht aber nicht nur im Vordergrund, was die einzelnen Bestandteile untereinander alles können, sondern vor allem auch, wie sich die vier Bestandteile SAP Build Apps, SAP Build Work Zone, SAP Build Process Automation und SAP Build Code ineinander integrieren und einfügen lassen, um ein noch besseres Benutzererlebnis zu liefern. In Abschnitt 5.3 wurde eindrucksvoll aufgezeigt, dass sich nicht nur einzelne Bestandteile, sondern auch ganze Prozessketten mithilfe des SAP-Build-Portfolios in den sogenannten Ende-zu-Ende-Prozessen umsetzen lassen. Nicht nur wird definiert, was ein Ende-zu-Ende-Prozess eigentlich ist; in vier ganz unterschiedlich gelagerten Anwendungsfällen wird außerdem eindrucksvoll unter Beweis gestellt, dass diese Ende-zu-Ende-Prozessentwicklung nicht nur einzelnen Kernbereichen des Unternehmens vorbehalten ist.

Kapitel 6
Systeme mit SAP Build erweitern

In diesem Kapitel zeigen wir Ihnen, wie Sie SAP Build verwenden können, um kundenspezifische Anpassungen insbesondere in SAP S/4HANA umzusetzen, ohne dabei das Prinzip des Clean Core zu verletzen.

Wer sich schon einmal mit Standardsoftware beschäftigt hat, weiß auch, dass diese nicht immer automatisch alle Anforderungen erfüllt. Sei es das kundenspezifische Datenbankfeld, ohne das Ihr Unternehmen einfach nicht funktioniert, die spezielle Preisfindungslogik oder eine eigens realisierte Schnittstelle zu einem Fremdsystem – viele Unternehmen haben neben der Standardsoftware noch kundenspezifische Software im Einsatz. In diesem Kapitel möchten wir Ihnen aufzeigen, welche Arten von Erweiterbarkeit Ihr SAP-System mit sich bringt (siehe Abschnitt 6.1). Dabei gehen wir nicht nur auf die Erweiterbarkeit des SAP-S/4HANA-Systems ein, sondern auch auf die Erweiterungsmöglichkeiten, die Ihnen die SAP Business Technology Platform (SAP BTP) bietet. In Abschnitt 6.2 wenden wir uns einem neuen Credo zu, das gerade im SAP-Kontext eine enorme Bedeutung erlangt hat: *keep the core clean*. Wir erklären, was es damit auf sich hat, und auch, wie Sie den Kern Ihres SAP-Systems sauber halten können. Dabei zeigen wir Ihnen nicht nur, wie Sie SAP Build in SAP S/4HANA integrieren, sondern gehen auch auf die SAP Customer Experience ein, für die SAP Build ebenfalls ein probates Erweiterungswerkzeug ist. Abschließend widmen wir uns in Abschnitt 6.3 einem weiteren spannenden Thema: der Integration von SAP Build mit Drittanbietersoftware. Hier zeigen wir am Beispiel einer Microsoft-Office-Integration mit SAP Build Process Automation, dass SAP Build weit mehr ist als nur eine Erweiterungssoftware für SAP-Systeme.

6.1 Erweiterbarkeit

Standardsoftware

SAP S/4HANA ist genauso wie sein Vorgänger, SAP R/3, als Standardsoftware zu bezeichnen. Was genau ist damit gemeint? Als *Standardsoftware* bezeichnet man Software, die für ein Anwendungsgebiet in einem anonymen Markt erstellt wird. Sie ist nicht individuell auf ein Unternehmen oder einen spezifischen Markt zugeschnitten, sondern erfüllt für eine breite, heterogene Nutzerschaft möglichst viele Bedürfnisse, die an die Software gestellt werden.

Konfiguration

Viele Standardsoftwares lassen sich bereits unternehmensspezifisch anpassen, indem verschiedene Einstellungen gewählt werden – so benötigt beispielsweise ein Unternehmen die Hauswährung Euro, während ein anderes seine Bücher in US-Dollar führt. Diese Einstellungen führen unter der Haube zu einigen Veränderungen. Codepassagen, die für das eine Unternehmen relevant sind, werden für andere Unternehmen schlichtweg nicht durchlaufen. Beide unterschiedlichen Codepassagen sind jedoch Teil der Standardsoftware und damit Teil der Auslieferung. Die verschieden gewählten Einstellungen sind es dann, die die unterschiedlichen Codeverwendungen bedingen, es ist lediglich ein wenig *Konfiguration* vonnöten.

Customizing

Derartige Einstellungen lassen sich auf unterschiedlichsten Ebenen vornehmen. Vielleicht erinnern Sie sich an die Benutzereinstellungen in SAP ERP, über die Sie beispielsweise benutzerabhängig die Aufbereitung von Dezimalzahlen oder auch den zu verwendenden Drucker festlegen können. In diesem Rahmen gibt es unzählige weitere Einstellungsmöglichkeiten, die sowohl kleine als auch große Veränderungen im System nach sich ziehen. Selbstverständlich ist im Code aber auch ein Weg festgelegt, der immer dann greift, wenn eine Einstellung nicht festgelegt wurde. Diese sogenannten Default-Einstellungen sind eben auch Teil des Standards, den die Standardsoftware definiert. Diese ganzen Einstellungsmöglichkeiten, von der Ebene einzelner Benutzer*innen bis hin zu unternehmens- oder systemweiten Einstellungen, werden unter dem im SAP-Umfeld geläufigen Begriff *Customizing* zusammengefasst.

Erweiterung

Die SAP-ERP-Suites bieten bereits unzählige Anpassungsmöglichkeiten an. Manchmal ist jedoch der Unternehmensbedarf schlichtweg zu spezifisch, um ihn per Konfiguration abzubilden. Hier kommen dann *Erweiterungen* ins Spiel. Diese Erweiterungen lassen sich über unterschiedlichste Wege abbilden. Während es früher noch nötig war, direkt in den Originalcode einzugreifen und Codepassagen zu modifizieren, wurden später dann auch andere, weniger invasive Erweiterungsmöglichkeiten geschaffen, um sich nicht um die Möglichkeit von Updates und Upgrades der Systemlandschaft zu bringen. Dennoch bedingt jede Codeanpassung eine Art technischer Schuld, da sie bei jedem Update der Standardsoftware wieder eingebaut oder angepasst werden muss. Je weniger invasiv die Anpassung vorgenommen wurde, desto geringer ist natürlich auch ihre technische Schuld.

Generell kann man zwischen zwei Varianten der Erweiterung unterscheiden: Es gibt Erweiterungen innerhalb des SAP-S/4HANA-Kernsystems und

Erweiterungen, die als Side-by-Side-Erweiterungen mit der SAP BTP umgesetzt werden.

6.1.1 Erweiterungen im SAP-S/4HANA-Kern

Natürlich gibt es weiterhin die Möglichkeit, direkt am Kern von SAP S/4HANA zu arbeiten. Je nachdem, wie das System betrieben wird, müssen Sie sich dabei jedoch an gewisse Regeln halten.

Modifikation

Die am tiefsten greifende Form der Programmanpassung im SAP-S/4HANA-System ist die *Modifikation*. Bei einer Modifikation wird direkt in den entsprechenden Quellcode eingegriffen. Dieses Eingreifen kann durch Einsetzen von neuem Code, Ersetzen von Standardcode durch neuen Code oder auch einfach Löschung von Standardcode durchgeführt werden. Trotz entsprechender Werkzeuge, die die Entwickler*innen beim Upgrade des Systems unterstützen, ist dies als die maximalinvasivste Variante der kundenspezifischen Anpassung zu verstehen. Hier ist die höchste technische Schuld versteckt.

Enhancement

Auf die Modifikation folgt das *Enhancement*, eine Technik, die ihren Ursprung im ABAP-Code hat. Mit dieser Technik lassen sich Erweiterungen modifikationsfrei an bestimmten Einhängepunkten realisieren. Durch Schaltbarkeit und entsprechende Werkzeuge für den Programmabgleich bei Änderungen vor oder nach dem so erstellten Quellcode-Plug-in wird die technische Schuld gegenüber der Modifikation verringert. Auch hier lässt sich jedoch tief in den Code eingreifen. Durch die vermeintlich höhere Update-Sicherheit kann diese Art der Codeerweiterung schnell nach hinten losgehen. Man kann mit dieser Technik großen Schaden anrichten, und auch ein Enhancement kann im Update-Fall zu Problemen führen. Wenn ein Enhancement nicht korrekt abgeglichen wird, könnte es passieren, dass plötzlich wichtige Codepassagen übersprungen werden, Daten verfälscht und die Konsistenz von Verbuchungsdaten durch ein unachtsam platziertes Commit-Statement in Mitleidenschaft gezogen werden. Das Enhancement ist zwar modifikationsfrei, deshalb aber nicht frei von technischer Schuld und birgt dadurch eigenen Fallstricke.

Beide Techniken, Modifikation und Enhancement, sind als Optionen denjenigen vorbehalten, die sich dafür entschieden haben, ihre SAP-S/4HANA-Instanz als On-Premise-System oder in einer Private Cloud zu betreiben. In der Public Cloud Edition stehen diese beiden Werkzeuge nicht zur Verfügung. Dennoch gibt es Techniken, die auch in Public-Cloud-Systemen Anpassungen direkt im Kern von SAP S/4HANA zulassen.

Key User Extensibility

Hier sticht für einfachere Anpassungen die *Key User Extensibility* ins Auge, also die Erweiterungsfähigkeit durch versierte Anwender*innen. Das hört sich schon einmal sehr vielversprechend an, sind Sie doch als Anwender*in nicht zwingend auf die Mitarbeit der Entwicklungsabteilung angewiesen. Weiterhin ermöglicht diese Art der Erweiterung des SAP-S/4HANA-Kerns viele äußerst nützliche und auch mächtige Ansatzpunkte:

- Anpassung der Benutzeroberflächen durch Key-User-Flexibilität in SAP Fiori oder durch Screen Personas in klassischen Transaktionen
- Erstellung von neuen, kundenspezifischen Benutzeroberflächen
- Erstellung und Erweiterung von Formular- und E-Mail-Vorlagen
- Erstellung kundenspezifischer CDS Views zur Exposition von Daten
- Hinzufügen kundenspezifischer Geschäftslogik
- Erstellung kundenspezifischer Felder im Datenmodell
- Erstellung kundenspezifischer Business-Objekte

Die Werkzeuge, die diese Art der Erweiterungen erst möglich machen, sind komplett webbasiert und zielen auf diejenigen Benutzer*innen ab, die ein tiefes Produkt- und Domänenwissen besitzen. Eine technische Versiertheit wird dabei nicht zwingend vorausgesetzt, ist aber von Vorteil. Sämtliche auf diese Art und Weise erzeugten Artefakte, vom simplen Ausblenden einzelner Felder in SAP-Fiori-Oberflächen bis hin zum kundenspezifischen Business-Objekt, sind stabil und gehen auch im Fall eines Updates nicht verloren. Diese Art der Key-User-Erweiterung steht sowohl für Systeme in der Cloud als auch für im eigenen Rechenzentrum betriebene SAP-S/4HANA-Systeme zur Verfügung.

[»]

CDS Views

Die *Core Data Service Views* (kurz CDS Views) sind im Wesentlichen Datenbankprojektionen. Sie als einfache Views mit Joins und dergleichen abzutun, würde ihnen aber nicht gerecht werden. Sie bieten die Möglichkeit, komplexe Aggregationen direkt in der mächtigen In-Memory-Datenbank SAP HANA durchzuführen, die so gewonnenen Daten semantisch anzureichern und sie anschließend automatisiert für den Konsum durch beliebige Frontend-Anwendungen bereitzustellen, die das OData-Protokoll beherrschen. Dies macht die CDS Views zu einer zentralen Technologie für das SAP-Fiori-Programmiermodell, das ABAP RESTful Application Programming Model (oft auch RAP genannt), das SAP Cloud Application Programming Model (oft auch CAP genannt) und für SAP S/4HANA Embedded Analytics.

Developer Extensibility

Die letzte Erweiterungsmöglichkeit innerhalb des Kerns von SAP S/4HANA ist die *Developer Extensibility*, also die Erweiterbarkeit durch Entwicklung. Diese Erweiterungstechnik grenzt sich trotz der Tatsache, dass sie durch Entwickler*innen durchgeführt wird, deutlich von den Möglichkeiten der Modifikation und von den Enhancements ab. Developer Extensibility ermöglicht das Erzeugen von cloudfähigem ABAP-Code im SAP-S/4HANA-Kern innerhalb der *SAP S/4HANA Cloud, ABAP-Umgebung*, wie in Abbildung 6.1 veranschaulicht wird. Die ABAP-Umgebung von SAP S/4HANA Cloud, auch *Embedded-Steampunk-Container* genannt, erlaubt dabei lediglich die Verwendung eines cloudoptimierten und reduzierten ABAP-Befehlssatzes. SAP-Objekte können an bestimmten, sogenannten *öffentlichen Erweiterungspunkten* durch kundeneigenen Code erweitert werden. Weiterhin können von SAP veröffentlichte APIs innerhalb des kundeneigenen Codes aufgerufen werden. Gegenüber einem privaten System ist der Zugriff auf Administration, Berechtigungen, Benutzerstamm und Monitoringservices jedoch deutlich eingeschränkt. Die komplette Entwicklung läuft in der Entwicklungsumgebung Eclipse mit den ABAP Development Tools (ADT) ab. Der auf diese Art und Weise erzeugte eigene ABAP-Code lässt sich dann beispielsweise auch in das ABAP RESTful Application Programming Model integrieren und ermöglicht damit die Herstellung von kundeneigenen SAP-Fiori-Applikationen.

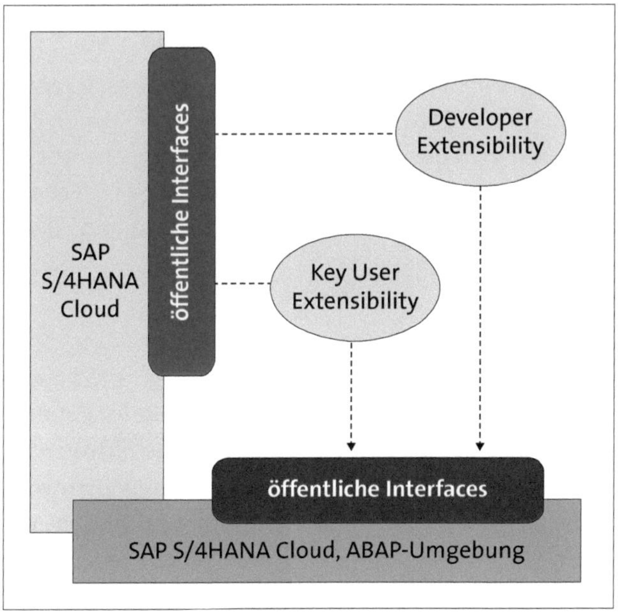

Abbildung 6.1 SAP S/4HANA Cloud, ABAP-Umgebung

6.1.2 Erweiterungen in der SAP Business Technology Platform

Wie Sie gesehen haben, gibt es vielfältige Möglichkeiten, um SAP-S/4HANA-Systeme zu erweitern. Insbesondere in Richtung der Cloud-Systeme müssen jedoch einige Einschränkungen beachtet werden. Wurde die Anwendungslogik früher noch erweitert, indem die Entwicklung direkt in den ABAP-Quellcode des SAP-Systems eingriff und so kundenspezifische Logik auf demselben Applikationsserver ablaufen konnte wie die Standard-Business-Logik, ist dies heute nicht mehr ohne Weiteres möglich. Mit der Public Cloud als Multimandantensystem ist es nicht mehr gewünscht, den eigenen, potenziell proprietären und selbst entwickelten Code allen Mandanten und damit allen Firmen, die sich auf dem gleichen Cloud-System befinden, zur Verfügung zu stellen.

Enge Kopplung

Sie haben gesehen, dass es Möglichkeiten gibt, das System für die eigene Firma oder selbst den eigenen Benutzer anzupassen. Diese Key User Extensibility stößt mit ihrem engen Fokus jedoch bald an Grenzen. Selbst die Entwicklung im Steampunk-Container ist durch ihre Beschränkungen auf öffentliche Erweiterungspunkte stark beschnitten. Diese Art von Erweiterung empfiehlt sich lediglich in Fällen, in denen die *enge Kopplung* unumgänglich ist, beispielsweise bei häufigen oder auch hochkomplexen Datenbankabfragen, die etwa SAP-Daten und Kundendaten gemeinsam aggregieren.

[»]

Kopplung von Systemen

In der Softwareentwicklung definiert der Begriff Kopplung den Grad der Abhängigkeit einzelner Komponenten untereinander. Bei enger Kopplung spricht man von einem hohen Grad von Abhängigkeit der Komponenten. Im Gegensatz dazu steht dann die lose Kopplung, bei der die einzelnen Komponenten der Software eine geringere Abhängigkeit zueinander aufweisen.

Side by Side Extensibility

Für Entwicklungen, bei denen man mit loser Kopplung auskommen kann, also mit einer reduzierten Abhängigkeit vom Quellsystem, empfiehlt sich daher die Entwicklung Seite an Seite. Diese sogenannte *Side by Side Extensibility* sieht dabei vor, dass möglichst wenige bis gar keine Entwicklungsobjekte im SAP-S/4HANA-Kern erzeugt werden und insbesondere die Anwendungslogik in einem ausgelagerten System durchlaufen wird. Dies ist für das SAP-S/4HANA-System die SAP BTP.

Die SAP BTP besteht dabei aus weit mehr als nur einem weiteren Steampunk-Container, auch wenn diese Entwicklungsmöglichkeit selbstverständlich gegeben ist, um beispielsweise kundenspezifische SAP-Fiori-Applikationen mit ABAP-Backend und Zugriff auf über SAP-APIs publizierte Daten zu erstellen. Weiterhin bietet die SAP BTP aber zusätzlich zur ABAP-Umgebung noch den Zugriff auf die Cloud-Foundry-Laufzeitumgebung, die Kyma-Laufzeitumgebung und SAP Build. Die Sicherheit der Kommunikation zwischen dem Kernsystem und der SAP BTP wird sowohl für On-Premise-Systeme als auch Cloud-Systeme durch den Cloud Connector gewährleistet.

Cloud Foundry

Die *Cloud-Foundry-Umgebung* macht die SAP BTP zur Platform as a Service (PaaS). Das Ziel der Nutzung der Cloud-Foundry-Umgebung ist das Entwickeln und Steuern von Microservices. Durch die native Unterstützung multipler Sprachen und Frameworks, wie beispielsweise Java, Node.js und Python, bietet die Umgebung einige mächtige Werkzeuge für diverse Anwendungsfälle. Die Liste dieser Sprachen lässt sich durch die Einbindung eigener Sprachen, Entwicklungsumgebungen und Frameworks auch noch nahezu beliebig erweitern. Sie können sich die Cloud Foundry wie ein offenes Betriebssystem für die Cloud vorstellen, auf dem Sie auch eigene zusätzliche Pakete installieren können. Das SAP Cloud Application Programming Model basiert auf der Cloud-Foundry-Umgebung mit der Unterstützung von Java und Node.js. Für die Frontend-Entwicklung ist eine direkte Unterstützung von SAPUI5 und SAP Fiori Elements gegeben. Alle Entwicklungen werden direkt im SAP Business Application Studio durchgeführt. Über Cloud Foundry wird auch ein Authentication Provider bereitgestellt. Eine vollständige SAP-HANA-Cloud-Datenbank steht ebenso zur Verfügung wie der SAP Business Accelerator Hub, ein Werkzeug zur Anbindung von APIs. Mit all diesen Werkzeugen ist die kontinuierliche Integration und Bereitstellung (engl. Continuous Integration and Continuous Delivery, CI/CD) sogar von Multitarget-Applikationen nicht nur greifbar, sondern alltäglich. Auf diese Weise lassen sich selbst komplexeste Erweiterungen, Applikationen und zusätzliche Module realisieren, die einer Firma in ihrem SAP-S/4HANA-Kernsystem vielleicht fehlen.

Kyma-Umgebung

Die *Kyma-Umgebung* der SAP BTP geht einen etwas anderen Weg. Sie basiert auf *Kubernetes*, einem von Google entwickelten Open-Source-System zur Orchestrierung vieler kleiner Microservices, die alle in einem eigenen Container laufen. Die Verwaltung dieser Container ist die Hauptaufgabe der Kyma-Umgebung. Sie clustert die unterschiedlichen Container und stellt sie als Services zur Verfügung, die schließlich durch die hohe Konnektivität der Umgebung mit allen Systemen verbunden werden können, z. B. als REST-Service. Durch die Containerisierung einzelner Funktionen und Microservices lassen sich Hochverfügbarkeit und Skalierbarkeit einfach realisieren. Insbesondere Services, die gegenüber den Kund*innen eine Hochverfügbarkeit benötigen, wie z. B. die Abfrage eines Webshops gegen die

Materialstamm-API des SAP-S/4HANA-Cloud-Systems, lassen sich in der Kyma-Umgebung hervorragend abbilden.

Auf die Möglichkeiten von SAP Build zur Erweiterung von SAP-Systemen gehen wir im folgenden Abschnitt genauer ein.

6.2 Keep the Core Clean

Das Konzept der technischen Schuld lässt sich auch so interpretieren: Wie teuer ist die Erweiterung des Systems im Betrieb, in der Wartung und insbesondere im Update-Fall? Damit haben wir eine einfache Metrik und zugleich die Motivation für einen der grundlegendsten Paradigmenwechsel, den SAP in den letzten Jahren vollzogen hat. SAP R/3 war in nahezu jeder Hinsicht frei anpassbar und dies stellte insbesondere für Partner und Kunden gleichermaßen eine reichhaltig ausgestattete Spielwiese dar, auf der verschiedenste Anwendungen und Ideen mit einer tiefen Integration direkt im Standard entwickelt und ausgeführt werden konnten. Seitdem hat sich das Verständnis jedoch ein Stück weit gewandelt.

Keep the core clean

Der Ausdruck *keep the core clean* (zu Deutsch »Halte den Kern sauber«) beschreibt den Wunsch, das Kernsystem von Erweiterungen frei zu halten, die über die Key-User-Erweiterbarkeit hinausgehen. Wie bereits erläutert, haben invasivere Erweiterungsmethoden den Nachteil, dass sie im Fall eines Updates ihren Tribut in Form von potenziell deutlich erhöhtem Aufwand fordern. *Keep the core clean* bedeutet aber nicht, dass Sie auf Anpassungen gänzlich verzichten müssen. Vielmehr sollen gerade die zuvor aufgezählten Möglichkeiten der SAP BTP, also Cloud Foundry, Kyma, SAP Build und Steampunk, genutzt werden, um zusätzliche Funktionen, Erweiterungen und Innovationen zu integrieren. Dies beinhaltet insbesondere eine Änderung der Herangehensweise. Der neue Ansatz ist modular und entkoppelt: Das Kernsystem, also SAP S/4HANA, kümmert sich um die grundlegenden Geschäftsprozesse und die Datenintegrität, während alle nicht zum Kern gehörenden Funktionen von der SAP BTP behandelt werden. Das Zusammenspiel von SAP S/4HANA und SAP BTP wird bald auch eine verbesserte Navigation und eine integrierte Benutzererfahrung für Fusion Development bieten, um Side-by-Side-Erweiterungen auf der SAP BTP zu erstellen. Dies ist zwar noch Zukunftsmusik, aber der Rhythmus ist bereits deutlich zu hören. Die auf der SAP BTP erstellten Erweiterungen werden es ermöglichen, kundenspezifische Felder, eigene Logiken, ganze Prozesse und Anwendungen zu erstellen, um eine noch bessere Integration zwischen den beiden Plattformen zu erreichen. Die Benutzer*innen werden schlussendlich gar nicht mehr merken, auf welcher Plattform sie sich gerade befinden.

Dieser Ansatz bietet folgende Vorteile:

- **Erhöhte Agilität**

  Durch das Minimieren der Anpassungen im Kernsystem können Organisationen ihre Systeme einfacher und schneller warten und mit Updates versorgen und so von den neuesten Funktionen und Sicherheitspatches von SAP profitieren. Neue Funktionen können so schneller und effizienter genutzt werden.

- **Reduzierte Komplexität**

  Indem das Kernsystem sauber gehalten wird, reduziert sich die Komplexität in der Verwaltung und Wartung von Anpassungen. Unternehmen können stattdessen bereits vorbereitete Integrationsszenarien, Erweiterungen und Anwendungen der SAP BTP nutzen, wodurch der Bedarf an Kundenentwicklungen innerhalb des Kernsystems entfällt.

- **Skalierbarkeit**

  Die SAP BTP ist eine hochskalierbare und damit für nahezu beliebig große Anwenderzahlen ausgerichtete Plattform, die zudem eine große Anzahl von Services bereitstellt. So können Unternehmen schnell auf wechselnde Anforderungen reagieren.

- **Zukunftssicherheit**

  Die SAP BTP stellt eine große und immer weiter wachsende Anzahl an Services bereit, wie beispielsweise Cloud Integration, API Management (beides Kernfunktionen der SAP Integration Suite) oder auch Workflows, die sich nahtlos mit dem Kernsystem integrieren lassen. Unternehmen können so schnell auf sich ändernde Anforderungen reagieren, ohne die Stabilität oder Performance ihres Kernsystems zu kompromittieren.

- **Innovationsförderung**

  Durch die Nutzung der SAP BTP können Unternehmen auf ein reichhaltiges Ökosystem bereits fertiger Anwendungen, Industrielösungen und Partnerangebote zugreifen. Diese Innovationen können genutzt werden, um die Funktionen des Kernsystems einfach zu erweitern und die digitale Transformation der Unternehmen voranzutreiben, ohne die Stabilität ihrer Kernprozesse zu beeinträchtigen.

Das SAP-S/4HANA-Kernsystem mithilfe der SAP BTP sauber zu halten, ist demnach ein strategischer Ansatz, um ein stabiles, skalierbares und zukunftssicheres Kernsystem zu erhalten, während cloudbasierte Services für Agilität und Innovation genutzt werden. Mit dieser Herangehensweise können Unternehmen Komplexität abbauen, Innovationen beschleunigen und die digitale Transformation vorantreiben, ohne die Integrität ihres Kernsystems in Mitleidenschaft zu ziehen.

Ein sehr nützlicher und mächtiger Teil des Werkzeugkastens, den die SAP BTP bereitstellt, ist in diesem Kontext SAP Build. Mit SAP Build lassen sich mittels Low-Code-/No-Code-Ansatz ebenfalls diverse Erweiterungen für jegliche Systemlandschaften realisieren. Wir zeigen im Folgenden ein paar Möglichkeiten auf.

6.2.1 SAP Build in SAP S/4HANA integrieren

Integration

Die *Integration* von SAP Build mit einem SAP-S/4HANA-Kernsystem ist sicherlich die zentralste aller Fragestellungen: Geht das denn? Die Antwort auf diese Frage lautet klar: Ja! Selbstverständlich ist SAP Build als komplett in die SAP BTP integrierte Suite von Low-Code- und No-Code-Werkzeugen auch vollständig mit SAP S/4HANA kompatibel.

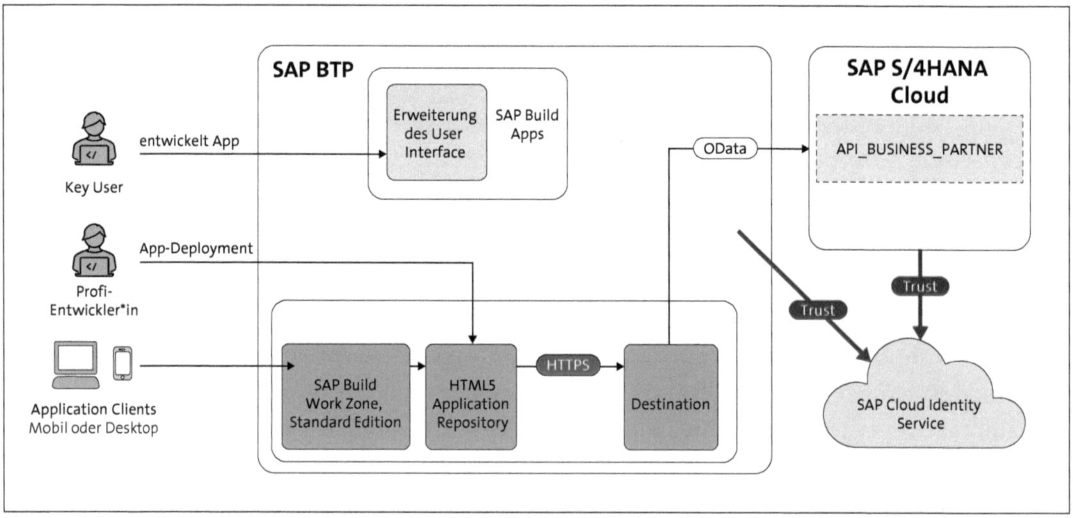

Abbildung 6.2 Lösung für den Zugriff auf Systemdaten über eine VPN-Verbindung

Nehmen wir uns ein Beispiel vor. Die Vertriebsmitarbeiterin Sarah Sales benötigt im Außendienst ständig die aktuellen Daten ihrer Kunden. Gleichzeitig ist sie viel unterwegs und daher auf ihr Mobilgerät angewiesen; sie benötigt also eine mobile Anwendung, die auf Daten zugreift, ohne dass vorher eine VPN-Verbindung hergestellt werden muss. Gleichzeitig stehen aber die Kundendaten inklusive aller Kundenaufträge und Rechnungen in voller Aktualität nur im SAP-S/4HANA-System zur Verfügung. Dieses System ist nur über eine VPN-Verbindung zu erreichen, alles andere wäre viel zu gefährlich, da die Unternehmensdaten auf keinen Fall kompromittiert werden dürfen. Es scheint, als wären diese beiden Bedürfnisse – ein einfacher Zugriff ohne VPN und der unabdingbare Schutz der Daten – nicht unter einen Hut zu bekommen. Es gibt aber eine Möglichkeit, dies dennoch zu realisieren. In Abbildung 6.2 sehen Sie eine High-Level-Sicht, wie sich dieses Problem lösen ließe.

High-Level-Spezifikation

Die *High-Level-Spezifikation* zeigt, dass Sie mit SAP Build Apps eine Anwendung bauen können, die die notwendigen Daten aufbereiten und anzeigen kann. Ist diese Anwendung fertig, wird sie auf der SAP BTP in der Cloud-Foundry-Umgebung gehostet und mit der SAP-Build-Work-Zone-Integration allen Endgeräten zur Verfügung gestellt. Da Sarahs Firma ein SAP-S/4HANA-System in der Cloud betreibt, reicht durch den Side-by-Side-Ansatz der SAP BTP mit dem SAP-S/4HANA-Cloud-System eine einfache Destination in der SAP-BTP-Konfiguration aus, um per OData auf die vom SAP-S/4HANA-System bereitgestellte API in Form von CDS Views zuzugreifen und damit die notwendigen Daten zu holen. Um das aber weiter abzusichern, wird von beiden Systemen, SAP BTP und SAP S/4HANA, jeweils der Identity Provider abgefragt, um die notwendigen Berechtigungen zum Zugriff auf Anwendung und Daten abzuprüfen.

So weit klingt das doch alles nicht nur plausibel, sondern auch einfach, oder? Doch nun zu den einzelnen Schritten, um die wir uns kümmern müssen. Wir nehmen an, dass sowohl das SAP-S/4HANA-System als auch die SAP BTP bereits zur Verfügung stehen. Des Weiteren sollte der SAP-BTP-Account über die folgenden Pläne und Booster verfügen:

- SAP Build Apps Standard
- SAP Build Work Zone, Standard Edition
- Cloud Foundry Runtime
- Destination Service

Vertrauensbeziehung

Zwischen SAP Build Work Zone und dem Custom Identity Provider muss nun als Nächstes eine *Vertrauensbeziehung* hergestellt werden. Dafür gehen Sie in die Anwendung SAP Build Work Zone und navigieren über das Side Panel auf der linken Seite zu den Einstellungen. Dort finden Sie mehrere Registerkarten. Die letzte ist die Registerkarte **Identity Authentication**. Klicken Sie diese an und drücken Sie den Button **Verbinden**, um die erfolgreiche Einrichtung zu bestätigen. Dies ist normalerweise schon gegeben, wenn SAP Build Apps und SAP Build Work Zone über den Booster eingerichtet wurden, denn da wird der Custom Identity Provider gleich mit eingerichtet und als separater Tenant bereitgestellt. Ist dies nicht der Fall, folgen Sie dem auf der Seite bereitgestellten Link, um diese Vertrauensbeziehung einzurichten. Anschließend können Sie den Schalter umlegen und diesen Custom Identity Provider auch für SAP Build Work Zone verwenden.

Dependencies Ist dies erledigt, muss als Nächstes eine Verbindung zwischen SAP Build Work Zone und dem Service SAP Build App hergestellt werden. Für diese Verbindung navigieren Sie zu unserem Custom Identity Provider, wählen im Launchpad-Menü unter **Applications & Resources** das Untermenü **Applications** aus und sehen dann auf der linken Seite eine Liste von Applikationen. Hier suchen Sie **SAP Build Workzone** und markieren den Service. Auf der rechten Seite öffnet sich daraufhin eine Detailansicht, in der Sie den Bereich **Application APIs** mit dem Untermenü **Dependencies** suchen, wie in Abbildung 6.3 gezeigt. Mit einem Klick auf die Abhängigkeiten können Sie dann über den Button **Add** in einem Pop-up-Fenster eine neue Abhängigkeit mit dem Namen »sap-build-apps-api« einfügen. Da die Eingabe im Pop-up case-sensitiv ist, sollten Sie darauf achten, den Eintrag auch tatsächlich in Kleinbuchstaben zu verfassen. In der Liste der **APIs** sollte nun **SAP Build Backend Projects** stehen. Ist dies der Fall, können Sie das Pop-up-Fenster über den Button **Save** wieder verlassen.

Abbildung 6.3 Dependency einfügen

Da nun diese Voreinstellungen erledigt sind, können wir uns dem eigentlichen Ziel zuwenden: der Entwicklung und dem Deployment einer Anwendung, die das zuvor beschriebene Ziel erfüllt.

Projekt erstellen Die folgenden Schritte werden in Kapitel 10, »SAP Build Apps«, ausführlicher erklärt, daher wird an dieser Stelle auf eine detailreiche Implementierungsbeschreibung verzichtet. Wir springen also in SAP Build Apps und erstellen ein neues *Projekt*. Das Projekt sollte zwei Seiten beinhalten, eine für eine Liste der Geschäftspartner und eine zweite Seite für die Detaildaten eines ausgewählten Geschäftspartners. Die Authentifizierung über die SAP BTP müssen Sie auf der Registerkarte **Auth** aktivieren, damit auf die SAP-BTP-Destinations zugegriffen werden kann. Richten Sie auf der Registerkarte **Data** die Datenintegration mittels der zuvor erstellten SAP-BTP-Destination »API_BUSINESS_PARTNER« aus Ihrem SAP-S/4HANA-System ein. Wie das geht, wird in Abschnitt 6.2.2, »SAP Build in weitere SAP-Systeme integrieren«, etwas näher erläutert. Gestalten Sie das Layout und binden Sie die entsprechend den Servicedaten erstellten Datenvariablen als Wertelieferanten ein, damit die Daten immer aktuell und automatisch zur Verfügung stehen. Sind das Layout und die Datenanbindung zufriedenstellend, kann die Anwendung anschließend mittels Launch-Service gebaut und deployt werden. Würden Sie hier für den Build als Ziel die Web-App bzw. die MTA-Datei auswählen und dann die Anwendung im HTML5-Repository der SAP BTP deployen, stünde sie dort zunächst als freistehende Anwendung zur Verfügung. Das reicht aber nicht für den geplanten Anwendungsfall, daher folgt nun der nächste Schritt.

Content-Manager

Springen Sie zu SAP Build Work Zone und öffnen Sie den *Content-Manager*. Dort wählen Sie im Content Explorer HTML5-Anwendungen aus und sehen dann, sofern die vorherigen Schritte alle funktioniert haben, Ihre neu gestaltete Geschäftspartner-Anwendung. Ist dies der Fall, fügen Sie die Anwendung über den Button **Add** dem Subaccount hinzu. Navigieren Sie zurück und weisen Sie die so hinzugefügte Anwendung einer Rolle zu, beispielsweise **Everyone**. Damit dürften alle angemeldeten Benutzer*innen die Anwendung ausführen. Weiterhin erstellen Sie aus dem Content-Manager heraus eine neue Gruppe, beispielsweise **Business Partner**.

Als nächsten Schritt erstellen Sie eine neue Seite in SAP Build Work Zone. Dieser Seite weisen Sie Ihre Gruppe Business Partner zu und speichern sie. Wenn Sie jetzt beispielsweise auf dem Mobilgerät Ihrer Wahl die Seite aufrufen, wird nur einmal die Authentifizierung abgefragt. Danach können Sie per Kachel von der Seite, die mit SAP Build Work Zone erstellt wurde, in die durch SAP Build Apps erstellte Anwendung springen und Daten aus dem SAP-S/4HANA-Backendsystem anzeigen. Durch die Konnektivität von SAP BTP zum SAP-S/4HANA-System über einen gesicherten Kanal wird der Sicherheit der Unternehmensdaten Rechnung getragen. Gleichzeitig wird für Sarah und ihr Team keine neue VPN-Verbindung benötigt, da alle Daten auf Knopfdruck zur Verfügung stehen.

Sie haben also gesehen, wie Sie verschiedene Bereiche von SAP Build und ein SAP-S/4HANA-Backend zusammenbringen können, um sinnvolle und effiziente Anwendungen zu bauen, ohne dabei die Integrität der Unternehmensdaten zu kompromittieren. Doch wie verhält sich das mit anderen SAP-Systemen, die keine SAP-S/4HANA-Installationen sind? Diese Fragestellung beantworten wir im folgenden Abschnitt.

6.2.2 SAP Build in weitere SAP-Systeme integrieren

In diesem Abschnitt zeigen wir, wie einfach es ist, andere SAP-Systeme mit SAP Build zu erweitern. Wir wählen als Beispiel die SAP Customer Experience, die mittels SAP Build Apps erweitert werden soll. Dafür verwenden wir selbstverständlich die SAP BTP, um die Verbindung zwischen der mit SAP Build Apps neu gestalteten Web-App und der Anwendung im SAP-Customer-Experience-System herzustellen.

SAP-BTP-Destination

Die Grundlage für die Verbindung ist eine *Destination* in der SAP BTP. Dabei handelt es sich um den Endpunkt, mit dem in cloudbasierten Szenarien unterschiedliche Cloud-Services auf sichere Art und Weise miteinander kommunizieren können. Die Details der Verbindung zum Zielsystem beinhalten unter anderem die exakte URL des zu erreichenden Endpunktes wie eine API, Authentifizierungsdaten und noch weitere mögliche Einstellungen. SAP-BTP-Destinations werden im SAP-BTP-Cockpit gepflegt. Sie werden in verschiedenen Szenarien genutzt, beispielsweise, um Datenquellen sicher abzufragen, externe Webservices aufzurufen oder Benachrichtigungen an Drittanwendersysteme zu versenden.

Ein möglicher Anwendungsfall wäre etwa, Echtzeitdaten aus dem Vertrieb, also beispielsweise über Kundenangebote und Aufträge, parallel zu den Kundendaten anzuzeigen, wie sie im SAP-Customer-Experience-System gespeichert sind.

Destination anlegen

Unser erster Schritt ist es daher, im SAP-BTP-Cockpit eine Destination anzulegen. Dazu navigieren Sie in den Subaccount, dieser sollte etwa so aussehen wie in Abbildung 6.4. Im Seitenmenü klicken Sie auf die Menüpunkte **Connectivity • Destinations**.

Der Bildschirm, der sich öffnet, ist, je nachdem, wie viel der Subaccount bereits genutzt wurde, bereits mit Destinations gefüllt oder wie in Abbildung 6.5 noch vollkommen leer. Über der hier leeren Liste mit den eingetragenen Destinations sehen Sie den Button **Create Destination**. Klicken Sie darauf.

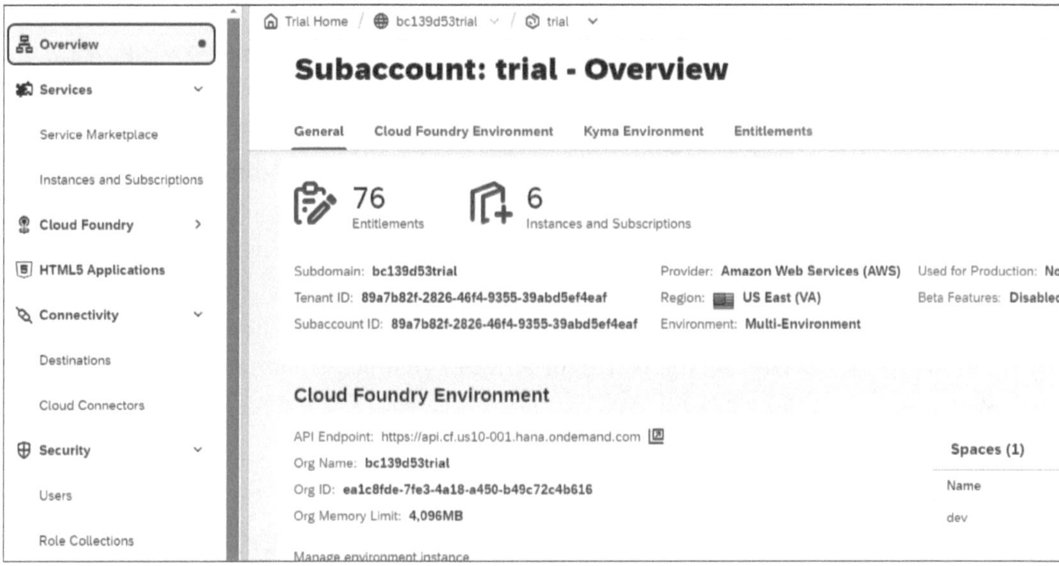

Abbildung 6.4 Subaccount der SAP BTP

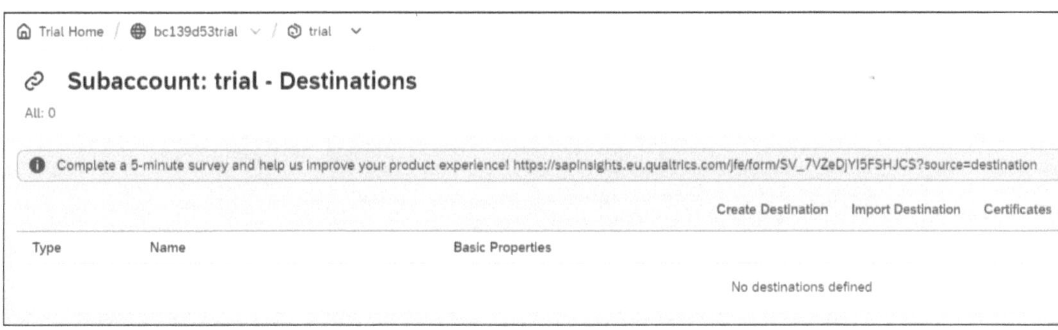

Abbildung 6.5 Destinations anlegen

Nachdem Sie auf **Create Destination** geklickt haben, öffnet sich unter der Liste ein neuer Schieber, auf dem einige Felder eingabebereit sind, wie in Abbildung 6.6 zu sehen ist. Geben Sie hier Folgendes ein:

- **Name**: Tragen Sie einen möglichst sprechenden Namen für Ihre Destination ein.
- **Type**: Wählen Sie **HTTP** aus, da es sich um eine HTTP-basierte Verbindung handelt.
- **Description**: Geben Sie hier eine sinnvolle Beschreibung ein, dieses Feld ist jedoch kein Muss-Feld.
- **URL**: In diesem Feld hinterlegen Sie die URL des Endpunktes. Wir wollen auf den Endpunkt API_SALES_ORDER_SRV des SAP-S/4HANA-Cloud-

Systems zugreifen. Der Link hierfür sieht beispielsweise so aus: *https://myxxxxxx.s4hana.ondemand.com/sap/opu/odata/sap/API_SALES_ORDER_SRV*

- **Proxy Type**: Belassen Sie den Eintrag **Internet** in diesem Feld.
- Authentication: Als Methode wählen Sie **BasicAuthentication** aus, dies bedeutet Benutzername und Passwort.
- **User** und **Password**: Tragen Sie die Daten eines bereitgestellten technischen Benutzers ein.
- Fügen Sie über den Button **New Property** zwei weitere Eigenschaften ein: Setzen Sie die Werte für **HTML5.DynamicDestination** und **WebIDEEnabled** jeweils auf **true**.

Wenn Sie dies getan haben, können Sie Ihre neu erstellte Destination über den Button **Save** speichern und die neu erstellte Verbindung testen.

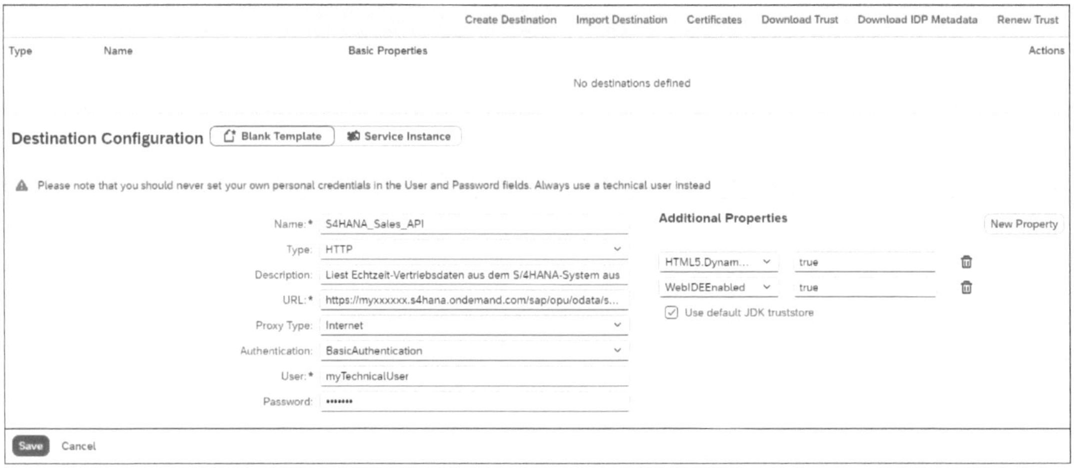

Abbildung 6.6 Destination konfigurieren

Es ist sehr wichtig, die beiden zusätzlichen Eigenschaften zu setzen, auch wenn diese auf den ersten Blick nichts mit SAP Build Apps zu tun haben. Warum das wichtig ist, sehen Sie gleich in SAP Build Apps, denn dort springen Sie als Nächstes hin.

Page erstellen

In SAP Build Apps erstellen Sie nun ein neues Projekt, in dem Sie eine neue Seite oder *Page* anlegen. Dieser Seite geben Sie einen Seitenparameter, denn sie benötigt als Parameter die Kundennummer. (Mehr Informationen zum Thema Seiten und Parameter lesen Sie in Kapitel 10, »SAP Build Apps«.) Auf der Seite erstellen Sie noch einen Row-Container, um mehrere Felder in einer Reihe platzieren zu können. In den einzelnen Zellen des Containers platzieren Sie jeweils einen List-Section-Header und ein List-Item. Das List-

Item stellen Sie dann auf Wiederholung mit der Datenvariable, die Sie gleich aus dem API-Endpunkt generieren werden.

Integration einer Datenquelle

Dafür müssen Sie aber zuerst einmal die SAP-BTP-Authentifizierung einbinden, da Sie sonst keine SAP-BTP-Destinations als Service-Endpunkte hinzufügen können. Wechseln Sie daher in den Bereich **Auth** und aktivieren Sie dort die SAP-BTP-Authentication. Ist dies erledigt, können Sie im Bereich **Data** mittels **Add Integration** die Integration einer Datenquelle aus einem SAP-System aktivieren. Dafür wählen Sie die vorher neu erstellte SAP-BTP-Destination als Quelle aus. Nun kehren Sie zum UI-Canvas zurück, wechseln zu den Variablen und fügen Sie eine Datenvariable mit Bezug zu unserem Service ein. Der Service liefert eine Liste von Objekten zu einer Kundenidentifikationsnummer. Die List-Items können Sie nun wiederholen lassen und fügen als Referenz die Einträge der Datenvariable ein. Den Wert für das Primary Label entnehmen Sie dem Objekt **current** der Datenvariable, das Secondary Label bleibt leer und den Pfeil deaktivieren Sie, da vom Feld keine Weiternavigation passieren soll. Dies geschieht für alle Felder analog zu Abbildung 6.7.

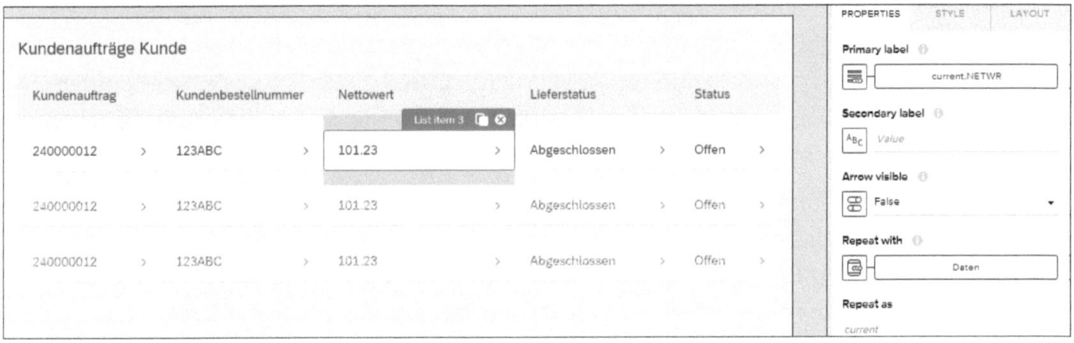

Abbildung 6.7 Label in SAP Build Apps anlegen

Deployment

Wenn Sie mit der Oberfläche zufrieden sind und sich alle erwarteten Felder in einem ansprechenden Layout zeigen, dann ist der nächste Schritt der Build der Applikation über den Button **Launch**. Mittels *Deployment* als Web-App auf der SAP BTP erhält die Anwendung einen Link, der dann mittels Mashup in den SAP-Customer-Experience-Screen eingebunden werden kann.

Auf diese Art und Weise kann also mit SAP Build Apps auch problemlos ein Nicht-ERP-System erweitert werden, wie in diesem Fall ein SAP-Customer-Experience-System, das mit Daten aus dem SAP-S/4HANA-System angereichert wird. Wie sieht das aber aus, wenn Sie mal ein echtes Fremdsystem integrieren wollen? Das schauen wir uns im nächsten Abschnitt an.

6.3 SAP Build mit Drittanbietern integrieren

SAP Build Apps

Die Integration von SAP Build mit Drittanbietersoftware ist ein Thema, mit dem man wahrscheinlich ein eigenes Buch füllen könnte. Es gibt unzählige Ideen, und täglich kommen mehr dazu, da SAP Build als Cloud-Software außerhalb eines jeden Kernsystems eine hervorragende Konnektivität aufweist. In SAP Build Apps lassen sich beispielsweise die unterschiedlichsten Datenquellen anbinden. Das OData-Protokoll und die RESTful Services haben sich im heutigen Internet als Standard etabliert, weshalb sich beliebige Services jederzeit anbinden lassen, sei es ein Geolocation-Service wie What3words, Google Maps, ein Währungsumrechner oder auch eine API von Jira oder ServiceNow.

SAP Build Work Zone

In die Seiten von SAP Build Work Zone lassen sich selbstverständlich auch Links zu Drittanbieterseiten einbinden und mit Anwendungen aus SAP Build Apps, mit SAP-Fiori-Apps oder anderen webbasierten Werkzeugen, wie beispielsweise Sharepoint, verknüpfen.

SAP Build Process Automation

Aber auch für SAP Build Process Automation gibt es einige Szenarien, wie eine Anbindung von Drittanbietersoftware gewinnbringend eingesetzt werden kann. Hier wollen wir ein Beispiel aufzeigen, wie mit SAP Build Process Automation und dem Microsoft 365 Cloud Software Development Kit (SDK) der Prozess der Terminfindung für ein Vorstellungsgespräch vereinfacht werden kann. Tiefergehende Informationen zu SAP Build Process Automation finden Sie in Kapitel 9, »SAP Build Process Automation«.

Externe Authentifizierung erstellen und registrieren

Wir setzen an dieser Stelle voraus, dass ein SAP-BTP-Subaccount mit Zugriff auf SAP Build Process Automation vorliegt. Weiterhin sollte der Desktop Agent für SAP Build Process Automation bereits installiert und die Azure-Anwendung konfiguriert sein. Ist dies der Fall, beginnt die Arbeit an diesem Use Case mit der *Erstellung und Registrierung der externen Authentifizierung*, also gewissermaßen der Verknüpfung Ihres Benutzer-Accounts in Office 365 mit der Prozessautomatisierung. Hierfür navigieren Sie innerhalb der Prozessautomatisierung im Kontrollturm zur externen Authentifizierung (siehe Abbildung 6.8), wo Sie mit **Client-ID**, Client Secret (**Geheimer Client-Schlüssel**) und **Tenant-ID** aus der Azure-Konfiguration und dem Scope **Calendars Read/Write** eine neue Authentifizierung erstellen. Im Desktop Agent 3 wählen Sie dann in **Settings • External Authentication** die neu erstellte Authentifizierung aus und registrieren sie mit Ihrer E-Mail-Adresse.

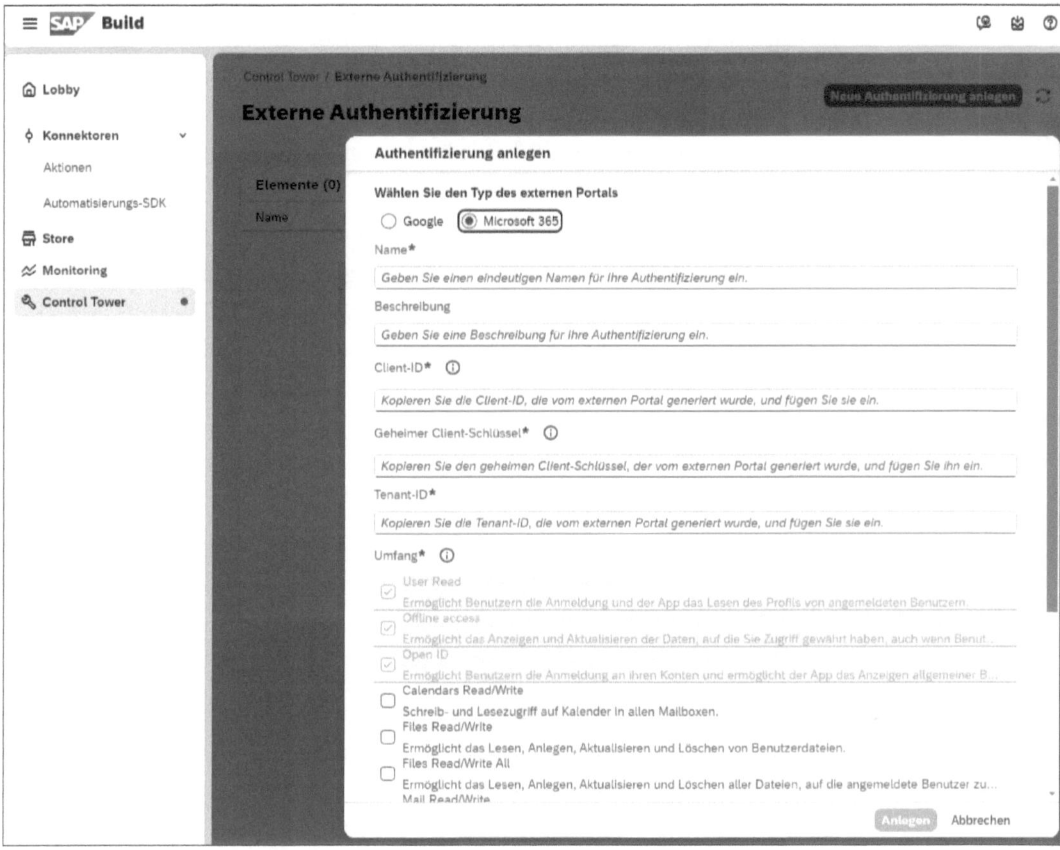

Abbildung 6.8 Authentifizierung anlegen im Kontrollturm

Process-Automation-Projekt

Im nächsten Schritt navigieren Sie in die SAP Build Lobby und erstellen ein *Process-Automation-Projekt*, für das wir die Unterart **Task Automation** auswählen. Vergeben Sie einen sprechenden Namen und eine sinnvolle Beschreibung und erstellen Sie damit das Projekt. Danach wählen Sie den entsprechenden Desktop Agent aus und vergeben auch hier einen Namen für die Automatisierung, beispielsweise »Teilnehmerverfügbarkeitsprüfung«, und eine entsprechende Beschreibung. Schließen Sie den Vorgang ab, indem Sie auf den Button **Create** klicken.

Microsoft 365 Cloud SDK

Nachdem Sie den Button gedrückt haben, gelangen Sie in den Automatisierungseditor. Um dort auf Microsoft-365-Aktivitäten zugreifen zu können, müssen Sie Ihrem Projekt das *Microsoft 365 Cloud SDK* hinzufügen. Wechseln Sie erneut in die Einstellungen. Unter **Project properties** fügen Sie unter **Dependencies • Add dependency • Add a Business Process project dependecy** das oben genannte Software Development Kit hinzu und schließen dann die Einstellungen.

Datentyp Als Nächstes erstellen Sie einen *Datentyp* namens »Teilnehmer«, die Struktur soll Vornamen, Nachnamen, die E-Mail-Adresse von Teilnehmer*innen und die Information aufnehmen, ob diese Person Bewerber*in ist. Dies geschieht über **Create • Data Type**. Legen Sie hier zunächst die Metadaten wie Name und Identifier sowie Beschreibung fest, bevor Sie im Folgebildschirm die einzelnen Felder hinzufügen.

Eingabeparameter Wenn Sie den Datentyp erstellt haben, können Sie ihn als *Eingabeparameter* für unsere neue Automatisierung hinterlegen. Sie benötigen als Eingabe hier mindestens die folgenden Daten: eine Liste mit Objekten vom Typ »Teilnehmer«, dies sind die Interviewenden, den oder die Kandidat*in vom Typ »Teilnehmer«, eine Startzeit und eine Endzeit.

Prozessschritte Nun werden die einzelnen *Prozessschritte* der Automatisierung aneinandergereiht, der fertige Prozess könnte dann etwa aussehen wie in Abbildung 6.9.

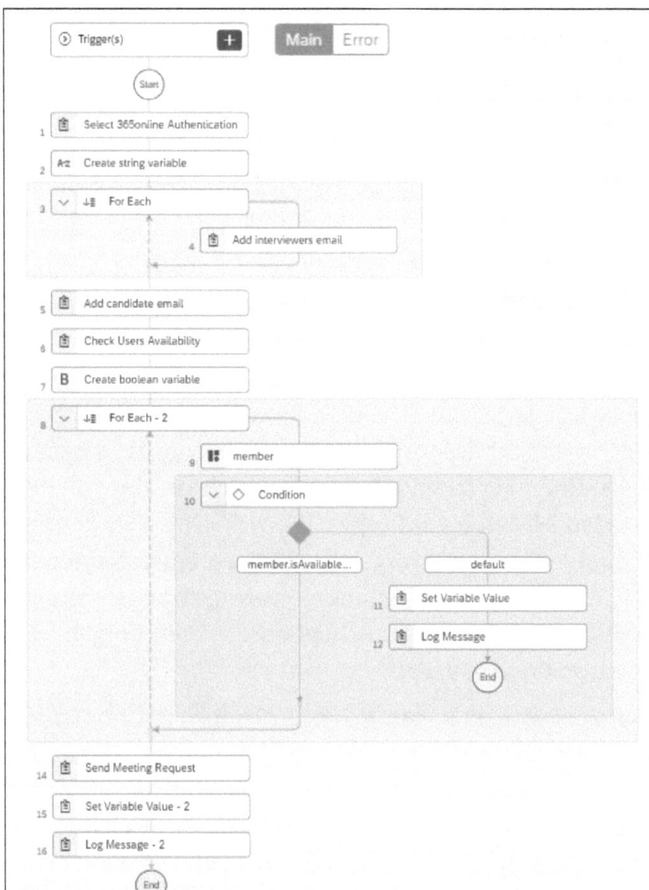

Abbildung 6.9 Fertige Automatisierung für ein Vorstellungsgespräch

Wählen Sie eine 365online Authentication aus, erstellen Sie eine Variable vom Typ String, die alle E-Mail-Adressen der Interviewenden sowie der Kandidat*innen aufnimmt, und prüfen Sie mithilfe dieser Liste von E-Mail-Adressen die Verfügbarkeit aller Teilnehmenden. Weiterhin erstellen Sie hier eine boolesche Variable, also einen Wahrheitswert, und speichern darin das Ergebnis, ob alle Teilnehmenden verfügbar sind. Ist dies nicht der Fall, endet hier die Automatisierung mit einer Fehlermeldung. Falls aber doch alle Teilnehmer*innen verfügbar sind, wird die Einladung zum Termin per E-Mail versendet. Das Ergebnis dieses Sendeprozesses wird erneut in einer Variablen festgehalten und diese Variable wird noch ausgegeben, bevor dann für den Erfolgsfall ebenfalls die Automatisierung endet.

Dieser Anwendungsfall unterstreicht deutlich, dass SAP Build nicht nur mit Drittanbietersoftware integriert werden, sondern auch für Anwendungsfälle eingesetzt werden kann, die mit einem klassischen ERP-System nicht unbedingt etwas zu tun haben.

6.4 Zusammenfassung

In diesem Kapitel haben wir Ihnen näher erklärt, was eine Erweiterung im programmtechnischen Kontext überhaupt bedeutet und auf welche verschiedenen Arten diese von Programmierer*innen realisiert werden kann. Dabei sind wir auf alle Möglichkeiten von der Modifikation bis hin zur Key User Extensibility eingegangen.

Mit der Ankunft der SAP-S/4HANA-Systeme und insbesondere im Hinblick auf die Abwanderung verschiedener Systeme vom heimischen Rechenzentrum in die Cloud hat sich der Grundsatz des Clean Core, des sauberen Kerns, ein Stück weit durchgesetzt. So wurden in diesem Kapitel verschiedene Möglichkeiten vorgestellt, dies mittels der SAP Business Technology Platform umzusetzen.

Die verschiedenen Bereiche der SAP BTP wurden aufgezeigt und ihre Konnektivität in den Vordergrund gestellt. Ein besonderes Augenmerk galt dabei selbstverständlich SAP Build als dem Bereich der SAP BTP, den dieses Buch im Titel führt, und so wurden ein paar Anwendungsfälle vorgestellt, wenngleich sicherlich nicht einer Tiefe, dass man diese ohne Vorkenntnisse einfach nachbauen könnte. Dennoch ist die Richtung deutlich erkennbar: Mit SAP Build lässt sich nahezu jedes System auf sinnvolle Art und Weise, aber insbesondere auch schnell und einfach erweitern.

Kapitel 7

Governance mit SAP Build

Governance sichert nicht nur die Einhaltung von Richtlinien und Regeln im Unternehmen, sondern stellt auch sicher, dass IT-Projekte Erfolg haben können. Bei SAP Build sollte ein besonderes Augenmerk auf die Definition und Formulierung von Governance gelegt werden.

In diesem Kapitel werfen wir einen genaueren Blick auf die Governance-Anforderungen von SAP Build als Low-Code-Tool. Dabei klären wir die Gründe für die Relevanz von Governance, definieren den Begriff und beleuchten die einzelnen Elemente der Governance-Triade für SAP Build. Darüber hinaus geben wir Einblicke in bewährte Praktiken und effektive Umsetzungsstrategien, um die Nutzung von SAP Build effizient zu gestalten. In Abschnitt 7.2 beleuchten wir den Begriff der *Schatten-IT* und damit verbunden die zentralen Herausforderungen, denen sich die Unternehmens-IT im Kontext der Einführung und Verwendung von SAP Build stellen muss. Anschließend widmen wir uns einer ausführlicheren Definition des Governance-Begriffs (siehe Abschnitt 7.3), bevor wir in Abschnitt 7.4 einen genaueren Blick auf die *SAP-Build-Governance-Triade* werfen. Dabei betrachten wir die verschiedenen Rollen rund um SAP Build, schauen uns an, wie diese Rollen mithilfe der richtigen Prozesse in sogenannten Fusion Teams effektiv kollaborieren und welche Technologien und Werkzeuge SAP Build zur Unterstützung dieser Prozesse von Haus aus mitbringt.

Zuletzt wenden wir uns in Abschnitt 7.5 der Fragestellung zu, wie sich die Einführung von SAP Build im Unternehmen unter Berücksichtigung der zuvor genannten Governance-Aspekte schrittweise erfolgreich umsetzen lässt und welche Rolle ein *Center of Excellence* (CoE) hierbei spielt.

7.1 Motivation

Governance als unterstützender Rahmen für Low-Code

Um den Einsatz von SAP Build im Unternehmen nachhaltig erfolgreich zu gestalten, ist eine zielgerichtete und effektive Governance unerlässlich. *Low-Code-/No-Code-Tools* ermöglichen die Entwicklung von Softwarelösungen durch sogenannte *Key User*, also Mitarbeitende verschiedener Geschäftsbereiche, die am Ende die Softwarelösungen auch selbst im Arbeitsalltag nutzen sollen. Dies birgt zum einen großes Potenzial zur Effizienzsteigerung im Rahmen von Initiativen zur Digitalisierung und Automatisierung von Geschäftsprozessen.

[»]

Key User

Ein *Key User* ist eine Fachkraft, die sich auf einen bestimmten Bereich oder Prozess spezialisiert hat. Als zentrale Anwender*innen sind die Key User Ansprechpersonen innerhalb der Softwareentwicklung und können mithilfe von Low-Code-/No-Code-Tools Softwarelösungen auch selbst mitentwickeln.

[»]

Citizen Developer

Im Low-Code-/No-Code-Bereich spricht man anstelle von Key Usern auch häufig von Citizen Developern. Ein *Citizen Developer* ist eine nicht technische Fachkraft innerhalb einer Organisation. Sie ist in der Lage, Anwendungen und Softwarelösungen mithilfe von Low-Code-Plattformen zu entwickeln, ohne über tiefgreifende Programmierkenntnisse zu verfügen.

Zum anderen konfrontiert Low-Code-/No-Code-Development gleichzeitig die Unternehmens-IT mit neuen Herausforderungen. Die Aufgabe der IT besteht darin, sicherzustellen, dass keine Schatten-IT entsteht, sondern dass Key User in die Lage versetzt werden, Anwendungen zu entwickeln, die sicher, skalierbar und mit den Unternehmensstandards konform sind. Dies umfasst nicht nur die Festlegung von Qualitäts- und Entwicklungsstandards, sondern auch die Definition und Implementierung entsprechender Prozesse zur Sicherstellung ihrer Einhaltung.

7.2 Schatten-IT und ihre Risiken

Schatten-IT als Bedrohung in IT-Organisationen

Schatten-IT bezeichnet den Einsatz von Informationstechnologie und Softwarelösungen innerhalb einer Organisation, die außerhalb der offiziellen IT-Strukturen und -Richtlinien implementiert werden.

Die Etablierung einer Schatten-IT geschieht häufig ohne das Wissen oder die Zustimmung der zentralen IT-Abteilung. Im Gegensatz zur klassischen Softwareentwicklung sind die Einstiegshürden für die Verwendung von SAP Build zur Erstellung neuer Softwarelösungen ungleich niedriger. Dies ist einerseits ein wünschenswerter Vorteil, da sich durch die Befähigung von Key Usern zur Umsetzung von Geschäftsanforderungen in funktionierende Software beispielsweise das Problem des IT-Fachkräftemangels adressieren lässt. Auf der anderen Seite erfordert dies aber erst recht eine gründliche Befolgung und Überwachung entsprechender Prozesse, die die Standardkonformität hinsichtlich der verschiedenen Qualitätskriterien gewährleisten. Denn auch wenn Softwarelösungen mittels SAP Build entstehen, ohne dass dafür Quellcode geschrieben wird, so handelt es sich doch gleichermaßen um vollwertige Softwareartefakte, die unternehmens- und personenbezogene Daten lesen und schreiben und sich mit anderen Softwaresystemen integrieren lassen, weswegen auch sie die einer jeden Software inhärenten Risiken bergen (siehe Kapitel 6, »Systeme mit SAP Build erweitern«).

Im Folgenden möchten wir auf diese Risiken im Einzelnen eingehen und aufzeigen, warum es unerlässlich ist, einen Roll-out von SAP Build im Unternehmen gemeinsam mit den verantwortlichen IT-Abteilungen abzustimmen und durchzuführen, um die Gefahr einer unkontrollierten Wucherung von nicht standardkonformen Softwarelösungen im Schatten der IT bereits im Keim zu ersticken.

7.2.1 Compliance-Probleme und Sicherheitsrisiken

Schutz vor Sicherheitsrisiken durch Compliance

Um die dauerhafte Qualität von Softwarelösungen über den gesamten Lebenszyklus hinweg sicherzustellen, definieren Unternehmen interne Entwicklungs- und Sicherheitsstandards, die während der Entwicklung und im Betrieb berücksichtigt werden müssen. Über diese internen Standards hinaus gibt es zudem eine Reihe von rechtlichen Vorschriften und Datenschutzbestimmungen (z. B. die Datenschutz-Grundverordnung, DSGVO), die berücksichtigt werden müssen. Die unkontrollierte Entstehung von Software außerhalb der offiziellen IT-Strukturen kann dazu führen, dass diese nicht den internen oder den vom Gesetzgeber formulierten Vorschriften entsprechen. Dies kann beispielsweise dadurch passieren, dass über das erlaubte Maß hinaus persönliche Daten von Mitarbeitenden oder Kunden gespeichert und/oder vorgehalten werden. Insbesondere in regulierten Branchen können solche Verstöße zu schwerwiegenden Konsequenzen führen, einschließlich rechtlicher Sanktionen und Reputationsverlusten.

Gefahren durch externe Zugriffe

Doch nicht nur sensible persönliche Daten bedürfen eines besonderen Schutzes: Auch bei Anwendungen, die operative Daten des Unternehmens lesen oder schreiben, ist große Sorgfalt angebracht, um sicherzustellen, dass diese lesenden und schreibenden Zugriffe nur durch dazu berechtigte Personen oder Systeme erfolgen. Andernfalls drohen Datenlecks, über die böswillige Angreifer oder Schadsoftware Daten unbefugt auslesen oder manipulieren können. Im schlimmsten Fall kann es hierdurch zur Existenzbedrohung des gesamten Unternehmens kommen. Die im Schatten der IT entstehenden Softwarelösungen entziehen sich teilweise oder in Gänze den dringend gebotenen Sicherheitsprüfungen und stellen daher im erhöhten Maße Schwachstellen und Angriffspunkte dar.

7.2.2 Ineffiziente Ressourcennutzung und mangelnde Integration

Isolierte Betrachtung von IT-Anforderungen

Da sich die Entwicklung von Schatten-IT einer zentralen Steuerung und Überwachung durch die Unternehmens-IT entzieht, kommt es häufig zu isolierten Insellösungen, die mit ineffizienter Ressourcennutzung und mangelnder Integration in die Gesamtarchitektur des Unternehmens einhergehen. Verschiedene Teams arbeiten parallel an ähnlichen Lösungen, dies führt zu doppelter Arbeit und damit verschwendeten Ressourcen. Durch eine zentrale Koordination der Entwicklungstätigkeiten könnte die Nutzung dieser Ressourcen deutlich effizienter sein, weil dann Synergien identifiziert und genutzt werden könnten. Geschieht dies nicht, beeinträchtigt es die Gesamteffizienz des Unternehmens, und Betriebskosten werden unnötig in die Hohe getrieben.

Aber nicht nur in der Entwicklung ist Redundanz ein Problem. Auch im Produktivumfeld führt der isolierte Betrieb ähnlicher Lösungen zu Problemen. Die Gefahr redundanter Datenhaltung besteht, was dazu führen kann, dass Informationen doppelt, aber inkonsistent gespeichert werden. Die gesamte Datenqualität im Unternehmen wird so beeinträchtigt. Möchte man diesen Schiefstand im Nachhinein beseitigen und die Daten nachträglich konsolidieren, entwickelt sich das Vorhaben schnell zu komplexen und teuren Migrationsprojekten.

7.3 Definition und Einordnung

Wie wir im vorangegangenen Abschnitt aufgezeigt haben, geht mit der Entstehung von Schatten-IT im Unternehmen eine Vielzahl von Risiken einher. Um zu verhindern, dass die Einführung von SAP Build im Unternehmen die Entstehung von Schatten-IT fördert, muss eine funktionierende Governance zur Kontrolle und Regulierung der entstehenden Lösungen sichergestellt werden. Bevor wir uns im folgenden Abschnitt detailliert der *SAP-Build-Governance-Triade* widmen, möchten wir an dieser Stelle zunächst den Begriff Governance definieren und seine Bedeutung im IT-Bereich einordnen.

7.3.1 Governance

Governance bezeichnet allgemein Steuerungs- und Regelungssysteme einer Organisation. Hierbei muss es sich nicht um eine Organisation im Sinne eines Wirtschaftsunternehmens halten, sondern der Begriff findet Verwendung für sämtliche Formen privater oder öffentlicher Organisationen sowie politisch-gesellschaftlicher Einheiten wie Staat, Verwaltung und Gemeinde.

Governance als Steuerung

Diese Steuerungs- und Regelungssysteme definieren Strukturen zur Bestimmung der Aufbau- und Ablauforganisation. In der Organisationstheorie bezieht sich der Begriff *Aufbauorganisation* auf das hierarchische Gerüst mit seinen vertikalen Informations- und Weisungsflüssen. Der Begriff *Ablauforganisation* beschreibt hingegen dynamische Arbeitsprozesse, in denen die einzelnen Stellen und Abteilungen zur Erreichung definierter Ziele miteinander interagieren.

7.3.2 IT-Governance

Innerhalb der Unternehmensführung befasst sich die IT-Governance mit der Steuerung und Regelung der IT-Strukturen eines Unternehmens. Ihr übergeordnetes Ziel ist die enge Verzahnung der IT-Strategie mit der Geschäftsstrategie und die Sicherstellung, dass IT-Investitionen zur Erreichung der Unternehmensziele beitragen. Sie umfasst die Gewährleistung einer effizienten und effektiven Bereitstellung von Technologielösungen und -services, das Management von IT-Risiken sowie die Sicherstellung der Compliance mit geltenden Vorschriften.

Verantwortlichkeiten und Befugnisse

Die IT-Governance definiert Verantwortlichkeiten und Entscheidungsbefugnisse bezüglich der IT-Ressourcen. Es werden Richtlinien festgelegt, die den Umgang mit IT-Ressourcen regulieren und Standards für Technologien sowie Prozesse etabliert. Gleichzeitig werden Mechanismen implementiert, die eine kontinuierliche Überwachung der IT-Leistung erlauben, um sicherzustellen, dass die IT-Ziele erreicht und IT-Risiken adäquat gemanagt werden. Durch Performancemanagement wird der Beitrag der IT zur Geschäftsleistung bewertet, außerdem werden kontinuierliche Verbesserungen gefördert, während die IT-Initiativen stets an den strategischen Zielen des Unternehmens ausgerichtet bleiben.

Rahmen für Innovation und Agilität

Im Zusammenhang mit dem Einsatz von SAP Build ist es essenziell, dass die IT-Governance flexibel genug gestaltet ist, um Innovationen zu ermöglichen und eine Kultur der Agilität zu unterstützen. Dies hilft, eine Hemmung der Mitarbeiterkreativität durch zu starre Kontrollstrukturen zu vermeiden, und dient der Prävention von Schatten-IT. Die IT-Governance muss im Fall von SAP Build demnach einen Rahmen schaffen, der die Innovationsfähigkeit fördert, gleichzeitig aber auch die Risiken im Blick behält und steuert. Ziel ist es, ein Regelwerk zu etablieren, das Mitarbeitenden innerhalb definierter Grenzen kreative und eigenständige Arbeit ermöglicht, ohne die übergreifende Kontrolle und Sicherheit der IT-Landschaft zu gefährden.

7.4 SAP-Build-Governance-Triade

Die Implementierung eines Governance-Frameworks für SAP Build ist somit nicht nur eine präventive Maßnahme gegen Schatten-IT, sondern auch ein Schlüsselfaktor für den erfolgreichen und nachhaltigen Einsatz von Low-Code-Entwicklung in Unternehmen. Ein solches Framework ermöglicht es, die Vorteile von SAP Build auszuschöpfen, während gleichzeitig die Kontrolle über den technologischen Fortschritt im Unternehmen gewahrt bleibt.

Abbildung 7.1 zeigt die Facetten, die wir uns in diesem Abschnitt zum Thema *Governance-Triade* anschauen möchten.

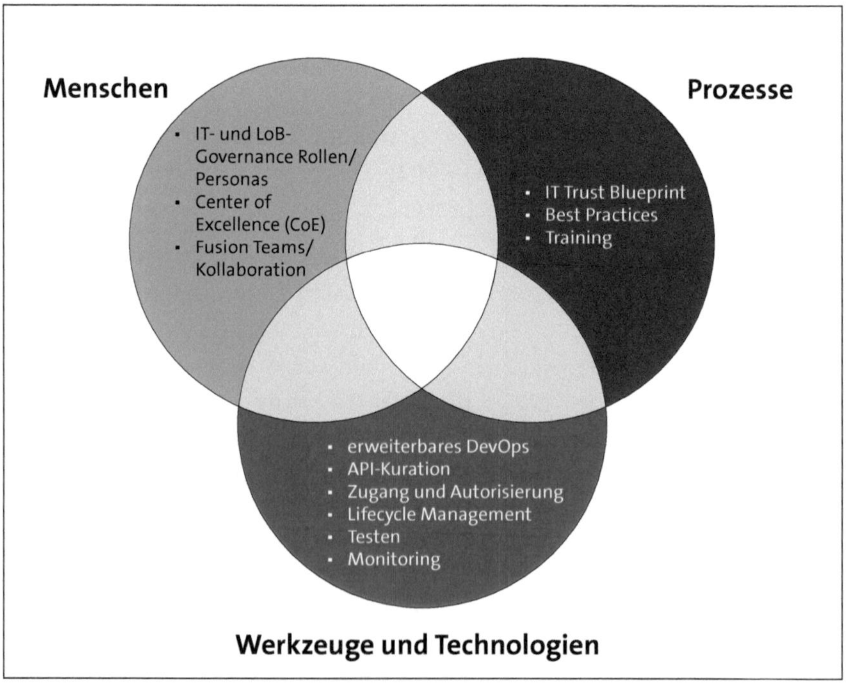

Abbildung 7.1 SAP-Build-Governance-Triade

In diesem Abschnitt werden die individuellen Komponenten eines Governance-Frameworks näher vorgestellt, wobei der Fokus darauf liegt, wie diese gezielt auf die besonderen Merkmale der Low-Code-Entwicklung mit SAP Build zugeschnitten werden können.

7.4.1 Menschen

Im Bereich der Low-Code-Entwicklung verknüpft sich die Effektivität von Projekten mit den Rollen und Persönlichkeiten innerhalb einer Organisation. Den Kern für Innovation im SAP-Build-Ökosystem bilden sogenannte *Fusion Teams*, die aus vielfältigen Talenten (wie IT- sowie Geschäftsexpert*innen) bestehen.

Fusion Teams: Katalysatoren für Innovation

Fusion Teams repräsentieren eine harmonische Mischung aus technischer Expertise und domänenspezifischem Verständnis. Dieser kollaborative Ansatz beschleunigt Entwicklungszyklen und stellt sicher, dass Lösungen auf die Endbenutzer*innen abgestimmt sind und nahtlos mit den Geschäftszielen korrespondieren. Dieses Vorgehen wird in agilen Teams erfolgreich genutzt und ist auch für Low-Code-Anwendungen der richtige Ansatz.

Die Zusammenarbeit in Fusion Teams findet im Kontext von Fusion Development statt. *Fusion Development* beschreibt dabei nicht nur eben diese Zusammenarbeit über Fach- und Spezialisierungsgrenzen hinaus, sondern auch das Arbeiten mit mehreren Technologien und Tools. Komplexe Prozesse abzubilden, ist eben nicht mehr nur in einem Tool möglich, sondern erfordert ein Set, einen Baukausten an Tools, der von SAP Build zur Verfügung gestellt wird.

Im Rahmen von Fusion Teams wird zwischen dem Key User und dem *Professional Developer* unterschieden. Beide können Anwendungen umsetzen, sollten dabei aber im besten Fall zusammenarbeiten. Der Unterschied liegt in der Ausprägung der fachlichen und technischen Fähigkeiten. Je nach Größe des Unternehmens können noch zusätzliche Rollen zu besetzen sein.

Demokratisierung der Anwendungsentwicklung

Die Rolle des Key Users trägt dazu bei, die Entwicklung von Anwendungen zu demokratisieren, und ermöglicht Personen aus verschiedenen Geschäftsbereichen, ihre spezifischen Anforderungen unmittelbar umzusetzen. Bei komplexeren technischen Anforderungen benötigten sie jedoch zu Teilen noch Hilfe von Professional Developern. Diese Rolle arbeitet eng mit bereichsübergreifenden Teams zusammen, um innovative und leistungsstarke Lösungen zu schaffen.

[»]

Professional Developer

Im Low-Code-Bereich sind Professional Developer erfahrene Entwickler*innen mit fundierten Programmierkenntnissen und tiefgehendem technischen Know-how, die den Key Usern im Entwicklungsprozess zur Seite stehen.

Schlüsselrolle des Low-Code-CoE

Um die Komplexität der Low-Code-Entwicklung zu bewältigen und das Potenzial von Fusion Teams zu nutzen, ist die Einrichtung eines Centers of Excellence (CoE) für Low-Code unerlässlich. Mehr Informationen zum CoE finden sich im gleichnamigen Abschnitt 7.5.1.

7.4.2 Prozess

IT Trust Blueprint

Innerhalb der Governance-Triade ist der Prozess eine tragende Säule, der Key User und Professional Developer als Richtschnur bei der Realisierung von SAP-Build-Projekten dient. Ein Kernelement ist hierbei der *IT Trust Blueprint*, ein umfassendes Regelwerk, das unverzichtbare Richtlinien und Verfahren für die Nutzung von Low-Code-Plattformen festlegt. Es definiert die sicherheitsrelevanten, Compliance-bezogenen und Governance-spezifischen Prozesse und bestimmt die Verantwortlichkeiten von IT- und Business-Stakeholdern.

Bessere Resultate durch Best Practices

Ebenso unerlässlich für den Prozess ist die Etablierung und Adaption von Best Practices in Schlüsselbereichen wie Lösungsarchitektur, Testing und Deployment. Dieser Ansatz fördert nicht nur den Erfahrungsaustausch und die kontinuierliche Verbesserung, sondern unterstützt auch das regelmäßige Training der Entwickler*innen, das entscheidend ist, um das Building-Erlebnis zu verbessern und komplexere Projekte erfolgreich zu bewältigen.

Diese Grundlagen schaffen ein solides Fundament für den nachfolgend beschriebenen Prozess, der einen Leitfaden für die Projektabwicklung im Low-Code-Umfeld darstellt (siehe Abbildung 7.2).

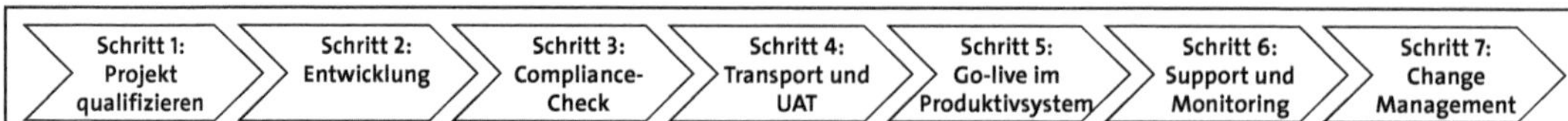

Abbildung 7.2 Prozessschritte in IT-Projekten

Die Ausprägung des Prozesses hängt stark von der Gestaltung der konkreten Governance innerhalb eines Unternehmens ab, weswegen die nachfolgende Darstellung als eine mögliche, beispielhafte Ausprägung zu verstehen ist. Eine detailliertere Übersicht über die verschiedenen Governance-

Modelle für SAP Build finden Sie in Abschnitt 7.5.3. Eine mögliche Ausprägung des Prozesses in konkrete Workshops und Arbeitspakete wird in Kapitel 16, »Empfehlungen für den Einsatz«, beschrieben.

Schritt 1: Projekt qualifizieren

Auswahl des Anwendungsfeldes

Der Prozess beginnt damit, dass ein Fachbereich eine Idee umsetzen will. Dazu müssen die initialen Anforderungen an die Applikation erfasst werden, im besten Fall im Rahmen eines Design-Thinking-Workshops unter Verwendung von Methodiken des *Human-centered Designs*, um sicherzustellen, dass das Lösungskonzept in der Lage ist, einen tatsächlichen Nutzen für die Endanwender*innen zu stiften.

Anhand der erhobenen Anforderungen kann die Komplexität besser verstanden werden und es gelingt eine erste Einschätzung, ob SAP Build die Technologie der Wahl für die Umsetzung darstellt oder ob die Anforderungen doch über Low-Code-Entwicklung hinausgehen und einen Pro-Code-Ansatz erfordern.

Human-centered Design

Human-centered Design ist ein Ansatz im Designprozess, bei dem die Bedürfnisse, Vorlieben und Einschränkungen der Endnutzer*innen im Mittelpunkt stehen und in allen Phasen der Gestaltung berücksichtigt werden, um benutzerfreundliche und zugängliche Lösungen zu entwickeln.

Schritt 2: Entwicklung

Isolierte Development-Umgebung

Falls die Anforderungen mit SAP Build umgesetzt werden können, geht es an die Entwicklung. Dies kann je nach Governance in verschiedenen Konstellationen geschehen (siehe Abschnitt 7.4.1, »Menschen«). Allerdings sollte das Produkt in den Grundzügen dokumentiert werden. Während der Entwicklung erfolgen Deployments innerhalb einer Development-Umgebung. Diese bildet die spätere Produktivumgebung möglichst detailgetreu nach, wird von ihr aber streng isoliert.

Vollumfängliches Testen durch Development-Umgebung

Auch bei der Integration etwaiger Drittsysteme erfolgt kein Zugriff auf Produktivinstanzen, sondern auf äquivalente Test- oder Sandboxsysteme. Hierdurch wird sichergestellt, dass bereits während der Entwicklungsphase sämtliche Facetten der Lösung vollumfänglich getestet werden können, ohne dass hierdurch Risiken hinsichtlich Sicherheit oder Datenkorrektheit bzw. -konsistenz entstehen.

Schritt 3: Compliance-Check (erstes Quality Gate)

Um sicherzustellen, dass die Richtlinien eingehalten worden sind, gibt es den ersten *Compliance-Check*, der die Applikation auf unterschiedliche Richtlinien wie Sicherheit und Autorisierung überprüft. Beispiele hierfür wären beispielsweise Überprüfungen, die sicherstellen, dass kein Zugriff auf die Applikation ohne zuvor erfolgte Authentifizierung mit einem Mitarbeiter-Account erfolgen kann, dass das gewählte Rollenkonzept den IT-Vorgaben des Unternehmens entspricht oder dass APIs von Drittsystemen in korrekter und sicherer Weise integriert werden, sodass keine Bereitstellung von sensitiven Daten an unautorisierte Entitäten erfolgen kann. Dieser Check kann optional sein, wenn die entsprechenden Richtlinien dies erlauben.

Schritt 4: Transport und User Acceptance Test (zweites Quality Gate)

Fehlerbehebung durch User Acceptance Test

Im nächsten Schritt wird die Anwendung von den Fachanwender*innen auf Herz und Nieren geprüft. Dazu wird die Anwendung von der Entwicklungsumgebung in die nächsthöhere Umgebung transportiert. In der Regel empfiehlt sich ein dreischichtiges Set-up mit Entwicklungs-, Test- und Produktivumgebung. Sobald die Fachanwender*innen mit der Anwendung zufrieden sind und alle gemeldeten Defekte behoben werden konnten, kann die Applikation einen Schritt weiter in Richtung Produktivsetzung gehen.

[»]

User Acceptance Test

UAT steht für *User Acceptance Test* und beschreibt ein (oft manuelles) Vorgehen und Testen der Applikation durch potenzielle Nutzer*innen. Anhand vordefinierter Situationen kann geprüft werden, ob alle Features wie gefordert funktionieren und ob Kriterien wie Benutzerfreundlichkeit und -erfahrung eingehalten wurden.

Schritt 5: Go-live im Produktivsystem

Best Practice: rollenbasierte Sichtbarkeit

Im nächsten Schritt wird die Anwendung in die Produktivumgebung transportiert und die Nutzer*innen werden hinzugefügt. Um die Anwendung einfach konsumierbar und zugänglich zu machen, bietet sich *SAP Build Work Zone* an. Die Applikation kann im Anwendungsbereich hinzugefügt werden. Dabei lässt sich auch eine rollenbasierte Sichtbarkeit konfigurieren, sodass die Anwendung nur jenen Benutzer*innen zugänglich gemacht wird, für die sie basierend auf ihrer Rolle geschäftsrelevant ist.

Schritt 6: Support und Monitoring

Je nach Set-up übernimmt das entsprechende Team den Support und das Monitoring der Applikation. Auch wenn Low-Code-Anwendungen oft stabil laufen (dank standardisierter Infrastruktur), kann es dennoch zu Defekten oder Fehlern kommen. Diese müssen durch ein Supportteam entweder direkt behoben oder an einen Second-Level-Support weitergeleitet werden.

Schritt 7: Change Management

Nutzeranforderungen strukturieren

Falls weitere Anforderungen der Nutzer*innen aufkommen, müssen diese strukturiert erfasst und priorisiert an das Entwicklungsteam weitergeleitet werden. Auch hierbei gilt wieder, dass die zuvor genannten Quality-Checks erreicht werden müssen.

Diese Schritte beschreiben eine Möglichkeit, den Prozess auszugestalten. Sie können als Blueprint dienen, sollten aber über die Zeit stetig hinterfragt und überarbeitet werden. Es bringt nichts, einen perfekten Prozess definiert zu haben, wenn er an der gelebten Realität vorbeigeht oder die Einhaltung mehr Aufwand erfordert als die eigentliche Entwicklungszeit.

7.4.3 Werkzeuge und Technologien

Erweiterungen von Governance durch Technologien

Das abschließende Element der Triade, Werkzeuge und Technologien, befasst sich mit verschiedenen Kernbereichen der Entwicklung, die durch Technologien unterstützt werden können. Die fünf Teilbereiche dieser Technologien werden im Folgenden kurz erläutert.

DevOps-Praktiken einführen

Erstens können DevOps-Praktiken eingeführt sowie erweitert werden. Dazu zählen z. B. Tools wie *Continuous Integration und Continuous Delivery* (CI/CD), Versionskontrolle und automatisierte Tests. Diese Tools fördern schnelle Prototypentwicklung, Testdurchläufe, Bereitstellung und fortlaufende Verwaltung, da Fehler und Probleme rasch entdeckt und behoben werden können.

Zweitens helfen Technologien beim Verwalten von APIs, indem durch Services wie API-Manager klare Standards für die Entwicklung von APIs festgelegt werden. Auch eine klar definierte Nutzung und Nutzungsräume sind entscheidend für die sichere und effektive Verwendung von APIs.

Zugriffs- und Berechtigungskonzepte

Ein dritter Punkt ist die konsequente und transparente Definition von Zugriffs- und Berechtigungskonzepten. Dies kann durch das SAP BTP Cockpit unterstützt werden, in dem Rollen und Rechte transparent gepflegt und definiert werden können. Dies sollte sorgfältig durchgeführt werden und einer ständigen Kontrolle unterliegen, um den gängigen Datenschutzanforderungen zu entsprechen.

Außerdem kann durch den Einsatz von Technologien das Lifecycle Management vereinfacht werden. Indem die Regeln auch eingehalten werden, die im Lifecycle Management für Entwicklung, Test, Deployment und Wartung aufgestellt werden, spart man sich viel Arbeit und Aufwand, diese Themen für jedes Projekt neu definieren zu müssen.

Schließlich und abschließend helfen Tools beim Einhalten der Teststrategie und bei der Überwachung. Regelmäßige Tests und Überwachungen sind essenziell, um Probleme schnell zu identifizieren und zu lösen, wobei Werkzeuge wie Log-Monitoring und Echtzeitanalysen die Leistung der Lösung verbessern.

Tools allein führen nicht zu guter Governance

Allerding können all diese Technologien nicht allein für sich stehen und automatisch »gute« Governance abliefern. Wie bereits erklärt, sind es die Prozesse dahinter, die gelebt werden müssen, um die Einhaltung aller Regeln zu gewährleisten. Im nächsten Abschnitt schauen wir uns deshalb an, wie Governance idealerweise bei SAP Build umgesetzt werden kann und welche Herangehensweisen es dabei gibt.

7.5 Implementierung von SAP-Build-Governance

Nachdem wir uns in den vorherigen Abschnitten ausführlich mit den Grundlagen und der entscheidenden Bedeutung von Governance für die Nutzung von SAP Build beschäftigt haben, liegt unser Fokus nun auf der praktischen Umsetzung: Wie können Sie die ersten Schritte der Implementierung erfolgreich meistern, um die Einführung von SAP Build in Ihrem Unternehmen von Anfang an und nachhaltig erfolgreich zu gestalten?

Zentrale Anlauf- und Steuerungsstelle

In diesem Zusammenhang wird die Rolle eines *Centers of Excellence* (CoE) unverzichtbar. Es dient als zentrale Anlauf- und Steuerungsstelle, die nicht nur die Governance-Strategien definiert und umsetzt, sondern auch sicherstellt, dass die Einführung von SAP Build nahtlos und effektiv verläuft. Durch die Bereitstellung von Fachwissen, Richtlinien und Unterstützung fungiert das CoE als treibende Kraft hinter einer erfolgreichen Implementierung, die die Vorteile von SAP Build voll ausschöpft und gleichzeitig die Unternehmensziele unterstützt.

7.5.1 Center of Excellence

Verbreitung von Expertise und Ressourcen

Ein CoE stellt eine zentrale Einheit innerhalb einer Organisation dar, die darauf spezialisiert ist, Leadership, Best Practices, Research, Support und Training in einem spezifischen Bereich zu bieten. Es fungiert als Wissenszentrum und fördert die Exzellenz durch die Entwicklung und Verbreitung von Expertise und Ressourcen, um strategische Ziele zu erreichen.

Digitales Center of Excellence

Die konkrete Umsetzung eines CoE kann auf verschiedene Weise erfolgen: Am wichtigsten ist es, die Menschen und Prozesse im Hinblick auf neue Governance-Anforderungen sowie Verantwortlichkeiten auf den aktuellen Stand zu bringen. Ansprechpartner sollten informiert und bekannt gemacht werden, außerdem sollte es die Möglichkeit für Austausch und Diskussion geben. Ob dies nun in Regelterminen geschieht oder durch ein digitales Portal abgebildet wird, ist den Unternehmen selbst überlassen. Ein guter Startpunkt für ein digitales CoE finden Sie in den SAP-Tutorials zu SAP Build Work Zone (siehe *http://s-prs.de/v1015310*).

In Bezug auf SAP Build hilft ein CoE dabei, eine Brücke zwischen technologischen Möglichkeiten und Geschäftsanforderungen zu schlagen, indem es Richtlinien vorgibt, Innovation fördert und die Implementierung unterstützt. Im Folgenden gehen wir auf die fünf Säulen eines CoE ein (siehe Abbildung 7.3).

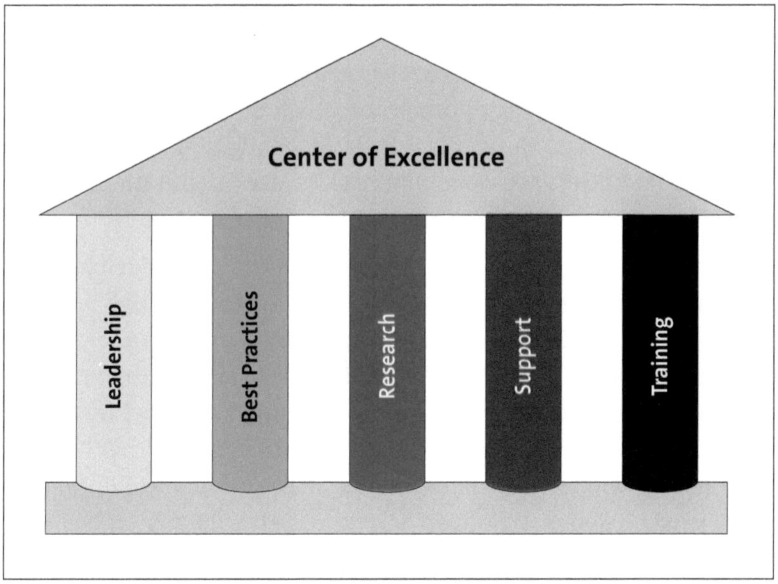

Abbildung 7.3 Die fünf Säulen eines Centers of Excellence

Leadership

Förderung von Exzellenz und Innovation

Die erste Säule eines CoE ist *Leadership*. Innerhalb eines CoE bedeutet dies, eine visionäre und strategische Richtung vorzugeben, die es der Organisation ermöglicht, ihre Ziele zu erreichen. Dies beinhaltet, klare Ziele festzulegen, eine Kultur der Exzellenz und Innovation zu schaffen sowie zu gewährleisten, dass Projekte und Initiativen im Einklang mit den übergeordneten Geschäftszielen stehen. Führungskräfte im CoE treffen richtungsweisende Entscheidungen, priorisieren Initiativen und fördern eine Atmosphäre der Zusammenarbeit und des Engagements.

Vorreiterrolle für neue Technologien

Gerade im Umfeld moderner Technologien und neuer Paradigmen wie dem Low-Code-Ansatz von SAP Build übernimmt ein CoE innerhalb eines Unternehmens eine Vorreiterrolle. Die zentrale Aufgabe besteht darin, die Eignung dieser neuen Technologie für die Ziele des Unternehmens unter Beweis zu stellen, um somit auch ein nachhaltiges Managementsponsoring sowie eine dauerhafte Etablierung der Technologie in der Gesamtunternehmensstrategie sicherzustellen. Daher ist es wichtig, gerade bei der Identifikation von Anwendungsfällen für erste Pilotprojekte darauf zu achten, dass diese geeignet sind, ihre Vorteilhaftigkeit für die Unternehmensstrategie anhand passender Metriken wie Kostenreduktion oder Effizienzsteigerung zu unterstreichen.

Best Practices

Exzellenz durch Standardisierung

Die zweite Säule sind die *Best Practices*. Ein CoE identifiziert, entwickelt und fördert Best Practices, um operative Exzellenz zu gewährleisten. Diese Praktiken können sich auf die Prozessoptimierung, Qualitätsstandards, Methodik und vieles mehr beziehen. Durch die Standardisierung von Verfahren und die Einführung bewährter Methoden hilft das CoE der Organisation, Konsistenz zu erreichen, Risiken zu minimieren und die Leistung zu steigern.

Die Definition und Dokumentation von Best Practices, Guidelines und Standards ist jedoch nur die halbe Miete. Eine weitere wichtige Aufgabe eines CoE besteht darin, Prozesse und Mechanismen zur Kontrolle der entsprechenden Einhaltung durch die verschiedenen Projektteams sicherzustellen. Gerade dann, wenn die Nutzung von SAP Build unternehmensweit skalieren soll, gegebenenfalls auch mit der Unterstützung externer Partner, ist die Etablierung von Quality Gates unerlässlich, um ungewollte Heterogenität der verschiedenen Lösungen und einen sich daraus ergebenden »Wildwuchs« zu vermeiden.

Research

Die dritte Säule, *Research*, ist ein grundlegender Aspekt eines CoE. Sie widmet sich der Untersuchung neuer Technologien, Methoden und Branchentrends, um innovative Lösungen zu identifizieren, die die Organisation voranbringen können. Die Forschungsaktivitäten eines CoE unterstützen das Streben nach Innovation, informieren strategische Entscheidungen und halten die Organisation an der Spitze der Entwicklung in ihrem Bereich.

Diese Gewinnung und Sammlung von Wissen ist nicht nur ein initialer Aufwand, sondern durch die fortlaufende Forschung eines CoE auch Garantie dafür, dass Exzellenz und Innovation dauerhaft sichergestellt sind. Gerade der Bereich der Softwareentwicklung ist einem ständigen Wandel und stetig neuen Einflüssen unterworfen. Im Umfeld von SAP Build verhält sich das nicht anders. Aktuell ist es beispielsweise der Megatrend der generativen künstlichen Intelligenz (siehe dazu Kapitel 8, »KI mit SAP Build«), der die Tech-Branche in Atem hält. Hier gibt es eine Menge Potenzial, um die Effizienz und Geschwindigkeit von Low-Code-Entwicklung durch KI enorm zu steigern. Auch für SAP Build bestehen diese Möglichkeiten, Features kontinuierlich zu erweitern, wie kürzlich beispielsweise durch die Veröffentlichung von SAP Build Code ersichtlich wurde (siehe Kapitel 17).

Innovation in Zeiten des Wandels

Support

Im Rahmen des *Supports*, der vierten Säule, stellt ein CoE gezielte Unterstützung bereit, die sowohl technische als auch prozessuale Aspekte abdeckt. Es agiert als Anlaufstelle für Fragen zur Anwendungsentwicklung, zur Systemintegration und zum Betrieb von Softwarelösungen. Effektiver Support gewährleistet, dass Anwender*innen bei technischen Schwierigkeiten oder Verständnisproblemen nicht allein gelassen werden, und sichert somit die kontinuierliche Produktivität und Zufriedenheit der Nutzer*innen.

Schneller Support für schnelle Lösungen

Im Kontext von Low-Code ist dies von besonderer Bedeutung, da schnelle Problemlösung und -prävention entscheidend sind, um die Vorteile der schnellen und unkomplizierten Entwicklung mit SAP Build vollständig zu realisieren. Ein CoE für SAP Build etabliert Supportmechanismen, die es Key Usern erlauben, trotz begrenzter technischer Kenntnisse komplexe Probleme zu lösen, und fördert somit die Akzeptanz und erfolgreiche Implementierung von Low-Code-Lösungen im gesamten Unternehmen.

Training

Das *Trainingsangebot* ist die letzte Säule eines CoE und entscheidend für Erfolg und die Akzeptanz neuer Tools und Technologien. Ein zielgerichtetes Training sorgt dafür, dass die Mitarbeitenden nicht nur in der Lage sind, die Tools effektiv zu nutzen, sondern auch Best Practices und Governance-Richtlinien zu verstehen und anzuwenden.

Skills und Verständnis fördern

Dies beinhaltet die Vermittlung von Kenntnissen über die Plattformarchitektur, das Design von Benutzeroberflächen und die Integration in bestehende Systemlandschaften. Zusätzlich sollten Trainings zur Förderung des Verständnisses der Wichtigkeit von Datenmodellierung und -management angeboten werden, um die Qualität und Wartbarkeit von SAP-Build-Anwendungen sicherzustellen.

Die Bedeutung von Training im Low-Code-Kontext liegt insbesondere darin, die Nutzer*innen zu befähigen, schnell und autonom Lösungen zu entwickeln, was zu einer Verkürzung der Zeit bis zur Markteinführung (*Time-to-Market*) von neuen Anwendungen führt und gleichzeitig die IT-Abteilung entlastet. Ein umfassendes Schulungsprogramm ermöglicht es einem CoE, eine breite Basis an Key Usern zu schaffen und zu erhalten, die in der Lage sind, die digitale Transformation im Unternehmen aktiv voranzutreiben.

7.5.2 Center of Excellence für SAP Build

Steuerung der Governance-Triade

In jedem erfolgreichen Unternehmen ist es entscheidend, Entwicklungsprozesse sicher und effizient zu skalieren. Wie Sie im vorangegangenen Abschnitt gesehen haben, ist es wichtig, die entsprechenden Verantwortlichkeiten und Kompetenzen hierfür in einem CoE zu bündeln. Für den Einsatz von SAP Build empfiehlt sich ein von der IT geleitetes CoE, das die drei Elemente der Governance-Triade – Menschen, Prozesse und Technologie – steuert.

Dabei gibt es vier zentrale Aufgaben, für die ein SAP-Build-CoE zuständig ist. Eine Einbettung dieser Aufgaben in den Kontext zeigt auch Abbildung 7.4. Was genau die Aufgaben konkret umfassen, wird in den nächsten Abschnitten deutlich.

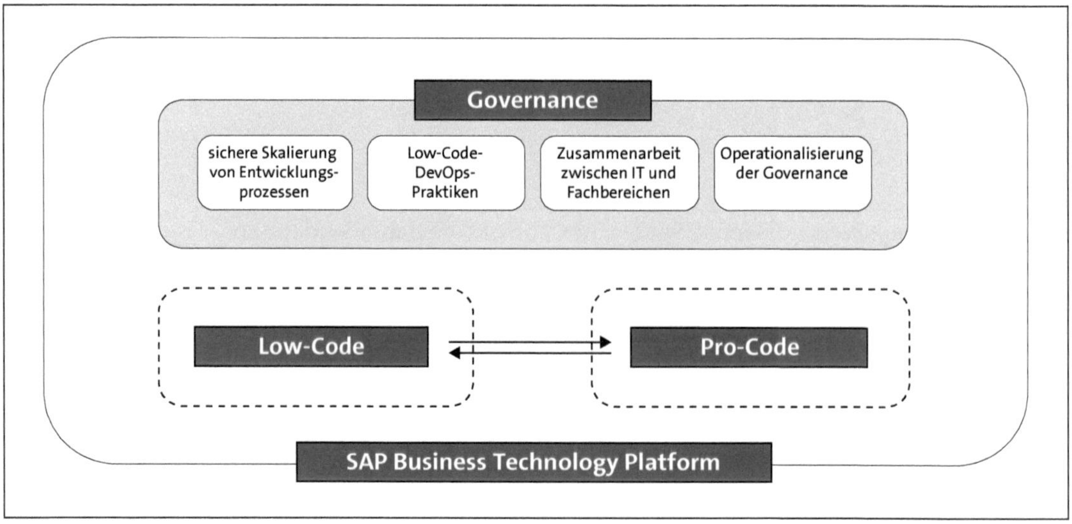

Abbildung 7.4 Unternehmens-IT als SAP-Build-CoE

Sichere Skalierung von Entwicklungsprozessen

Zunächst sichert das CoE die Skalierung von Entwicklungsprozessen durch die Implementierung von Leitplanken, die integrierte Sicherheitsmechanismen, ausgewählte APIs und gezielte Aktionsprojekte nutzen. Durch den Einsatz vorbereiteter Artefakte und nutzerzentrierter Lösungspakete sowie anpassbare Richtlinien und Entwicklungsprozesse gewährleistet das CoE, dass die Entwicklung innerhalb der Organisation sicher und effizient skaliert wird.

Low-Code-DevOps etablieren

Außerdem integriert das CoE Low-Code-DevOps-Praktiken in den Entwicklungsprozessen, um Projektmanagementfähigkeiten und CI/CD-Prozesse zu optimieren. Dies beinhaltet das maßgeschneiderte Anpassen von Entwicklungszyklen, um den Anforderungen spezifischer Projekte gerecht zu werden, und stellt sicher, dass Entwicklungs- und Deployment-Aktivitäten effizient und konsistent abgewickelt werden.

Zusammenarbeit zwischen IT und Fachbereichen

Zusätzlich fördert das CoE einen kooperativen Ansatz, der die Zusammenarbeit zwischen IT, Fachbereichen und Key Usern stärkt. Dieser Ansatz des Fusion Developments schafft ein Umfeld, in dem Lösungen gemeinschaftlich erarbeitet werden, wodurch die Relevanz und Anwendbarkeit der Entwicklungen maximiert wird.

Governance Operations

Und schließlich verantwortet das CoE die Operationalisierung der Governance. Es implementiert und nutzt Strukturen und Best Practices des CoE sowie der Community of Practice (CoP), um Entwickler*innen zu unterstützen und eine kohärente Governance-Strategie effektiv umzusetzen.

7.5.3 Governance-Modelle für SAP Build

Von Kontrolle zu Vertrauen

Governance-Modelle sind unverzichtbar für das Risikomanagement und um Innovationen innerhalb einer Organisation zu ermöglichen. Die Robustheit dieser Modelle hängt vom spezifischen Geschäftskontext ab. Nachdem wir im vorangegangenen Abschnitt die zentralen Aufgaben eines IT-geleiteten SAP-Build-CoE betrachtet haben, werden im Folgenden verschiedene Governance-Modelle für SAP Build beschrieben, die sich, wie in Abbildung 7.5 zu sehen ist, auf einer Skala einordnen lassen. Außerdem gehen wir darauf ein, in welcher Art und Weise diese verschiedenen Aufgaben des CoE jeweils ausgeübt werden.

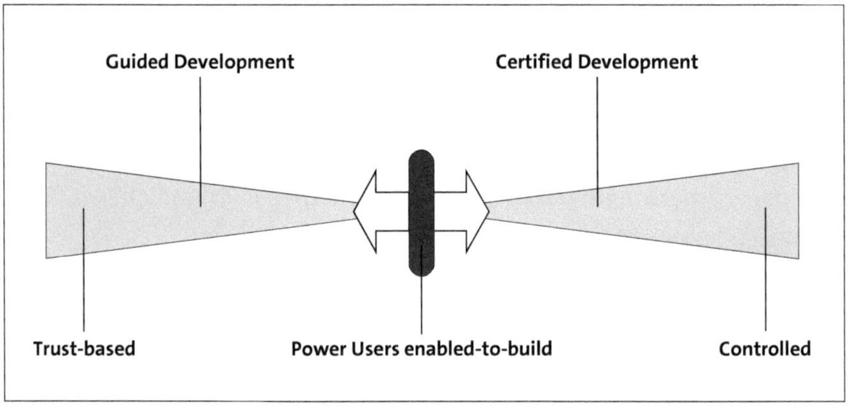

Abbildung 7.5 SAP-Build-Governance-Modelle

Trust-based

Minimale Kontrollprozesse

Das vertrauensbasierte Modell (engl. Trust-based Model) zeichnet sich aus durch eine erhöhte Risikobereitschaft sowie schlanke und minimal gehaltene Kontrollprozesse. Key User erhalten Zugang zu geeignetem Schulungsmaterial, gegebenenfalls kann auch eine Zertifizierung als verpflichtende Voraussetzung definiert werden. Anschließend übt die IT keine weitere Kontrolle aus und lässt den Key Usern freie Hand bei der Entwicklung und Nutzung von Low-Code-basierten Applikationen.

Dieses Modell eignet sich insbesondere dann, wenn Low-Code vorwiegend für die Entwicklung von Anwendungen im Bereich der *eigenen Produktivität* zum Einsatz kommt, also beispielsweise das Speichern von E-Mails in Dropbox oder der Versand von Benachrichtigungen über neue Uploads in OneDrive per E-Mail. Für Anwendungsfälle, die sich auf Kerngeschäftsprozesse des Unternehmens beziehen und/oder eine Verarbeitung von sensitiven Daten erfordern, ist dieses Governance-Modell aufgrund des hohen Risikos von Compliance-Verletzungen nicht geeignet.

Guided Development

Kollaboration zwischen Business und IT

Kern des Modells Guided Development, der geführten Entwicklung, ist die Förderung einer engen und produktiven Zusammenarbeit zwischen den Geschäftsinteressenten und den Entwickler*innen. Im Gegensatz zu den nachfolgenden, restriktiveren Modellen, die eine stärkere Kontrolle und engere Überwachung durch die IT vorsehen, fokussiert sich dieser Ansatz auf die Kollaboration zwischen IT und Fachbereichen. Hierdurch können Ideen und Anforderungen direkt von denjenigen eingebracht werden, die im täglichen Geschäftsbetrieb stehen und somit unmittelbar von den Verbesserungen profitieren.

Niedrige Einstiegshürden

Key User aus den Fachbereichen werden durch ein entsprechendes E-Learning-Programm unterstützt, um die erforderlichen Low-Code-Prinzipien und Best Practices vermittelt zu bekommen. Eine formale Zertifizierung ist in diesem Modell nicht erforderlich. Dies senkt die Einstiegshürden erheblich und ermutigt eine größere Anzahl von Mitarbeitenden, sich aktiv an der Gestaltung der digitalen Transformation ihrer Organisation zu beteiligen.

Um dennoch sicherzustellen, dass die entwickelten Lösungen den hohen Standards in Bezug auf Qualität, Sicherheit und Compliance genügen, spielt eine Entwicklungscheckliste eine zentrale Rolle. Diese Checkliste dient als Richtlinie für die Key User und hilft ihnen, während des gesamten Entwicklungsprozesses die richtigen Schritte zu befolgen. Sie umfasst unter anderem Aspekte wie Datensicherheit, Benutzerfreundlichkeit und Integration mit bestehenden Systemen. Durch diesen strukturierten Leitfaden können auch Personen ohne tiefgreifende technische Kenntnisse qualitativ hochwertige Anwendungen entwickeln, die den Anforderungen des modernen Geschäftsumfeldes gerecht werden.

Power Users Enabled-to-Build

Guided Innovation

Das Modell Power Users Enabled-to-Build (dt. etwa »in die Lage versetzte Power User«) stellt einen Mittelweg dar, bei dem die IT-Abteilung zwar das Risiko der unkontrollierten Verbreitung von Anwendungen anerkennt, jedoch versucht, diese Verbreitung so zu managen, dass dabei die Innovationskraft innerhalb des Unternehmens nicht eingeschränkt wird. Die Lösung hierfür liegt in der gezielten Förderung und Ausbildung von *Power Usern* unter den Key Usern. Diese Power User zeichnen sich durch eine hohe technische Affinität und die Fähigkeit aus, komplexe Problemlösungen zu entwickeln. Sie werden durch ein maßgeschneidertes Schulungsprogramm unterstützt, das sowohl theoretische Lerneinheiten als auch praktische Erfahrungen mit Expert*innen umfasst.

Ausbildung von Power Usern

Ein Beispiel für solche praxisnahen Lektionen sind die SAP-Discovery-Center-Missionen (siehe *http://s-prs.de/v1015311*), die einen Einblick in realistische Anwendungsszenarien bieten und den Teilnehmenden ermöglichen, ihr Wissen unter Anleitung von Expert*innen in die Praxis umzusetzen. Hierdurch werden Key User in die Lage versetzt, den gesamten Entwicklungsprozess eigenständig zu steuern und dabei eng mit den Geschäftsbereichen zusammenzuarbeiten, um sicherzustellen, dass die entwickelten

Anwendungen den tatsächlichen Bedürfnissen des Unternehmens entsprechen. Der entscheidende Vorteil dieser Vorgehensweise liegt in der Entlastung der IT-Abteilung, da die Power User einen Großteil der Entwicklungsarbeit übernehmen und somit die IT-Ressourcen für andere kritische Aufgaben freigemacht werden.

Finale Abnahme durch die IT

Erst wenn es um die finale Überführung der Anwendung in die Produktionsumgebung geht, tritt die IT-Abteilung wieder in den Vordergrund. Sie führt die notwendigen Reviews und Compliance-Checks durch und übernimmt die Verantwortung für die Implementierung der neuen Lösung. Diese Phase ist entscheidend für die Sicherstellung, dass die Anwendung den Unternehmensstandards entspricht und keine Sicherheits- oder Leistungsrisiken birgt. Durch diese klare Aufgabenteilung zwischen den Power Usern und der IT wird ein ausgewogenes Verhältnis zwischen Innovationsförderung und Risikomanagement erreicht.

Certified Development

Zertifizierung von Key Usern

In dem Modell Certified Development, Entwicklung mit Zertifikat, wobei es die Key User sind, die zertifiziert werden, übernimmt die IT-Abteilung eine stärker kontrollierende Rolle, indem sie klare Rahmenbedingungen für die Entwicklungstätigkeit der Key User vorgibt. Dies beginnt mit der Definition spezifischer Lernanforderungen, die als Grundlage für die Ausbildung und Zertifizierung der Key User dienen. Diese Anforderungen sind sorgfältig darauf abgestimmt, den Entwickler*innen das notwendige Rüstzeug zu vermitteln, um sichere, effiziente und den Unternehmensstandards entsprechende Anwendungen zu erstellen.

Nach erfolgreichem Abschluss der Zertifizierung erhalten die Key User grünes Licht für die Umsetzung ihrer Projekte. Diese Zertifizierung fungiert als Qualitäts- und Kompetenznachweis und erlaubt es den Entwickler*innen, Projekte selbstständig bis zur Produktionsreife voranzutreiben.

Go-live durch die IT

Die finale Phase jedes Projekts, die Überführung in die Produktionsumgebung, verbleibt in der Verantwortung der IT, um die Einhaltung aller Sicherheits-, Leistungs- und Compliance-Vorgaben zu garantieren. Darüber hinaus implementiert die IT umfangreiche Überwachungssysteme und integriertes Lebenszyklusmanagement-Tooling.

Diese Instrumente ermöglichen es, den gesamten Entwicklungsprozess lückenlos zu verfolgen und zu steuern, von der initialen Idee bis hin zum laufenden Betrieb der Anwendung. Auf diese Weise behält die IT eine zentrale Kontrollfunktion und kann proaktiv auf mögliche Risiken oder Abweichungen von den Standards reagieren.

Controlled

Das Modell Controlled, also kontrolliert, zeichnet sich durch eine besonders sorgfältig abgestimmte Balance zwischen der Ermächtigung von Key Usern und der Aufrechterhaltung einer stringenten Kontrolle über die gesamte Low-Code-Entwicklung aus. Inspiriert durch die Art und Weise, wie SAP selbst SAP Build nutzt, verkörpert dieses Modell eine Philosophie, die sowohl die Innovationsfreude als auch die Notwendigkeit einer straffen Steuerung berücksichtigt.

Prüfung von neuen Ideen

Im Kern dieses Modells steht der Genehmigungsprozess für neue Low-Code-Projekte. Bevor Key User ihre Ideen in die Tat umsetzen können, müssen diese Ideen eine erste Prüfung durch die Geschäftsprozess-Owner und die Unternehmens-IT bestehen. Diese frühzeitige Einbindung gewährleistet, dass alle Projekte von Anfang an mit den strategischen Zielen des Unternehmens und den technischen Standards in Einklang stehen. Dieser Genehmigungsprozess fungiert als wirksame Barriere gegen unkoordinierte Initiativen, die Ressourcen binden oder sogar den betrieblichen Abläufen zuwiderlaufen könnten.

Qualitätskontrolle vor Produktiv-Deployment

Nach der Genehmigung wird den Key Usern die Freiheit gewährt, ihre Projekte eigenständig bis zur Schwelle der Produktionsreife voranzutreiben. In dieser Phase können sie ihre Kreativität und ihr technisches Know-how voll entfalten, unterstützt durch die Tools und Plattformen, die SAP Build bietet. Die Verantwortung für die finale Freigabe der Projekte liegt jedoch bei der IT-Abteilung. Diese übernimmt die kritische Aufgabe, die Entwicklungen auf Herz und Nieren zu prüfen, bevor sie in die Produktionsumgebung überführt werden. Ein zentrales Element dieser Prüfung ist der Qualitätskontrollprozess, der sich am Vieraugenprinzip orientiert. Hierdurch wird sichergestellt, dass alle Anwendungen nicht nur die funktionalen Anforderungen erfüllen, sondern auch den höchsten Standards in Bezug auf Sicherheit, Leistung und Benutzerfreundlichkeit genügen.

Kontinuierliche Überwachung der Applikation

Ein weiterer wichtiger Aspekt des Modells ist die kontinuierliche Überwachung und Fehlersuche, die als gemeinsame Verantwortung von Key Usern und IT-Abteilung verstanden wird. Diese fortlaufende Partnerschaft ermöglicht eine agile Reaktion auf Probleme und Herausforderungen, die im Betrieb der entwickelten Anwendungen auftreten können. Durch die Kombination von kreativer Freiheit in der Entwicklungsphase mit einer strengen Kontrolle in den späteren Phasen fördert das Modell eine Kultur der Innovation, die mit einem robusten Risikomanagement Hand in Hand geht.

7.6 Zusammenfassung

In diesem Kapitel ist deutlich geworden, dass Governance ein essenzielles Instrument ist, um das Potenzial von Low-Code-Tools wie SAP Build voll auszuschöpfen und gleichzeitig Risiken zu minimieren.

Sie haben gesehen, dass Governance-Strukturen notwendig sind, um eine Schatten-IT zu verhindern und Citizen Development zu fördern, wobei die Einhaltung von Sicherheits-, Skalierbarkeits- und Konformitätsstandards gewährleistet sein muss. Die SAP-Build-Governance-Triade bietet einen strukturierten Ansatz zur Verwaltung dieser Anforderungen durch die Verteilung von Rollen, die Gestaltung von Prozessen und den Einsatz spezifischer Werkzeuge.

Durch den kontinuierlichen Einsatz von SAP Build, unterstützt von einem Center of Excellence (CoE), lassen sich Governance-Aspekte effektiv umsetzen und die Transformation von Geschäftsprozessen fördern. Je nach Ausprägung der Risikobereitschaft und Kontrollanforderungen können die Beziehungen zwischen IT, Business und Key Usern unterschiedlich ausdefiniert werden. Wie das jedoch konkret gestaltet wird, ist jedem Unternehmen selbst überlassen.

Kapitel 8
KI mit SAP Build

Dieses Kapitel informiert Sie über Grundlagen der künstlichen Intelligenz (KI, engl. AI für Artificial Intelligence), sowohl in der Theorie als auch in der Praxis bei SAP. Mit den gebotenen Hilfestellungen können Anwendungsfälle für KI geprüft werden. Die beiden Beispiele am Ende des Kapitels helfen Ihnen dann bei der tatsächlichen Umsetzung eines Anwendungsfalls mit KI.

Generative KI-Modelle haben in den vergangenen Jahren für viel Aufwind in der Tech-Branche gesorgt, doch auch schon vorher war künstliche Intelligenz eines der heißesten Trendthemen. In diesem Kapitel schauen wir uns die möglichen Verknüpfungen zwischen KI, generativer KI und SAP Build an, geben Beispiele für Einsatzgebiete und wagen einen kurzen Ausblick darauf, was generative KI auch in Zukunft für die Arbeit mit SAP Build bedeuten kann.

In Abschnitt 8.1 tauchen wir in die Motivation hinter KI ein und beleuchten die Gründe, warum künstliche Intelligenz eine optimale Ergänzung für Low-Code-Anwendungen wie SAP Build darstellt. Wir schauen uns insbesondere an, wie durch diese Ergänzung die Effizienz und Möglichkeiten von Low-Code-Anwendungen erheblich erweitert werden können. Abschnitt 8.2 beschäftigt sich mit den theoretischen Hintergründen von KI und generativer KI. Ziel ist es, zu verstehen, worin der Unterschied liegt und wie generative KI im Vergleich zu »traditioneller« KI eingesetzt werden kann. Außerdem erklären wir wichtige Begriffe, die Ihnen im Folgenden bei der Integration von KI mit SAP Build helfen sollen. In Abschnitt 8.3 nehmen wir die technischen Details unter die Lupe, angefangen bei den grundlegenden Voraussetzungen bis hin zu konkreten Beispielen, wie diese innovativen KI-Modelle in SAP angesprochen werden können. Hier erfahren Sie, wie die nahtlose Integration von generativer KI in SAP Build konkret umgesetzt werden kann. Wir fassen die theoretischen Grundlagen in Abschnitt 8.4 in zwei praxisnahen Beispielen zusammen, die einerseits zeigen sollen, was alles durch die Verbindung von KI und SAP Build möglich ist, die andererseits aber auch die technische Umsetzung dieser Möglichkeiten im Detail beleuchten.

8.1 Motivation

Effizienz durch KI

Künstliche Intelligenz (KI) hat in den letzten Jahren zweifellos für viel Aufsehen gesorgt, und trotzdem stoßen Unternehmen immer noch auf Herausforderungen, wenn es darum geht, KI effektiv in ihre Arbeitsabläufe zu integrieren und produktiv zu nutzen. Die Hindernisse reichen von Fragen zum Datenschutz über mangelnde Fachkenntnis bis hin zur Notwendigkeit gut funktionierender KI-Modelle. Gerade wenn wichtige Geschäftsprozesse von der Arbeit intelligenter Modelle abhängig sind, sind die Zweifel oft groß. Doch trotz dieser Herausforderungen bietet KI zahlreiche Möglichkeiten, Prozesse und Anwendungen zu optimieren, wenn sie richtig eingesetzt wird.

Generative KI hat in den letzten Jahren entscheidend dazu beigetragen, diese Hürden zu überwinden. Was sich genau hinter dem Begriff verbirgt, beleuchten wir im nächsten Abschnitt. Seit der ersten Veröffentlichung von GPT-3.5 durch OpenAI im Jahr 2022 (Quelle: OpenAI (2022): Introducing ChatGPT, *https://openai.com/blog/chatgpt*, [zuletzt abgerufen am 05.08.2024]) ist generative KI in aller Munde. Besonders hervorzuheben ist die rasche Akzeptanz von ChatGPT, das innerhalb von nur fünf Tagen über 1 Million Nutzer*innen begeisterte (Quelle: Buchholz, Katharina (2023): Threads Shoots Past One Million User Mark at Lightning Speed, *http://s-prs.de/v1015312*, [zuletzt abgerufen am 05.08.2024]).

Generative KI als Gamechanger

Die Attraktivität von generativer KI liegt unter anderem darin, dass die Bereitstellung von KI-Modellen im Software-as-a-Service-Prinzip (SaaS) sehr einfach und schnell geworden ist. Vorher mussten sich Unternehmen oft selbst um die Bereitstellung ihrer sehr spezifischen Modelle kümmern. Durch die Generalisierung von Modellen und Anwendungsfällen ist es nun lukrativer, diese Modelle direkt von den Herstellern wie OpenAI oder Aleph Alpha (in Zukunft auch von SAP direkt) als Service zu beziehen. Dadurch können Nutzer*innen in einer vertrauten Umgebung im eigenen Browser testen, ohne dass zuvor viel Zeit in Infrastruktur oder Anwendungsentwicklung investiert werden muss. Diese Entwicklung hat zu einer Art »Demokratisierung« der KI geführt, die Unternehmen nun nutzen können, um ihre Anwendungen intelligenter zu gestalten. Das ist also die eine Seite der fruchtbaren Verbindung: Durch die Entwicklungen in den letzten Jahren können Ergebnisse von KI wie Datenanreicherung, Strukturierung und Automatisierung von Entscheidungen einfach in Geschäftsanwendungen integriert werden, insbesondere und gerade, wenn SAP Build im Einsatz ist.

SAP Build für Data Scientists

Die andere Seite der Verbindung enthält Vorteile, vor allem für die Entwickelnden von KI, also für Data Scientists. Künstliche Intelligenz hat immer den Anschein einer Blackbox, man sieht einem Modell nicht an, was es kann oder wie es funktioniert. Bislang bestand ein großer Teil der Arbeit von Data Scientists darin, Demo-Benutzeroberflächen zu entwickeln und die Modelle darin zu integrieren, um die Modellergebnisse für Tester*innen zu veranschaulichen. Diese Arbeit gehört dank SAP Build der Vergangenheit an – eine einfache Integration in SAP Build Apps oder SAP Build Process Automation reicht heute aus. Dies bedeutet nicht nur eine erhebliche Zeitersparnis, sondern eliminiert auch die komplexen Schritte zur Absicherung von Anwendungen und zum Bereitstellen der Infrastruktur zum Hosten dieser Anwendungen.

Was allerdings versteht man unter KI-Modellen überhaupt – und wie werden sie entwickelt? Es wird viel über generative KI gesprochen, doch auch hier gilt: Was ist das eigentlich und worin liegt der Unterschied zur bisherigen, »traditionellen« KI?

8.2 Generative KI und traditionelle KI

Es ist für Personen, die nicht tagtäglich mit Daten und Modellen arbeiten, nicht immer leicht zu erkennen, wann eine *generative KI* ausreicht und wann ein traditionelles KI-Modell erforderlich ist. Selbst für Data Scientists ist die Unterscheidung manchmal schwierig und bedarf in jedem Einzelfall einer ausführlichen Evaluation. Zunächst wollen wir aber klären, was die beiden Begriffe überhaupt bedeuten.

Alles nur Statistik?

Künstliche Intelligenz ist ganz allgemein ein Sammelbegriff für verschiedene Methoden, die den Anschein von »Intelligenz« erwecken (siehe dazu auch Abbildung 8.1). Dabei ist die Unterscheidung zu reiner Statistik oftmals nicht ganz einfach. Viele Methoden von KI basieren auf statistischen Verfahren, die aus großen Datenmengen Muster oder Erkenntnisse ableiten können. Das nennt sich *maschinelles Lernen*.

Ein Teilbereich des maschinellen Lernens ist *Deep Learning*. Hier werden ähnlich wie im Gehirn viele kleine Neuronen miteinander verbunden, oft in vielen Schichten hintereinander. Das bezeichnet man dann als *neuronales Netz* (siehe Abbildung 8.2). Anhand vieler kleiner Gewichtungen in den Neuronen werden so Entscheidungen trainiert, denn mit jedem Durchlauf von Trainingsdaten und deren Soll-Ergebnissen werden die Gewichtungen angepasst. Am Ende eines Durchlaufs durch ein neuronales Netz entsteht dann beispielsweise ein Label oder eine Kategorie (*Classification*) oder eine Zahl bzw. eine Vorhersage (*Regression*). Dies sind nur Beispiele für die verschiedenen Anwendungsbereiche neuronaler Netze.

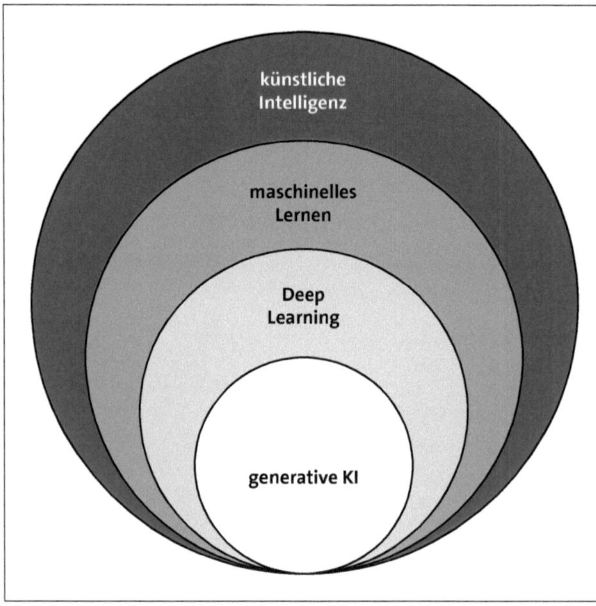

Abbildung 8.1 Verschiedene Definitionsstufen von künstlicher Intelligenz

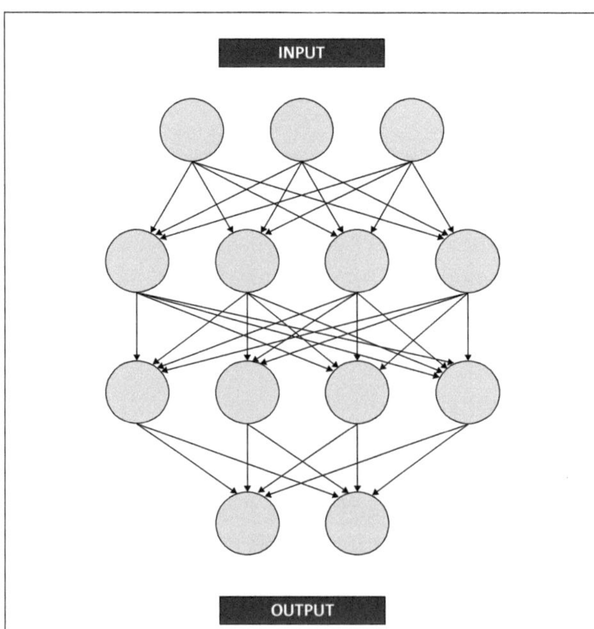

Abbildung 8.2 Typischer Aufbau eines neuronalen Netzes

Large Language Models als Teil der Transformer-Familie

Manche dieser Netze wurden mit unfassbar großen Mengen von Text trainiert. Diese sogenannten *Transformer-Modelle* können besonders gut mit Texten umgehen und rechnen (man nennt sie deshalb auch *Large Language Models*, kurz LLM) und seit einigen Jahren sogar selbst Text generieren. Diese Modelle (auch solche, die Bilder oder Töne generieren können) nennt man daher *generative KI*. Sie basieren ebenfalls auf Statistik, denn die Generierung beispielsweise von Text ist nichts anderes als die Aneinanderreihung der statistisch wahrscheinlichsten Worte hintereinander, basierend auf einem Input-Text.

Traditionelle vs. generative KI

Wo liegen nun die Unterschiede beim Einsatz zwischen den generativen Modellen und der traditionellen KI? Generell lässt sich sagen, dass generative KI besser verallgemeinert und auch ohne spezielles Vortraining oder Feintuning gute Ergebnisse für viele verschiedene Problemstellungen liefert. Traditionelle KI hingegen wurde meist mit weniger Daten trainiert, die dafür spezifischer auf die Problemstellung zugeschnitten waren, deshalb sind die Ergebnisse für diese spezifische Problemstellung oftmals besser als die eines allgemeinen generativen KI-Modells. Eine ausführlichere Aufschlüsselung der Unterschiede finden Sie in Tabelle 8.1. Allerdings ist hierbei immer zu beachten, dass für jeden Einzelfall geprüft werden sollte, welche Art von KI besser funktioniert, da diese Aussage nicht pauschal für alle Anwendungsfälle getroffen werden kann.

	Traditionelle KI	Generative KI
Aufgabe	Klassifizierung, Regression, Empfehlungssysteme und Prognosen	Bildsynthese, Texterstellung, Musikkomposition und andere kreative Aufgaben
Ziele	Finden von Mustern und Korrelationen für Vorhersagen	Produktion von Inhalten, z. B. Text, Bilder, Musik usw.
Daten	Verwendet aufgabenspezifisch markierte und strukturierte Daten.	Trainiert auf großen unstrukturierten Datensätzen, um zugrunde liegende Muster in den Daten zu lernen.
Umfang	meistens spezialisierter Bereich, ein Modell auf der Grundlage eines bestimmten Datensatzes	Verallgemeinert, kann also auch auf andere Probleme angewendet werden.

Tabelle 8.1 Vergleich von traditioneller und generativer KI

Aufwendigeres Training

Ein weiterer Unterschied ist das Training oder das Feintuning der Modelle. Möchte man beispielsweise ein generatives KI-Modell auf einen spezifischen Anwendungsfall anpassen, kann das Modell darauf spezialisiert werden. Das bedeutet, dass die Gewichtungen innerhalb des neuronalen Netzes in eine bestimmte, gewollte Richtung angepasst werden. So könnte z. B. ein Textmodell auf einen bestimmten Dialekt oder Akzent angepasst werden. Bei generativen Modellen sind sehr viele Daten notwendig, um die Gewichtungen entsprechend anpassen zu können. Bei traditioneller KI dagegen sind weniger Daten notwendig, um ein spezielles, nur für den Anwendungsfall funktionierendes Modell zu erstellen.

Mehr Ressourcen für Training und Bereitstellung

Parallel zu den Unterschieden in der reinen Datenmenge unterscheiden sich auch die benötigten Ressourcen, die ein Modell während des Trainings verbraucht. Während ein traditionelles Modell bereits auf einem privaten Laptop trainiert werden kann, werden für generative KI-Modelle spezielle Server benötigt, um alle Berechnungen in annehmbarer Zeit durchzuführen. Solche Ressourcen sind nicht immer vorhanden und schränken die Entscheidung zwischen traditioneller und generativer KI weiter ein.

Datenschutz als Zünglein an der Waage

Ein weiteres, sehr aktuelles Problem bei der Nutzung von generativen KI-Modellen ist der Datenschutz. Unternehmen können so große Modelle nicht selbst bereitstellen, deshalb greifen sie auf die Angebote der Hersteller zurück, um die Modelle als Service zu bekommen. Dabei verlassen die Unternehmensdaten das Unternehmen und werden an einem anderen Ort, meist in den USA, verarbeitet, wo die meisten Modelle bereitgestellt werden.

Sichere Modelle generativer KI durch SAP

Es gibt jedoch Möglichkeiten, dieses Problem zu umgehen. Insbesondere SAP konzentriert sich auf die Bereitstellung sicherer generativer KI-Modelle für Unternehmen. Obwohl das eigene Hosting generativer KI-Modelle prinzipiell möglich ist, können aufgrund der Größe nicht immer die besten Modelle bereitgestellt werden, und die Kosten sind im Vergleich mit dem Beziehen eines Models as a Service deutlich höher, bei dem die Kosten meist pro Einzelabfrage abgerechnet werden.

Es zeigt sich also: Eine Abwägung zwischen traditioneller und generativer KI ist je nach Anwendungsfall sinnvoll. Gerade bei sensiblen, datenschutzkritischen Themen sollte die Entscheidung bewusst getroffen werden. Die genannten Unterschiede und Kriterien können bei dieser Entscheidung hilfreich sein.

8.3 KI auf der SAP Business Technology Platform

Wie bereits erwähnt, werden KI-Modelle meist über REST-Schnittstellen als Service verfügbar gemacht, damit von überall im Cloud-Umfeld darauf zugegriffen werden kann. Im Kontext der SAP Business Technology Platform (SAP BTP) gibt es verschiedene Wege und Technologien, um diese Schnittstellen zu erstellen und anzufragen. Je nach Ebene der Komplexität können und sollten andere Technologien zur Bereitstellung eingesetzt werden (siehe Abbildung 8.3 zur Übersicht).

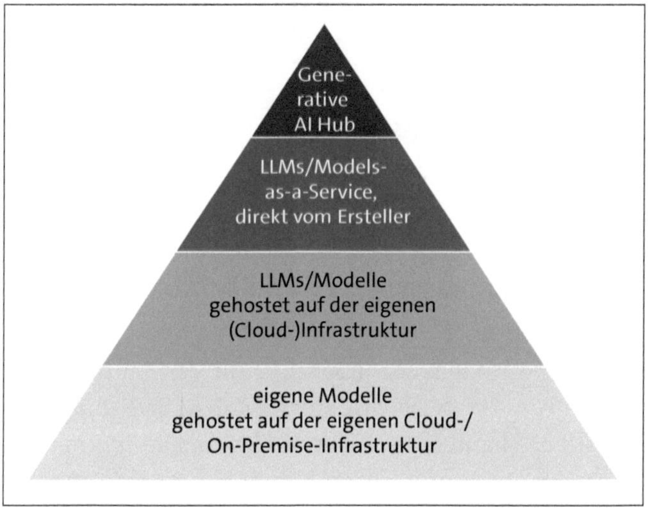

Abbildung 8.3 Vier Stufen der Bereitstellung von KI-Modellen

In den folgenden Abschnitten gehen wir auf die vier Stufen der Bereitstellung von KI-Modellen noch einmal separat ein.

8.3.1 Selbst bereitgestellte Modelle

Die ersten beiden Ebenen bilden dabei selbst entwickelte Modelle, meist aus der Kategorie der traditionellen KI, oder Modelle von anderen Herstellern, die auf selbst verwalteter Infrastruktur bereitgestellt werden sollen. Beispiele dafür sind Plattformen wie Huggingface, auf der Modelle verschiedenster Art frei und unter CC-Lizenz weiterverwendet werden können.

Hosting von Modellen auf der SAP BTP

Auf der SAP BTP gibt es verschiedene Möglichkeiten, um solche Modelle als Services bereitzustellen. In Cloud Foundry kann beispielsweise problemlos ein Service für kleine und einfache Modelle eingerichtet werden. Allerdings gibt es hier Einschränkungen hinsichtlich des verfügbaren Arbeitsspeichers. Für größere Modelle empfiehlt es sich, auf andere Technologien wie SAP AI Core oder Kyma zurückzugreifen. Beide Services basieren auf Kubernetes und sind daher flexibel skalierbar. Die Wahl des richtigen Service für große Modelle hängt stark von der gewünschten Architektur und den bereits vorhandenen Projekten auf der SAP BTP ab.

Generell ist es einfach, hier selbst einen REST-Endpunkt zu definieren, der Anfragen an das Modell weiterleitet, Logiken auf die Ergebnisse anwendet und das Ergebnis zurückgibt. Um auf einen solchen Endpunkt zuzugreifen, muss das Modell in der öffentlichen Cloud verfügbar sein. Allerdings sollte der Endpunkt angemessen geschützt sein, beispielsweise durch eine korrekt konfigurierte Benutzerauthentifizierung, um die Sicherheit zu gewährleisten und den Zugriff durch unbefugte Dritte zu beschränken.

8.3.2 Durch Hersteller bereitgestellte Modelle

Für große, standardisierte und allgemeingültige Modelle, wie ChatGPT von OpenAI oder Luminous von Aleph Alpha, ist es ratsamer, das Hosting der Modelle den Herstellern oder anderen Anbietern zu überlassen und lediglich einen Endpunkt sowie Zugangsdaten zur Authentifizierung zu erhalten. Das entspricht der dritten Ebene in Abbildung 8.3.

Auch SAP stellt verschiedene Modelle sowie Services zur Verfügung, um KI unkompliziert nutzen zu können. Beispiele dafür sind der kürzlich überarbeitete und von generativer KI unterstützte Service *Document Information Extraction*, der im nächsten Abschnitt noch eine größere Rolle spielen wird, SAP Translation Hub oder andere AI-Business-Services. Informationen zu den Services und Modellen finden Sie auf den jeweiligen Dokumentationsseiten von SAP.

[»]

SAP AI Services

Weitere Informationen zu den SAP AI Services finden Sie hier:

- Business Entity Recognition: *http://s-prs.de/v1015313*
- Data Attribute Recommendation: *http://s-prs.de/v1015314*
- Document Information Extraction: *http://s-prs.de/v1015315*
- Personalized Recommendation: *http://s-prs.de/v1015316*
- SAP Translation Hub: *http://s-prs.de/v1015317*

8.3.3 Generative AI Hub

Die vierte und letzte Ebene beschreibt die zusammengefasste, herstellerübergreifende Bereitstellung von Modellen auf einer Plattform. Diese Möglichkeit bietet SAP seit Ende 2023 mit der Funktion *Generative AI Hub*, die in SAP AI Core verfügbar ist. Darüber ist es nun möglich, eine Reihe von Large Language Models zu beziehen und zu nutzen.

SAP Build und Generative AI Hub funktionieren optimal im Zweiergespann, deshalb möchten wir etwas genauer auf diese Servicefunktion eingehen. GenerativeAI Hub ist ein Feature von SAP AI Core, wodurch Large Language Models verwaltet, getestet und genutzt werden können. Als übersichtliche Plattform richtet sich Generative AI Hub vor allem an Entwickler*innen und technisch versierte Nutzer*innen, die erste Erfahrungen im Umgang mit LLMs und generativer KI machen möchten. Die Möglichkeiten reichen von einer bereitgestellten API, die die Funktionen der LLMs nach außen verfügbar macht, über einen Prompt-Editor, mit dem verschiedene Prompts – das sind die Eingaben in natürlicher Sprache – ausprobiert, verschiedene LLMs angebunden und verschiedene Einstellungen getestet werden können (z. B. die »Temperatur«, ein Maß für Kreativität und Zufall, das aber auch mit der Gefahr von falschen Ergebnissen einhergeht), bis hin zu einem LLM-Deployment-Management. Dort können individuell große, von SAP zur Verfügung gestellte LLMs deployt und freigeschaltet werden, um so die Nutzung in verschiedenen Szenarien zu ermöglichen.

Spielwiese für erste Erfahrungen mit generativer KI

Als Teil der SAP BTP kann der Generative AI Hub einfach als Cloud-Service auf der SAP BTP aktiviert werden. Das Abonnement von Generative AI Hub ist Teil des Abonnements für SAP AI Core und kann über den Extended Plan freigeschaltet werden. Voraussetzung ist ein Abonnement des SAP AI Launchpads, das keine zusätzlichen Servicekosten beansprucht. Der Extended Plan enthält alle Features, die auch im Standardplan von SAP AI Core enthalten sind.

Verschiedene LLMs im Vergleich

Generative AI Hub ist die ideale Lösung, wenn Sie flexibel verschiedene LLMs in verschiedenen Kontexten testen möchten, ohne sich um das aufwendige Hosten von Modellen oder das zeitraubende Verwalten vieler unterschiedlicher Abonnements bei unterschiedlichen Anbietern kümmern zu müssen. Sowohl lizenzpflichtige Modelle wie die von OpenAI als auch Open-Source-Modelle wie Falcon werden bereits jetzt unterstützt, in Zukunft soll diese Liste um bekannte Modelle wie Lama2, Aleph Alpha und noch weitere erweitert werden. Zusätzlich plant SAP eigene, auf SAP-Terminologie und -Kontexte spezialisierte Foundation-Modelle über den Generative AI Hub anzubieten. All dies soll dann allein mit dem Abonnement von Generative AI Hub bei SAP zur Verfügung stehen.

Für die Nutzung von Generative AI Hub in SAP Build ist besonders die zuvor genannte API interessant. In dem bereits angesprochenen Modell AI as a Service kann eine App oder ein Geschäftsprozess mit einem einfachen API-Aufruf um »intelligente« Entscheidungen oder Informationen angereichert werden.

8.4 Beispielhafte Integration von KI in SAP Build

Unabhängig von der Art der Bereitstellung und der Art des Modells ist KI meist so flexibel, dass sie in vielen Kontexten und Architekturkonstellationen eingesetzt werden kann. In diesem Abschnitt werden wir Ihnen zwei Anwendungsbereiche exemplarisch vorstellen, die zeigen sollen, wie einfach es bereits heute ist, mithilfe von SAP Build Apps und SAP Build Process Automation KI-Modelle zu integrieren und von ihren »intelligenten« Ergebnissen und Vorhersagen zu profitieren. Ganz egal, ob es sich dabei um Bilddaten oder Textdateien handelt, KI-Methoden haben für jeden Anwendungsfall ein passendes Modell parat.

8.4.1 Erstes Beispiel: KI in SAP Build Apps

Wie im Verlauf dieses Buches bereits erwähnt, eignet sich SAP Build Apps sehr gut dazu, schnell und einfach Daten aufzunehmen und in Prozessen weiterzuverarbeiten. Ein möglicher Weiterverarbeitungsschritt könnte das Einordnen der eingegebenen Daten durch ein KI-Modell sein. Standardmäßig sähe das so aus: Verschiedene Daten werden von den Nutzer*innen erfasst, wie z. B. Texteingaben oder Dateien, und an ein entsprechendes KI-Modell weitergeleitet. Dadurch wird das Modell aktiviert, es verarbeitet die eingegebenen Daten und bereitet die Ergebnisse entsprechend auf. Diese Ergebnisse werden innerhalb der SAP-Build-Apps-Anwendung angezeigt und können dann von den Nutzer*innen weiterverwendet werden.

Natürlich kann SAP Build Apps auch genutzt werden, um ausschließlich die Ergebnisse eines KI-Modells ohne vorherige Eingabe von Daten durch einen Nutzer darzustellen, jedoch würden so nicht alle Stärken von SAP Build Apps ausgenutzt, wie beispielsweise das schnelle und einfache Erstellen von Formularen. Für die reine Anzeige von Ergebnissen gibt es wesentlich geeignetere Services auf der SAP BTP (wie z. B. die SAP Analytics Cloud), die hierfür genutzt werden können.

Um den gerade beschriebenen Anwendungsfall zu veranschaulichen, stellen wir eine praktische Anwendung vor, die es ermöglicht, Fotos von Frachtcontainern zu machen und die darauf befindlichen Informationen (ISO 6346) automatisch zu erfassen.

Verarbeitung zu Frachtinformationen

Frachtcontainer werden auf ihrer Reise über die Kontinente mehrmals gescannt und getrackt, um ihren Standort jederzeit genau bestimmen zu können. Beim Be- und Entladen von Schiffen ist das Scannen wichtig, um beispielsweise die richtige Position des Containers auf dem Schiff festzulegen oder um den Container auf den richtigen Lkw zum Weitertransport zu verladen. Zentral ist dabei der Code, der auf jeden Container aufgedruckt ist. Ein Unternehmen am Hamburger Hafen, das sich um Be- und Entladung von Frachtschiffen kümmert, musste diesen Code bislang jeden Tag für Tausende Container abtippen, um die relevanten Informationen zu bekommen. Durch technische Unterstützung könnte dies viel einfacher werden, und nicht nur die Mitarbeitenden würden davon profitieren: Die Fehleranzahl könnte sinken, da die Eingabe durch technische Mittel überprüft werden kann, die Verarbeitungsquoten steigen, weil man pro Container weniger Zeit braucht, und ebenso die Zufriedenheit der Mitarbeitenden, was zu besseren Arbeitsbedingungen und einer höheren Arbeitgeberattraktivität führt.

Technische Umsetzung der Integration

Prozessdigitalisierung mit SAP Build

Wie kann so etwas nun umgesetzt werden? Wir starten den Prozess nun mit dem Smartphone. Der weitere Prozess läuft wie folgt ab: Nachdem die Nutzer*innen mit ihrem mobilen Gerät ein Bild gemacht oder ein bestehendes Bild ausgewählt haben, wird die Datei in einen Cloud-Speicher hochgeladen. Nun kann die App dieses Bild an den KI-Service weiterleiten, der das Auslesen des Bildes orchestriert. Dazu wird eine Lösung zur optischen Zeichenerkennung genutzt (engl. Optical Character Recognition, kurz OCR), zurzeit ist das Google Cloud Vision. Die KI wertet dann das Bild aus und die Ergebnisse werden empfangen, in strukturierte Form gebracht und validiert. Am Ende erhalten die Nutzer*innen eine Auflistung des Textes, der durch den OCR-Service auf dem Bild des Containers gefunden werden konnte.

Nun kommen wir zum interessanten Teil des Anwendungsfalls: Aus den Ergebnissen des OCR-Service wird der relevante Teil extrahiert, nämlich der Containercode. Dies geschieht wiederum durch einen KI-Service, der berechnet, mit welcher Wahrscheinlichkeit sich hinter einer jeden Textstelle der Containercode verbirgt. Wir zeigen nun exemplarisch, wie ein solches KI-Modell in SAP Build Apps integriert wird.

Voraussetzungen für den REST-Aufruf

Zuerst legen Sie eine neue App an und wechseln auf die Registerkarte **DATA**. Dort muss der KI-Service hinzugefügt werden. Im Bereich **SAP Build Apps classic data entities** klicken Sie auf den Button **CREATE DATA ENTITY** und wählen dort als Endpunkt die Option **REST API direct integration** aus. Der genutzte Endpunkt befindet sich in einem Cloud-Foundry-Service, könnte jedoch auch irgendein anderer öffentlicher Endpunkt sein. Da unser Container speziell für diesen Anwendungsfall entwickelt wurde, können Sie alle

Angaben als »Base« eingeben und speichern, wie in Abbildung 8.4 zu sehen ist. Bei anderen KI-Services, die allgemeiner gehalten sind oder mehrere Optionen bereitstellen, können Sie diese ebenfalls hier pflegen (siehe z. B. **GET COLLECTION**). Die REST-Konfiguration sieht allerdings in allen Fällen gleich aus, weshalb unser Anwendungsfall in seiner Vorgehensweise auch auf komplexere Fälle einfach übertragbar ist. Wichtig ist nur, dass die Mindestanzahl an Parametern korrekt ausgefüllt wird: **Resource URL** sowie **HTTP Header** mit **Authorization**-Informationen, **ContentType** und dem Wert **Access-Control-Allow-Origin**.

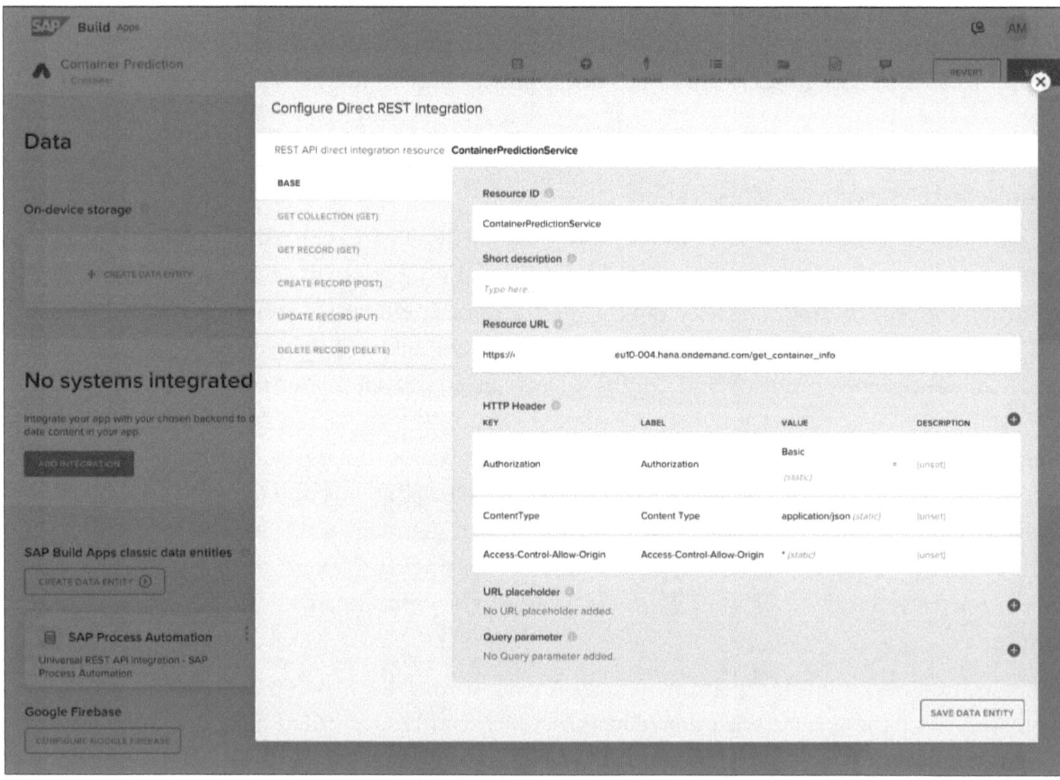

Abbildung 8.4 Integration eines KI-Modells über REST

Logik für KI-Aufruf in SAP Build Apps

Umsetzung des Aufrufes

In Abbildung 8.5 sehen Sie die Logik, die in SAP Build Apps verwendet wird, um den eingerichteten KI-Service aufzurufen. Die ersten beiden Kästen zeigen dabei die Events, die SAP Build Apps ausführt, damit das Bild in base64 konvertiert wird. Dadurch kann es einfacher über REST versendet werden. Um die Inhalte des Requests entsprechend zu formatieren, wählen Sie im nächsten Schritt den relevanten Teil des Payloads aus und schreiben diesen in eine App-Variable, um ihn als Body als Teil des Requests mitzuschicken.

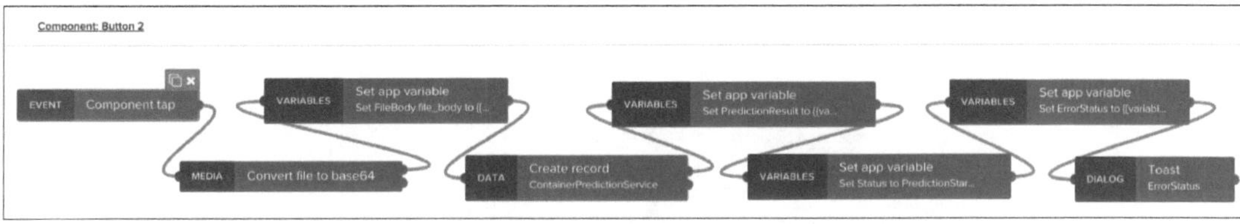

Abbildung 8.5 Logik zum Auslösen der Vorhersage

Im dritten und vierten Schritt wird festgelegt, wie die Anfrage in Richtung des KI-Service abgeschickt wird. Da dieser Service nur für die Anwendung gebaut wurde, sind die Ergebnisse schon passend strukturiert und können direkt in den App-Variablen abgespeichert werden. Was danach mit den Ergebnissen, also in unserem Fall den Containerinformationen, geschieht, ist komplett offen und abhängig vom konkreten Anwendungsfall. Entweder werden sie »nur« in der App angezeigt und vom Nutzer überprüft, oder sie werden an ein anderes System zur Registrierung bzw. Weiterverarbeitung weitergeschickt, sodass z. B. der Hafenmitarbeiter weiß, auf welchen Lkw der Container geladen werden soll, um den korrekten Empfänger zu erreichen.

Fertige Anwendung

Die Anwendung aus SAP Build Apps, die Sie in Abbildung 8.6 sehen, enthält all die Schritte, die wir während der technischen Implementierung beschrieben haben: Die Nutzer*innen können ein Foto aufnehmen und es auf einer benutzerfreundlichen Website hochladen. Mithilfe von OCR werden die Texte auf den Bildern extrahiert. Ein KI-Modell erkennt dann den ISO-6346-Code, überprüft die Prüfsumme und liefert eine detaillierte Beschreibung des identifizierten Containercodes. Diese Informationen können je nach Geschäftsprozess direkt an die relevanten SAP-Systeme weitergeleitet werden. Durch diese innovative Lösung wird nicht nur die Eingabezeit für diese Codes von 1 Minute auf weniger als 1 Sekunde reduziert, sondern der Prozess ist auch weniger fehleranfällig dank der automatischen Überprüfung der Containerprüfsumme.

Diese Flexibilität der Integration und der Ausarbeitung der Prozesse sehen Sie auch in unserem zweiten Beispiel, das sich mit einer KI-Anwendung im Kontext von SAP Build Process Automation beschäftigt.

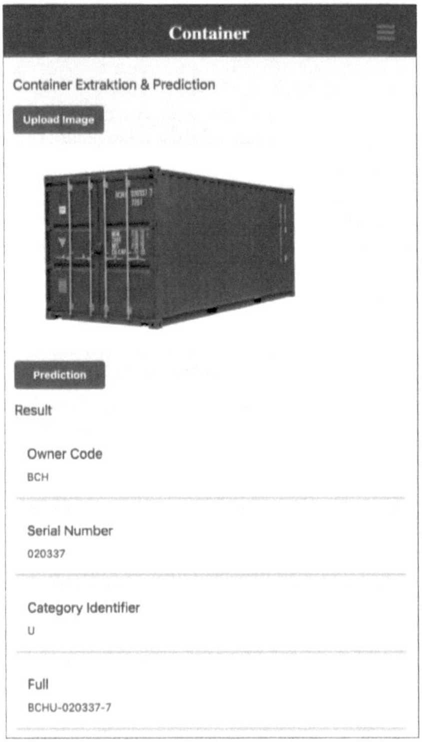

Abbildung 8.6 Anwendung zum Scannen von Frachtinformationen

8.4.2 Zweites Beispiel: KI in SAP Build Process Automation

Künstliche Intelligenz ist auch aus SAP Build Process Automation nicht wegzudenken. Die Roadmap des Tools ist vollgepackt mit Features und Möglichkeiten, KI-unterstützt an Prozessen zu arbeiten. So sollen in Zukunft beispielsweise die Erstellung von Prozessen in natürlicher Sprache möglich sein, außerdem sollen passende Inhalte aus dem Store über KI-Recommendations vorgeschlagen werden.

Es gibt allerdings auch die Möglichkeit, KI-Unterstützung direkt in den Prozess einzubauen. Um KI im Prozess selbst einzubinden, gibt es zwei verschiedene Anwendungsfälle: Einerseits kann SAP Build Process Automation genutzt werden, um Ergebnisse von KI-Modellen zu validieren – dann steht die Anfrage des KI-Modells an erster Stelle und erst deren Resultat startet den Prozess. Andererseits kann das KI-Modell auch als Zwischenschritt in den Prozess integriert werden, um zuvor eingegebene Inhalte durch das KI-Modell verarbeiten zu lassen. Sollte es sich hierbei um komplexere Eingaben handeln, kann der Aufruf des KI-Modells in eine Automatisierung ausgelagert und können Daten mittels eines Bots ermittelt werden.

Um den Ablauf von Anfragen und Serviceaufrufen einmal konkret nachzustellen, zeigen wir die Umsetzung dieses Anwendungsfalls anhand eines Beispiels aus dem Bereich Human Resources. Konkret geht es dabei darum, eine zentrale Verwaltung von Bewerbungen aus verschiedenen Onlineportalen einzurichten.

Strukturieren von Bewerbungen

Prozessintelligenz durch Document Information Extraction Premium

Wir haben folgenden Anwendungsfall: Viele Bewerber*innen schicken über verschiedene Onlineportale Bewerbungen an ein Unternehmen. Die Bewerbungen erreichen die Personalabteilung in unstrukturierter Form (meistens als E-Mail mit Anhang). Die für den Bewerbungsprozess interessanten Informationen (wie z. B. Stellenausschreibung, beruflicher Hintergrund, Berufserfahrung) müssen erst aufwendig an einem zentralen Ort, etwa in einer Excel-Datei, erfasst werden, um den Status der Bewerbungen korrekt nachzuverfolgen. Um diesen Prozess einfacher und digitaler zu gestalten, wurde der bereits erwähnte SAP-BTP-Service Document Information Extraction genutzt, der mittels generativer KI die relevanten Informationen extrahiert. Die extrahierten Daten werden dann an SAP Build Process Automation weitergegeben, das einen Workflow mit den zuständigen Mitarbeiter*innen startet.

Zur Orchestrierung der Services nutzen wir eine Automatisierung in SAP Build Process Automation. Diese liest die E-Mails aus Outlook aus, prozessiert sie in der Premiumedition von Document Information Extraction und gibt die Ergebnisse nach einem Mapping an einen Prozess über den API-Endpunkt weiter. Dieser Prozess kann dann die Bewerbung an die entsprechenden involvierten Abteilungen weitergeben.

Wie wird dieser Service nun konkret in den Ablauf der Automatisierung eingebunden? Schauen wir uns den Aufruf des Service Document Information Extraction Premium an und gehen die notwendigen Schritte nacheinander durch.

Technische Umsetzung der Integration

In Abbildung 8.7 ist der Ablauf exemplarisch zu erkennen. Man kann diesen Ablauf in die folgenden drei Abschnitte einteilen:

1. Im ersten Abschnitt authentifizieren Sie sich mittels OAuth (Schritt 1 und 2).
2. Im zweiten Abschnitt (Schritt 3 bis 5) wird die Anfrage an den Service Document Information Extraction Premium vorbereitet und anschließend abgeschickt.

3. Im dritten Abschnitt (Schritt 6 bis Ende) wird der Status der Anfrage an den Service Document Information Extraction Premium überprüft und das Ergebnis in einer Variablen gespeichert.

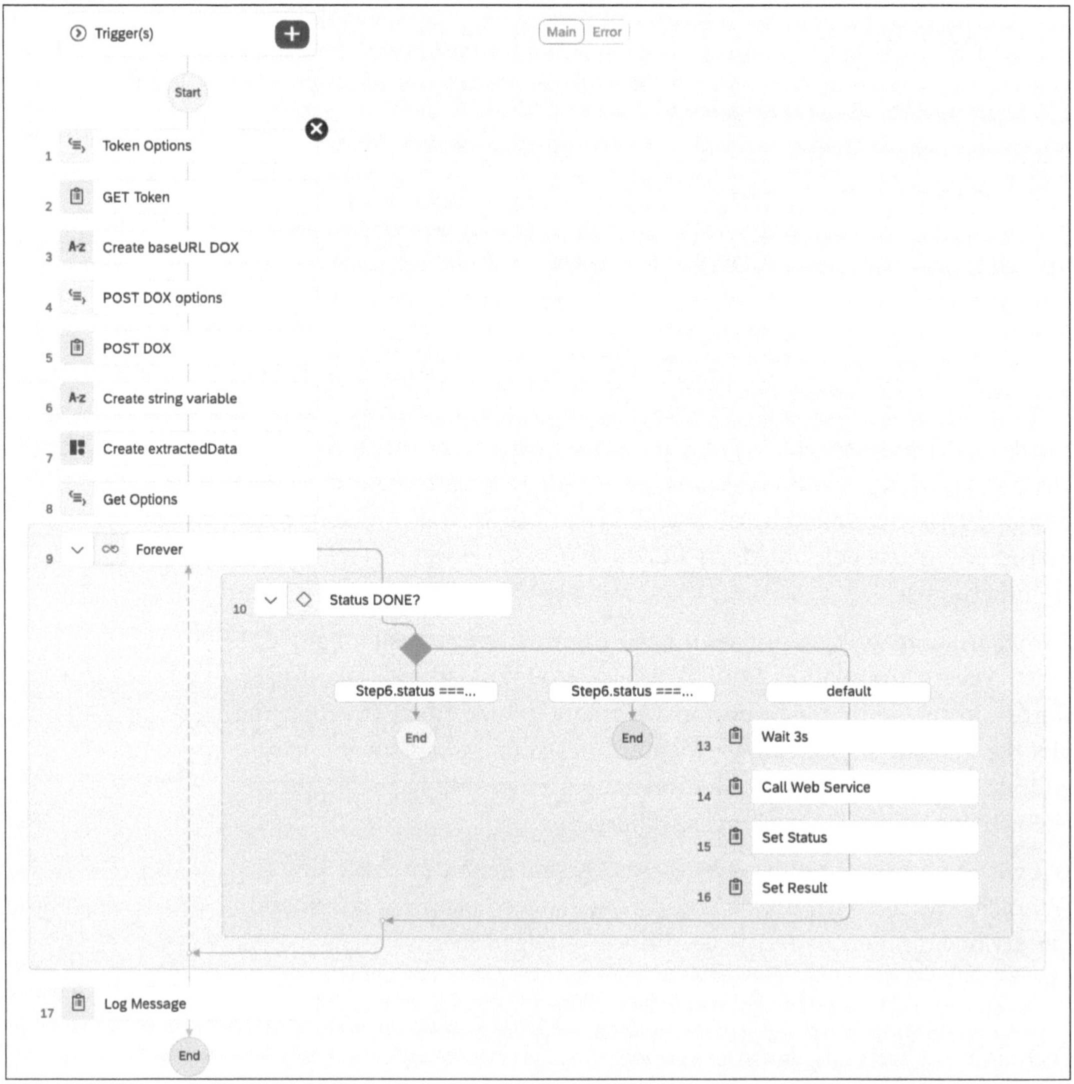

Abbildung 8.7 Document Information Extraction Premium aufrufen

Abschnitt 1: Authentifizierung

Um sich zu authentifizieren, benötigen Sie die OAuth Credentials des jeweiligen Document Information Extraction Premium Service. Sie können diesen Service auch direkt innerhalb von SAP Build Process Automation konfigurieren und vorbereiten. Dazu legen Sie im SAP-Build-Process-Automation-Projekt weitere Dokumente an und fügen ein Label hinzu. Bei diesem Ansatz kann die Premiumversion von Document Information Extraction aktuell noch nicht angesprochen werden, sondern nur der klassische Service, der ein klassisches KI-Modell nutzt und somit im Gegensatz zur Premiumvariante nicht von den Vorteilen generativer KI profitiert. Dieses Modell nutzt die Positionen innerhalb des Dokuments, um herauszufinden, wo die zu extrahierenden Daten stehen.

Abschnitt 2: Anfrage an Document Information Extraction Premium

In den Schritten 3 bis 5 bereiten Sie den Payload vor und schicken diesen an den Endpunkt: Hier nutzen Sie die zuvor definierte baseURL des Service sowie das Token, das Sie in den Schritten zuvor erhalten haben. Danach definieren Sie die Optionen für den REST-Aufruf, geben das zuvor in Document Information Extraction definierte Schema an und übergeben die Datei mittels des Dateipfades. Diese Optionen werden dann im Schritt »POST DOX« als Informationen hinterlegt und durch den Post-Befehl anschließend als neuer asynchroner Job im Service Document Information Extraction angelegt. Als Ausgabeparameter erhalten Sie die Job-ID (siehe Listing 8.1).

```
const options = JSON.stringify({
    "clientId":"default",
    "documentType":"custom",
    "receivedDate":"2024-02-02",
    "schemaId": schemaID
});

return {
    method: 'POST',
    url: `${baseURL}/document-information-extraction/v1/document/
jobs`,
    headers: {
        Authorization: `Bearer ${token}`
    },
    metadata:[
        {
            name: 'file',
            file: filePath,
            type: 'application/pdf'
        },{
            name:'options',
            value: options,
```

```
            type:'text/json'
        }
    ],
    responseType: 'json',
    resolveBodyOnly: true
};
```

Listing 8.1 Konfiguration des Aufrufes

Abschnitt 3: Statusabfrage und Speichern

Die nächsten Schritte bereiten wiederum den Aufruf des Status-Endpunktes vor. Im ersten Schritt wird eine Variable erstellt, die den Status des Jobs abbilden soll. Außerdem initialisieren Sie eine leere Variable zum Abspeichern der extrahierten Daten aus dem Service Document Information Extraction (siehe auch Listing 8.2).

```
return {
    method: 'GET',
    url:`${baseURL}/document-information-extraction/v1/document/jobs/
${docId}?clientId=default`,
    responseType: 'json',
    resolveBodyOnly: true,
    headers:{
        Authorization: `Bearer ${token}`,
        'Cache-Control': 'no-cache'
    }
};
```

Listing 8.2 Codeanpassung im Prozess

In der Schleife wird nun so lange der Status abgerufen, bis entweder `FAILED` oder `DONE` zurückgegeben wird. Ist dies nicht der Fall, wird 3 Sekunden gewartet, bevor eine neue Anfrage an den Status-Endpunkt gesendet wird. Dafür wird die zuvor erstellte Job-ID als Doc-ID übergeben. Sobald der Status allerdings `FAILED` oder `DONE` ist, wird die Schleife beendet und das Ergebnis an den darüberliegenden Bot weitergegeben.

Was danach mit den Ergebnissen geschieht, ist so wie bei unserem ersten Beispiel sehr flexibel. Die Informationen können innerhalb von SAP Build Process Automation weiterverarbeitet und z. B. an eine andere, nun zuständige Abteilung weitergeleitet werden, je nachdem, auf welche Stelle sich die Bewerbung bezieht. Oder die Informationen werden in einem weiteren System gespeichert, z. B. in einer Bewerberdatenbank. Dank der Flexibilität von SAP Build Process Automation sind all diese Anwendungsfälle denkbar und umsetzbar. Und durch zusätzliche Features auf der SAP Roadmap können weitere KI-Anwendungsfälle direkt mit SAP Build Process Automation oder SAP Build Work Zone umgesetzt werden.

8.5 Ausblick: Generative KI im SAP-Umfeld

KI auf der SAP Roadmap

Generative KI soll das (Geschäfts-)Leben aller Menschen revolutionieren. Dazu muss sie immer tiefer und sicherer in Anwendungen integriert werden. SAP bietet in diesem Kontext viele verschiedene Initiativen, in denen generative KI in die unterschiedlichsten Anwendungen integriert werden kann. Von Unterstützung der Fachanwender*innen in SAP-Anwendungen über das sichere Bereitstellen von generativen KI-Modellen (z. B. über Generative AI Hub) bis hin zur automatischen Generierung von Code für Anwendungen (SAP Build Code) ist vieles momentan in Entwicklung. Einige dieser Entwicklungen möchten wir an dieser Stelle kurz vorstellen.

8.5.1 SAP Build Code

Generierung von Code durch Joule

Das neueste Mitglied der SAP-Build-Familie ist *SAP Build Code* (siehe Abbildung 8.8). Zum Erscheinungstermin dieses Buches ist die Produktivversion in allen Versionen des SAP Business Application Studios vorhanden. Es gibt einen Booster, mit dem das Set-up im Handumdrehen in einem Trial Account durchgeführt werden kann (siehe dazu *http://s-prs.de/v1015318*). SAP Build Code will die Entwicklung von Geschäftsanwendungen im SAP-Kontext vereinfachen, indem das Grundgerüst in Joule mittels generativer KI generiert und grundlegende Logiken von Services und Applikationen automatisch implementiert werden.

Mit SAP Build Code rücken Pro-Code-Entwickler*innen und Low-Code-Entwickler*innen näher zusammen. Es lassen sich nun direkt vorkonfigurierte Integrationen in verschiedenen Systemen nutzen, und grundlegende Features wie Authentifizierung oder Datenbankschemata müssen nicht von Grund auf entwickelt werden.

Einfache Arbeitsschritte werden automatisiert

In SAP Build Code wird generative KI an verschiedenen Stellen eingesetzt, etwa bei der Generierung von Services und Datenmodellen, aber auch für Beispieldaten oder Tests. Somit sparen sich Entwickler*innen wertvolle Zeit und können sich mehr auf die komplexen Arbeitsschritte fokussieren.

Eine detailliertere Beschreibung von SAP Build Code finden Sie in Kapitel 17.

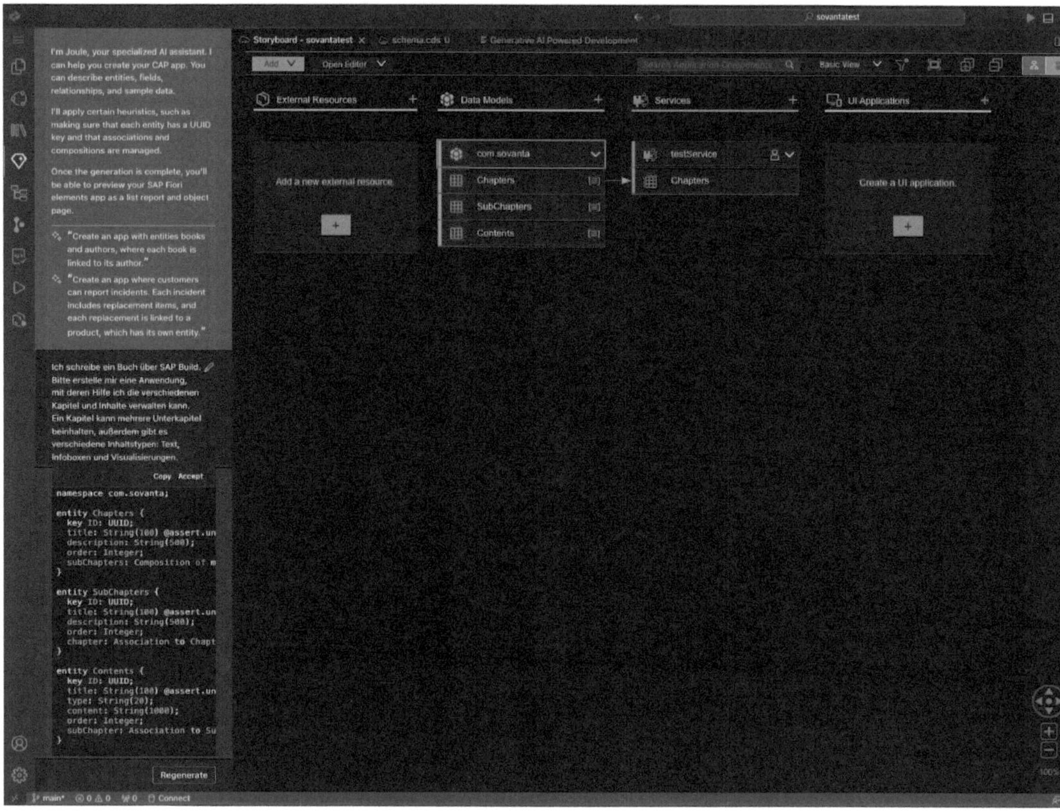

Abbildung 8.8 SAP Build Code

8.5.2 Roadmap: Generative KI in SAP Build Process Automation

Prozesserstellung und Wissensabfragen

Die Roadmap (Stand April 2024) sieht die perspektivische Integration von generativer KI in SAP Build Process Automation vor. In der Lobby von SAP Build soll KI im Chatbotformat zur Verfügung gestellt werden, um Arbeitsabläufe zu vereinfachen. Außerdem soll der Zugang zu semantischen Daten- und Wissensgraphen für die Automatisierung und Prozessgestaltung möglich gemacht werden. Darüber hinaus ist geplant, mit generativer KI einzelne Prozesssegmente und Automatisierungen ohne manuellen Eingriff zu generieren und zu integrieren. Dadurch sollen die Wertschöpfung beschleunigt und der Zugriff auf SAP-Anwendungen standardisiert werden. Zur Gewährleistung einer hohen Wiederverwendbarkeit und Ausfallsicherheit soll eine semantische Zugriffsschicht im Einsatz sein.

Gefüllte Roadmap

In Zukunft werden sicherlich noch mehr solcher Anwendungsbereiche für generative KI im Kontext von SAP Build Apps und SAP Build Process Automation bekannt werden. Wir können gespannt sein, wie sich dieses Themenfeld weiter entwickeln wird. Hinweise dazu gibt es immer und aktuell im SAP Road Map Explorer: *https://roadmaps.sap.com/*

8.5.3 Joule

Joule ist zwar nicht direkt Teil der SAP-Build-Suite, sollte aber an dieser Stelle dennoch erwähnt werden, da es ein zentraler Bestandteil von SAP Build Code sein wird. Dabei handelt es sich um eine KI-Assistenz, die auf generativen KI-Technologien aufbaut und bei der Arbeit in SAP-Systemen unterstützen soll.

Intelligenter Nutzerassistent

Joule hat (je nach Autorisierungsstufe des Users) Zugriff auf die Daten innerhalb des Systems und kann so einfach und schnell bei verschiedenen Fragestellungen unterstützen. Grundlage soll dabei ein Chatfenster sein, in dem man sich über Textnachrichten mit dem KI-Modell austauschen kann (siehe Abbildung 8.9).

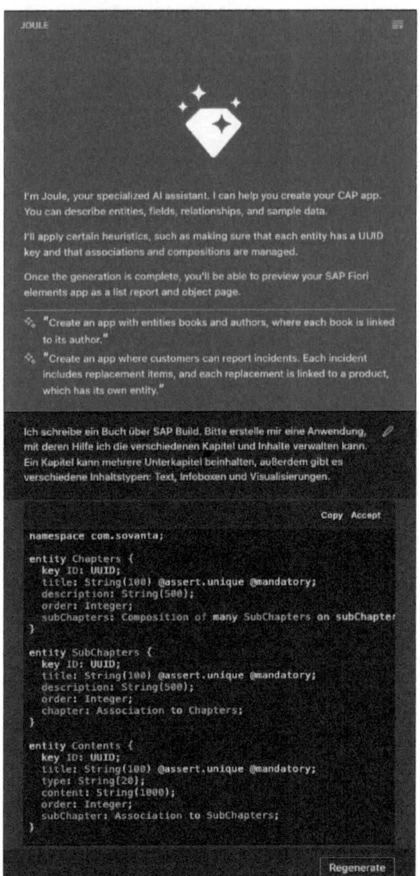

Abbildung 8.9 Joule in SAP Build Code

So können Informationen aufbereitet, Anfragen verschickt oder Aktionen im System getriggert werden, ohne das Chatfenster zu verlassen. Dadurch fühlt sich die Interaktion mit dem SAP-System sehr natürlich und nach wenig administrativem Aufwand an.

In Zukunft soll Joule in sämtliche SAP-Cloud-Produkte integriert werden, um so einen messbaren Return On Investment (ROI) für KI zu generieren.

8.6 Zusammenfassung

Künstliche Intelligenz kann ein Thema sein, das Köpfe zum Rauchen bringt – muss es aber nicht. In diesem Kapitel haben Sie gesehen, wie einfach es ist, aktuelle, State-of-the-Art-KI-Modelle mithilfe von SAP Build in Geschäftsprozesse und -anwendungen zu integrieren.

Nicht nur ein Traum: intelligente Prozesse

Nachdem wir uns die theoretischen Grundlagen von künstlicher Intelligenz angeschaut und Sie die Unterschiede zwischen traditioneller und generativer KI verstanden haben, haben Sie gesehen, dass beide Ansätze, je nach Anwendungsfall, ihre Daseinsberechtigung haben und dass im Zweifelsfall gut abgewogen werden sollte, welche Technologie die sinnvollere ist. Anschließend haben wir verschiedene Möglichkeiten der Bereitstellung von KI auf der SAP BTP ausgeleuchtet. Insbesondere Generative AI Hub, integriert über den SAP AI Core, bietet hier vor allem in Zukunft viele Möglichkeiten, um die aktuellen Large Language Models in eigene Prozesse zu integrieren. Mithilfe von zwei ausgewählten Beispielen haben wir gezeigt, wie einfach es ist, KI sowohl in SAP Build Apps als auch in SAP Build Process Automation zu integrieren und nutzbar zu machen. So müssen »intelligente« Geschäftsprozesse nicht länger ein Traum bleiben. Mit den bereits angekündigten KI-Neuerungen auf der SAP Roadmap wird dies auch in Zukunft ein spannendes Themenfeld bleiben und die Automatisierung von Geschäftsprozessen mithilfe von SAP Build vorantreiben.

TEIL III

Key Capabilities von SAP Build

Kapitel 9
SAP Build Process Automation

Mit SAP Build Process Automation stellt SAP zwei Werkzeuge bereit, mit denen bestehende Applikationslandschaften durch Automatisierungen und Entscheidungsfindungsprozesse erweitert werden können. In diesem Kapitel zeigen wir Ihnen, wie Sie diese beiden Funktionen sinnvoll einsetzen.

In der heutigen, schnelllebigen Geschäftswelt ist die fortlaufende Optimierung von Geschäftsprozessen nicht nur eine Option, sondern eine Notwendigkeit für Unternehmen, die im globalen Markt bestehen wollen. *SAP Build Process Automation* ist eine zentrale Lösung, die es Organisationen ermöglicht, ihre Abläufe durch fortschrittliche Technologien effizienter zu gestalten. SAP Build Process Automation umfasst zwei Hauptfunktionalitäten, *Robotic Process Automation* (RPA) und *Workflow Management*. Die Komponente zum Workflow Management ermöglicht es Entscheider*innen, direkten Einfluss auf die Geschäftsprozesse zu nehmen, während die RPA-Komponente vor allem repetitive und manuelle Aufgaben übernimmt, was die Mitarbeitenden von monotonen Tätigkeiten entlastet und ihnen ermöglicht, sich auf wertvollere Aufgaben zu konzentrieren.

Wie auch die anderen SAP-Build-Lösungen folgt SAP Build Process Automation dem Low-Code-/No-Code-Ansatz (LCNC), der es auch Entwickler*innen ohne tiefgreifende Programmierkenntnisse ermöglicht, Anwendungen zu gestalten und zu implementieren. Es muss hervorgehoben werden, dass sich SAP Build Process Automation nahtlos und schnell in bestehende Geschäftsprozesse integrieren lässt, beispielsweise bei der Erstellung eines Kundenauftrags. Was SAP Build Process Automation so mächtig macht, ist, dass auf jedes Ereignis in einem ERP-System reagiert werden kann und Folgeschritte ausgelöst werden können. Aus diesem Grund ist das Werkzeug auch für professionelle Entwickler*innen eine gute Ergänzung im Repertoire.

In diesem Kapitel stellen wir Ihnen zunächst die Lösung vor und wie sie im Unternehmen eingesetzt werden kann (siehe Abschnitt 9.1). In Abschnitt 9.2 gehen wir auf das Thema Enterprise Automation ein: SAP Build Process

Automation ist Grundvoraussetzung für die Hyperautomatisierung, da sowohl technische als auch Schnittstellen zwischen Client und Server (Automatisierung von manueller Arbeit) überwunden werden. Abschließend werden wir Ihnen in Abschnitt 9.3 vorstellen, wie Sie SAP Signavio und SAP Build zusammen verwenden, denn um Hyperautomatisierung voranzutreiben, ist es notwendig, laufende Geschäftsprozesse zu verstehen.

9.1 Funktionen

SAP Build Process Automation wird out of the box mit zwei Funktionen ausgeliefert: Workflow Management und Robotic Process Automation (kurz RPA). Wenn Sie in SAP Build Process Automation eine neue Prozessautomatisierung anlegen, werden Ihnen diese beiden Arten bereits zur Auswahl gestellt (siehe Abbildung 9.1):

- **Geschäftsprozess** (mit Workflow Management dahinter)
- **Aufgabenautomatisierung** (RPA-gesteuert)

Abbildung 9.1 Art der Prozessautomatisierung auswählen

Das Ziel der Workflow-Management-Funktionalität besteht vor allem darin, dass Entscheider*innen auf bestehende Anwendungslösungen Einfluss nehmen können. Im Vergleich dazu soll die RPA-Funktionalität vor allem dazu beitragen, die Mitarbeitenden durch robotergesteuerte Prozessautomatisierung bei der Bearbeitung manueller Prozesse zu entlassen. Auf diese und weitere Vorteile, aber auch die Funktionsweise und die Bestandteile der jeweiligen Funktionalität möchten wir in diesem Kapitel näher eingehen.

9.1.1 Robotic Process Automation

Automatisierung durch RPA

In einer Zeit, die von wirtschaftlicher Unsicherheit geprägt ist, stehen Unternehmen vor der Herausforderung, Kosten zu senken und gleichzeitig ihre Effizienz zu steigern. Diese Herausforderungen haben die Bedeutung von Projekten im Bereich der Robotic Process Automation verstärkt, da sie die Möglichkeit bieten, Prozessqualität, Geschwindigkeit und Produktivität zu verbessern. Diese Vorteile sind entscheidend, um den wirtschaftlichen Druck und die Krise erfolgreich zu bewältigen.

Vorteile von RPA

Der Einsatz von RPA bietet Unternehmen entscheidende Vorteile, dazu gehören etwa:

- **Automatisierung manueller Tätigkeiten**

  Ein Schlüsselaspekt von RPA ist seine Fähigkeit, einfache manuelle Tätigkeiten, in der Fachsprache spricht man auch häufig von repetitiven Tätigkeiten, zu automatisieren, was zu einer Steigerung der Produktivität der Mitarbeitenden führt. Durch die Automatisierung von Routineaufgaben können Mitarbeitende ihre Zeit und Energie auf anspruchsvollere Aufgaben konzentrieren, die einen höheren Mehrwert für das Unternehmen bieten. Dies trägt nicht nur zur Mitarbeiterzufriedenheit bei, sondern steigert auch die Effizienz und Innovationskraft des Unternehmens.

- **Automatisierung von systemübergreifenden Tätigkeiten**

  Ein weiterer entscheidender Vorteil von RPA ist seine Fähigkeit, systemübergreifende Aufgaben zu automatisieren. Im Vergleich zu traditionellen Automatisierungslösungen kann RPA eine Vielzahl von Werkzeugen und Anwendungen integrieren, darunter Webanwendungen, native Anwendungen und SaaS-Anwendungen (Software as a Service). Dadurch wird ein bis dahin nicht vorstellbarer Grad an Automatisierung möglich.

- **Sequenzierung von Aufgaben in Teilschritte**

  Ein weiteres herausragendes Merkmal von RPA ist die Sequenzierung, die insbesondere bei komplexen Aufgaben von Vorteil ist. RPA kann mehrere sequenzielle Teilschritte nahtlos verbinden, was in eine effiziente Durchführung komplexer Aufgaben mündet. Diese Fähigkeit zeichnet Robotic Process Automation im Vergleich mit anderen Formen konventioneller Automatisierung aus.

Effizienzsteigerung für Unternehmen

Durch die Integration von Robotic Process Automation in ihre Prozesse können Unternehmen nicht nur ihre Effizienz steigern, sondern auch ihre Kosten senken. Mitarbeitende, die von Routinearbeiten befreit werden, können stattdessen anspruchsvolleren Arbeiten nachgehen und dem Unternehmen so einen tatsächlichen Mehrwert liefern. Dies trägt dazu bei, die Betriebskosten zu senken und die Rentabilität des Unternehmens zu steigern – de facto tragen Investments im Bereich Digitalisierung und RPA, vor allem solche in Zeiten wirtschaftlicher Unsicherheit und Herausforderung, dazu bei, dass sich Unternehmen einen Wettbewerbsvorteil verschaffen, sich von der Konkurrenz abheben und letztendlich nicht nur überleben, sondern als Gewinner aus Krisen hervorgehen.

Verfügbarkeit rund um die Uhr

Neben der Senkung der Betriebskosten ermöglicht die Skalierbarkeit von RPA eine flexible Anpassung an die Bedürfnisse des Unternehmens. Ein Roboter kann rund um die Uhr an 365 Tagen im Jahr mit gleichbleibender Qualität arbeiten, auch wenn die Arbeitslast steigt. Mit steigenden Automatisierungsanfragen können weitere RPA-Jobs eingeschaltet werden, um die Kapazität zu erhöhen und die Anforderungen effektiv zu bewältigen. Dies trägt dazu bei, dass Unternehmen auch bei steigenden Anforderungen effizient arbeiten und Engpässe durch sich aufstauende Automatisierungsanfragen vermieden werden können.

SAP Build

Der Einstieg in SAP Build Process Automation und die Entwicklung, Bereitstellung und Verwaltung der Lösung erfolgt über die Lobby von SAP Build. Sie wird daher von Entwickler*innen und IT-Administrator*innen gleichermaßen verwendet. In Abbildung 9.2 sehen Sie die Einstiegsseite von SAP Build.

In der **Lobby** werden Dokumentationen angeboten und RPA-Projekte aufgelistet, die für die Entwicklung bereitstehen oder für die Endanwender*innen weiter administriert werden können. Über den Menüpunkt **Store** finden Sie unter anderem vorkonfigurierte RPA-Projekte und *Software Development Kits* (SDKs), die Sie direkt herunterladen, weiterentwickeln oder ohne Weiteres Customizing verwenden können. Über den Menüpunkt **Control Tower** können Automatisierungen für die Anwendung bereitgestellt werden und im Menü **Monitoring** können Sie beobachten, wie sich Automatisierungen im Hinblick auf den Prozess und die Auslastung verhalten.

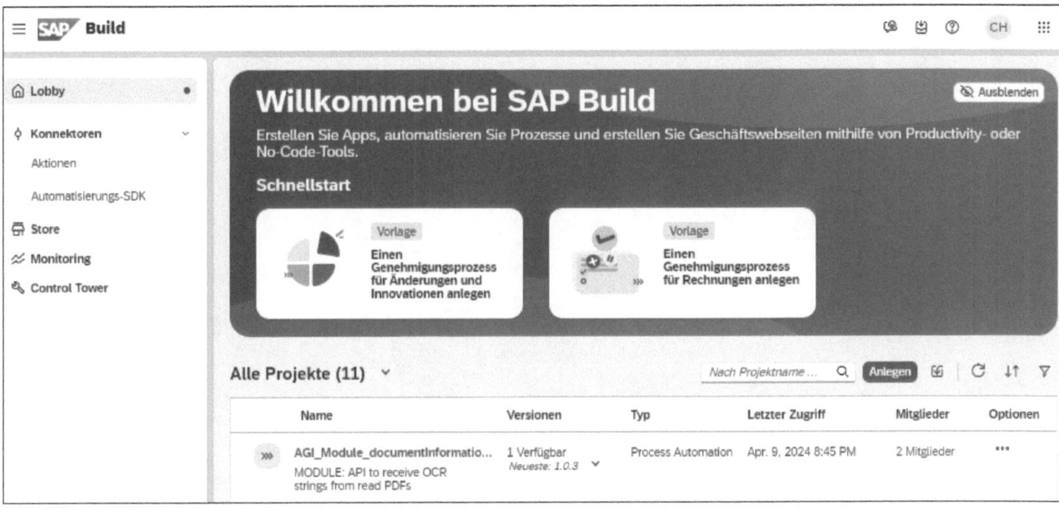

Abbildung 9.2 Übersicht von SAP Build

Entwicklungsumgebung auf LCNC-Ansatz

Die cloudbasierte LCNC-Entwicklungsumgebung erlaubt es, RPA-Prozesse ohne umfangreiche Programmierkenntnisse zu erstellen. Mit der intuitiven Benutzeroberfläche mit Drag-and-drop-Funktion können Entwickler*innen Arbeitsabläufe definieren und automatisieren. Dabei können Services, die auch über die SAP BTP angeboten werden, einfach integriert werden. Beispielsweise erlaubt *Document Information Extraction* die strukturierte Extraktion und Weiterverarbeitung von Informationen aus PDF-Dateien. Mit AI Embeddings können Textbausteine schnell (durch Abgleich mit Vektorendatenbanken) kontextbezogen ausgelesen, interpretiert und strukturiert werden. SAP bietet eine Vielzahl von vorgefertigten Automatisierungsfunktionen für die Entwicklung sowie die Möglichkeit, benutzerdefinierte Skripte und Logiken zu implementieren. Auch Anwendungen wie Web-Apps können einfach integriert werden. SAP GUI und SAP-Fiori-Apps lassen sich besonders einfach erfassen und damit automatisieren. Ein *Anwendungsrekorder* ermöglicht die Liveaufzeichnung von anwendungsbezogenen Prozessen – so können Anwendungen in wenigen Minuten inklusive des Prozesses in eine de facto fertige Automatisierung überführt werden. Entwickler*innen können zudem in einer sicheren und kollaborativen Cloud-Umgebung arbeiten, was die Entwicklung von RPA-Prozessen effizienter und flexibler gestaltet.

In Abbildung 9.3 sehen Sie die Entwicklungsumgebung der RPA-Funktionalität. Die Entwicklungsumgebung ist direkt über den Hauptbildschirm von SAP Build aufrufbar. Automatisierungsschritte werden leicht verständlich in einem Canvas dargestellt und können dort direkt bearbeitet werden.

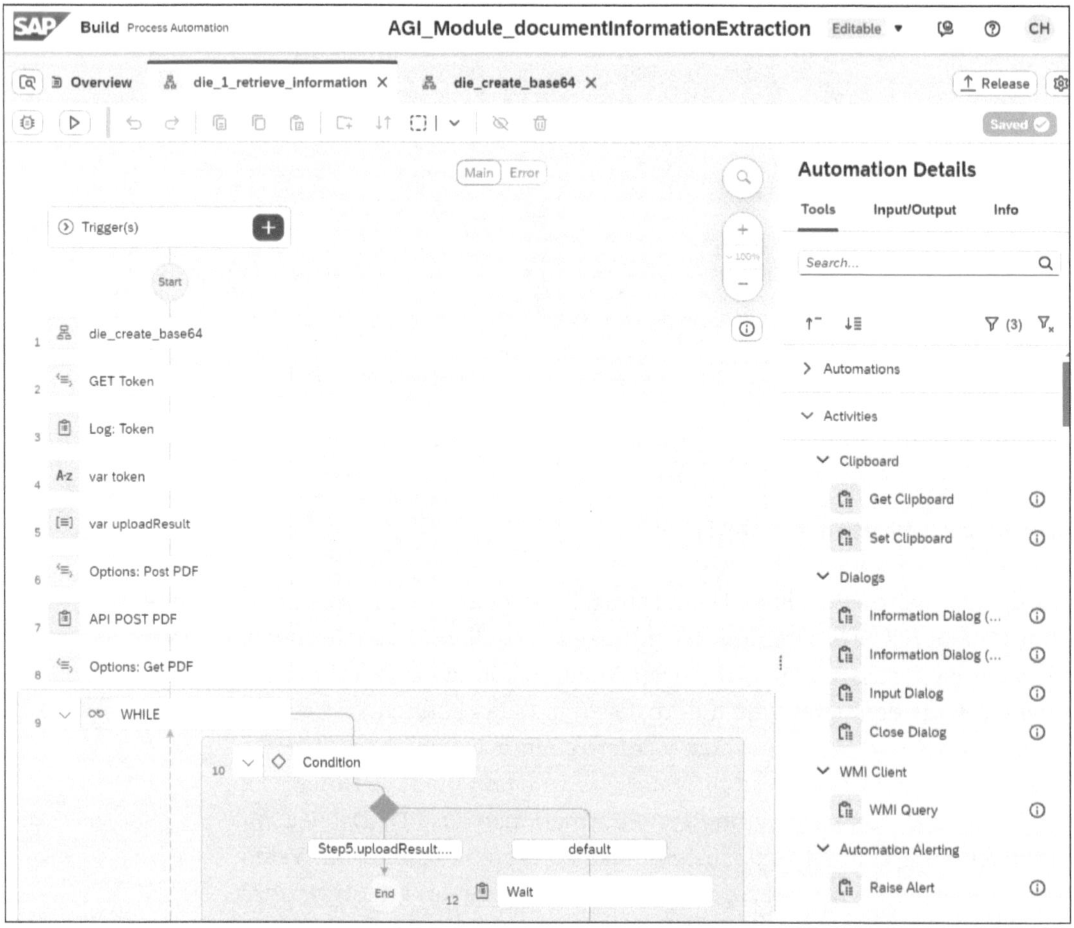

Abbildung 9.3 Entwicklungsumgebung von RPA in SAP Build Process Automation

Deployment und Ausführung

Nachdem ein RPA-Prozess in der Entwicklungsumgebung entwickelt wurde, kann er unter Einbeziehung von Versionierungsmechanismen – die Versionierung dient unter anderem als Sicherheitsmechanismus – zur Nutzung hochgeladen werden.

Doch wie läuft eigentlich die Entwicklung eines Prozesses ab? Je nachdem, ob es sich um ein Interface, z. B. eine Webanwendung, handelt, wird zunächst eine Anwendung erstellt und mit dem Rekorder aufgenommen. Das heißt, die Schritte, wie ein echter Benutzer ein Interface bedienen würde, werden sequenziell aufgezeichnet. In einem zweiten Schritt wird eine Automatisierung erstellt, in der über ein Drag-and-drop-Interface zuvor erstellte

Anwendungen und Funktionen, wie z. B. »Lies ein Excel« oder »Schreibe den Wert in dieses Interface-Feld«, angeordnet werden können. Über die Debug-Funktion kann die erstellte Automatisierung getestet werden: Die angeordneten Schritte werden der Reihe nach ausgeführt. Nach dem Hochladen kann die Entwicklung in verschiedenen Cloud-Umgebungen bereitgestellt werden, je nach den Anforderungen des Unternehmens. SAP bietet eine nahtlose Integration mit einem SAP Desktop Agent, der auf den Endbenutzercomputern als Windows- oder Mac-Anwendung installiert wird. Der Desktop Agent (siehe Abbildung 9.4) fungiert als Ausführungsumgebung für die automatisierten RPA-Prozesse direkt auf dem Client.

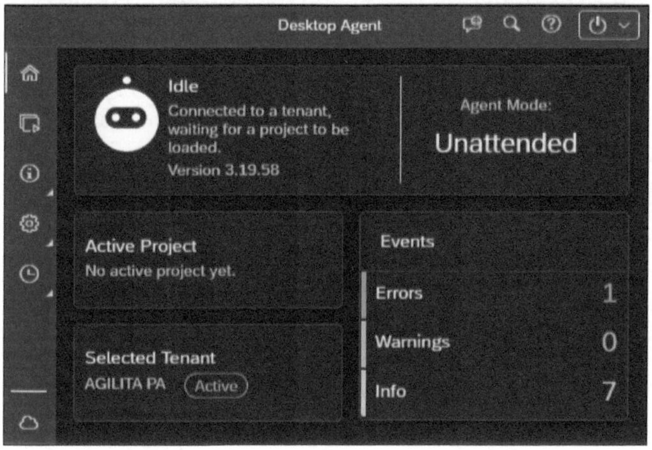

Abbildung 9.4 Desktop Agent

Sobald die entwickelte und hochgeladene Automatisierung in der Cloud bzw. der entsprechenden Umgebung bereitgestellt ist, können die Endbenutzer*innen sie über den *Desktop Agent* starten und selbst ausführen oder ausführen lassen. Der Desktop Agent ist notwendig, um auf einem Rechner SAP-Build-RPA-Automatisierungen ausführen zu können, und gewährleistet eine sichere Verbindung zwischen der Cloud, in der Automatisierungen gelagert werden, und dem Client, auf dem der Bot ausgeführt wird. Automatisierungen können generell auf zwei Arten ausgeführt werden:

- die beaufsichtigte Ausführung (*Attended*)
- die unbeaufsichtigte Ausführung (engl. *Unattended*)

Beaufsichtige und unbeaufsichtigte Ausführung

Die *beaufsichtigte Ausführung* von Ausführung beinhaltet eine aktive Beteiligung eines menschlichen Benutzers während des Automatisierungsprozesses. Hierbei interagiert der RPA-Bot direkt mit Anwendungen oder Systemen auf dem Computer des Benutzers, wobei dieser anwesend ist. Diese Form der Ausführung ermöglicht es den Benutzer*innen, den RPA-Bot nach Bedarf zu steuern. Im Gegensatz dazu erfolgt die *unbeaufsichtigte Ausführung* von Automatisierungen autonom, ohne die Anwesenheit oder Interaktion eines menschlichen Benutzers. Der Roboter führt die automatisierten Aufgaben selbstständig aus, ohne menschliche Überwachung oder Eingriffe. Diese Art der Ausführung findet oft außerhalb der regulären Arbeitszeiten statt, angestoßen durch einen zeitlich geplanten Job, etwa um große Datenmengen zu verarbeiten oder zeitaufwendige Aufgaben zu automatisieren. Auch ein API-Auslöser, d. h. ein Anstoßen der Automatisierung durch eine Schnittstelle, ist möglich. Das Schnittstellenszenario findet vor allem Verwendung, wenn der Roboter als Bestandteil eines App-Ökosystems verwendet wird.

Funktionsweise des Desktop Agents

Der Desktop Agent ist das Bindeglied zwischen dem Automatisierungspaket in der Cloud und dem Anwendungssystem und ermöglicht es den RPA-Prozessen, direkt auf dem Desktop des Benutzers zu interagieren, Anwendungen zu öffnen, Daten zu extrahieren oder einzugeben und Aufgaben auszuführen, als ob ein menschlicher Benutzer am Computer arbeiten würde. Dies gewährleistet eine nahtlose Integration der Automatisierung in die bestehenden Arbeitsabläufe der Benutzer.

Beobachtung von Automatisierung

Wie bereits erwähnt, bietet die Process-Automation-Cloud im Menü **Monitoring** umfassende Monitoringfunktionen für Administrator*innen, um die Leistung und Zuverlässigkeit der automatisierten Prozesse zu überwachen. Administrator*innen haben Zugriff auf ein Dashboard, das Echtzeitdaten und -metriken über die ausgeführten RPA-Prozesse anzeigt. Sie können den Status einzelner Prozesse verfolgen, wie etwa die erfolgreiche Durchführung, Fehlermeldungen oder Verzögerungen. Darüber hinaus bietet die Process-Automation-Cloud detaillierte Protokolle und Berichte, die es Administrator*innen ermöglichen, Trends zu erkennen, Engpässe zu identifizieren und die Leistung der RPA-Prozesse kontinuierlich zu verbessern. Abbildung 9.5 gibt eine Darstellung des Monitorings mit Hinblick auf fehlgeschlagene Automatisierungen.

Administrator*innen können außerdem Warnungen einrichten, um auf unerwartete Ereignisse oder Ausnahmen hinzuweisen und schnell darauf reagieren zu können. Insgesamt bietet die Monitoringfunktionalität in der Process-Automation-Cloud eine transparente und kontrollierte Umgebung für die Verwaltung der automatisierten Prozesse.

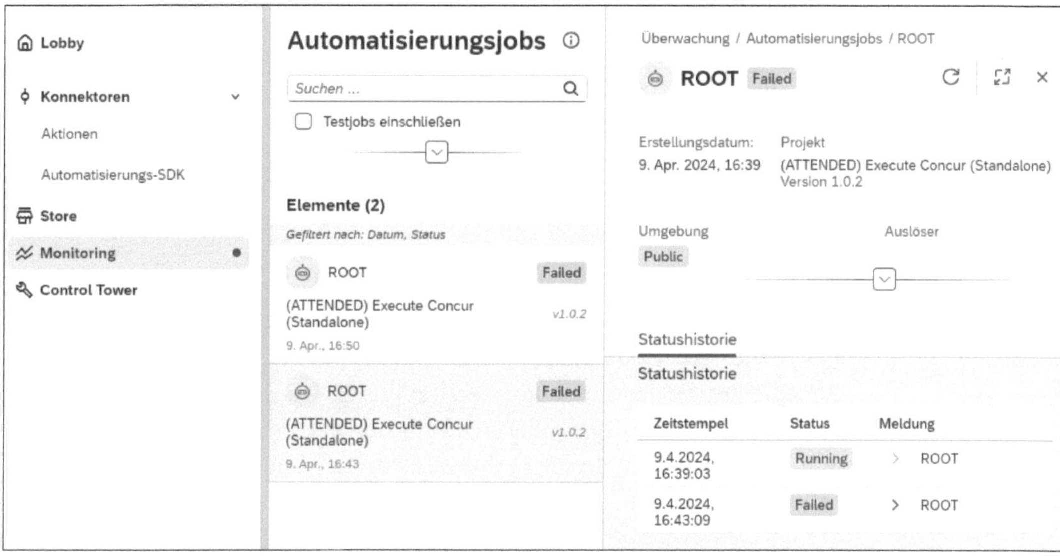

Abbildung 9.5 Monitoring für IT-Administrator*innen

9.1.2 Workflow Management

Problemlose Integration in SAP- und Nicht-SAP-Umgebungen

In der heutigen Geschäftswelt ist die Effizienz von Geschäftsprozessen entscheidend für den Erfolg eines Unternehmens. Die *Workflow-Funktion* von SAP Build Process Automation ermöglicht es Unternehmen, ihre Geschäftsprozesse durch die Automatisierung von Workflows zu optimieren. Ebenso wie die RPA-Funktion bietet diese Technologie eine flexible, leistungsfähige und benutzerfreundliche Lösung zur Gestaltung, Verwaltung und Ausführung von Workflows, die nahtlos in die SAP- und Nicht-SAP-Umgebungen integriert werden können.

Auch Workflows basieren auf einer Low-Code-/No-Code-Entwicklungsumgebung, die es Key Usern erlaubt, mithilfe von Drag-and-drop-Funktionalität Workflows zu automatisieren, das Ganze ohne jegliche Entwicklungserfahrung.

Auch die Workflow-Funktionalität erreichen Sie über die Lobby von SAP Build, wo Entwicklungen, Bereitstellungen und Monitoring gleichermaßen gemanagt werden.

Die Workflow-Management-Funktionalität hat ebenso wie die RPA-Funktionalität aus unternehmerischer Sicht Vorteile im Hinblick auf die Kosteneffizienz, nicht zuletzt wegen der Möglichkeit der LCNC-Entwicklung. Aber auch der Einfluss auf Projekte ist nennenswert: Während Workflows im Rahmen klassischer IT-Projekte von Entwickler*innen umgesetzt werden müssen, ermöglicht der LCNC-Ansatz auch hier den Einsatz von Citizen Developing. Effektiv bedeutet dies im Projektgeschäft, dass Ressourcenengpässe besser abgefedert werden können, Projektaufgaben so im Rahmen des agilen Projektmanagements schnell neu priorisiert und letztendlich erfolgreich über die Ziellinie gebracht werden können.

Workflows anlegen

Der Kern der Funktionalität ist das Design- und Modellierungstool, mit dem Benutzer*innen visuell Geschäftsprozesse entwerfen und modellieren können. Das Tool ist intuitiv gestaltet, sodass auch Citizen Developer per Drag-and-drop komplexe Workflows erstellen können. Workflows können über Events im ERP-System, wie z. B. die Erstellung einer Bestellung, über eine Schnittstelle oder über den Eingang eines Formulars angestoßen werden. Die Entwickler*innen können bei der Gestaltung des Workflows Entscheidungsprozesse formulieren, RPA-Automatisierungen auslösen, andere Backend-Systeme durch Aktionen anstoßen und über Work Items bzw. Formulare und E-Mails Mitarbeitende in den Workflow-Prozess integrieren. Aktuell stehen dafür folgende Entwicklungsfunktionalitäten zur Verfügung (siehe Abbildung 9.6):

- **Form**: Formulare werden in Form von Work Items an das Postfach von Vorgesetzten zur Entscheidungsfindung gesendet.
- **Approval**: Dabei handelt es sich um Bestätigungsformulare.
- **Controls and Events**: Controls und Events können andere Automatisierungen oder Dienste anstoßen und sind neben Aktionen ein entscheidender Faktor für die Hyperautomatisierung.
- **Automation**: Automatisierungen ermöglichen es, RPAs zu starten, der Workflow beginnt an dieser Stelle mit der Ausführung eines Roboters.
- **Action**: Aktionen stoßen Schnittstellen an.

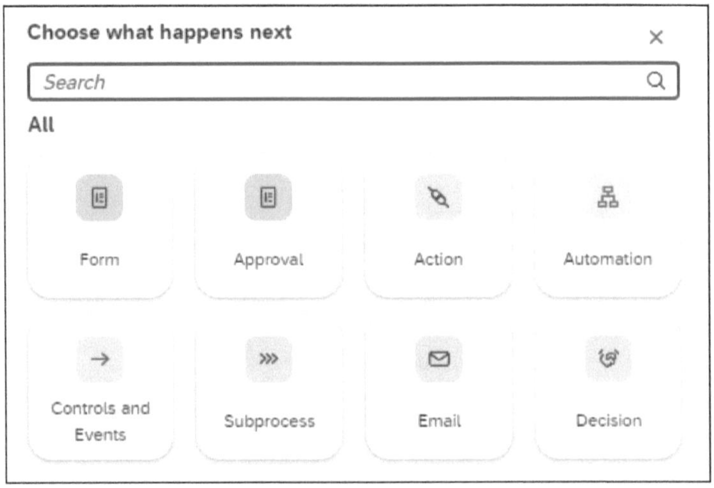

Abbildung 9.6 Workflow-Funktionen

- **Email**: E-Mail-Benachrichtigungen werden verwendet (Ereignisbenachrichtigungen), um Entscheider*innen oder Stakeholder zu informieren.
- **Subprocess**: Unterprozesse werden zum Modularisieren der Entwicklung genutzt.
- **Decision**: Entscheidungen werden verwendet, um Prozesslogik abzubilden.

Vorkonfigurierte Projekte anpassen

Neben der Erstellung neuer Workflows ermöglicht der Store außerdem zahlreiche vorkonfigurierte Workflow-Projekte, die einfach heruntergeladen werden können. Diese Store-Produkte decken eine große Bandbreite and gängigen Anwendungsfällen ab und sind bei Bedarf anpassbar. Abbildung 9.7 gibt eine exemplarische Übersicht an möglichen wiederverwendbaren Workflow-Projekten bzw. -Funktionalitäten.

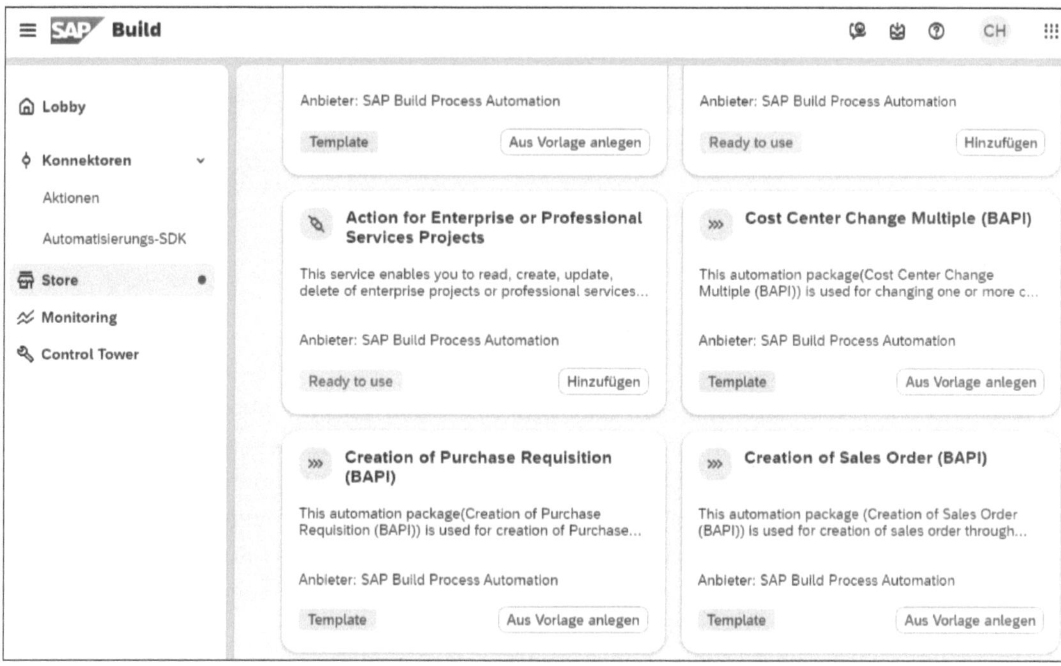

Abbildung 9.7 Vorlagen und vorkonfigurierte Workflows im Store herunterladen

Integration in die Systemlandschaft durch Schnittstellen

Durch die Nutzung von Services und APIs können Daten zwischen SAP Build und anderen Systemen ausgetauscht werden: Eine Vielzahl vordefinierter Services, angeboten durch *SAP Business Accelerator Hub* und APIs, ermöglicht die Integration von SAP Build in bestehende SAP- und Nicht-SAP-Anwendungen. Dies umfasst die Anbindung an SAP S/4HANA, SAP SuccessFactors, externe Datenbanken, andere SAP-BTP-Lösungen, SAP Integration Suite, ABAP RESTful Application Programming Model, SAP Cloud

Application Programming Model (CAP), Drittanbieter-Cloud-Services und vieles mehr. Auch lassen sich Aktionen komplett neu erstellen oder API-Spezifikationen hochladen. Diese Konnektivität ist entscheidend für die Automatisierung von Ende-zu-Ende-Geschäftsprozessen. Abbildung 9.8 zeigt einen kleinen Ausschnitt der verfügbaren Services am Beispiel von SAP Concur.

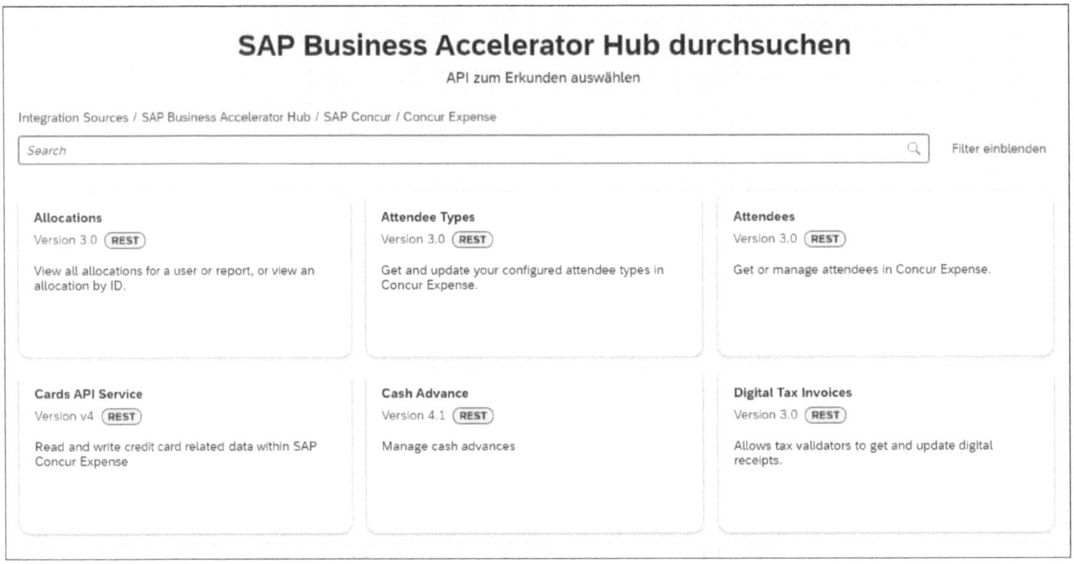

Abbildung 9.8 Workflow Ende-zu-Ende Fähigkeiten

Zugriffsrechte für Benutzer

Die Workflow-Funktion von SAP Build Process Automation beinhaltet Funktionen zur Benutzerinteraktion, wie Aufgabenzuweisungen, Genehmigungen und Benachrichtigungen. Benutzer können über verschiedene Endgeräte und Plattformen auf ihre Aufgaben zugreifen, was die Flexibilität und Erreichbarkeit erhöht. Zudem ermöglicht das Rollen- und Berechtigungskonzept eine feingranulare Steuerung des Zugriffs auf Workflows und Prozessdaten.

Workflow Runtime durch Workflow-Engine

Im Kern von SAP Build Process Automation arbeitet die Workflow-Engine, die für die Ausführung der definierten Prozesse verantwortlich ist. Diese Engine steuert den Fluss von Aktivitäten, Entscheidungen und Prozessen, verarbeitet Benutzeraufgaben, sendet Benachrichtigungen in Form von *Work Items* und integriert externe Services nahtlos in den Workflow.

Umfangreiches Monitoring

Für die Überwachung und Optimierung der Workflow-Ausführung bietet die Workflow-Funktionalität von SAP Build Process Automation umfassende Monitoring- und Analysetools. Diese Tools ermöglichen es Administrator*innen und Prozessverantwortlichen, laufende und abgeschlossene

Workflows in Echtzeit zu überwachen, Engpässe zu identifizieren und Prozesse kontinuierlich zu verbessern. Abbildung 9.9 gibt einen Eindruck vom Workflow-Error-Monitoring. Der Monitor gibt Information darüber, wie der Status des Prozesses ist, wo z. B. ein Abbruch passierte und wodurch dieser Fehler verursacht wurde.

Abbildung 9.9 Workflow-Monitoring

9.2 Hyperautomatisierung

Knappe Ressourcen erfordern neue Maßnahmen

Eine gute Lösung für den Umgang mit Schnittstellen ist eine Schlüsselkomponente der Hyperautomatisierung. Es gilt, technische Schnittstellen durch Standards zu vereinfachen, schnell zu errichten, aber vor allem auch die »Schnittstelle« zwischen Menschen und Maschinen, die durch manuelle Arbeit überbrückt wird, durch robotergesteuerte Automatisierung zu überbrücken. Während vor allem SAP Integration Suite bei der Überbrückung technischer Schnittstellen unterstützt, ermöglicht SAP Build Process Automation die Überbrückung manueller Transaktionen durch Automatisierung. Vormals manuelle Prozesse können nun nahezu vollständig digitalisiert werden, was die Durchlaufzeit von Prozessen enorm verkürzt. Key Stakeholder werden lediglich minimal involviert, etwa bei der Freigabe von

Genehmigungen durch Work Items. Man kann sagen, dass SAP Build Process Automation die *Hyperautomatisierung* (auch Enterprise Automation genannt) in Unternehmen überhaupt erst ermöglicht. Aber warum ist Hyperautomatisierung eigentlich notwendig? In einer Welt, die von zunehmender Volatilität und ständigem Wandel geprägt ist, stehen Unternehmen vor der Aufgabe, ihre Geschäftsmodelle und Prozesse kontinuierlich anzupassen. Dieser Anpassungsbedarf, getrieben durch die Komplexität moderner IT-Systeme und knapper Ressourcen, macht den Aufbau einer starken Resilienz unabdingbar. Das digitale Zeitalter lässt keinen Raum mehr für manuelle oder halbautomatische Verfahren, insbesondere bei wiederkehrenden Bürotätigkeiten. Solche veralteten Methoden kosten nicht nur wertvolle Zeit, sondern schränken auch die Produktivität und Zufriedenheit der Mitarbeiter erheblich ein. Darüber hinaus führen sie in einer Zeit, in der die reibungslose Integration verschiedener Systeme von entscheidender Bedeutung ist, zu Ineffizienz und potenziellen Unterbrechungen des Betriebsablaufs.

Key User im Zentrum der Hyperautomatisierung

Um in diesem dynamischen Umfeld bestehen zu können, müssen Unternehmen nicht nur ihre Prozesse optimieren und dabei die Mitarbeitenden, aber auch Produkte wie SAP Signavio einbeziehen, sondern auch eine Kultur der Automatisierung fördern. Ein umfassendes Verständnis der Geschäftsprozesse und der technischen Fähigkeiten der Mitarbeitenden spielt dabei eine zentrale Rolle. Auch wenn sie vielleicht nicht über die Programmierkenntnisse verfügen, können sie mit der richtigen Unterstützung und den passenden Werkzeugen zu *Key Usern* werden, die den Wandel und die Innovation im Unternehmen vorantreiben. Der Schlüssel zur Befähigung der Key User ist der LCNC-Ansatz, der es auch Menschen ohne Entwicklungserfahrung ermöglicht, Anwendungen zu entwickeln. Durch die Nutzung des vollen Potenzials ihrer Mitarbeitenden können Unternehmen nicht nur ihre Widerstandsfähigkeit stärken, sondern auch ihre Wettbewerbsfähigkeit in einer zunehmend digitalen Welt sichern, insbesondere in Krisenzeiten. Ziel ist es, die Mitarbeitenden durch die Hyperautomatisierung von redundanten und anspruchslosen Tätigkeiten zu entlasten und gleichzeitig das Potenzial der Mitarbeitenden zu entfalten, z. B. durch weitere Hyperautomatisierung.

Bedeutung für das Tagesgeschäft und die Kundenzufriedenheit

Neben einer Zufriedenheitssteigerung bei den Mitarbeitenden unterstützt Hyperautomatisierung Unternehmen auch dabei, Herausforderungen wie steigende Arbeitslasten, die die Kapazitäten der Mitarbeitenden übersteigen, und Nachfrageschwankungen effizient zu bewältigen. Letztendlich trägt dies dazu bei, das Kundenerlebnis zu verbessern und einen skalierbaren Kundenservice zu ermöglichen, indem Aufgaben automatisiert werden, was zu effizienteren Arbeitsabläufen und aufgrund der Verringerung der Prozessfehler auch zu einer besseren Kundenbetreuung führt.

Konkrete Anwendung

Durch die Bereitstellung vielfältiger Werkzeuge bietet die Hyperautomatisierung letztlich ein breites Spektrum an Einsatzmöglichkeiten für Unternehmen, die nach Wegen suchen, ihre Prozesse zu optimieren und digital zu transformieren. Von der Digitalisierung manueller und halbautomatischer Prozesse über die Anpassung und Erweiterung standardisierter Anwendungsabläufe bis hin zur Automatisierung anwendungs- und systemübergreifender Workflows sind die Potenziale enorm. Die Hyperautomatisierung eignet sich insbesondere für Tätigkeiten, die heute noch stark von menschlicher Arbeitskraft abhängig sind, und bietet die Möglichkeit, Altsysteme in moderne Infrastrukturen zu integrieren – vor allem bei Tätigkeiten, die systemübergreifend sind.

[zB]

Hyperautomatisierung in der Praxis

Lassen Sie uns das an einem Beispiel verdeutlichen: In einem Unternehmen wird der Prozess von der Auslieferung bis zum Versandaufkleber immer durch eine manuelle Tätigkeit, z. B. die Bearbeitung eines physischen Formulars, gesteuert. Konkret sieht der Prozess so aus, dass der Logistikmitarbeiter Michael ins Lager geht, um dort die Anzahl der Packstücke einer Fracht sowie deren Gewicht zu dokumentieren. Dies erfolgt schriftlich auf einem Formular. Anschließend geht er mit diesem Formular ins Backoffice, wo die Logistikmitarbeiterin Lisa manuell Auslieferungen auf Basis dieses Formulars im ERP-System anlegt. Nun muss Lisa noch manuell im ERP-System das Versandetikett auf Basis der Auslieferung ausdrucken und an Michael übergeben, damit dieser die Pakete packen kann. Michael muss nun noch die Website des Logistikunternehmens besuchen, das für die Auslieferung verantwortlich ist, und eine Abholung buchen. Sowohl Michael als auch Lisa verbringen täglich Stunden mit dieser Arbeit.

Hier hilft Hyperautomatisierung massiv: Der neue IT-Leiter Steffen setzt auf SAP Build Process Automation in einer Kombination mit anderen SAP-BTP-Services wie SAP Integration Suite. Die Lösung sieht so aus: Die Mitarbeitenden schieben fortan den Wagen mit den für den Transport bestimmten Paketen auf eine Waage. In einer SAP-Fiori-App, die auf einem Bildschirm direkt neben der Waage installiert ist, kann die Anzahl der Pakete eingegeben werden. Das Gewicht wird automatisch ermittelt. Über SAP Integration Suite werden die Daten an das ERP weitergeleitet und automatisch eine Lieferung erstellt. Der SAP-Build-Process-Automation-Workflow nutzt das vom System bei der Erstellung der Auslieferung erzeugte Ereignis, generiert ein Etikett und sendet dieses automatisch an den Drucker, der direkt neben der Waage steht. Die Mitarbeitenden können das Etikett wenige Sekunden nach Eingabe der Paketanzahl abholen und weiterarbeiten. Die Buchung des Logistikunternehmens erfolgt automatisch über einen RPA-Roboter, der auf einer virtuellen Maschine rund um die Uhr läuft.

Aus dem beschriebenen Beispiel ergibt sich, dass Hyperautomatisierung in ihrer Funktionsweise auf manuelle, repetitive und fehleranfällige Prozesse zielt, die unabhängig von ihrer Komplexität regelgesteuert sind. Sie adressiert Aufgaben, die ein hohes Maß an Beteiligung mehrerer Mitarbeitender erfordern und regelmäßig anfallen. Darüber hinaus spielt sie ihre Stärken bei der Koordination von Prozessen aus, die sich über mehrere Systeme oder sogar Organisationen erstrecken.

Vorteile der Hyperautomatisierung auf technischer Ebene

Ein wesentlicher Vorteil der Hyperautomatisierung ist die Möglichkeit, automatisierte Anwendungsdienste oder Event-Handler zu nutzen, um Prozesse zu initiieren, die manuelle, formularbasierte Dateneingaben und mehrstufige Genehmigungsprozesse umfassen. Sie nutzt Technologien wie automatisierte Bots, dynamische Geschäftsregeln und eingebettete Intelligenz durch künstliche Intelligenz, um eine neue Ebene der Effizienz zu erreichen.

Das obige Beispiel bezieht sich auf die Warenabfertigung, doch Hyperautomatisierung kann in nahezu allen Geschäftsbereichen eingesetzt werden und trägt wesentlich zur Steigerung der Prozesseffizienz bei. Dazu gehören die Konsolidierung und Verarbeitung von Daten aus verschiedenen Quellen, die Verwaltung von Prozessen mit hohem Transaktionsvolumen, die Digitalisierung von Kerngeschäftsprozessen über Anwendungsgrenzen hinweg, die Automatisierung von Genehmigungsprozessen, die Schaffung neuer digitaler Prozesse zur Verbesserung der Mitarbeiterfreundlichkeit und die Bereitstellung von Echtzeiteinblicken in Prozessabläufe. Durch den Einsatz von Enterprise Automation können Unternehmen nicht nur ihre betrieblichen Abläufe verbessern, sondern auch die Transparenz erhöhen und letztlich die Zufriedenheit von Mitarbeitern und Kunden steigern.

Risiken der Hyperautomatisierung

An dieser Stelle muss darauf hingewiesen werden, dass mit der Automatisierung von Unternehmen auch Risiken verbunden sind, die es für die Unternehmen abzuwägen gilt. Eine schnelle Anpassung der Mitarbeitenden kann notwendig werden, da die Automatisierung viele Tätigkeiten übernimmt, die bisher von Menschen ausgeführt wurden. Die Mitarbeitenden Michael und Lisa, die im Beispiel erwähnt werden, haben fortan mehr Zeit für wesentliche Arbeiten.

Zudem stellen die neuen Technologien neue Anforderungen an die Qualifikation der Beschäftigten. Mitarbeitende, die Hyperautomatisierung vorantreiben, erfahren etwa eine Aufwertung. Wer sich nicht schnell genug anpasst oder wessen Fähigkeiten als veraltet gelten, kann Schwierigkeiten haben, seine berufliche Position zu halten. Unternehmen stehen vor der Herausforderung, ihre Mitarbeitenden entsprechend umzuschulen oder direkt nach neuen qualifizierten Mitarbeitenden zu suchen. Die Rolle des Citizen Developers schafft hier zwar Entlastung, allerdings müssen die Mitarbeitenden bereit sein, über den Tellerrand ihres jeweiligen Fachgebietes hinauszuschauen und sich auf neue, technischere Horizonte einzulassen.

Ein weiteres Problem ist die zunehmende Einkommensungleichheit. Während hochqualifizierte und technisch versierte Arbeitskräfte, d. h. Menschen, die entweder nicht von Hyperautomatisierung betroffen sind oder diese verwalten, von höheren Löhnen profitieren, sehen sich weniger qualifizierte Arbeitskräfte, also Menschen, die aufgrund von Hyperautomatisierung ihre Kompetenzen anpassen müssen, mit einem sinkenden Wert auf dem Arbeitsmarkt konfrontiert. Dies kann die soziale Ungleichheit verstärken und zu sozialen Spannungen führen.

Nicht zu unterschätzen sind auch die psychologischen Auswirkungen der Unternehmensautomatisierung. Die Angst vor Arbeitsplatzverlust und der ständige Druck, sich weiterbilden zu müssen, können zu Stress und sinkender Arbeitszufriedenheit führen. Dies wirkt sich nicht nur auf die individuelle Gesundheit der Beschäftigten, sondern auch auf das gesamte Betriebsklima aus.

Die fortschreitende Automatisierung geht zum Teil auch mit einer verstärkten Überwachung der Beschäftigten einher. Dies kann als Eingriff in die Privatsphäre empfunden werden und das Vertrauen zwischen Arbeitnehmer und Arbeitgeber schwächen. Zudem macht die zunehmende Abhängigkeit von Technologien die Unternehmen anfällig für technische Störungen und Sicherheitsrisiken, die bei einem Systemausfall schwerwiegende Folgen haben können

Möglichkeiten, den Risiken zu begegnen

Diese Herausforderungen erfordern sowohl von den Unternehmen als auch von den Regierungen eine durchdachte Planung und Strategieentwicklung, um die Vorteile der Hyperautomatisierung zu nutzen, ohne die Arbeitnehmer oder die Gesellschaft zu benachteiligen. Diese Strategie muss bereits in jungen Jahren ansetzen, und zwar im Rahmen eines Bildungssystems, das die Fachkräfte von morgen mit den erforderlichen Kompetenzen ausstattet. Für die Unternehmen gilt es, bei der Entwicklung ihrer Digitalisierungsstrategie darauf zu achten, dass Beschäftigte, die direkt von den positiven und negativen Auswirkungen der Hyperautomatisierung betroffen sind, im Zuge der Umsetzung der Automatisierungsstrategie für qualitativ hochwertige Tätigkeiten umgeschult werden. In gleichem Maße ist es wichtig, dass die betroffenen Mitarbeitenden in einer sich schnell verändernden Welt ein offenes Mindset für Veränderungen – insbesondere für die eigene Anpassung – mitbringen.

Hervorzuheben ist, dass die Hyperautomatisierung in nahezu jedem denkbaren Geschäftsprozess eingesetzt werden kann. Es geht darum, »Schnittstellen« zu überbrücken und Prozesse in eine pragmatische digitale Pipeline zu überführen. Von Business-Analyst*innen bis hin zu Mitarbeiter*innen wie den bereits erwähnten Michael oder Lisa können Beschäftigte einen Beitrag zur Hyperautomatisierung leisten. Oftmals sind es die Mitarbeitenden selbst, die die Prozesse am besten kennen und somit geeignete Kandidaten für den Citizen Developer sind. SAP Signavio dient auch dazu, geeignete Fälle für die Hyperautomatisierung zu unterstützen. Doch was ist SAP Signavio überhaupt?

9.3 SAP Signavio in Zusammenhang mit SAP Build Process Automation

SAP Signavio ist eine Softwareplattform, die speziell für das Geschäftsprozessmanagement (Business Process Management, BPM) entwickelt wurde. Sie unterstützt Unternehmen dabei, ihre Geschäftsprozesse zu verstehen, zu modellieren, zu analysieren, zu optimieren und zu überwachen. Signavio wurde 2009 in Berlin gegründet und ist mittlerweile ein Teil von SAP, nachdem es 2021 von dem deutschen Softwaregiganten übernommen wurde.

Zu den Hauptfunktionen von SAP Signavio gehört:

- **Prozessmodellierung**

  SAP Signavio ermöglicht die detaillierte Visualisierung von Geschäftsprozessen durch die Verwendung von BPMN 2.0 (Business Process Model and Notation), einer international anerkannten Methode zur Prozessdarstellung.

- **Prozessanalyse und Optimierung**

  Die Plattform bietet Tools zur Analyse der Effizienz von Geschäftsprozessen. Nutzer können Prozesskennzahlen analysieren und Simulationen durchführen, um die Auswirkungen von Änderungen vor ihrer Implementierung zu verstehen.

- **Kollaboration**

  SAP Signavio fördert die Zusammenarbeit im Team durch Funktionen, die es Stakeholdern ermöglichen, Feedback zu Prozessen zu geben, Änderungen zu diskutieren und Wissen zu teilen.
- **Entscheidungsmanagement**

  Neben der Prozessmodellierung unterstützt SAP Signavio auch das Management von Geschäftsentscheidungen durch DMN (Decision Model and Notation), was es ermöglicht, Entscheidungsregeln transparent und nachvollziehbar zu gestalten.
- **Prozessautomatisierung**

  Durch die Integration mit SAP Build Process Automation kann Signavio dabei helfen, die identifizierten und optimierten Prozesse direkt in automatisierte Workflows zu überführen. Dabei bedient sich Signavio des im SAP Build Store verfügbaren Pre Build Contents.

Die Integration von SAP Build Process Automation und SAP Signavio bietet eine umfassende Lösung für das Geschäftsprozessmanagement und die Automatisierung. Hier ist eine kurze Übersicht darüber, wie diese beiden Technologien zusammenarbeiten:

- **Erweiterte Prozesseinsichten**

  Durch die starken Fähigkeiten von SAP Signavio in der Prozessmodellierung und -analyse in Kombination mit der Automatisierung durch SAP Build Process Automation können Organisationen tiefere Einblicke in ihre Prozesse gewinnen. Diese Integration hilft dabei, Engpässe und Ineffizienzen zu identifizieren, die dann für die Automatisierung angegangen werden können.
- **Vereinfachte Prozessautomatisierung**

  Durch die Integration des Prozesswissens von SAP Signavio mit den Automatisierungsfähigkeiten von SAP Build Process Automation können Unternehmen komplexe Arbeitsabläufe effizienter automatisieren. Dies hilft dabei, manuellen Aufwand zu reduzieren und die Genauigkeit zu verbessern.
- **Kontinuierliche Verbesserung**

  Die SAP-Signavio-Werkzeuge zur Simulation und Überwachung ermöglichen eine kontinuierliche Verbesserung der Prozesse. In Verbindung mit den Automatisierungswerkzeugen von SAP wird es einfacher, Prozesse im Laufe der Zeit zu iterieren und zu verbessern.

- **Strategische Ausrichtung**
  Diese Integration unterstützt strategische Geschäftstransformationsinitiativen, indem sie Geschäftsprozesse mit den organisatorischen Zielen in Einklang bringt. Sie hilft sicherzustellen, dass Prozessverbesserungen und Automatisierung im Einklang mit der Gesamtgeschäftsstrategie stehen.

Die Integration von SAP Signavio in Geschäftsprozesse bietet folgende Vorteile:

- Geschwindigkeit und Effizienz: Automatisierte Prozesse reduzieren die Zykluszeiten und erhöhen die Produktivität.
- Transparenz und Kontrolle: SAP Signavio bietet Einblicke in die Prozessperformance und ermöglicht eine kontinuierliche Überwachung und Anpassung.
- Skalierbarkeit: Die Flexibilität von SAP Build Process Automation ermöglicht es Unternehmen, schnell auf sich ändernde Marktbedingungen zu reagieren.

Insgesamt schafft die Kombination von SAP Build Process Automation und SAP Signavio ein robustes Rahmenwerk für Unternehmen, die ihre Betriebsabläufe verbessern und automatisieren möchten, indem sie datengesteuerte Einsichten nutzen, um Effizienz und Wirksamkeit zu steigern.

[+]

Weiterführende Literatur zu SAP Signavio

Mehr Informationen zum Thema Geschäftsprozessoptimierung mit SAP Signavio finden Sie in dem Buch »Business Process Transformation mit SAP Signavio« von Johannes Strasser et al. (SAP PRESS 2023).

9.4 Zusammenfassung

Ähnlich der Überbürokratisierung von Staaten leiden auch Unternehmen zunehmend unter ineffizienten Prozessen, wenn beispielsweise manuelle Tätigkeiten einen Prozess ausbremsen. Hyperautomatisierung hilft, diese Schnittstellen zu eliminieren und zu überbrücken. Relevante Prozesse werden mit SAP Signavio identifiziert, mit SAP Build Process Automation digitalisiert und digitale Hürden mit Produkten wie der SAP Integration Suite überwunden. Durch den LCNC-Ansatz werden diese Transformationen gleichzeitig finanzierbar, den durch Hyperautomatisierung entlasteten Mitarbeitenden können zudem neue Perspektiven geboten werden. Gerade in Zeiten wirtschaftlicher Krisen sollte Hyperautomatisierung von Unternehmen nicht als Kostenfaktor und von Mitarbeitenden nicht als Bedrohung, sondern insgesamt als Chance verstanden werden. Denn der Markt verzeiht nicht, Unternehmen und Mitarbeitende, die diesen Vorteil für sich nutzen, werden bestehen.

Kapitel 10
SAP Build Apps

In diesem Kapitel widmen wir uns den Funktionen von SAP Build Apps. Wir erläutern die Vorteile des Einsatzes von SAP Build Apps und erklären den Funktionsumfang und die Bestandteile der Lösung.

10

SAP Build Apps ist der Teil der SAP-Build-Suite, mit der Sie ansprechende und komplexe Anwendungen realisieren können. Nicht nur im Erstellen von responsiven Benutzeroberflächen, sondern auch im Bereich des Anwendungs-Backends bietet SAP Build Apps einige Möglichkeiten, die das Herz aller Entwickler*innen höherschlagen lassen können. In diesem Kapitel widmen wir uns daher ganz diesem Werkzeug. Dabei gehen wir in Abschnitt 10.1 auf die Beschreibung und Zielsetzung von SAP Build Apps ein und grenzen es thematisch von SAP Fiori ab, dem anderen, nicht weniger aktuellen Ansatz für Benutzeroberflächen aus dem Hause SAP.

In Abschnitt 10.2 liegt das Hauptaugenmerk dann zunächst einmal auf der Einrichtung von SAP Build Apps in der SAP Business Technology Platform, bevor dann der Hauptteil des Kapitels folgt. Die Kernfunktionen von SAP Build Apps für die Erstellung von Frontends werden erläutert, bevor dann auch die Funktionen des Backends beleuchtet werden.

Zu guter Letzt wird in Abschnitt 10.3 erklärt, was es mit dem Begriff Fusion Team auf sich hat und welche Vorteile sich hinter diesem Ansatz der Softwareentwicklung verbergen.

10.1 Beschreibung und Zielsetzung

SAP Build Apps vs. SAP Fiori

SAP Build Apps ist Teil der SAP-Build-Suite und wird hauptsächlich für die Erstellung von Benutzeroberflächen, aber auch für Full-Stack-Anwendungen inklusive integriertem Backend verwendet. Nun fragen Sie sich vielleicht, warum Sie dafür ein neues Produkt verwenden sollen, wenn es doch SAP Fiori gibt. Lange Zeit war dies das Mittel der Wahl, um responsive und optisch ansprechende Business-Apps zu entwickeln. Hier scheint SAP Build Apps der Fiori-Anwendung zunächst den Rang abzulaufen, da es mit seiner beispiellosen Einfachheit glänzt. SAP Fiori wird dennoch auch weiterhin eine wichtige Rolle spielen, wenn rollenbasierte Applikationen ausgeführt werden sollen, da eine Rollenverteilung oder ein granulares Berechtigungswesen, wie es in SAP Fiori möglich ist, nicht im Fokus von SAP Build Apps steht.

Nichtsdestotrotz gibt es gute Gründe, warum ein weiteres Werkzeug im SAP-Werkzeugkasten nützlich sein kann. Der entscheidende Vorteil von SAP Build Apps im Vergleich zu anderen Tools besteht darin, dass die Verwendung, wie bereits beispielsweise in Kapitel 5, »Entwicklung mit SAP Build«, beschrieben, auch ohne tiefergehende Entwicklungserfahrung möglich ist. Die Benutzer*innen mit dem Wissen aus den Fachbereichen werden ermächtigt, selbstständig responsive und ansprechende Webanwendungen oder auch native Apps mit weitreichenden Anbindungsmöglichkeiten zu gestalten. Es wird zudem kein großangelegtes IT-Projekt benötigt, das unterschiedliche Ressourcen bindet. Durch die einfache Handhabung kann deutlich schneller mit der Entwicklung begonnen werden. Anwendungen und Anpassungen können schneller und effizienter veröffentlicht werden, als dies bei einem klassischen Entwicklungsprojekt möglich wäre.

Versionen

SAP Build Apps ist in drei Varianten verfügbar: als Service in einer Enterprise Edition und in einer Free Edition, die beide über die SAP Business Technology Platform (SAP BTP) bezogen werden können, und in einer Community Edition, die lokal im Browser benutzt werden kann. Während die Enterprise Edition mit dem größten Funktionsumfang und ohne Einschränkungen einhergeht, finden sich in den kostenfreien Versionen dennoch die meisten grundlegenden Funktionen wieder, die auch in der Enterprise Edition genutzt werden können. Die Benutzeroberflächen lassen sich genauso intuitiv erstellen, die Logik wird ebenfalls über Drag-and-drop-fähige Bausteine festgelegt. Auf den ersten Blick ist vielleicht nicht unbedingt klar, was der Unterschied zwischen der Community Edition und der Free Edition ist. Gemeinsam haben die beiden Angebote jedoch lediglich das Erstellen von geräteunabhängigen Anwendungen und die einfache Integration von REST-APIs.

Kollaboration

Dann beginnen aber schon die Unterschiede, auch zwischen den kostenfreien Varianten. Wenn die *Kollaboration* mit anderen Citizen Developern an Anwendungen für Sie ein wichtiges Kriterium ist, dann lohnt sich schon dafür der Griff zu SAP Build Apps gegenüber der Community Edition. Die Freigabe eines Projekts für andere Entwickler*innen erfolgt über die Lobby (siehe Abbildung 10.1).

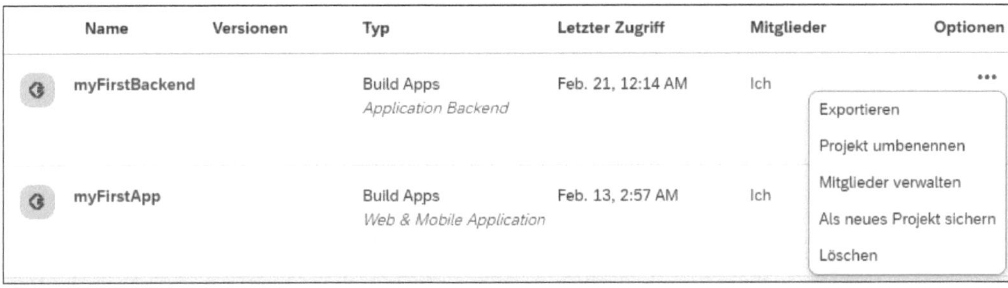

Abbildung 10.1 Verwaltung der Projektmitglieder in der SAP Build Lobby

Visual Cloud Functions

Weiterhin gibt es in SAP Build Apps die Möglichkeit, ein eigenes Backend in Form der Visual Cloud Functions zu gestalten. Visual Cloud Functions vereinigt die Möglichkeit, mit No-Code-Mitteln Entitäten und Funktionen anzulegen. Dies ist SAP Build Apps vorbehalten, da hier die Integration in die SAP BTP eine unabdingbare Rolle spielt. Das Backend kann dann gemeinsam mit der Applikation auf der SAP BTP veröffentlicht werden. Die SAP BTP agiert dabei als Host. Der Unterschied zwischen der Free Edition und der Enterprise Edition ist hier, dass ein einmal ins Deployment gegebenes Backend in der Enterprise Edition vollständig persistent ist, während der Speicher eines Backends der Free Edition nach 15 Minuten Inaktivität auch wieder freigegeben wird.

Backend

Das *Backend* bietet die Möglichkeit, Entitäten zur Aufnahme von Daten anzulegen. Diese Entitäten sind zeilenbasiert, jede Zeile nimmt einen Datensatz auf. Jeder Datensatz wird durch einen von SAP Build Apps definierten Universally Unique Identifier (kurz UUID) eindeutig identifiziert. Die Vergabe eines eigenen Schlüssels ist nicht vorgesehen. Achtung, die Entitäten entsprechen nicht zwingend einer relationalen Datenbank.

Relationale Datenbank

Das relationale Datenbankmodell basiert auf der Beschreibung einer jeden Tabelle als Relation. Jede Relation hat eine wohldefinierte Anzahl an Feldern und damit an Spalten. Die einzelnen zeilenbasierten Einträge, auch Tupel genannt, müssen eindeutig voneinander unterscheidbar sein, dies geschieht durch ein oder mehrere Schlüsselfelder.

Durch Verwendung dieser Schlüssel oder eventuell auch nur von Teilen davon können Verknüpfungen zwischen den Tabellen hergestellt werden. Dies nennt man dann eine *Fremdschlüsselbeziehung*, beispielsweise zwischen Büchern mit einer ISBN als Schlüssel, Leser*innen mit einer Benutzeridentifikation einer Bücherei und der Information, welche Leser*innen gerade welche Bücher entliehen haben.

Unterstützt werden die Entitäten dabei durch das zweite große Feature des SAP-Build-Apps-Backends, die sogenannten *Functions*. Die Functions sind Funktionen, die zur Designzeit im Visual Cloud Function Designer entworfen werden können. Jede Funktion hat mindestens einen Ausgabeparameter. Es müssen nicht zwingend Eingabeparameter definiert werden, dies ist aber problemlos möglich. Zwischen den beiden Parametertypen liegt die eigentliche Datenverarbeitung. Dabei können Daten aus den Entitäten gelesen, verarbeitet, verändert und wieder zurückgeschrieben werden. Wie genau das alles funktioniert, wird in Abschnitt 10.2, »Low-Code-Apps entwickeln«, noch einmal näher erläutert.

Integration

Eine weitere Funktionalität, die SAP Build Apps vorbehalten ist, ist die nahtlose *Integration* mit allen SAP-Produkten. Während die Community Edition RESTful-Webservices konsumieren kann und damit auch derartige Services, die von SAP-Systemen bereitgestellt werden, problemlos konsumiert werden können, ist eine nahtlose Integration natürlich ein anderes Thema. Damit der Zugriff auf ein SAP-Backend aus der Community Edition gelingt, muss der entsprechende Service exponiert, also im Internet publiziert werden. Dies ist wahrscheinlich der Alptraum fast aller Systemadministrator*innen, die sich mit Datensicherheit auseinandersetzen. SAP Build Apps greift hier stattdessen auf die Fähigkeiten der SAP BTP zurück. Zum einen können selbstverständlich alle exponierten Services nativ eingebunden werden. Zum anderen – und das ist noch viel wichtiger – besteht über den Cloud Connector der SAP BTP eine direkte Verbindung zum SAP-Backend. Hier können mehrere SAP-Systeme gleichzeitig angesprochen werden, ob SAP S/4HANA, ein System der Customer Experience Suite oder auch SAP Ariba. Die Verbindung ist über den Cloud Connector abgesichert.

Benutzer verwalten

Zu guter Letzt bietet die Community Edition keine Integration in ein bestehendes firmeninternes Mitarbeiterverzeichnis. Mechanismen für Berechtigungen und *Benutzerverwaltung* sind hier schlichtweg nicht gegeben und müssen entweder durch gegebenenfalls unsicherere Fremdservices und Identity Provider dargestellt oder alternativ hochgradig komplex selbst entwickelt werden. Wenn Sie SAP Build Apps als Service über die SAP BTP beziehen, bleibt Ihnen dies erspart. Hier gibt es eine direkte Integration in den Identity Provider der SAP BTP. Aktiviert man SAP BTP als Authentifizierungsmethode, wird der erstellten Applikation automatisch eine neue Seite hinzugefügt. Was genau eigentlich eine Seite ist, erklären wir im Laufe dieses Kapitels noch genauer. Diese Seite namens **SAP BTP authentication** nutzt die SAP BTP als Identity Provider, die Benutzer*innen melden sich also mit ihren SAP-BTP-Credentials an und erhalten dann – je nach Berechtigungen – Zugriff. Achtung, das Berechtigungskonzept, wie Sie es von herkömmlichen SAP-Systemen kennen und schätzen, sucht man hier aktuell noch vergeblich. Eine Überarbeitung des Berechtigungskonzepts steht in der Roadmap.

Wie Sie sehen, bietet bereits die Free Edition von SAP Build Apps einen großen Mehrwert gegenüber der Community Edition. Für die professionelle Nutzung über einen Lerneffekt oder Proof of Concept hinaus ist die Enterprise Edition zu empfehlen, da sie gerade im Deployment-Bereich den vollständigen Funktionsumfang bietet. Im nächsten Schritt möchten wir jedoch in die konkrete Anwendung von SAP Build Apps einsteigen: die Entwicklung von Apps.

10.2 Low-Code-Apps entwickeln

Der Einstiegspunkt, um mit SAP Build Apps ansprechende Anwendungen zu entwickeln, ist die *Lobby*. Diese muss zuerst in der SAP BTP aufgesetzt werden, bevor Sie mit der App-Entwicklung in SAP Build Apps beginnen können. Daher zeigen wir Ihnen zunächst, wie Sie die Lösung korrekt einrichten. Sobald dies erledigt ist, können Sie mit der Entwicklung von Frontend- und Backend-Anwendungen loslegen.

10.2.1 SAP Build Apps aufsetzen

SAP-BTP-Account

Für die Konfiguration von SAP Build Apps benötigen Sie zunächst einen *SAP-BTP-Account*. Falls bisher kein solcher Account zur Verfügung steht, können Sie sich auch einen Trial-Account anlegen. Hierfür wird nicht einmal ein S-User erwartet, Sie können dies also auch als Privatperson problemlos durchführen. Bei der Auswahl der Umgebung sollten Sie darauf achten, eine auszuwählen, die auch SAP Build Apps unterstützt. Diese finden Sie in der Roadmap (*http://s-prs.de/v1015319*). Wenn Sie Ihren Global Account eingerichtet haben, wird Ihnen dieser im **Account Explorer** angezeigt (siehe Abbildung 10.2). Bei der Erstellung eines Trial-Accounts wird auch gleich ein Subaccount namens **trial** mit einem Cloud Foundry Space namens **dev** angelegt.

Cloud Identity Services

Navigieren Sie mit einem Klick darauf zu Ihrem Subaccount und wechseln Sie darin zum **Service Marketplace**. Mithilfe der Suchleiste suchen Sie nach den *Cloud Identity Services* und installieren diesen, indem Sie auf [•••] • **Create** klicken (siehe Abbildung 10.3).

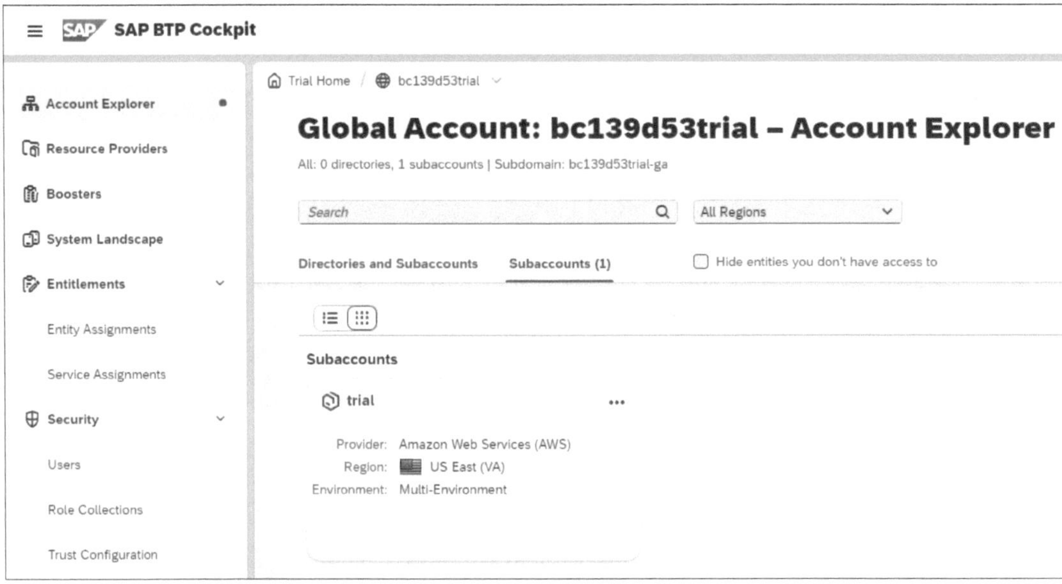

Abbildung 10.2 Subaccount mit ausgewähltem Rechenzentrum im Account Explorer

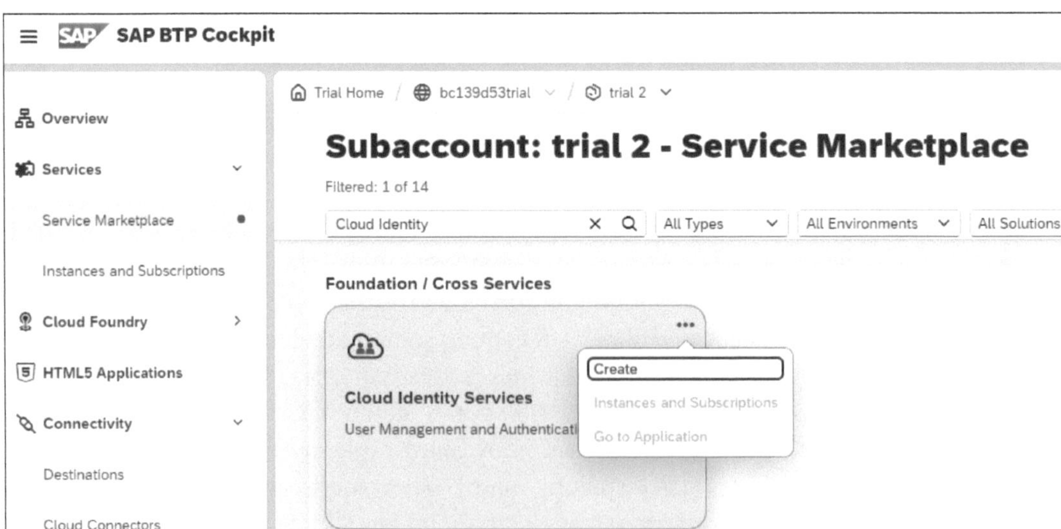

Abbildung 10.3 Serviceinstanz des Cloud Identity Service erstellen

Es öffnet sich ein Fenster, die darin vorausgewählten Optionen können Sie erst einmal so beibehalten: Im Feld **Service** sind die **Cloud Identity Services** ausgewählt und im Feld **Plan** die Option **default** (siehe Abbildung 10.4). Damit werden die Voraussetzungen für die Cloud Foundry Runtime automatisch mit installiert. Ist der Plan **default** hier nicht auswählbar, existiert in einem der Sub-Accounts bereits eine Instanz der Cloud Identity Services.

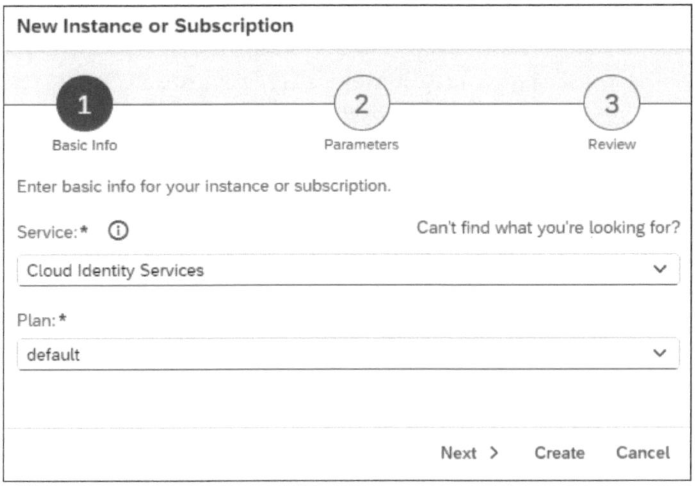

Abbildung 10.4 Instanz der Cloud Identity Services erstellen

Cloud Foundry Spaces

Die Cloud-Foundry-Umgebung oder auch Cloud-Foundry-Organisation bietet Platz für mehrere sogenannte Spaces. Ein *Space* ist ein zwischen mehreren Personen geteilter Ort für Entwicklung, Deployment und Wartung einer App. Jede Applikation, jeder Service und jede Route sind eindeutig einem Space zugeordnet. In der SAP BTP entspricht jeder Subaccount einer Cloud-Foundry-Organisation. Spaces ermöglichen so eine feinere Unterteilung von Accounts und ebenfalls die Nutzung von Services und Funktionen innerhalb der Cloud-Foundry-Umgebung.

Nun können Sie weitere Parameter per JSON-Format definieren und sich eine Zusammenfassung anzeigen lassen. Alternativ können Sie die neue Instanz auch ohne Review oder weitere Parameter direkt anlegen. Die eigentliche Anlage kann auch mal ein paar Sekunden dauern, worauf Sie mit einem freundlichen Dialog wie in Abbildung 10.5 hingewiesen werden.

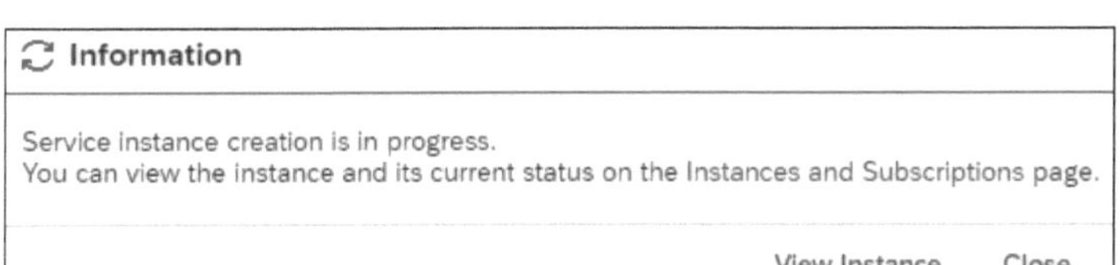

Abbildung 10.5 Instanzerzeugung der Cloud Identity Services

Die Instanz ist nun auch im SAP-BTP-Subaccount sichtbar. Unter dem Menüpunkt **Instances and Subscriptions** finden Sie die Instanz, die Sie durch einen Klick auf den in der Spalte **Application** hinterlegten Link auch aufrufen können. Prüfen Sie am besten vorher einmal Ihre E-Mails. Denn an die im SAP-BTP-Account registrierte E-Mail-Adresse wurde automatisch eine E-Mail versendet, mit der Sie die Adresse als administrativen Benutzer anlegen und ein Passwort vergeben können. Sobald dies erledigt ist, werden Sie automatisch in die Managementkonsole Ihres Identity Providers weitergeleitet. Dadurch landen Sie in der gleichen Übersicht, die Sie auch durch Klicken auf den erwähnten Link **Application** erreichen. Hier gibt es erst einmal nichts zu tun, wir kehren daher zum Subaccount zurück.

Vertrauensbeziehung

Als Nächstes müssen Sie eine *Vertrauensbeziehung* zwischen Ihrem neu aufgesetzten Identity-Provider und Ihrem Subaccount herstellen. Dafür klicken Sie in Ihrem Subaccount im Seitenmenü auf das Menü **Security • Trust Configuration**. Klicken Sie in dem Fenster, das sich öffnet, auf den Button **Establish Trust**, um eine neue Vertrauensbeziehung anzulegen (siehe Abbildung 10.6).

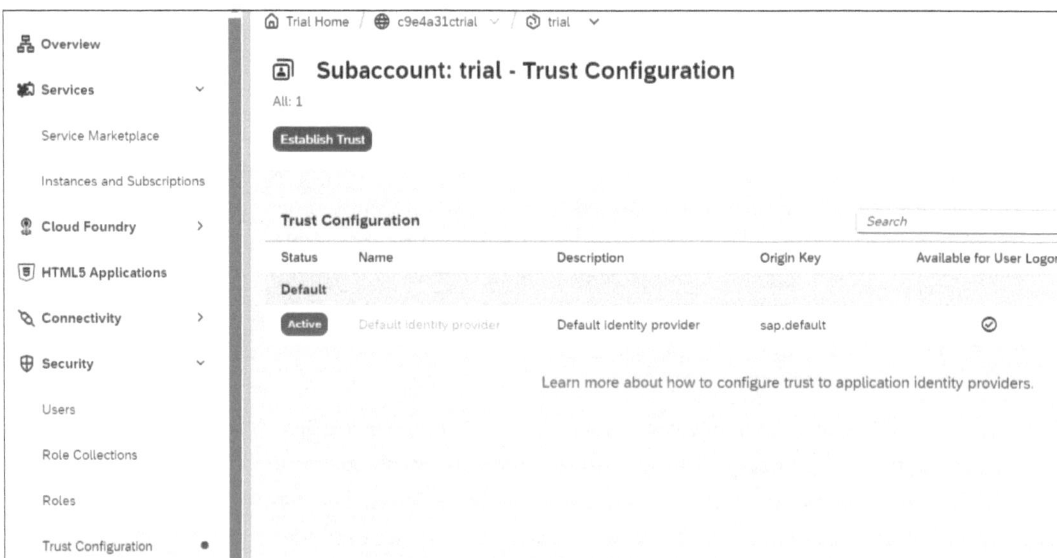

Abbildung 10.6 Vertrauensbeziehung zwischen Custom Identity Provider und SAP-BTP-Subaccount herstellen

Wählen Sie im Konfigurationsfenster (siehe Abbildung 10.7) Ihren Tenant aus der Liste aus und klicken Sie auf **Next**, um zum Folgebild zu gelangen.

Im nächsten Schritt können Sie nun eine eigene Domain vergeben. Wir empfehlen Ihnen jedoch bei Verwendung eines Trial-Accounts die Standardeinstellungen beizubehalten. Bestätigen Sie auch diesen Schritt mit einem Klick auf den Button **Next**. Auch die Zusatzparameter im nächsten Fenster können Sie unverändert übernehmen und erneut durch einen Klick auf **Next** zum letzten Schritt springen. Im letzten Schritt **Review** können Sie schlussendlich mit einem Klick auf **Finish** die Vertrauensbeziehung bestätigen und aufbauen. Wenn dies erfolgreich war, sollte das etwa aussehen wie in Abbildung 10.8.

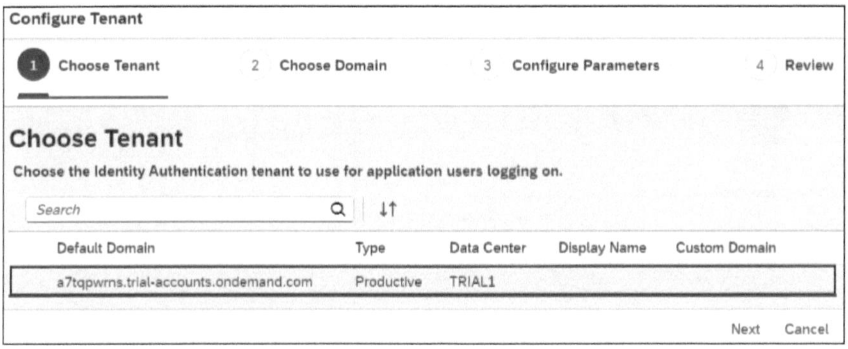

Abbildung 10.7 Tenant auswählen

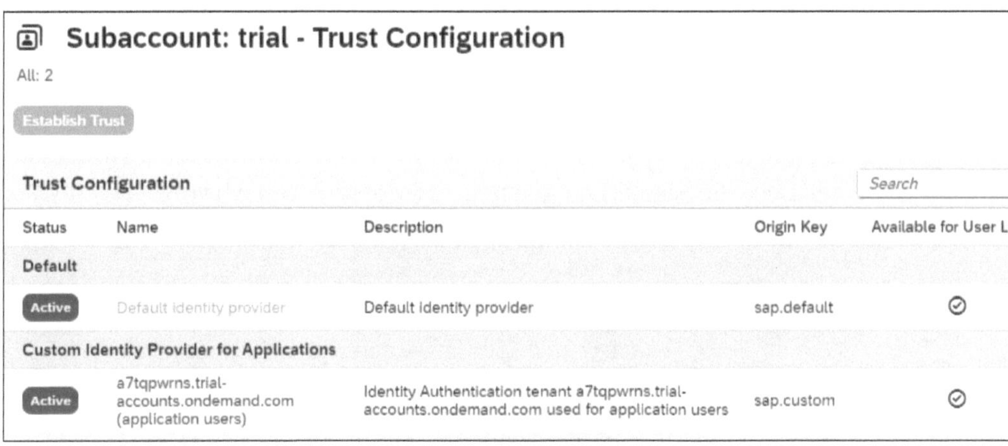

Abbildung 10.8 Neu erstellte Vertrauensbeziehung im Subaccount

Tenant

Ein Tenant ist ein konsumierender Subaccount. Dabei wird eine SaaS-Lösung konsumiert, in unserem Fall ist dies die Identity-Provider-Lösung der SAP BTP. Der Konsument eröffnet in diesem Fall ein Abonnement zu der als Service angebotenen Software. Das Abonnement eröffnet den Benutzer*innen des Accounts eine private Instanz des angebotenen Service.

SAP Build Apps installieren

Nun sind alle Voraussetzungen erfüllt, um SAP Build Apps installieren zu können. Dazu navigieren Sie erneut in den Bereich **Instances and Subscriptions** innerhalb des SAP BTP Cockpits. Erzeugen Sie nun eine neue Instanz, indem Sie auf den Button **Create** klicken. Wählen Sie in dem erscheinenden Pop-up-Fenster im **Service**-Feld **SAP Build Apps** aus und als **Plan** den Wert **free** (siehe Abbildung 10.9). Besonders viele Einstellungsmöglichkeiten gibt es hier nicht, weshalb Sie die Instanz dann auch einfach erzeugen. Nach ein paar Minuten steht sie zur Verfügung.

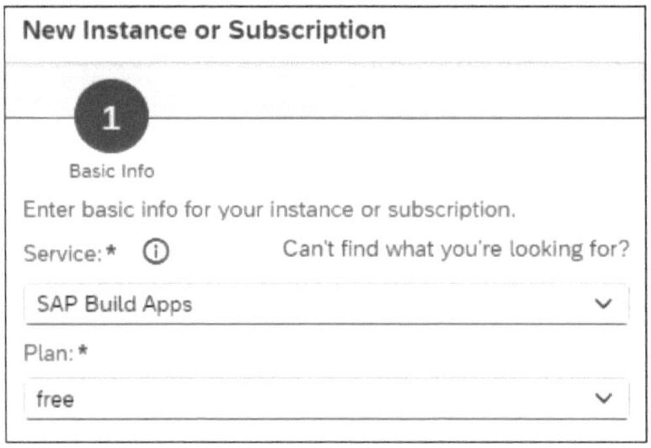

Abbildung 10.9 Neue Instanz erzeugen

Die Einrichtung ist an dieser Stelle mit der Aktivierung der Instanz jedoch noch nicht abgeschlossen. Wenn Sie dennoch auf die SAP-Build-Apps-Instanz klicken und sich am Custom Identity Provider anmelden, wird Ihnen der Zugriff verweigert (siehe Abbildung 10.10). Der Grund dafür ist, dass Ihnen noch die Berechtigungen fehlen, die Sie zuerst noch vergeben müssen.

Abbildung 10.10 Zugriff aufgrund fehlender Berechtigung verweigert

Berechtigung vergeben

Die Vergabe der *Berechtigung* erfolgt erneut im Menü **Security** unseres SAP-BTP-Sub-Accounts. Im Untermenü **Roles** sehen Sie vier neue Rollen (siehe Tabelle 10.1).

Rollenname	Rollenbeschreibung
BuildAppsAdmin	Erlaubt unbeschränkten Zugriff auf alle SAP-Build-Apps-Projekte.
BuildAppsDeveloper	SAP-Build-Apps-Entwickler*innen dürfen entsprechend ihrer zugewiesenen Projekte Applikationen entwickeln.
RegistryAdmin	Erlaubt die Administration von Projekten.
RegistryDeveloper	Erlaubt es Citizen Developers, an Projekten zu arbeiten.

Tabelle 10.1 Rollen von SAP Build Apps

Rollen können nicht einfach Benutzer*innen zugewiesen werden, hierfür ist noch ein weiterer Schritt nötig. Sie müssen zunächst eine *Rollensammlung* (engl. Role Collection) anlegen, die Sie dann einem Benutzerstamm zuordnen können.

Rollensammlung anlegen

Zunächst ist es sinnvoll, dass Sie sich selbst Vollzugriff gewähren. Navigieren Sie dafür in das Menü **Security • Role Collections**. Legen Sie nun eine neue Rollensammlung an, indem Sie auf den Button **Create** rechts oben klicken. Im Pop-up-Fenster tragen Sie nun einen Rollennamen ein, wir haben uns hier für »BuildApps_Administrator« entschieden, wie in Abbildung 10.11 zu sehen.

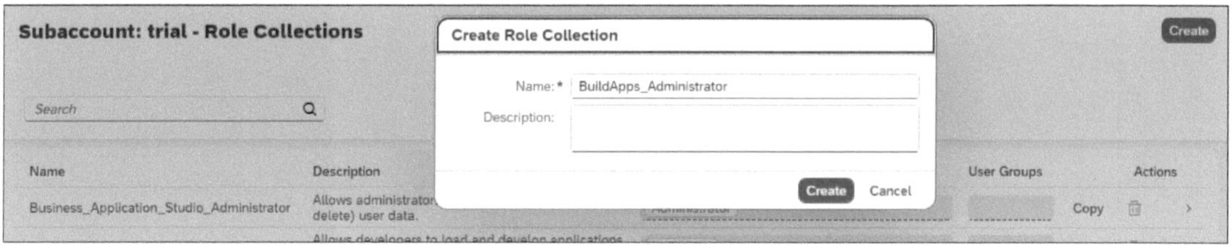

Abbildung 10.11 Rollensammlung mit dem Namen »BuildApps_Administrator« erzeugen

Klicken Sie auf den Button **Create**, um das Fenster zu verlassen. In der tabellarischen Ansicht wird nun die neue Rollensammlung mit dem von Ihnen gewählten Namen angezeigt. Klicken Sie nun auf die Rollensammlung. Es öffnet sich das Fenster zur Administration der Rollensammlung (siehe Abbildung 10.12).

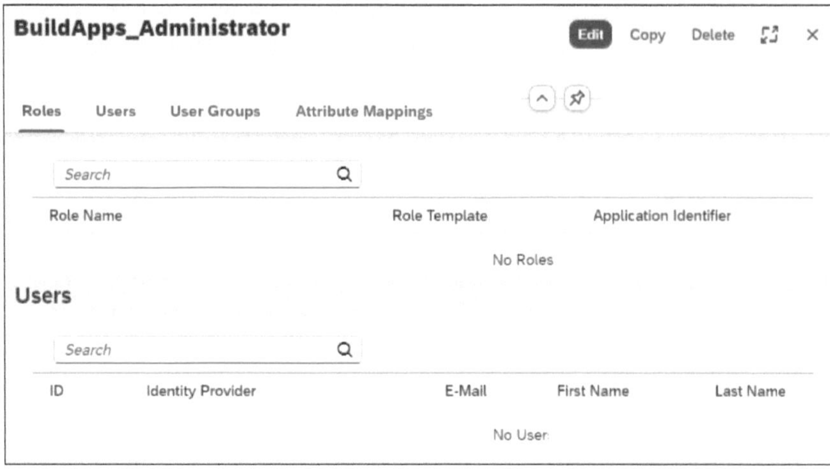

Abbildung 10.12 Rollensammlung mit Rollen und Benutzern füllen

Wie Sie in Abbildung 10.12 sehen, ist die Rollensammlung noch leer. Für uns sind jetzt die Bereiche **Roles** und **Users** die interessanten Teilbereiche der Administrationsoberfläche. Über den **Edit**-Button werden die Teilbereiche eingabebereit und Sie können zunächst die in Tabelle 10.1 genannten Administratorrollen hinzufügen oder natürlich eigene Rollen definieren und benutzen. Dies sollte dann so aussehen wie in Abbildung 10.13. Über den Button **Add** bestätigen Sie Ihre Eingabe.

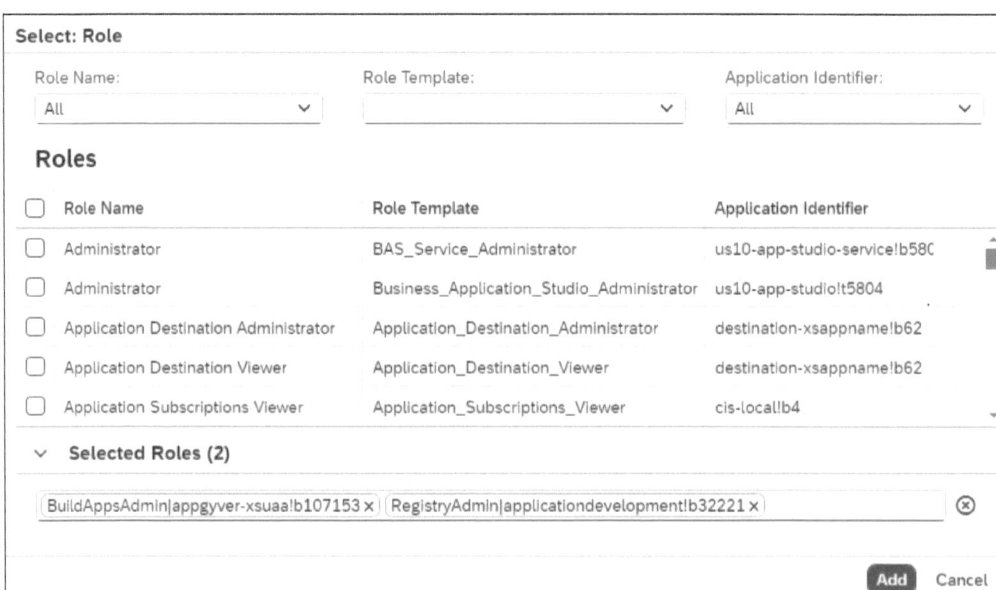

Abbildung 10.13 Rollen »BuildAppsAdmin« und »RegistryAdmin« hinzufügen

Benutzer verwalten

Im nächsten Schritt ist die *Benutzerverwaltung* dran. Wählen Sie zunächst im Teilbereich **Users** einen Identity Provider aus. Hier wählen Sie den zuvor instanziierten Custom Identity Provider aus. Aus diesem können Sie dann über das Dropdown-Menü oder die Look-ahead-Suche die zuzuweisenden Benutzerstammdaten heraussuchen. Fügen Sie sich selbst als User hinzu und speichern Sie die Rollensammlung (siehe Abbildung 10.14).

Abbildung 10.14 User der Rolle hinzufügen

Damit ist die Einrichtung abgeschlossen und Sie können sich der Entwicklung von responsiven Anwendungen mit SAP Build Apps widmen.

10.2.2 Frontend-Entwicklung mit SAP Build Apps

Lobby

Wenn Sie die Anwendung SAP Build aus der SAP BTP heraus starten, müssen Sie sich zunächst einmal anmelden. Hierfür stehen zwei Optionen zur Verfügung: mit dem Default Identity Provider oder mit dem vorher eingerichteten Custom Identity Provider. Wählen Sie letztere Option und authentifizieren Sie sich mit den Nutzerdaten, die Sie vorher definiert und mit den notwendigen Berechtigungen versehen haben. Wenn das funktioniert hat, finden Sie sich in der farbenfrohen *Lobby* von SAP Build wieder. In der Lobby, abgebildet in Abbildung 10.15, haben Sie die Möglichkeit, neue Projekte anzulegen und existierende Projekte zu löschen, Projektnamen zu ändern, Projekte zu kopieren, den Zugriff für andere Entwickler*innen zu verwalten und Projekte in gepackter Form zu exportieren.

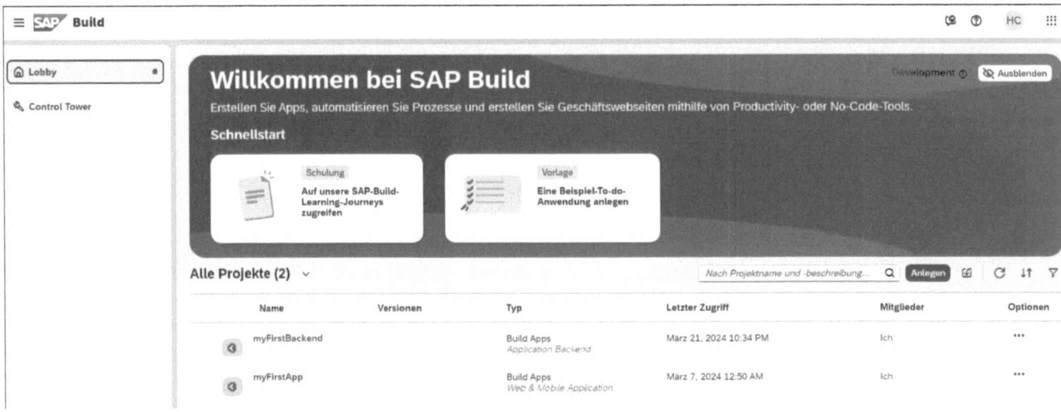

Abbildung 10.15 Lobby von SAP Build

Kollaboration

Weiterhin können Sie die Projekte weiteren Benutzer*innen zugänglich machen, sofern Sie diese in der Benutzerverwaltung der SAP BTP auch dafür autorisiert haben, mit SAP Build zu arbeiten. Andere Benutzer*innen können auch aus Projekten entfernt werden. Hier ist jedoch Vorsicht geboten – mit einer Administratorenrolle können sie auch Projekten beitreten, denen sie nicht explizit hinzugefügt wurden. Wenn wir aber davon ausgehen, dass Benutzer*innen korrekt autorisiert wurden, können Sie über das Drei-Punkte-Symbol auf der rechten Seite dem Projekt hinzugefügt werden, wie in Abbildung 10.1 bereits gezeigt wurde. Dadurch ist eine *Kollaboration* zwischen vielen verschiedenen Citizen Developern möglich.

Control Tower

Neben dem farbenfrohen Banner, das die Benutzer*innen auf die diversen Learning Journeys auf *https://learning.sap.com/* hinweist, steht Ihnen in der Lobby außerdem auch eine Administrationsoberfläche zur Verfügung, die auch *Control Tower* genannt wird. Diese Oberfläche erreichen Sie, wie in Abbildung 10.16 zu sehen, über den Menüeintrag **Control Tower** im linken Seitenmenü.

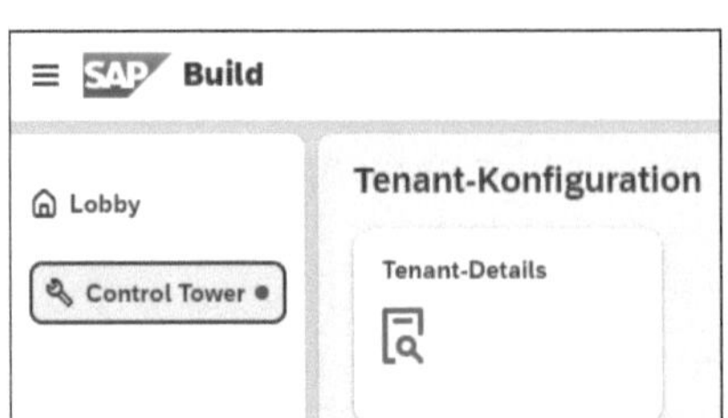

Abbildung 10.16 Control Tower

Tenant-Details anlegen

Dort steht aktuell nur eine einzige Kachel (**Tenant-Details**) zur Verfügung, unter der Sie Details zum *Tenant* festlegen können. Wenn Sie auf die Kachel klicken, können Sie im sich öffenen Fenster festlegen, welchem Typ der Tenant entspricht (siehe Abbildung 10.17): **Development**, **Test** oder **Production**. Ein Development-Tenant hat dabei die meisten Möglichkeiten, hier gibt es keine Einschränkungen bezüglich der Erstellung und Bearbeitung von Projekten. Bei Auswahl eines Test- oder Produktiv-Tenants stehen diese Möglichkeiten – ebenso wie auch Test- und Produktivsysteme im ERP-Umfeld geschützt sind – nur eingeschränkt oder gar nicht zur Verfügung. In den weiteren Feldern können Sie einen Namen, eine Beschreibung und eine URL eingeben. Mithilfe des Namens lässt sich der Tenant etwa per Command Line Interface identifizieren und ansprechen.

Abbildung 10.17 Einstellungsmöglichkeiten des Control Towers

Für größere Projekte und Projektlandschaften im SAP-Build-Umfeld ist dies sicherlich hilfreich. Sie können für das weitere Vorgehen in diesem Kapitel aber auch alle Einstellungen so beibehalten, wie sie aktuell sind.

Projekt anlegen

Nun erstellen wir erst einmal ein *Projekt*. Klicken Sie dazu auf den Button **Anlegen** in der Lobby. Wenn Sie ein neues Projekt über die Lobby erstellen, haben Sie nicht nur die Wahl, ein SAP-Build-Apps-Projekt anzulegen, sondern auch die Wahl zwischen zwei weiteren Optionen (siehe Abbildung 10.18):

- **Anwendung erstellen** (mit SAP Build Apps)
- **Automatischen Prozess erstellen** (mit SAP Build Process Automation)
- **Unternehmenswebsite erstellen** (mit SAP Build Work Zone)

Die Lobby bedient also das gesamte SAP-Build-Portfolio. Spätestens jetzt sehen Sie, warum verschiedene Tenants gegebenenfalls dienlich sein können.

Abbildung 10.18 Optionen zum Anlegen eines SAP-Build-Projekts

Um ein SAP-Build-Apps-Projekt zu erstellen, wählen Sie die erste Kachel **Anwendung erstellen**. Im nächsten Bild, hier in Abbildung 10.19 gezeigt, wählen Sie **SAP Build Apps** und nicht die für professionelle Entwickler*innen gedachte Option **SAP Build Code**.

Abbildung 10.19 Option »SAP Build Apps« wählen

Im nächsten Schritt müssen Sie sich für eine von zwei *Projektarten* entscheiden. Sie haben die Wahl zwischen diesen Optionen (siehe Abbildung 10.20):

Projektarten

- **Webanwendung und mobile Anwendung**: Hier legen Sie ein Frontend-Projekt an.
- **Anwendungs-Backend**: Hier legen Sie ein Backend-Projekt an.

In diesem Abschnitt beschäftigen wir uns zunächst mit dem Frontend. Das Backend werden wir in Abschnitt 10.2.3 näher erläutern. Daher wählen Sie also die linke Kachel **Webanwendung und mobile Anwendung** aus.

Abbildung 10.20 Zwischen Frontend- und Backend-Projekt wählen

Nachdem Sie das Frontend-Projekt ausgewählt haben, legen Sie die ersten *Metadaten* Ihres neuen Projekts fest. In der Eingabemaske, die in Abbildung 10.21 zu sehen ist, geben Sie dem Projekt einen Namen. Hier empfiehlt es sich, einen möglichst sprechenden Namen zu wählen. Eine Anwendung zum Abfotografieren und Klassifizieren von Dokumenten kann selbstverständlich »Anwendung1« genannt werden; ein Name wie »Dokumentenklassifizierung« ist aber sprechender und verdeutlicht, was man von der Anwendung erwarten kann. Eine Beschreibung rundet das noch etwas weiter ab. In der Lobby gibt es eine Suchfunktion, mit der Sie Projektnamen und -beschreibungen durchsuchen können, sodass Sie selbst innerhalb vieler verschiedener Anwendungsfälle den Überblick behalten können. Während es sich also empfiehlt, die Beschreibung mit sinnvollen Inhalten zu befüllen, ist dies jedoch keineswegs notwendig, um eine Anwendung zu er-

Metadaten

stellen. Lediglich der Name als identifizierendes Element ist ein Muss-Feld. Klicken Sie auf den Button **Anlegen**.

Abbildung 10.21 Metadaten des Projekts festgelegen

Entwicklungsumgebung Sofort öffnet sich eine neue Registerkarte im Browser und Sie verlassen die Lobby und betreten die eigentliche *Entwicklungsumgebung* von SAP Build Apps (siehe Abbildung 10.22).

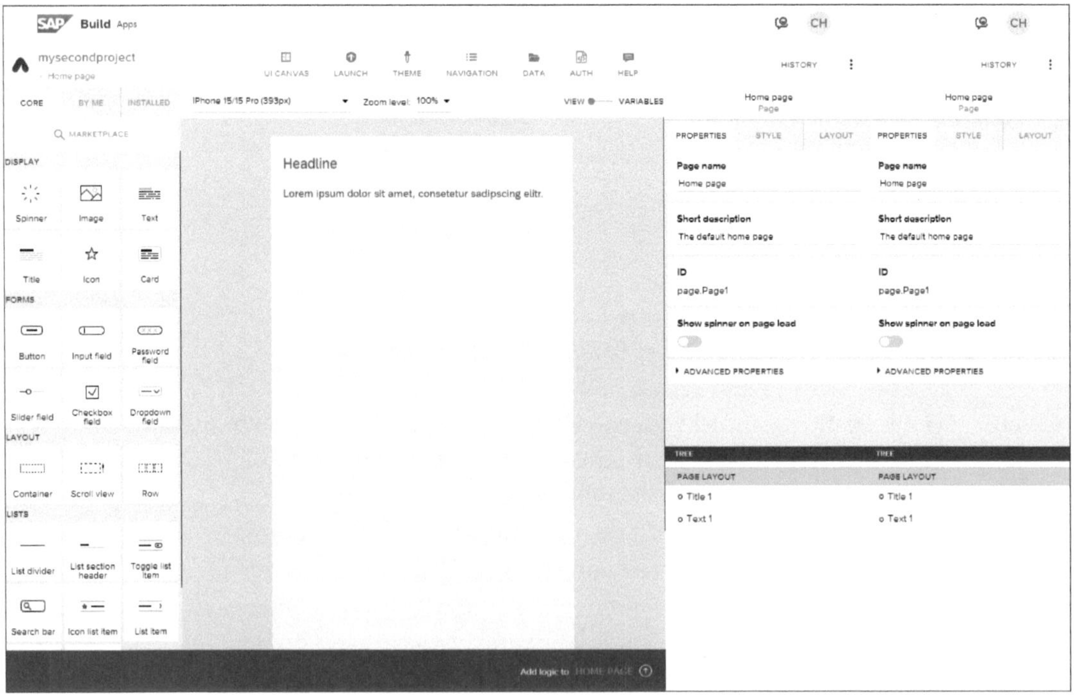

Abbildung 10.22 Die Entwicklungsumgebung für SAP-Build-Apps-Frontend-Projekte

Seite Wie Sie in Abbildung 10.22 sehen, ist die Entwicklungsumgebung technisch traditionell aufgebaut. Mittig platziert sehen Sie eine *Seite*. Die Seite ist eine

Art Leinwand, die den Hintergrund und den Rahmen gleichermaßen definiert. Eine Anwendung hat immer mindestens eine Seite, auf der Sie Screenelemente platzieren können. Die Größe ist standardmäßig auf die Bildschirmauflösung eines iPhone 15 festgelegt, lässt sich jedoch dem gewünschten Endgerät anpassen. Prinzipiell gilt auch, dass die Anwendungen responsiv sind und sich dementsprechend an die Gegebenheiten des jeweiligen Endgeräts anpassen. Die Vorauswahl entspricht daher nur einer Optimierung für eine Zielgruppe. Wenn Sie mehrere Seiten anlegen möchten, weil die Anwendung z. B. eine Liste und eine Detailseite enthalten soll, klicken Sie auf den kleinen, unscheinbaren Link unter dem SAP-Logo in der linken oberen Ecke. In unserem Beispiel steht dort **Home page**, was die initiale Seite eines jeden neu erstellten Anwendungsprojekts ist. Sie gelangen in die Ansicht in Abbildung 10.23. Über den Button **Add page** können Sie Ihrem Projekt nun neue Seiten hinzufügen. Geben Sie der Seite einen Namen und Sie werden direkt auf Ihre neue angelegte Seite weitergeleitet.

10

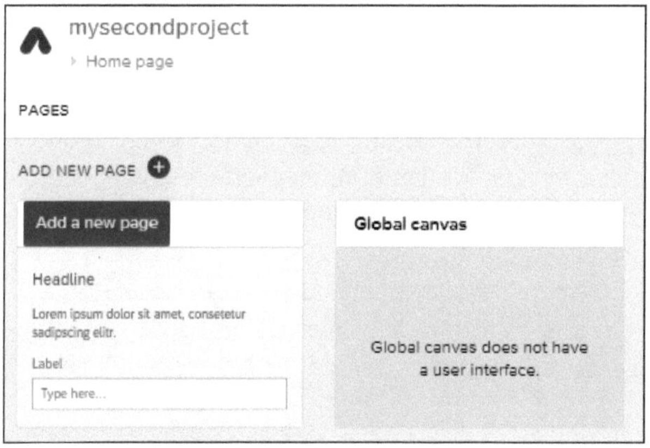

Abbildung 10.23 Neue Seite einfügen

Komponenten

Auf der linken Seite der Entwicklungsumgebung befinden sich die zur Verfügung stehenden *Komponenten*. Mit diesen mehr oder weniger komplexen Elementen können Sie beispielsweise das Layout der Seite gestalten. Zur Verfügung stehen etwa Layoutcontainer, Ein- und Ausgabefelder, Druckknöpfe, Texte, Bilder oder auch komplexe Listen, die per Drag-and-drop auf der Seite platziert werden können. Weitere, durch andere Entwickler*innen hergestellte Komponenten finden Sie im sogenannten *Marketplace*. Selbstverständlich besteht auch die Möglichkeit, sich ganz eigene Komponenten selbst zu erstellen.

Komponenteneigenschaften

Auf der rechten Seite befindet sich der Eigenschaftsbereich (Registerkarte **PROPERTIES**). Dieser Bereich ist fokusorientiert und zeigt immer die Details und *Komponenteneigenschaften* der jeweils aktuell markierten Komponente an. So hat beispielsweise jede Komponente eine Identifikation, über die sie im Layoutbaum in der rechten unteren Ecke auch gezielt ausgewählt werden kann. Dies hat den Vorteil, dass Sie ganze Teilbereiche oder Ansammlungen von Komponenten beispielsweise in einen neu erstellen Layoutcontainer verschieben können. Weitere Eigenschaften sind *Label*, also einem Element nebenangestellter Beschreibungstext, Platzhaltertexte, Layout und Stilinformationen, aber auch elementspezifische Eigenschaften. Dies können z. B. für ein Eingabefeld die Eigenschaften Passwortfeld mit verdeckter Eingabe, Eingabebereitschaft, mehrzeilige Eingabe und selbstverständlich das Binding des darzustellenden Wertes an eine Datenvariable sein. Weiterhin lassen sich alle Werte, ob Eigenschaft oder Feldwert, per Formeleditor variabel gestalten. Das heißt beispielsweise, dass Sie Felder bei Vorhandensein bestimmter Daten ausblenden können, aber auch, dass Sie den Wert des Feldes entsprechend manipulieren. Wie der Formeleditor aussieht, zeigen wir Ihnen später in Abschnitt 10.2.3, »Backend-Entwicklung mit SAP Build Apps«.

[»]

Binding

Ein Binding ist ein Mapping zwischen einem Feld auf der Oberfläche und einer Datenvariable. Ändert sich der Wert der Datenvariablen, so wird beim Aktualisieren der Anwendung der geänderte Wert auch entsprechend dargestellt. Ein Binding ist bidirektional. Dementsprechend wird auch der geänderte Wert eines Eingabefeldes entsprechend an die gebundene Datenvariable übergeben und steht fortan der Anwendungslogik zur Verarbeitung zur Verfügung.

Variablen

In SAP Build Apps spielen *Variablen* eine wichtige Rolle. Wie beim »normalen« Programmieren gibt es verschiedene Variablenarten. Damit sind jedoch nicht etwa Datentypen wie String für eine Zeichenkette oder Integer für eine ganze Zahl gemeint, sondern insbesondere auch die sogenannte Sichtbarkeit von Variablen. Zunächst einmal, was sind Variablen? Als Variablen bezeichnen wir beim Programmieren einen definierten Speicherbereich, der genutzt wird, um dynamische Daten zur Laufzeit aufzunehmen, zu speichern und für die Weiterverarbeitung bereitzustellen. Diese Daten können alles Mögliche sein, beispielsweise der aktuelle Benutzername, ein eingegebener Text, der Ladestatus der aktuellen Seite oder auch vom Backend geholte Daten. Was hat es jetzt aber mit der Sichtbarkeit von Variablen auf sich? Wenn Sie sich noch einmal die Entwicklungsumgebung von SAP Build Apps anschauen (siehe Abbildung 10.22), fällt Ihnen vielleicht ein kleiner, unscheinbarer Schieberegler auf der rechten Seite auf, etwas versetzt über dem Detailbereich. Mithilfe dieses Schiebereglers können Sie vom View-Designer zum Variablendesigner umschalten. Sie landen bei der Ansicht, die in Abbildung 10.24 gezeigt wird, und erhaschen einen ersten Blick auf den Variablendesigner. Hier stehen Ihnen auf der linken Seite fünf verschiedene Variablenarten zur Verfügung: App-Variablen, Seitenvariablen, Seitenparameter, Datenvariablen und Übersetzungsvariablen. Alle diese Arten von Variablen haben ihre ganz eigene Bestimmung.

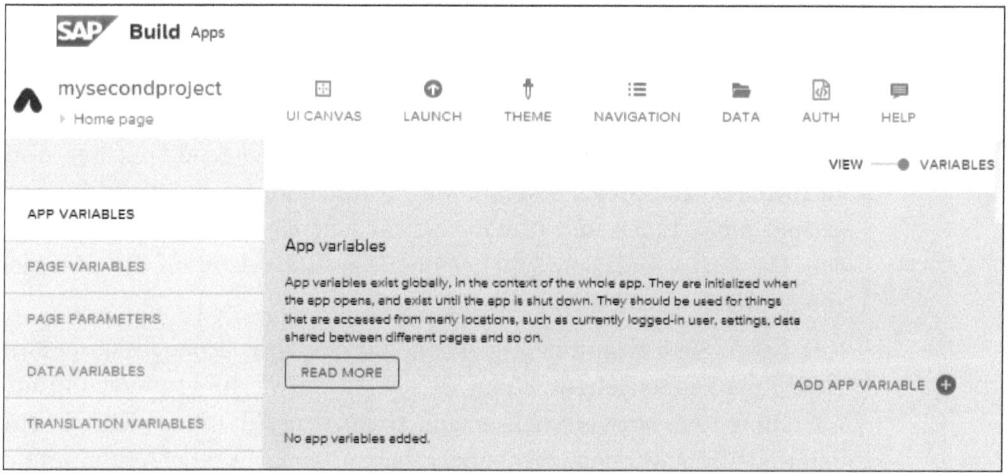

Abbildung 10.24 Variablendesigner zur Anlage verschiedener Variablenarten

App-Variablen sind Variablen, die auf allen Seiten der App sichtbar und benutzbar sind. Hier können also zentral globale Daten gespeichert werden, die in der gesamten Anwendung benötigt werden, beispielsweise Benutzereinstellungen oder zwischen mehreren Seiten geteilte Daten. Sie werden beim Start der Anwendung initialisiert und stehen die gesamte Laufzeit bis zum Beenden der Anwendung zur Verfügung.

App-Variablen

Page-Variablen oder *Seitenvariablen* sind hier in ihrer Sichtbarkeit deutlich eingeschränkt, denn sie sind nur innerhalb der aktuell bearbeiteten Seite sichtbar und benutzbar. Beim ersten Ansteuern der Seite werden sie initialisiert und beim Verlassen der Seite auch wieder gelöscht. In Seitenvariablen sollten beispielsweise eingegebene Daten aus Formularen oder Filtereinstellungen gespeichert werden.

Seitenvariablen

Page- oder *Seitenparameter* sind Variablen, die nur zur Datenübergabe verwendet werden können. Navigieren Sie mittels der Open-Page-Funktion zu einer parametrisierten Seite, können Daten mit in die Seite hineingegeben werden, beispielsweise die Identifikationsnummer eines ausgewählten Listenelements, für das eine Detailseite angezeigt werden soll. Wie die Seitenvariablen stehen sie nur zur Verfügung, während die aktuelle Seite geöffnet ist und werden bei Navigation von der Seite weg entsprechend gelöscht.

Seitenparameter

Datenvariablen

Datenvariablen verhalten sich prinzipiell wie Seitenvariablen, was ihre Sichtbarkeit und Verfügbarkeit angeht. Sie sind nur auf der sie definierenden Seite sichtbar, werden bei Navigation zur Seite initialisiert und beim Verlassen der Seite auch entsprechend wieder gelöscht. Dennoch sind sie sehr speziell, denn ihr Datentyp definiert sich über das Schema der nicht innerhalb der Anwendung liegenden Datenquelle, an die die Datenvariable gebunden ist. Üblicherweise beinhalten sie eine Logik, die bei Initialisierung Daten aus dem angebundenen Backend holt und diese Daten in der Variable zur Weiterverarbeitung bereitstellt.

Übersetzungsvariablen

Zu guter Letzt gibt es die *Übersetzungsvariablen*. Hier besteht die Möglichkeit, für die Anwendung Übersetzungen in verschiedene Sprachen und auch eine Default-Sprache zu hinterlegen. Auf diese Art und Weise können beispielsweise Labels und Titel in verschiedenen Sprachen hinterlegt werden. Die entsprechenden Seitenelemente müssen dann an die Übersetzungsvariablen gebunden werden.

Nun haben Sie die zentralen Bausteine für das Oberflächendesign in SAP Build Apps kennengelernt. Wenn Sie sich die Entwicklungsumgebung aus Abbildung 10.22 noch einmal genauer anschauen, fällt Ihnen vielleicht ein Bereich auf, den wir noch nicht erklärt haben: der Logikbereich ganz unten, der in Form eines dunklen Kastens doch eher unscheinbar wirkt.

Logikbereich

Wenn Sie auf den Link **Add Logic to Page** rechts unten im dunklen Kasten klicken, klappt sich der Logikeditor auf, wie er in Abbildung 10.25 zu sehen ist. In der Mitte befindet sich das Logic Canvas, also der Ort, an dem die Logik angelegt wird. Hier sind bereits zwei sogenannte Events zu sehen: **Page mounted** und **Page focused**.

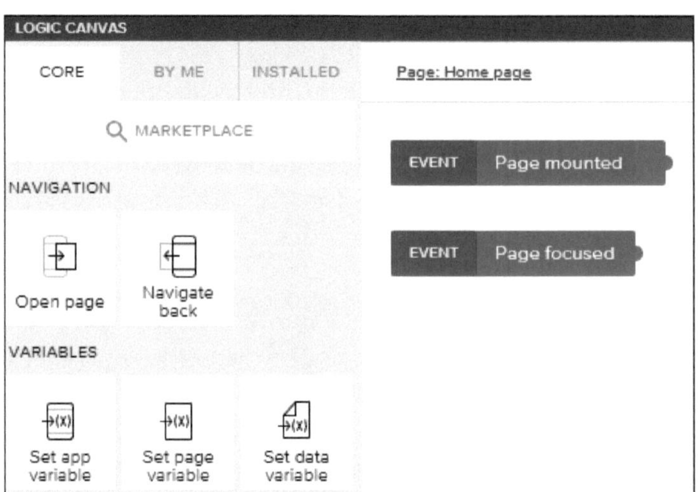

Abbildung 10.25 Der Logikeditor

Diese beiden Events lassen sich nun mit den Logikbausteinen, wie sie auf der linken Seite zu sehen sind, verknüpfen. Die Logikbausteine müssen zunächst per Drag-and-drop auf dem Canvas platziert werden. Damit dann aber auch etwas passiert, muss der ausgehende Stecker, als Halbkreis am rechten Rand des Events platziert, mit dem eingehenden Stecker des Logikbausteins, beispielsweise **Set page variable**, verbunden werden (siehe Abbildung 10.26).

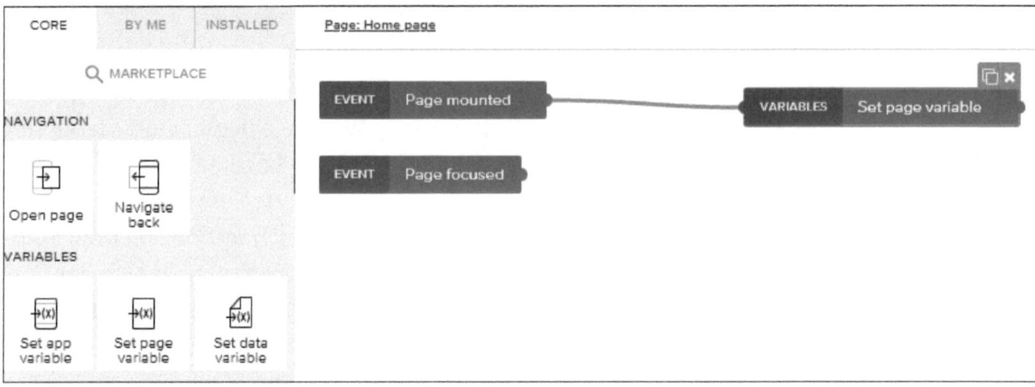

Abbildung 10.26 Logikbaustein »Set page variable« platziert und verbunden

Logikbausteine

Es stehen verschiedene Logikbausteine zur Verfügung. Sie lassen sich in die Bereiche Navigation, Variablen, Dialog, View, Daten, Gerät, Utility und Advanced einteilen. Navigation ist wahrscheinlich selbsterklärend, über **Open Page** lässt sich zu einer anderen Seite navigieren, mittels **Navigate back** springen Sie entsprechend zur vorherigen Seite. Mit Logikbausteinen des Typs Variablen lassen sich die Inhalte von App-, Page- oder auch Datenvariablen verändern. Dialogbausteine eröffnen den Dialog mit den Benutzer*innen und geben beispielsweise Nachrichten aus oder verlangen eine Bestätigung. Mit View-Bausteinen können Sie eine Ladeanimation an- und abschalten. Logikbausteine des Typs Daten ermöglichen den Zugriff auf das Backend, hier lassen sich Datensätze holen, erstellen, verändern, ersetzen und löschen; die CRUD-Operationen sind also vollständig eingebettet. Ein spezieller Baustein des Typs Daten ist die sogenannte Cloud-Function, ein Element aus dem Backend, auf das wir in Abschnitt 10.2.3, »Backend-Entwicklung mit SAP Build Apps«, noch näher eingehen. **Device** bzw. **Gerät** ist eine sehr interessante Kategorie von Logikbausteinen, denn hierüber lassen sich Gerätefunktionen gezielt ansteuern, wie beispielsweise zum Öffnen der Kamera eines Mobiltelefons oder zum Einlesen eines QR-Codes. Auch geospatiale Informationen lassen sich per Gerätefunktion einfach nutzen. Utility-Logikbausteine sind beispielsweise für die Verzögerung von Aktionen oder auch Bedingungen verantwortlich. Ähnlich wie bei dem

IFTTT-Ansatz vieler Hausautomatisierungen lassen sich über die IF-Bedingung konditionale Äste im Logikbaum aufspannen. Zu guter Letzt wollen wir die Advanced-Logikbausteine nicht außer Acht lassen. Hier lassen sich sowohl eigene Events als auch entsprechende Event Listener erzeugen. Ebenfalls existiert die Möglichkeit, aus dem No-Code-Ansatz auszubrechen und eigenen JavaScript-Code auszuführen. Wenn dies noch nicht ausreicht, können wir Ihnen auch den Marketplace empfehlen, denn dort stehen noch mehr von anderen Entwickler*innen zur Verfügung gestellte Logikbausteine zur Verfügung.

Kontextsensitivität

Wir fügen unserer Seite einen Button hinzu, mit dem wir auf eine Folgeseite navigieren wollen (siehe Abbildung 10.27). Wenn Sie den Button markieren und ihm damit den Fokus geben, ändert sich der Logikeditor. Im Kopf des Logikeditors steht nun der Name der ausgewählten Komponente – dieser lässt sich, wie bereits beschrieben, im Detailbereich auf der rechten Seite verändern. Durch die *Kontextsensitivität* des Logikeditors hat sich das verfügbare Event geändert, hier steht nun das Event **Component tap** zur Verfügung. Fügen Sie nun den Logikbaustein **Open page** hinzu und verbinden ihn, ist die Navigation dennoch nicht vollständig definiert.

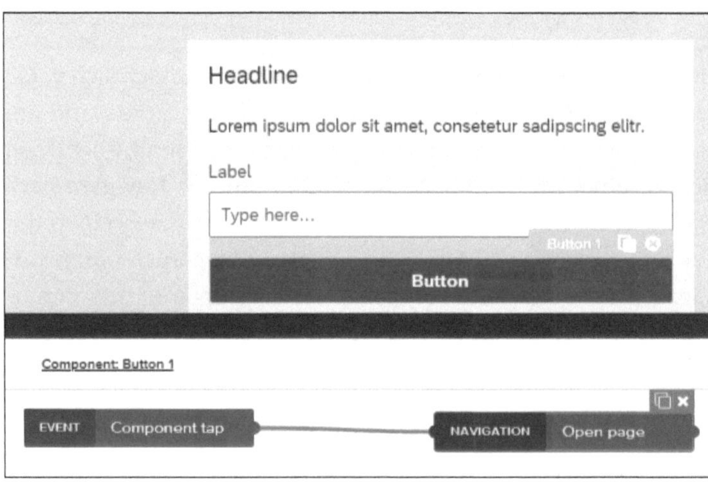

Abbildung 10.27 Der Logikeditor ist kontextsensitiv.

Damit die Navigation auch funktioniert, muss für den Logikbaustein **Open page** noch eine Zielseite festgelegt werden – andere Logikbausteine haben ihre jeweils eigenen Bedürfnisse. Diese Definition geschieht, indem Sie im Logikeditor analog zu Abbildung 10.28 wieder den Logikbaustein **Open page** markieren. Hierdurch ändert sich rechts oben die Detailsicht, denn auch dieser Teil der Entwicklungsumgebung ist kontextsensitiv. Hier haben Sie beispielsweise die Möglichkeit, die anzusteuernde Seite auszuwählen und auch gegebenenfalls auftretende Seitenparameter zu befüllen. Wenn Sie das getan haben, haben Sie bereits eine weitere Seite definiert. Damit ist in Ihrer Anwendung schon eine rudimentäre Logik eingebunden.

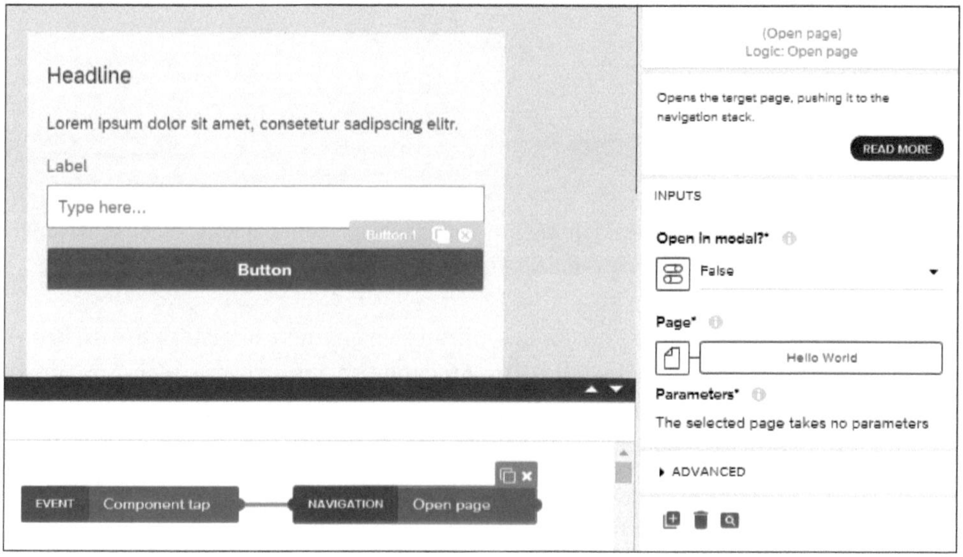

Abbildung 10.28 Der Detailbereich des Logikbausteins

Sie können nun Ihre Anwendung weiter Ihren Bedürfnissen anpassen und beliebige Komponenten und Logiken ergänzen. Wenn Sie zwischendrin das Ergebnis Ihrer Arbeit einmal ansehen oder final abschließen möchten, gibt es auch dafür Optionen.

Menüband

Dafür wenden wir uns jetzt dem letzten Abschnitt der Entwicklungsumgebung von SAP Build Apps zu, dem *Menüband*, das in Abbildung 10.29 gezeigt wird. Dort ist immer das Menü, das gerade aktiv und damit fokussiert ist, blau hinterlegt, im Beispiel also der Entwicklungsbereich, das **UI CANVAS**.

Abbildung 10.29 Das Menüband von SAP Build Apps

Launch

Das Menü **LAUNCH**, gezeigt in Abbildung 10.30, eröffnet Ihnen gleich die Möglichkeit, die Anwendung in ihrem aktuellen Status zu testen oder entsprechend zu veröffentlichen. Bleiben wir bei unserem Beispiel der Seitennavigation aus dem Logikeditor, hätten Sie hier über die Preview die Möglichkeit, sich die Funktionsweise anzusehen und die Anwendung entsprechend zu testen.

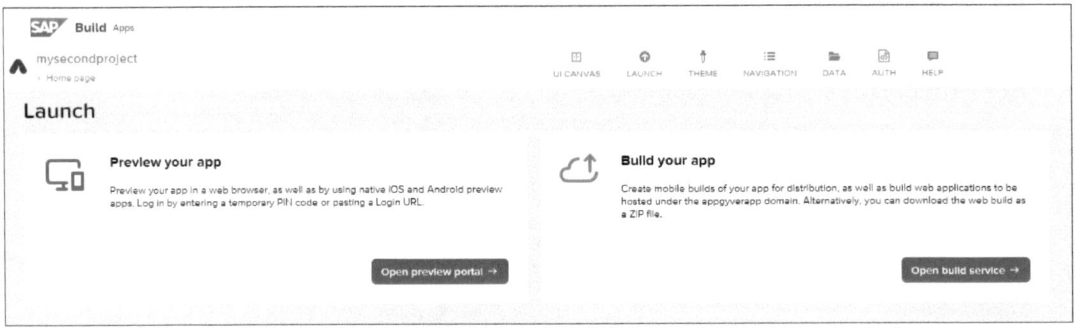

Abbildung 10.30 Projekt im Menü »Launch« entweder per Preview ansehen oder als fertige Anwendung publizieren

Preview Wählen Sie hier die *Preview* aus, öffnet sich ein neue Registerkarte im Browser und Sie haben die Wahl, Ihre Anwendung entweder als Web-App direkt im Browser zu testen oder alternativ eine Testumgebung für Mobilgeräte zu bemühen (siehe Abbildung 10.31). Die Anwendung hierzu heißt *SAP Build Apps Preview*; ein Link zum entsprechenden App Store ist auf der Preview-Seite ebenfalls integriert. Folgen Sie den Anweisungen, so können Sie die Anwendung also auch schon – unter Beachtung gewisser Einschränkungen – auf dem Mobilgerät testen. Eingeschränkt ist beispielsweise die Verwendung der Authentifizierungsmethode **BTP**, die Sie im Menüband im Menü **AUTH** finden, aber auch der Zugriff auf Gerätefunktionen steht nicht vollumfänglich wie bei einer nativen Anwendung zur Verfügung. Um das Layout auf verschiedenen Endgeräten zu testen, ist dies auf jeden Fall eine optimale Möglichkeit! Beim Testen gibt es noch eine Besonderheit zu erwähnen: Sind Sie im Preview-Modus, so stehen Layoutänderungen sogar ohne Reload sofort in der Preview zur Verfügung. So ermöglicht SAP Build Apps sofortiges Feedback.

Abbildung 10.31 Die Preview-Seite

Der *Build Service* im Menü **LAUNCH** wird dann spannend, wenn Sie der Meinung sind, die Anwendung ist fertig, und Sie sie publizieren wollen. Wie in Abbildung 10.32 gezeigt, stehen Ihnen hierfür im Free Tier von SAP Build Apps zwei Versuche pro Projekt zur Verfügung. Werden mehr Versuche benötigt, können Sie zu einer bezahlten Lizenz von SAP Build Apps wechseln. **Build Service**

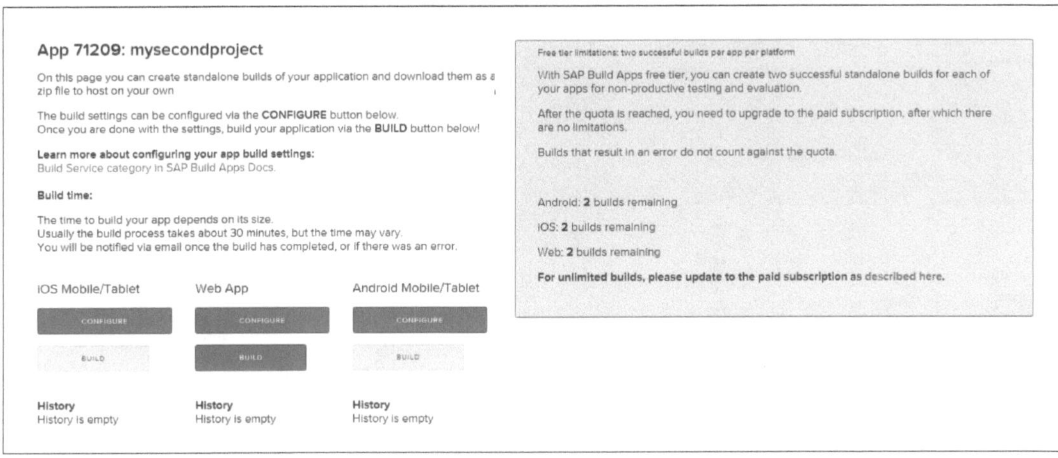

Abbildung 10.32 Publikationsmöglichkeiten des Build Service

Unabhängig davon, wie oft Sie publizieren, stehen Ihnen folgende Optionen zur Verfügung: **Publikation**

- als Web-App veröffentlichen, die man im Browser oder über die App SAP Mobile Start konsumiert
- als mobile Anwendung veröffentlichen, wahlweise für Android- oder iOS-Geräte

Gerade für die Verwendung auf mobilen Geräten ist auch eine Veröffentlichung im entsprechenden App Store nötig. Zu erläutern, welche Voraussetzungen hierfür erfüllt sein müssen, würde den Rahmen dieses Kapitels sprengen und ist daher nicht Bestandteil dieses Buches.

Gehen wir weiter im Menüband voran. Das Menü **THEME** ist insbesondere für designaffine Menschen interessant, da sich hier, wie in Abbildung 10.33 dargestellt, die Farben und Farbschemata der Anwendung schnell und einfach dem eigenen Corporate Design oder gewünschten Look-and-feel anpassen lassen. Den Gestaltungsmöglichkeiten sind hier kaum Grenzen gesetzt. Wir wollen hier noch einmal darauf hinweisen, dass das Horizon-Theme, das Ihnen wahrscheinlich von der aktuellen SAP-Fiori-Version bekannt ist, seit Kurzem auch für SAP Build Apps zum Standard-Theme gemacht wurde. **Theme**

Navigation

Im Menü **NAVIGATION**, ausnahmsweise ohne Abbildung, lässt sich die Navigation der Anwendung verändern. Hier können Sie definieren, ob die Anwendung mit einer Navigationsleiste oder einem Navigationsmenü aufwarten soll. Die Einträge der Navigationsleiste können direkt hier erfasst werden. Alternativ steht auch die Erstellung einer eigenen, kundenspezifischen Navigationsansicht zur Verfügung.

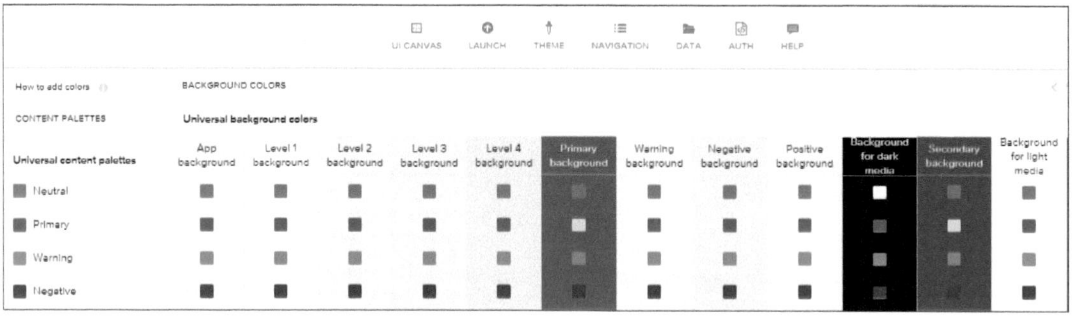

Abbildung 10.33 Farbschemata der Anwendung im Themedesigner anpassen

Authentifizierung

Nun machen wir einen kleinen Sprung im Menüband, da das Menü **DATA** ohne die Erklärung des Menüs **AUTH**, kurz für *Authentifizierung*, nicht vollständig erfolgen kann. Selbstverständlich bietet SAP Build Apps an, die Anwendungen benutzerzentriert zu erstellen. Damit ist es unumgänglich, zwischen verschiedenen Benutzer*innen zu unterscheiden. Nachdem Datensicherheit auch großgeschrieben werden muss, sollten sich die Benutzer also gegen einen Identity Provider authentifizieren. Achtung, hier handelt es sich explizit nicht um den für die Entwicklung notwendigen Identity Provider Service, den wir vorher eingerichtet haben. Jetzt geht es um die Identifikation der Nutzer*innen zur Laufzeit, nicht zur Designzeit. Wenn Sie die das Menü **AUTH** ausgewählt und per Klick auf den großen blauen Button **ENABLE AUTHENTICATION** die Authentifizierung erst einmal generell aktiviert haben, stehen Ihnen die in Abbildung 10.34 aufgezeigten drei Optionen zur Verfügung:

- **Google Firebase email/password authentication**
- **SAP BTP authentication**
- **Direct third party authentication**

Die wohl einfachste und für uns gewinnbringendste Option ist sicherlich **SAP BTP authentication**, denn hier wird direkt gegen den Benutzerstamm der SAP BTP geprüft. Außerdem wird diese Option benötigt, wenn Sie die SAP BTP auch als Backend nutzen möchten, hierzu jedoch dann mehr im Menü **DATA**. Dennoch lassen sich auch Drittanbieterservices wie Google oder Facebook genauso integrieren. Was alle drei Möglichkeiten gemeinsam haben, ist, dass der Anwendung automatisch eine Login-Seite als Startseite hinzugefügt wird.

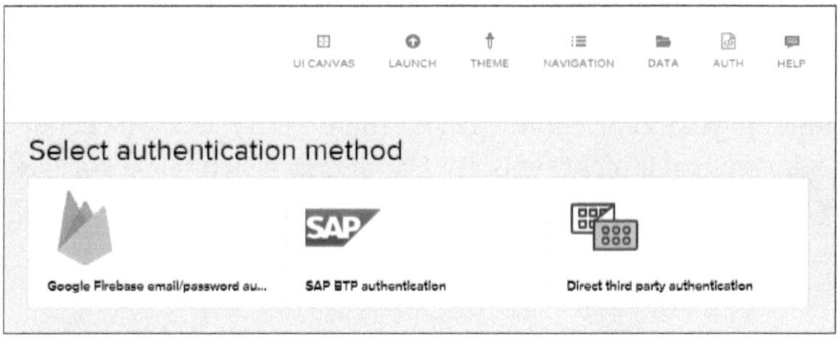

Abbildung 10.34 Mögliche Identity Provider

Datenpersistenz

Das Menü **DATA** (siehe Abbildung 10.35) ist nun wieder ein etwas komplexerer Bereich der Entwicklungsumgebung. Hier geht es um nichtflüchtige *Datenpersistenz*, also das Speichern von Daten über den Benutzungszeitraum der Anwendung hinweg. Das Menü ist in drei Teile aufgeteilt: **On-device storage**, also das Sichern von Daten im Anwendungsspeicher ganz oben auf der Seite, Systemintegrationen wie hinter SAP-BTP-Destinationen liegende SAP-Systeme oder auch das SAP-Build-Apps Backend, dessen Möglichkeiten in Abschnitt 10.2.3 erläutert werden, in der Mitte der Seite weiß hinterlegt, sowie als dritte Option die klassische Möglichkeit, REST-APIs und Google Firebase ganz unten anzubinden.

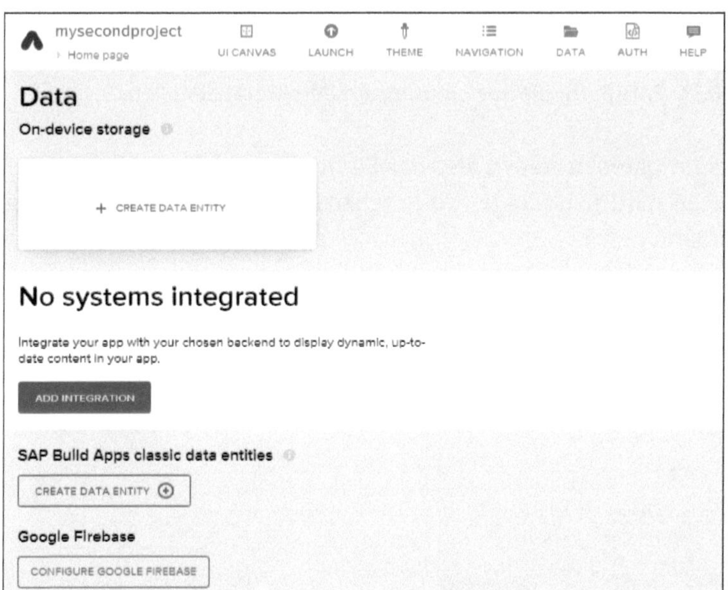

Abbildung 10.35 Datenhaltungsmöglichkeiten zur Anbindung wählen

On-device storage

Bei **On-device storage**, der Speicherung von Daten auf dem Endgerät, müssen sogenannte Entitäten angelegt werden. Wie das aussieht, ist in Abbildung 10.36 ersichtlich. Über den Button **ADD NEW** können Sie der Entität neue Felder hinzufügen. Letztlich muss man sich diese Art der Entitäten wie eine Datenbanktabelle vorstellen. Folgende Datentypen stehen den Entitäten zur Verfügung: Text, Zahl, boolesche Wahrheitswerte, Liste, Objekt oder »any«, also zur Designzeit nicht typisiert. Damit lassen sich selbst komplexeste Daten recht einfach in den Gerätespeicher sichern.

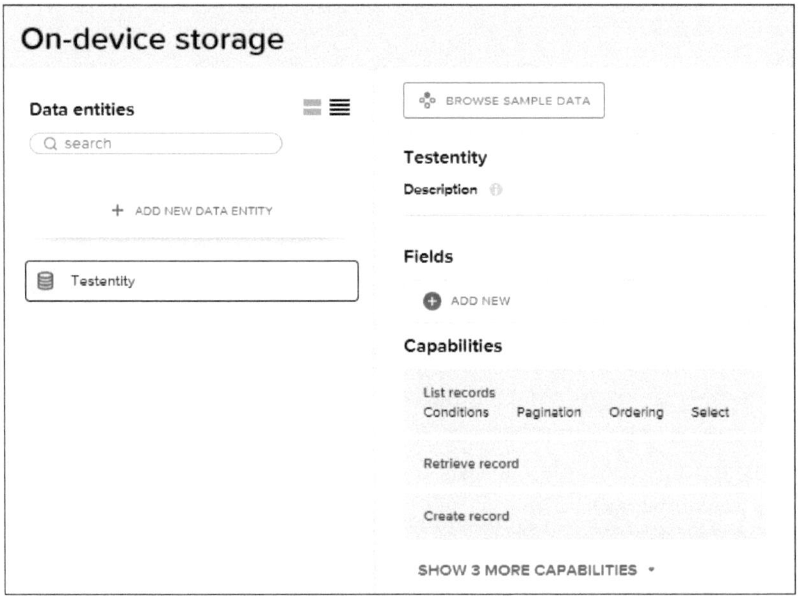

Abbildung 10.36 Entität für die Speicherung auf dem Gerät erstellen

REST-Services

Die klassischen Datenentitäten, also das Einbinden von klassischen *REST-Services*, bieten natürlich einiges an Potenzial, was schon aus Abbildung 10.37 hervorgeht.

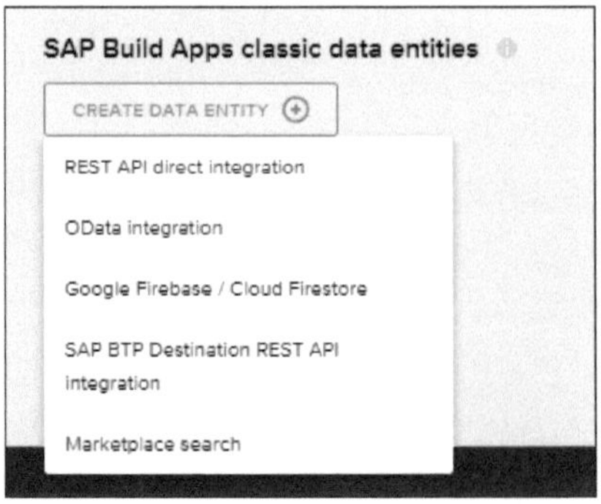

Abbildung 10.37 Classic Data Entities

Jegliche im Internet verfügbare REST- oder auch OData-Services, wie beispielsweise What3Words für Geolocation, von der SAP BTP bereitgestellte OData-Services oder auch aus dem Marketplace installierte Services wie der Währungsumrechner oder die Google-Maps-Geocoding-Services lassen sich hier schnell und einfach integrieren und stellen ihre Daten dann als Datenquellen für Datenvariablen bereit.

Systemintegration

Der dritte und ebenfalls sehr wichtige Bereich ist die *Systemintegration*. Dabei wird die Möglichkeit gewährt, direkt ein SAP-Build-Apps-Backend anzusprechen, das auf der SAP BTP gehostet wird, oder auch ein exponiertes Element der SAP Build Library, wie z. B. zum Triggern eines mit SAP Build Process Automation erstellten Prozesses (siehe Abbildung 10.38). Das in SAP Build Apps integrierte Backend wird in Abschnitt 10.2.3 weiter erläutert. Neben dem Backend von SAP Build Apps gibt es aber auch noch die Möglichkeit, an die SAP BTP angebundene SAP-Systeme, wie beispielsweise ein SAP-S/4HANA-Cloud-System, als Datenquelle zu verwenden. Diese werden üblicherweise als Destinations im SAP-BTP-Subaccount angelegt, was für die Citizen Developer eine enorme Erleichterung darstellt, da die Konnektivität damit abstrahiert wird.

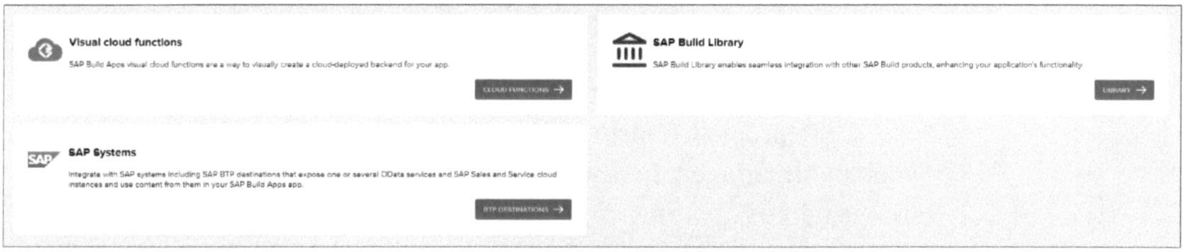

Abbildung 10.38 Direkte Integration von SAP-Systemen und der SAP BTP

Im Hilfebereich, der im Menü unter **HELP** zu finden ist, finden sich unter anderem Links zum SAP Support Portal, der Dokumentation zu SAP Build Apps und den Releasehinweisen, zum Plattformstatus und zur SAP Community. Insbesondere Letztere ist immer sehr lesenswert, gerade wenn es um SAP Build geht.

10.2.3 Backend-Entwicklung mit SAP Build Apps

Backend

Die *Backend*-Funktionalitäten von SAP Build Apps wurden jetzt oft genug angesprochen, nun wollen wir sie auch erklären. Als Sie zu Beginn ein Projekt angelegt haben, wurden Sie vor die Wahl gestellt, ob Sie ein Frontend oder ein Backend erstellen möchten (siehe Abbildung 10.20). Nachdem wir uns im vorausgehenden Abschnitt zunächst das Frontend angeschaut haben, soll in diesem Abschnitt nun das Backend entwickelt werden.

Auch für ein Backend muss aus der Lobby heraus zunächst ein Projekt angelegt werden. Wählen Sie diesmal also entsprechend die rechte Kachel **Anwendungs-Backend** und geben Sie dem Projekt einen Namen. Sie landen im Backend-Editor, wie er in Abbildung 10.39 gezeigt wird.

Abbildung 10.39 Der Backend-Editor

Entities Wie Sie sehen, gibt es im Backend nur zwei große Komponenten: die Entities und die Visual Cloud Functions. Wenden wir uns zuerst den *Entities* zu. Im SAP-Build-Apps-Backend ist eine Entität ein bisschen wie eine Datenbanktabelle zu betrachten, und tatsächlich wird beim sogenannten Deployment des Backends eine PostgresSQL-Datenbankinstanz auf der SAP BTP installiert. Daten werden zeilenbasiert abgespeichert, die einzelnen Felder sind als Schema fest typisiert. Wie bereits in Abschnitt 10.1, »Beschreibung und Zielsetzung«, erwähnt, hat jede Entität immer ein fest definiertes Schlüsselfeld, das sich nicht entfernen lässt. Weitere Felder lassen sich nach Belieben hinzufügen. In Abbildung 10.40 sehen Sie eine neu erstellte Entität. Wie bereits erwartet, ist das Feld **ID** bereits fest vorgesehen. Markieren Sie es, bekommen Sie sogar den Hinweis, dass eine Löschung dieses Feldes für Entitäten nicht vorgesehen ist.

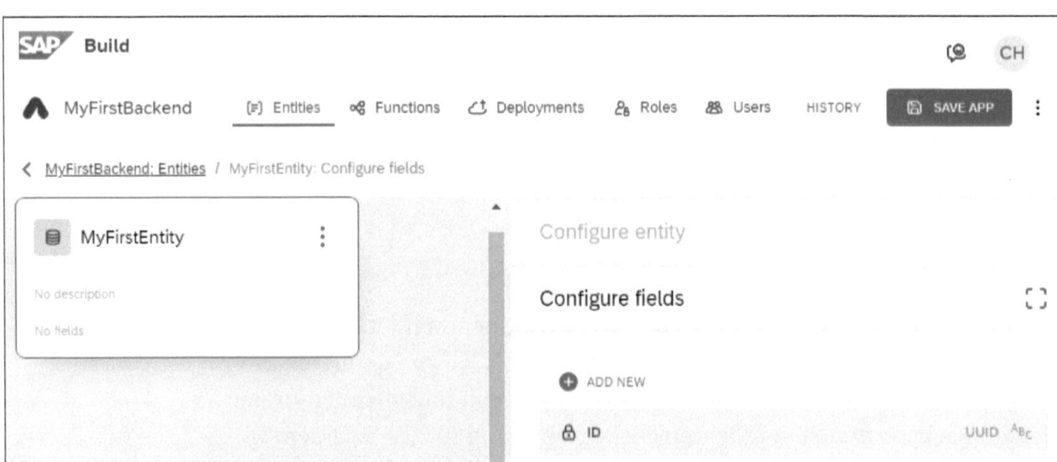

Abbildung 10.40 Entität im Backend erzeugen

Fügen Sie unserer Entität neue Felder hinzu, müssen Sie, wie in Abbildung 10.41 ersichtlich, einen Feldtitel oder -namen angeben, der auch automatisch zur Feld-ID wird. Als Feldtypen stehen Ihnen die im Screenshot dargestellten Möglichkeiten zur Verfügung.

Abbildung 10.41 Der Entität Felder hinzufügen

Als Einschränkung zu einer normalen Datenbanktabelle sind, wie bereits angemerkt, noch keine definierten Fremdschlüsselbeziehungen möglich. Damit sind die Entwickler*innen derzeit angehalten, sich selbst um die Konsistenz von Verknüpfungen zwischen zwei Entitäten zu kümmern. Des Weiteren ist die Definition eines Sekundärschlüssels zwar natürlich möglich, aber auch dies muss programmatisch gehandhabt werden. Eine Indizierung lässt sich aus der Entität heraus nicht beeinflussen. Die Entitäten sind also zusammenfassend deutlich einfacher zu handhaben als eine Datenbanktabelle. Dies gilt jedoch nur für die Designzeit. Zur Laufzeit, also wenn Sie dann mit dem Backend arbeiten wollen, müssen Sie sich händisch um viele Dinge kümmern, die Ihnen eine herkömmliche Datenbanktabelle bereits ermöglicht.

Entity Extension

Was machen Sie jetzt, wenn Sie bereits eine große und mächtige Entität haben, in der viele Daten gespeichert sind, Sie aber an einer bestimmten Stelle nur ein reduziertes Subset dieser Daten brauchen? Für diesen Fall gibt es die sogenannte *Entity Extension*. Haben Sie die Entität gespeichert, können Sie im Drei-Punkte-Menü dieser Entität Entity Extensions anlegen. Diese Extensions können Sie sich wie einen Datenbank-View vorstellen. Es gibt die Möglichkeit, Felder zu verstecken, aber was noch viel wichtiger ist: Sie können Aggregatsfunktionen bilden und Berechnungen mithilfe des Formeleditors anstellen. Sie sehen den Formeleditor in Abbildung 10.42. Das Ergebnis dieser Berechnungen steht dann mithilfe der Extended Entity zur Verfügung. Im vorliegenden Beispiel haben wir einfach eine Summe über ein zahlenartiges Feld gebildet. Diese Summe steht fortan über die Extended Entity zur Verfügung.

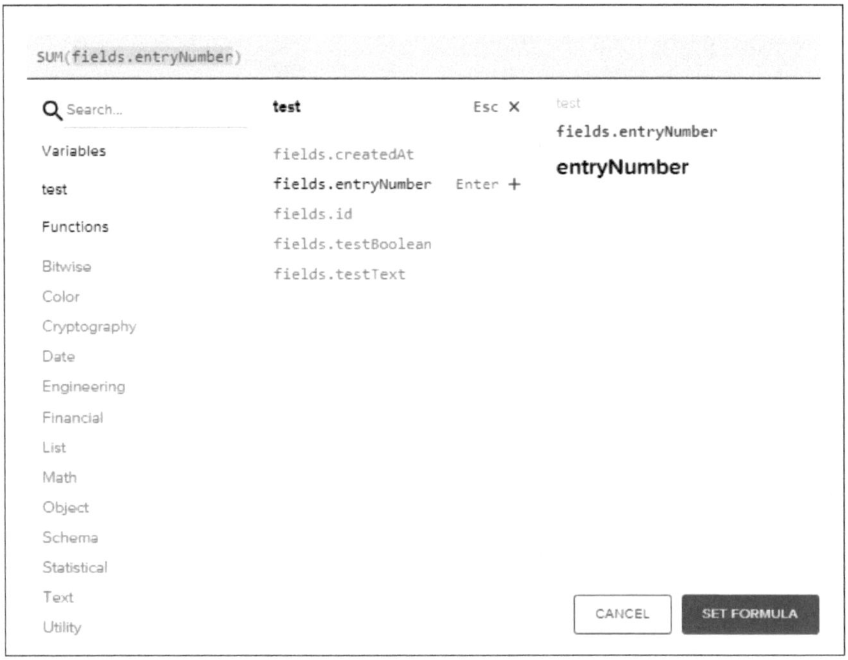

Abbildung 10.42 Formeleditor, wie er überall in SAP Build Apps eingesetzt wird

Visual Cloud Functions Nun, da Sie wenigstens eine Entität erstellt haben, können wir uns auch die *Visual Cloud Functions* noch einmal genauer ansehen. Visual Cloud Functions sind Funktionen, die Sie im Backend und damit datenbanknah definieren. Sie können Ein- und Ausgabeparameter haben.

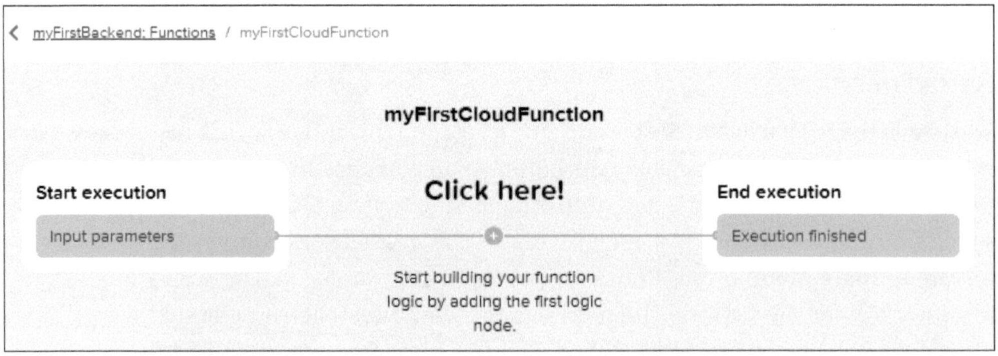

Abbildung 10.43 Funktionszustand nach Erstellung

Erstellen Sie wie in Abbildung 10.43 einmal eine solche Funktion, können Sie am grünen Label auf der linken Seite Eingabeparameter für die Funktion definieren, während Sie am rechten Label die Ausgabeparameter der Funktion festlegen. In der Mitte passiert die eigentliche Magie der Funktionen (siehe Abbildung 10.44).

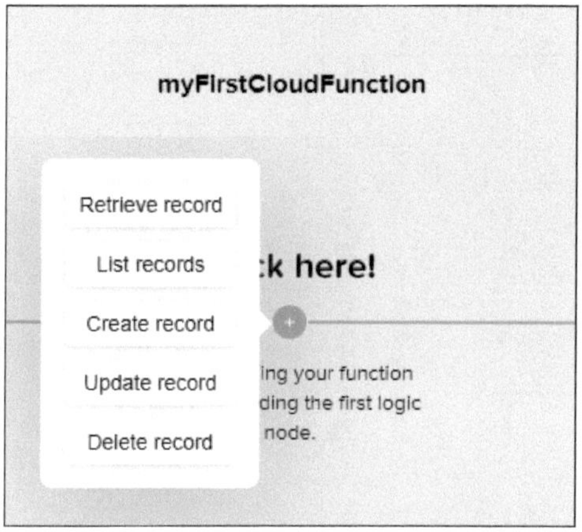

Abbildung 10.44 Umsetzung der CRUD-Operationen

So können Sie Daten aus den erstellten Entitäten holen. Dabei haben Sie Zugriff auf die Eingabeparameter. Vorsicht ist aber geboten, wenn das erwartete Ergebnis eine Liste ist; für die Liste kann an dieser Stelle keine Einschränkung gegeben werden. Das Ergebnis muss dann entsprechend auf der rechten Seite, beim Funktionsende, eingeschränkt werden. Um dies ein wenig anschaulicher zu machen, haben wir Abbildung 10.45 eingefügt. Hier werden nur alle diejenigen Werte der Entität selektiert und damit ausgegeben, die im in der Entität enthaltenen booleschen Feld als Inhalt »wahr« stehen haben, was mit der Formel `SELECT(outputs[»List records test / Records listed«].records, item.testBoolean == true)` in der obersten Zeile des Formeleditors definiert ist.

Abbildung 10.45 Filtern per Formel

Sind Sie zufrieden mit Ihren Entitäten und auch Ihren Funktionen, dann wollen Sie beides in Ihrem Frontend zur Verfügung stellen und als Datenquelle einbinden. Dies kann jedoch erst geschehen, wenn das Backend deployt wird. Wie das aussieht, können Sie in Abbildung 10.46 sehen.

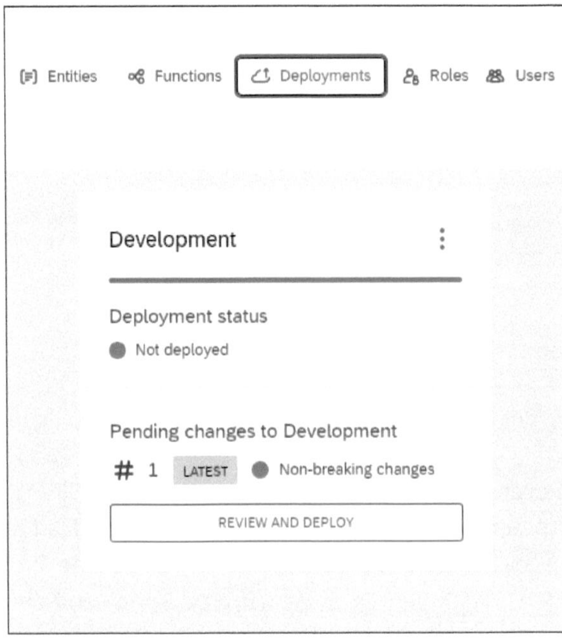

Abbildung 10.46 Backend-Deployment

Das Deployment dauert eine kleine Weile, aber wenn es dann abgeschlossen ist und auf der SAP BTP zur Verfügung steht, können Sie es auch im Frontend einsetzen. Dafür wechseln Sie in das Menü **DATA** und fügen entsprechend Abbildung 10.38 die **Visual cloud functions** hinzu. Dies geschieht weitestgehend automatisch. Sie müssen die Entitäten jedoch auch noch einzeln per Druck auf den Button **Enable Data Entity** tatsächlich einbinden. Haben Sie das richtig gemacht, sieht es aus wie in Abbildung 10.47.

Nun stehen Ihnen die Daten zur Verfügung. Wechseln Sie nun zurück zum **UI Canvas**, springen auf die Variablen der Seite und dann auf **DATA VARIABLES**, können Sie dort mit einem Klick auf den Button **Add Data Variable** ab diesem Zeitpunkt gegen das Schema typisierte Datenvariablen anlegen. Wie in Abbildung 10.48 demonstriert, wird auch automatisch eine Logik zum Auslesen der Daten angelegt. Weiterhin haben Sie hier die Möglichkeit, anwendungsseitig Filter, Sortierung und Paging-Parameter zu setzen.

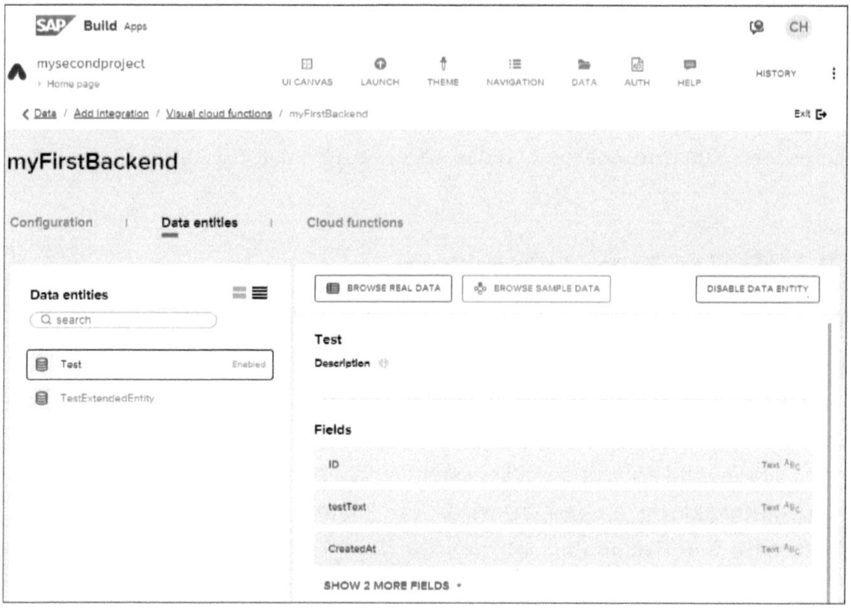

Abbildung 10.47 Integration einer Entität

Abbildung 10.48 Datenvariablen und Datenbeschaffungslogik

Wie Sie sehen, sind SAP-Build-Apps-Backend und -Frontend in Kombination eine mächtige Toolsammlung. Diese zu beherrschen und dann auch noch den gesamten Business-Kontext im Kopf zu haben, ist keine leichte Aufgabe. Im Hinblick darauf ist Kollaboration enorm wichtig. Eine Möglichkeit dieser Zusammenarbeit ist das sogenannte Fusion Team.

10.3 Fusion-Team-Entwicklung

Fusion-Team-Konzept

Im heutigen, sich technologisch weiterentwickelnden und hart umkämpften Geschäftsumfeld suchen Unternehmen ständig nach innovativen Ansätzen, um ihre Problemlösungs- und Entscheidungsfähigkeiten zu verbessern. Eine dieser aufkommenden Strategien ist das *Fusion-Team-Konzept*, das vorwiegend in technologiegesteuerten Prozessen wie der SAP-Build-Apps-Entwicklung eingesetzt wird. Ein Fusion Team besteht aus einer Mischung von Fachleuten aus verschiedenen Disziplinen – Entwicklung, Business-Analyse, Design, User Experience –, die miteinander auf ein gemeinsames Ziel hinarbeiten. Sie bringen ihr einzigartiges Wissen und ihre Perspektiven in das Projekt ein und bereichern so den Gesamtprozess der App-Erstellung mit SAP Build. Diese Art der Softwareherstellung bringt zahlreiche Vorteile mit sich.

Silo-Denken

Bei einem traditionellen Ansatz agiert jede Abteilung in ihrem eigenen Silo und konzentriert sich in erster Linie auf ihre individuellen Ziele. Das Fusion-Team-Modell rüttelt an diesem alten Paradigma; es vereint Teammitglieder mit unterschiedlichen Fähigkeiten, die ein gemeinsames Ziel verfolgen. Diese verbesserte Zusammenarbeit ist besonders im Entwicklungsprozess mit SAP Build Apps von Vorteil. Sie ermöglicht die Bündelung verschiedener Erkenntnisse und sorgt so für eine ganzheitlichere Sicht auf Benutzerbedürfnisse, technische Anforderungen und Geschäftsziele. Diese kollektive Weisheit führt zu innovativen Lösungen und gewährleistet eine fundierte Entscheidungsfindung.

Schnelle Innovationen

Das Fusion-Team-Konzept in Kombination mit SAP Build bietet ein unglaubliches Potenzial für schnelle Innovationen. SAP Build stattet Teams mit Tools zum Erstellen interaktiver Prototypen aus und legt den Teammitgliedern und Stakeholdern greifbare Darstellungen von Ideen in die Hand. Dies wird zum Katalysator für Diskussionen, Versuche und Feedback und beschleunigt so den Weg vom Konzept zur realisierbaren Lösung. Beschleunigte Innovation ist daher ein entscheidender Vorteil des Fusion-Team-Ansatzes bei der SAP-Build-App-Entwicklung.

Verringerung der Komplexität

Ein weiterer Vorteil von Fusion Teams ist, dass sich die Komplexität der Lösung der Anforderung anpasst. So lassen sich für einfachere Probleme auch einfachere Lösungen finden, während komplexere Anforderungen eben auch potenziell komplexere Lösungen haben können. Beispielsweise können Citizen Developer und professionelle Entwickler*innen ihre einzigartigen Fähigkeiten ausspielen, um eine Lösung in Zusammenarbeit von SAP Build und SAP Build Code zu erschaffen. Die gemeinsame Lösung wird dennoch eine geringere Komplexität aufweisen als eine rein durch Pro-Coders entwickelte Lösung.

Entscheidungsfähigkeit

Einer der herausragenden Vorteile von Fusion Teams ist die Förderung einer fundierten Entscheidungsfindung. Jede Person im Team betrachtet ein Problem oder eine Situation aufgrund ihres Hintergrundes und ihrer Spezialisierung anders. Im Kontext von SAP Build helfen diese vielfältigen Erkenntnisse bei der Prüfung von Designentscheidungen, der Bewertung von Benutzeranforderungen und der Analyse technischer Machbarkeiten. Durch die Bereitstellung einer gemeinsamen Plattform für Prototyping und Benutzerfeedback erweitert SAP Build die Entscheidungsfähigkeit des Fusion Teams.

Schnell scheitern, schneller lernen

Iterative Modellierung und der Ansatz »Schnell scheitern, schneller lernen« sind eine weitere vorteilhafte Kombination von Fusion Teams und SAP Build Apps. Durch die Bereitstellung von Visualisierungstools und Feedbackmechanismen ermöglicht SAP Build Apps das schnelle Testen von Designs und Ideen. Fusion Teams können potenzielle Mängel oder Probleme schnell erkennen und Korrekturmaßnahmen einleiten. Diese proaktive Problemlösung reduziert das Risiko von App-Ausfällen und die Auswirkungen unvorhersehbarer Herausforderungen.

Benutzererlebnis

Die Schaffung einer robusten Benutzererfahrung ist das Herzstück einer erfolgreichen App-Entwicklung. Ein vielfältiges Fusion Team kann tiefer in das Verständnis der Benutzerbedürfnisse und -verhaltensweisen eintauchen. Dieses verbesserte Verständnis prägt das Design und die Funktionalität der App, um sie besser den Erwartungen der Benutzer*innen anzupassen und sicherzustellen, dass das Endprodukt ein verbessertes Benutzererlebnis bietet.

Für Unternehmen ist es wichtig, Fusion Teams und ihre inhärenten Fähigkeiten mit Bedacht einzusetzen. Mit den leistungsstarken Funktionen von SAP Build Apps können sie Prozesse effektiv rationalisieren, Innovationen fördern, Risiken mindern und das Benutzererlebnis verbessern.

Vorteile von Fusion Teams

Zusammenfassend lässt sich sagen, dass der Fusion-Team-Ansatz in Verbindung mit der Kapazität von SAP Build Apps bemerkenswerte Vorteile bei der App-Entwicklung bietet. Mit einem hohen Maß an Zusammenarbeit, schnelleren Innovationen, fundierteren Entscheidungen, minimierten Risiken und verbesserten Benutzererlebnissen sind Unternehmen gut gerüstet, um die Herausforderungen zu meistern und die Früchte des digitalen Zeitalters zu ernten. Die Kombination aus einem vielfältigen Team und einem leistungsstarken Werkzeug wie SAP Build steigert die Effizienz und Produktivität erheblich und gewährleistet gleichzeitig einen benutzerzentrierten Ansatz bei der Anwendungsentwicklung. Durch die Nutzung dieser Stärken von Fusion Teams und SAP Build können Unternehmen qualitativ hochwertigere Ergebnisse erzielen und werden letztendlich ihren Weg zur digitalen Transformation erfolgreich beschreiten.

10.4 Zusammenfassung

In diesem Kapitel haben Sie gelernt, was SAP Build Apps eigentlich ist. Mit SAP Build Apps können Sie schnell und einfach professionelle Anwendungen und selbst mobile Applikationen erstellen. Sie haben gelernt, wie man SAP Build Apps einrichtet, um es auszuprobieren und erste Schritte damit zu gehen. Die Unterscheidung zwischen Frontend und Backend wurde deutlich gemacht und die Möglichkeiten dieser beiden Seiten der gleichen Medaille wurden herausgestellt. Zu guter Letzt wurde erläutert, was hinter dem Begriff Fusion-Team-Entwicklung steckt und die Vorteile dieser Vorgehensweise wurden dargestellt.

Kapitel 11
SAP Build Work Zone

In diesem Kapitel gewinnen Sie einen Überblick über das Produkt SAP Build Work Zone, das als einheitlicher und zentraler Einstiegspunkt für SAP- und Drittanbieterlösungen eingesetzt werden kann. Das Produkt ist in zwei Editionen verfügbar und wird von SAP als Teil der SAP-Build-Familie auf der SAP BTP zur Verfügung gestellt.

Anwender*innen wünschen sich seit jeher einen zentralen Zugang im digitalen Ökosystem von SAP mit seinen zahlreichen Geschäftsanwendungen: alles unter einem Dach, egal, ob am Desktop, Tablet oder Smartphone. Diese digitale Anlaufstelle soll den SAP-Anwender*innen innerhalb und außerhalb der Organisation einen möglichst unkomplizierten Zugang zu den Systemen und Services ermöglichen, die für ihre Arbeit relevant sind.

Als wichtigste Lösung für diesen Anwendungsfall hat sich in der Vergangenheit das SAP Enterprise Portal auf Basis der technologischen Plattform SAP NetWeaver etabliert. Ergänzt wurde dies durch die Möglichkeit, den Nutzer*innen klassische Inhalte eines Corporate Intranets bereitzustellen. Nicht ohne Grund ist das komfortabel den eigenen Anforderungen anpassbare SAP Enterprise Portal bis heute bei zahlreichen SAP-Kunden im Einsatz. Doch wer langfristig plant, weiß: SAP NetWeaver ist aufgrund des angekündigten Wartungsendes durch SAP im Jahr 2027 nur noch eine Lösung auf Zeit. Das on premise betriebene SAP Enterprise Portal ist damit ein Auslaufmodell.

SAP bietet nun eine moderne Lösung in der Cloud an, die diese Problematik adressiert: *SAP Build Work Zone*. Die neue Lösung ist Teil der SAP-Build-Familie und wird von SAP in zwei Editionen angeboten: Standard Edition und Advanced Edition. SAP Build Work Zone ist ein No-Code-Werkzeug, mit dem es auf einfache Weise möglich ist, Business-Sites zu erstellen und diese mit Inhalten, Applikationen und Workflows aus unterschiedlichen Anwendungssystemen zu befüllen und zugänglich zu machen, sodass die Anwender*innen alles, was sie für ihre Arbeit im Kontext von SAP benötigen, an zentraler Stelle und über eine übersichtliche Menüstruktur vorfinden. Der Zugang zu SAP Build Work Zone ist ganz einfach webbasiert und die Bereitstellung der Applikationen und Inhalte erfolgt unter Berücksichtigung der jeweiligen Berechtigungen der angemeldeten Benutzer*innen. Zusammen mit den anderen Lösungen der SAP-Build-Familie, SAP Build Apps, SAP Build Process Automation und SAP Build Code, basiert SAP Build Work Zone auf der SAP Business Technology Platform (SAP BTP).

In Abschnitt 11.1 gehen wir zunächst auf die typischen Herausforderungen heterogener und komplexer Systemlandschaften ein, wie sie bei Unternehmenskunden häufig anzutreffen sind. In Abschnitt 11.2 lernen Sie die beiden Editionen von SAP Build Work Zone im Überblick kennen. In Abschnitt 11.3 gehen wir auf die Möglichkeiten zur mobilen Nutzung ein. In Abschnitt 11.4 erläutern wir die technischen Grundlagen von SAP Build Work Zone und stellen Ihnen die damit in direktem Zusammenhang stehenden notwendigen Services auf der SAP BTP vor. In Abschnitt 11.5 lernen Sie die unterschiedlichen Methoden zur Integration von Anwendungssystemen kennen. In Abschnitt 11.6 zeigen wir Ihnen, wie Sie SAP Build Work Zone kundenspezifisch anpassen und erweitern können. Eine zusammenfassende Gegenüberstellung der Optionen für einen zentralen Einstiegspunkt mit SAP finden Sie in Abschnitt 11.7.

11.1 Häufige Ausgangssituation bei SAP-Kunden

Heterogene, komplexe Systemlandschaften bei SAP-Kunden

Ein klassisches Problem von IT-Landschaften sind die sogenannten Silos oder Insellösungen. Diese Einzellösungen decken meistens nur einzelne oder einige wenige Anwendungsszenarien ab und stellen ein in sich geschlossenes System mit einer individuellen, proprietären Bedienoberfläche für die Nutzer*innen dar. Bei SAP-Kunden sind diese Systemlandschaften oftmals historisch gewachsen: Angefangen haben die meisten vor vielen Jahren mit einem SAP-R/3-System, das sich über SAP ECC hin zu einem SAP-S/4HANA-System entwickelt hat. Hinzu kommen vielfältige Kombinationen weiterer SAP- und Nicht-SAP-Systeme: Es wurde vielleicht ein CRM-System eingeführt, eine HR-Lösung, Software für das Supply Chain Management, gegebenenfalls ein SRM-System, eine Data-Analytics- bzw. Business-Intelligence-Software, ein Digital-Asset-Management-System, Projektmanagementtools, Collaboration Software, und vieles mehr. All diese Lösungen kommen nebeneinander zum Einsatz und bestehende On-Premise-Systeme werden immer häufiger durch modernere, cloudbasierte Lösungen abgelöst, sodass in den Unternehmen hybride Systemlandschaften betrieben werden, was grundsätzlich verschiedene Wartungsmodelle und Upgrade-Zyklen bedeutet. Die Mitarbeitenden in den Unternehmen, die oftmals an weltweit verteilten Standorten tätig sind, werden täglich mit all diesen Anwendungen konfrontiert und müssen sich mit den verschiedenen Bedienoberflächen der Lösungen auseinandersetzen. Hier kann man schnell den Überblick verlieren, wie Abbildung 11.1 anschaulich darstellt.

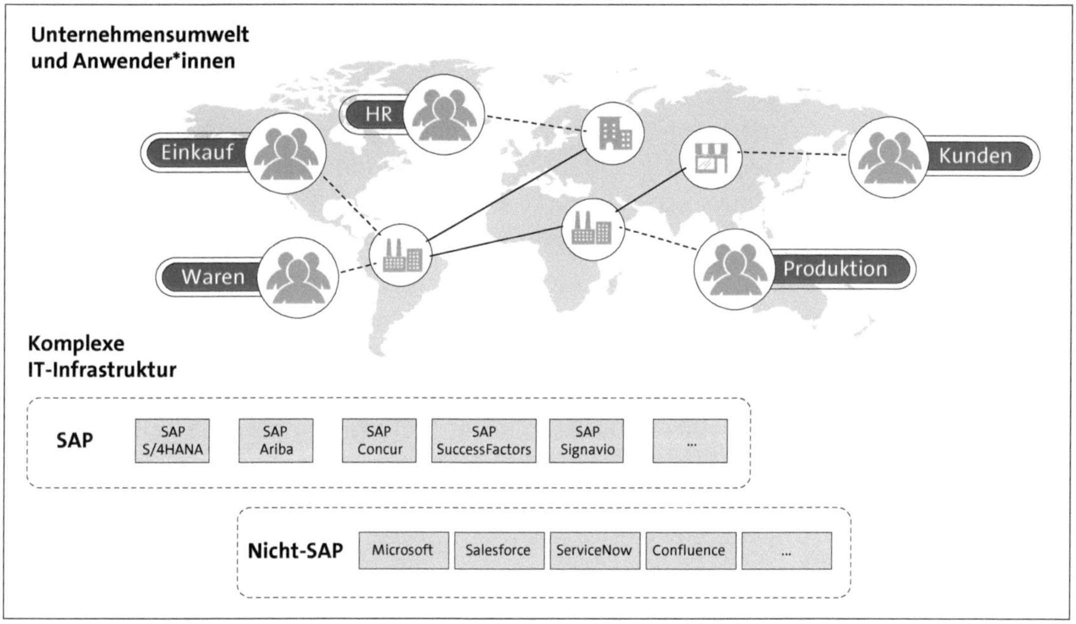

Abbildung 11.1 Unübersichtliche, komplexe Systemlandschaften, viele Systeme, historisch gewachsene Strukturen

Kommt Ihnen das alles bekannt vor? Das ist wenig verwunderlich: So oder so ähnlich sieht unserer Erfahrung nach die übliche Systemlandschaft langjähriger SAP-Kunden aus. In dieser Situation, die meist über Jahre hinweg entstanden ist, ergeben sich zum einen ganz alltägliche, praxisrelevante Probleme für die Anwender*innen, zum anderen aber auch für die IT-Manager*innen im Unternehmen, die für den Betrieb, die Wartung und Weiterentwicklung der IT-Systeme und Lösungen verantwortlich sind.

Probleme heterogener Systemlandschaften

Typische Probleme heterogener Systemlandschaften sind:

- Es gibt keinen zentralen Einstiegspunkt für alle Anwendungen.
- Die verschiedenen Insellösungen erfordern unterschiedliche Bedienungsweisen, die nicht aufeinander abgestimmt sind.
- Häufig stellen Hersteller von IT-Lösungen zusätzlich zur Desktop-Applikation eine App bereit. So entsteht ein Wildwuchs an Apps im Unternehmen, die ebenfalls nicht aufeinander abgestimmt sind.

- Jede Software verwendet eine eigene Technologie zur Authentifizierung. Die Nutzer*innen müssen sich also mehrmals am Tag an mehreren Systemen anmelden (kein Single Sign-on).
- Es gibt oftmals keine übergreifende Suche, es muss in jedem System individuell nach den benötigten Daten gesucht werden.
- Es gibt keine zentrale Aufgabenverwaltung, in der alle zu erledigenden Aufgaben (z. B. Freigabe von Bestellungen, Rechnungsprüfungen, Urlaubsanträge, Vergabe von Berechtigungen etc.) zur effizienten Bearbeitung vorliegen. Stattdessen müssen die Anwender*innen verschiedene Anwendungs- und Workflow-Systeme bedienen, um ihre Arbeit im Kontext der Geschäftsprozesse im Unternehmen zu erledigen.
- In den eingesetzten Anwendungssystemen gibt es typischerweise individuelle Konzepte für Benachrichtigungen. Die Anwender*innen müssen sich deshalb mehrfach täglich an verschiedenen Stellen informieren, ob neue, für ihre Arbeitsprozesse relevante Informationen vorliegen. Dies geschieht zusätzlich zu der Informationsflut, die außerhalb der Anwendungssysteme stattfindet, z. B. per E-Mail oder anderen Kommunikationssystemen.

11.2 Zentraler Einstiegspunkt und Portallösungen

SAP Fiori Launchpad

Für die zuvor beschriebenen Problemstellungen in heterogenen Systemlandschaften könnte es für manche Organisationen auf den ersten Blick aus der langjährigen Erfahrung mit bewährten Technologien heraus naheliegend erscheinen, eine Lösung auf Basis einer der eingesetzten SAP-Produktstartseiten zu verwenden. Das gilt gerade für Unternehmen, die den Schritt in die Cloud aus diversen Gründen noch scheuen und über entsprechende Inhouse-Kompetenzen für den On-Premise-Betrieb verfügen. Häufig wird das *SAP Fiori Launchpad* ins Spiel gebracht, das als *Zugang* zu den SAP-Anwendungen häufig bereits in SAP-Systemlandschaften eingesetzt wird. Das SAP Fiori Launchpad ist jedoch ein rollenbasierter Zugang für ein einzelnes SAP-S/4HANA-System (on premise oder in der Cloud), es ist nicht dafür konzipiert, unterschiedliche Anwendungssysteme (SAP- und Nicht-SAP) zu integrieren und zu bedienen.

Für einen zentralen, systemübergreifenden Einstiegspunkt und für den Aufbau von Portallösungen bietet SAP seinen Unternehmenskunden den Service *SAP Build Work Zone* auf Basis der SAP BTP an, der in zwei Ausprägungen zur Verfügung steht:

- SAP Build Work Zone, Standard Edition
- SAP Build Work Zone, Advanced Edition

Beide Editionen wurden auf der SAP BTP als Cloud-Software entwickelt und ermöglichen es den Nutzer*innen, individuelle Applikationen, Prozesse und Inhalte aus den jeweiligen Anwendungssystemen zentral verfügbar und via Single Sign-on zugänglich zu machen – entsprechend ihren Rollen und Berechtigungen im Unternehmen. Die Editionen unterscheiden sich dabei in ihrem Funktionsumfang und haben unterschiedliche Lizenzmodelle.

SAP Build Work Zone vs. SAP Start

In Abbildung 11.2 sehen Sie die Struktur der Anwendungshierarchie in einer typischen SAP-Systemlandschaft anschaulich dargestellt. Die Anwender*innen können grundsätzlich weiterhin den direkten Zugang über die individuelle Produktstartseite wählen und im jeweiligen System arbeiten. Bei komplexeren Systemlandschaften empfiehlt es sich aber, den Mitarbeitenden einen systemübergreifenden Zugang zu ermöglichen, der alle erforderlichen Applikationen und Inhalte gemäß ihrer Rolle(n) im Unternehmen bereitstellt und die Bearbeitung ihrer Aufgaben und Geschäftsprozesse von zentraler Stelle aus möglich macht. Dieser zentrale Zugang wird durch *SAP Build Work Zone* in den Editionen Standard und Advanced bereitgestellt und kann individuell den Anforderungen des Unternehmens angepasst werden. Als kostenfreie Alternative bietet SAP das Produkt *SAP Start* an, das mit eingeschränktem Funktionsumfang als vorgefertigter zentraler Einstiegspunkt genutzt werden kann. *SAP Start* ist jedoch nur mit SAP-Cloud-Lösungen kompatibel und unterstützt keine kundenspezifischen Anpassungen.

SAP Task Center

Neben SAP Build Work Zone spielt ein weiterer Service auf der SAP BTP im Kontext von komplexen und heterogenen Systemlandschaften eine wichtige Rolle: das *SAP Task Center*. Mit diesem Service steht den Anwender*innen ein einheitlicher Posteingang für Genehmigungen aus unterschiedlichen Anwendungen zur Verfügung, der eine durchgängige und integrierte Bedienoberfläche bietet. Die Genehmigungsvorgänge aus mehreren SAP-Lösungen werden im SAP Task Center in einer einheitlichen, zentralen Liste zusammengestellt und lassen sich mit nur wenigen Mausklicks bearbeiten. Es ist inzwischen auch möglich, Drittsysteme über Schnittstellen einzubinden. SAP Task Center kann sehr einfach in SAP Start und SAP Build Work Zone (Standard und Advanced Edition) integriert werden und stellt im Sinne eines zentralen Zugangs für Geschäftsprozesse und Anwendungen eine optimale Ergänzung für diese Lösungen dar. Weitere Informationen zum Service SAP Task Center sowie eine ausführliche Anleitung zur Integration von Drittsystemen finden Sie in der SAP Dokumentation unter *https://help.sap.com/docs/task-center*.

Wie in Abbildung 11.2 dargestellt, ist der Zugriff auf SAP Start oder SAP Build Work Zone sowohl über einen Webbrowser als auch über eine native Smartphone-App möglich. Der zentrale Zugang via Smartphone-App ist dabei ein entscheidender Vorteil: Es wird nur eine einzige App benötigt, die den Mitarbeitenden im Unternehmen zur Verfügung gestellt werden muss und über die die Authentifizierung und Zugriffssteuerung erfolgt.

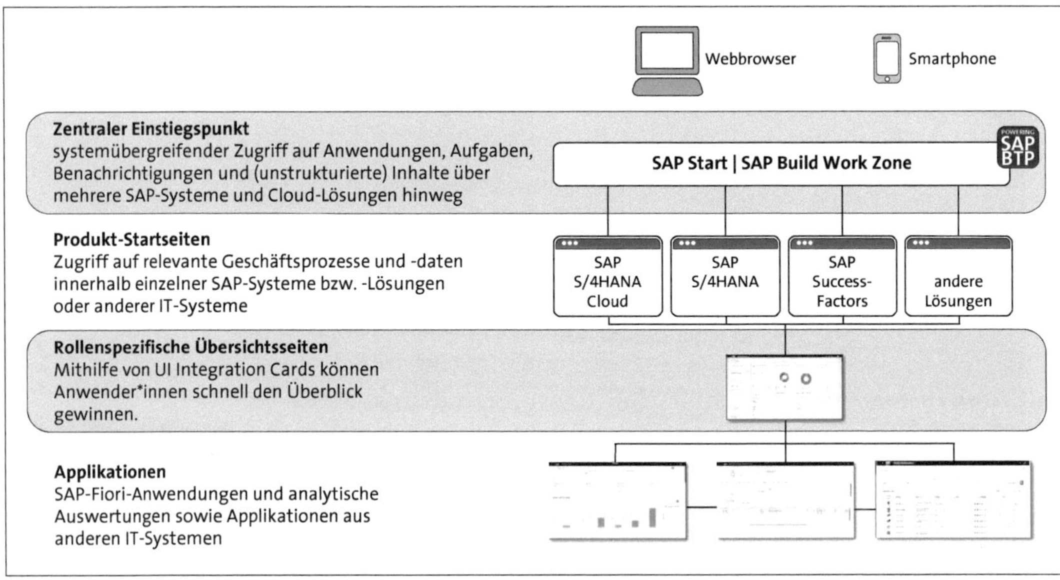

Abbildung 11.2 SAP-Produkt-Startseiten vs. einen zentralen Einstiegspunkt

SAP Mobile Start

Ohne einen zentralen Einstiegspunkt müssten die Nutzer*innen die jeweils spezifische App eines jeden Systems installieren, sofern diese überhaupt vorhanden ist. Für einen zentralen mobilen Zugang setzt SAP langfristig auf die Lösung *SAP Mobile Start*, die als native App im Rahmen der Lizensierung von SAP Build Work Zone bereitgestellt wird. Die App kann im Apple App Store und im Google Play Store heruntergeladen werden. Sie verfügt über einen Demo-Mode, um sich einen ersten Eindruck von der Funktionsweise der App zu verschaffen. Weitere Informationen zur mobilen Nutzung von SAP Build Work Zone finden Sie in Abschnitt 11.3.

B2B-Portallösungen

SAP Build Work Zone kann über den zuvor beschriebenen Einsatzzweck der zentralen Bereitstellung von IT-Applikationen und Inhalten für die Mitarbeitenden auch für andere Zwecke verwendet werden, beispielsweise für den Aufbau von *Portallösungen* oder speziellen *Business-Sites*. Typische Beispiele solcher Portallösungen sind: Kundenportale, Serviceportale, Händlerportale, Lieferantenportale, Behördenportale, Personalportale oder Reportingportale.

Beim Aufbau und bei der Gestaltung einer entsprechenden Lösung mit SAP Build Work Zone stehen umfangreiche Funktionen zur Verfügung, die die typischen Anforderungen für den professionellen Betrieb von Unternehmenskunden abdecken. Im Folgenden lernen Sie die beiden Editionen der SAP Build Work Zone zunächst in einer Übersicht kennen und in den anschließenden Abschnitten werden diese ausführlicher in ihrem jeweiligen, konkreten Funktionsumfang betrachtet.

Standard Edition

SAP Build Work Zone, Standard Edition ermöglicht auf einfache Weise, kundenspezifische digitale Arbeitsplätze oder Business-Sites einzurichten, die die Produktivität und das Engagement der Nutzer*innen optimal unterstützen. Das Erstellen und Konfigurieren solcher *Business-Sites* wird in der Standard Edition von Administrator*innen an zentraler Stelle durchgeführt. Die Konfiguration erfolgt über den *Website-Manager*, für dessen Bedienung keine Programmierkenntnisse erforderlich sind. Die so konfigurierten Anwendungen und Inhalte werden den Nutzer*innen rollenbasiert und zielgruppenspezifisch bereitgestellt. Bereits mit der Standard Edition ist es möglich, SAP-Anwendungen, wie z. B. SAP S/4HANA, SAP SuccessFactors oder SAP Customer Experience zu integrieren, aber auch Nicht-SAP-Anwendungen, wie z. B. webbasierte Microsoft-Lösungen. Bei der Integration macht es grundsätzlich keinen Unterschied, ob es sich um Cloud-Anwendungen oder On-Premise-Systeme, Eigenentwicklungen oder Drittanbieterlösungen handelt. Voraussetzung für die Integration ist jedoch in allen Fällen, dass es sich um webbasierte Anwendungen handelt, die über einen Single-Sign-on-Mechanismus verfügen, der von SAP unterstützt wird.

Advanced Edition

SAP Build Work Zone, Advanced Edition verfügt über die gleichen technischen Möglichkeiten wie die Standard Edition, insbesondere im Hinblick auf die Integration von Anwendungssystemen durch Administrator*innen. In der Advanced Edition können sich darüber hinaus auch Fachanwender*innen auf einfache Art und Weise als Redakteur*innen betätigen und eigene Menüpunkte, Seiten und Arbeitsbereiche visuell erstellen, mit Inhalten befüllen und konfigurieren. Diese Funktionalität ist vor allem in Unternehmensstrukturen von Bedeutung, in denen die Content-Pflege dezentral erfolgen soll. Außerdem verfügt die Advanced Edition über weitere Funktionen, die die Zusammenarbeit der Anwender*innen unterstützt: Neben der Integration von strukturierten Daten und Anwendungen aus SAP- und Nicht-SAP-Systemen können unstrukturierte Inhalte in die Seiten und Arbeitsbereiche aufgenommen werden. Ein integriertes, einfach zu bedienendes Content-Management-System ermöglicht es den Redakteur*innen, ergänzende Informationen im Kontext der Anwendungen bzw. Fachbereiche zu platzieren. Dokumente können ebenfalls auf den Seiten und in den Arbeitsbereichen zum Download und auch zum Zweck des gemeinsamen Bearbeitens zur Verfügung gestellt werden. Darüber hinaus steht eine Reihe von kollaborativen Elementen zur Verfügung, die ebenfalls eingebaut und individuell konfiguriert werden können. Dazu gehören etwa Blogs, Artikel, Multimediainhalte, Umfragen, Abstimmungen, Wiki-Seiten, Veranstaltungen, Aufgaben und Feeds.

SAP hat beide Lösungen auf demselben technologischen Fundament entwickelt: der SAP BTP. Die Intention ist, dass Kunden leicht mithilfe eines Upgrades auf die umfangreichere Lösung wechseln können und so zusätzlich benötigte Funktionen mit wenig Migrationsaufwand nutzen können.

11.2.1 SAP Build Work Zone, Standard Edition

Während SAP Start ein vorgefertigter zentraler Einstiegspunkt ausschließlich für SAP-Cloud-Lösungen ist, ermöglicht *SAP Build Work Zone, Standard Edition* über den zentralen Zugriff auf SAP-Cloud-Anwendungen hinaus auch die zusätzliche Integration von SAP-on-Premise-Systemen, Eigenentwicklungen und sogar Drittanbieterlösungen. Vielen SAP-Kunden ist die Standard Edition bereits unter dem Namen *SAP Launchpad Service* ein Begriff, dies war der bisherige Name des Service der SAP BTP, bevor SAP diesen umbenannt und in die SAP-Build-Familie aufgenommen hat. SAP Build Work Zone, Standard Edition ist jedoch auch eine evolutionäre Weiterentwicklung des SAP Launchpad Service. Vielen SAP-Anwender*innen sind die charakteristischen Kacheln des SAP Launchpad Service nur zu gut bekannt, denn bis zur Weiterentwicklung lag der Fokus vom SAP Launchpad Service allein auf den Anwendungen, die über ebendiese Kacheln gestartet und in Gruppen einsortiert wurden. Was sich im SAP Road Map Explorer recht unscheinbar als *New Site Experience* angekündigt hatte, wurde im Juli 2023 von SAP mit der Standard Edition zur Verfügung gestellt und bedeutete eine deutliche funktionale Aufwertung des bisherigen SAP Launchpad Service, die sich in erster Linie auf die Struktur und Inhalte auswirkt. Viele Kunden und Partner hatten lange auf diese neue Funktionalität gewartet, die bis zu dem Zeitpunkt nur mit der Advanced Edition von SAP Build Work Zone möglich war.

Spaces und Pages

Sobald der Ansichtsmodus **Spaces and Pages – New Experience** in den Site-Einstellungen aktiviert ist, können Administrator*innen jetzt – zusätzlich zu den bisherigen Objekttypen – zwei neue Objekte erstellen: Bereiche (= Spaces) und Seiten (= Pages). Bereiche sind eigenständige Menüpunkte, denen eine oder mehrere Seiten zugeordnet werden. Die Seiten können mithilfe eines WYSIWYG-Editors in Abschnitte aufgeteilt werden, die wiederum in mehrere Spalten strukturiert werden können. Auf diese Weise entstehen rechteckige Bereiche bzw. Container auf einer Seite, in die UI Integration Cards, App-Kacheln oder vorkonfigurierter Business Content aus SAP-Lösungen eingefügt werden können. Die Zeiten von mit Kacheln überfüllten Launchpads sind damit vorbei. Das Erstellen und Bearbeiten von Spaces und Pages ist in der Standard Edition allerdings eine Arbeit, die nur für die Administrator*innen vorgesehen ist. Diese sind auch für die Konfiguration der Website-Einstellungen bzw. Eigenschaften verantwortlich. Abbildung 11.3 zeigt eine typische Startseite der SAP Build Work Zone, Standard Edition, in der jetzt auch Karten enthalten sind. Dank des integrierten *UI Theme Designers* (siehe Abschnitt 11.6.3) erscheint die Benutzeroberfläche mit wenig Individualisierungsaufwand auch im gewünschten Corporate Design der Kunden.

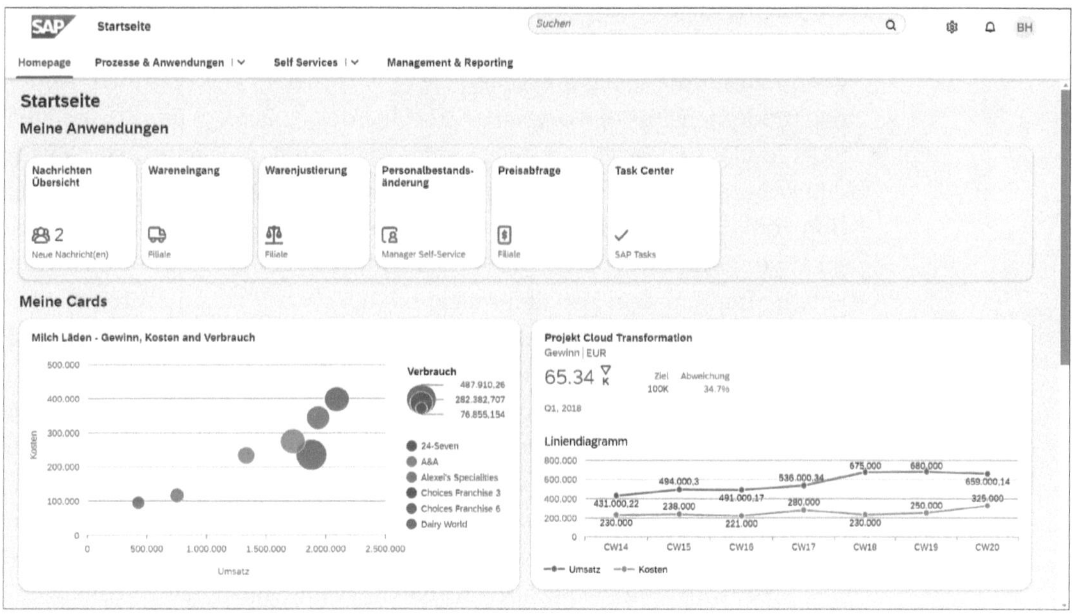

Abbildung 11.3 SAP Build Work Zone, Standard Edition

Cards und Content Packages

Die UI Integration Cards können genutzt werden, um beliebigen, personalisierten Content aus angebundenen Systemen direkt auf den Seiten anzuzeigen. Content Packages enthalten vordefinierte Zusammenstellungen von Cards, z. B. zur Integration verschiedener HR-Informationen aus SAP SuccessFactors. Wenn Sie komplett individuelle UI Integration Cards auf Basis Ihrer Anforderungen entwickeln, sind der Content-Integration nahezu keine Grenzen gesetzt: Ganz egal, ob es um ein einfaches Wetter-Widget, den aktuellen Kantinen-Speiseplan oder Corporate Content aus dem zentralen Content-Management-System geht.

Wenn Sie darüber nachdenken, SAP Build Work Zone in Ihrem Unternehmen einzusetzen, aber nicht den vollen Funktionsumfang der Advanced Edition benötigen, ist die Standard Edition mit den beschriebenen, neuen Möglichkeiten der *New Site Experience* eine durchaus attraktive Alternative.

11.2.2 SAP Build Work Zone, Advanced Edition

Mit *der Advanced Edition* von SAP Build Work Zone bietet SAP einen zentralen Einstiegspunkt mit deutlich größerem Funktionsumfang auf Basis der SAP BTP an, der für eine Vielzahl von Anwendungsfällen die geeignete Plattform darstellt. Werfen Sie zunächst einmal einen Blick unter die Haube, dann stellen Sie fest, dass es sich bei der Advanced Edition von SAP Build Work Zone im Kern um eine historisch gewachsene Zusammenführung aus mehreren SAP-Produkten handelt. In einer Benutzeroberfläche und Navigation zusammengefasst ergeben sie eine ganzheitliche Plattform für einen modernen *Digital Workplace*. Dabei handelt es sich um den ehemaligen SAP Cloud Portal Service, mit dem vormals Content und Seiten erstellt werden konnten, und den ehemaligen SAP Launchpad Service für die Integration von Anwendungen und SAP Jam – die ehemalige Kollaborationsplattform von SAP. Der Fokus von SAP Jam lag vor allem auf der interaktiven Beteiligung und dem sozialen Austausch der Nutzer*innen. Durch die Anreicherung von Content und Anwendungen ergibt sich mit der Advanced Edition der SAP Build Work Zone nun ein umfassendes Gesamtpaket. Von der klassischen Inhaltsseite über die zielgenaue Integration von relevanten Applikationen und die Erweiterung um individualisierte UI Integration Cards bis hin zur aktiven Zusammenarbeit in Wissensdatenbanken, Dokumentenablagen oder Diskussionsforen lässt die Advanced Edition kaum Wünsche offen. Auch die Integration mit Lösungen von Drittanbietern, wie z. B. Microsoft Teams oder Microsoft SharePoint Online, ist im Funktionsumfang der Advanced Edition enthalten.

Die Advanced Edition ist eine allumfassende Plattform mit deutlich mehr Funktionalität und Möglichkeiten als die Standard Edition. Sie bietet eine moderne und praxistaugliche Benutzeroberfläche, die ein einheitliches und effizientes Arbeiten im Kontext von SAP-Prozessen erlaubt: Anwender*innen haben einen zentralen Zugriff auf ihre Applikationen und Geschäftsprozesse und können darüber hinaus auf einfache Weise interagieren, zusammenarbeiten sowie Informationen und Dokumente austauschen.

Abbildung 11.4 zeigt einen typischen Arbeitsbereich innerhalb der Advanced Edition, der mit einer individuell angelegten Menüstruktur und mehreren Seiten erstellt worden ist. *Arbeitsbereiche* können in der Advanced Edition zur Laufzeit von beliebigen Benutzer*innen angelegt werden und die gewünschten Personen, die in einem Arbeitsbereich mitwirken sollen, können einzeln oder als Gruppe eingeladen werden.

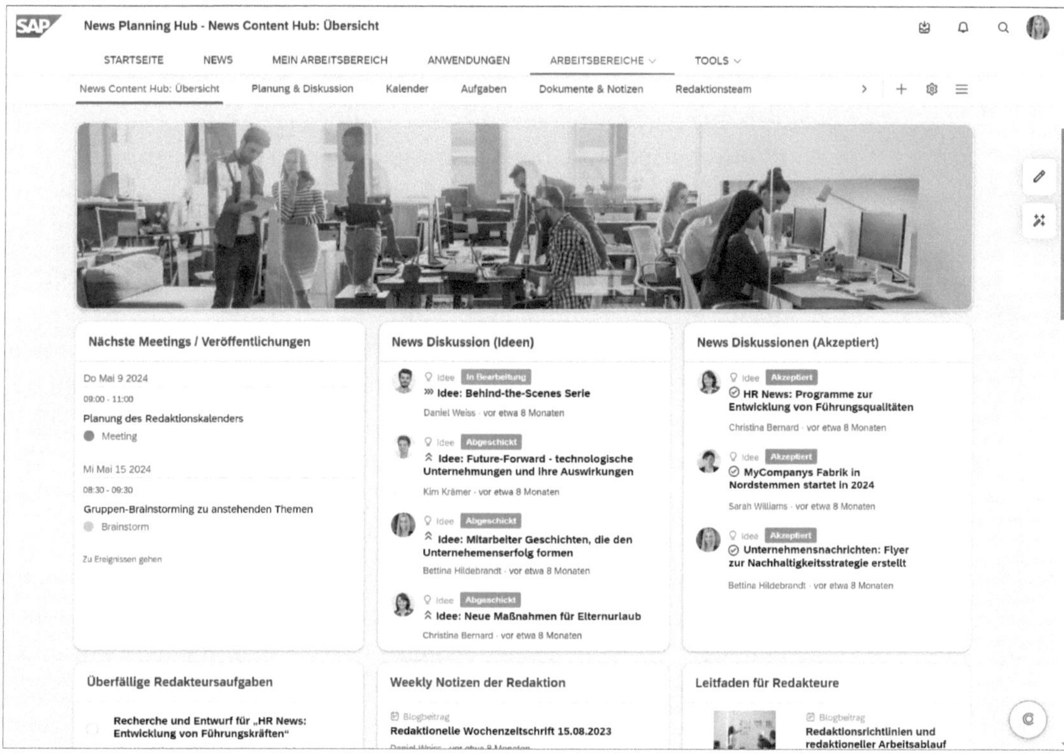

Abbildung 11.4 SAP Build Work Zone, Advanced Edition

Einfaches Set-up und Onboarding

Für ein derart mächtiges System sind Set-up und Onboarding dagegen geradezu überraschend eingängig: Für den Betrieb der Advanced Edition von SAP Build Work Zone ist die Lizenzierung und Aktivierung eines einzigen Service auf der SAP BTP notwendig. Anschließend ist die Lösung bereits out of the box lauffähig. Die Anbindung und Authentifizierung von Benutzern und Gruppen aus dem jeweiligen Corporate Identity Provider des Kunden – z. B. einem Microsoft Entra Directory – lässt sich unkompliziert über die *SAP Cloud Identity Services* abbilden. Und auch ein Single Sign-on zu beliebigen

Drittsystemen ist einfach herzustellen. So können Benutzer*innen im Handumdrehen aus der Advanced Edition von SAP Build Work Zone heraus Urlaubsanträge via SAP SuccessFactors einreichen oder auf Dokumente in Microsoft SharePoint Online zugreifen. Über den *SAP Connectivity Service* können insbesondere auch On-Premise-betriebene SAP-Backend-Systeme eingebunden werden.

Designanpassungen

Der *UI Theme Designer* (siehe Abschnitt 11.6.3) steht auch in der Advanced Edition zur Verfügung, mit diesem kann die Benutzeroberfläche mit wenig Individualisierungsaufwand im gewünschten Corporate Design der Kunden angepasst werden. Das gilt in der Advanced Edition auch für administrative Teilbereiche, sodass sich beispielsweise auch Tochterunternehmen inhaltlich und visuell abgrenzen können, ohne gleich eine ganz eigene Intranetlösung aufsetzen zu müssen. Natürlich lassen sich Lese- und Zugriffsberechtigungen im Detail abstimmen, sodass die Nutzer*innen nur die Informationen erhalten, die für sie relevant sind.

Komfortable Bearbeitungsfunktionen

Die Bearbeitungsfunktionen zur redaktionellen Pflege der Menüstrukturen, Arbeitsbereiche, Seiten und Seiteninhalte sind in der Advanced Edition deutlich umfangreicher und komfortabler ausgestaltet als in der Standard Edition. Während die Bearbeitung in der Standard Edition nur den Administrator*innen vorbehalten ist, ist sie in der Advanced Edition grundsätzlich für alle Benutzer*innen möglich. Die Pflege der Menüstrukturen geschieht hier über einen intuitiv bedienbaren **Menü-Editor**, mit dem bis zu drei Ebenen abgebildet werden können (siehe Abbildung 11.5).

Die Bearbeitung von Seiten und deren Befüllung mit Inhalten ist ebenfalls über einen WYSIWYG-Editor komfortabel möglich, der auf jeder Seite per Klick auf das Stiftsymbol am rechten Bildschirmrand aktiviert werden kann, sofern die Berechtigung zur Bearbeitung für die betreffende Seite bzw. den Arbeitsbereich vorliegt (siehe Abbildung 11.6). Abschnitte und Spalten können spielend leicht hinzugefügt werden, die Inhalte auf der Seite können via Drag-and-drop-Funktion in den Bereichen verschoben werden. Selbst Benutzer*innen, die nur gelegentlich redaktionelle Arbeiten mit der Advanced Edition von SAP Build Work Zone durchführen, brauchen sich keine Sorgen zu machen, Fehler zu verursachen. Dank der integrierten Versionsverwaltung können ältere Versionen der Menüstrukturen und der Seiten jederzeit wiederhergestellt werden. Zusätzlich bietet die Software eine Undo- und Redo-Funktion, die aus den Mircosoft-Office-Anwendungen bekannt ist und ähnlich arbeitet, was insbesondere Mitarbeitenden ohne Programmierkenntnisse ein Gefühl von Sicherheit vermittelt.

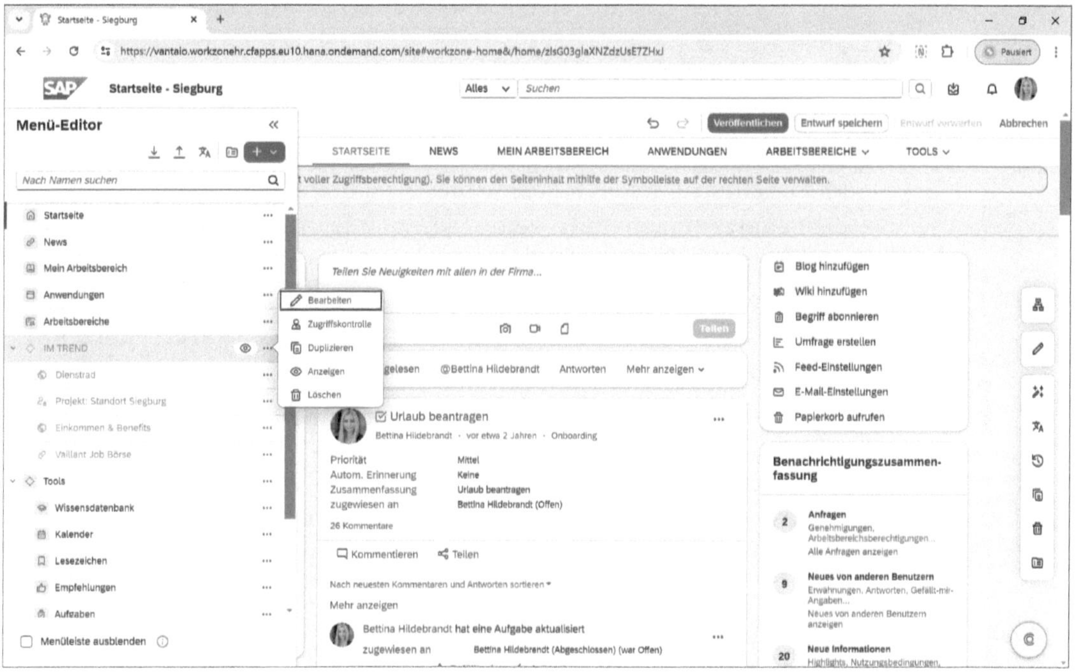

Abbildung 11.5 Menü-Editor in der Advanced Edition

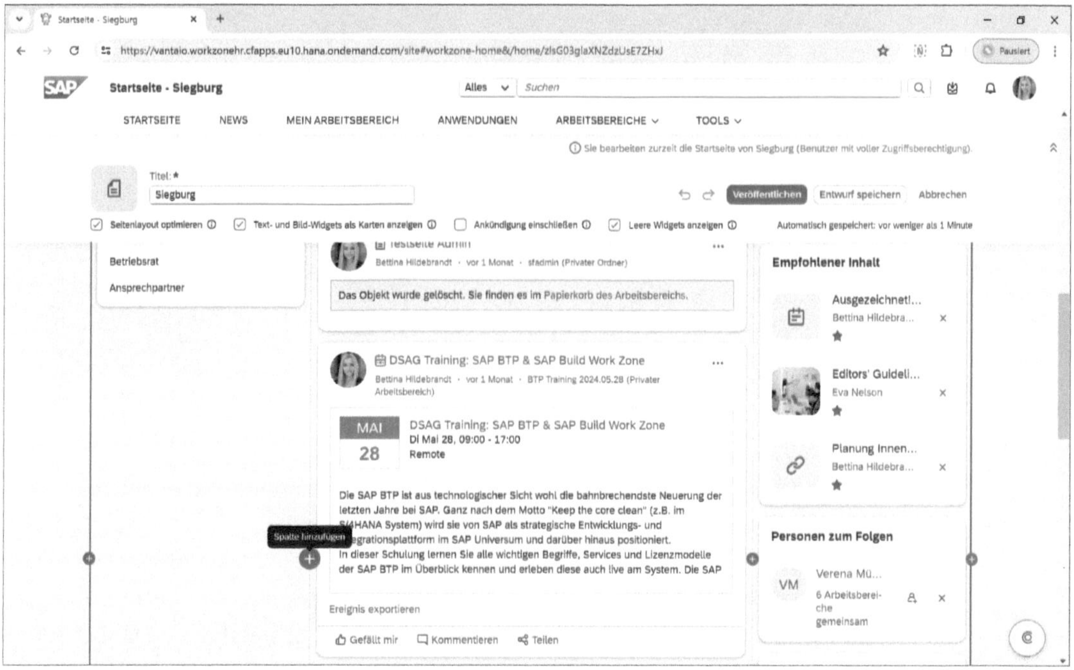

Abbildung 11.6 Seitenbearbeitung in der Advanced Edition

Workflow-Assistenten selbst erstellen

Eine besonders leistungsstarke und erwähnenswerte Komponente von SAP Build Work Zone, die exklusiv in der Advanced Edition verfügbar ist, sind die sogenannten *Guided Experiences*. Es handelt sich dabei um ein Low-Code-Werkzeug, mit dem alternativ zu den Widgets sogenannte Assistenten (Wizards) auf den Seiten hinzufügt werden können. Ein solcher Assistent ist ein strukturierter Prozess, der in mehrere Schritte eingeteilt ist und die Benutzer*innen durch verschiedene Aufgaben führt. Um einen Assistenten zu erstellen, wechseln Sie ganz einfach in den Bearbeitungsmodus der Seite, auf der der Assistent hinzugefügt werden soll. Wählen Sie dann das Plussymbol und anschließend über das Aufklappmenü die Funktion **Assistent hinzufügen**. Sie gelangen dann in den Bearbeitungsmodus des Assistenten und können diesen nach Ihren Vorstellungen gestalten und mit Inhalten versehen, wie beispielsweise Informationen zum Prozessschritt oder auch ganze UI Integration Cards, sowie Dokumente in den Assistenten integrieren. Abbildung 11.7 zeigt den Bearbeitungsmodus des Assistenten, hier am Beispiel **Job Ticket beantragen**.

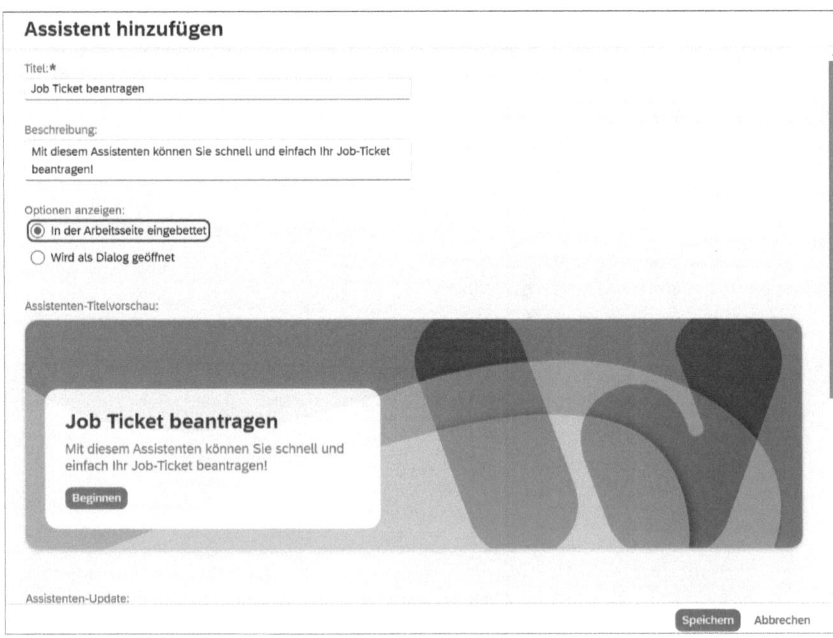

Abbildung 11.7 Mit Guided Experience einen Assistenten selbst erstellen

Nach der Fertigstellung des Assistenten zeigt sich das Ergebnis aus Sicht der Anwender*innen, wie in Abbildung 11.8 dargestellt. In diesem Beispiel wurde der Assistent auf der Seite **Job Ticket** im Arbeitsbereich **Onboarding** erstellt. Die Seite selbst liefert grundsätzliche Informationen und Ansprechpartner*innen zum Thema »Job Ticket«. Über den Assistenten ist es nun auch für die Anwender*innen leicht möglich, das Job Ticket auf Wunsch zu beantragen. Der Erstellungsaufwand für ein solches Dialog- und Interaktionsverfahren, das die Benutzer*innen Schritt für Schritt durch einen komplexen Prozess leitet, ist erstaunlich gering. Das gezeigte Beispiel kann mit nur wenigen Mausklicks implementiert werden.

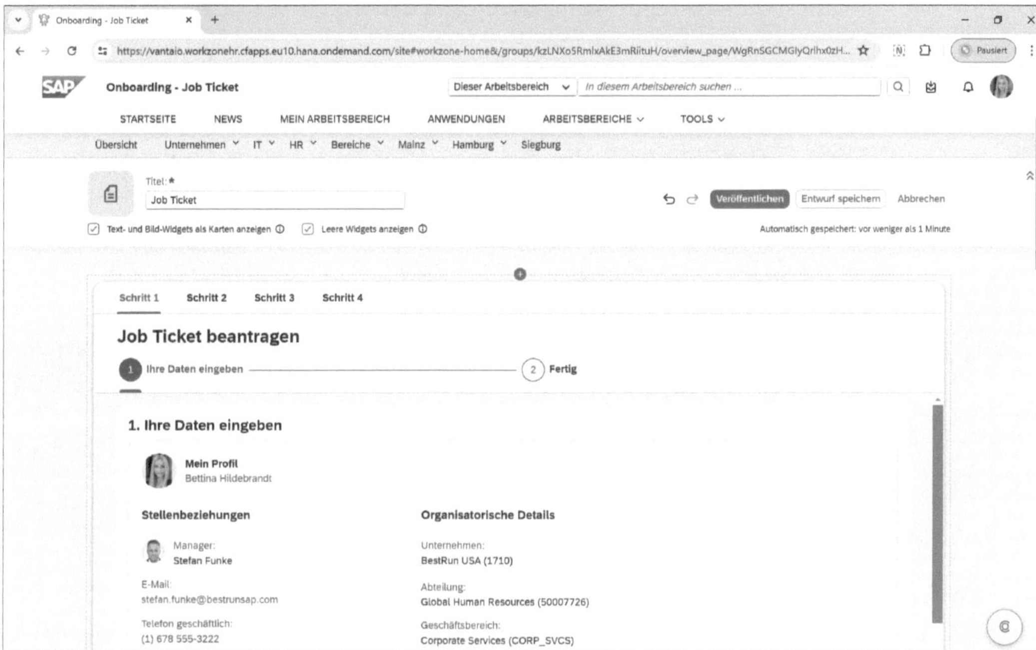

Abbildung 11.8 Beispielassistent »Job Ticket beantragen«

Die zugehörige Workflow-Applikation, die in den Assistenten integriert wird, um den Job-Ticket-Antrag aus dem Beispiel entgegenzunehmen und zur Bearbeitung weiterzuleiten, muss jedoch mit separaten Werkzeugen entwickelt werden (z. B. als UI Integration Card mit dem SAP Business Application Studio). Bei Erscheinen dieses Buches hat SAP bereits angekündigt, eine direkte Integration in SAP Build Process Automation zu implementieren. In Zukunft wird es also möglich sein, einen sogenannten *Guided Process* mit SAP Build Process Automation zu erzeugen und diesen direkt in den Assistenten von SAP Build Work Zone als Workflow- und Interaktionselement einzusetzen.

Eine ausführliche Beschreibung der aktuellen Möglichkeiten der Guided Experiences finden Sie in diesem Blogartikel: *http://s-prs.de/v1015320*

Funktionen im Vergleich zur Standard Edition

Die Advanced Edition von SAP Build Work Zone bietet also im Vergleich zur Standard Edition zusätzliche, erweiterte Funktionen für Content Management, Webinhalte, interaktive und ansprechende Arbeitsbereiche, Workflow-Erstellung mit Guided Experiences, einen erweiterten Menüaufbau und die einfache Integration mit Lösungen von Drittanbietern, wie z. B. Microsoft Teams oder Microsoft SharePoint Online. Zusammenfassend erfüllt die Advanced Edition von SAP Build Work Zone eine ganze Menge Anforderungen rund um die Schlüsselthemen Content, Dokumente, Kollaboration und Anwendungen. Wichtig ist dabei zu wissen, dass es sich hier um eine standardisierte Lösung handelt: Alle Funktionsbereiche sind eng miteinander verzahnt und lassen sich zwar nach eigenen Wünschen konfigurieren, aber nicht in ihren Grundsätzen umgestalten oder »aufbohren«. Unserer Erfahrung nach ist die Advanced Edition der SAP Build Work Zone daher vor allem dann empfehlenswert, wenn alle ihre wesentlichen Features auch aktiv genutzt werden sollen. Wenn das Funktionsangebot und die eigenen Anforderungen zusammenpassen, ist das Gesamtpaket nahezu unschlagbar.

Eine ausführliche Beschreibung der Unterschiede zwischen SAP Start, der Standard Edition und der Advanced Edition von SAP Build Work Zone finden Sie im letzten Abschnitt 11.7.

11.3 Mobiler Zugang

Web-App

Ein moderner digitaler Arbeitsplatz sollte selbstverständlich auch die Option des mobilen Zugriffs bieten. SAP Build Work Zone wird standardmäßig über einen Webbrowser genutzt und die darin befindlichen Inhalte werden abhängig von dem verfügbaren Platz des Browserfensters dargestellt. Sowohl die Webinhalte (UI Integration Cards, Content-Widgets etc.) als auch die in SAP Build Work Zone integrierten SAP-Applikationen (z. B. SAP-Fiori-Apps) sind in der Regel so gestaltet, dass sie sich automatisch unterschiedlichen Bildschirmgrößen und Auflösungen anpassen. Dieses Verhalten wird als *responsiv* bezeichnet. Wenn Sie also SAP Build Work Zone (Standard oder Advanced) oder die alternative Lösung SAP Start in einem Browserfenster geöffnet haben und das Browserfenster immer weiter verkleinern, können Sie beobachten, wie sich die dargestellten Inhalte und Elemente der jeweils neuen Größe des Fensters automatisch anpassen. Mit diesem responsiven Verhalten ist es grundsätzlich möglich, SAP Build Work Zone auch auf einem Smartphone zu verwenden – quasi als *Web-App*.

Eine Web-App ist nichts anderes als die Nutzung eines Browsers auf einem Smartphone, in dem ganz einfach die URL in die Adressleiste des Browsers eingegeben wird. Zur vereinfachten Eingabe kann die URL auch als App-Symbol auf dem Home-Bildschirm des Smartphones hinterlegt werden.

Diese Art der mobilen Nutzung ist in der Regel mit Einschränkungen verknüpft, abhängig von dem auf Ihrem Smartphone verwendeten Browser.

Unterstützte Browser

Eine aktuelle Liste der unterstützten Plattformen und Browser finden Sie im SAP Help Portal zur SAP Build Work Zone unter diesem Link: *http://s-prs.de/v1015321*

Native App

Wenn der mobile Zugang via Web-App nicht ausreichend ist, können Sie seit 2021 die App *SAP Mobile Start* verwenden. Wie bereits in Abschnitt 11.1 erwähnt, handelt es sich dabei um eine native mobile App, die den SAP-Anwender*innen als zentraler Einstiegspunkt für den Zugriff auf verschiedene Anwendungen und Inhalte dienen soll. Dies ist ein wichtiger Schritt in Richtung des Ziels, den Kunden das intelligente Unternehmen an die Hand zu geben. Zum Zeitpunkt der Veröffentlichung dieses Buches ist SAP Mobile Start nur mit SAP Start und mit der Standard Edition von SAP Build Work Zone kompatibel, jedoch noch nicht mit der Advanced Edition. Die Unterstützung für die Advanced Edition hat SAP für das vierte Quartal 2024 angekündigt, gemäß der Produkt-Roadmap zu SAP Build Work Zone. Die jeweils aktuellen Produkt-Roadmaps können im SAP Road Map Explorer eingesehen werden: *https://roadmaps.sap.com*

Für die Advanced Edition von SAP Build Work Zone gibt es außerdem noch die native App *mit demselben Namen wie das Produkt, SAP Build Work Zone Advanced*, die ebenfalls in den App-Stores heruntergeladen werden kann. Mittel- bis langfristig wird SAP diese App allerdings durch die native App SAP Mobile Start ersetzen. Wenn Sie also aktuell eine mobile Nutzung der Advanced Edition von SAP Build Work Zone in Erwägung ziehen, sollten Sie die App SAP Mobile Start ebenfalls in Betracht ziehen. Die Installation und Benutzung der nativen Apps (SAP Mobile Start und SAP Build Work Zone Advanced) ist übrigens denkbar einfach: Nutzer*innen müssen nur einen QR-Code mit ihrem mobilen Endgerät abscannen, der beispielsweise im Benutzermenü von SAP Build Work Zone eingesehen werden kann oder auch auf anderem Weg, z. B. per E-Mail, zur Verfügung gestellt werden kann, um die passende App zu installieren und eine Verbindung zu den Inhalten ihrer persönlichen SAP Build Work Zone herzustellen. Nach der erstmaligen Konfiguration und Benutzung kann die Authentifizierung dann auch über die oft in den Smartphones integrierten Sicherheitsmechanismen erfolgen, beispielsweise via Gesichtserkennung oder per Fingerabdruck, was für die Praxistauglichkeit und Akzeptanz eines mobilen Zugangs sehr wichtig ist.

> [+]
>
> **Lizenzen für die nativen SAP Apps**
>
> Die Lizenzen zur Nutzung der beiden nativen SAP-Apps sind bereits in den Lizenzen für SAP Build Work Zone enthalten. Es sind keine zusätzlichen Lizenzen, wie z. B. die SAP Mobile Services, erforderlich. Diese werden erst benötigt, wenn die Entwicklung, Konfiguration und Verwaltung mobiler Anwendungen auf Basis der SAP BTP erfolgen soll und Sie eigene Apps für iOS oder Android entwickeln müssen.

11.4 Technologie und Architektur

SAP Build Work Zone in Verbindung mit anderen SAP-BTP-Services

In diesem Abschnitt wird das Zusammenspiel der wichtigsten beteiligten Komponenten und Dienste im Umfeld von SAP Build Work Zone auf der SAP BTP erläutert. Abbildung 11.9 zeigt die technische Architektur und die Zusammenhänge im sogenannten SAP Solution Diagram für die SAP Build Work Zone, deren Elemente in diesem Abschnitt näher erläutert werden.

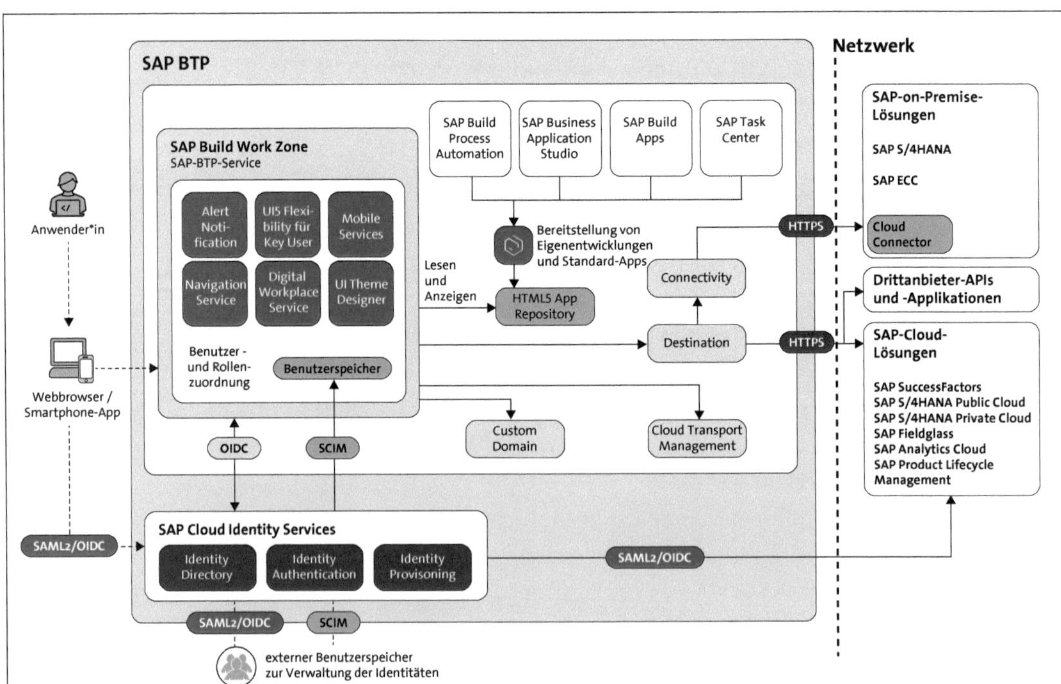

Abbildung 11.9 Technische Architektur von SAP Build Work Zone

Als ein Service der SAP BTP kann auch SAP Build Work Zone in einem Subaccount der SAP BTP aktiviert werden. Der Zugriff auf den Dienst kann webbasiert erfolgen, indem die Anwender*innen eine entsprechende URL in ihrem Webbrowser eingeben, oder über eine App auf ihrem Smartphone erfolgen, wie in Abschnitt 11.3, »Mobiler Zugang«, beschrieben und in der Abbildung 11.9 links außen zu sehen ist. Für die Authentifizierung und Verwaltung der Benutzer*innen ist SAP Build Work Zone mit den sogenannten *SAP Cloud Identity Services* gekoppelt, die in Abbildung 11.9 links unten aufgeführt sind. Die SAP Cloud Identity Services sind eine Gruppe von Diensten auf der SAP BTP, die alle Aufgaben der Identitäts- und Zugriffsverwaltung übernehmen. Eine zentrale Aufgabe der Dienste ist es, Single Sign-on für die beteiligten Systeme zu realisieren und dabei gleichzeitig dafür zu sorgen, dass der System- und Datenzugriff sicher ist.

Zu den SAP Cloud Identity Services gehören z. B. folgende Dienste:

- **Identity Authentication**

  Dieser Service ermöglicht die sichere Authentifizierung und eine Single-Sign-on-Anmeldung für die Anwender*innen in der Cloud.

- **Identity Provisioning**

  Der Service stellt Funktionen zur Übertragung von Identitäten und zur Vergabe von Rollen und Berechtigungen in den angeschlossenen Cloud- und On-Premise-Systemen zur Verfügung. Die Anbindung von SAP- und Nicht-SAP-Systemen wird durch den Einsatz des standardisierten Protokolls SCIM 2.0 (System for Cross-domain Identity Management) ermöglicht.

- **Identity Directory**

  Das Identity Directory ist die Persistenzschicht der SAP Cloud Identity Services. Es ist die zentrale Stelle, an der die Speicherung und Verwaltung aller Identitäten, d. h. der Benutzer*innen und Gruppen, erfolgt. Eine SCIM-2.0-REST-API ermöglicht es SAP-Kunden, ihre eigenen benutzerdefinierten Schemata mit eigenen Attributen zu definieren. Über das Identity Directory wird auch die sogenannte *Global User ID* zur Verfügung gestellt, eine eindeutige Kennung für Benutzer*innen in der gesamten Systemlandschaft. Die Global User ID wird vom Identity-Provisioning-Dienst an SAP-Cloud-Anwendungen, wie z. B. das SAP Task Center, weitergegeben, die in ihren systemübergreifenden Integrationsszenarien einen solchen gemeinsamen Benutzeridentifikator benötigen.

- **Authorization Management**

  Die Berechtigungen in SAP-Systemen ermöglichen den Benutzer*innen den Zugriff auf die für ihre Tätigkeiten relevanten Anwendungen und Daten. Mit diesem Dienst können Sie die erforderlichen technischen

Rollen zuordnen oder den Zugriff auf die Ressourcen in SAP-BTP-basierten Applikationen konfigurieren und Zuordnungen zu Benutzer*innen, Gruppen oder übergeordneten Sammelrollen vornehmen.

Nach einer erfolgreichen Aktivierung des Service SAP Build Work Zone kann der Zugriff durch die Administrator*innen und Anwender*innen auf die dazugehörigen Funktionen und Dienste erfolgen. Dazu gehören etwa Dienste wie *Notifications*, *Mobile Services* und *UI Theme Designer*, die auch von anderen SAP-Produkten verwendet werden.

In der Mitte von Abbildung 11.9 sehen Sie das zentrale *HTML5 Application Repository* der SAP BTP. Dieser Service ermöglicht die zentrale Speicherung von HTML5-Anwendungen und deren statischen Inhalten wie HTML, CSS, JavaScript und anderen Dateien innerhalb – und seit Kurzem auch außerhalb – eines Sub-Accounts der SAP BTP. Der Dienst gestattet es Anwendungsentwickler*innen, den kompletten Lebenszyklus ihrer HTML5-Anwendungen zu verwalten. Zur Laufzeit ermöglicht der Dienst den konsumierenden Anwendungen den sicheren und effizienten Zugriff auf die statischen Inhalte der HTML5-Anwendungen. Über die sogenannte Content-Channel-Schnittstelle zum zentralen HTML5 Application Repository können sowohl Eigenentwicklungen als auch Standardapplikationen in der SAP Build Work Zone verfügbar gemacht werden. Diese sind in Abbildung 11.9 oberhalb vom HTML5 App Repository dargestellt.

Eigenentwicklungen können mit SAP Build Apps oder dem SAP Business Application Studio selbst erstellt werden. Mit Standardapplikationen sind hier Applikationen innerhalb der SAP BTP gemeint, die entweder mit SAP Build Process Automation konfiguriert und bereitgestellt werden oder die vom SAP Task Center zur Verfügung gestellt werden, wie beispielsweise die Aufgabenverwaltung.

Für die Integration von komplexeren Anwendungssystemen bzw. Rollen und Applikationen aus diesen Systemen sind zwei andere Dienste innerhalb der SAP BTP vorgesehen: *SAP Destination Service* und *SAP Connectivity Service*. Diese beiden Dienste, die in der Mitte von Abbildung 11.9 aufgeführt sind, ermöglichen es, eine Verbindung zu SAP-Cloud- und SAP-on-Premise-Systemen oder auch zu Drittanbieterlösungen herzustellen, die außerhalb der SAP BTP in eigenen Netzwerken betrieben werden, so wie in der rechten Spalte von Abbildung 11.9 dargestellt. Für die Verbindung zu den on premise betriebenen Systemen ist zusätzlich der Einsatz des *Cloud Connectors* erforderlich, der ebenfalls on premise betrieben wird und sich über einen sicheren Datenkanal mit dem SAP Connectivity Service der SAP BTP verbindet.

Standardmäßig wird SAP Build Work Zone über eine kundenspezifische Subdomäne zugänglich gemacht, die Teil einer eher technisch ausgerichteten SAP-Standarddomäne auf der SAP BTP ist. Mithilfe des *SAP Custom Domain Service* ist es möglich, eigene, individuelle Domänen zu integrieren bzw. zu unterstützen, um den Anwender*innen einen einfacheren, einprägsamen Zugang zu ermöglichen, z. B. *https://portal.beispiel.com*.

Für den Transport von Anwendungen oder Inhalten, die auf der SAP BTP erstellt worden sind, beispielsweise von einer Entwicklungsumgebung in einen Test-Account, stellt SAP den Dienst *SAP Cloud Transport Management* zur Verfügung. Alternativ können die Transportobjekte auch manuell exportiert und importiert werden.

11.5 Integration von Applikationen und Prozessen

Die primäre Aufgabe eines Produkts, das als zentraler Einstiegspunkt oder Portallösung im SAP-Umfeld fungiert, ist wohl die Integration und Bereitstellung von Anwendungen und Geschäftsprozessen. Eine technische Grundvoraussetzung für die Integration von Anwendungen in eine zentrale Umgebung wie SAP Build Work Zone ist der sogenannte Single Sign-on-Mechanismus, der im folgenden Abschnitt 11.5.1 beschrieben wird. Die anschließenden Abschnitte erläutern die unterschiedlichen Methoden für die Integration von SAP-Applikationen und von Nicht-SAP-Anwendungen.

11.5.1 Single Sign-on

Single Sign-on (SSO) bezeichnet ein Authentifizierungsverfahren, das es Benutzer*innen ermöglicht, sich nur ein einziges Mal an zentraler Stelle anmelden zu müssen, z. B. mit einer Kennung und einem Passwort (oder einer anderen Form der Identitätsprüfung), und daraufhin Zugriff auf mehrere voneinander unabhängige Softwareanwendungen in verschiedenen SAP- oder auch Nicht-SAP-Systemen zu erhalten. Das heißt, die Benutzer*innen müssen sich nur einmal authentifizieren, um auf alle verbundenen Systeme und Dienste zugreifen zu können, für die sie berechtigt sind. Single Sign-on ist keine Funktion von SAP Build Work Zone selbst, sondern wird im SAP-Umfeld heute typischerweise über die im letzten Abschnitt erwähnten SAP Cloud Identity Services der zugrunde liegenden Plattform SAP BTP umgesetzt. Ausführliche Informationen zu den SAP Cloud Identity Services finden Sie im SAP Help Portal unter diesem Link: *https://help.sap.com/sci*

[»]

Übergeordnete Domäne für Cookies

Das Starten von Anwendungen aus SAP Build Work Zone heraus kann so konfiguriert werden, dass die Anwendungen innerhalb derselben Browserseite ausgeführt werden (nicht auf einer neuen Registerkarte oder in einem neuen Fenster). In diesem Fall werden die Anwendungen aus technischer Sicht innerhalb eines iFrames ausgeführt. Um SSO zu ermöglichen, ohne die Browsersicherheit durch Cookies von Drittanbietern zu gefährden, müssen Sie eine gemeinsame, übergeordnete Domäne für alle beteiligten Komponenten verwenden: für SAP Build Work Zone, den Authentifizierungsdienst und die integrierten Anwendungen. Es ist also eine gemeinsame Domäne erforderlich, die alle Subdomänen auf der zweiten Ebene umfasst. Die von SAP gehosteten SAP-BTP-Domänen wie **.ondemand.com* unterstützen diesen Ansatz standardmäßig. SAP plant derzeit die Einrichtung einer SAP-weiten Domäne mit dem Namen *.cloud.sap. Applikationen, die mit einer benutzerdefinierten Domäne konfiguriert wurden, müssen entsprechend geändert werden.

11.5.2 Content Federation und manuelle Integration

Für die Integration von Anwendungen und Inhalten aus vorhandenen SAP-Systemen in SAP Build Work Zone gibt es grundsätzlich zwei technische Ansätze (siehe Abbildung 11.10):

- Content Federation
- manuelle Integration

Inhalte über Content Federation hinzufügen

Bei der *Content Federation* sind zwei Schritte notwendig, ein Schritt zur Freigabe von Inhalten, der auf der Seite des Inhaltsanbieters erfolgt, und ein Schritt zur Nutzung von Inhalten, der in der SAP Build Work Zone durchgeführt wird. Auf der Seite der Inhaltsanbieter unterscheidet SAP zwischen *Remote Content Provider* und *SAP BTP Content Provider*. Als Remote Content Provider werden zum Zeitpunkt der Veröffentlichung dieses Buches folgende SAP-Backend-Systeme unterstützt: SAP S/HANA in der On-Premise-Variante, SAP S/HANA Cloud, SAP Business Suite, die ABAP-Umgebung der SAP BTP, SAP IBP und das SAP Enterprise Portal. Als SAP BTP Content Provider werden die HTML5-Repository-Apps (siehe Abschnitt 11.4, »Technologie und Architektur«) und Launchpad-Module unterstützt. Letztere sind SAP-BTP-Applikationen, die mit dem SAP Business Application Studio oder mit SAP Build Apps entwickelt worden sind und für Administrator*innen zur Integration in einen Subaccount auf der SAP BTP zur Verfügung gestellt werden.

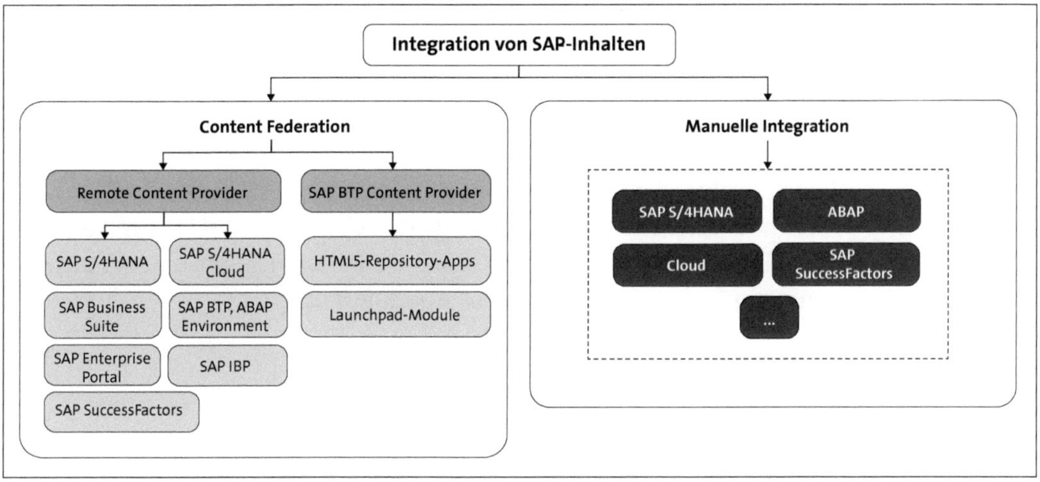

Abbildung 11.10 Optionen für die Integration von SAP-Inhalten

Inhalte manuell integrieren

Bei der *manuellen Integration* verwalten die Administrator*innen die Anwendungskonfiguration nur auf der Seite von SAP Build Work Zone. Die zu integrierenden Inhalte wie Apps, Gruppen, Kataloge, Seiten und Bereiche werden manuell hinzugefügt und den gewünschten Business-Rollen innerhalb von SAP Build Work Zone zugewiesen.

[«]

Unterstützte Plattformen

Eine aktuelle Liste der unterstützten Plattformen für die Content Federation sowie für die manuelle Integration finden Sie im SAP Help Portal auf den Seiten zur SAP Build Work Zone unter diesem Link: *http://s-prs.de/v1015322*

11.5.3 Cloud Integration Automation

Zur Vereinfachung der Administrationstätigkeiten hat SAP ein neues Konfigurationsverfahren entwickelt, das für ausgewählte Integrationsszenarien verfügbar ist: Der Service *Cloud Integration Automation* ist ein sehr effizientes Werkzeug für Administrator*innen, um SAP-Cloud-Lösungen mit SAP-on-Premise-Lösungen und anderen SAP-Cloud-Lösungen zu integrieren, insbesondere in SAP Build Work Zone. Die Administrator*innen werden dabei von einem Workflow unterstützt, der Anweisungen für manuelle und automatisierte Aufgaben enthält, um eine möglichst einfache und schnelle Konfiguration der Integration bestimmter Szenarien zu ermöglichen. Eine aktuelle Liste der von SAP unterstützten Szenarien finden Sie im SAP Help Portal unter diesem Link: *http://s-prs.de/v1015323*

11.6 Erweiterbarkeit und Anpassungen

Die wohl am häufigsten verwendete Methode zur Erweiterung von SAP Build Work Zone um neue Funktionen und Inhalte ist die Konzeption und Entwicklung von eigenen UI Integration Cards. Diese werden in Abschnitt 11.6.1 betrachtet. Darüber hinaus gibt es weitere Werkzeuge und Möglichkeiten zur Erweiterung und Anpassung der SAP Build Work Zone in Form der Content Packages, auf die wir in Abschnitt 11.6.2 eingehen, und in Form der Shell-Plug-ins, die in Abschnitt 11.6.4 erläutert werden.

11.6.1 UI Integration Cards

UI Integration Cards sind kleine, übersichtliche und wiederverwendbare Container, die in den SAP-Produkten der neuesten Generation an verschiedenen Stellen in die Anwendungsumgebung bzw. in Seiten integriert werden können (z. B. in SAP Build Work Zone, SAP SuccessFactors oder SAP S/4HANA). Sie stellen ein neues Element in der Welt der SAP-Benutzeroberflächen dar, um den Nutzer*innen Anwendungsinhalte auf standardisierte, einheitliche Weise zugänglich zu machen. UI Integration Cards werden entweder von SAP im Kontext der Anwendungen mit ausgeliefert oder sie werden selbst entwickelt. Für die Darstellung der Karten wird automatisch das Branding des auf SAP Fiori basierenden Themes übernommen, sodass eine nahtlose Integration gewährleistet ist.

Mini-Applikationen

Die Karten beinhalten typischerweise ausgewählte Daten und Funktionen einer Applikation oder einer Seite und stellen relevante Inhalte und Interaktionsmöglichkeiten zur Verfügung, die in einem bestimmten Kontext benötigt werden. Man kann sie in gewisser Weise als Mini-Applikationen auffassen. Eine andere gebräuchliche Bezeichnung für UI Integration Cards sind *Widgets*. Karten können auch ein Mash-up aus mehreren Datenquellen oder Apps sein (z. B. eine List Card mit Links zu bestimmten Applikationen oder Berichten). Die Anwender*innen erhalten auf diese Weise direkte Einblicke, ohne die aktuelle Benutzeroberfläche zu verlassen und in die jeweilige Applikation abspringen zu müssen – dies ist in der Regel aber stets optional möglich, indem entsprechende Links oder Buttons auf der UI Integration Card bereitgestellt werden. Zusammen mit den Anwendungskacheln hilft es den Nutzer*innen, ihre Aufgaben an ihrem digitalen Arbeitsplatz auf intuitive und interaktive Weise auszuführen. Abbildung 11.11 zeigt einige Beispiele für UI Integration Cards.

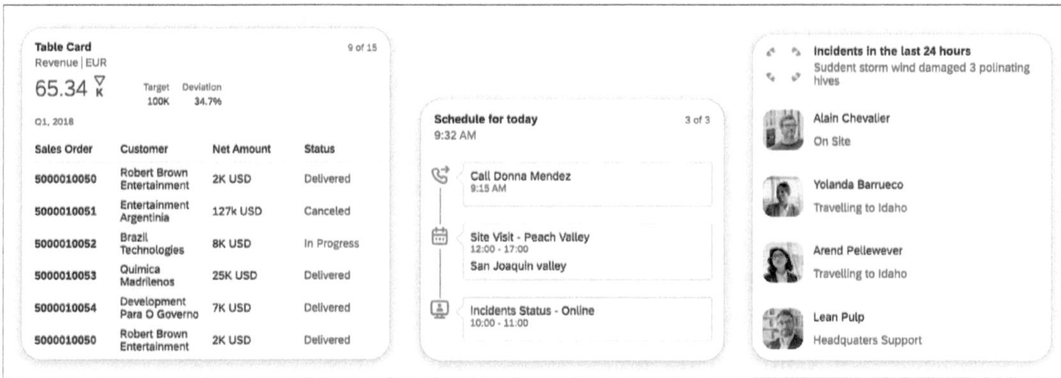

Abbildung 11.11 Beispiele für SAP UI Integration Cards

Weitere Beispiele finden Sie im SAP Card Explorer unter dieser URL: *http://s-prs.de/v1015324*

SAP unterscheidet grundsätzlich zwei Typen von Karten:

- deklarative Karten
- individuelle Karten

Deklarative Karten

Die deklarativen Karten können innerhalb des SAP Business Application Studios durch eine einfache, formale Beschreibung der Inhalte (mithilfe eines sogenannten JSON-Schemas) implementiert werden, ohne dass ein Programmcode für das UI-Rendering geschrieben werden muss. Der konkrete Ablauf, um eigene deklarative Karten zu erstellen, wird hier in der SAP-Onlinedokumentation beschrieben: *http://s-prs.de/v1015325*

Auf diese Weise können auch Anwender*innen bzw. Administrator*innen ohne Programmierkenntnisse neue Karten nach den speziellen Bedürfnissen für das Unternehmen erstellen. Die deklarativen Karten sind in Bezug auf die Gestaltung der Benutzeroberfläche fest vorgegeben (auf Basis von SAPUI5 und UI5-Designelementen).

Es gibt aktuell folgende deklarative Karten:

- List Card
- Object Card
- Table Card
- Calendar Card
- Analytical Card
- Timeline Card

Individuelle Karten

Für individuelle Freiheitsgrade bei der Gestaltung der Karten und den Interaktionsmöglichkeiten für die Anwender*innen ist es möglich, UI Integration Cards individuell zu entwickeln und die Benutzeroberfläche komplett eigenständig zu gestalten. Bei Erscheinen dieses Buches sind dafür folgende drei individuelle Kartentypen von SAP verwendbar, die allerdings noch auf herkömmliche Weise programmiert werden müssen:

- **Adaptive Card**

  Mit diesem Kartentyp können vorhandene Microsoft Adaptive Cards in SAP-Umgebungen wiederverwendet werden.
- **Component Card**

  Dieser Kartentyp ermöglicht Eigenentwicklungen auf Basis von SAPUI5.
- **WebPage Card**

  Dieser Kartentyp unterstützt Eigenentwicklungen auf Basis von »freien« HTML-/JavaScript-Applikationen.

Entwickler*innen können den UI Integration Cards Parameter hinzufügen, mit denen sie auf derselben Seite miteinander interagieren können. Sobald Anwender*innen einen verfügbaren Parameter auswählen, reagieren alle anderen Karten, die auf den Seitenkontext reagieren sollen, und werden entsprechend aktualisiert. Der Zugriff auf die Karten ist rollenbasiert, d. h., damit die Nutzer*innen die Karten sehen können, müssen sie den erforderlichen Rollen zugewiesen werden. Zum Zeitpunkt des Erscheinens dieses Buches sind für die Entwicklung von UI-Integration Cards im Fall der deklarativen Karten zumindest Kenntnisse des SAP Business Application Studios erforderlich und für die Entwicklung von individuellen Karten darüber hinaus auch Programmierkenntnisse nötig. Es ist davon auszugehen, dass SAP das Erstellen von UI Integration Cards mithilfe von SAP Build Apps deutlich leichter machen wird und dies bereits in naher Zukunft.

Weitere Informationen zum SAP Card Explorer und den SAP UI Integration Cards finden Sie hier: *http://s-prs.de/v1015326*

[+]

Web Content Card

In der Advanced Edition von SAP Build Work Zone liefert SAP standardmäßig eine UI Integration Card namens Web Content Card aus (diese muss nicht extra installiert, sondern lediglich aktiviert werden). Mit der Web Content Card können Sie beliebige interne und externe Webseiten bzw. -inhalte mithilfe des HTML-Tags `<iframe>` einbetten.

11.6.2 Content Packages

Mithilfe sogenannter *Content Packages* ist es möglich, SAP Build Work Zone um themenspezifische Inhalte und Funktionen zu erweitern. Ein Content Package wird im SAP Business Application Studio als ZIP-Datei erstellt und umfasst eine Sammlung von spezifischen SAP-Build-Work-Zone-Elementen und -Erweiterungen.

In der Advanced Edition können folgende Elemente in einem Content Package enthalten sein:

- UI Integration Cards
- Workflows (Guided Experience)
- Arbeitsbereichvorlagen

In der Standard Edition können folgende Elemente enthalten sein:

- UI Integration Cards
- Rollen, Spaces und Pages

Die Inhalte eines Content Packages stehen zur Verwendung zur Verfügung, nachdem das Package von den Administrator*innen im gewünschten Subaccount auf der SAP BTP installiert wurde. Content Packages werden entweder von SAP als vorkonfigurierte Business-Lösungen ausgeliefert oder können selbst erstellt werden. Für das Personalwesen gibt es beispielsweise zum Zeitpunkt der Veröffentlichung dieses Buches vier vorkonfigurierte HR Content Packages, die zusammen mit SAP SuccessFactors verwendet werden können. Eine ausführliche Beschreibung der Content Packages für SAP SuccessFactors finden Sie hier: *http://s-prs.de/v1015327*

Selbst erstellte Content Packages sind für die interne Verwendung vorgesehen, z. B. zu Test- oder Demo-Zwecken, zur Weitergabe an andere Fachbereiche oder Abteilungen oder im Fall von SAP-Partnern für die Verteilung von vorkonfigurierten Inhalten an Kunden.

[zB]

Content Package in GitHub

Sie können das in GitHub verfügbare Beispiel-Content-Package verwenden, um sich mit der Struktur und dem Inhalt des Packages vertraut zu machen und Ihr eigenes Content Package erstellen (siehe *http://s-prs.de/v1015328*).

11.6.3 UI Theme Designer

Verschiedene Themes

Unter *Theming* versteht man die Anpassung des Erscheinungsbildes oder der grafischen Darstellung der Benutzeroberflächen einer Webseite oder

Webapplikation. Ein *Theme* ist eine Gruppe von Designelementen (wie Layout, Typografie, Farbe sowie Icons und Buttons), die dazu verwendet werden, die Optik der Benutzeroberflächen zu verändern. Themes werden gelegentlich auch Skins genannt. SAP bietet mehrere verschiedene Standard-Themes an, die SAP Build Work Zone jeweils in einem anderen Design anzeigen: Quartz, Belize, High Contrast Black, High Contrast White sowie Morning Horizon und Evening Horizon sind zum Erscheinen dieses Buches verfügbar.

Während es bei SAP Start nicht möglich ist, eigene Themes zu verwenden, bietet dies sowohl die Standard als auch die Advanced Edition mithilfe des *UI Theme Designers* an. Zur Erstellung eines individuellen, kundenspezifischen Themes wählen Sie eines der Standard-Themes aus und nehmen mithilfe des UI Theme Designers die gewünschten Änderungen vor (siehe Abbildung 11.12).

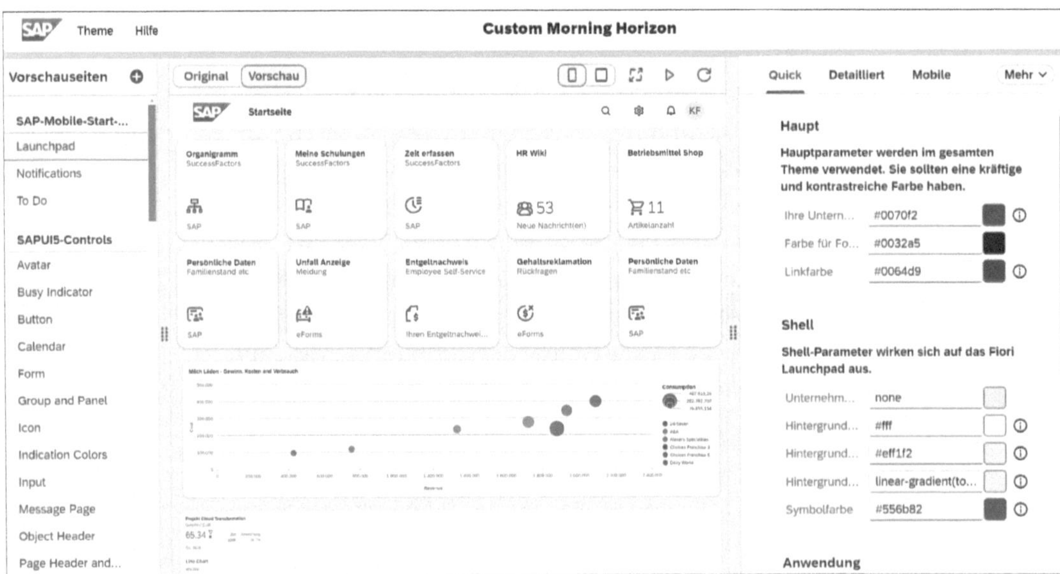

Abbildung 11.12 UI Theme Designer

11.6.4 Shell-Plug-ins

Mithilfe von Shell-Plug-ins ist es möglich, individuelle Schaltflächen in die obere Menüleiste (die sogenannte *Shell*) von SAP Build Work Zone einzubauen oder das Benutzermenü um eigene Einträge zu erweitern (siehe Abbildung 11.13). Entwickler*innen können Shell-Plug-ins in Form von Freestyle-UI5-Anwendungen mit dem SAP Business Application Studio erstellen und diese im gewünschten SAP-BTP-Subaccount bereitstellen. Administrator*innen der SAP Build Work Zone können die gewünschten Shell-Plug-ins über den Content-Manager in der Administrationskonsole aktivieren. Der benutzerdefinierte Code im Shell-Plug-in wird dann automatisch (einmal) beim ersten Laden von SAP Build Work Zone ausgeführt.

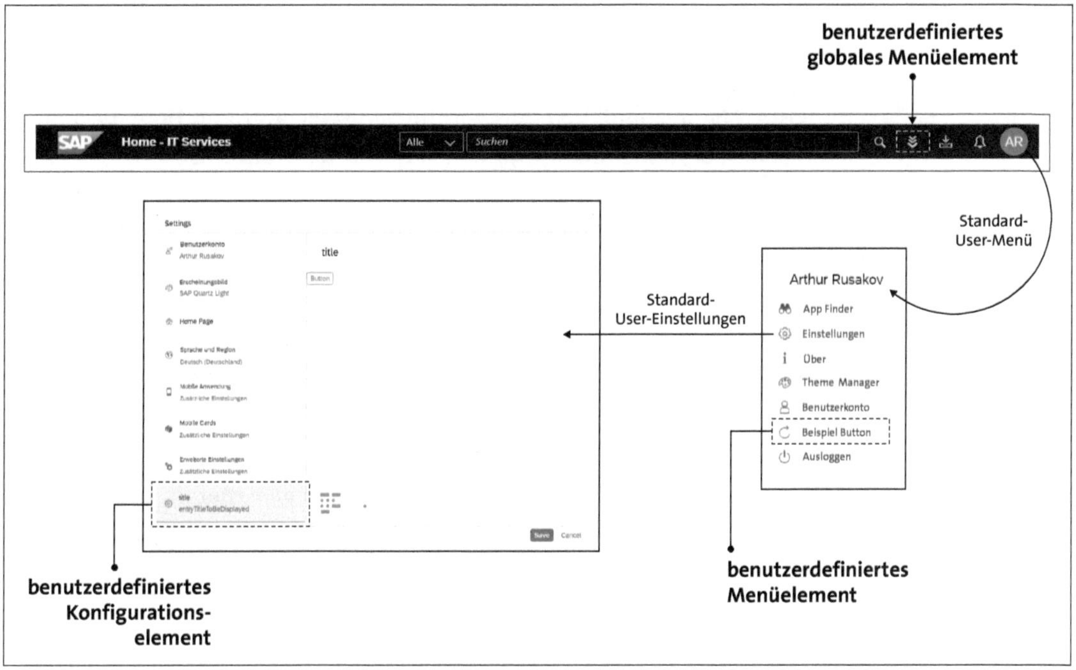

Abbildung 11.13 Erweiterungen via Shell-Plug-ins

11.7 Vergleich der zentralen Einstiegspunkte

In diesem Abschnitt werden die drei Optionen für einen zentralen Einstiegspunkt in SAP-Landschaften im Hinblick auf ihre Funktionalitäten zusammenfassend miteinander verglichen:

- SAP Start
- SAP Build Work Zone – Standard Edition
- SAP Build Work Zone – Advanced Edition

Design Ein individuelles Design ist sowohl in der Standard- als auch in der Advanced Edition von SAP Build Work Zone möglich, durch Nutzung des sogenannten UI Theme Designers. Über CSS sind darüber hinaus recht tiefgreifende Anpassungen möglich, ohne dass das vorgegebene SAP-Design grundlegend verändert werden kann. Ein einmal erstelltes Theme in der Standard Edition steht automatisch auch in der Advanced Edition zur Verfügung, sodass dieses bei einem Upgrade weiterverwendet und entsprechend ausgebaut werden kann. In SAP Start hingegen ist lediglich der Austausch des Headerbildes möglich, individuelle Themes dagegen nicht.

Navigation und Seitenbearbeitung

Die Navigation ist in der Standard Edition zum Zeitpunkt des Erscheinens dieses Buches auf maximal zwei Ebenen (Spaces und Pages) beschränkt. Diese können von den Administrator*innen entsprechend den Anforderungen des Unternehmens individuell ausgeprägt werden. In der Advanced Edition sind drei Ebenen abbildbar, die mithilfe eines eigens dafür bereitgestellten Werkzeugs, dem *Menü-Editor*, nicht nur von den Administrator*innen gepflegt werden können, sondern auch von entsprechend berechtigten Redakteur*innen aus den Fachbereichen. Durch die Verwendung von Arbeitsbereichen kann die Navigationstiefe um eine weitere, vierte Ebene erweitert werden. Mit SAP Start ist keine Bearbeitung der Menüstrukturen möglich, diese werden über das Verfahren der Content Federation aus den angeschlossenen SAP-Cloud-Systemen fest vorgegeben (siehe Abschnitt 11.5.2).

Bei der Seitenbearbeitung ist die Advanced Edition ebenfalls mit weitreichenderen Funktionen ausgestattet und insbesondere für die gelegentliche Benutzung auch für ungeübte Redakteur*innen geeignet. In der Standard Edition ist die Nutzung des Page Builders den Administrator*innen vorbehalten. Mit SAP Start ist eine Anpassung der Startseite nicht möglich, weitere Seiten sind mit SAP Start nicht vorhanden.

Personalisierung

Auch hinsichtlich der Personalisierungsmöglichkeiten für die Nutzer*innen unterscheiden sich die Produkte deutlich: In SAP Start ist zum Druckzeitpunkt dieses Buches weder eine persönliche Seite noch eine Anpassung der Startseite möglich, während in der Standard Edition durch die Administrator*innen eine globale Startseite definierbar ist, die dann allerdings für alle Anwender*innen gleichermaßen bereitgestellt wird. Es soll in Zukunft jedoch auch in der Standard Edition möglich sein, eine persönliche Seite einzurichten. Die Advanced Edition bietet hier deutlich mehr Funktionalität: Es gibt für alle Anwender*innen einen eigenen Arbeitsbereich, der individuell für die Personalisierung von Apps, Cards und Content-Widgets genutzt werden kann. Darüber hinaus gibt es eine *Bookmark-Funktion* für Content und Dokumente.

Anwendungsintegration und Single Sign-on

Die Integration von Anwendungen und der rollenbasierte Zugriff via Single Sign-on sind grundsätzlich in allen Lösungsoptionen möglich, jedoch mit unterschiedlichem Funktionsumfang. Bei SAP Start ist es nur möglich, cloudbasierte Applikationen von SAP zu integrieren, bei SAP Build Work Zone Standard und Advanced ist es zusätzlich möglich, auch On-Premise-Systeme von SAP zu integrieren, sowie Eigenentwicklungen, die z. B. auf der SAP BTP entwickelt worden sind. Benutzerabhängige Berechtigungen werden in allen drei Varianten berücksichtigt, sowohl mit SAP Start als auch in der Standard und in der Advanced Edition, so ist z. B. die Einblendung unterschiedlicher Kacheln auf den Seiten abhängig von Rollen und Berechtigungen möglich. Die beste Unterstützung für Drittanbieter ist in der Advanced Edition gegeben, z. B. durch die standardmäßige Integration von Microsoft Teams und SharePoint Online. In der Standard Edition ist eine Integration mit Drittanbietern ebenfalls möglich, allerdings ist hier die Entwicklung von eigenen UI Integration Cards erforderlich. Mit SAP Start ist eine Integration von Drittanbietern nicht möglich.

In beiden Editionen ist es mit dem Konzept der *Content Packages* möglich, vorkonfigurierte Inhalte in SAP Build Work Zone zu übernehmen und für die Anwender*innen bereitzustellen. In der Advanced Edition gibt es darüber hinaus auch themenspezifische, umfassende Content Packages von SAP, z. B. für SAP SuccessFactors. Das Thema Aufgabenverwaltung wird in allen drei Optionen durch die Integration des zusätzlich einsetzbaren Service SAP Task Center unterstützt, während Benachrichtigungen an zentraler Stelle von der Standard und der Advanced Edition unterstützt werden, nicht aber von SAP Start. Guided Experiences, interaktive Arbeitsbereiche, Content Management und Dokumentenverwaltung sind umfassende Komponenten, die nur in der Advanced Edition zur Verfügung stehen.

Globale Suche

Eine vollumfassende globale Suche über alle angeschlossenen Systeme hinweg ist in keiner der Lösungsoptionen im Standard verfügbar, allerdings verfügt die Standard Edition über eine Suche nach den integrierten Anwendungsbezeichnungen und die Suche in der Advanced Edition enthält eine eigene Such-Applikation, die alle Inhalte innerhalb von SAP Build Work Zone berücksichtigt, nicht aber die Inhalte aus den angeschlossenen Anwendungssystemen. Über die Komponente *Enterprise Search*, die in jedem ABAP-basierten System verfügbar ist, kann jedoch über entsprechende Konfigurationsarbeit eine Suche über alle strukturierten Daten in den SAP-Anwendungen realisiert und diese in die Suchfunktion von SAP Build Work Zone integriert werden.

Joule

Der digitale Assistent *Joule* wird voraussichtlich früher oder später in sämtlichen SAP-Anwendungen Unterstützung leisten und ist heute bereits in einigen SAP-Systemen integriert. Innerhalb von SAP Build Work Zone ist die Integration in naher Zukunft geplant, mit SAP Start wird Joule bereits zusammen ausgeliefert.

In Tabelle 11.1 haben wir die verschiedenen Optionen und ihre Funktionen noch einmal für Sie zusammengefasst.

Funktion	SAP Start	SAP Build Work Zone, Standard	SAP Build Work Zone, Advanced
individuelles Design	–	✔	✔
Menü-Editor	–	nur Admins	Admins und Redakteur*innen
mehrstufige Navigation	–	zwei Ebenen	drei (+ eine) Ebenen
Page Builder	–	nur Admins	Admins und Redakteur*innen
mehrere Seiten	–	✔	✔
persönliche Startseite	–	(✔)	✔
Starten von Applikationen	✔	✔	✔
Single Sign-on	✔	✔	✔
Anwendungsintegration von SAP-Cloud-Lösungen	✔	✔	✔
Anwendungsintegration von SAP-on-Premise-Lösungen und Eigenentwicklungen	–	✔	✔
Drittanbieterintegration (z. B. MS Teams und SharePoint Online)	–	(✔)	✔
Task-Center-Integration	✔	✔	✔
Benachrichtigungen	–	✔	✔
Content Packages	–	(✔)	✔
UI Integration Cards	–	✔	✔
Guided Experiences	–	–	✔
interaktive Arbeitsbereiche	–	–	✔
Content Management	–	–	✔
Dokumentenverwaltung	–	–	✔

Tabelle 11.1 Vergleich der Lösungen

Funktion	SAP Start	SAP Build Work Zone, Standard	SAP Build Work Zone, Advanced
globale Suche	–	–	(✔)
mobile Nutzung	✔	✔	✔
Joule-Integration	✔	(✔)	(✔)
Legende: (✔) = in Planung oder nur eingeschränkt verfügbar ✔ = vorhanden – = nicht vorhanden			

Tabelle 11.1 Vergleich der Lösungen (Forts.)

11.8 Zusammenfassung

Der zentrale Zugang zu möglichst allen Systemen, SAP und Nicht-SAP, ist und bleibt eine Idealvorstellung vieler SAP-Kunden. Daran ändert auch der mittel- bis langfristige Umstieg in die Cloud nichts. Ganz im Gegenteil: Wie wir in diesem Kapitel vorstellen konnten, gibt es für diesen Anwendungsfall durchaus mehrere gute Optionen. Allen gemein ist aber, dass an der SAP BTP kein Weg vorbeiführt, wenn Sie eine moderne Systemlandschaft mit direkter Integration Ihrer SAP-Systeme anstreben. Je nach Anforderungsprofil, Zielsetzung und Budget sind dabei verschiedene Herangehensweisen denkbar, die jeweils auf unterschiedlichen Kombinationen von SAP-BTP-Services aufbauen. So lohnt sich immer auch ein Blick in das *SAP Discovery Center*, um passende Services für das eigene Projektvorhaben zu identifizieren.

Welche der von uns vorgestellten Optionen auf der SAP BTP nun für welches Kundenszenario am besten geeignet ist, kann sinnvollerweise nur bei Betrachtung des konkreten Einzelfalls beurteilt werden. Um dennoch eine grobe Orientierung zu ermöglichen, folgt unsere Einschätzung in einem kurzen Überblick: Mit SAP Start steht ein standardisierter zentraler Einstiegspunkt gratis zur Verfügung, an den in Zukunft alle größeren SAP-Cloud-Lösungen angeschlossen und die Inhalte der angebundenen Systeme vollautomatisch integriert werden – ohne weiteren Aufwand durch Projektarbeiten und ohne zusätzliche Lizenzkosten. Der Einsatz der Standard Edition von SAP Build Work Zone ist dann empfehlenswert, wenn Ihr

Fokus auf Anwendungen und der Bearbeitung von Geschäftsprozessen liegt. Die Standard Edition ermöglicht die zusätzliche Integration von On-Premise-Systemen, Eigenentwicklungen und Drittanbieterlösungen. Die Advanced Edition von SAP Build Work Zone ist die beste Lösung, wenn Sie eine standardisierte Komplettlösung im SAP-Ökosystem suchen. Sie vereint über Anwendungen hinaus auch die Bereitstellung von Content und das Arbeiten im Team auf einer zentralen Plattform.

[+]

Weiterführende Informationen

Wenn Sie noch mehr Informationen zu SAP Start, SAP Build Work Zone in der Standard und der Advanced Edition benötigen, werfen Sie doch auch einen Blick in das SAP Help Portal:

- SAP Start: *https://help.sap.com/docs/start*
- SAP Build Work Zone, Standard Edition: *https://help.sap.com/docs/build-work-zone-standard-edition*
- SAP Build Work Zone, Advanced Edition: *https://help.sap.com/docs/build-work-zone-advanced-edition*

TEIL IV

Use Cases für verschiedene Geschäftsbereiche

Kapitel 12
Use Case: Automatisierte Erfassung von Nachhaltigkeitsdaten mit SAP Build für ein CSRD-Reporting

In diesem Kapitel erfahren Sie, welche Möglichkeiten SAP Build bietet, in der Unterstützung der heutigen und zukünftiger Nachhaltigkeitsanforderungen an Unternehmen. Der Anwendungsfall soll exemplarisch aufzeigen, wie die SAP-Build-Komponenten eingesetzt werden können.

In der heutigen Geschäftswelt ist die Nachhaltigkeitsberichterstattung nicht nur eine Frage der ökologischen Verantwortung, sondern auch ein entscheidender Faktor für die Compliance und die öffentliche Wahrnehmung eines Unternehmens. Die Richtlinie *Corporate Sustainability Reporting Directive* (CSRD) der EU verlangt von Unternehmen eine noch präzisere und umfassendere Erfassung und Offenlegung von Nachhaltigkeitsdaten, einschließlich der Daten zu Scope 3, die indirekte Emissionen betreffen, die außerhalb der eigenen Aktivitäten des Unternehmens entstehen.

Der in diesem Kapitel beschriebene Anwendungsfall beschreibt den Einsatz einer integrierten und innovativen Lösung unter Verwendung verschiedener SAP-Komponenten:

- SAP Build
- SAP Business AI
- SAP Business Technology Platform (SAP BTP)

Speziell hervorzuheben ist SAP Build Process Automation zur Automatisierung der Erfassung von Nachhaltigkeitsdaten.

Die Datenquelle umfasst dabei verschiedene Anwendungen, wie z. B. ein SAP-S/4HANA-Cloud-System. Auch andere externe Daten, wie gescannte Rechnungsbelege oder externe Quellen, können berücksichtigt werden. Der Einsatz von SAP Build Process Automation ermöglicht es, repetitive Aufgaben bei der Datenerfassung und -verarbeitung zu automatisieren, was eine effiziente und fehlerfreie Datenintegration fördert. Durch die Implementierung dieser SAP-Lösungen können Unternehmen nicht nur die

Genauigkeit ihrer Nachhaltigkeitsberichte verbessern, sondern auch den Zeitaufwand und die Kosten, die mit der manuellen Datenerfassung und -analyse verbunden sind, erheblich reduzieren. Dieser innovative Ansatz ermöglicht eine dynamische Integration und Verarbeitung verschiedener Datenquellen, was zu einer effizienten, skalierbaren und fehlerresistenten Berichterstattungsstrategie führt, die den umfassenden Anforderungen der CSRD, einschließlich Scope 3, entspricht.

In Abschnitt 12.1 führen wir Sie zunächst in das Thema Nachhaltigkeitsreporting ein. Dies soll dem besseren Verständnis dienen, wie mit SAP Build dieses aktuelle Thema angegangen werden kann. In Abschnitt 12.2 beschreiben wir die Zielsetzung des hier beschriebenen Use Cases. Wir erläutern die dafür eingesetzten Systeme (siehe Abschnitt 12.3) und den Prozess (siehe Abschnitt 12.4). In Abschnitt 12.5 beschreiben wir die Ergebnisse des Use Cases und gehen auf dessen Mehrwert und Risiken ein.

12.1 Nachhaltigkeitsreporting im Allgemeinen

Nachhaltigkeit und ökologische Verantwortung

Die zunehmende Betonung auf Nachhaltigkeit und ökologischer Verantwortung hat Unternehmen dazu gebracht, ihre Umweltauswirkungen intensiver zu betrachten und transparent zu berichten. Diese Entwicklung wird durch die Einführung der Corporate Sustainability Reporting Directive (CSRD) der Europäischen Union weiter vorangetrieben. Die CSRD erweitert die Berichtspflichten, die bisher durch die Non-Financial Reporting Directive (NFRD) abgedeckt waren, und fordert eine detailliertere und umfassendere Offenlegung von Nachhaltigkeitsdaten. Dies betrifft nicht nur die direkten Emissionen eines Unternehmens (Scope 1 und 2), sondern erstreckt sich auch auf indirekte Emissionen (Scope 3), die durch die Aktivitäten außerhalb des eigenen Betriebs entstehen, wie beispielsweise Pendleremissionen.

12.1.1 Corporate Sustainability Reporting Directive

Gesetzliche Rahmenbedingungen

Die CSRD (Corporate Sustainability Reporting Directive) ist eine EU-Richtlinie, die Unternehmen dazu verpflichtet, über ihre Umwelt-, Sozial- und Governance-Leistung (ESG) zu berichten. Die CSRD wurde entwickelt, um die Transparenz und Vergleichbarkeit von Nachhaltigkeitsberichten zu verbessern und sicherzustellen, dass Unternehmen verantwortungsvolles Handeln in Bezug auf Umwelt- und Sozialfragen sowie Corporate Governance praktizieren. Sehen wir uns im Folgenden an, was die Anforderungen der CSRD im Detail umfassen.

Die CSRD gilt für große Unternehmen mit mehr als 500 Mitarbeitern, die an einer EU-weiten Börse notiert sind. Unternehmen müssen einen jährlichen Nachhaltigkeitsbericht erstellen, der in ihren Geschäftsbericht integriert ist. Dieser Bericht muss bestimmte Informationen enthalten, die in der Richtlinie festgelegt sind. Die CSRD fordert die Verwendung international anerkannter Standards, wie beispielsweise die Global Reporting Initiative (GRI) oder die Standards des Task Force on Climate-related Financial Disclosures (TCFD), um die Vergleichbarkeit der Berichte zu verbessern.

Berichtsinhalte

Die CSRD legt bestimmte Mindestanforderungen an die Berichterstattung fest, einschließlich der Offenlegung von Informationen zu Umwelt-, Sozial- und Governance-Themen. Dazu gehören unter anderem:

- **Umwelt**

  Informationen zu Treibhausgasemissionen, Energieverbrauch, Wasserverbrauch, Abfallmanagement und Umweltverschmutzung
- **Soziales**

  Angaben zu Arbeitsbedingungen, Mitarbeiterrechten, Vielfalt und Inklusion, Gesundheit und Sicherheit am Arbeitsplatz sowie zu den Auswirkungen auf lokale Gemeinschaften
- **Governance**

  Offenlegung der Unternehmensführung, der Unternehmensstruktur, der Vergütungspolitik und der Maßnahmen zur Bekämpfung von Korruption und Bestechung.

Materialität

Unternehmen müssen die wesentlichen Themen identifizieren, die sich auf ihre Geschäftstätigkeit und ihre Stakeholder auswirken, und entsprechende Informationen bereitstellen.

Der *Scope 3* bezieht sich auf die Kategorie von Treibhausgasemissionen, die indirekt mit den Aktivitäten eines Unternehmens verbunden sind, aber nicht vom Unternehmen verursacht werden. Der Scope umfasst eine breite Palette von Emissionen, die entlang der Wertschöpfungskette eines Unternehmens entstehen können, einschließlich:

- **Emissionen aus der Beschaffungskette**

  Diese umfassen Emissionen, die durch die Herstellung von Rohstoffen, Materialien und Komponenten entstehen, die ein Unternehmen für seine Produkte oder Dienstleistungen verwendet.
- **Transport- und Logistikemissionen**

  Dies sind Emissionen, die durch den Transport von Produkten und Materialien von einem Ort zum anderen entstehen, einschließlich Lieferanten- und Kundentransport sowie Geschäftsreisen.

- **Nutzungsphasenemissionen**

  Dies sind Emissionen, die während der Verwendung eines Produkts durch die Endverbraucher entstehen, beispielsweise durch den Energieverbrauch von Elektrogeräten oder die Nutzung von Transportmitteln.
- **Entsorgungsemissionen**

  Dies sind Emissionen, die mit der Entsorgung von Produkten oder Materialien am Ende ihrer Lebensdauer verbunden sind, einschließlich Abfallentsorgung und Recyclingprozessen.

Die Offenlegung und Berichterstattung über Scope-3-Emissionen ist entscheidend für eine umfassende Bewertung der Klimaauswirkungen eines Unternehmens und seiner Produkte oder Dienstleistungen. Es ermöglicht Unternehmen, ihre gesamten Treibhausgasemissionen zu verstehen und gezielte Maßnahmen zur Reduzierung dieser Emissionen zu ergreifen.

12.1.2 Non-Financial Reporting Directive

Die Non-Financial Reporting Directive (NFRD) ist eine EU-Richtlinie, die Unternehmen dazu verpflichtet, in ihren Geschäftsberichten nichtfinanzielle Informationen offenzulegen. Die NFRD zielt darauf ab, die Transparenz und Vergleichbarkeit der Berichterstattung über Umwelt-, Sozial- und Arbeitnehmerbelange sowie über die Achtung der Menschenrechte und die Bekämpfung von Korruption und Bestechung zu verbessern. Was umfassen die Anforderungen der NFRD im Detail?

Die NFRD gilt für große Unternehmen von öffentlichem Interesse mit mehr als 500 Mitarbeitern, die in der EU niedergelassen sind und deren Wertpapiere an einer EU-weiten Börse gehandelt werden. Unternehmen müssen in ihrem Lagebericht nichtfinanzielle Informationen bereitstellen, sofern diese Informationen für das Verständnis der Geschäftstätigkeit, der Lage des Unternehmens und seiner Auswirkungen erforderlich sind.

Berichtsinhalte

Die NFRD legt bestimmte Mindestanforderungen an die Offenlegung nichtfinanzieller Informationen fest, einschließlich:

- **Umweltbelange**

  Informationen über Umweltauswirkungen der Geschäftstätigkeit, einschließlich Treibhausgasemissionen, Energieverbrauch, Wasserverbrauch, Umweltverschmutzung und Maßnahmen zum Umweltschutz
- **Soziale Belange**

  Offenlegung von Informationen zu Arbeitsbedingungen, Mitarbeiterrechten, Vielfalt und Inklusion, Gesundheit und Sicherheit am Arbeitsplatz sowie Auswirkungen auf lokale Gemeinschaften

- **Achtung der Menschenrechte**
  Berichterstattung über Maßnahmen zum Schutz und zur Achtung der Menschenrechte in den betrieblichen Aktivitäten und der Lieferkette
- **Bekämpfung von Korruption und Bestechung**
  Offenlegung von Maßnahmen und Richtlinien zur Verhinderung von Korruption und Bestechung

Materialität

Unternehmen müssen die wesentlichen nichtfinanziellen Themen identifizieren, die sich auf ihre Geschäftstätigkeit und ihre Stakeholder auswirken, und sicherstellen, dass diese Themen angemessen in ihrem Lagebericht behandelt werden.

Berichterstattungsstandards

Die NFRD erlaubt Unternehmen die Wahl geeigneter nationaler, EU-weiter oder internationaler Berichterstattungsstandards, wie beispielsweise die Global Reporting Initiative (GRI), den Deutschen Nachhaltigkeitskodex oder die UN Global Compact Principles.

Die NFRD stellt sicher, dass Unternehmen transparent über ihre nichtfinanzielle Leistung berichten und damit zur Förderung einer nachhaltigen und verantwortungsvollen Unternehmensführung beitragen. Diese Richtlinie trägt dazu bei, das Bewusstsein für Umwelt-, Sozial- und Governance-Fragen zu schärfen und Unternehmen zu verantwortungsbewusstem Handeln zu motivieren.

12.2 Scope-3-Emissionen im Rahmen der CSRD verstehen und berichten

Use Case für Scope 3 im CSRD

Ein bedeutender Teil der Scope-3-Emissionen resultiert aus dem Pendelverkehr der Mitarbeitenden. In vielen Branchen ist dies eine Größe, die oft unterschätzt wird. Eine präzise Erfassung dieser Emissionen ist entscheidend, um nicht nur die gesetzlichen Anforderungen zu erfüllen, sondern auch gezielte Maßnahmen zur Reduktion dieser Emissionen einleiten zu können. Die automatisierte Datenerfassung und -verarbeitung mittels der in der Einleitung genannten SAP-Technologien bietet hier eine innovative Lösung. Sie ermöglicht es, große Mengen an Daten effizient zu verarbeiten und dabei Fehler zu minimieren, die bei manueller Bearbeitung entstehen können. Dies umfasst auch die Möglichkeit, Rechnungsdaten, die möglicherweise Informationen über Reisekosten und damit indirekt über Pendleremissionen enthalten, zu scannen und zu analysieren. Durch die Automatisierung der Datenerfassung und den Einsatz von generativer KI zur Datenanalyse können Unternehmen nicht nur die Compliance sicherstellen, sondern auch tiefere Einblicke in ihre Nachhaltigkeitsleistung gewinnen. Diese Technologien bieten somit die Grundlage für eine umfassende, datengesteuerte Entscheidungsfindung in Bezug auf Nachhaltigkeitsstrategien, was zu effektiveren Maßnahmen zur Reduktion von Umweltauswirkungen führen kann.

Aus diesen Gründen haben wir uns dafür entschieden, Ihnen in diesem Kapitel aufzuzeigen, wie die Erfassung dieser Emissionen mithilfe von SAP Build möglich wird.

12.2.1 Definition im SAP AppHaus

SAP-AppHaus-Innovation trifft Methode

Der hier beschriebene Use Case wurde in Zusammenarbeit zwischen Unternehmen und Beratungsunternehmen und mithilfe der *SAP-AppHaus-Methode* hergeleitet und entwickelt. Zunächst wurden multidisziplinäre Teams gebildet, bestehend aus Expert*innen für SAP-Technologien, Nachhaltigkeit und Unternehmensprozesse. Diese Teams führten intensive Forschung und Analysen durch, um die aktuellen Herausforderungen und Bedürfnisse des Unternehmens zu verstehen. Im Rahmen von kreativen Workshops wurden Ideen generiert und Prototypen entwickelt, die verschiedene Ansätze zur automatisierten Erfassung und Nutzung von Nachhaltigkeitsdaten umfassten. Dabei wurde besonders Wert darauf gelegt, dass die Lösungen nicht nur technisch machbar, sondern auch praktikabel und benutzerfreundlich sind. Ein zentraler Aspekt der SAP-AppHaus-Methode war die enge Zusammenarbeit zwischen Kund*innen und Beratungsunternehmen, um sicherzustellen, dass die entwickelten Lösungen genau auf die Anforderungen des Unternehmens zugeschnitten sind. Durch regelmäßiges Feedback und Iterationen wurden die Prototypen kontinuierlich verbessert, bis eine optimale Lösung gefunden wurde, die sowohl die technischen Anforderungen erfüllt als auch einen echten Mehrwert für das Unternehmen bietet.

[»]

SAP-AppHaus-Methode

Die SAP-AppHaus-Methode ist ein nutzerzentrierter Innovationsansatz, der Unternehmen dabei unterstützt, durch kreative Zusammenarbeit und Design Thinking maßgeschneiderte Lösungen zu entwickeln, die den spezifischen Bedürfnissen ihrer Kunden gerecht werden, wodurch die Innovationsfähigkeit und Kundenzufriedenheit gesteigert werden.

Innovative Vorgehensweisen wie Design Thinking, Rapid Prototyping und User Testing wurden dabei eingesetzt, um sicherzustellen, dass die entwickelten Lösungen den Bedürfnissen der Benutzer*innen gerecht werden und gleichzeitig innovative Ansätze zur Automatisierung von Nachhaltigkeitsdaten bieten. Durch diese iterative und benutzerzentrierte Herangehensweise konnte der Use Case erfolgreich entwickelt und implementiert werden, wodurch das Unternehmen seine Nachhaltigkeitsziele effektiv unterstützen kann.

12.2.2 Zielsetzung des Use Cases

Die primäre Zielsetzung dieses Anwendungsfalls ist es, eine effiziente, genaue und automatisierte Erfassung und Berichterstattung von Nachhaltigkeitsdaten zu ermöglichen, die den strengen Anforderungen der CSRD Scope 3 gerecht wird.

Durch die Integration der fortschrittlichen SAP-Technologien SAP Build, SAP Business AI und SAP BTP sowie SAP Build Process Automation soll ein System etabliert werden, das in der Lage ist, aus diversen internen und externen Datenquellen, wie z. B. SAP S/4HANA Cloud und gescannten Rechnungen, Informationen zu extrahieren und zu verarbeiten.

12.3 Architektur

SAP-Capabilities für den Anwendungsfall

Die im Anwendungsfall genutzten SAP-Komponenten SAP Build, SAP Business AI, SAP BTP und SAP Build Process Automation helfen Unternehmen, diese Anforderungen effektiv zu erfüllen. Auf diese Funktionen möchten wir in diesem Abschnitt eingehen und im Anschuss die verwendeten SAP-Funktionen kurz beschreiben.

Eine wichtige Funktion ist die *automatisierte Datenerfassung*. Durch den Einsatz von SAP Build Process Automation können Unternehmen automatisierte Daten aus verschiedenen Quellen sammeln und verarbeiten. Dies reduziert Fehler, die bei manueller Eingabe entstehen können, und erhöht die Datenintegrität. SAP BTP ermöglicht zudem die *Integration und Verarbeitung von Daten* aus heterogenen Systemen und Quellen. Dies ist entscheidend, um eine umfassende Sicht auf alle Scope-3-Emissionen zu erhalten.

Analytik und Reporting

Mit SAP Business AI können Unternehmen komplexe Datenanalysen durchführen und Einsichten gewinnen, die zur genauen Berechnung der Emissionen beitragen. Die Technologie unterstützt auch bei der Erstellung von Berichten, die den CSRD-Anforderungen entsprechen.

Möglichkeiten für Unternehmen

Die SAP-Technologien bieten die Flexibilität, die Systeme und Prozesse mit wachsenden Anforderungen oder veränderten regulatorischen Rahmenbedingungen zu skalieren. Durch die Implementierung und Nutzung der SAP-Technologien zur Erfüllung der CSRD-Anforderungen ergeben sich für Unternehmen außerdem mehrere Vorteile:

- **Compliance und Risikominimierung**
  Die Einhaltung der gesetzlichen Anforderungen wird gesichert, was Rechtsrisiken und potenzielle Strafen minimiert.
- **Verbessertes Stakeholder-Vertrauen**
  Transparente und nachprüfbare Umweltberichte stärken das Vertrauen von Investoren, Kund*innen und der Öffentlichkeit.
- **Effizienzsteigerung**
  Automatisierung reduziert den Zeitaufwand und die Kosten für die Datenerfassung und -verarbeitung.
- **Strategische Entscheidungsfindung**
  Durch präzise und umfassende Daten können Unternehmen gezielte Maßnahmen zur Reduktion ihrer Umweltauswirkungen entwickeln und implementieren.

Insgesamt ermöglicht der Einsatz der SAP-Technologien nicht nur die Einhaltung der regulatorischen Anforderungen, sondern auch eine effektive und effiziente Verwaltung der Nachhaltigkeitsleistung eines Unternehmens. Die Geschäftsanforderungen des Unternehmens werden mit den technischen Möglichkeiten der Lösungen von SAP abgestimmt. Abbildung 12.1 soll darstellen, wie diese Anforderungen auf die entsprechende Technologie bezogen wird.

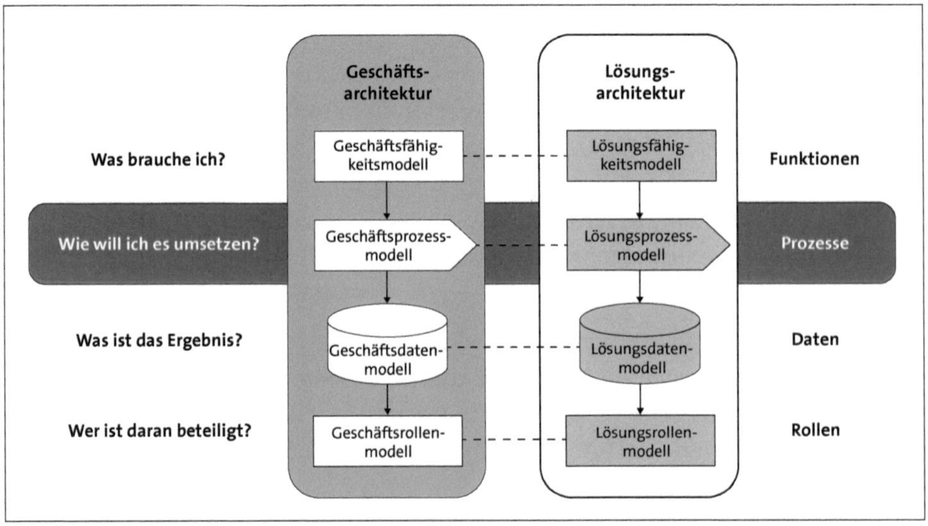

Abbildung 12.1 Geschäftsfähigkeiten verknüpft mit Lösungsmöglichkeiten

12.3.1 Eingesetzte SAP-Lösungen

SAP-Lösungen für den Use Case

In diesem Abschnitt wird darauf eingegangen, wie die SAP-Lösungen für den Use Case eingesetzt werden. Zudem werden Lösungen, die über SAP Build hinausgehen, kurz beschrieben.

SAP Build ist eine cloudbasierte Lösung, die es Unternehmen ermöglicht, benutzerzentrierte Anwendungen schnell und einfach zu prototypisieren, zu entwerfen und zu testen – ideale Voraussetzungen für einen innovativen und nachhaltigen Use Case. In Kombination mit der SAP BTP bilden diese Lösungen die Basis für die effiziente Umsetzung des Use Cases.

SAP Build Apps wird für die Eingabe relevanter Anwenderdaten genutzt und kann schnell auf die Bedürfnisse des Endanwender*innen konfiguriert werden. Diese Konfiguration kann durch einen Endanwender selbst erfolgen, da SAP Build die Low-Code-/No-Code-Philosophie unterstützt. SAP Build Work Zone wird für die unternehmenseinheitliche Arbeitsumgebung eingesetzt und SAP Build Process Automation für die automatisierte Aufbereitung der angebundenen Daten und somit als Lieferant für die Erfüllung der Use-Case-Anforderungen.

12.3.2 SAP Business Technology Platform

Die Plattform für Integrationen und Erweiterungen wie SAP Build

Die SAP BTP ist eine integrierte Suite von Technologien und Werkzeugen, die Unternehmen dabei unterstützt, ihre digitalen Transformationen voranzutreiben und innovative Lösungen zu entwickeln. Sie umfasst verschiedene Cloud-Dienste und Plattformen, darunter Datenmanagement, Analyse, Integration, Erweiterbarkeit und Anwendungsentwicklung.

In diesem Use Case ist die SAP BTP der »Technologielieferant« und ermöglicht es, SAP Build als Instanz mit der entsprechenden Subscription zu nutzen. Die SAP BTP ist auch für die Rollen und das User Management (Security) verantwortlich, was die Zugriffe auf SAP Build betrifft. Ebenso werden über die SAP BTP die Umsysteme (Connectivity) wie SAP S/4HANA Cloud Public Edition zur Verfügung gestellt.

12.3.3 SAP Business AI

Künstliche Intelligenz und Automatisierung

SAP Business AI ist eine Technologie, die auf künstlicher Intelligenz basiert und es Unternehmen ermöglicht, automatisch neue und einzigartige Inhalte zu generieren. Sie ist Bestandteil der SAP BTP. Diese Inhalte können beispielsweise Texte, Bilder oder sogar Code sein. Die Generative AI von SAP nutzt fortschrittliche Algorithmen, um aus vorhandenen Daten zu lernen und neue Informationen zu erstellen, die den spezifischen Anforderungen des Unternehmens entsprechen. Diese Technologie bietet Unternehmen die Möglichkeit, schnell und effizient personalisierte Inhalte zu erstellen, was zu einer verbesserten Kundenkommunikation und Produktivität führen kann.

In diesem Use Case wird SAP Business AI eingesetzt, um die Datenerfassung und -analyse weiter zu optimieren. Eingelesene Daten und Informationen, z. B. aus Spesenbelegen, können durch den Einsatz von KI-gestützten Algorithmen automatisch extrahiert, bereinigt und konsolidiert werden. Diese aufbereiteten und konsolidierten Daten werden im Anschluss für die Auswertung im Sinne des Reportings genutzt.

12.3.4 SAP S/4HANA Cloud Public Edition

Das Standard-ERP

Das Unternehmen in diesem Use Case nutzt als ERP-System die SAP-Lösung *SAP S/4HANA Cloud Public Edition*. Die cloudbasierte Unternehmensressourcenplanungsplattform unterstützt Unternehmen dabei, ihre Geschäftsprozesse zu optimieren und ihre betriebliche Effizienz zu steigern. Sie bietet eine Vielzahl von integrierten Funktionen für verschiedene Geschäftsbereiche wie Finanzen, Beschaffung, Vertrieb, Produktion, Lagerhaltung und Personalwesen.

SAP S/4HANA Cloud gestattet es Unternehmen, auf Echtzeitdaten zuzugreifen, Prozesse zu automatisieren, die Transparenz zu erhöhen und fundierte Entscheidungen zu treffen. Die cloudbasierte Natur der Lösung bietet Flexibilität, Skalierbarkeit und Agilität, da sie es Unternehmen ermöglicht, schnell auf sich ändernde Geschäftsanforderungen zu reagieren und Innovationen voranzutreiben.

Durch die Integration von künstlicher Intelligenz, maschinellem Lernen und anderen innovativen Technologien bietet SAP S/4HANA Cloud Unternehmen die Möglichkeit, intelligente, vorausschauende und personalisierte Geschäftslösungen zu entwickeln und zu nutzen, um ihre Wettbewerbsfähigkeit zu stärken und langfristiges Wachstum zu fördern.

12.3.5 SAP Footprint Management

Fußabdruck für eine bessere Zukunft

SAP Footprint Management ist eine Lösung, die Unternehmen dabei unterstützt, ihre Umweltauswirkungen zu messen, zu verfolgen und zu managen. Sie ermöglicht die Erfassung von umweltrelevanten Daten entlang der gesamten Wertschöpfungskette eines Unternehmens und bietet Tools zur Analyse und Berichterstattung über Umweltkennzahlen.

Diese Lösung hilft Unternehmen dabei, ihre CO_2-Emissionen, den Ressourcenverbrauch und andere Umweltindikatoren zu quantifizieren und zu überwachen. Dies ermöglicht es ihnen, ihre Umweltleistung zu verbessern, Ressourceneffizienz zu steigern und Nachhaltigkeitsziele zu erreichen.

Durch die Integration von SAP Footprint Management kann das Unternehmen in diesem Use Case seine Umweltdaten nahtlos in die betrieblichen Prozesse und Berichtssysteme integrieren, um eine umfassende und transparente Nachhaltigkeitsberichterstattung zu ermöglichen und gleichzeitig die Compliance mit Umweltvorschriften sicherzustellen. Die Ergebnisse des SAP Footprint Managements werden dann in der CO_2-Bilanz geführt.

12.3.6 SAP Sustainibility Control Tower

Transparenz schaffen in der Nachhaltigkeit

SAP Sustainability Control Tower ist eine Lösung, die Unternehmen dabei unterstützt, ihre Nachhaltigkeitsziele zu verwalten und zu überwachen. Es bietet eine zentrale Plattform zur Erfassung, Analyse und Berichterstattung von Nachhaltigkeitsdaten aus verschiedenen Quellen und Geschäftsbereichen.

Diese Lösung ermöglicht es Unternehmen, ihre Umwelt-, Sozial- und Governance-Leistung zu verfolgen, zu bewerten und zu verbessern. Sie bietet Echtzeiteinblicke in Nachhaltigkeitskennzahlen und -trends, um Unternehmen dabei zu helfen, fundierte Entscheidungen zu treffen und ihre Nachhaltigkeitsstrategien kontinuierlich zu optimieren.

Der SAP Sustainability Control Tower integriert sich nahtlos mit anderen SAP-Systemen und -Lösungen, um eine ganzheitliche Sicht auf die Nachhaltigkeitsleistung eines Unternehmens zu ermöglichen. Durch die Nutzung dieser Lösung können Unternehmen ihre Umwelt-, Sozial- und Governance-Risiken minimieren, ihre Betriebseffizienz steigern und ihr Engagement für Nachhaltigkeit transparent darstellen. Aus diesem Grund wird die Lösung auch für die Erfassung der Nachhaltigkeitsdaten im Rahmen des CSRD in diesem Use Case verwendet.

12.4 Prozessbeschreibung

Der Prozess beginnt mit der Extraktion von Nachhaltigkeitsdaten aus verschiedenen Quellen wie Rechnungen oder Spesenabrechnungen. Dieser Schritt wird durch die Funktionalität von SAP Build Process Automation automatisiert (siehe Abbildung 12.2), um menschliche Fehler zu minimieren und die Effizienz zu maximieren. Die extrahierten Daten werden dann in

SAP S/4HANA integriert, wo sie für weitere Analyse und Verwendung verfügbar sind. SAP Business AI wird eingesetzt, um Muster und Trends in den Daten zu identifizieren, während SAP Footprint Management zur Berechnung genutzt wird und der SAP Sustainability Control Tower, um die Bewertung der Nachhaltigkeitsrelevanz zu ermöglichen.

SAP Build Work Zone wird in diesem Kontext verwendet, um benutzerdefinierte Berichte und Dashboards zu erstellen, die einen umfassenden Überblick über die Nachhaltigkeitsleistung des Unternehmens bieten.

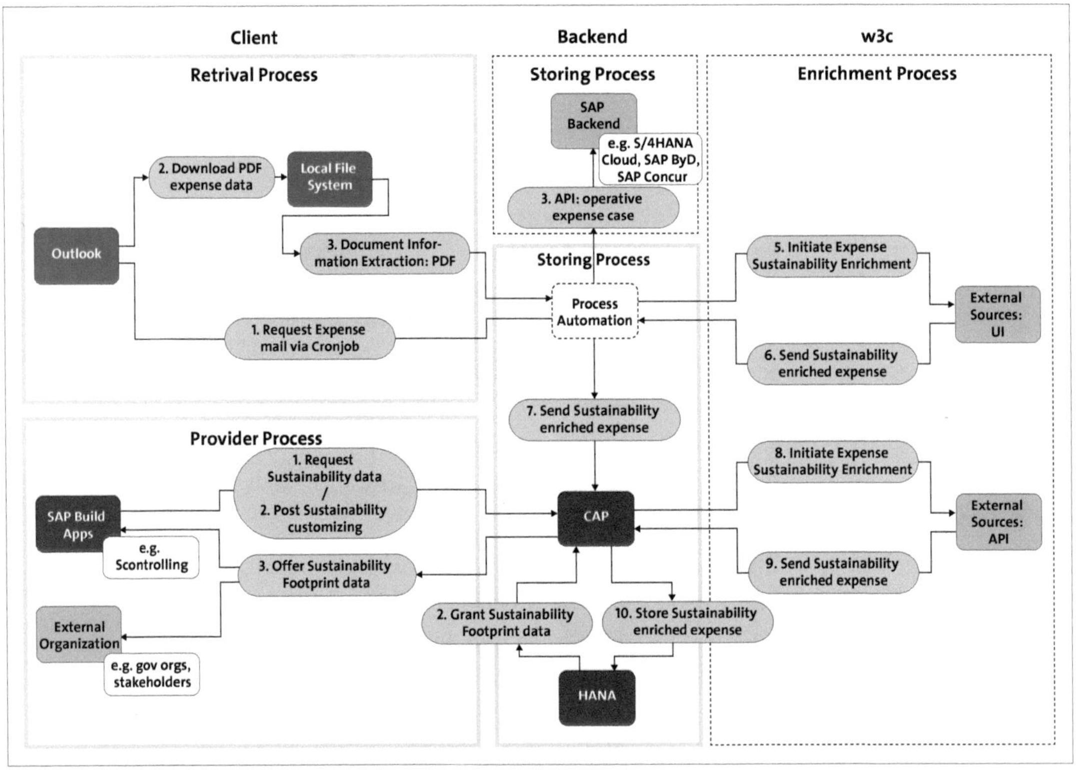

Abbildung 12.2 Schematischer Ablauf des Use Cases

12.4.1 Extraktion der Daten für CSRD-Scope-3-Anforderungen

Die Extraktion der Daten ist der erste und entscheidende Schritt im Prozess der automatisierten Erfassung von Nachhaltigkeitsdaten für das CSRD-Reporting, insbesondere für die Scope-3-Emissionen.

Dieser Schritt umfasst folgende Aspekte:

- Identifikation der relevanten Datenquellen
- Konfiguration der Datenzugriffspunkte

- Nutzung von SAP Build und SAP Business AI
- Automatisierung mittels SAP Build Process Automation
- Qualitätssicherung

Datenquellen identifizieren

Zunächst müssen alle relevanten Datenquellen identifiziert werden, die Informationen zu Scope-3-Emissionen enthalten könnten. Dies umfasst interne Systeme wie SAP S/4HANA Cloud, wo Daten zu Geschäftsreisen, Lieferkettenmanagement und andere indirekte Aktivitäten gespeichert sein können. Auch externe Quellen wie gescannte Rechnungsbelege, die Informationen über Dienstreisen und Pendlerverkehr der Mitarbeitenden enthalten, sind relevant.

Für den Zugriff auf diese Datenquellen müssen diese Quellen in der SAP BTP bekannt gemacht und Schnittstellen und Zugriffspunkte in SAP Build Process Automation konfiguriert werden (siehe Abbildung 12.3).

Abbildung 12.3 Einbinden einer Datenquelle

Im Fall von SAP S/4HANA Cloud können APIs, CDS (Core Data Services) oder direkte Datenbankabfragen eingerichtet werden. Für physische Dokumente wie Rechnungen wird eine Technologie zur Dokumentenerfassung und -verarbeitung benötigt, die in der Lage ist, Texte zu erkennen und zu extrahieren, wie z. B. OCR (Optical Character Recognition) oder der Service Document Information Extraction.

Mit SAP Build Apps wird eine Anwendung erstellt, die es ermöglicht, die extrahierten Daten weiter mit persönlichen Eingaben anzureichern. SAP Build Apps kann schnell den Anforderungen durch den Endanwender*innen angepasst werden (siehe Abbildung 12.4).

Auch der notwendige Ablauf (Workflow) kann nach der Erfassung mit SAP Build Process Automation schnell, intuitiv und mit visueller Unterstützung auf Basis der bereitgestellten Informationen erstellt oder angepasst werden (siehe Abbildung 12.5).

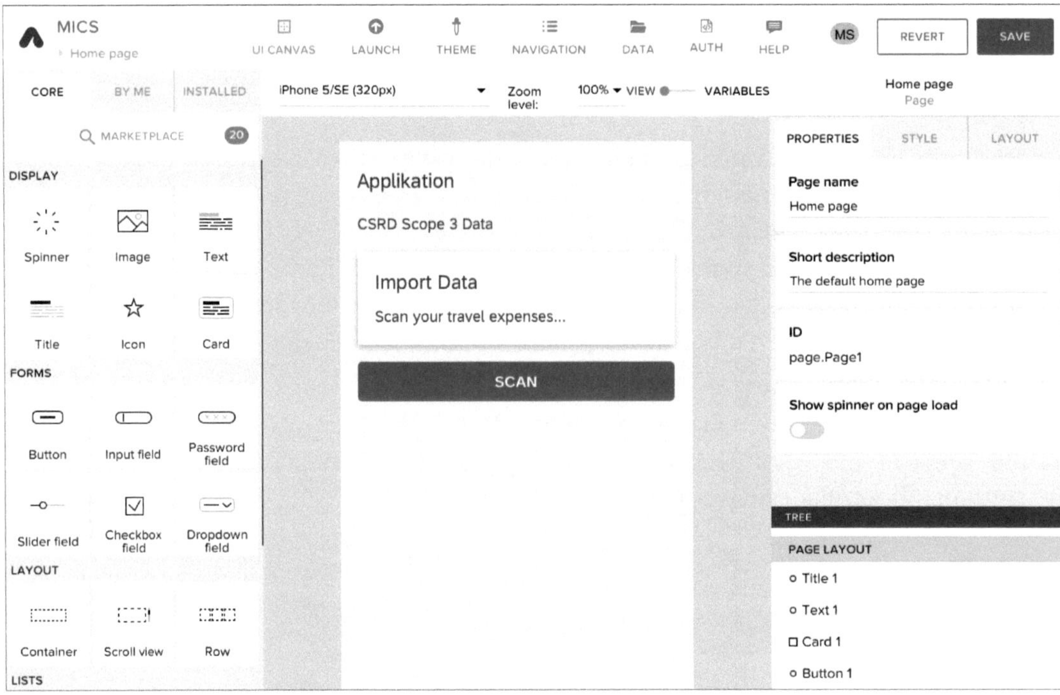

Abbildung 12.4 SAP Build Apps für Anwendungen

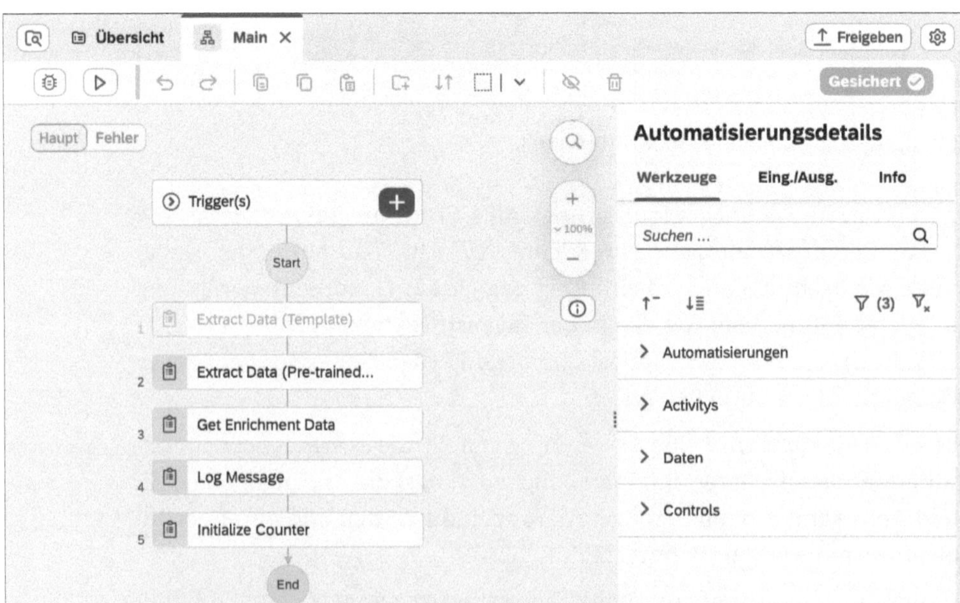

Abbildung 12.5 SAP Build Process Automation für Workflows

SAP Business AI kann zusätzlich genutzt werden, um die Extraktionslogik zu verfeinern, indem es Muster in den Daten erkennt und die Extraktion von relevanten Informationen wie Emissionswerten automatisiert. SAP Build Process Automation kann eingesetzt werden, um repetitive Aufgaben bei der Datenextraktion zu automatisieren, insbesondere wenn es um die Erfassung und Verarbeitung großer Mengen an Rechnungsdaten geht. Die Bots können so programmiert werden, dass sie spezifische Daten wie Reisedaten, Beträge und Verkehrsmittel aus den Rechnungen extrahieren.

Nach der Extraktion der Daten ist eine Überprüfung auf Vollständigkeit und Genauigkeit notwendig. Automatisierte Validierungstools können dabei helfen, inkonsistente oder fehlende Daten zu identifizieren und Korrekturen vorzunehmen, bevor die Daten in den weiteren Prozessfluss übergehen.

Die effektive Extraktion dieser Daten legt den Grundstein für eine präzise und aussagekräftige Analyse der Scope-3-Emissionen und ermöglicht es Unternehmen, den umfangreichen Anforderungen der CSRD effizient zu entsprechen.

Durch die Kombination verschiedener SAP-Technologien und Automatisierungstools wird dieser Prozessschritt nicht nur beschleunigt, sondern auch die Fehleranfälligkeit signifikant reduziert.

12.4.2 Datenermittlung und Datenverwendung für CSRD-Scope-3-Emissionen

Record, Report and Act

Nach der erfolgreichen Extraktion der Daten aus den verschiedenen Quellen folgt die Phase der Datenermittlung (Record) und Datenverwendung (Report und Act). Diese Schritte sind entscheidend, um die relevanten Informationen für das Reporting von Scope-3-Emissionen, insbesondere für Pendleremissionen, effektiv zu analysieren und zu nutzen.

Datenermittlung

In der Phase *Record* werden die extrahierten Daten analysiert, um relevante Informationen zu identifizieren, die direkt oder indirekt mit den Scope-3-Emissionen zusammenhängen. Hierbei sind insbesondere folgende Daten von Interesse:

- **Reisedaten**

  Informationen über Geschäftsreisen, einschließlich Flugdaten, Bahnfahrten, Hotelübernachtungen und Mietwagennutzung, die aus Reiseabrechnungen oder Buchungssystemen extrahiert werden.

- **Pendlerdaten**

  Angaben zu den täglichen Reisewegen der Mitarbeiter*innen, wie Entfernung, Verkehrsmittel und Frequenz. Diese Daten können aus Mitarbeiterumfragen, Verkehrsmittelabonnements oder über RPA aus gescannten Belegen gewonnen werden.

- **Lieferketteninformationen**

  Daten über Lieferanten und deren Emissionen, die durch den Transport und die Produktion von bezogenen Materialien und Dienstleistungen entstehen. Diese Informationen können aus Lieferantendatenbanken und Einkaufssystemen stammen.

- **Energieverbrauch**

  Daten über den Energieverbrauch von externen Dienstleistern oder durch Produkte, die nicht direkt vom Unternehmen hergestellt werden. Informationen können aus Energieabrechnungen oder über Nachhaltigkeitsberichte der Dienstleister bezogen werden.

Datenverwendung

Nach der Ermittlung der relevanten Daten folgen die Verarbeitung, die Phase *Report*, und die Nutzung, die Phase *Act*, dieser Informationen für das CSRD-Reporting:

- **Konsolidierung und Normalisierung**

  Die ermittelten Daten müssen konsolidiert und auf ein einheitliches Format gebracht werden, um eine kohärente Analyse und Berichterstattung zu ermöglichen. Dies umfasst die Konvertierung von Energieeinheiten in CO_2-Äquivalente, die Standardisierung von Währungen und die Harmonisierung von Datenformaten.

- **Analyse und Berechnung**

  Mithilfe von Analysewerkzeugen und Algorithmen werden die gesammelten Daten ausgewertet, um die Gesamtemissionen zu berechnen. Hierbei können Modelle und Koeffizienten zum Einsatz kommen, die spezifisch für verschiedene Emissionstypen und Aktivitäten entwickelt wurden.

- **Reporting und Visualisierung**

  Die analysierten Daten werden in Berichte überführt, die die Emissionen detailliert darstellen und mit den CSRD-Anforderungen übereinstimmen. Visualisierungstools können verwendet werden, um die Daten anschaulich und verständlich zu präsentieren, was besonders für Stakeholder-Kommunikation und interne Reviews nützlich ist.

- **Maßnahmenableitung**

  Basierend auf den ermittelten Emissionswerten werden Maßnahmen und Strategien entwickelt, um diese Emissionen zu reduzieren. Dies kann die Optimierung von Geschäftsreisen, die Förderung von umweltfreundlicheren Pendleroptionen oder die Anpassung von Lieferkettenpraktiken umfassen.

Durch diese detaillierte Datenermittlung und -verwendung kann das Unternehmen nicht nur seine gesetzlichen Verpflichtungen erfüllen, sondern auch aktiv zur Reduzierung seiner Umweltauswirkungen beitragen. Die Nutzung von SAP ermöglicht dabei eine effiziente und präzise Verarbeitung der umfangreichen Datenmengen, die für das Scope-3-Reporting erforderlich sind.

Der Use Case demonstriert die Automatisierung der Erfassung von Nachhaltigkeitsdaten, die normalerweise zeitaufwendig und fehleranfällig ist. Durch die Verwendung von SAP-Technologien können Unternehmen nicht nur die Effizienz steigern, sondern auch sicherstellen, dass die Daten präzise und zuverlässig sind. Dies ermöglicht eine fundierte Entscheidungsfindung und strategische Ausrichtung im Einklang mit den Nachhaltigkeitszielen des Unternehmens.

12.5 Ergebnisse, Mehrwert und Risiken

In diesem Abschnitt werden die erzielten qualitativen Ergebnisse, der geschaffene Mehrwert für das Unternehmen und die identifizierten Risiken im Zusammenhang mit dem Anwendungsfall *Scope-3-Emissionen im CSRD-Reporting* dargestellt. Dabei beleuchten wir die konkreten Auswirkungen auf die Unternehmensperformance, die Vorteile für Stakeholder sowie potenzielle Herausforderungen und Risiken, die bei der Implementierung und Berichterstattung auftreten können.

12.5.1 Ergebnisse

Output aus dem Use Case

Durch den Einsatz von SAP Build zur Erfassung und Verarbeitung von Scope-3-Emissionen im Rahmen des CSRD-Reportings konnten folgende qualitative Ergebnisse erzielt werden:

- **Präzise und umfassende Emissionsberichte**

  Das Unternehmen konnte detaillierte Berichte über seine gesamten indirekten Emissionen generieren, die alle relevanten Quellen einschließen, von Geschäftsreisen bis hin zu Lieferkettenaktivitäten.

- **Verbesserung der Datenqualität und -verlässlichkeit**
  Automatisierte Prozesse und fortschrittliche Analysetools gewährleisten die Genauigkeit und Konsistenz der Daten, was die Glaubwürdigkeit der Berichte erhöht.
- **Operative Effizienz**
  Die Automatisierung von Datenerfassung und -verarbeitung führt zu erheblichen Zeit- und Kosteneinsparungen bei der Erstellung von Nachhaltigkeitsberichten.
- **Stärkung der Compliance und Risikominderung**
  Mit SAP-Technologien können Unternehmen sicherstellen, dass sie die regulatorischen Anforderungen erfüllen und dadurch Compliance-Risiken minimieren.
- **Verbessertes Stakeholder-Management**
  Durch transparente und nachprüfbare Berichte verbessert sich das Vertrauen von Investoren, Kunden und anderen Stakeholdern.
- **Datengesteuerte Entscheidungsfindung**
  Die gewonnenen Daten und Analysen ermöglichen es Unternehmen, gezielte Maßnahmen zur Reduktion ihrer Umweltauswirkungen zu planen und umzusetzen.

12.5.2 Mehrwert

Gewonnene Erkenntnisse

Die Verwendung von SAP-Technologien bietet dem Unternehmen in diesem Use Case spezifische Vorteile: Die SAP-Lösungen ermöglichen eine nahtlose Integration von Daten aus verschiedenen internen und externen Quellen, was die Datenerfassung und -verarbeitung vereinfacht. Die Technologien sind zudem hoch skalierbar, sodass Unternehmen ihre Systeme mit wachsenden Anforderungen erweitern können. Durch den Einsatz von SAP Business AI und anderen fortschrittlichen Technologien können innovative Ansätze zur Datenanalyse und Problembehandlung verwendet werden. Zuletzt bieten SAP-Systeme Flexibilität in der Anpassung an spezifische Unternehmensbedürfnisse und regulatorische Veränderungen.

12.5.3 Risiken

Risiken

Trotz der Vorteile gibt es auch potenzielle Risiken, die berücksichtigt werden müssen: Die Einführung neuer Technologien kann technische und operationale Herausforderungen mit sich bringen, einschließlich der Integration mit bestehenden Systemen. Der Umgang mit großen Datenmengen, insbesondere von sensiblen oder personenbezogenen Daten, erfordert zudem strenge Sicherheitsmaßnahmen und Compliance mit Datenschutzvorschriften. Gleichzeitig kann die Implementierung und Wartung fortschrittlicher SAP-Lösungen erhebliche Investitionen erfordern, sowohl initial als auch laufend. Eine zu starke Abhängigkeit von automatisierten Systemen und KI könnte bei technischen Ausfällen zu Betriebsunterbrechungen führen. Veränderungen in Prozessen und Systemen können auf internen Widerstand stoßen, was die erfolgreiche Implementierung verzögern kann.

Insgesamt bietet der Einsatz von SAP-Technologien erhebliche Vorteile für die Erfassung und Berichterstattung von Scope-3-Emissionen im Rahmen des CSRD-Reportings. Unternehmen müssen jedoch die Herausforderungen und Risiken sorgfältig managen, um den vollen Nutzen dieser Technologien zu realisieren.

Effizienz, Transparenz und Nachhaltigkeit

In diesem Anwendungsfall, der mit SAP Build umgesetzt wurde, sind Ergebnisse, Mehrwert und Risiken deutlich messbar. Die Automatisierung von Datenerfassungsprozessen reduziert den Zeitaufwand und die Fehleranfälligkeit erheblich, ermöglicht eine kontinuierliche Sammlung von Nachhaltigkeitsdaten und trägt zu schneller und zuverlässiger Datenbereitstellung bei. SAP Build bietet präzise Analysetools, die detaillierte Bewertungen ermöglichen und durch Integration verschiedener Datenquellen tiefere Einblicke in Scope-3-Emissionen gewähren, sodass fundierte Emissionsreduktionsentscheidungen getroffen werden können. Mit SAP Build und den SAP-Nachhaltigkeitslösungen lassen sich umfassende, aussagekräftige CSRD-Berichte erstellen, die den Anforderungen der Corporate Sustainability Reporting Directive entsprechen und die Transparenz sowie Vergleichbarkeit der Nachhaltigkeitsleistung verbessern. Die präzise Erfassung und Analyse von Scope-3-Emissionen unterstützt gezielte Emissionsreduktionen und die effektive Verfolgung von Nachhaltigkeitszielen. Die transparenten Berichte stärken das Unternehmensimage als verantwortungsbewusster Akteur und erhöhen das Vertrauen der Stakeholder. Der mithilfe von SAP Build generierte CSRD-Report kann intern und extern präsentiert werden, um die Nachhaltigkeitsleistung zu demonstrieren und die Kommunikation mit Investoren, Kunden und anderen Stakeholdern zu erleichtern. SAP Build und ganz speziell SAP Build Process Automation führt zu quantifizierbaren Verbesserungen in Effizienz und Genauigkeit der Nachhaltigkeitsberichterstattung, belegt durch reduzierte Bearbeitungszeiten, geringere Fehlerquoten und schnellere Berichtserstellung. Insgesamt zeigt die Nutzung von SAP Build in diesem Anwendungsfall signifikante Vorteile in Effizienz, Präzision, Zielverfolgung und Unternehmensimage.

12.6 Fazit und Zusammenfassung der erreichten Ziele

Der Einsatz von SAP-Technologien zur Unterstützung des CSRD-Reportings, speziell im Bereich der Scope-3-Emissionen, stellt einen signifikanten Fortschritt in der Art und Weise dar, wie Unternehmen ihre Nachhaltigkeitsdaten erfassen, analysieren und berichten. Dieser Anwendungsfall hat gezeigt, dass durch die Integration von SAP Build, SAP Business AI und SAP BTP Unternehmen in der Lage sind, ihre Datenmanagement- und Berichterstattungsprozesse erheblich zu verbessern.

Als Abschluss kann man die Ziele wie folgt zusammenfassen:

- **Effizienzsteigerung**

  Die Automatisierung der Datenerfassung und -verarbeitung hat zu einer erheblichen Reduzierung des Zeitaufwands und der Kosten geführt.
- **Verbesserung der Datenqualität**

  Durch den Einsatz von fortschrittlichen Technologien konnten die Genauigkeit und Verlässlichkeit der Daten gesteigert werden, was zu vertrauenswürdigeren und präziseren Emissionsberichten führt.
- **Einhaltung der Compliance**

  Die Technologielösungen haben es ermöglicht, die strengen Anforderungen der CSRD vollständig einzuhalten und Risiken im Zusammenhang mit Non-Compliance zu minimieren.
- **Erhöhte Transparenz und Stakeholder-Vertrauen**

  Durch detaillierte und nachvollziehbare Berichte wurde das Vertrauen von Investoren, Kunden und anderen Stakeholdern gestärkt.
- **Förderung nachhaltiger Entscheidungen**

  Die bereitgestellten Daten unterstützen Unternehmen dabei, fundierte Entscheidungen zur Reduzierung ihrer Umweltauswirkungen zu treffen.

Notwendigkeit des Einsatzes von generativer KI

Der Einsatz von generativer KI ist dabei entscheidend, da er es ermöglicht, komplexe Datenmuster zu erkennen, Vorhersagemodelle zu entwickeln und so die Qualität und Tiefe der Analyse zu verbessern. Dies ist insbesondere für die Erfassung und Analyse von Scope-3-Emissionen relevant, wo die Daten oft verstreut und unstrukturiert sind. Generative KI kann auch dazu beitragen, Simulationen durchzuführen, um die potenziellen Auswirkungen verschiedener Emissionsreduktionsstrategien zu bewerten.

Zukünftige Ausrichtung von SAP im Kontext der Nachhaltigkeit

SAP zeigt mit seinem Engagement für die Entwicklung und Bereitstellung fortschrittlicher Technologien, die das Nachhaltigkeitsreporting unterstützen, eine klare Zukunftsausrichtung. Die kontinuierliche Innovation und Verbesserung ihrer Plattformen und Werkzeuge wird Unternehmen dabei unterstützen, nicht nur den aktuellen Anforderungen gerecht zu werden, sondern auch proaktiv auf zukünftige Herausforderungen in der Nachhaltigkeitsberichterstattung zu reagieren. Dies verdeutlicht das Potenzial von SAP, als führender Anbieter im Bereich der digitalen Transformation für nachhaltige Unternehmensführung zu fungieren.

Insgesamt unterstreicht dieser Anwendungsfall die entscheidende Rolle, die SAP-Technologien beim Vorantreiben der Nachhaltigkeitsagenda in Unternehmen spielen können. Durch den fortschrittlichen Einsatz dieser Technologien können Unternehmen nicht nur ihre ökologischen Fußabdrücke verantwortungsbewusst verwalten, sondern auch ihre Wettbewerbsfähigkeit in einer zunehmend umweltbewussten globalen Wirtschaft verbessern.

12.7 Ausblick und Ausbau des Use Cases

Use Case 4.0

Der beschriebene Anwendungsfall der Automatisierung des CSRD-Reportings, insbesondere im Bereich der Scope-3-Emissionen, bietet verschiedene Erweiterungsmöglichkeiten. Diese Erweiterungen können dazu beitragen, die Reichweite und Effektivität der Nachhaltigkeitsbemühungen zu erhöhen. Ebenso können zusätzliche SAP-Werkzeuge integriert werden, um die Funktionalität und Effizienz weiter zu verbessern.

Auf Basis des Use Cases können weitere thematische Ergänzungen aufgebaut werden. Damit lässt sich das Thema Nachhaltigkeit im Kontext mit SAP-Lösungen weiter in den Unternehmen manifestieren:

- **Wassermanagement und -berichterstattung**
  Neben den Emissionen könnte der Anwendungsfall um die Überwachung und Berichterstattung des Wasserfußabdrucks erweitert werden. SAP bietet Tools, die helfen, den Wasserverbrauch zu analysieren und Optimierungspotenziale aufzuzeigen.
- **Abfallmanagement**
  Ein weiteres wichtiges Nachhaltigkeitsthema ist das Abfallmanagement. Die Integration von SAP-Modulen zur Überwachung und Reduzierung von Abfall könnte Unternehmen dabei unterstützen, ihre Recyclingquoten zu verbessern und Abfallreduzierungsziele zu erreichen.
- **Lieferkettenmanagement**
  Eine detailliertere Betrachtung der Lieferkette hinsichtlich Nachhaltigkeit, einschließlich der Überprüfung von Lieferanten auf ihre Umweltstandards und die Überwachung von Lieferkettenrisiken könnte ein weiterer Baustein bezüglich Nachhaltigkeit sein.

- **Soziale Nachhaltigkeit**

  Eine Erweiterung um soziale Komponenten wie Mitarbeiterzufriedenheit, Arbeitsbedingungen und Einhaltung von Menschenrechten in der Lieferkette wären denkbar.
- **Integration von ESG-Kriterien (Environmental, Social, Governance)**

  Die Berichterstattung ließe sich umfassender gestalten, wenn neben Umweltaspekten auch soziale und Governance-Aspekte einbezogen werden, um Investoren und anderen Stakeholdern ein vollständigeres Bild der Unternehmensleistung zu bieten.

Für diese thematischen Erweiterungen können bestehende und zukünftige SAP-Lösungen eingesetzt werden:

- **SAP Environmental Compliance**

  Dieses Werkzeug kann genutzt werden, um Umweltdaten zu verwalten und sicherzustellen, dass sie den regulatorischen Anforderungen entsprechen. Es unterstützt bei der Dokumentation und Berichterstattung von Emissionsdaten und anderen Umweltindikatoren.
- **SAP Integrated Business Planning (IBP)**

  Für eine verbesserte Planung und Optimierung der Lieferkette, mit speziellem Fokus auf Nachhaltigkeitsaspekte, kann SAP IBP integriert werden. Dieses Tool hilft, die Effizienz zu steigern und gleichzeitig den Ressourcenverbrauch zu minimieren.
- **SAP SuccessFactors**

  Zur Unterstützung der sozialen Nachhaltigkeitsinitiativen kann SAP SuccessFactors eingesetzt werden, um HR-Prozesse zu verwalten, die Mitarbeiterengagement und -zufriedenheit verbessern.
- **SAP Analytics Cloud**

  Dieses Tool kann für erweiterte Datenanalysen und -visualisierungen genutzt werden, um komplexe Nachhaltigkeitsdaten besser zu verstehen und zu kommunizieren.
- **SAP Product Lifecycle Management**

  Dieses Modul unterstützt Unternehmen bei der Gestaltung nachhaltiger Produkte von der Konzeption bis zum Recycling, indem es hilft, Produktlebenszyklen zu verwalten und zu optimieren.

Durch die Integration der oben genannten SAP-Lösungen, der SAP-Build-Komponenten sowie die Erweiterung des Anwendungsfalls um weitere Nachhaltigkeitsthemen können Unternehmen ein umfassenderes Nachhaltigkeitsmanagement erreichen, das über reine Emissionsberichte hinausgeht. Dies trägt nicht nur zur Einhaltung von Vorschriften bei, sondern stärkt auch das Unternehmensimage und fördert langfristiges, nachhaltiges Wachstum.

Zudem haben alle Anwender*innen im Unternehmen die Möglichkeit, mit SAP Build Apps ihren persönlichen »Fußabdruck« zu dokumentieren (Geschäftsreisen, Arbeitsweg usw.) und diesen transparent in SAP Build Work Zone zu verfolgen und mit Kolleg*innen zu vergleichen (Gamification).

12.8 Zukünftige Entwicklungen und Erweiterungen

Ein Blick in die Glaskugel

Der Bereich der Nachhaltigkeitsberichterstattung, insbesondere im Kontext der Scope-3-Emissionen, steht vor ständigen Innovationen und Verbesserungen durch Technologie. Im Hinblick auf die SAP-Technologie und deren Anwendung im CSRD-Reporting gibt es mehrere zukünftige Entwicklungen und Erweiterungen, die die Ergebnisse weiter verbessern könnten:

- Die Integration von fortgeschritteneren *KI- und Machine-Learning-Modellen* könnte die Analyse von Nachhaltigkeitsdaten weiter verbessern. Zum Beispiel könnten prädiktive Analysen und maschinelles Lernen genutzt werden, um Trends zu erkennen, Vorhersagen über zukünftige Emissionstrends zu treffen und Vorschläge für effektive Reduktionsstrategien zu entwickeln.
- Die Nutzung von *Blockchain-Technologie* könnte die Transparenz und Nachverfolgbarkeit von Emissionsdaten erhöhen. Durch das Erstellen unveränderlicher Aufzeichnungen von Emissionsdaten könnten Unternehmen die Glaubwürdigkeit und Genauigkeit ihrer Berichte stärken und gleichzeitig die Compliance mit regulatorischen Anforderungen sicherstellen.
- Die Einführung von IoT-Technologien (Internet of Things) und Sensoren zur Erfassung von Emissionsdaten in Echtzeit könnte eine kontinuierliche Überwachung und Berichterstattung ermöglichen. Dies würde nicht nur die Datenaktualität und -genauigkeit verbessern, sondern auch eine sofortige Reaktion auf unerwartete Emissionssteigerungen erlauben.
- Die Einbindung von externen Datenquellen, wie globalen Nachhaltigkeitsindizes und Emissionsdatenbanken, könnte die Vergleichbarkeit und Benchmarking-Fähigkeiten von Unternehmen verbessern. Dies würde es Unternehmen ermöglichen, ihre Performance in einem größeren Kontext zu sehen und von Best Practices zu lernen.

- Die Entwicklung von interaktiveren und benutzerfreundlicheren Dashboards mit SAP Work Zone, die personalisierte Einblicke und Vorschläge bieten, könnte es Stakeholdern ermöglichen, aktiv mit den Daten zu interagieren und maßgeschneiderte Strategien zur Emissionsreduktion zu entwickeln.

Obwohl der Anwendungsfall bereits beeindruckende Ergebnisse liefert, gibt es Potenziale für zukünftige Entwicklungen und Erweiterungen. Zum Beispiel könnten weitere Machine-Learning-Algorithmen in die Analyse integriert werden, um noch präzisere Ergebnisse zu erzielen. Darüber hinaus könnten weitere SAP-Module oder externe Datenquellen in den Prozess einbezogen werden, um einen noch umfassenderen Einblick in die Nachhaltigkeitsleistung des Unternehmens zu ermöglichen.

Die Treiber für solche Use Cases kommen meist von außen!

Zudem gibt es auch verschiedene Gründe, warum zukünftig mehr Unternehmen diesen Use Case in dieser oder weiterentwickelter Form werden umsetzen müssen. Beispielhaft zu nennen, wären folgende Gründe:

- **Regulatorische Veränderungen**

  Striktere Gesetze und Richtlinien könnten Unternehmen dazu zwingen, ihre Berichterstattungsmethoden und -technologien weiterzuentwickeln, um Compliance sicherzustellen.
- **Technologische Fortschritte**

  Neue Technologien wie Quantencomputing könnten die Datenanalyse revolutionieren und noch präzisere und schnellere Analysen großer Datenmengen ermöglichen.
- **Marktdruck und Wettbewerb**

  Da immer mehr Unternehmen auf Nachhaltigkeit setzen, könnte der Druck steigen, innovative Lösungen zur Reduzierung von Emissionen zu implementieren, um sich als führend in der Nachhaltigkeit zu positionieren.
- **Globale Umweltkrisen**

  Ereignisse wie Klimakatastrophen könnten eine schnelle Anpassung der Nachhaltigkeitsstrategien und eine beschleunigte Adaption von Technologien zur Überwachung und Verringerung von Umweltauswirkungen erfordern.

Diese Entwicklungen und Szenarien zeigen ein breites Spektrum an Möglichkeiten, wie SAP-Technologien und allgemeine technologische Fortschritte das Feld der Nachhaltigkeitsberichterstattung beeinflussen und verbessern könnten. Unternehmen, die diese Trends frühzeitig erkennen und implementieren, können ihre Effizienz steigern und gleichzeitig ihre ökologischen Fußabdrücke effektiv managen.

12.9 Zusammenfassung

In diesem Use Case haben wir gezeigt, wie der Einsatz von SAP Build im Anwendungsfall »Scope-3-Emissionen im CSRD-Reporting« zu messbaren Ergebnissen, einem signifikanten Mehrwert und zur Identifizierung potenzieller Risiken führt. Es wurde deutlich, dass die Automatisierung mit SAP Build Process Automation die Datenerfassungsprozesse und den damit verbundenen Zeitaufwand deutlich reduziert und die Qualität der gelieferten Daten verbessert. Durch den Einsatz von SAP Build Apps können Anwender*innen im Unternehmen diese Daten noch mit einer persönlichen Eingabe (Footprint) anreichern. Schließlich ermöglichen die leistungsstarken Analysewerkzeuge von SAP, wie der SAP Sustainability Control Tower, eine präzise Auswertung der Nachhaltigkeitsdaten und damit fundierte Entscheidungen zur Emissionsreduktion. Die Ergebnisse können in SAP Build Work Zone transparent dargestellt werden.

Sie haben gelernt, wie die Erstellung umfassender CSRD-Berichte die Transparenz und Vergleichbarkeit der Nachhaltigkeitsleistung verbessert und das Image des Unternehmens als verantwortungsbewussten Akteur stärkt. Schließlich haben wir aufgezeigt, dass die Implementierung von SAP Build zu quantifizierbaren Verbesserungen in der Effizienz und Genauigkeit der Nachhaltigkeitsberichterstattung führt.

Kapitel 13

Use Case: Hotdesking mit SAP Build Apps

In diesem Kapitel wollen wir einen Anwendungsfall von SAP Build Apps vorstellen, bei dem es um das Teilen von Schreibtischen geht, das in heutiger Zeit kaum noch aus der Bürolandschaft wegzudenken ist. Ob Hotdesking oder Desk-Sharing, viele Firmen gehen diesen Weg, um den in der heutigen Zeit der mobilen Arbeit teuren Leerstand von Büroflächen zu vermeiden.

Dieses Kapitel widmet sich der Erstellung einer Applikation mit den Möglichkeiten von SAP Build Apps. Sie werden sehen, wie nicht nur das Frontend einer Anwendung für die technische Unterstützung von Hotdesking mit SAP Build Apps gestaltet wird, sondern auch wie das Backend der Anwendung mit den Bordmitteln erstellt wird. Was es mit der Anwendung genau auf sich hat, erfahren Sie in Abschnitt 13.1, in dem zunächst die Problemstellung und dann einige Lösungsideen beschrieben werden. Anschließend finden Sie in Abschnitt 13.2 die genaue Beschreibung der Lösung. Dabei lernen Sie in Abschnitt 13.2.1 nicht nur einige Elemente der Frontend-Gestaltung kennen, sondern in Abschnitt 13.2.2 auch Entitäten und die sogenannten Visual Cloud Functions.

13.1 Beschreibung der Idee

Hotdesking

Wahrscheinlich kennen es mittlerweile viele, die einen Job am Schreibtisch ausführen und ihre Arbeit auch virtuell, also vom heimischen Schreibtisch aus, problemlos ausführen können. Die mobile Arbeit, während der Pandemie notgedrungen populär geworden, ist aus der heutigen Arbeitswelt nicht mehr wegzudenken. Laut ifo Institut (ifo Institut (2024): ifo Konjunkturumfragen, *http://s-prs.de/v1015329*, [zuletzt abgerufen am 06.08.2024]) haben beispielsweise im Februar 2024 24,1 % aller Arbeitnehmenden zumindest teilweise von zu Hause gearbeitet. In Anbetracht dieser Tatsache erscheint es logisch, dass entsprechende Büroflächen deshalb leer stehen. Dieser Leerstand schmerzt viele Unternehmen gleich doppelt: Zum einen ist die Arbeitsweise eine andere und verändert nachhaltig die Firmenkultur, was durchaus Schmerzen verursachen kann. Zum anderen ist Leerstand auch teuer, da die Gebäude ja trotz oder gerade wegen der Nichtnutzung gewartet und instandgehalten werden müssen. Gleichzeitig »verdient« das Gebäude mit Leerstand kein Geld, es kostet nur. Oft wird bei derartig gelagerten Problemfällen darüber nachgedacht, die Büroflächen zu verkleinern und ein *Hotdesking* einzuführen. Dabei haben die Mitarbeitenden keinen eigenen, fest zugewiesenen Schreibtisch mehr. Stattdessen werden – nach einem festgelegten Prinzip – Schreibtische unter mehreren Mitarbeitenden aufgeteilt. Üblicherweise müssen die Mitarbeiter*innen innerhalb eines gewissen Zeitrahmens festlegen, wann sie ins Büro zurückkehren wollen und sich untereinander abstimmen, wer welchen Schreibtisch benutzen wird.

Die Idee dieses Anwendungsbeispiels ist es, diesen Prozess technologisch zu unterstützen und mit SAP Build Apps eine Anwendung zu erstellen, die es ermöglicht, Schreibtische zu suchen und zu reservieren. Ein Check-in soll die Anwendung abrunden, sodass Schreibtische, die nicht zur festgelegten Zeit genutzt werden, für weitere Buchungsvorgänge anderer Mitarbeiter*innen zur Verfügung stehen.

13.1.1 Problemstellung

Funktionen der App definieren

Die Anwendung soll gewisse Kriterien erfüllen. Um möglichst einfach nutzbar zu sein, soll sie als Web-App, aber auch gleichzeitig als native App für Mobiltelefone angeboten werden. Die Anwendung soll außerdem einen auf den Tischen aufgebrachten QR-Code einlesen und damit den Buchungs- bzw. Check-in-Vorgang erleichtern. Da diese Funktion in der Web-App nicht zur Verfügung steht, muss die Anwendung resilient genug sein, um damit umzugehen. Eine Such- und Filterfunktion soll es ermöglichen, sich einen Schreibtisch ganz nach den eigenen Wünschen aussuchen zu können. Dafür mussten die einzelnen Schreibtische mit Metadaten wie »Fensterplatz«, »nahe der Tür«, »Anzahl der Monitore«, »hat Tageslichtlampe« oder auch »in Heizungsnähe« abgespeichert werden. Die Reservierung sollte über mehrere Tage hinweg möglich sein und kann aber immer nur für den eigenen Benutzer erfolgen. Ist bereits eine Reservierung auf den eigenen Namen erfolgt, so ist keine weitere Reservierung möglich.

Arbeitsplatzbuchung

Um als Benutzer*in möglichst effizient zu einer Arbeitsplatzbuchung zu kommen, soll es zum einen eine Zufallsbuchung geben, bei der man sich den Arbeitsplatz nicht aussucht, sondern eben zufällig ein freier Arbeitsplatz zugewiesen wird. Weiterhin kann man als Benutzer*in einen Platz favorisieren und damit die Arbeitsplatzsuche überspringen und direkt in die Buchungsmaske für diesen Arbeitsplatz einsteigen.

Wenn ein Arbeitsplatz gebucht wurde, soll es möglich sein, auf diesem Arbeitsplatz einzuchecken, um ihn für sich zu beanspruchen. Dies geschieht bevorzugterweise durch das Abscannen eines QR-Codes vor Ort, kann aber auch direkt durch Auswahl der Buchung angestoßen werden. Ein vorzeitiger Check-out ebenso wie eine Stornierung der Buchung sollen ebenfalls möglich sein.

13.1.2 Designüberlegungen

Entscheidung für SAP Build Apps

Es gibt viele Möglichkeiten, eine derartige Anwendung umzusetzen. Aufgrund des Wunsches, die Anwendung mit Fähigkeiten auszustatten, die nativen Anwendungen auf Mobiltelefonen vorbehalten sind, wird klar, dass SAP Build Apps eine gute Wahl ist, da es diese Fähigkeiten schon mitbringt.

Da es sich um eine Anwendung mit potenziell großem Benutzerstamm handelt, musste das Backend entsprechend verfügbar sein. Ein Backend in der Cloud wird favorisiert. Um die Anwendung schnell und effizient umsetzen zu können, wurde entschieden, das Backend ebenfalls in SAP Build Apps umzusetzen und dann – gemeinsam mit der Web-App – auf der SAP BTP zu hosten.

13.2 Lösungsbeschreibung

Umsetzung

Im Folgenden beschreiben wir, wie die Anforderung in diesem Use Case umgesetzt wird. Natürlich führen mehrere Wege nach Rom und so gibt es auch bei dieser App mehrere Wege, sie umzusetzen.

Wir gliedern die Lösungsbeschreibung in Frontend und Backend auf. Die Abschnitte werden aber aufeinander verweisen. Wir bitten um Verständnis dafür, dass einige Besonderheiten der App aufgrund ihrer hohen Komplexität in diesem Kapitel nur im Ansatz beschrieben werden können.

13.2.1 Frontend

Wir beginnen mit der Entwicklung des Frontends der Anwendung. In SAP Build Apps sind insgesamt acht Seiten zu sehen (siehe Abbildung 13.1 und Abbildung 13.2):

- eine Buchungsseite zum Suchen des richtigen Platzes
- eine Detailsicht für die eigentliche Buchung
- eine Seite für die Funktionen Check-in bzw. Check-out

- eine Einstellungen-Seite
- die Seite **Meine Buchungen**
- die automatisch generierte Seite **SAP BTP Authentication**
- die Startseite
- die ebenfalls automatisch generierte Seite **Global canvas**

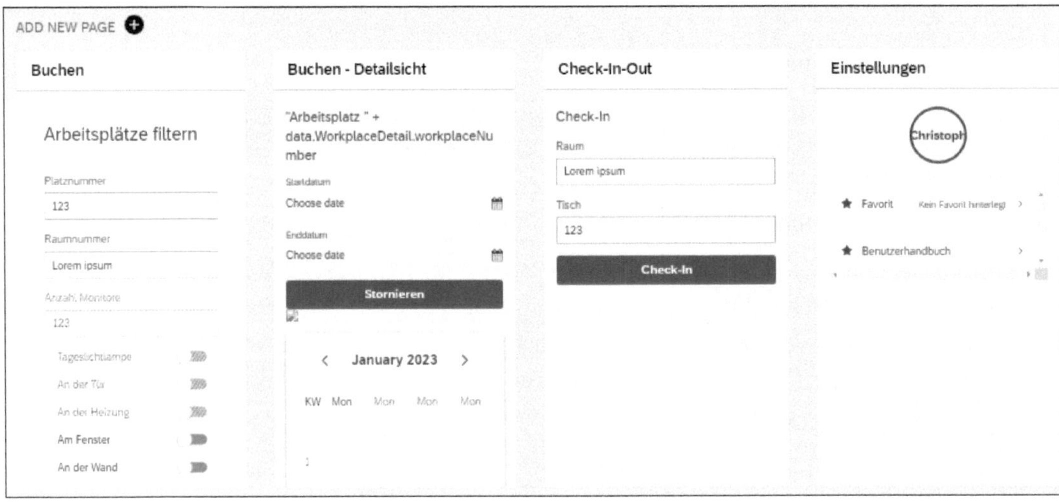

Abbildung 13.1 Die Seiten »Buchen«, »Buchen – Detailsicht«, »Check-In-Out« und »Einstellungen«

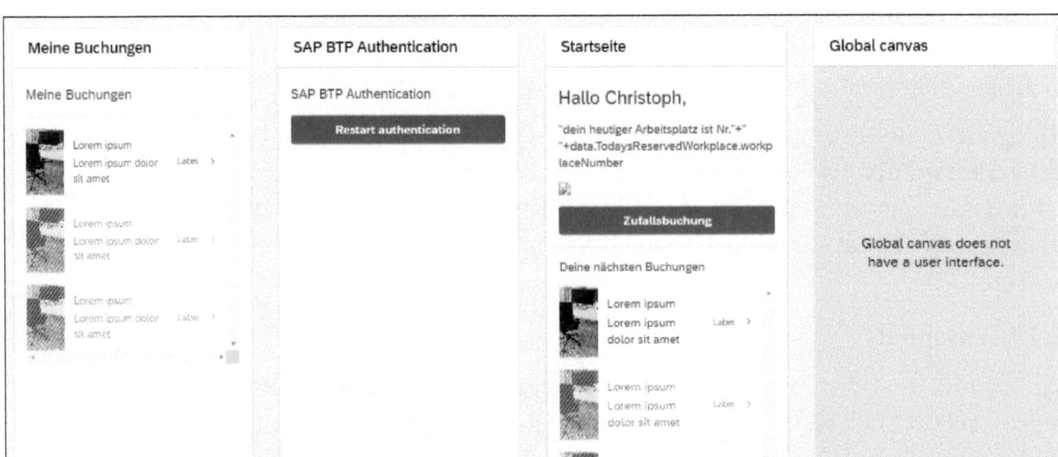

Abbildung 13.2 Die Seiten »Meine Buchungen«, »SAP BTP Authentication« (automatisch generiert), »Startseite« und das »Global canvas« (ohne Layout)

Startseite

Nach dem Login wird der Benutzer mit der Startseite begrüßt. Diese Seite ist der Ausgangspunkt für die meisten Prozesse der Anwendung und daher die erste, die wir erstellen. Aufgrund ihrer zentralen Rolle und der Vielzahl an Prozessen, die hier starten, ist sie auch die komplexeste Seite. Die Startseite besteht aus einem Begrüßungstext, einem Button und dem Abschnitt **Deine nächsten Buchungen**. Sie enthält sowohl Standardelemente als auch spezifische Elemente aus dem Marketplace. Dazu gehören beispielsweise die beiden *Conditional Renderer* mit den Namen **Entweder Gebucht oder Nicht** sowie **RendererNaechsteBuchungen** (siehe Abbildung 13.3). Diese Renderer dienen dazu, basierend auf bestimmten Bedingungen unterschiedliche Inhalte darzustellen.

Die Container auf der Startseite tragen wesentlich zur Übersichtlichkeit und Strukturierung der Inhalte bei. Besonders innerhalb der Conditional Renderer sorgen sie dafür, dass je nach Bedingung entweder der eine oder der andere Container samt Inhalt angezeigt wird.

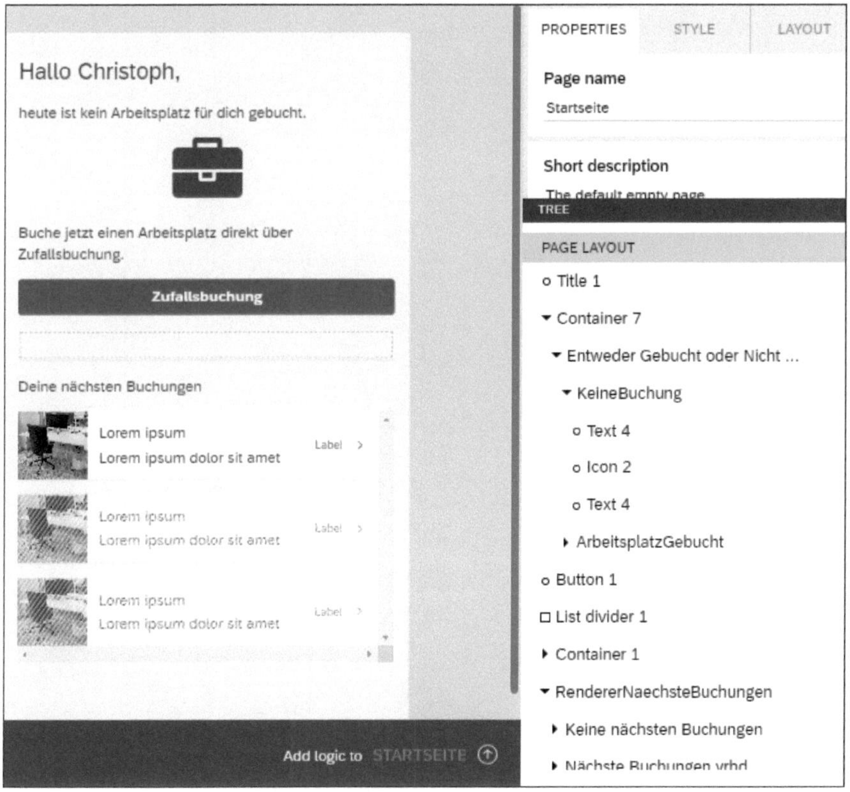

Abbildung 13.3 Das Layout der Startseite

Begrüßungstext im Titel

Der auf der Seite gezeigte Text begrüßt die Benutzer*innen personalisiert. Damit der richtige Name angezeigt wird, enthält der Text eine Referenz auf den Namen der angemeldeten Benutzer*innen, die als App-Variable abgespeichert ist. Die Formel dazu lautet `"Hallo "+appVars.FirstName+","`, im Text wird also die App-Variable `FirstName` angesprochen. Die Formel geben Sie im Formeleditor ein, in dem Sie das Content-Binding für den Begrüßungstext vom Typ **Title** festlegen. Alle für die App erstellten App-Variablen sehen Sie in Abbildung 13.4. Um die App-Variablen anzulegen, wechseln Sie mittels des Schiebereglers in der Entwicklungsumgebung von der **VIEW**-Ansicht zur **VARIABLES**-Ansicht. Dann fügen Sie auf der Seite für App-Variablen mittels **Add App Variable** eine neue Variable hinzu. Da wir diese Variablen alle im weiteren Verlauf benötigen, können Sie alle hier direkt anlegen. Der einzige nicht atomare Datentyp ist in **MyFavorite** hinterlegt, hier handelt es sich um ein Objekt mit drei Eigenschaften, analog zur im Backend definierten Entity **Favorite**. Alle anderen Typen können Sie Abbildung 13.4 entnehmen.

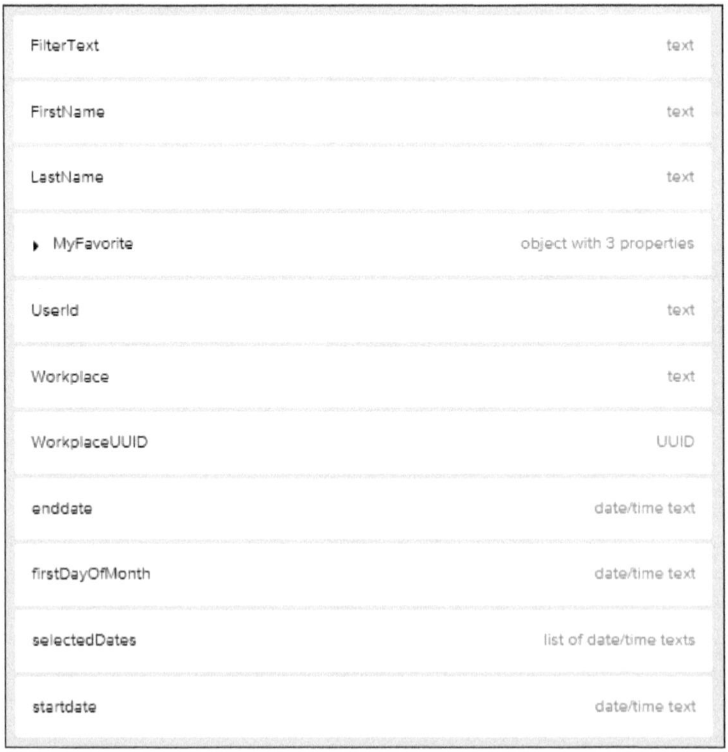

Abbildung 13.4 App-Variablen

App-Variablen

Nachdem Sie die App-Variablen erfolgreich definiert und den Seitentitel mit Inhalt versehen haben, folgt im Layout der erste Conditional Renderer mit den Render-IDs **KeineBuchung** und **ArbeitsplatzGebucht**. Diese Render-IDs werden in der Formel für die Bedingung des Renderers bzw. der Active Render ID verwendet: `IF(IS_EMPTY(data.Reservation1[0]),"KeineBuchung", "ArbeitsplatzGebucht")`. Dabei prüft SAP Build Apps, ob in der Datenvariable `Reservation1` ein Eintrag vorhanden ist. So können die Reservierungen der angemeldeten Benutzer*innen bereits beim Öffnen der Seite ausgelesen werden, falls vorhanden. Die Datenvariablen werden analog zu den App-Variablen angelegt. Wie sie definiert werden müssen, sehen Sie in Abbildung 13.6. Damit die Nutzer*innen später in der App direkt erkennen können, ob sie bereits eine Reservierung getätigt haben, muss die in Abbildung 13.5 erkennbare Datenbeschaffungslogik in der Datenvariable hinterlegt werden. Dadurch wird nicht nur `Reservation1` mit den entsprechenden Daten versorgt, sondern auch die Datenvariable `TodaysReservedWorkplace`, die durch Verwendung der Universally Unique Identifier (UUID) des Arbeitsplatzes aus der Reservierung mit einem genau definierten Einzelsatz gefüllt werden kann.

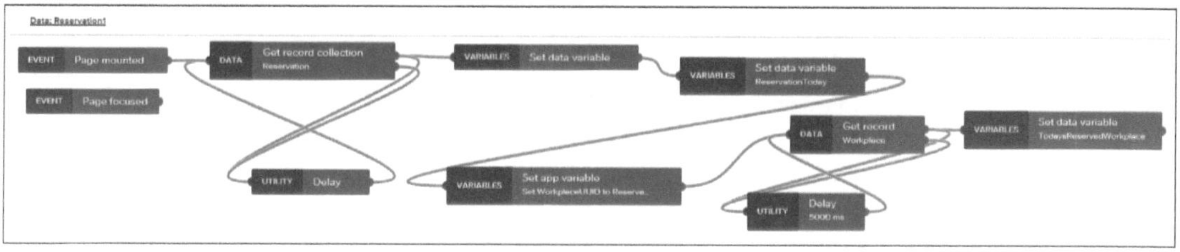

Abbildung 13.5 Die Datenbeschaffungslogik von »Reservation1«

Die Datenvariablen der Startseite sehen Sie in Abbildung 13.6. Sollten Sie sie nicht so definieren können, dann prüfen Sie bitte, ob die Integration des Backends auf der **Data**-Registerkarte der Entwicklungsumgebung bereits abgeschlossen ist. Falls dies nicht der Fall ist und Sie das Backend aber schon definiert haben, dann fügen Sie die Integration gerne hinzu und wählen dabei als Backend die **Visual Cloud Functions** aus. Wenn Sie das Backend noch nicht definiert haben, können Sie gerne zum Abschnitt 13.2.2 springen und dies zuerst erledigen.

Der Renderer zeigt im Fall einer vorhandenen Buchung den Container **ArbeitsplatzGebucht** an, in dem der Textbaustein vom Typ Text mit dem Content `"dein heutiger Arbeitsplatz ist Nr."+" "+data.TodaysReservedWorkplace.workplaceNumber` sowie das Bild (Typ **Image**) hinter der URL aus der Datenvariable `TodaysReservedWorkplace` angezeigt wird, die gemeinsam mit `Reservation1` befüllt wird. Andernfalls, also wenn keine Buchung vorhanden ist, werden Texte und Icon so angezeigt, wie in Abbildung 13.3 zu sehen. **Renderer**

Abbildung 13.6 Die Datenvariablen der Startseite

Button

Unter dem Renderer für den heute gebuchten Arbeitsplatz befindet sich ein Button, dessen Beschriftung – z. B. **Zufallsbuchung**, **Check-in** und **Check-out** – je nach Vorhandensein und Status einer Reservierung variiert. Die Logik für die Beschriftung des Buttons wird im Label mit der folgenden Formel angegeben:

```
IF(IS_EMPTY(data.Reservation1[0]),"Zufallsbuchung",
IF(data.Reservation1[0].status=='Posted' || data.Reservation1[0].
status=="CheckedOut", "Check-In", IF(data.Reservation1[0].status==
"CheckedIn", "Check-Out", "Zufallsbuchung")))
```

Diese Formel prüft zunächst, ob eine Reservierung vorliegt. Wenn keine Reservierung vorhanden ist, lautet die Beschriftung des Buttons **Zufallsbuchung**. Ist jedoch eine Reservierung vorhanden, wird der Status abgefragt: Ist der Status `CheckedOut` oder `Posted`, wird als Buttontext **Check-In** angezeigt, bei allen anderen Statuswerten wird der Buttontext **Check-Out** angezeigt.

Button-Logik

Ein Button ohne Logik ist nicht vollständig. Die Logik für den Button ist in Abbildung 13.7 dargestellt.

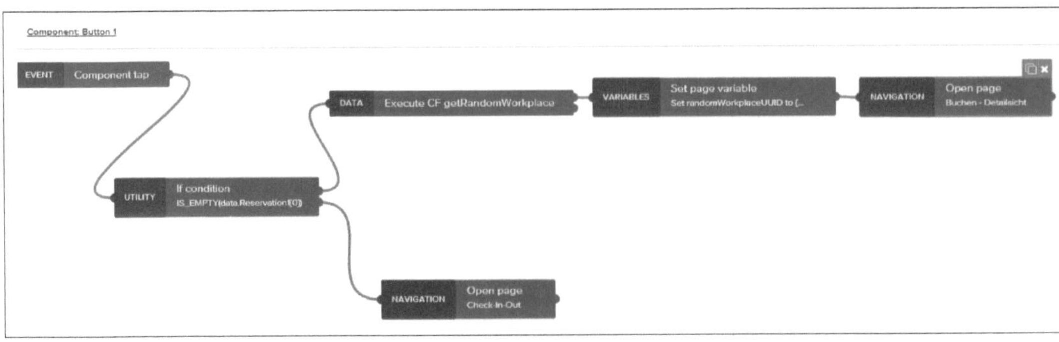

Abbildung 13.7 Die Logik des Buttons

Hier sehen Sie, dass beim Antippen des Buttons über die gleiche Bedingung wie für den Button-Text entweder die Check-in-out-Seite oder aber eine erste Cloud-Funktion aufgerufen wird, nämlich **getRandomWorkplace**. Diese Funktion schreibt das Ergebnis in eine Seitenvariable und übergibt diese an die zu öffnende Seite **Buchen – Detailsicht**.

Im Renderer für die nächsten Buchungen, der sich ganz unten im Layout befindet, wird entweder eine Liste der eigenen Buchungen angezeigt, sofern welche vorhanden sind, oder ein einfacher Text, der darauf hinweist, dass keine Buchungen vorhanden sind. Die Liste ist in diesem Fall natürlich viel interessanter, wie in Abbildung 13.8 zu sehen ist. **Liste**

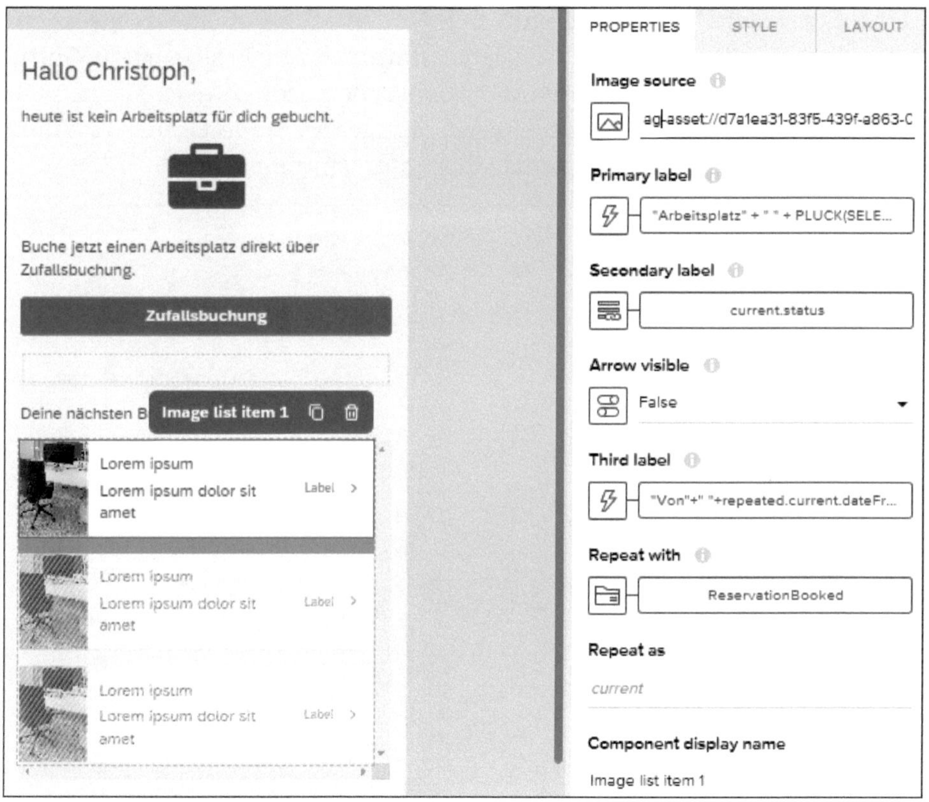

Abbildung 13.8 Die Liste und ihre Einstellungen

Das Listenelement wiederholt sich mit allen Elementen der Datenvariable. Die Labels werden entsprechend aus den Daten aufbereitet, beispielsweise das Primary Label, das den gebuchten Arbeitsplatz anzeigt. Dieses Label wird aus der Entity **Workplace** als Formel aufbereitet:

```
"Arbeitsplatz" + " " + PLUCK(SELECT(data.Workplace1,item.id ==
repeated.current.workplaceId), "workplaceNumber")
```

Die `PLUCK`-Funktion extrahiert hier exakt den Wert des Feldes `workplaceNumber` aus dem mittels der `SELECT`-Funktion ausgelesenen Datenobjekt `workplace`, dessen ID mit der ID aus der Reservierung des aktuellen Listelements übereinstimmt.

Listenelement

Wenn auf ein Listenelement geklickt wird, wird eine entsprechende Logik ausgeführt. Wählen Sie ein Listenelement aus, dann wird ein im Logikbereich hinterlegter Open-Page-Befehl ausgeführt, der die Seite **Meine Buchungen** öffnet.

Navigationsmenü

Von der Startseite aus lassen sich bereits drei andere Seiten aufrufen. Zusätzlich gibt es ein *Navigationsmenü*, wie in Abbildung 13.9 gezeigt. Über dieses Menü können Sie nicht nur zur Startseite zurückkehren, sondern auch zur Buchungsseite navigieren, um einen Arbeitsplatz auszuwählen. Zudem können Sie über das Navigationsmenü zur Liste der eigenen Buchungen sowie zu den Einstellungen gelangen, wo Sie die eigenen Favoriten verwalten und das Benutzerhandbuch aufrufen können.

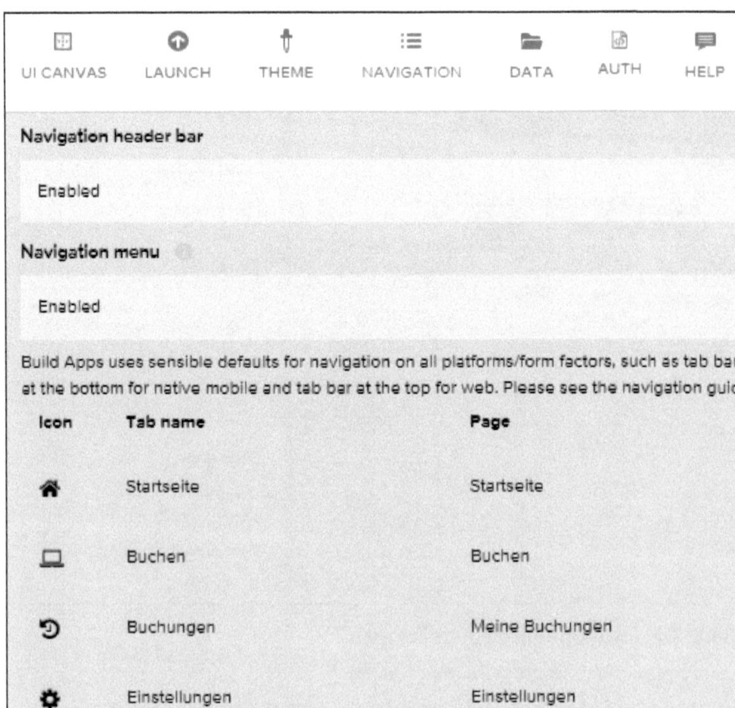

Abbildung 13.9 Das Navigationsmenü der Anwendung

Buchungsseite

Als Nächstes betrachten wir die Hauptfunktion der Anwendung: das Buchen eines Arbeitsplatzes. Dafür navigieren Sie zur entsprechenden Seite.

Buchen

Die **Buchen**-Seite wirkt vom Layout her zunächst etwas ungewöhnlich, da sie, wie in Abbildung 13.10 zu sehen ist, von einem Filter-Pop-up dominiert wird. Dieses Filter-Pop-up ist eine eigene komplexe Komponente, die Sie im sogenannten Component Template Editor bearbeiten können. Um eine eigene Komponente zu erstellen, nehmen Sie einfach eine bereits vorhandene Komponente wie einen Container, ziehen sie in das Canvas und drücken den im Bild auch rot markierten Button **CONVERT TO NEW COMPONENT**. Damit öffnet sich der Component Template Editor, in dem Sie die Komponente ähnlich einer eigenen Seite bearbeiten können.

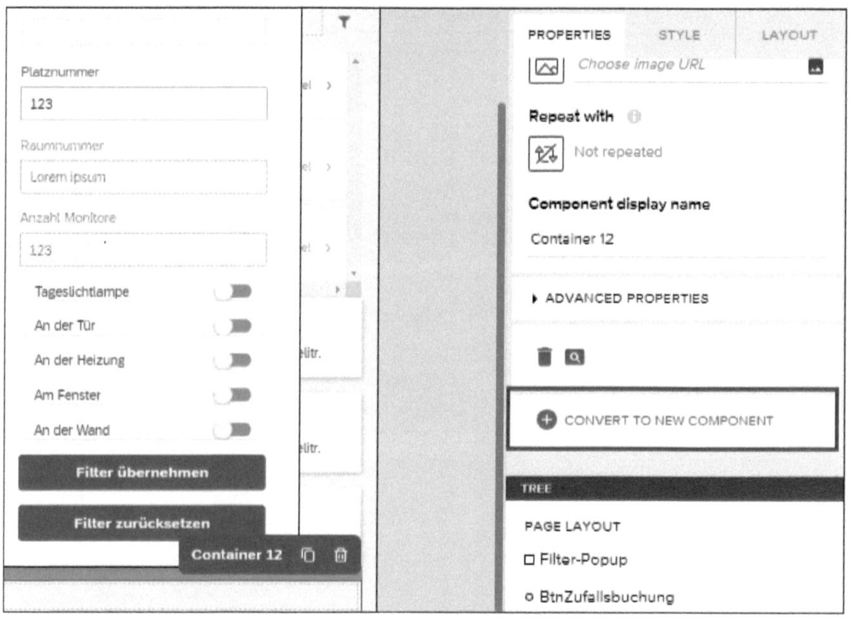

Abbildung 13.10 Die Buchen-Seite mit dem dominierenden Filter-Overlay

Component Template Editor

In Abbildung 13.11 sehen Sie das Layout der Filterkomponente im Component Template Editor noch einmal deutlicher. Es werden Eingabefelder sowie Slider und Toggles verwendet, um nach den entsprechenden Werten filtern zu können. Diese Werte werden als Ausgabeparameter in den Eigenschaften der Komponente definiert (siehe Abbildung 13.12). Die Logik in Abbildung 13.11 zeigt exemplarisch, wie die Logik für den Toggle **nearDoor** definiert ist. Der Ausgabewert des Toggles wird an den entsprechenden Parameter übergeben. Damit der Toggle sinnvoll filtern kann und nur aktivierte Komponenten am Filtervorgang teilnehmen, ist für jeden Toggle noch ein weiterer Ausgabeparameter definiert, der den ConditionType für diese Eigenschaft festlegt. Dadurch lässt sich das Ergebnis in der eigentlichen Suche sinnvoll einschränken, wie wir gleich noch zeigen werden.

Beim Ereignis **Component tap** wird entsprechend der ConditionType gesetzt, um den Wert am Filtervorgang teilhaben zu lassen. Beim Ereignis **onChange** des Toggles wird dann der tatsächlich ausgewählte Wert auch entsprechend weitergegeben. Zwei Buttons runden das Layout ab: **Filter übernehmen** und **Filter zurücksetzen**. Beim Übernehmen werden die Ausgabewerte noch einmal alle festgesetzt und dann das Event **filterChange** getriggert, wie in Abbildung 13.13 zu sehen ist. Auf diesen Trigger wird auf der **Buchen**-Seite reagiert und der Filter damit ausgelöst.

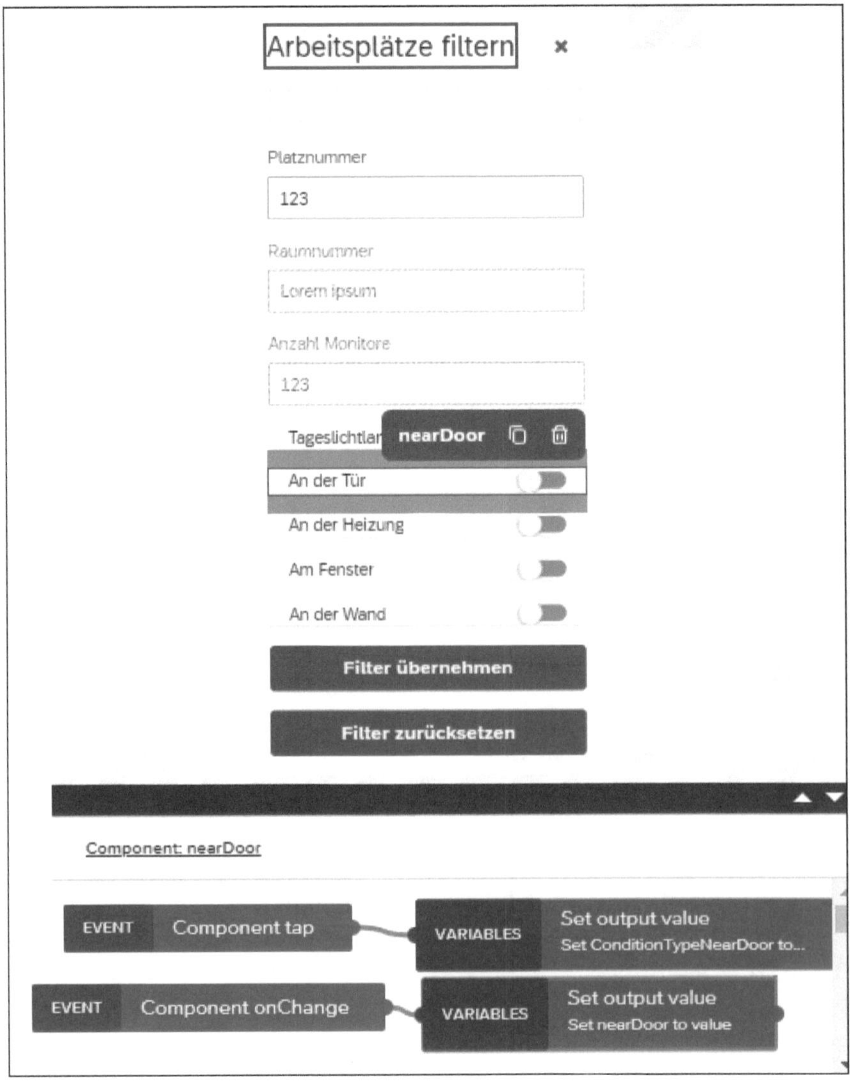

Abbildung 13.11 Das Layout der Filter-Komponente mit einem kleinen Logikbaustein

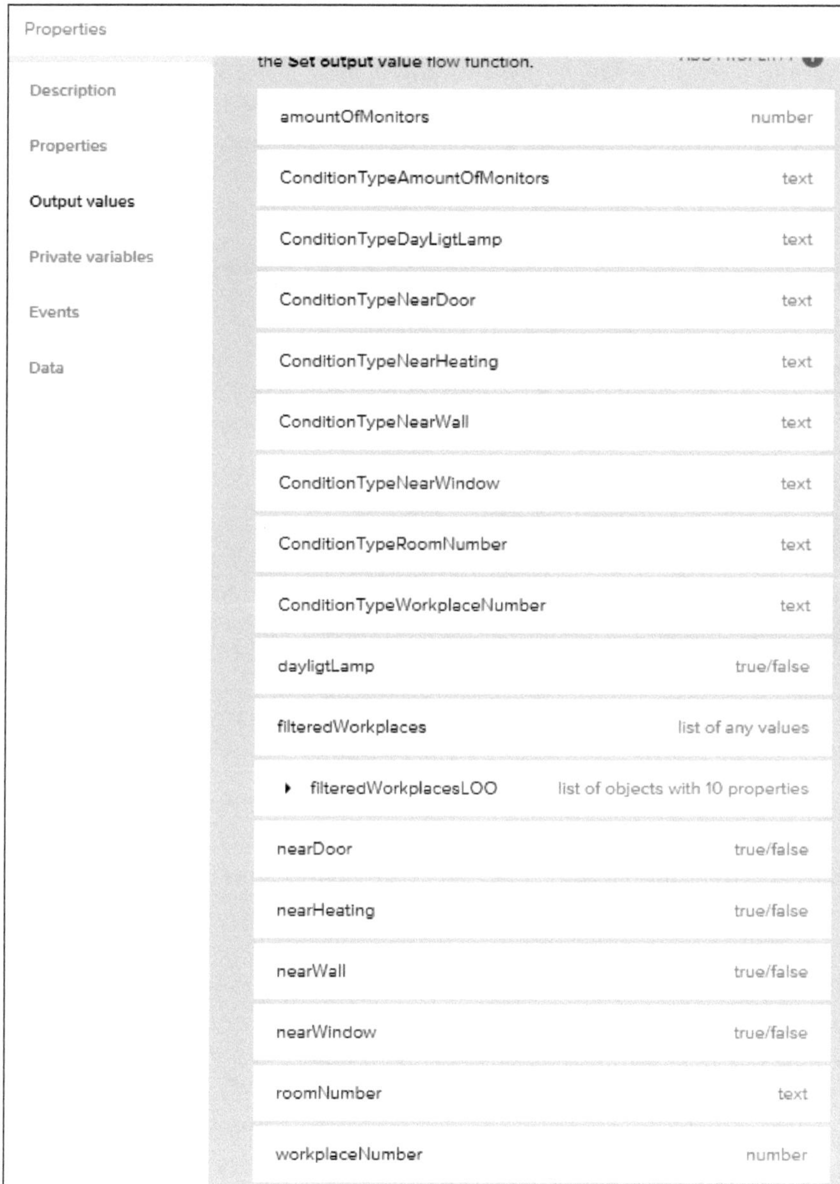

Abbildung 13.12 Die Ausgabeparameter der Filter-Komponente

[«]

Eventsteuerung

Ein Event, wie es beim Filter-Pop-up verwendet wird, definieren Sie, indem Sie zuerst das empfangende Event an der Stelle einfügen, an der die Logik ausgeführt werden soll. Als Event Source wählen Sie **Fired from Trigger Event** aus und vergeben unter **Advanced** einen Namen. In unserem Fall wird das Event auf der **Buchen**-Seite definiert, wie Abbildung 13.15 zeigt. Im Pop-up wird dann der Event-Trigger in der Logik definiert, wie in Abbildung 13.13 gezeigt ist. In den Eigenschaften des Event-Triggers können Sie dann das zuvor definierte Event aus der Dropdown-Liste **Triggered Event** auswählen.

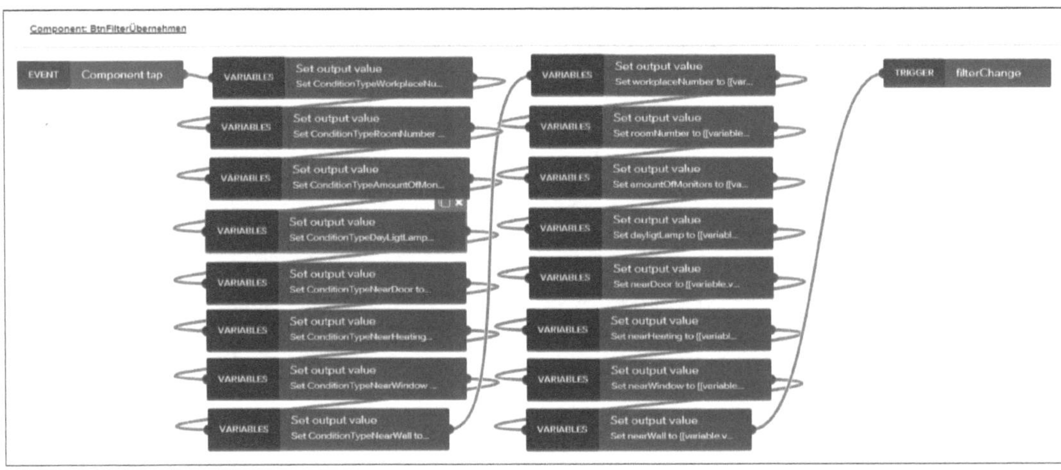

Abbildung 13.13 Die Logik hinter dem Button »Filter« übernehmen

Buchungsseite

Nach der Definition und Erläuterung des Filter-Pop-ups kehren Sie nun zur Buchungsseite zurück (siehe Abbildung 13.14). Dort finden Sie unter anderem den Button **Zufallsbuchung**, der die gleiche Funktion wie auf der Startseite aufruft. Der Filter-Button setzt nur die Seitenvariable, die dafür sorgt, dass das Filter-Pop-up nun sichtbar sein sollte, dafür wurde die Eigenschaft **visible** des Pop-ups auch entsprechend an diese Page-Variable gebunden. Die Liste zeigt dann nur die Inhalte einer entsprechend definierten Datenvariable an, die alle Einträge der Entität Workplace beinhaltet, die den ausgewählten Filterkriterien entsprechen.

Die **Buchen**-Seite wird besonders interessant, wenn Sie die in Abbildung 13.15 dargestellt Seitenlogik genauer betrachten. Sie sehen, dass hier die vom Filter-Pop-up getriggerten Events **filterReset** und **filterChange** definiert und aufgegriffen werden. Dabei ist insbesondere der Data-Block **Get Workplaces with Filters** interessant, da hier sowohl die ConditionTypes als auch die tatsächlich ausgewählten Werte genutzt werden.

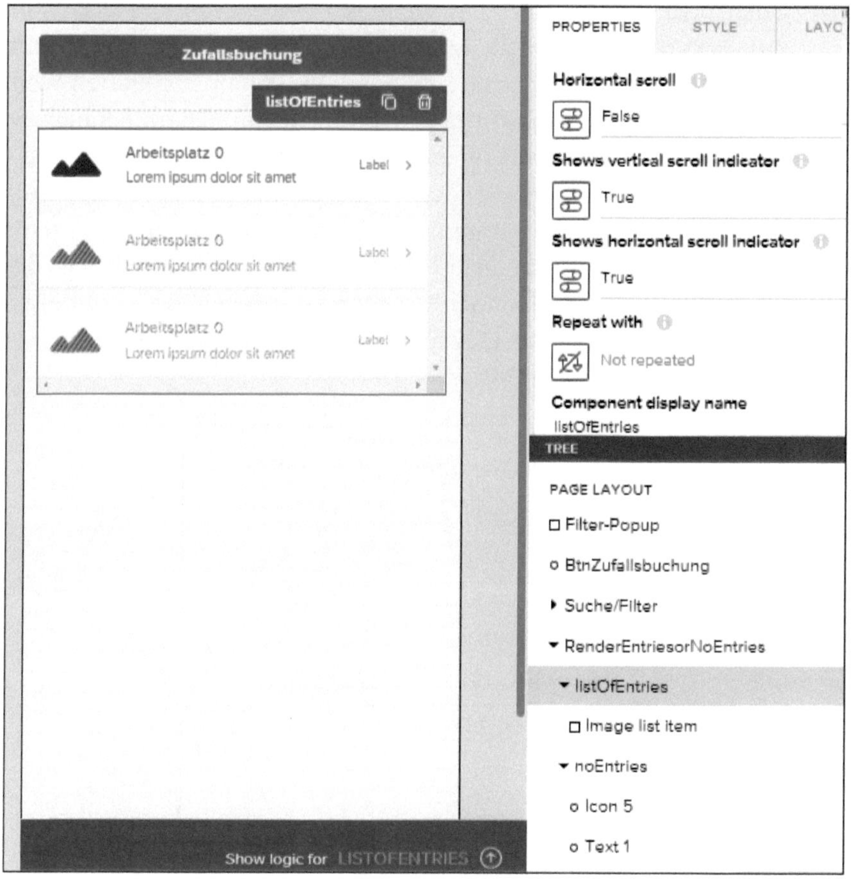

Abbildung 13.14 Die eigentliche Buchen-Seite ohne Filter-Pop-up

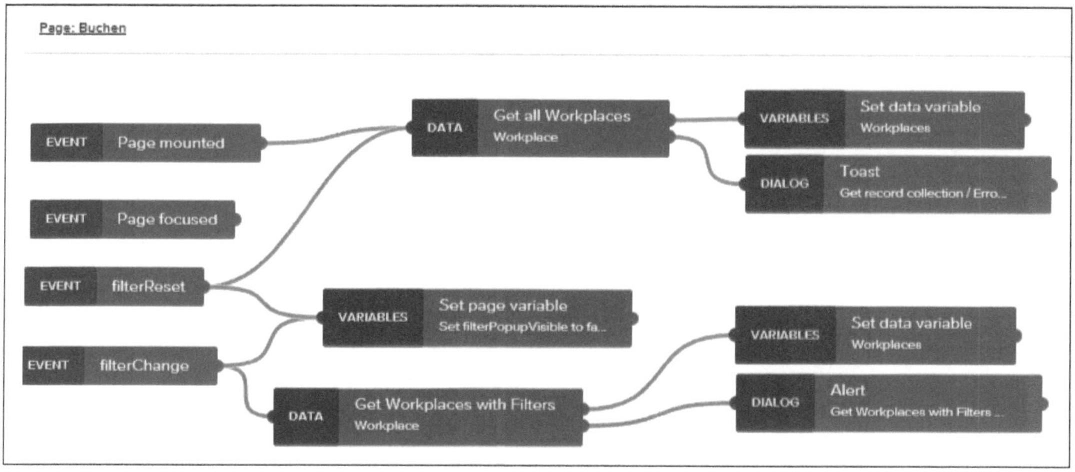

Abbildung 13.15 Die Seitenlogik der Seite »Buchen« mit den Events

Der Gedanke ist hierbei folgender: Wenn ein bestimmter Filter aktiviert wird, z. B. `workplaceNumber`, erhält der ConditionType als Vergleichsoperator den Wert `equal`, wodurch Gleichheit mit dem im Pop-up definierten Wert eingefordert wird. Soll ein bestimmter Wert nicht zum Filtern herangezogen werden, wird der ConditionType und damit der Vergleichsoperator beispielsweise auf den Wert `minimum` oder `inequal` gesetzt, wodurch dann etwa für die `workplaceNumber` ein numerischer Wert, inequal 0, angenommen wird, was auf alle Arbeitsplätze zutrifft. Dadurch wird sichergestellt, dass die Logik auch für alle Kombinationen funktioniert. Beispielhaft wird dieses spezielle Binding in Abbildung 13.16 für die Felder **workplaceNumber**, **roomNumber** und **amountOfMonitors** gezeigt.

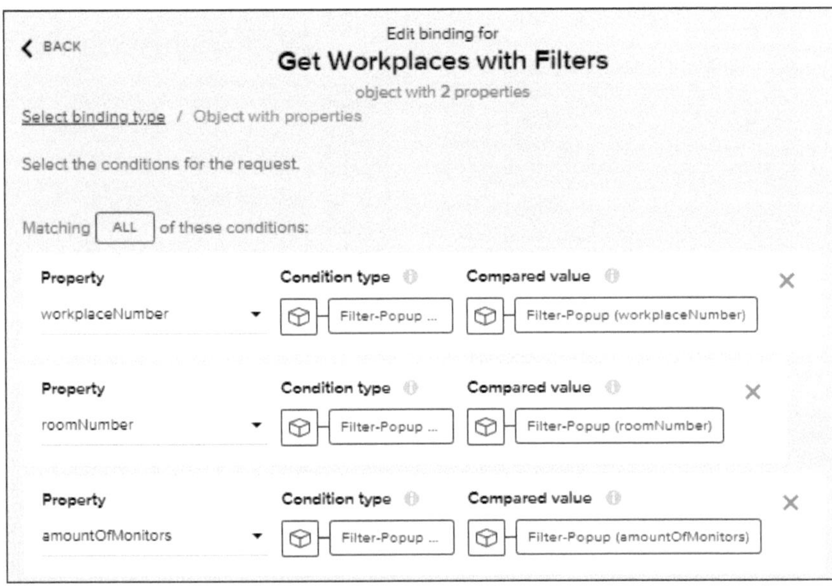

Abbildung 13.16 Das Binding für den Filter der Datenbeschaffung mit einer Custom Condition

Zufallsbuchung

Wenn sich die Benutzer*innen für eine Zufallsbuchung oder für einen Arbeitsplatz aus der gefilterten oder auch ungefilterten Liste entscheiden, indem sie das entsprechende List Item durch Klick auswählen, liegt auch dahinter wieder das Ereignis **Component tap**, mit dem die entsprechende Buchungsdetailseite geöffnet wird. Abbildung 13.17 veranschaulicht den Prozess der Datenübergabe: Die ID des aktuell ausgewählten Schreibtisches wird an die Seite **Buchen – Detailansicht** weitergeleitet, indem sie an den entsprechenden Seitenparameter gebunden wird.

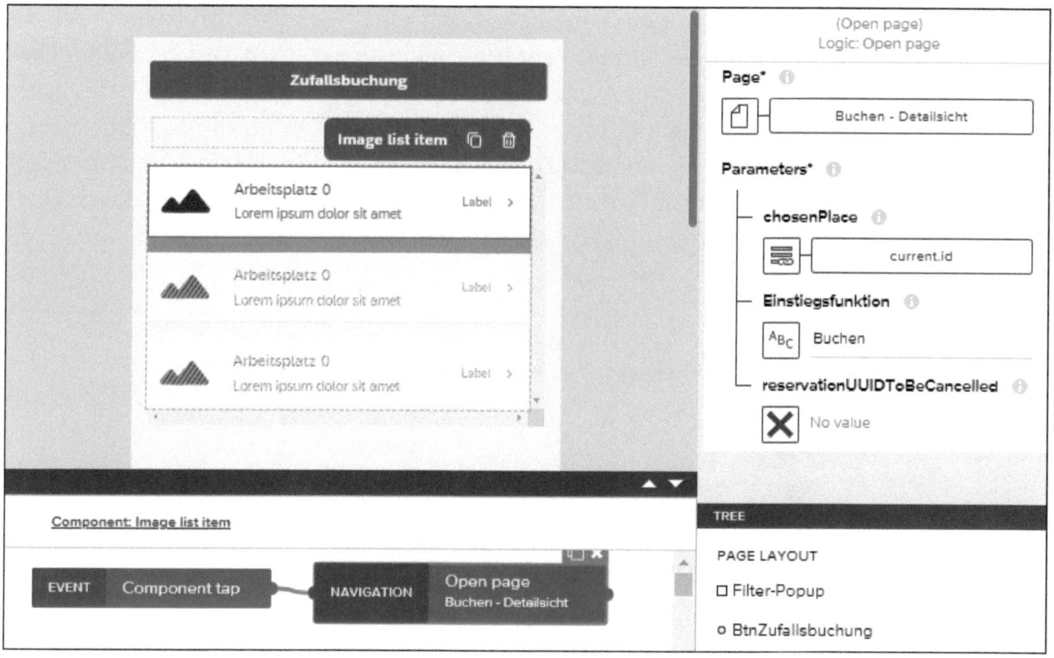

Abbildung 13.17 Die Logik hinter der Auswahl eines Schreibtisches

Buchen – Detailsicht

Die nächste Seite, die wir uns anschauen, ist die Seite **Buchen – Detailsicht**. Diese Seite ist besonders interessant, da sie mehrere Funktionen unterstützt, abhängig von den übergebenen Parametern. Wie in Abbildung 13.18 zu sehen, ist die Seite mit verschiedenen Seitenparametern ausgestattet. Die Seite erfüllt mehrere wichtige Funktionen. Zum einen kann hier natürlich eine Buchung des gewählten Schreibtisches durchgeführt werden. Darüber hinaus besteht die Möglichkeit, eine bereits getätigte Buchung zu stornieren, wofür eine separate Stornofunktion implementiert wurde. Zusätzlich können Benutzer*innen aus den Einstellungen auf diese Seite gelangen, um ihren Favoriten-Arbeitsplatz zu betrachten. Daher gibt es einen Parameter **Einstiegsfunktion**, der festgelegt, welche Layoutelemente zur Verfügung stehen. Wenn eine Buchung ausgeführt werden soll, wird von der Seite **Buchen** oder über die Zufallsbuchung auf die Seite navigiert und der Seitenparameter mit dem Wert `Buchen` versorgt. Um eine Stornierung vorzunehmen, zu der man aus der Liste der eigenen Buchungen gelangt, wird `Storno` als Parameter mitgegeben. Kommen die Benutzer*innen aus den Einstellungen, wird `EinstellungenFavorit` übermittelt.

Diese Parameterübergabe beeinflusst einen Renderer im Layout, der bestimmt, welche Funktion per Button angeboten wird. Der Parameter **chosenPlace** wird genutzt, um die Daten des ausgewählten Arbeitsplatzes in die Datenvariable `WorkplaceDetail` zu laden. Für den Storno-Fall gibt es den Parameter **reservationUUIDToBeCancelled**, der die UUID der zu stornierenden Reservierung enthält. Diese Information wird benötigt, um die entsprechende Reservierung korrekt zu laden und anschließend löschen zu können.

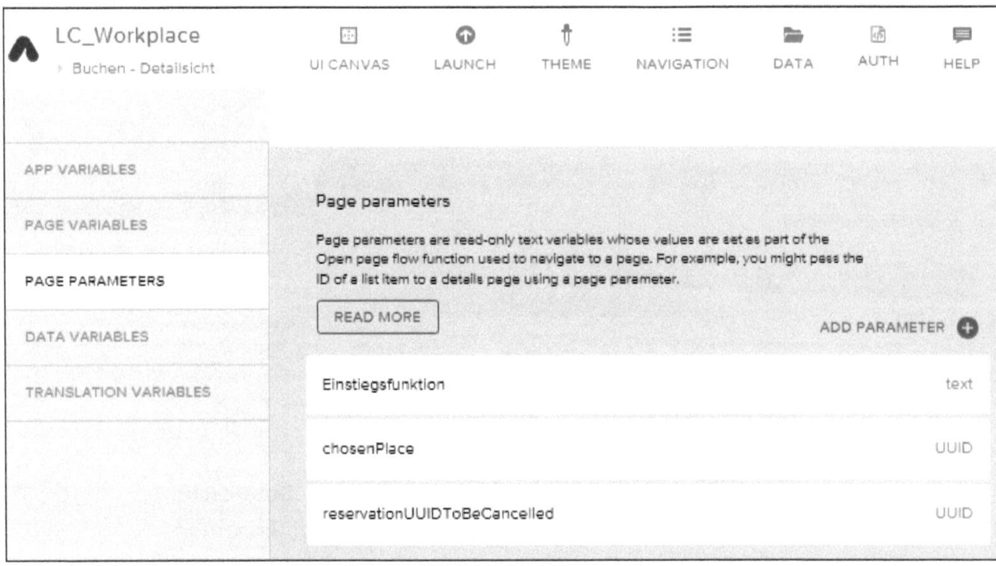

Abbildung 13.18 Die Seitenparameter der Seite »Buchen – Detailsicht«

Die Seite **Buchen – Detailansicht** kommt ohne Seitenvariablen aus, verfügt jedoch über zwei Datenvariablen: **Reservation** (verbunden mit der Entity Reservation) und **WorkplaceDetail** (verbunden mit der Entity Workplace). Die App-Variablen **firstDayOfTheMonth** und **selectedDates** gehören ebenfalls zu dieser Seite. Ihre genaue Funktion wird später bei der Erklärung des Kalenderelements erläutert.

Abbildung 13.19 zeigt das Layout und die Elementliste der Seite **Buchen – Detailsicht**. Lassen Sie uns die Elemente der Seite im Detail betrachten: Der Seitentitel verwendet eine Formel, die dynamisch den Arbeitsplatz sowie die aus der Datenvariable `WorkplaceDetail` ermittelte Arbeitsplatznummer anzeigt. Dieser Titel ist in ein Layoutelement vom Typ Row eingebettet, was eine horizontale Anordnung der Elemente ermöglicht. In der zweiten Zelle dieser Row befindet sich ein besonderes Element: ein Icon aus dem Marketplace. Dieses Icon stellt den Favoritenstern dar und ist mit einer komplexen

Logik verknüpft. Durch Interaktion mit diesem Stern können Benutzer einen Favoriten erstellen, löschen oder aktualisieren. Diese Funktionalität ermöglicht es den Nutzer*innen, ihre bevorzugten Arbeitsplätze einfach zu verwalten. Die Kombination aus dem informativen Titel und dem interaktiven Favoritenstern in einer Zeile bietet den Benutzer*innen sowohl klare Informationen als auch schnellen Zugriff auf wichtige Funktionen, was die Benutzerfreundlichkeit der Seite erhöht.

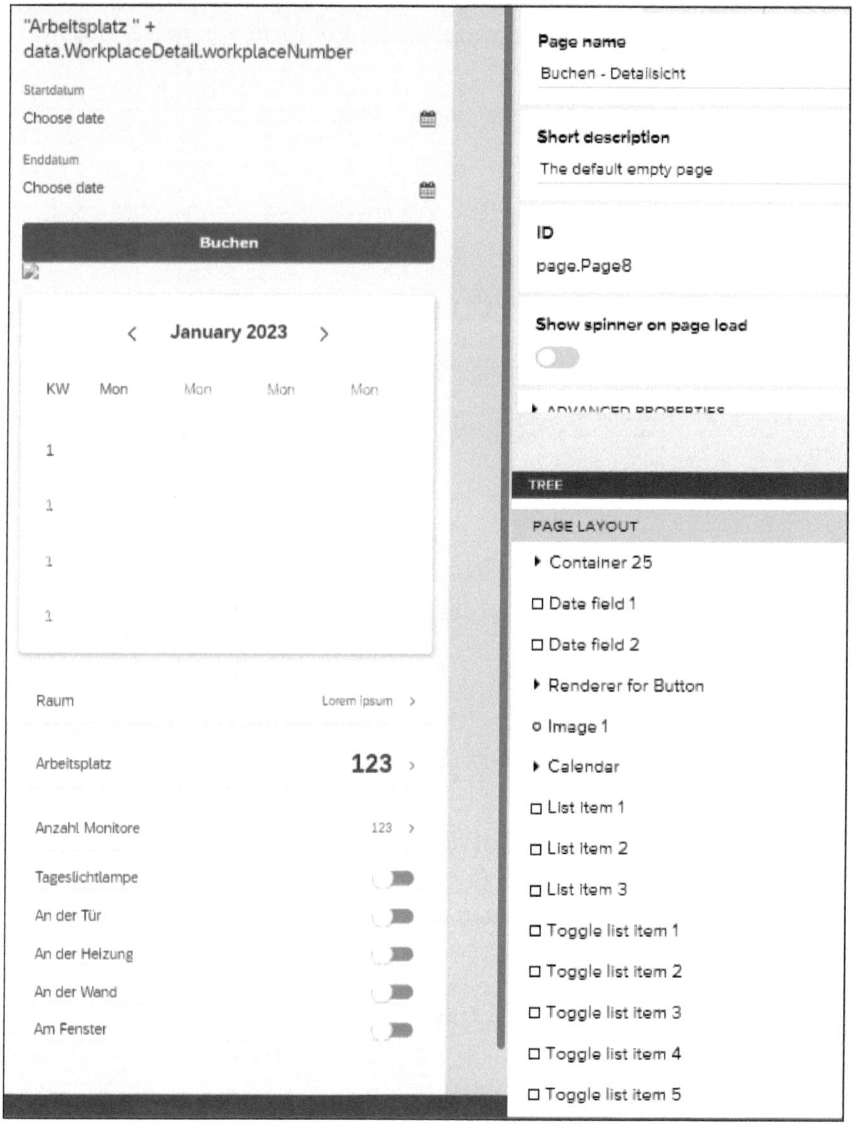

Abbildung 13.19 Das Layout und die Elementliste der Seite »Buchen – Detailsicht«

Date Fields Nach dem Titel und dem Favoritenstern folgen zwei wichtige Elemente: die *Date Fields*. Diese Komponenten, aus dem Marketplace installiert, ermöglichen die Auswahl von Start- und Enddatum für die Buchung. Wie in Abbildung 13.20 gezeigt, sind diese Felder an die App-Variablen `startdate` und `enddate` gebunden. Die Date Fields verfügen über spezielle Eigenschaften zur Definition von Minimal- und Maximaldaten: Für das Startdatum wird die einfache Formel `NOW()` genutzt, um eine Buchung in der Vergangenheit zu verhindern. Beim Enddatum wird einfach die Variable `startdate` als Minimaldatum gesetzt, um sicherzustellen, dass es nicht vor dem Startdatum liegt.

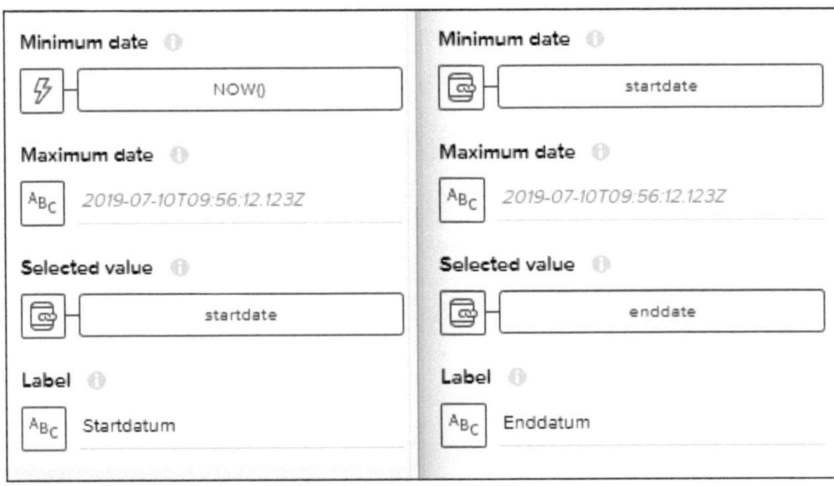

Abbildung 13.20 Die Konfiguration des Kalenderelements

Image Unterhalb der Datumsauswahl befindet sich ein Bildelement vom Typ Image aus dem Marketplace. Die Quelle des Bildes wird mittels der Funktion `URL()` aus dem Feld **imageURL** der Datenvariable `workplaceDetail` übernommen.

Renderer Das nächste wichtige Element ist der Renderer, der in Abbildung 13.21 dargestellt ist. Damit können, wie bereits demonstriert, verschiedene Bereiche konditional angesprochen werden. In diesem Fall wird der Button **Buchen** im Renderer nur dann angezeigt, wenn die Render ID, die an den Seitenparameter **Einstiegsfunktion** gebunden ist, den Wert »Buchen« aufweist. Der Renderer-Bereich hinter der Render ID **Storno** beinhaltet einen Button **Stornieren**, während der Render-Bereich für die Funktion **EinstellungenFavorit** leer ist, da hier kein Button angezeigt werden soll. In dieser Funktion soll die Seite lediglich das Bearbeiten des Favoriten ermöglichen.

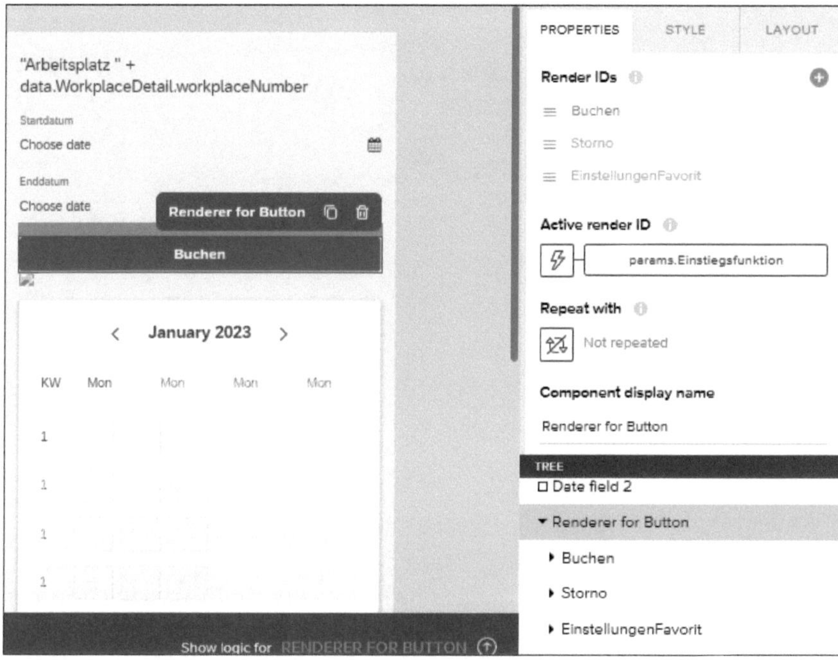

Abbildung 13.21 Der Renderer mit den drei Render-IDs

Kalender

Als Nächstes folgt ein komplexes Kalenderelement, das die Belegung des Arbeitsplatzes an verschiedenen Wochentagen anzeigt. Dieses Element nutzt die App-Variablen `firstDayOfTheMonth` und `selectedDates`. Der Kalender wurde mit minimalen Anpassungen von einer SAP-Community-Blog-Seite übernommen (siehe *http://s-prs.de/v1015330*). Der ursprünglich im SAP-Community-Blog beschriebene Kalender ist jedoch angepasst. Die Datumsauswahlfunktion wurde entfernt, sodass die Tage nicht mehr klickbar sind. Diese Anpassung erfolgte durch Einfügen der Komponente in einen Texteditor und Bearbeitung des JavaScript-Codes.

Detaildaten des Arbeitsplatzes

Unterhalb des Kalenders werden die Detaildaten des gewählten Arbeitsplatzes angezeigt. Diese sind an die Felder der Datenvariable `WorkplaceDetail` gebunden. Die Felder **Raum**, **Arbeitsplatz** und **Anzahl Monitore** sind als List Items definiert, die in den Eigenschaften oder Properties die Eigenschaft `disabled` auf `true` gesetzt haben, um sie nicht klickbar zu machen. Weiterhin wurde der Pfeil auf der rechten Seite durch die Eigenschaft **Arrow visible** mit dem Wert **False** ausgeblendet, wie Sie beispielhaft für alle Komponenten in Abbildung 13.22 sehen können.

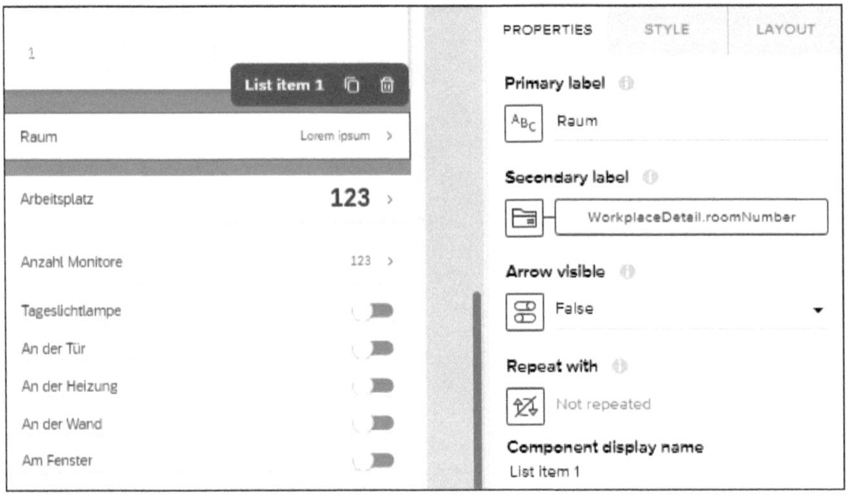

Abbildung 13.22 Beispielhaft die Eigenschaften des List Items »Raum«

Toggle List Item Die restlichen Werte sind als Toggle List Items dargestellt, die ebenfalls per `disable` mit dem Wert `true` deaktiviert wurden. So zeigen sie lediglich den Inhalt ihrer jeweils angebundenen Werte aus der Datenvariable `WorkplaceDetail` an.

Funktionen Nun, da das Layout definiert ist, werfen wir einen Blick auf die unterschiedlichen Logiken, die hinter den Funktionen der Seite liegen. Die folgenden Funktionen sind auf der Seite vorhanden:

- Favorit bearbeiten
- Buchen
- Stornieren

Wie bereits beschrieben, findet sich der Favoriten-Button oben rechts in der rechten Zelle eines Screenelements vom Typ Row neben dem Text »Arbeitsplatz« mit der Arbeitsplatznummer. In der Vorschau ist das Icon nicht sichtbar, da sein Wert durch eine komplexe Formel ermittelt wird. Diese Formel lautet:

```
IF(params.chosenPlace == appVars.MyFavorite.workplaceId, {set:
"fontAwesome", name: "star"}, {set: "fontAwesome", name: "star-o"})
```

Die Formel bewirkt Folgendes: Wenn der aktuell ausgewählte Arbeitsplatz mit dem in der App-Variable `MyFavorite` gespeicherten übereinstimmt, wird ein ausgefüllter Stern aus dem Icon-Set `fontAwesome` angezeigt. Bei Nichtübereinstimmung der `workplaceID` erscheint stattdessen ein leerer Sternrahmen, das Icon `star-o`. Das Icon fungiert nicht nur als visuelles Element, sondern auch als interaktiver Button. Hinter dieser scheinbar einfachen Funktionalität verbirgt sich jedoch eine komplexe Logik, die in Abbildung 13.23 dargestellt ist.

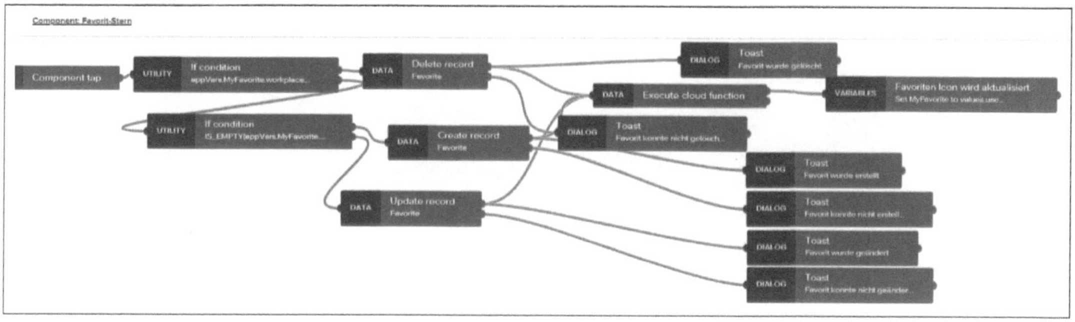

Abbildung 13.23 Die Logik des Favoriten-Icons

Favoritenfunktion

Die Logik hinter dem Favoriten-Button ist tatsächlich recht überschaubar und lässt sich in wenige Hauptschritte unterteilen: Beim Druck auf das Icon wird zunächst mittels einer IF-Condition mit der Formel `appVars.MyFavorite.workplaceId == params.chosenPlace` geprüft, ob es sich beim vorliegenden Arbeitsplatz bereits um den Favoriten handelt. Falls ja, wird ein Logikblock **Delete record** angesprochen. Dieser löscht den Datensatz, der über Resource Name als Entity-Name Favorite und die ID aus der App-Variable `MyFavorite` identifiziert wird. Wenn das funktioniert, wird die Cloud Function `getUsersFavorite` angesprochen, um die App-Variable `MyFavorite` mit dem nun leeren Wert aus der Cloud Function zu überschreiben. Es wird außerdem ein **Toast**, also eine Benachrichtigung ausgegeben, die den Benutzer*innen mitteilt, dass der Favorit gelöscht wurde. Wenn der aktuelle Favorit nicht mit dem aktuellen Arbeitsplatz übereinstimmt, wird eine weitere IF-Condition eingeführt, dieses Mal mit der Formel `IS_EMPTY(appVars.MyFavorite.workplaceId)`. Damit wird geprüft, ob aktuell überhaupt ein Favorit für die Benutzer*in gesetzt ist oder ob der Favorit leer ist. Falls bisher noch kein Favorit existierte, wird mittels **Create record**, das auf die Datenvariable bzw. Entity `Favorite` zeigt, ein neuer Datensatz angelegt. Die Werte werden als Object with Properties, also ein Binding mittels eines Objekts mit mehreren Eigenschaften, gebunden, wie in Abbildung 13.24 gezeigt wird. Wenn bereits ein Favorit existierte, wird dieser einfach überschrieben. Dafür wird statt **Create record** entsprechend **Update record** verwendet. Das Logikelement zeigt selbstverständlich auch auf die Entity `Favorite`, das Binding ist ebenfalls das aus Abbildung 13.24, die ID, die mit dem Update versehen werden soll, wird jedoch aus der App-Variablen `MyFavorite` hergenommen. In beiden Fällen, Create oder Update, wird ebenfalls wieder die Cloud Function `getUsersFavorite` aufgerufen, um danach mit dem Ergebnis der Funktion die App-Variable `MyFavorite` neu zu setzen. Zudem werden Nachrichten in Form von Toasts an die Benutzer*innen ausgegeben, um über Erstellung und Update des Favoriten zu informieren bzw. um eine geeignete Fehlermeldung zur Anzeige zu bringen.

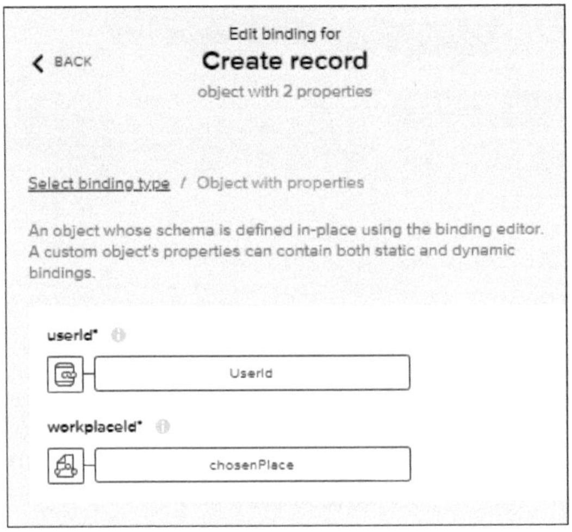

Abbildung 13.24 Das Binding für die Erstellung des Favoriten mittels »Create record«

Buchungslogik

Als Nächstes steht die Buchungslogik auf dem Plan. Diese ist komplexer, da sie vier verschiedene Visual Cloud Functions aufruft, um die Verfügbarkeit von Benutzer*in und Arbeitsplatz zu den gewählten Zeiten zu überprüfen. Die Logik beginnt mit dem bekannten Event **Component tap** und ruft zunächst die beiden Cloud Functions **isUserBookedDoubleDateFrom** und **isUserBookedDoubleDateTo** auf (siehe Abbildung 13.25). In der folgenden IF-Condition wird das Ergebnis dieser beiden Funktionen geprüft. Liefert eine davon den Wert `true` zurück, wird eine Nachricht ausgegeben, dass bereits eine Buchung vorliegt. Ist dies nicht der Fall, wird die gleiche Prüfung für den Arbeitsplatz durchgeführt Dazu werden die Funktionen **isWorkplaceBookedDoubleDateFrom** und **isWorkplaceBookedDoubleDateTo** ausgeführt. Auch hier wird mit einer IF-Condition geprüft, ob eine Doppelbuchung vorliegt, und gegebenenfalls eine entsprechende Nachricht ausgegeben. Sind beide Prüfungen negativ, werden zusätzliche Datumsprüfungen durchgeführt. Diese basieren auf folgender Formel:

```
ABS(DATETIME_DIFFERENCE(appVars.startdate, appVars.enddate, "days"))
<= 5 && DATETIME_IS_SAME_OR_AFTER(appVars.startdate, NOW(), "day")
```

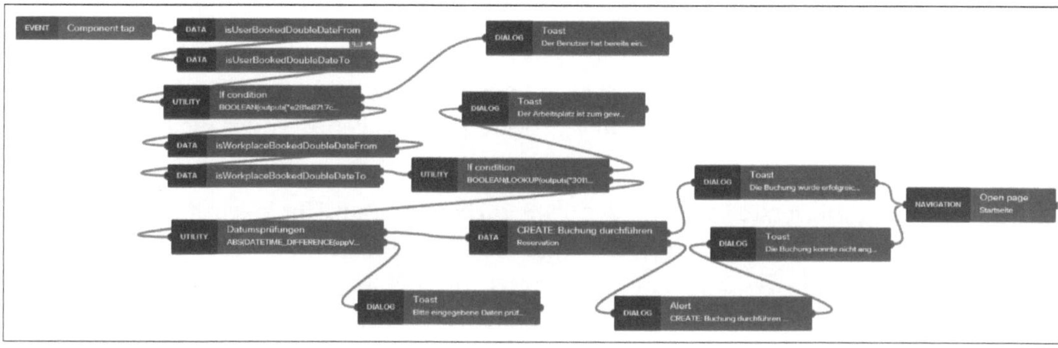

Abbildung 13.25 Die Buchungslogik

Diese Formel stellt sicher, dass die Buchungsdauer nicht mehr als fünf Tage beträgt und das Startdatum nicht in der Vergangenheit liegt. Sollten diese Bedingungen nicht erfüllt sein, wird die Benutzer*in aufgefordert, die eingegebenen Daten zu überprüfen. Wenn alle Prüfungen erfolgreich durchlaufen wurden, wird die Buchung mittels **Create record** durchgeführt und in die Entity `Reservation` geschrieben. Das Binding für die zu schreibenden Daten sehen Sie in Abbildung 13.26.

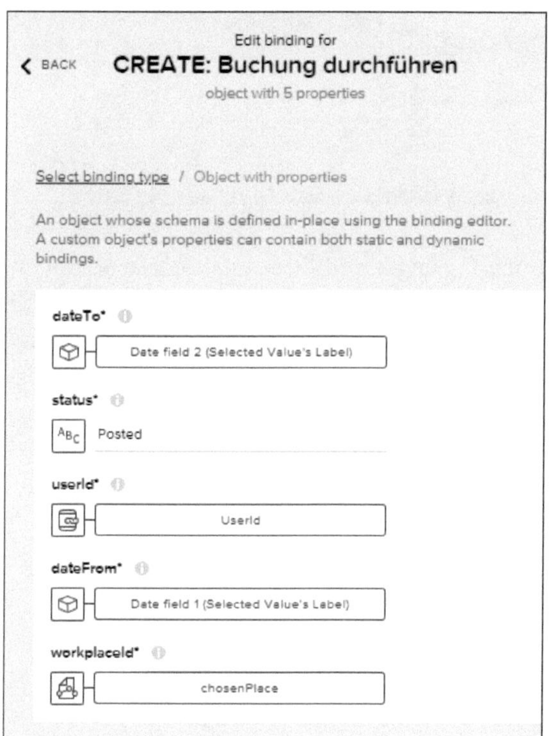

Abbildung 13.26 Das Binding für die Erzeugung der Buchung

Nach erfolgreicher Erstellung des Datensatzes wird eine Bestätigungsmeldung angezeigt. Im Fall eines Fehlers wird dies sowohl durch einen Alert als auch durch einen Toast mitgeteilt. Unabhängig vom Ausgang der Buchung wird anschließend zur Startseite zurückgekehrt, womit die Buchungslogik abgeschlossen ist.

Stornierungslogik

Die letzte Logik auf der Seite **Buchen – Detailsicht** betrifft die Stornierung, wie in Abbildung 13.27 dargestellt. Der Prozess läuft wie folgt ab: Bei Betätigung des Stornierungs-Buttons wird die Benutzer*in mittels eines Confirmation-Dialogs um Bestätigung der Stornierung gebeten. Nach der Bestätigung wird der Datensatz mit der UUID, wie sie im Seitenparameter `reservationUUIDToBeCancelled` steht, mittels **Delete record** aus der Entity entfernt. Für den Fall, dass Fehler auftreten, sind entsprechende Fehlermeldungen implementiert, um die Benutzer*in zu informieren. Unabhängig vom Ausgang der Stornierung – ob erfolgreich durchgeführt oder abgebrochen – wird am Ende des Prozesses immer ein Schritt zurücknavigiert.

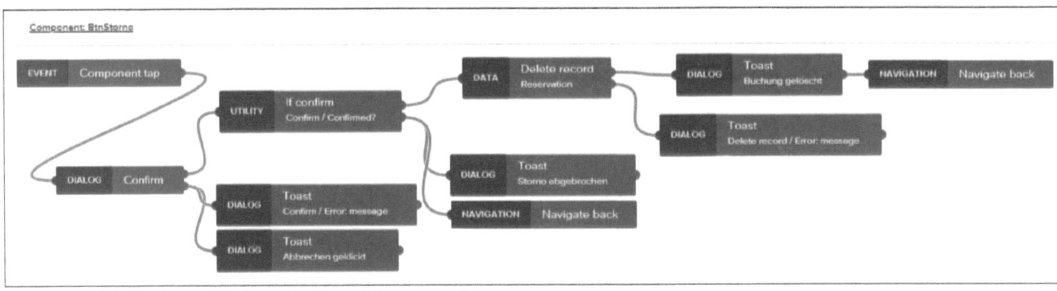

Abbildung 13.27 Die Stornierungslogik löscht den Datensatz aus der Entität.

»Check-In-Out«

Nachdem wir die gesamte Buchungslogik und ihre zugehörigen Seiten erläutert haben, widmen wir uns nun dem Szenario, dass eine Buchung für den heutigen Tag vorliegt und die Benutzer*innen diese Buchung heute nutzen möchten. Dafür muss der Arbeitsplatz eingecheckt werden. Die dafür vorgesehene Seite trägt den Namen **Check-In-Out**. Wie der Name bereits andeutet, kommt auch hier eine Parametrisierung zum Einsatz. Die genauen Parameter sind in Abbildung 13.28 dargestellt: **InOrOut** ist weitgehend selbsterklärend. Er definiert, ob ein Check-in oder ein Check-out durchgeführt werden soll. Der Parameter **reservationUUID** legt fest, welche spezifische Reservierung ein- oder ausgecheckt werden soll.

Abbildung 13.29 zeigt die Datenvariablen, die auf der Seite **Check-In-Out** definiert sind. Die Variable **Reservation1** verweist auf die Entity Reservation, während **reservedWorkplace** auf die Entity `Workplace` zeigt.

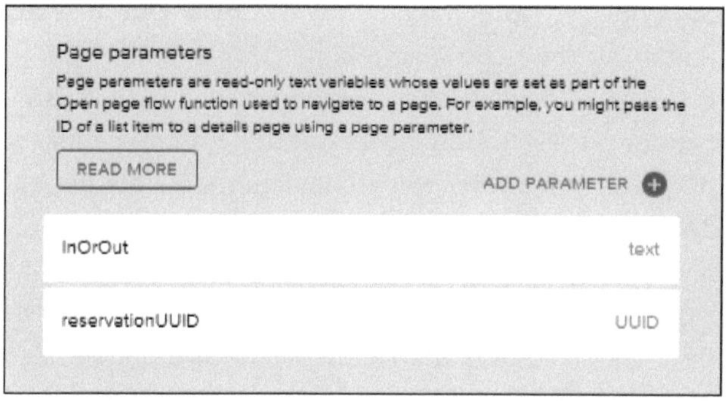

Abbildung 13.28 Die Eingabeparameter der Seite »Check-In-Out«

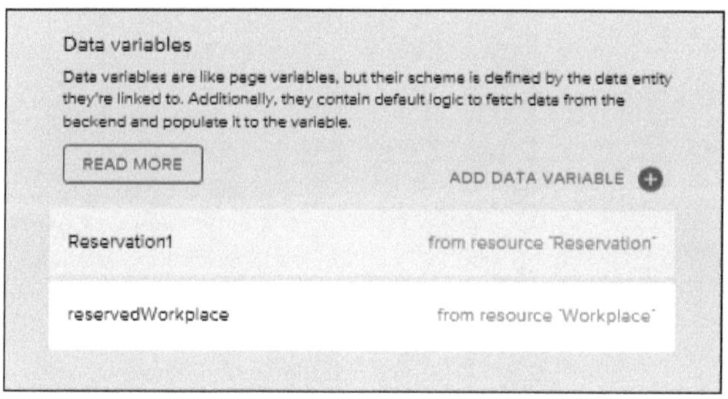

Abbildung 13.29 Die Datenvariablen der Seite »Check-In-Out«

Die automatisch generierte Logik zur Ermittlung des **reservedWorkplace** muss an dieser Stelle entfernt werden, da kein Schlüssel in Form eines UUID zur eindeutigen Identifikation vorliegt. Stattdessen werden die Daten, wie in Abbildung 13.30 dargestellt ist, abhängig von der Ermittlung der Variable **Reservation1** ermittelt, da innerhalb der Reservierung ein Arbeitsplatz referenziert ist.

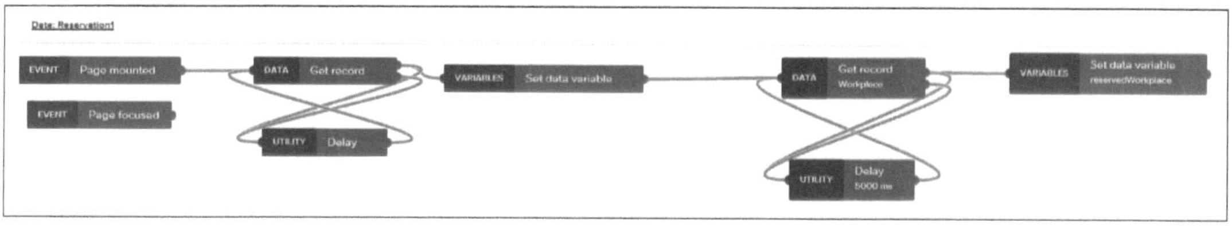

Abbildung 13.30 Ermittlung des Arbeitsplatzes, abhängig von der Reservierung

Layout der Seite »Check-In-Out«

Das Layout der Seite **Check-In-Out** ist bewusst einfach gehalten (siehe Abbildung 13.31). Sie besteht aus verschiedenen Elementen: Der Titel, dessen Content in Abhängigkeit des Parameters **InOrOut** nach der gleich folgenden

Formel den Wert **Check-In** oder entsprechend den Wert **Check-Out** anzeigt, steht natürlich an der Spitze der Seite. Die Formel lautet `IF(params.InOrOut=='In', "Check-In", "Check-Out")`. Zwei einfache Textfelder zeigen die Raumnummer und Tischnummer an. Diese sind direkt mit den entsprechenden Werten in **reservedWorkplace** verknüpft. Dies stellt sicher, dass die Benutzer*innen den korrekten Arbeitsplatz ein- oder auschecken. Am unteren Ende der Seite befindet sich ein Button für die Check-in- bzw. Check-out-Aktion. Die Beschriftung des Buttons wird analog zur Titelformel angepasst. Da die dahinterliegende Logik in beiden Fällen identisch ist und sich nur der Status ändert, der in die Reservierung geschrieben wird, wurde hier auf einen Renderer mit Bedingung verzichtet.

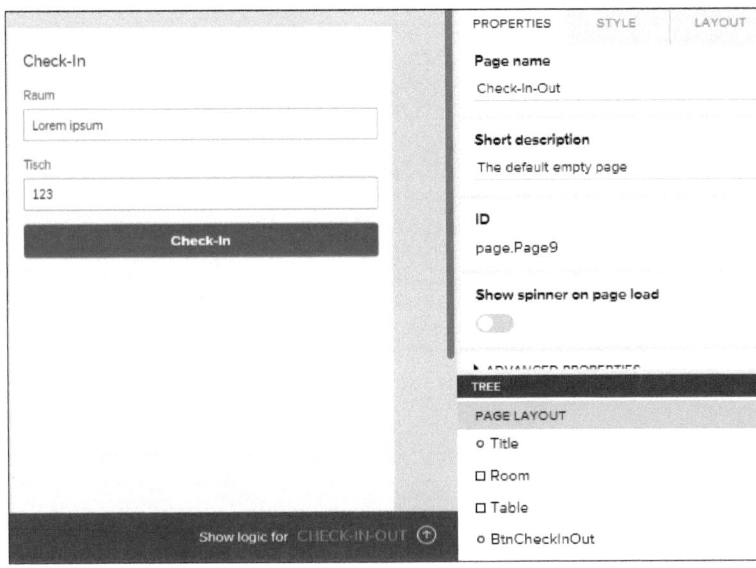

Abbildung 13.31 Das Layout der Seite »Check-In-Out«

Check-in-Logik

Die Logik hinter den Buttons **Check-In** bzw. **Check-Out** ist wie folgt aufgebaut (siehe Abbildung 13.32): Zunächst wird die Datenvariable **Reservation1** gesetzt, wobei das Binding für dieses Setzen der Datenvariable besonders interessant ist (siehe Abbildung 13.33), da nicht nur Eingabewerte im Binding vorhanden sind, sondern auch eine Formel für den Wert des Feldes **status**. Wie Sie sehen, werden alle Werte der **Reservation1** auch wieder übernommen. Lediglich der Wert **status** wird anhand der folgenden Formel angepasst:

```
IF(params.InOrOut=="In", "CheckedIn", "CheckedOut")
```

Der Status wird also ebenfalls abhängig vom Eingabeparameter `InOrOut` gesetzt.

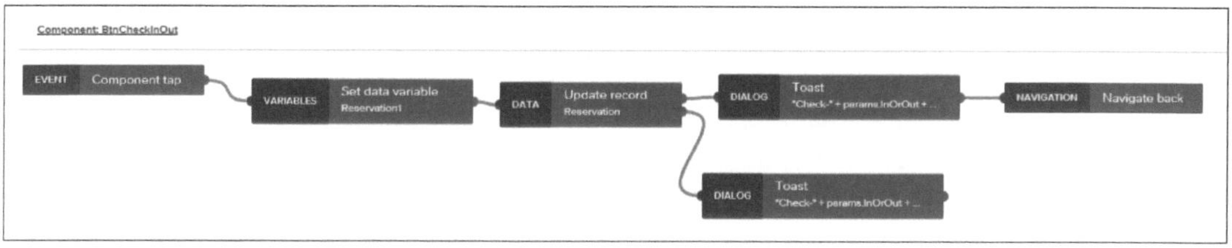

Abbildung 13.32 Logik der Buttons »Check-In« bzw. »Check-Out«

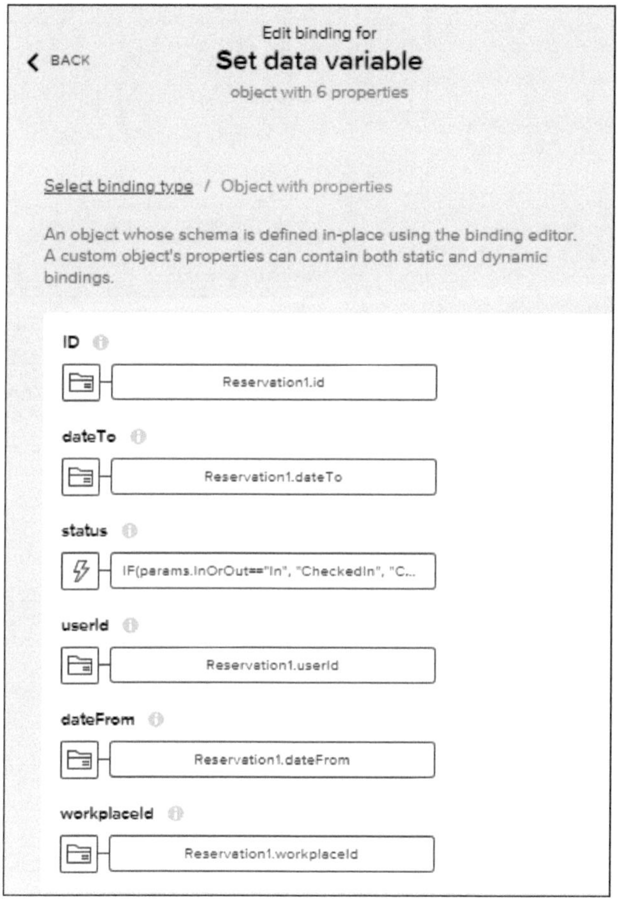

Abbildung 13.33 Binding für das Setzen der Datenvariablen »Reservation1«

Ist die Datenvariable mit den neuen Werten versorgt worden, werden diese dann mittels **Update record** in die Entity `Reservation` zurückgeschrieben. Der erforderliche Schlüssel ist bereits in der Datenvariablen `Reservation1` enthalten. Je nach Erfolg oder Misserfolg des Vorgangs wird eine entsprechende Nachricht angezeigt. Bei erfolgreichem Abschluss erfolgt eine Navigation zurück zur Startseite.

Nun bleiben nur noch zwei Seiten übrig, die noch nicht beschrieben sind: **Meine Buchungen** und **Einstellungen**.

»Meine Buchungen«

Die Seite **Meine Buchungen** zeichnet sich durch ein einfaches Layout aus, wie Sie in Abbildung 13.34 sehen können. Sie besteht aus einem Titel **Meine Buchungen** und einer Scrollable Image List aus dem Marketplace. Obwohl nicht parametrisiert, verfügt die Seite über zwei Datenvariablen: **Reservation1** und **Workplace1**, die jeweils Listen von Daten ihrer entsprechenden Entitäten enthalten und in Abbildung 13.35 gezeigt werden.

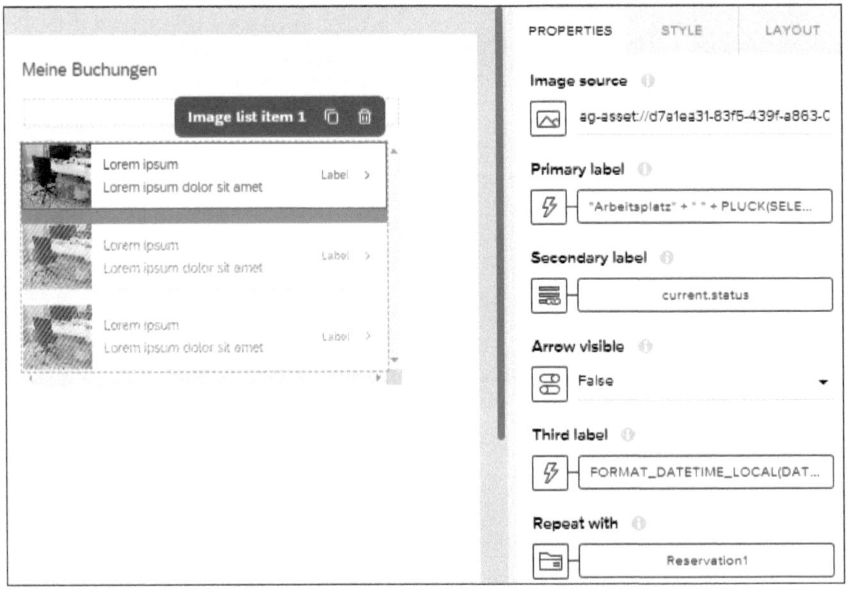

Abbildung 13.34 Das Layout von »Meine Buchungen«

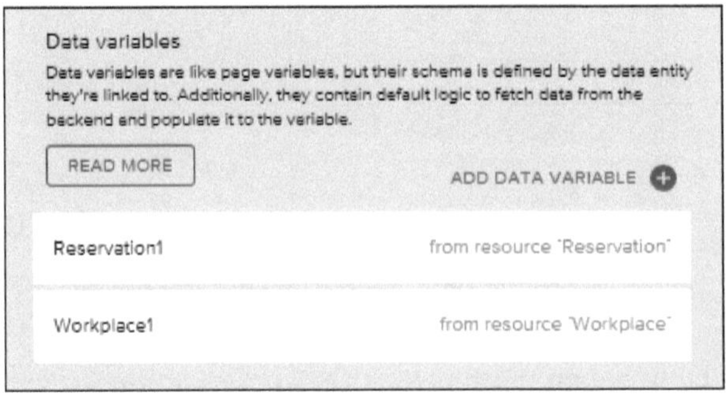

Abbildung 13.35 Die Datenvariablen der Seite »Meine Buchungen«

Filter in der Datenbeschaffung

Die Daten aus **Workplace** werden ungefiltert eingelesen, hier kann die automatisch generierte Datenbeschaffungslogik unverändert bleiben. Die Reservierungen hingegen werden gefiltert, um nur aktuelle und zukünftige

Buchungen der eigenen UserID anzuzeigen. Wie diese Filter zu konfigurieren sind, sehen Sie in Abbildung 13.36.

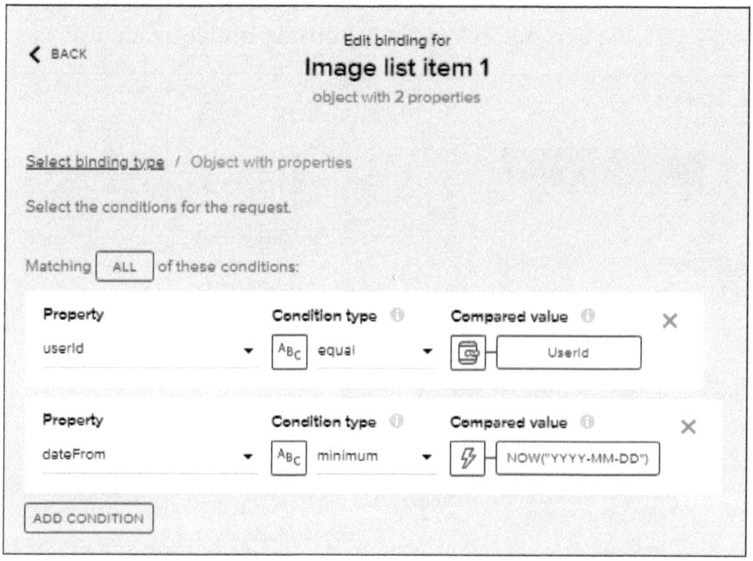

Abbildung 13.36 Filter für die Datenbeschaffung aus der Entity »Reservation«

Binding der Daten an Ausgabewerte

Nun, da die Daten beschafft sind, sollen sie auch verwendet werden. Schauen Sie sich hierzu noch die Ansicht aus Abbildung 13.34 an. Darin sehen Sie das Binding für die Werte der List Items. Das erste Label folgt der Formel:

```
"Arbeitsplatz" + " " + PLUCK(SELECT(data.Workplace1,item.id ==
repeated.current.workplaceId), "workplaceNumber")
```

Die Funktion `SELECT` holt dabei aus der Datenvariablen `workplace1` den der Reservierung des aktuellen List Items zugehörigen Arbeitsplatz. Mittels der Funktion `PLUCK` wird aus dem so ermittelten Objekt die Eigenschaft `workplaceNumber` herausgeholt, und diese wird dann als Zeichenkette mit dem Wort »Arbeitsplatz« konkateniert, um den Arbeitsplatz inklusive der Platznummer der jeweiligen Reservierung anzuzeigen. Das zweite Label ist lediglich der Status der jeweiligen Reservierung. Das dritte Label folgt auch wieder einer Formel:

```
FORMAT_DATETIME_LOCAL(DATETIME(repeated.current.dateFrom),
"DD.MM.YYYY") + " bis " + FORMAT_DATETIME_
LOCAL(DATETIME(repeated.current.dateTo), "DD.MM.YYYY")
```

Damit werden Anfangs- und Enddatum der Reservierung im Format Tag-Monat-Jahr formatiert und ebenfalls als Zeichenketten konkateniert.

Drücken die Benutzer*innen auf eines der List Items, öffnet sich, wie in Abbildung 13.37 beschrieben, die Seite **Buchen – Detailsicht** mit dem Parameter **Storno**, inklusive der Parameterübergabe für **reservationUUIDToBeCancelled** vom Typ UUID, die den zu löschenden Datensatz eindeutig identifiziert.

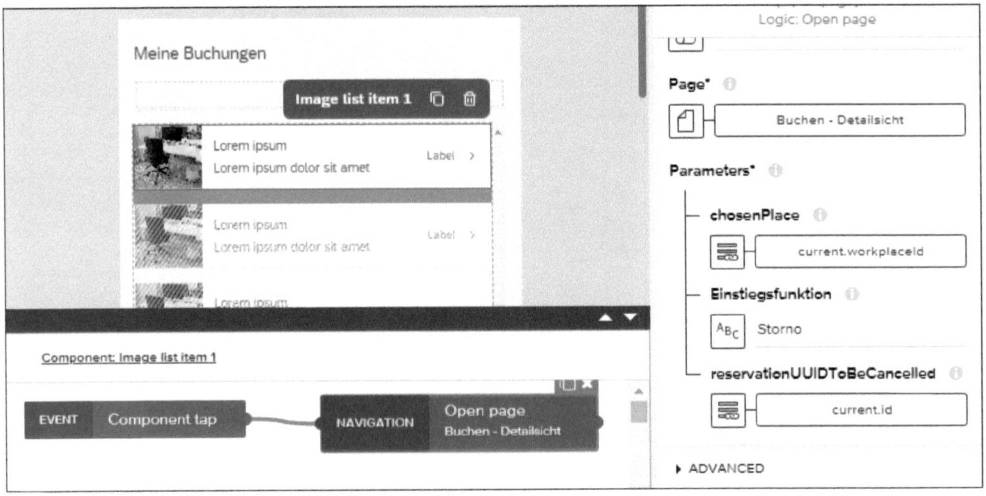

Abbildung 13.37 Die Logik hinter einem List Item

Die Seite »Einstellungen«

Nach dem Abschluss der Seite **Meine Buchungen** fehlt nur noch die Seite **Einstellungen**. Diese Seite hat keinen Titel, sondern einen Container mit einer Form, die auf der Registerkarte **Style** als **Corner Radius fully round**, also als Kreis, definiert ist. Innerhalb dieses Containers befindet sich ein Textfeld, das den Vornamen aus der App-Variablen **firstName** aufnimmt und anzeigt. Weiterhin ist auf der Seite ein Scroll View aus dem Marketplace, in dem zwei Elemente des Typs Icon List Item eingefügt wurden.

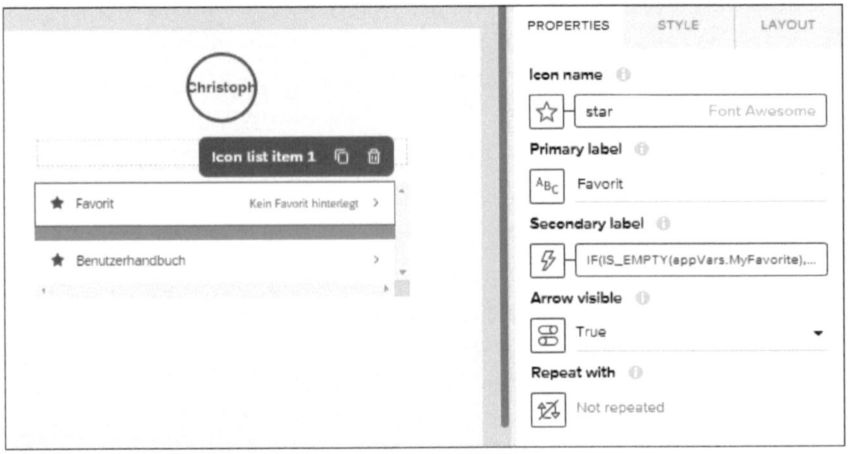

Abbildung 13.38 Das Layout der Seite »Einstellungen«

Abbildung 13.39 zeigt Ihnen, welche Datenvariablen für die Seite definiert sind. Hier liegt nur eine vor, **Workplace1**, die als Einzeldatensatz angelegt ist und den Arbeitsplatz aus der Entity `Workplace` ausliest, die als Favorit markiert ist. Dies wird benötigt, um den Absprung aus dem Icon List Item für den Favoriten realisieren zu können.

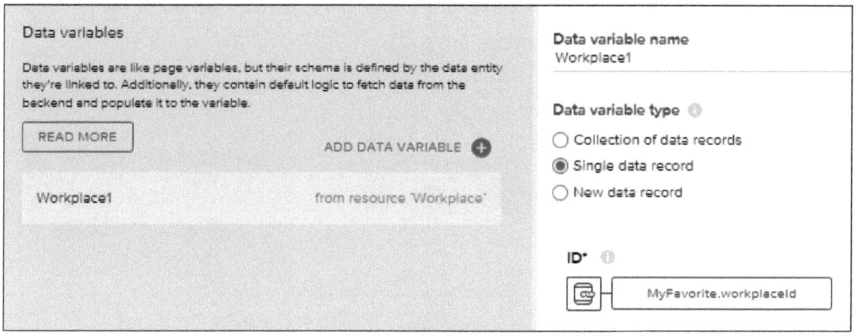

Abbildung 13.39 Die Datenvariable der Seite »Einstellungen«

Icon List Items

Hinter den Icon List Items steckt natürlich auch eine Logik und die Werte haben auch ein entsprechendes Binding. Das Benutzerhandbuch hat kein spezielles Binding, hier ist nur im **Primary label** der Text **Benutzerhandbuch** eingetragen, das Icon ist auf **info-circle** festgelegt. Das Binding für das Icon List Item **Favorit** wird in Abbildung 13.40 gezeigt. Das **Secondary label** folgt dieser zu diesem Zeitpunkt wahrscheinlich bereits selbsterklärenden Formel:

```
IF(IS_EMPTY(appVars.MyFavorite), "Kein Favorit hinterlegt", "Tisch
"+data.Workplace1.workplaceNumber)
```

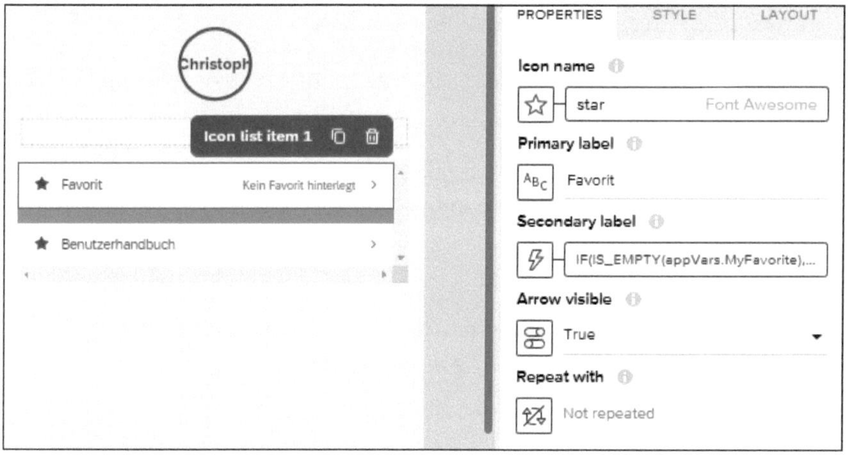

Abbildung 13.40 Das Icon List Item »Favorit« mit seinen Bindings

Logik des Favoriten-List-Items

Die Logik hinter dem Favoriten-List-Item ist denkbar einfach, Sie können sie in Abbildung 13.41 sehen. Sie nutzt die gleiche **IS_EMPTY**-Funktion, mit der zuvor geprüft wurde, ob ein Favorit vorhanden ist. Ist ein Favorit vorhanden, wird die Seite **Buchen – Detailsicht** geöffnet. Die Seite ist wie beschrieben parametrisiert. Als Funktion wird der Wert `EinstellungenFavorit` als Festwert mitgegeben, die Variable `chosenPlace` wird aus der App-Variablen `MyFavorite.workplaceId` versorgt.

Abbildung 13.41 Die Logik hinter dem Icon List Item »Favorit«

Benutzerhandbuch

Das Icon List Item **Benutzerhandbuch** nutzt beim Ereignis **Component tap** lediglich den aus dem Marketplace installierten Logikbaustein **Preview PDF**. Dafür muss eine URL spezifiziert werden, hinter der sich ein PDF verbirgt.

13.2.2 Backend

In diesem Abschnitt beschreiben wir, wie Sie das Backend der Anwendung in SAP Build Apps erstellen. Dafür sind die folgenden Schritte notwendig:

- Anlage der drei Entitäten **workspace**, **reservation** und **favorite**, in denen die Daten wie in Datenbanktabellen persistiert werden
- Definition von neun Visual Cloud Functions, die diverse Datenbeschaffungs- und Filterungsaufgaben übernehmen

Entitäten

Um den Anforderungen Rechnung zu tragen, sind die in Abbildung 13.42 abgebildeten drei Entitäten nötig:

- **Workplace**

  Das ist die Entität, die die einzelnen Schreibtische und ihre Metadaten aufnimmt.

- **Reservation**

  Das ist die Verknüpfung zwischen der Entität **workplace** und dem Benutzer mit Datumsabgrenzung und einem Status.

- **Favorite**
  Das ist die Verknüpfung eines Datensatzes aus **workplace** mit einer User-ID, damit die Benutzer*innen jeweils einen Favoriten hinterlegen können. Die Anwendung hat keine eigene Benutzerverwaltung. Die eigentliche Benutzerverwaltung obliegt der Governance der SAP BTP.

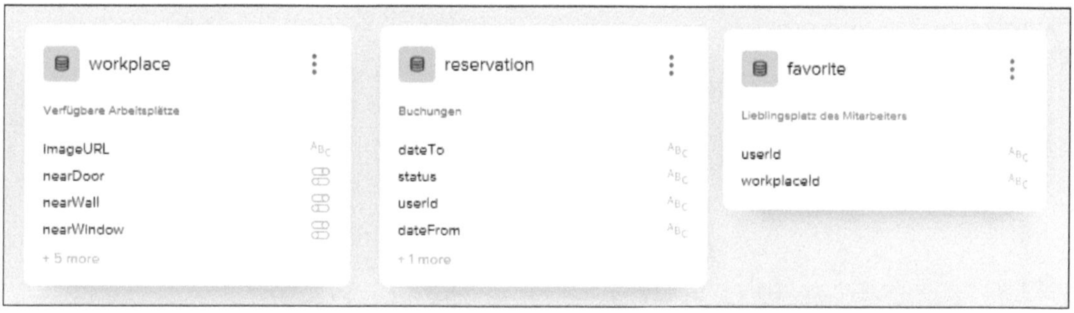

Abbildung 13.42 Die drei Entitäten des Backends

Entität »favorite«

Die Entität **favorite** ist wohl am einfachsten zu beschreiben. Jede Entität hat standardmäßig immer einen Schlüssel in Form einer UUID, der nicht gelöscht werden kann. Weiterhin hat die Entität zwei Felder: **UserId** und **workplaceId**. Damit werden der Benutzerstamm und der als Favorit definierte Arbeitsplatz referenziert. Sie sind vom Typ Text.

Entität »workplace«

In Abbildung 13.43 sehen Sie die Entität **workplace**. Sie enthält alle Felder, aus denen der Arbeitsplatz besteht. Eine URL, hinter der sich das Bild des Arbeitsplatzes verbirgt, die Tischnummer und die Anzahl der Monitore als Zahlen, die Raumnummer als Text und eine Reihe boolescher Variablen wie das Vorhandensein einer Tageslichtlampe, eines Fensters oder einer Heizung definieren den Arbeitsplatz, der hinter der UUID zusammengefasst ist.

Entität »reservation«

Die Reservierung ist die Entität (siehe Abbildung 13.44), in der die Tische, der Benutzerstamm und die Daten zusammengefasst sind. Sie buchen den Tisch von einem Datum zu einem anderen Datum, speichern die **workplaceId** in Form einer **UUID** ab, beinhalten selbstverständlich den Schlüssel zum Benutzerstamm und daneben gibt es noch einen Status. Alle diese Werte werden im Frontend verwaltet, Festwerte wie im ABAP Data Dictionary gibt es hier nicht. Wie Sie hier sehen können, ist die Verknüpfung zum **workplace** über die UUID gegeben. Eine echte Fremdschlüsselbeziehung kann hier aber leider noch nicht gepflegt werden. Die Korrektheit der Daten in der Entität muss vom Frontend sichergestellt werden. Die Definition von Fremdschlüsselbeziehungen steht derzeit auf der Roadmap.

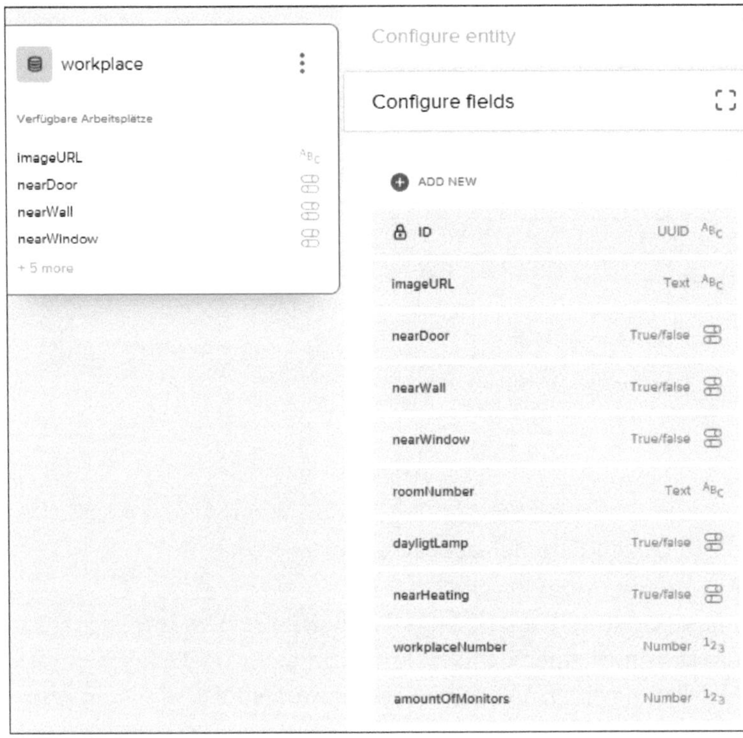

Abbildung 13.43 Die für die Anwendungszwecke vollständige Beschreibung eines Arbeitsplatzes

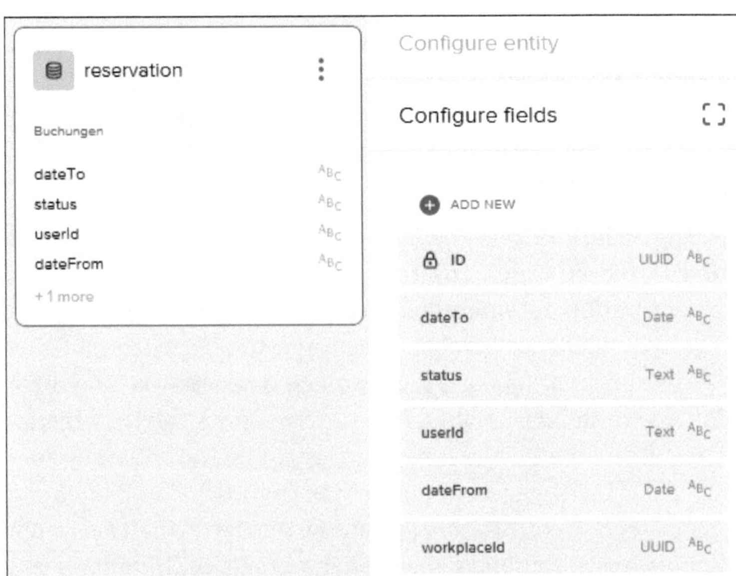

Abbildung 13.44 Eine Arbeitsplatzreservierung als Datensatz

Cloud Functions

Nun, da Sie die drei Entitäten definiert haben, können Sie mit dem anderen Teil des Backends eine Menge machen, den *Cloud Functions*, die diverse Operationen wie Lesen, Löschen, Update oder Erstellen von Datensätzen in den Entitäten ermöglichen. Wie Sie in Abbildung 13.45 sehen können, sind für dieses Projekt neun Cloud Functions definiert.

Abbildung 13.45 Die im Projekt definierten Cloud Functions

EVA-Prinzip

Diese Funktionen können Eingabeparameter haben, greifen auf die Daten innerhalb der Entitäten zu und definieren über einen Formeleditor einen entsprechenden Output. Dies beschreibt anschaulich das EVA-Prinzip der Softwareentwicklung, also Eingabe-Verarbeitung-Ausgabe. Interessant ist hier, dass die Datenbeschaffung nicht zwingend direkt mit einem Filter erfolgt. Die Filter, die in Form der Eingabeparameter in die Funktion eingegeben werden, kommen erst bei der Definition der Ausgabe zum Einsatz, und die Liste der Treffer ist zunächst der vollständige Inhalt der Entität. Dies hat aufgrund der Vollintegration des Systems keinen Einfluss auf die Performance. Man muss das Prinzip aber erst einmal verstanden haben, denn intuitiv widerspricht es den Grundsätzen der Softwaretechnik.

Betrachten wir die Funktionen genauer, beginnend mit einer einfacheren: der Ermittlung des Favoriten eines Benutzers, hier gezeigt in Abbildung 13.46. Als Eingabeparameter ist hier die UserID als Text festgelegt. Da es nicht möglich ist, den Favoriten anhand der UserID zu ermitteln, da UserID kein Schlüsselfeld ist, werden zunächst einfach alle Favoriten aufgelistet. Die Einschränkung erfolgt dann zum Schluss beim Schritt **Execution finished**. Die Formel zur Einschränkung lautet:

```
SELECT(outputs["List records favorite / Records listed"].records,
item.userId == inputs.userId)[0]
```

Aus der Menge aller Reservierungen werden diejenigen herausgesucht, die zur spezifizierten UserID gehören. Mit dem Klammerzusatz [0] wird dann der erste Eintrag dieser Liste als Ergebnis zurückgegeben.

Abbildung 13.46 Die Funktion »getUsersFavorite«

Funktion »getMyReservations«

Die Funktion `getMyReservations` in Abbildung 13.47 folgt dem gleichen Prinzip, hat aber drei Eingabeparameter: `userId`, `dateFrom` und `dateTo`, die alle drei im Textformat gehalten sind. Die Logik der Ermittlung der tatsächlich zutreffenden Einträge aus der Entity `Reservation` ist dann schon ein klein wenig komplexer:

```
SELECT(SELECT(SELECT(outputs["List records reservation / Records
listed"].records, item.userId == inputs.userId), item.dateFrom <=
inputs.dateFrom), item.dateTo >= inputs.dateTo)
```

Hier wird die Liste der Reservierungen mit den Datumswerten und dem Benutzer gefiltert.

Abbildung 13.47 Die Funktion »getMyReservations«

Der dreifach geschachtelte `SELECT` ist vielleicht für professionelle Programmierer*innen nicht notwendig, erleichtert jedoch potenziell ungeübten Citizen Developern das Lesen. Die Liste wird durch die Schachtelung sukzessive eingeschränkt und somit die Liste der Reservierungen erreicht, die der Benutzer*in zugeordnet sind und den eingegebenen Datumswerten entsprechen.

Die Funktionen `isUserBookedDoubleDateFrom` und `isUserBookedDoubleDateTo` (exemplarisch gezeigt in Abbildung 13.48) sind weitestgehend identisch. Sie unterscheiden sich nur minimal im Hinblick auf die Eingabeparameter. Beiden wird die UserID mitgegeben, lediglich die Datumswerte sind mit `dateFrom` und `dateTo` natürlich entsprechend ihren Namen. In beiden Fällen werden die Einträge aus der Entity `Reservation` gelesen.

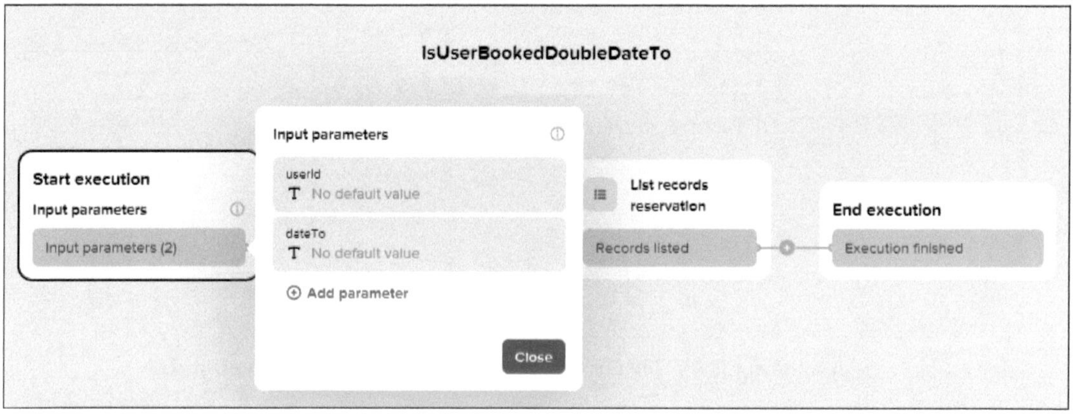

Abbildung 13.48 Die Funktion »isUserDoubleBookedDateTo«

Ihre Logik funktioniert etwas anders, da als Ausgabewert ein Wahrheitswert erwartet wird. Daher muss auf die Anwesenheit eines Eintrags geprüft werden, der den Eingabeparametern entspricht, also ein Eintrag, der der UserID zugeordnet werden kann und bei dem der in die Funktion hineingegebene Datumswert zwischen Start- und Enddatum des Eintrags liegt. Als Formel sieht das folgendermaßen aus:

```
IF(NOT(IS_EMPTY(SELECT(SELECT(outputs["List records reservation /
Records listed"].records, item.userId == inputs.userId), DATETIME_IS_
BETWEEN(DATETIME(inputs.dateTo), DATETIME(item.dateFrom),
DATETIME(item.dateTo), "day", "[]") ))), true, false)
```

Die äußerste Bedingung, das IF, legt fest, dass dann, wenn das `SELECT` auf UserID und Datumswert ein Ergebnis liefert, `true` zurückgegeben wird, andernfalls `false`. Auch hier könnte das Ergebnis wahrscheinlich anders ermittelt werden, aber diese spezielle Art der Verschachtelung erhöht die Lesbarkeit enorm.

Die nächsten beiden Funktionen, `isWorkplaceBookedDoubleDateFrom` und `isWorkplaceBookedDoubleDateTo` funktionieren analog zu den beiden vorherigen Funktionen. Exemplarisch wird in Abbildung 13.49 die Funktion `isWorkplaceBookedDoubleDateTo` gezeigt. Auch hier wird der dem Namen der Funktion entsprechende Datumswert eingegeben, allerdings nicht die UserID, sondern die WorkplaceID.

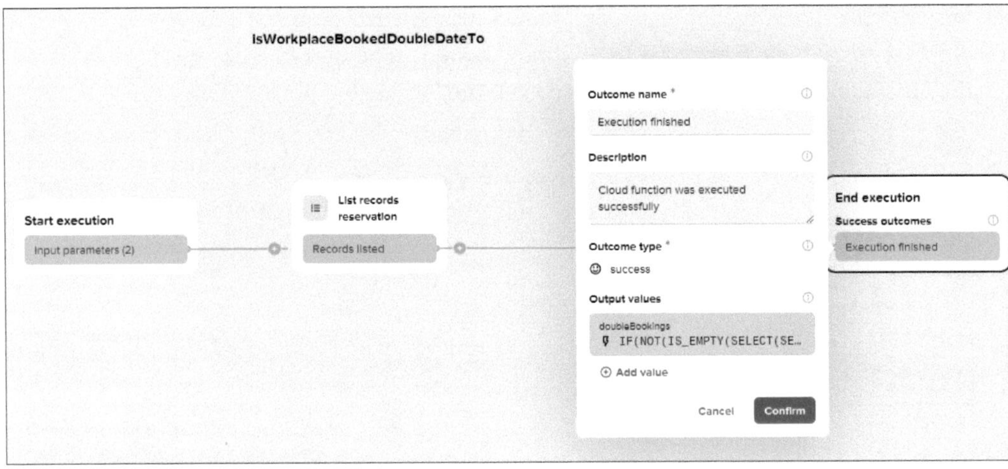

Abbildung 13.49 Die Funktion »isWorkplaceBookedDoubleDateTo«

Auch hier ist zur verbesserten Lesbarkeit noch einmal die vollständige Formel in Textform dargestellt:

```
IF(NOT(IS_EMPTY(SELECT(SELECT(outputs["List records reservation /
Records listed"].records, item.workplaceId == inputs.workplaceId),
DATETIME_IS_BETWEEN(DATETIME(inputs.dateTo), DATETIME(item.dateFrom),
DATETIME(item.dateTo), "day", "[]") ))), true, false)
```

Die Logik hinter der Formel funktioniert analog zu der der vorherigen Funktion.

Die nächste Funktion ist `getFilteredWorkplaces` (siehe Abbildung 13.50). Sie hat insgesamt acht Eingabeparameter, die aus dem Filter-Pop-up im Frontend definiert sind. Aufgelistet werden alle Einträge aus der Entity `Workplace`. Die Formel, in der die acht Eingabewerte auch als Filter verarbeitet werden, lautet wie folgt:

```
ORDER(SELECT(outputs["List records workplace / Records
listed"].records, (item.workplaceNumber == inputs.workplaceNumber ||
item.roomNumber == inputs.roomNumber || item.amountOfMonitors ==
inputs.amountOfMonitors) && item.dayligtLamp ==
BOOLEAN(inputs.dayligtLamp) && item.nearWall ==
BOOLEAN(inputs.nearWall) && item.nearHeating ==
BOOLEAN(inputs.nearHeating) && item.nearWindow ==
BOOLEAN(inputs.nearWindow) && item.nearDoor ==
BOOLEAN(inputs.nearDoor)), item.workplaceNumber, "asc")
```

Diese Formel lässt sich etwa folgendermaßen lesen: Es werden alle Einträge aus der Liste der Einträge aus der Entity `Workplace` ausgewählt, bei denen alle Einträge mit den Eingabeparametern übereinstimmen. Die Werte, die nicht vom Typ boolean sind, werden mit ODER verknüpft, die booleschen Werte mit UND verknüpft. Die ermittelten Arbeitsplätze werden dann anhand der Arbeitsplatznummer aufsteigend sortiert.

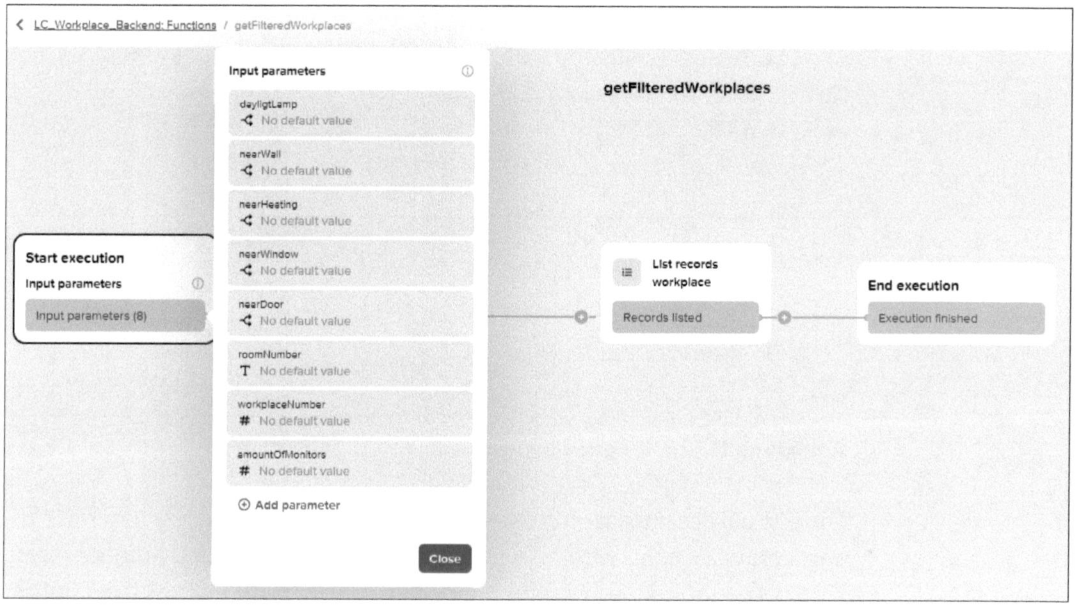

Abbildung 13.50 Die Funktion »getFilteredWorkplaces« mit ihren vielen Filterwerten

Die Funktion »getBookedDates-ByWorkplace«

Nun folgen noch zwei Funktionen, die einen deutlich höheren Komplexitätsgrad aufweisen. Den Beginn macht die Funktion `getBookedDatesByWorkplace`, mit der anhand des Eingabeparameters `workplaceId` ermittelt wird, zu welchen Daten dieser Arbeitsplatz gebucht ist. Dies wird für die Kalenderansicht auf der Seite **Buchen – Detailsicht** benötigt. Die Funktion wirkt, wie in Abbildung 13.51 gezeigt, gar nicht so kompliziert, der Teufel steckt hier aber im Detail.

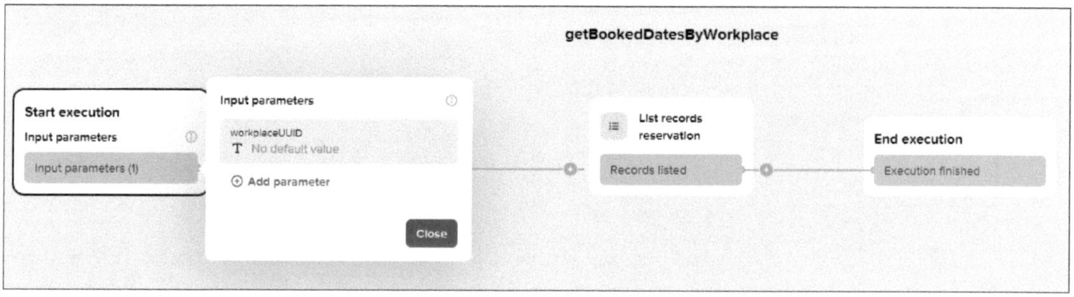

Abbildung 13.51 Die Funktion »getBookedDatesByWorkplace«

Die Formel, die das Ergebnis entsprechend beeinflusst, ist hier das komplizierteste. Um sie noch einmal schöner darzustellen, ist sie noch einmal in Abbildung 13.52 abgebildet.

```
FLATTEN(MAP<reservation>(SELECT(outputs["List records reservation /
Records listed"].records, item.workplaceId == inputs.workplaceUuid &&
item.status=="Posted" ), MAP<day>(GENERATE_RANGE(0, DATETIME_
DIFFERENCE(DATETIME(reservation.dateFrom),
DATETIME(reservation.dateTo), "days")) ,ADD_
DURATION(DATETIME(reservation.dateFrom), day, "days"))))
```

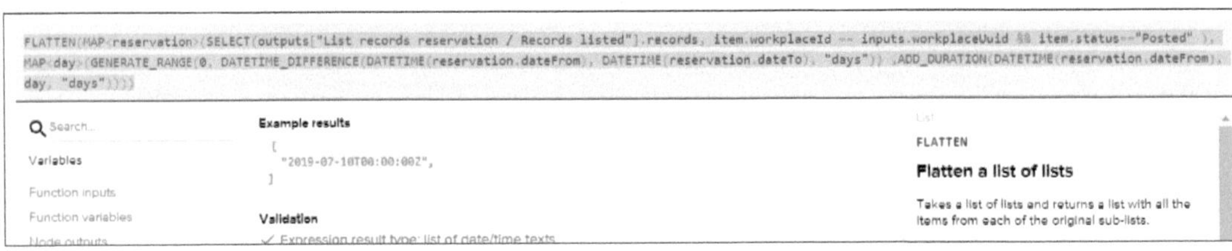

Abbildung 13.52 Die Formel der Funktion mit Highlighting

Die Formel besagt, dass mittels `SELECT`-Formel erst einmal alle Reservierungen herausgesucht werden, bei denen WorkplaceUUID und Status passen. Durch zwei Mappings werden die Datumswerte dazu in eine Liste von Listen gebracht, die dann durch Flatten wieder in eine flache Liste von Datumswerten gebracht werden. Diese Liste von Datumswerten wird dann als Ergebnis zurückgegeben.

Funktion »getRandomWorkplace«

Die letzte Funktion ist `getRandomWorkplace`, womit für die Zufallsbuchung ein zufälliger Arbeitsplatz aus der Liste der freien Arbeitsplätze ausgewählt wird. Wie in Abbildung 13.53 gezeigt wird, hat sie keine Eingabeparameter, liest aber dafür Einträge aus zwei Entities: `workplace` und `reservation`. Die Formel, die das Ergebnis bestimmt, ist in Abbildung 13.54 dargestellt.

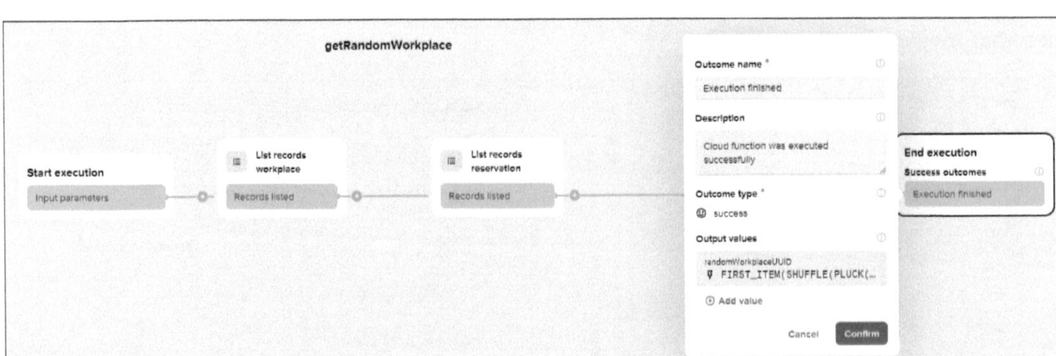

Abbildung 13.53 Die Funktion »getRandomWorkplace«

Für eine bessere Lesbarkeit haben wir hier die doch etwas komplexe Formel auch in Textform:

```
FIRST_ITEM(SHUFFLE(PLUCK(SELECT(outputs["List records workplace /
Records listed"].records, NOT(IS_IN_ARRAY(PLUCK(SELECT(outputs["List
records reservation / Records listed"].records, DATETIME_IS_
BETWEEN(NOW(),
DATETIME(item.dateFrom),DATETIME(item.dateTo))),"workplaceId"),
item.id))),"id")))
```

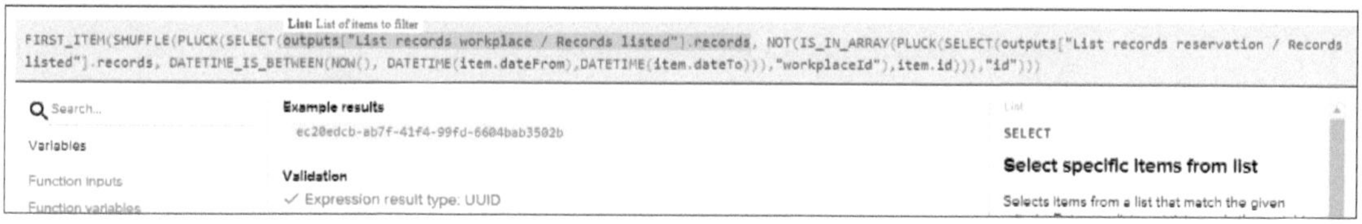

Abbildung 13.54 Die Formel der Funktion »getRandomWorkplace«

Diese Formel besagt, dass Sie den ersten Eintrag aus einer durch Shuffle gemischten Liste von Workplaces nehmen, aus der Sie durch `PLUCK` nur das Feld **workplaceID** entnehmen. Die Liste ist spezifiziert als alle Einträge aus `workplace`, die nicht in der Liste der Reservierungen für heute enthalten sind.

Deployment des Backends

Nachdem alle Entities und Cloud Functions erstellt wurden, muss das Backend für eine Verwendung in der Anwendung noch bereitgestellt werden. Dazu wechseln Sie auf die dritte Registerkarte mit Namen **Deployments**, wie sie in Abbildung 13.55 zu sehen ist, und drücken dort den Button **Review and Deploy**.

Abbildung 13.55 Das Deployment des Backends

Innerhalb weniger Minuten steht das Backend für die Einbindung im Frontend zur Verfügung. Bei erfolgreichem Deployment färbt sich der kleine Kreis der Indikatoren grün und das Deployment ist hoffentlich gesund – healthy.

13.3 Zusammenfassung

Es ist schwierig, eine komplexe Anwendung mit vielfältigen Funktionen und mehreren Seiten vollständig in Papierform darzustellen. Dennoch hoffen wir, dass dieses Kapitel als Inspirationsquelle für Ihre eigenen Projekte in SAP Build Apps dienen kann.

Sie haben verschiedene Möglichkeiten kennengelernt, um anspruchsvolle Layouts und Frontend-Logiken zu gestalten. Wir haben diverse Layoutelemente wie komplexe Listen, Kalender, Conditional Renderer und selbst erstellte Komponenten wie das Filter-Pop-up vorgestellt, auch wenn deren volle Komplexität nicht immer im Detail erläutert wurde.

Zudem wurden die Backend-Funktionalitäten von SAP Build Apps mit den Entitäten und den leistungsstarken Visual Cloud Functions aufgezeigt. Der Formeleditor bietet noch zahlreiche weitere Möglichkeiten, die hier nicht in ihrer ganzen Tiefe beleuchtet werden konnten. Daher möchten wir Sie ermutigen, eigene Projekte und Anwendungen zu konzipieren und umzusetzen. Die praktische Anwendung ist der beste Weg, um diese vielfältigen Möglichkeiten kennenzulernen und zu beherrschen.

Kapitel 14

Use Case: Ein zentrales Applikationsportal mit SAP Build

In diesem Fallbeispiel schauen wir uns die Einführung eines Applikationsportals auf Basis von SAP Build Work Zone einmal genauer an – von der Entscheidungsfindung über die Konzeption und das technische Set-up bis hin zur fertigen Lösung.

Das Produktportfolio von SAP ist breit und vielfältig, und ebenso bunt und divers sind die Nutzungsszenarien der Anwender*innen, die in ihrem Arbeitsalltag mit SAP-Systemen arbeiten. Eine besondere Herausforderung ist es in diesem Zusammenhang, den Einstieg und Zugang zu diesen Systemen so einfach und intuitiv wie möglich zu gestalten. Deshalb wird der Idee eines zentralen Einstiegspunktes, der als Klammer für alle SAP-Anwendungen dient, in der SAP-Welt schon seit geraumer Zeit ein hoher Stellenwert eingeräumt. In Kapitel 11 dieses Buches haben Sie bereits die von SAP genau für diesen Zweck ins Leben gerufene Lösung auf Basis der *SAP Business Technology Platform* (SAP BTP) kennengelernt: *SAP Build Work Zone*. Dieses Kapitel widmet sich nun der Frage, wie sich ein konkreter Anwendungsfall für eine Portallösung auf Basis der SAP Build Work Zone umsetzen lässt.

In Abschnitt 14.1 lernen Sie die Bedeutung digitaler Portale im Unternehmenskontext kennen. Abschnitt 14.2 beschreibt die Ausgangssituation für unseren Anwendungsfall, der sich mit den typischen Herausforderungen von Organisationen im Kontext der Transformation zu einer hybriden Systemlandschaft mit SAP beschäftigt. Abschnitt 14.3 erklärt, wie die Entscheidung für eine Umsetzung auf Basis der Lösung SAP Build Work Zone gefallen ist. In Abschnitt 14.4 beleuchten wir den Realisierungsprozess, ausgehend vom initialen Set-up der SAP BTP über die Einrichtung einer Instanz von SAP Build Work Zone bis hin zur Integration von Anwendungen und Content. Abschnitt 14.5 zeigt schließlich auf, welches Ergebnis mit dem Vorhaben erreicht wurde und wie sich dieses auf die Workflows in unserer Beispielorganisation auswirkt.

14.1 Die Bedeutung von Portalen in Unternehmen

Transaktionaler Charakter des Applikationsportals

Der inhaltlichen Ausgestaltung von Portalen sind kaum Grenzen gesetzt: Verschiedenste Ausprägungen und Typen von Portalen sind weitverbreitet, vom Mitarbeiter- oder Kundenportal über das Intranet-, Vertriebs- oder HR-Portal bis hin zum Informationsportal – oder unserem Fallbeispiel, dem Applikationsportal. Ihnen allen gemein ist in der Regel die strukturierte und abgesicherte Bereitstellung von Informationen und/oder Anwendungen für spezifische Zielgruppen. Beim Applikationsportal liegt der Fokus wenig überraschend auf der Bereitstellung von Applikationen, Anwendungen, Workflows oder Prozessen. Von zentraler Bedeutung ist hier also der transaktionale Charakter des Portals, der es den Anwender*innen erlaubt, aktiv Veränderungen an einem konsistenten Datenbestand vorzunehmen. Im Gegensatz zu klassischen Intranetportalen, deren Ausrichtung entsprechend den Nutzer*innen meist die Rolle des Konsumenten oder Empfängers zuteilwird, werden sie im Applikationsportal maßgeblich zu Akteuren.

Zentraler Zweck eines Applikationsportals ist es dabei, den Nutzer*innen die möglichst intuitive, einfache und eigenständige Durchführung von Prozessen zu ermöglichen, die für die Erledigung ihrer Arbeit essenziell sind oder ihnen ein angenehmeres Arbeitsumfeld schaffen. Dabei kann es sich um klassische Self-Services handeln, aber auch um spezielle Anwendungen und Tools zur Erledigung spezifischer Arbeitsschritte.

Ideelle Vorgänger der SAP Build Work Zone

Im SAP-Umfeld waren bisher beispielweise das SAP Enterprise Portal auf Basis von *SAP NetWeaver* im weiteren Sinne oder das *SAP Fiori Launchpad* im engeren Sinne als typische Produktlösungen für die Umsetzung webbasierter Applikationsportale verbreitet. Während das *SAP Enterprise Portal* als gesamtheitliche On-Premise-Plattform neben der Integration von SAP-Transaktionen und Applikationen auch weitreichende Möglichkeiten zur Pflege und Darstellung von Content anbietet, ist das SAP Fiori Launchpad – seinem Namen entsprechend – vollends und ausschließlich auf das Starten integrierter Applikationen ausgelegt. Mit den beiden Editionen von *SAP Build Work Zone* hat SAP die ideellen Nachfolgelösungen auf der SAP BTP ins Leben gerufen und über die vergangenen Jahre strategisch als zentralen Einstiegspunkt für hybride Systemlandschaften positioniert. Mehr dazu lesen Sie in Kapitel 11, »SAP Build Work Zone«.

Der Erfahrung nach kommen spezifische Portallösungen in Organisationen, vor allem in größeren Unternehmen, selten isoliert zum Einsatz. In den meisten Fällen ist bereits ein Intranet oder ein Mitarbeiterportal im weiteren Sinne etabliert, das in der Regel Schwerpunkte bei der Informationsvermittlung und Mitarbeiterkommunikation setzt. Eine entsprechende Spezialisierung solcher Lösungen hat nicht selten zur Folge, dass diese bei der Integration von transaktionalen Prozessen und Anwendungen an ihre Grenzen stoßen oder zumindest große technische Hürden mit sich bringen.

Multi-Plattform-Strategie

Während es ein ebenso denkbares Szenario ist, eine gesamtheitliche Plattform zu schaffen, die neben Content, Kommunikation und Kollaboration auch die Anwendungsintegration abdeckt, entscheiden sich einige Organisationen für eine *Multi-Plattform-Strategie*. Neben einem »klassischen« Intranet oder Informationsportal kommt dann auch ein separates Applikationsportal zum Einsatz. Man verzichtet also auf einen zentralen Einstiegspunkt für alle Anwendungsfälle und nimmt die daraus resultierenden Herausforderungen an eine gute Benutzererfahrung in Kauf, um die Vorteile ausgereifter, spezialisierter Software für sich nutzen zu können.

Auf der Suche nach dem heiligen Gral in Form von hoher Effizienz und Nutzerakzeptanz bei gleichzeitig geringen Einführungs- und Betriebsaufwänden gibt es hier kein Richtig oder Falsch – jede Ausgangssituation ist individuell, jede Unternehmenskultur und IT-Systemlandschaft mit ihren eigenen Pro- und Contra-Argumenten behaftet, die sorgfältig gegeneinander abgewogen werden wollen.

Strukturierter und rollenbasierter Zugang

Unabhängig vom eingeschlagenen Weg ist aber eines klar: Um die Anforderungen der Mitarbeitenden an ihre digitale Arbeitsumgebung zu erfüllen, ist es wichtig, einen strukturierten und rollenbasierten Zugang zu den jeweiligen, in ihrem Nutzungskontext relevanten Anwendungen zu gewährleisten. Idealerweise sollte dieser Zugang durch prozessbezogene Informationen und Aufgaben ergänzt werden. Aus Sicht der IT besteht die größte Herausforderung in der Regel darin, die Vielfalt der meist historisch gewachsenen Systemlandschaft in Ordnung zu bringen, um alle wünschenswerten Integrationsszenarien abbilden zu können und gleichzeitig überkomplexe und ineffiziente Prozesse zu vermeiden.

Wichtig ist, dass ein solches zusätzliches Applikationsportal niemals in Konkurrenz zu anderen, in der Organisation etablierten Plattformen stehen sollte. Vielmehr verfolgt man aufgrund seines spezialisierten Aufgabenbereichs mit der Einführung das Ziel, die bestehenden Lösungen sinnvoll zu ergänzen. Folglich sollten bereits in der Konzeptionsphase klare funktionale und inhaltliche Abgrenzungen getroffen werden, was beispielsweise die Integration von Prozessen und Content auf den verschiedenen Portalumgebungen betrifft. Allen Nutzer*innen sollte ohne weitreichende Erklärungsnöte einfach vermittelt werden können, auf welcher Plattform sie welche Inhalte vorfinden. Um es vereinfacht in einem Beispiel auszudrücken: Während Unternehmensmeldungen, Geschäftsberichte und Arbeitsanweisungen im Intranet oder Informationsportal bereitstehen sollten, werden Urlaubsanträge, Vertriebs- oder Produktions-Workflows über das Applikationsportal abgewickelt.

Systemwechsel und Redundanz vermeiden

Der wesentliche Mehrwert des Applikationsportals entsteht somit vor allem dadurch, dass eine möglichst nahtlose Integration von Anwendungen aus verschiedenen Quellen die Notwendigkeit für häufige Absprünge, Systemwechsel und redundante Tätigkeiten auf ein Minimum reduziert. Denn als Nutzer*in weiß ich eben: Applikationen finde ich im Applikationsportal.

Eine weitere zentrale Eigenschaft des Applikationsportals ist seine rollenbasierte Ausgestaltung und Personalisierung. Nur so lassen sich die individuellen Bedürfnisse und Arbeitsweisen der Nutzer*innen berücksichtigen, da sich ihre Anforderungen und Präferenzen je nach Bereich, Tätigkeitsprofil und Person erheblich unterscheiden können. Wenn diese Vielfalt berücksichtigt wird, können alle Nutzer*innen das Portal im besten Sinne für ihre Zwecke nutzen und damit ihre Arbeitsabläufe optimieren. Somit kann das Applikationsportal, wenn es klug eingesetzt wird, eine Schlüsselrolle im Zuge der digitalen Transformation einnehmen.

14.2 Ausgangssituation und Herausforderungen

In diesem Fallbeispiel gehen wir auf ein wirklichkeitsgetreues Projektvorhaben im Rahmen eines fiktiven Unternehmensszenarios ein. Dieses Vorgehen bringt eine Reihe von Vorteilen mit sich. Indem wir keine reale Kundensituation vorstellen, schützen wir nicht nur sensible Geschäftsdaten, sondern haben gleichzeitig die Möglichkeit, losgelöst von den Einschränkungen spezifischer Projektbedingungen auf alle Aspekte und Lösungsansätze einzugehen, die es sich unserer Erfahrung nach zu erklären lohnt. Außerdem können wir zur Visualisierung des zu beschreibenden Vorgehens auf unseren anschaulichen Prototyp zurückgreifen, der auf wesentlichen Best Practices zur Einführung eines Applikationsportals auf Basis der SAP BTP basiert und genau für diesen Zweck entwickelt wurde.

Ein klassisches SAP-Unternehmen

Die Organisation, um die es in unserem Fallbeispiel gehen soll, ist die Eco-Friendly Systems GmbH, ein innovatives Unternehmen mit rund 1.500 Beschäftigten, das sich auf die Entwicklung nachhaltiger Lösungen im Bereich erneuerbarer Energien und Umwelttechnik spezialisiert hat. Die Unternehmenskultur ist geprägt von einem starken Umweltbewusstsein, Teamwork und einem dynamischen Arbeitsumfeld. Es wird viel Wert auf Kreativität, Flexibilität und kontinuierliche Weiterbildung gelegt. Seit jeher setzt EcoFriendly Systems GmbH auf die ERP-Lösungen der SAP SE. Zuletzt hat man die Migration von *SAP ERP Central Component* (SAP ECC) auf *SAP S/4HANA* abgeschlossen, das weiterhin on premise betrieben wird. Aber auch Cloud-Lösungen haben bereits Einzug gehalten: Die Personalabteilung setzt inzwischen auf *SAP SuccessFactors* als zentrale HR-Plattform und nutzt *SAP Concur* für das Reisekostenmanagement.

Im Zuge ihrer fortschreitenden Digitalisierungsstrategie sieht sich die EcoFriendly Systems GmbH mit mehreren Herausforderungen konfrontiert:

- Zum einen ist die Fragmentierung der IT-Landschaft zu nennen. Aufgrund raschen Wachstums und vielfältiger Projekte hat das Unternehmen eine Vielzahl von Anwendungen und Tools eingeführt, die nun isolierte Datensilos und ineffiziente Arbeitsabläufe zur Folge haben.
- Die bestehenden Anwendungen und Systeme sind oft nicht nahtlos miteinander vernetzt. Deshalb sind manuelle Datenübertragungen notwendig. Inkonsistente oder gar fehlerhafte Daten und ineffiziente Kommunikationsprozesse zwischen den verschiedenen Abteilungen, wie Forschung und Entwicklung, Produktion und Vertrieb, sind die Folge.
- Die Mitarbeitenden von EcoFriendly Systems GmbH haben Schwierigkeiten in der alltäglichen Arbeit mit ihren digitalen Werkzeugen. Die Benutzeroberflächen der verschiedenen Anwendungen sind uneinheitlich und wenig benutzerfreundlich, was zu Frustration und einer geringen Produktivität führt.

Integrationsplattform für Anwendungen

Da erst im letzten Jahr ein Mitarbeiterportal mit Fokus auf interner Kommunikation eingeführt wurde, mit dem Führungskräfte und Mitarbeitende sehr zufrieden sind, ist eine ganzheitliche Lösung im Sinne eines Digital Workplace für Information, Kommunikation, Kollaboration und Prozesse vom Tisch. In der Folge plant die EcoFriendly Systems GmbH, zur Lösung der genannten Herausforderungen ein Applikationsportal einzuführen. Es soll als zentrale Integrationsplattform für alle digitalen Anwendungen im Unternehmen dienen und den Mitarbeitenden einen einfachen und effizienten Zugriff ermöglichen – bestenfalls von überall und auf jedem Gerät.

14.3 Entscheidung für SAP Build Work Zone

Synergieeffekte durch und bei SAP

Als langjähriger SAP-Anwender ist sich die EcoFriendly Systems GmbH der architektonischen Vorteile und Synergieeffekte bewusst, die der Aufbau des neuen Applikationsportals auf Basis des SAP-Produktportfolios mit sich bringen würde. Praktisch alle Kernprozesse und Transaktionen im Unternehmen kommen früher oder später mit Daten aus dem SAP-S/4HANA-System in Kontakt oder sind von vornherein dort verortet. Gleichzeitig hat die IT-Abteilung erste positive Erfahrungen mit der Einführung der Cloud-Lösungen SAP SuccessFactors und SAP Concur sammeln können. Auch hat man die Ausrichtung von SAP auf die SAP BTP als strategische Ablauf- und Integrationsplattform über die letzten Jahre hinweg gespannt verfolgt. Nach der Umsetzung erster Proof of Concepts wird seither auch jedes neue Softwareprojekt im Hinblick auf eine mögliche Umsetzung auf Basis der SAP BTP geprüft. So ist es nur naheliegend, dass die interne IT für das neue Applikationsportal SAP Build Work Zone sowie SAP Start in Augenschein nimmt. Als reine Cloud-Lösung kommt SAP Start für die anvisierte hybride Systemlandschaft allerdings nicht infrage. Die zentrale Fragestellung betrifft somit den Funktionsgrad der beiden Editionen von SAP Build Work Zone, Standard und Advanced, im Hinblick auf den Anforderungskatalog aller beteiligten Stakeholder bei EcoFriendly Systems GmbH. Im Vergleich mit möglichen Alternativen anderer Hersteller liegt das Hauptaugenmerk auf der Integrationsfähigkeit, der User Experience und der Flexibilität der Lösungen.

Single Point of Truth zur Identitätsverwaltung

Eine technologische Herausforderung besteht darin, die Integrationsoptionen zwischen der SAP- und der Microsoft-Welt zu prüfen und die Abgrenzung zwischen beiden Aufgabenbereichen klar zu definieren. Die Vergabe von Zugriffsberechtigungen und das Identity Management regelt EcoFriendly Systems GmbH heute mit *Microsoft Entra ID* (ehemals Microsoft Azure AD). Auch für ein Applikationsportal auf SAP-Basis sollen die etablierten Prozesse zur Identitätsverwaltung weiterhin einfach und effizient an einem Single Point of Truth erfolgen.

Aktuell fehlt ein einheitlicher und integrierter Einstieg in die SAP-Anwendungswelt, was zu einer hohen Komplexität der IT-Landschaft führt und das Onboarding neuer Mitarbeitenden erschwert. Die meisten Nutzer*innen steigen über verteilte Produkt-Websites oder individuell abgespeicherte Verlinkungen in die für sie besonders relevanten Prozesse ein. Auch deshalb besteht ein erhöhtes Supportaufkommen über das interne Ticketsystem, da die Suche nach den richtigen Anlaufstellen für bestimmte Applikationen häufig vergeblich erscheint und die Benutzererfahrungen mit den digitalen Tools heute generell verbesserungswürdig ist.

Integration neuer Services und Apps

Das neue Applikationsportal soll darüber hinaus nicht nur die Workflows beschleunigen und eine verbesserte Usability mitbringen, sondern auch die Integration neuer Services und Apps erleichtern. Zudem soll es die Bereitstellung von anwendungsbezogenen Nachrichten und Prozessinformationen vereinfachen. Und selbstverständlich soll das Einführungsprojekt möglichst reibungslos umgesetzt werden, mit einer möglichst kurzen Projektlaufzeit ohne »böse Überraschungen«.

Argumente für den Einsatz von SAP Build Work Zone

All diese relevanten Anforderungen wurden im Entscheidungsprozess für die richtige Lösung berücksichtigt und die infrage kommenden Technologien auf dieser Grundlage verglichen. Mehrere Faktoren lieferten hierbei ausschlaggebende Pro-Argumente für eine Umsetzung mit SAP Build Work Zone auf Basis der SAP BTP:

- Zuallererst ist hier die Möglichkeit zu nennen, mit SAP Build Work Zone einen zentralen Einstiegspunkt mit Zugang zu allen wesentlichen Anwendungen und Transaktionen anzubieten. Verschiedenste Backend-Systeme und UI-Technologien werden von Haus aus unterstützt und können nahtlos in das SAP-Fiori-Framework der SAP Build Work Zone integriert werden.
- SAP Build Work Zone folgt den SAP Fiori Design Guidelines, setzt auf dem neuesten Standard-Theme Horizon auf und bringt den *SAP Fiori Theme Designer* mit, der die Anpassung der Bedienoberfläche an die eigenen Gestaltungsrichtlinien ermöglicht. Wir sprechen damit von der besten User Experience, die die SAP-Welt heute bietet.
- Mit der Integration des *SAP Task Centers* erfüllt SAP Build Work Zone auch den Zweck eines zentralen Aufgabensystems. Als Nachfolgelösung für die *Universal Work List (UWL)* und die SAP Fiori App *My Inbox* ermöglicht das SAP Task Center die Anbindung von Workflows aus Cloud- und On-Premise-Systemen, nicht nur im SAP-Umfeld, sondern auch von Drittanbietern.
- Im Anwendungskontext relevante Nachrichten und Prozessinformationen können im Rahmen von SAP Build Work Zone effizient bereitgestellt werden. Hierfür eignen sich, speziell in der Standard Edition, mit überschaubarem Aufwand eigenentwickelte Integration Cards ebenso wie die Content-Funktionen der Advanced Edition.

Nicht zuletzt ist die Flexibilität der Cloud-Landschaft, die sich aus der grundlegenden Architektur der SAP BTP ergibt, ebenfalls ein wesentlicher Faktor für die Entscheidung. Mit den verbrauchsbasierten Lizenzmodellen von SAP können die meisten SAP-BTP-Services beliebig subskribiert und verwendet werden, für Testszenarien dank der Free-Tier-Servicepläne häufig sogar kostenlos. Auf diese Weise lassen sich im Rahmen eines technischen Proof of

Concepts schnell Machbarkeitsstudien umsetzen und aussagekräftige Ergebnisse erzielen, auch und gerade beim Einsatz von SAP Build Work Zone.

Vom Proof of Concept zum Produktiveinsatz

Darüber hinaus erlaubt die SAP BTP sogar die flexible Umwandlung von Testumgebungen in produktive Szenarien: Ein Free Tier Plan kann in der Regel einfach durch einen lizenzpflichtigen Standard Plan ausgetauscht werden. So kann der Proof of Concept einfach für eine beliebige Nutzerzahl (nach-)lizenziert werden und ist dank der Hochskalierbarkeit der Cloud-Umgebung schnell auch produktiv nutzbar.

[»]

Hinweis zur Lizenzierung

SAP Build Work Zone, Standard Edition ist zum Erscheinungszeitpunkt dieses Buches im Rahmen des SAP BTP Enterprise Agreements sowie via Pay-As-You-Go im Free Tier Plan verfügbar. Aufschluss hierüber gibt das SAP Discovery Center, das stets aktuelle Informationen zu allen verfügbaren Cloud-Services auf der SAP BTP vorhält – von Lizenzfragen über Verfügbarkeiten und Hilfestellungen bis hin zu praktischen Tutorials zum Ausprobieren (siehe *https://discovery-center.cloud.sap*).

Auch wenn die grundsätzliche Entscheidung für den Einsatz von SAP Build Work Zone gefallen sein mag, bleibt eine wesentliche Fragestellung übrig: Welche der beiden verfügbaren Editionen ist für den Anwendungsfall der EcoFriendly Systems GmbH die richtige? Mit Blick auf die wesentlichen Vorteile und zusätzlichen Features der SAP Build Work Zone, Advanced Edition (siehe Kapitel 11, »SAP Build Work Zone«) wird deutlich, dass diese für die in diesem und dem vorherigen Abschnitt beschriebenen Anforderungen der EcoFriendly Systems GmbH nur einen überschaubaren Mehrwert liefern. Gleichzeitig ist es vielmehr so, dass die Herausforderungen des Unternehmens bei der Einführung des Applikationsportals allesamt mit den Funktionen von SAP Build Work Zone, Standard Edition gelöst werden können. Zwar bietet nur die Advanced Edition Out-of-the-box-Funktionen zur Pflege von Web-Content, wie etwa Wiki-Artikeln oder Blogbeiträgen, welche bei der Bereitstellung von prozessrelevanten Informationen hilfreich sein könnten. Gleichzeitig sind die Anforderungen an die Content-Features des Applikationsportals aufgrund seines Anwendungskontexts überschaubar, und der informative Schwerpunkt am digitalen Arbeitsplatz liegt ohnehin im parallel weiter bestehenden Mitarbeiterportal.

Deshalb ist EcoFriendly Systems GmbH überzeugt, ihre inhaltlichen Anforderungen mit den neuen Möglichkeiten der *UI Integration Cards*, *Bereiche* und *Seiten* in der SAP Build Work Zone, Standard Edition erfüllen zu können. Auch bieten Drittanbieter-Add-ons auf Basis der SAP BTP an dieser Stelle Optionen, um potenzielle funktionale Lücken zwischen Standard und Advanced Edition zu verkleinern. Am Ende spielt bei einem Listenpreisverhältnis von rund 2,4 : 1 (je nach Nutzerzahl, siehe SAP Discovery Center) natürlich auch der Kostenfaktor bei der Lizenzierung der SAP-Produktvarianten eine Rolle.

Think big, start small

Zudem macht sich die Organisation in diesem Projekt das in der Digitalbranche weitverbreitete Motto *Think big, start small* zu eigen: Die Entscheidung für die Einführung des neuen Applikationsportals auf Basis der SAP Build Work Zone, Standard Edition mag wegweisend sein, sie ist zugleich aber auch keine Sackgasse. Gerade bei einem Fokus auf die System- und Anwendungsintegration, wie er beim Applikationsportal offensichtlich ist, sind sich Standard und Advanced Edition ähnlicher als in allen anderen Bereichen. Grundlage dafür ist das Format Common Data Model (CDM) des sogenannten Business Contents, das beide Editionen gemein haben.

Der technisch nah verwandte Business Content lässt sich folglich auch mit überschaubarem Aufwand zwischen beiden Editionen übertragen; einem späteren Umstieg von der Standard Edition auf die Advanced Edition steht also nichts im Wege. Darüber hinaus will SAP selbst die beiden Editionen perspektivisch noch enger zusammenrücken und stellt für die Zukunft einen einfacheren Upgrade-Pfad in Aussicht. Mehr Informationen hierzu finden Sie im FAQ-Bereich zu SAP Build Work Zone in der SAP-Community: *https://pages.community.sap.com/topics/work-zone/faq*

14.4 Schritte zur Implementierung

Mit einer klar umrissenen Ausgangssituation und Zielsetzung im Gepäck nimmt sich die EcoFriendly Systems GmbH der Herausforderung an, das neue Applikationsportal zu planen, zu konzipieren und zu implementieren. Da die internen Ressourcen in der IT-Abteilung erfahrungsgemäß begrenzt sind und die eigene Expertise im Bereich SAP BTP noch ausbaufähig ist, setzt das Unternehmen auf die Unterstützung eines Implementierungspartners mit langjähriger Erfahrung in der Arbeit mit Portallösungen auf SAP-Basis.

Gemeinsam beginnen sie mit einer Begehung und detaillierten Analyse der bestehenden Systemlandschaft. Auf Grundlage strategischer Überlegungen zur möglichen Ausarbeitung des Applikationsportals wird ein Vision Statement erarbeitet, das das Projektteam als Leitsatz über den gesamten Projektverlauf begleiten soll. Die wichtigsten Anwendungsfälle werden im Hinblick auf ihre Umsetzung mit den Funktionen von SAP Build Work Zone konzeptionell ausgearbeitet.

Konzept- und Designphase

Um sich bereits vor der Implementierung einen visuellen Eindruck von der Bedienoberfläche des Applikationsportals machen zu können, wird ein Designprototyp entwickelt und unter Berücksichtigung des Corporate Style Guides von EcoFriendly Systems GmbH mit der Kommunikationsabteilung abgestimmt. Das Technologieportfolio wird in einem gemeinsamen Workshop mit den zuständigen IT-Verantwortlichen erarbeitet und im Rahmen eines Systemarchitekturdiagramms visualisiert.

14.4.1 SAP-BTP-Systemlandschaft einrichten

Die technische Umsetzung des Applikationsportals beginnt mit der Einrichtung der Systemlandschaft auf der SAP BTP. Hier ist ein durchdachtes Vorgehen beim Aufbau der grundlegenden Architektur mit Blick auf die langfristigen Auswirkungen auf den Betrieb aller Anwendungen und Systeme auf der Plattform unbedingt sinnvoll.

Lizenzmodelle auf der SAP BTP

Die EcoFriendly Systems GmbH hat bereits vor einiger Zeit einen *Global Account* auf der SAP BTP aufgesetzt, in dem alle SAP-Cloud-Anwendungen des Unternehmens zentral betrieben und administriert werden sollen. Bisher erlaubte dieser nur die Verwendung von Services im Subscription-Lizenzmodell. Auf Hinweis ihres Implementierungspartners hat EcoFriendly Systems GmbH den Global Account über ihren SAP-Account-Manager unkompliziert in einen sogenannten *hybriden Account* umstellen lassen. Dieser erlaubt zusätzlich zur Subscription auch die Verwendung von SAP-BTP-Services in verbrauchsbasierten Abrechnungsmodellen (*SAP BTP Enterprise Agreement* und *Pay-As-You-Go*). Manche Services sind nur mit verbrauchsabhängigen Lizenzen verfügbar, weshalb das Lizenzmodell des Global Accounts eine wichtige Rolle beim Technik-Set-up spielt. So bietet SAP zum Zeitpunkt der Veröffentlichung dieses Buches neue Lizenzen für SAP Build Work Zone, Advanced Edition inzwischen nur noch über das SAP BTP Enterprise Agreement oder im Pay-as-You-Go-Modell an.

Kombinierte Systemlandschaft

Die nächste folgerichtige Fragestellung innerhalb des SAP BTP Global Accounts ist die nach der Strukturierung der *Subaccounts*. Meistens werden Subaccounts zur inhaltlichen Auftrennung nach Funktion oder Bereich oder zur Abbildung mehrstufiger Systemumgebungen verwendet. Neben der »klassischen« dreistufigen Systemlandschaft bestehend aus je einer Development-, Test- und Produktivumgebung sind auf Grundlage der flexiblen Möglichkeiten auf der SAP BTP grundsätzlich beliebige Modelle umsetzbar. EcoFriendly Systems GmbH entscheidet sich für eine kombinierte Architektur, die die funktionale Unterscheidung nach Verantwortlichkeiten in der Organisation ebenso erlaubt wie ein sauberes Releasemanagement. Als zentrale Anlaufstelle für crossfunktionale SAP-BTP-Services werden zwei Subaccounts angelegt, die vom Basis-IT-Team administriert werden und alle anderen, funktional ausgelegten Subaccounts innerhalb der SAP-BTP-Systemlandschaft mit dem Wesentlichen versorgen – etwa einer Identitätsverwaltung über die *SAP Cloud Identity Services* oder einer »sprechenden« Custom Domain über den *SAP Custom Domain Service*. Je ein Subaccount für Test- sowie Produktivzwecke reicht hier vorerst aus, um alle gewünschten Anwendungsfälle abzudecken. Im Zweifel ließe sich die Architektur schnell und unkompliziert um einen weiteren Operations-Subaccount erweitern, z. B. für explizite Development- oder Sandbox-Szenarien.

Entwicklung, Testing und Produktivbetrieb

Den Use Case des Applikationsportals erfüllen drei weitere Subaccounts, um den Dreiklang aus Entwicklung, Testing und Produktivbetrieb für SAP Build Work Zone zu ermöglichen. In der Rolle als *Subaccount Administrator* übernehmen IT-Kolleg*innen aus dem Projektteam für diese Subaccounts die Verantwortung. Sie koordinieren die Verbindung »ihrer« Konfigurationen und Services zu den jeweiligen Operations-Subaccounts und Drittsystemen, welche eine Rolle beim technischen Set-up spielen werden.

Um auch langfristig die Übersichtlichkeit zu wahren und Verantwortlichkeiten für alle Beteiligten transparent zu machen, gruppieren die Administrator*innen des Global Accounts aus der Basis-IT die beiden Operations-Subaccounts sowie die drei funktionalen Subaccounts in die Directories »BTP Operations« bzw. »Applikationsportal« ein. Darüber hinaus wird die Label-Funktion der Subaccounts verwendet, um im Feld mit dem selbst vergebenen Titel »IT Owner« jeweils Personen und Stellvertreter zu nennen, die als Ansprechpartner für die jeweiligen Accounts dienen. Diese Labels sind für alle Plattform-Nutzer*innen mit Zugriff auf den Global Account einsehbar.

Abbildung 14.1 zeigt die Systemarchitektur im Global Account der EcoFriendly Systems GmbH auf der SAP BTP in einem vereinfachten Schema.

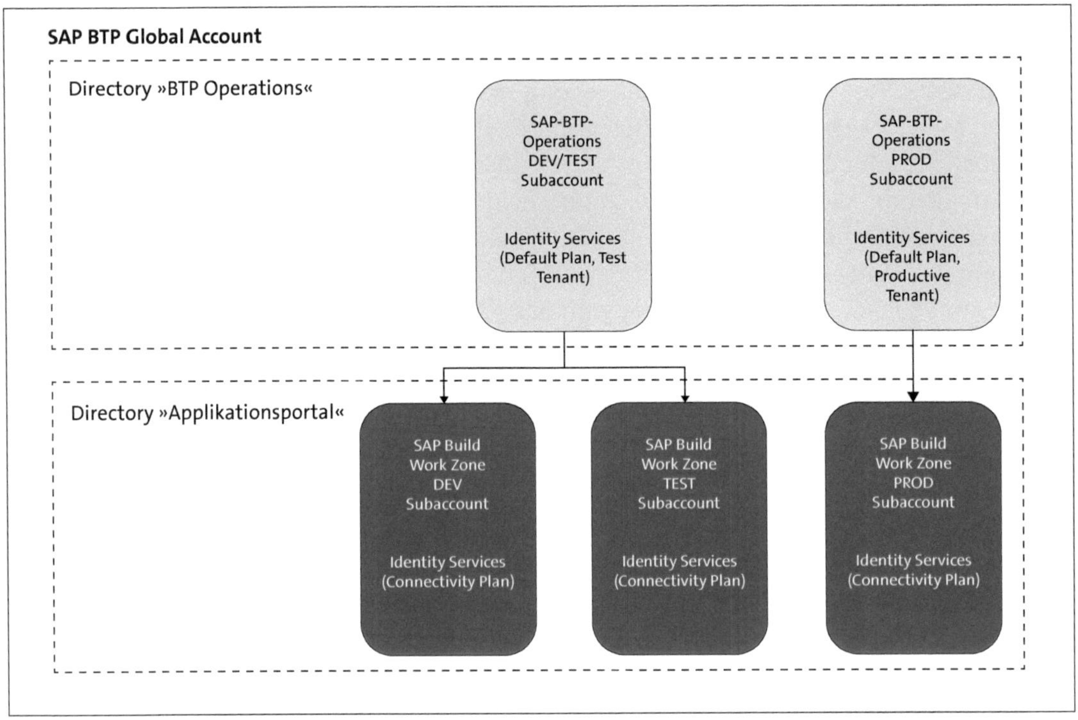

Abbildung 14.1 Die SAP-BTP-Systemlandschaft für das Applikationsportal der EcoFriendly Systems GmbH

14.4.2 Authentifizierungskonzept umsetzen

Da die EcoFriendly Systems GmbH ihre bisherigen Testszenarien im Rahmen von Proof of Concepts nur mit temporären Behelfslösungen für die Identitätsverwaltung umgesetzt hat, muss für das Applikationsportal ein neues, sauberes Set-up her. Der Single Point of Truth für das Identitäts- und Berechtigungsmanagement im Unternehmen ist Microsoft Entra ID, das früher als Microsoft Azure Active Directory bekannt war. Über das System erfolgt die Authentifizierung an verschiedenen internen Systemen sowie den von der IT verwalteten Client-Rechnern.

SAP Cloud Identity Services

Für die Authentifizierung und Autorisierung an Systemen und Anwendungen, die auf der SAP BTP betrieben werden, möchte EcoFriendly Systems GmbH auf die SAP Cloud Identity Services setzen. Das Service-Bundle bietet verschiedene Lösungen zur Realisierung von Single-Sign-on (SSO) über Cloud- sowie On-Premise-Systeme hinweg und wird zur Nutzung einiger Plattformen von SAP vorausgesetzt. Auch SAP Build Work Zone, Advanced Edition setzt zur Authentifizierung am System zwingend die Nutzung des Identity Authentication Service als Bestandteil der SAP Cloud Identity Services voraus – eine entsprechende Lizenz wird mit Erwerb der Nutzungsberechtigung des Produkts bereitgestellt.

[«]

User Store von SAP Build Work Zone

Die SAP Build Work Zone, Advanced Edition verfügt über einen eigenen User Store, in dem alle Nutzer*innen des Systems über ein eigenes Profil verfügen. Die hier vorgehaltenen Benutzerstammdaten müssen über den SCIM-Standard in den User Store repliziert werden. SAP bietet hierfür mit dem Service Identity Provisioning als Bestandteil der SAP Cloud Identity Services eine praktikable Lösung an.

Die IT-Abteilung der EcoFriendly Systems GmbH möchte die Anmeldung an SAP-Cloud-Systemen für die Nutzer*innen so einfach wie möglich gestalten. Deshalb soll die Authentifizierung idealerweise auch auf der SAP BTP weiterhin über den bestehenden Login-Workflow von Microsoft Entra ID abgebildet werden. Eine solche Konfiguration wird vom Service Identity Authentication im Proxy-Modus unterstützt: Hier wird die von SAP als *Conditional Authentication* bezeichnete Funktion genutzt, um regelbasiert für jede über Identity Authentication authentifizierte Applikation zu entscheiden, ob bestimmte Nutzergruppen (oder auch sämtliche Nutzer*innen) für den Login an einen angebundenen Corporate Identity Provider weitergeleitet werden. Microsoft Entra ID erfüllt in diesem Szenario genau diesen Zweck und übernimmt, eine entsprechende Vertrauensbeziehung über das SAML-2.0- oder OpenID-Connect-Protokoll vorausgesetzt, den Login für beliebige im Service Identity Authentication konfigurierte SAP-BTP-Anwendungen. Aus Endnutzersicht erfolgt dieser Prozess nahtlos und, abgesehen von der URL-Weiterleitung, ohne sichtbare Einwirkung des Identity Authentication Service.

Identity Authentication Service als Weiche

In Abbildung 14.2 ist zu sehen, wie der Identity Authentication Service mit der Conditional Authentication eine Weichenfunktion übernimmt und Nutzergruppen auf Regelbasis an verschiedene Corporate Identity Provider verteilt.

Eine weitere sehr nützliche Funktion des Identity Authentication Service ist die *Identity Federation*. Standardmäßig werden die vom Corporate Identity Provider übermittelten Nutzerattribute bei Verwendung des Identity Authentication Service im Proxy-Modus 1 : 1 an die Zielapplikation weitergereicht. In unserem vorliegenden Fall ist das nicht die ideale Lösung, da die von Microsoft Entra ID verwendeten Attribute über andere Feldnamen verfügen als die SAP-BTP-Services. Deshalb wird die Identity Federation des Identity Authentication Service aktiviert, womit auf diesem Weg dieselben

Anpassungen an den Attributen vorgenommen werden können, bevor sie an der Zielapplikation ankommen. So fungiert der Identity Authentication Service hier gewissermaßen als »Übersetzer«. Abbildung 14.3 zeigt, wie ein solches Mapping von Anwendungsattributen aussehen kann.

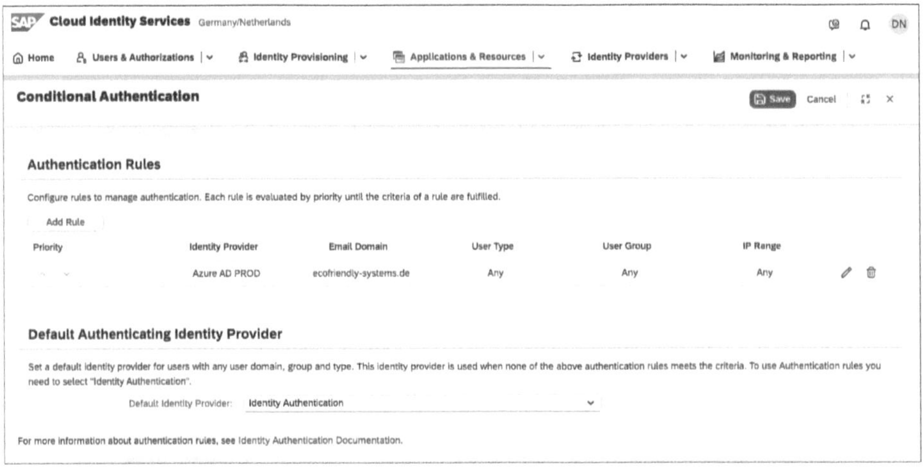

Abbildung 14.2 Konfiguration der Conditional Authentication in Identity Authentication Service

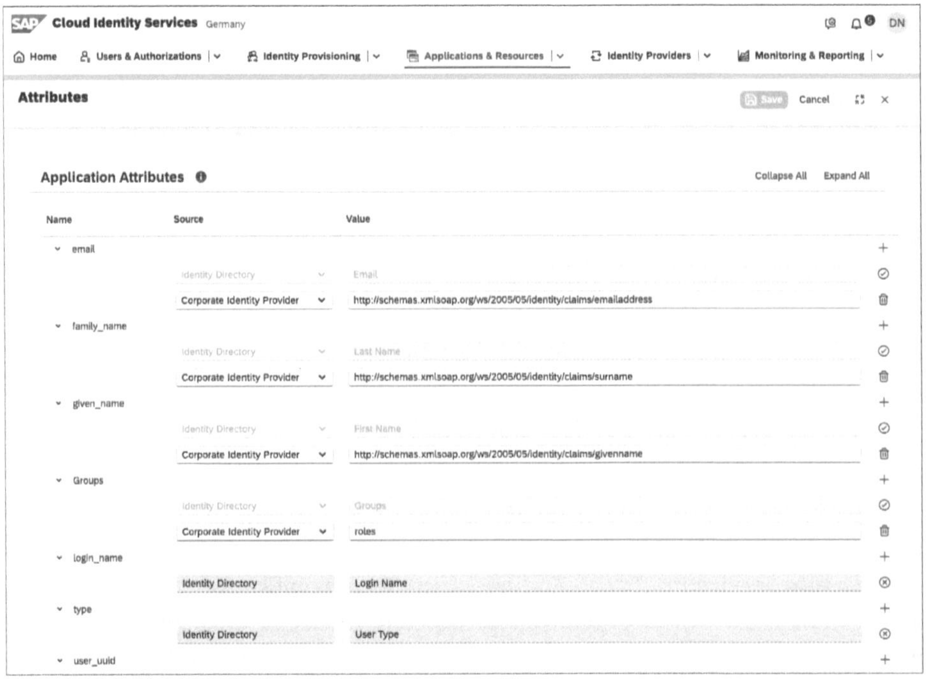

Abbildung 14.3 Zuordnung von Attributsnamen im Identity Authentication Service

Vertrauensbeziehung per OpenID Connect

Bevor die EcoFriendly Systems GmbH ihren entsprechend konfigurierten Identity Authentication Service mitsamt angebundenem Corporate Identity Provider nun zur Authentifizierung an SAP Build Work Zone verwenden kann, sind noch ein paar weitere Schritte notwendig. Zum einen muss eine Vertrauensbeziehung zwischen dem SAP-BTP-Subaccount und den SAP Cloud Identity Services hergestellt werden. SAP empfiehlt hier seit einiger Zeit die Einrichtung eines Trusts über das Identitätsprotokoll OpenID Connect (OIDC) auf Basis von OAuth 2.0 anstelle des älteren, weitverbreiteten SAML-2.0-Standards, unter anderem, da die Verwendung von OIDC als Voraussetzung für die Nutzung des SAP Custom Domain Service für Anwendungen auf der SAP-BTP-Plattform gilt.

Anstelle des bei SAML üblichen Austauschs von Metadaten zwischen Service und Identity Provider leitet bei Verwendung von OIDC (über den Button **Establish Trust** in der **Trust Configuration** des SAP-BTP-Subaccounts) ein übersichtlicher Wizard durch den Prozess und ermöglicht eine einfache Verbindungseinrichtung zu allen Mandanten der SAP Cloud Identity Services, die dem aktiven User in seiner Organisation zur Verfügung stehen. Der Wizard mit je einem Test- und Produktivmandanten ist auf dem Screen in Abbildung 14.4 zu sehen.

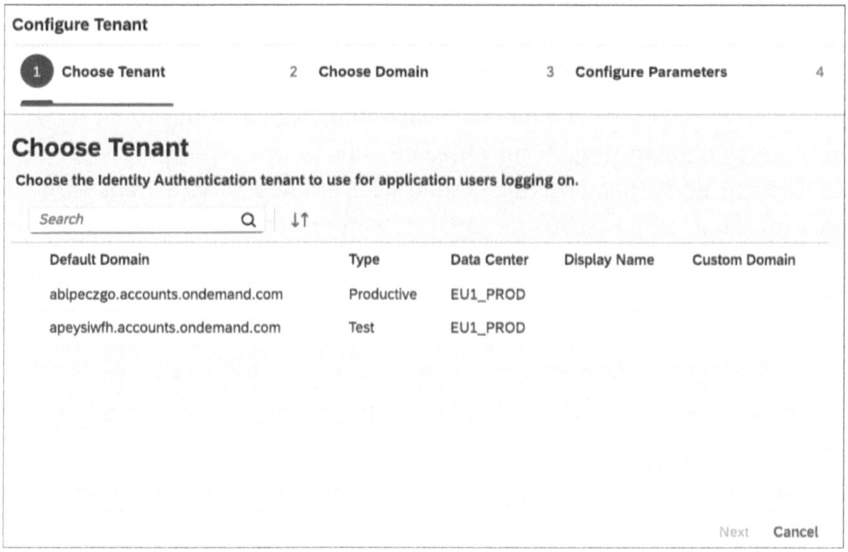

Abbildung 14.4 Einrichtung einer Vertrauensbeziehung auf der SAP BTP

Standard-Domain der SAP Build Work Zone

Nach Auswahl eines Test- oder Produktivmandanten ist die Domain zu wählen. Hier bietet SAP **.ondemand.com* sowie die neuere »Superdomain« **.cloud.sap* zur Auswahl an. Bei Veröffentlichung dieses Buches wird die Domain *cloud.sap* nur von SAP Build Work Zone, Standard Edition unterstützt, während SAP Build Work Zone, Advanced Edition (ohne Einrichtung einer Custom Domain) bisher noch stets auf *ondemand.com* läuft. Entsprechend sollte die Domain-Auswahl in diesem Schritt mit Bedacht erfolgen.

14.4.3 SAP Build Work Zone, Standard Edition aufsetzen

Nach Einrichtung des Subaccounts auf der SAP BTP und der Einrichtung der Vertrauensbeziehung desselben zu einem Mandanten der SAP Cloud Identity Services steht dem Set-up der SAP Build Work Zone nichts mehr im Wege.

[»]

Set-up Guides im SAP Help Portal

Zur Orientierung bei der Inbetriebnahme von SAP-BTP-Services empfiehlt sich in jedem Fall ein Blick in das SAP Help Portal. In der Regel bietet SAP hier für jeden Service Administrator- und User Guides sowie Anleitungen zum Initial Set-up an, die Schritt für Schritt und nachvollziehbar durch den Prozess führen.

Entitlements zuweisen

Entsprechend der Berechtigungsstruktur der SAP BTP sind Administrationsrechte auf Global-Account-Ebene notwendig, um einem Subaccount das grundsätzliche »Nutzungsrecht« für einen SAP-BTP-Service zuzuweisen, der nicht zum Auslieferungsumfang des Subaccounts gehört. Diese Rechte werden über die sogenannten *Entitlements* zugewiesen. Über **Entity Assignments** im Menü **Entitlements** lassen sich im Global Account nicht nur die bestehenden Zuweisungen für einzelne Subaccounts einsehen. Über den Button **Edit** und einen anschließenden Klick auf **Add Service Plans** können auch zusätzliche Servicepläne ergänzt werden. Da EcoFriendly Systems GmbH zur Umsetzung des Applikationsportals bereits eine Lizenz für SAP Build Work Zone, Standard Edition erworben hat, werden die Servicepläne **standard** sowie **standard (Application)** für die weitere Einrichtung benötigt. Ersterer erlaubt die Integration anderer Services über Programmierschnittstellen (API), während letzterer die eigentliche Applikation mitsamt UI für Administrator*innen sowie Endnutzer*innen bereitstellt.

Entitlements zur Nutzung von SAP-BTP-Services müssen den Subaccounts explizit zugewiesen werden. Im Abschnitt **Entitlement Sources** (siehe Abbildung 14.5) ist ersichtlich, auf welcher vertraglichen Grundlage der jeweilige Serviceplan lizenziert wird.

Sobald die notwendigen Servicepläne dem gewünschten Subaccount zugewiesen sind, können sie dort über den Service Marketplace konsumiert werden. Mit Auswahl der SAP Build Work Zone, Standard Edition und einem folgenden Klick auf **Create** wird der Wizard aufgerufen, der das Auswählen,

Konfigurieren und Hinzufügen des jeweiligen Serviceplans erlaubt. An diesem Punkt muss über die entsprechende Checkbox auch explizit zugestimmt werden, dass mit dem Anlegen einer Instanz bzw. einer Subskription des Service potenziell Kosten im Rahmen des gewählten Lizenzmodells entstehen.

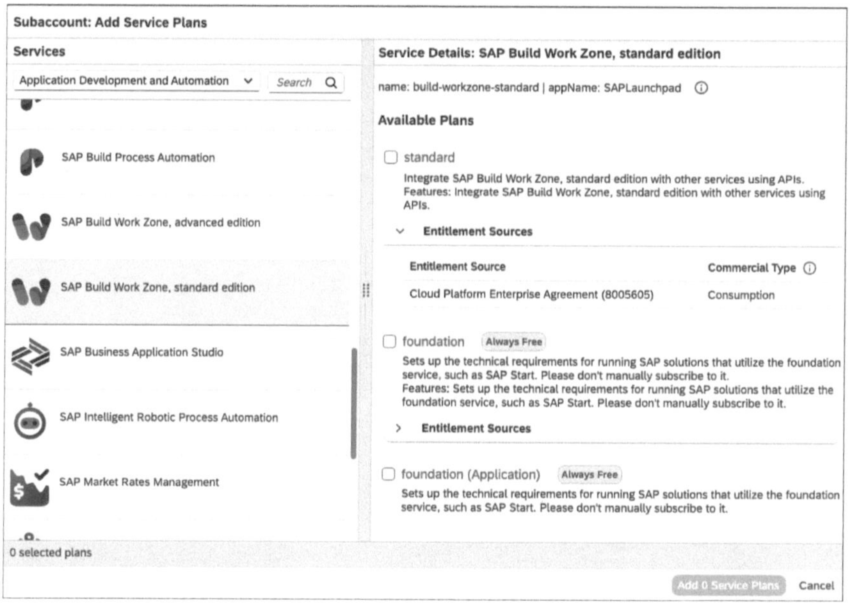

Abbildung 14.5 Servicepläne für SAP Build Work Zone, Standard Edition hinzufügen

SAP Build Work Zone subskribieren

Der Plan **standard (Application)** von SAP Build Work Zone, Standard Edition ist schnell und unkompliziert ausgewählt und die Subskription mit einem abschließenden Klick auf **Create** angelegt. Auf der Übersichtsseite **Instances and Subscriptions** können Sie den Status der Einrichtung verfolgen, der für gewöhnlich schnell in die Bestätigung **Subscribed** umschlägt.

Zum Aufsetzen des Plans **standard** ist die vorherige Aktivierung der Cloud-Foundry-Laufzeitumgebung erforderlich. Dieser Prozess wird mit einem Klick auf den Button **Enable Cloud Foundry** auf der **Overview**-Seite des Subaccounts ausgelöst. Effektiv wird auch hiermit ein Standardplan für den Standardservice **Cloud Foundry Runtime** angelegt, weshalb hier ebenfalls ein Hinweis auf potenzielle Kosten bestätigt werden muss. Aber keine Sorge: Solange kein Laufzeitspeicher durch im Subaccount betriebene, kundenspezifische Applikationen verbraucht wird, entstehen auch keine Kosten für die Nutzung dieses Service. Das Anlegen der **Cloud Foundry Runtime** ist in Abbildung 14.6 zu sehen.

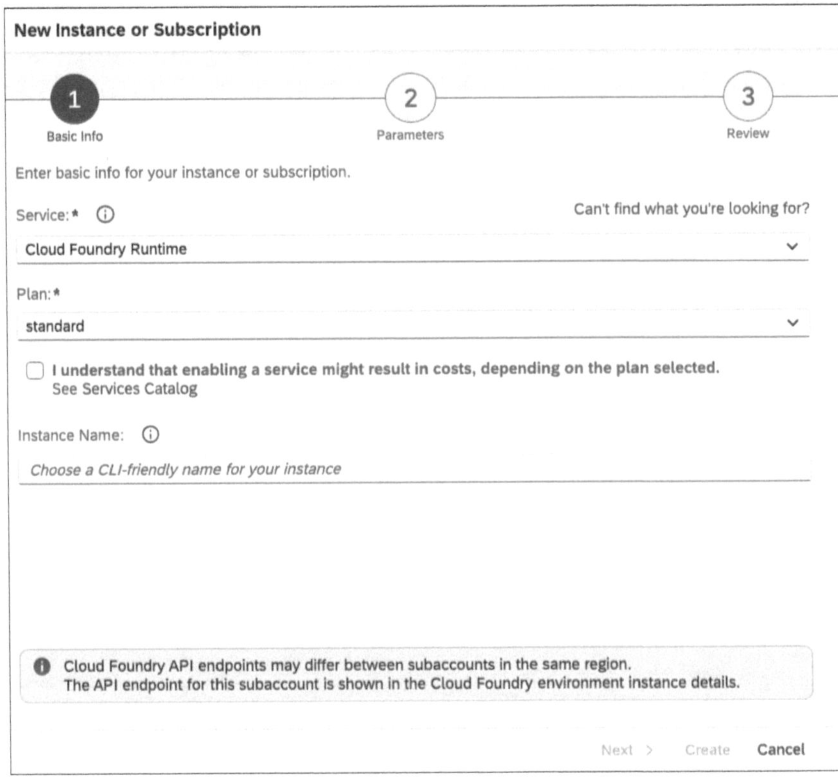

Abbildung 14.6 Cloud Foundry Runtime aktivieren

Cloud-Foundry-Laufzeitumgebung

Serviceinstanzen innerhalb der Cloud-Foundry-Laufzeitumgebung erhalten jeweils einen eindeutigen Instanznamen (**Instance Name**), der leicht verständlich sein und zur Verwendung in der Kommandozeile nur aus Buchstaben, Zahlen und Unterstrichen bestehen sollte. Darüber hinaus erhält die Laufzeitumgebung innerhalb des Subaccounts einen übergreifenden Organisationsnamen (**Org Name**), aus dem sich idealerweise die Zugehörigkeit zum Global und Subaccount ablesen lässt. Ist die Cloud-Foundry-Laufzeitumgebung einmal eingerichtet, kann mit dem Standardplan von SAP Build Work Zone, Standard Edition ebenfalls über den Service Marketplace eine Instanz angelegt und mit einem entsprechenden Namen versehen werden. Wenn in der Laufzeitumgebung noch kein **Space** angelegt wurde, ist spätestens jetzt die Zeit dafür gekommen. Spaces untergliedern die Laufzeitumgebung in voneinander abgetrennte Bereiche, wobei Serviceinstanzen die Zuweisung zu einem expliziten Space voraussetzen. Im produktiven Subaccount von SAP Build Work Zone von EcoFriendly Systems GmbH lautet der Name dieses Space schlicht **master**, wie es in Abbildung 14.7 zu sehen ist..

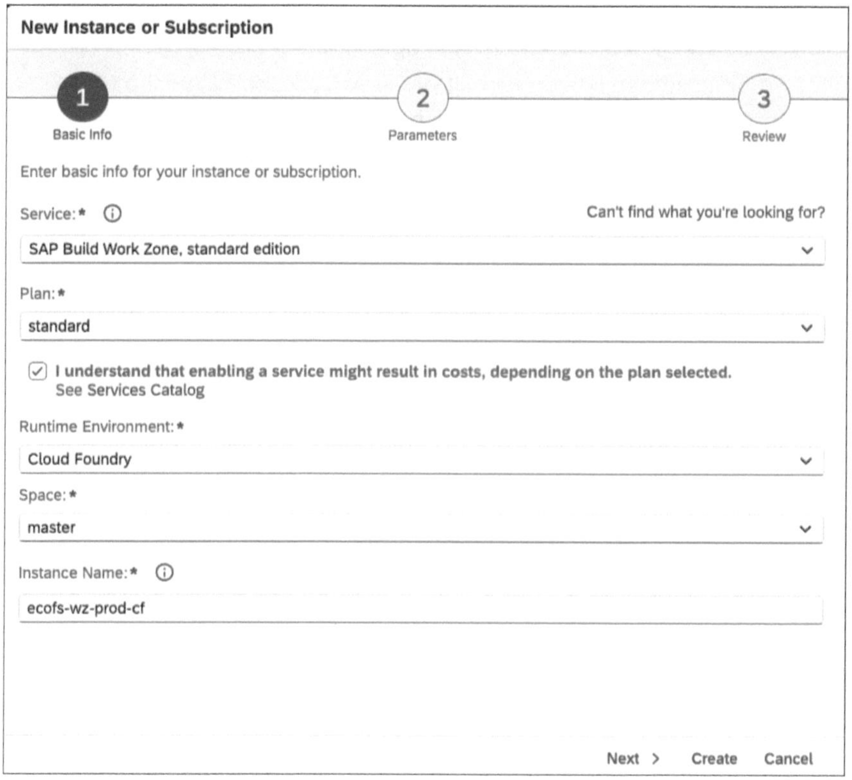

Abbildung 14.7 Serviceinstanz mit Laufzeitumgebung und Space anlegen

Role Collections für die Zugriffsberechtigung

Bevor SAP Build Work Zone nun erstmals selbst aufgerufen werden kann, müssen noch die notwendigen Zugriffsberechtigungen vergeben werden. Mit der Subskription der SAP Build Work Zone, Standard Edition wird automatisch eine Role Collection **Launchpad_Admin** im SAP-BTP-Subaccount angelegt, die alle Rollen und Geltungsbereiche für den Vollzugriff enthält. Über das Menü **Security • Role Collections** kann die Role Collection aufgerufen und auf zwei verschiedenen Wegen an beliebige Nutzer*innen verteilt werden: Entweder wird die Role Collection einem SAP-BTP-User durch Eingabe von ID und Auswahl des Identity Providers direkt zugewiesen, oder es erfolgt ein *Role Collection Mapping* durch Angabe eines Attributs, das bei der Authentifizierung an einer Anwendung im SAP-BTP-Subaccount vom Identity Provider über das Identitätsprotokoll übergeben und ausgelesen wird. Während das manuelle Zuweisen aufgrund des Pflegeaufwands nur für einfache Testszenarien empfehlenswert ist, ist das Mapping in allen anderen Fällen die bessere Wahl – gerade auch im Hinblick auf einen Single Point of Truth für die Benutzerverwaltung. Beide Varianten sind in Abbildung 14.8 ersichtlich. Entsprechend hat EcoFriendly Systems GmbH in ihrem Microsoft Entra ID eine Nutzergruppe **Workzone_Admin** angelegt und allen Nutzer*innen zugewiesen, die einen Vollzugriff auf die Konfiguration des Systems erhalten sollen. Folglich erhält die Role Collection **Launchpad_Admin** auf der SAP BTP ein Mapping des Attributs **groups** auf den Wert **Workzone_Admin**, um den gewünschten Effekt bei der Anmeldung von Nutzer*innen mit dieser Gruppenzuordnung zu erzielen.

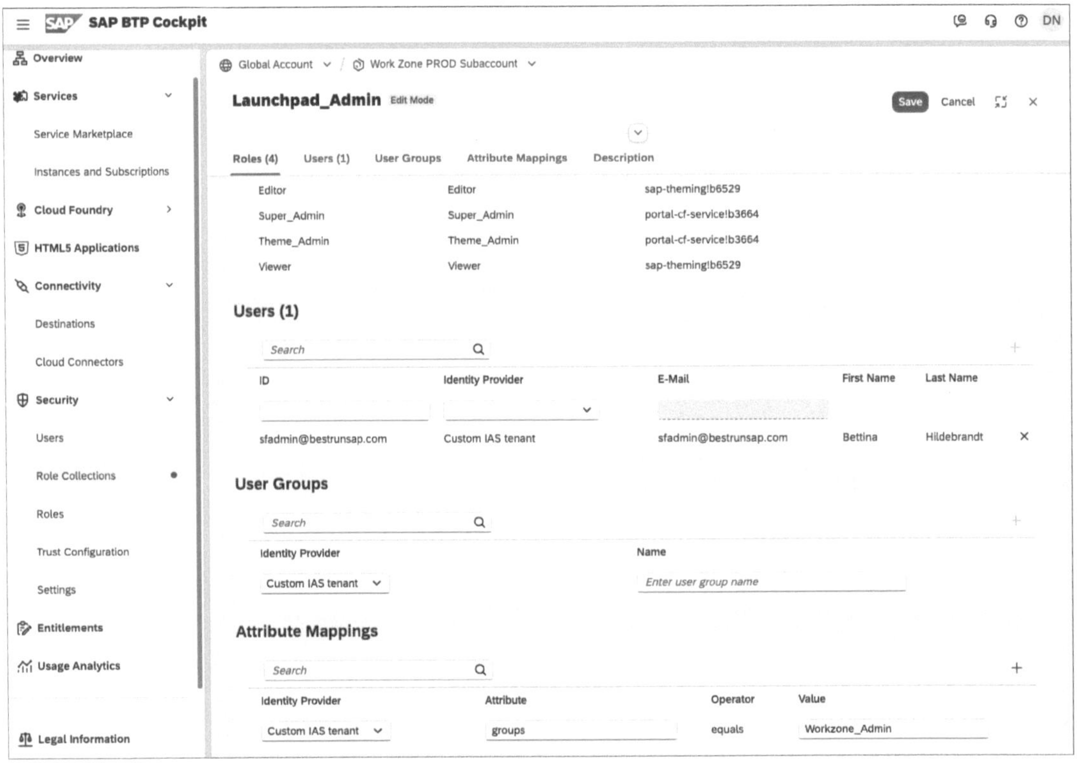

Abbildung 14.8 Role Collections auf der SAP BTP

[»]

Vorsicht vor Session-Cookies beim Testen

Gerade bei der ersten Einrichtung und beim Testen von Konfigurationen kommt es immer wieder vor, dass verschiedenste Rollen und Role Collections auf der SAP BTP zugewiesen werden müssen. Damit diese Zuordnung von neuen Berechtigungen bei der Authentifizierung greifen kann, ist es zwingend erforderlich, eine neue Browser-Session zu verwenden, die nicht auf bestehende Cookies zurückgreift. Dies kann durch das Löschen der Browserdaten oder die Nutzung eines Inkognito-Fensters sichergestellt werden.

14.4.4 SAP Build Work Zone konfigurieren

Nach erfolgter Rollenzuweisung kann erstmals die Administrationsoberfläche von SAP Build Work Zone aufgerufen werden. Das **Website-Verzeichnis** ist die Startseite der Administrationsansicht. Auf dieser Seite wird eine SAP-Build-Work-Zone-Website angelegt und als Standard eingestellt (siehe Abbildung 14.9).

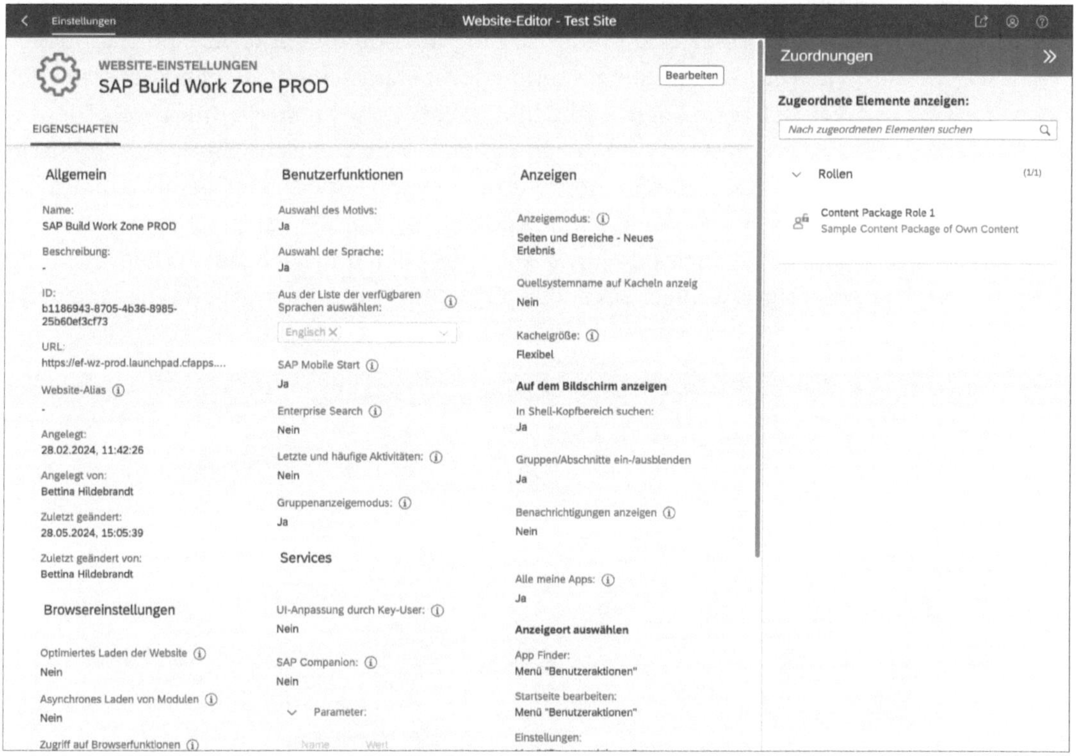

Abbildung 14.9 Website-Einstellungen der SAP Build Work Zone

In den **Website-Einstellungen** können verschiedenste Konfigurationsoptionen für SAP Build Work Zone wahrgenommen werden. Um die neuesten Features der SAP Build Work Zone, Standard Edition nutzen zu können, aktiviert EcoFriendly Systems GmbH hier den Anzeigemodus **Seiten und Bereiche – Neues Erlebnis**. Auch die Zuordnung von Rollen zu einzelnen Websites erfolgt an dieser Stelle.

Von SAP Authorization and Trust Management zu Identity Authentication wechseln

Zunächst aber lohnt sich ein Blick in die globalen **Einstellungen** der SAP Build Work Zone, Standard Edition (Zahnradsymbol). Da EcoFriendly Systems GmbH für das neue Applikationsportal eine eingängige Custom Domain verwenden möchte, über die alle Nutzer*innen schnell auf das System zugreifen können, ist es sinnvoll, die Authentifizierung, die bisher über SAP

Authorization and Trust Management (XSUAA) lief, bei SAP Build Work Zone auf den Service *Identity Authentication* umzustellen. Denn die Integration von Anwendungen von Remote Content Providern (wie z. B. einem on premise betriebenen SAP-S/4HANA-System) ist bei Verwendung einer Custom Domain in Verbindung mit SAP Authorization and Trust Management zur Authentifizierung an SAP Build Work Zone nicht möglich.

Mit dem einmalig durchzuführenden (und bei Bedarf reversiblen) Umstieg auf eine direkte Authentifizierung über den Identity Authentication Service wird SAP Authorization and Trust Management als Standardservice der SAP BTP beim Login an SAP Build Work Zone praktisch umgangen. Die einzige technische Voraussetzung, eine Vertrauensbeziehung des SAP-BTP-Subaccounts zum Identity Authentication Service per OpenID Connect, ist bereits erfüllt. Somit kann der Vorgang über die entsprechende Checkbox und einen Klick auf **Aktivieren** angestoßen und nach einer Erfolgsmeldung innerhalb weniger Sekunden abgeschlossen werden. Abbildung 14.10 zeigt diesen Schritt kurz vor Auslösen der Aktivierung.

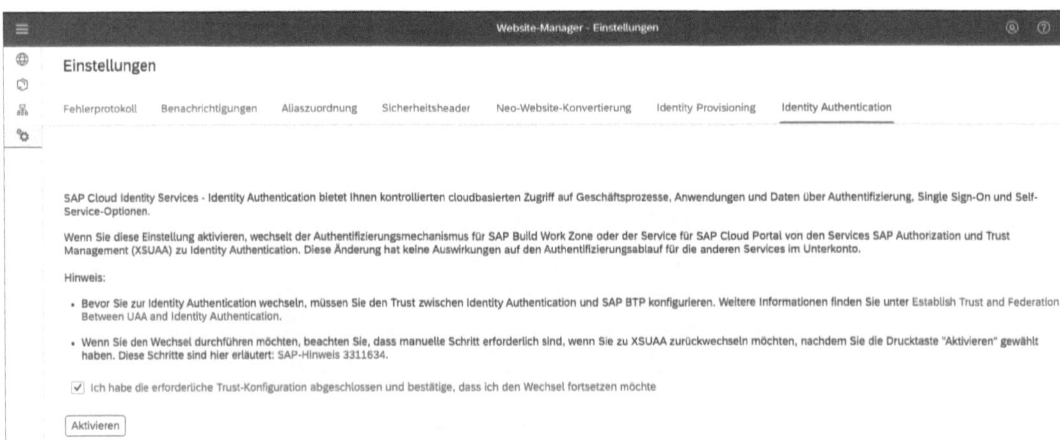

Abbildung 14.10 Wechsel des Authentifizierungsmechanismus

Inhalte anlegen, konfigurieren und strukturieren

Der *Content-Manager* ist das Herzstück der Administrationsoberfläche in SAP Build Work Zone, Standard Edition und in seinen grundlegenden Funktionen schon aus dem Vorgängerprodukt SAP Fiori Launchpad bekannt. Hier können Administrator*innen die Inhalte anlegen, konfigurieren und strukturieren, die in SAP Build Work Zone für Endnutzer*innen bereitgestellt werden. Mit dem Anzeigemodus **Neues Erlebnis**, der zuvor in den Website-Einstellungen aktiviert wurde, kann die EcoFriendly Systems GmbH nun auch Bereiche und Seiten mit einem eigenen *Seiteneditor* in SAP Build

Work Zone einfügen. Dieser lässt sich durch das Erstellen oder Bearbeiten einer Seite im Content-Manager aufrufen. Bereiche werden wie Apps konkreten Rollen zugeordnet und auf diese Weise mit allen ihnen zugehörigen Inhalten (Seiten und in ihnen verbaute Widgets) zugriffsberechtigt. Bereiche und Seiten ergeben gemeinsam eine zweistufige, übersichtliche Navigation im SAP Fiori Shell-Header der SAP Build Work Zone, Standard Edition. Mit dem Seiteneditor können neben den bewährten Anwendungskacheln erstmals auch UI Integration Cards auf den Seiten verbaut werden. Administrator*innen verteilen dabei entsprechende Widgets in einem Rasterlayout aus beliebig angeordneten Spalten und Zeilen, wie Abbildung 14.11 zeigt.

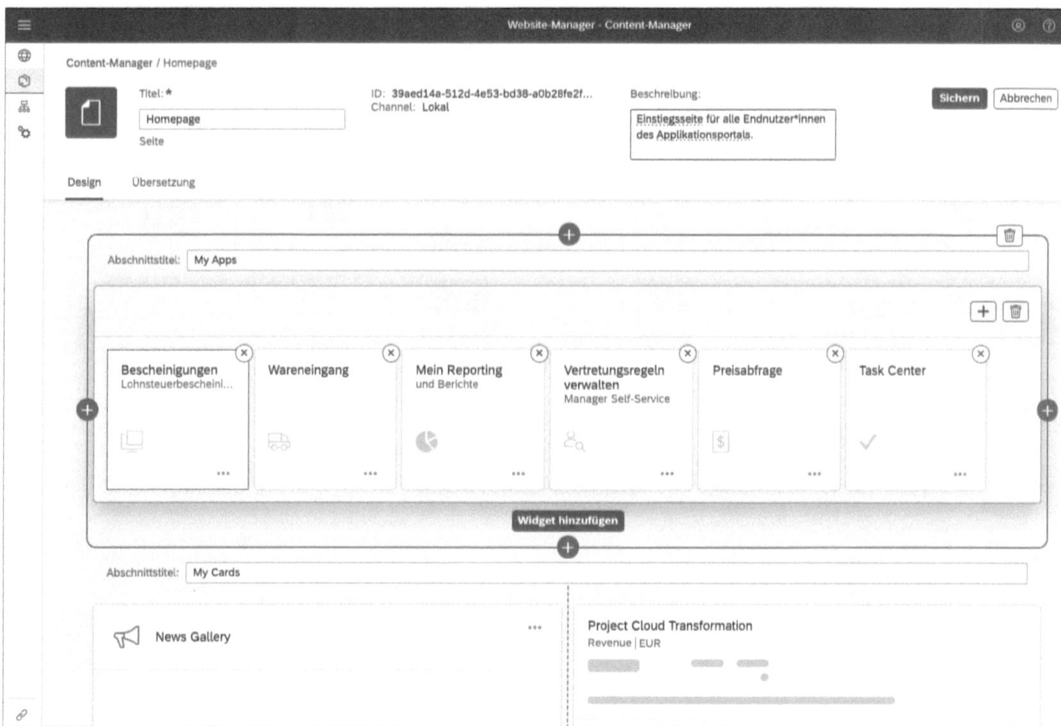

Abbildung 14.11 Das Rasterlayout des Seiteneditors

Wichtig in der SAP Build Work Zone, Standard Edition: Im Gegensatz zur Advanced Edition gibt es hier keine von SAP vorgefertigten Inhalte, die ohne Vorbereitung in Seiten verbaut werden können. Anwendungskacheln und UI Integration Cards müssen zunächst angelegt bzw. über entsprechende Quellen bezogen werden. Damit beschäftigen sich die nächsten beiden Abschnitte.

14.4.5 Manuelle Integration von HR-Self-Services

Manuelle Integration oder Content Federation

Grundsätzlich kann die Integration von Anwendungen in der SAP Build Work Zone über die *manuelle Integration* oder per *Content Federation* erfolgen. Es ist ein Stück weit auch eine strategische Frage, welcher Weg für welche Anwendungen und Systeme eingeschlagen wird. Denn während die Anwendungskonfiguration bei der manuellen Integration direkt in SAP Build Work Zone auf der SAP BTP erfolgt, verbleibt sie bei der Content Federation im Remote Content Provider. SAP Build Work Zone konsumiert in diesem Fall lediglich die Inhalte, die dem System z. B. von einem on premise betriebenen SAP-S/4HANA-System bereitgestellt werden. Abbildung 14.12 zeigt das Berechtigungskonzept für die verschiedenen Integrationsoptionen in SAP Build Work Zone in einem Schaubild.

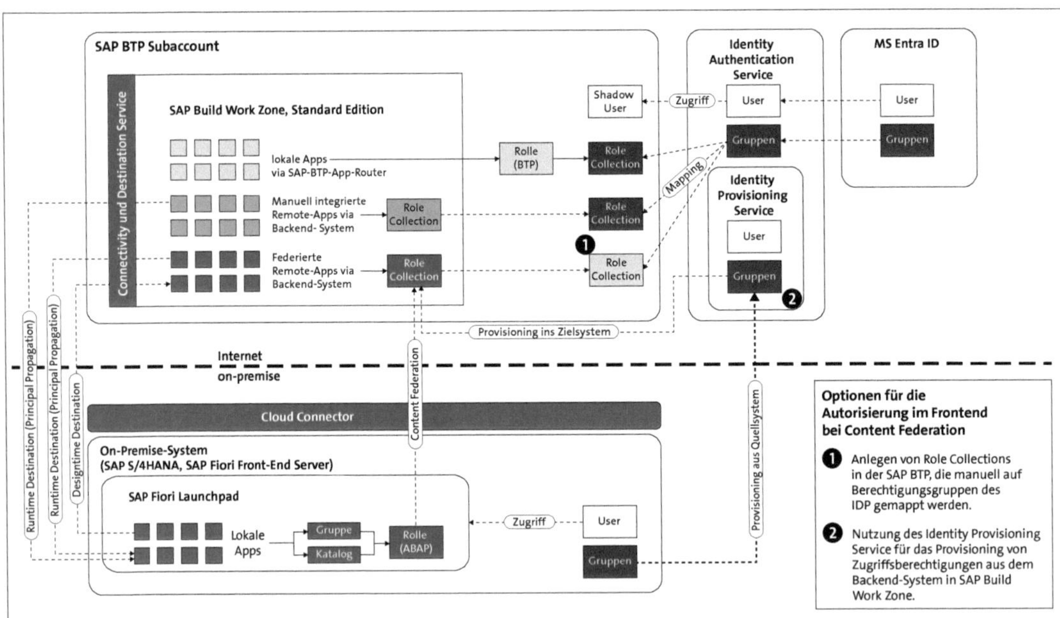

Abbildung 14.12 Schaubild zum Berechtigungskonzept mit den verschiedenen Integrationsoptionen für Inhalte in der SAP Build Work Zone, Standard Edition

Destinations verwenden

EcoFriendly Systems GmbH entscheidet sich, einzelne Anwendungen aus der HR-Plattform SAP SuccessFactors als Self-Services auch über SAP Build Work Zone bereitzustellen. Für diesen Fall ist eine Umsetzung per manueller Integration naheliegend. Die einfachste Variante beim manuellen Anlegen einer App im Content-Manager ist es, ohne Auswahl eines Zielsystems direkt auf eine vollständige Web-URL zu zeigen. Im Sinne der Wartbarkeit bei der zentralen Pflege über die SAP BTP empfiehlt sich die Verwendung von *Destinations*, gerade wenn mehrere Apps von ein und demselben Websystem bezogen werden sollen.

Den Anweisungen im SAP Help Portal zufolge legt EcoFriendly Systems GmbH deshalb eine Destination **SF_Host** an, die über eine direkte Webverbindung (Proxy Type **Internet**) und ohne Authentifizierungsmechanismus (**NoAuthentication**) auf die Host-URL der SAP-SuccessFactors-Instanz des Unternehmens zeigt. Somit greift beim Aufruf die Authentifizierung des Zielsystems SAP SuccessFactors, die EcoFriendly Systems GmbH ebenfalls über den Identity Authentication Service im Proxy-Modus am Corporate Identity Provider Microsoft Entra ID vornimmt. Auf diese Weise ist Single-Sign-on beim Aufruf der Anwendung über die SAP Build Work Zone sichergestellt. Die vollständige Destination ist in Abbildung 14.13 ersichtlich.

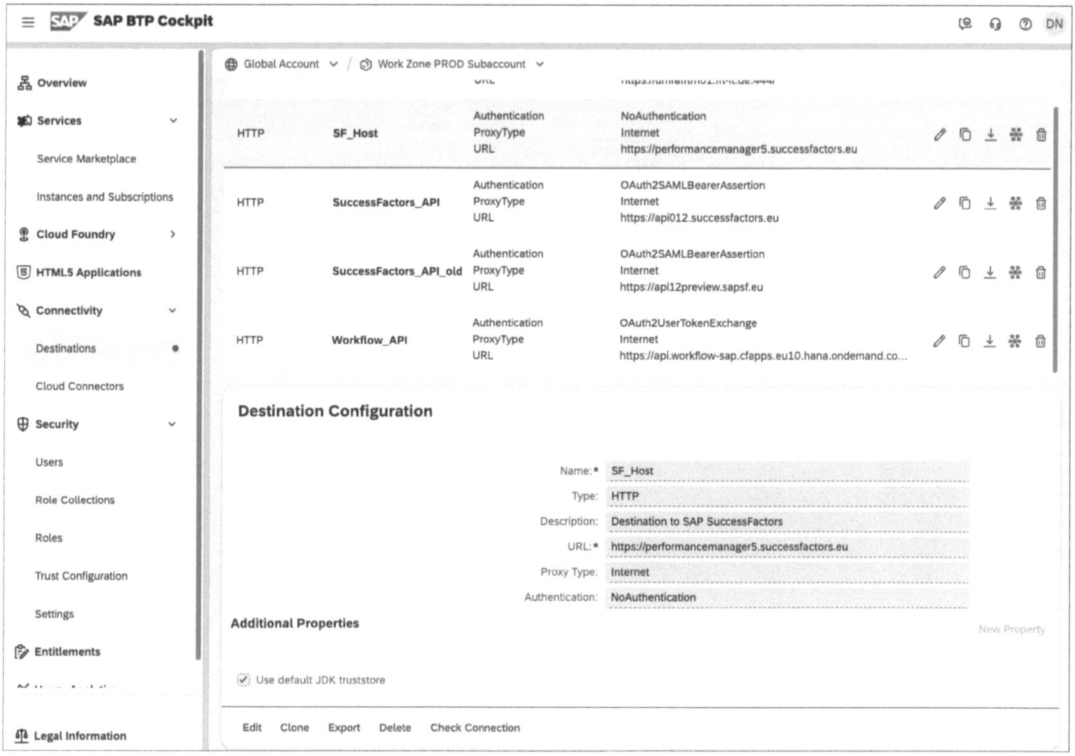

Abbildung 14.13 Konfigurierte Destination zum einheitlichen Aufruf von Anwendungen über das hier referenzierte System

Zusammenstellung der App-URL

Um nun eine Anwendung von SAP SuccessFactors über die Destination in SAP Build Work Zone zu integrieren, muss eine entsprechende App im Content-Manager angelegt werden. Dafür wird die Destination auf der Registerkarte **Konfiguration** als (Remote-)System ausgewählt, von dem die Anwendung bezogen werden soll (siehe Abbildung 14.14). Als App-UI-Technologie dient in diesem Fall eine **Dynamische URL**, da SAP SuccessFactors den Aufruf per Deep Link unterstützt. Der relative Pfad zur App ist der SAP-SuccessFactors-Dokumentation zu entnehmen; in diesem Beispiel wird die Zeiterfassung über **/sf/timesheet** aufgerufen. Die Destination-URL und der relative Pfad ergeben somit gemeinsam die vollständige App-URL: *https://performancemanager5.successfactors.eu/sf/timesheet*.

Bei Integration einer UI5-Anwendung müsste anstelle der dynamischen URL beispielsweise eine Component ID angegeben werden. Der zu ergänzende Parameter **sap-company** schließlich verweist auf die eindeutige Company ID der SAP-SuccessFactors-Instanz, mit der eine Verbindung hergestellt werden soll. Abbildung 14.14 zeigt die beispielhafte App-Konfiguration für die Zeiterfassung.

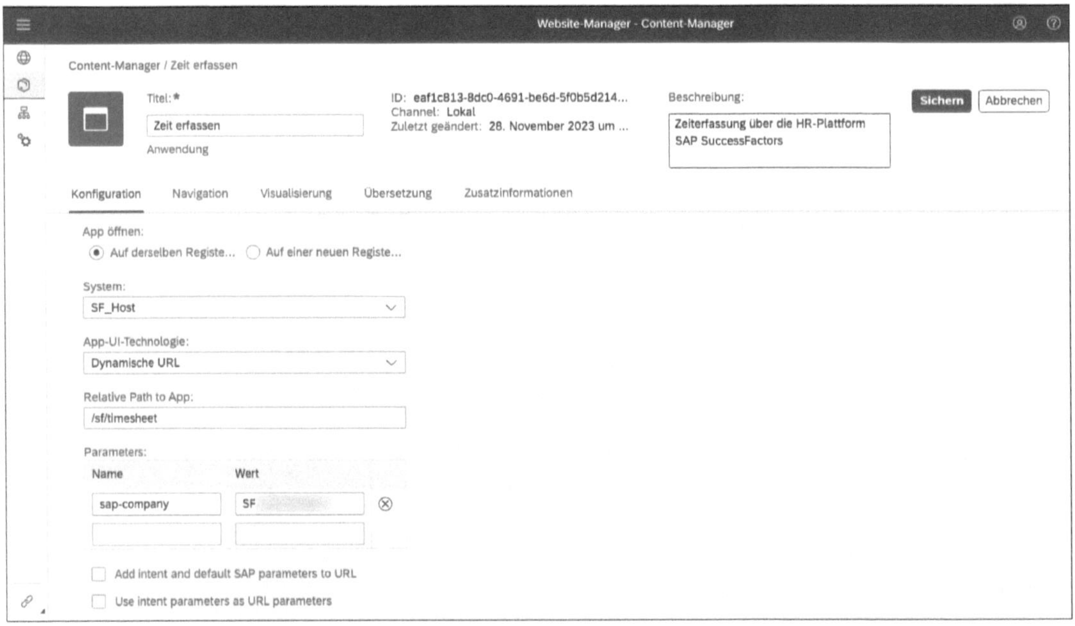

Abbildung 14.14 Konfiguration der App »Zeit erfassen« über die Destination zu SAP SuccessFactors im Content-Manager der SAP Build Work Zone

Auf der Registerkarte **Navigation** muss nun noch die Absicht (*Intent*) für den Aufruf der Anwendung definiert werden, bestehend aus einer Aktion und einem semantischen Objekt (z. B. **show** und **Timesheet**). Weitere Konfigurationsmöglichkeiten rund um die Visualisierung der Anwendungskachel, Übersetzungen sowie Zusatzinformationen sind optional.

14.4.6 On-Premise-Apps mit Content Federation integrieren

Bereitstellung lokaler Inhalte

Neben SAP SuccessFactors und SAP S/4HANA betreibt EcoFriendly Systems GmbH weiterhin auch einen SAP-Fiori-Frontend-Server zur Bereitstellung von SAP-Fiori-Applikationen, die in einem über die Jahre gewachsenen SAP Fiori Launchpad on premise genutzt werden können. Die dortigen Anwendungen sollen perspektivisch nach und nach in die Cloud migriert werden. Bis dies so weit ist, behilft sich das Unternehmen mit der Content Federation, um die Inhalte des lokalen SAP Fiori Launchpads praktisch 1:1 in SAP Build Work Zone auf der SAP BTP weiterverwenden zu können.

Cloud Connector einrichten

Grundlegende Voraussetzung für die Verbindung zwischen On-Premise-Systemen und der SAP BTP ist die Einrichtung des *Cloud Connectors*. Die Anwendung kann auf einem Server in der Demilitarisierten Zone (DMZ) oder dem internen Netzwerk betrieben werden und baut als *Reverse Invoke Proxy* eine sichere Tunnelverbindung zur SAP BTP auf. Durch die feingranulare Freigabe von einzelnen Pfaden auf den Backend-Systemen für explizite SAP-BTP-Subaccounts ist ein restriktiver, aber zugleich performanter Zugriff von SAP Build Work Zone (oder anderen SAP-BTP-Services) auf on premise bereitgestellte Inhalte möglich.

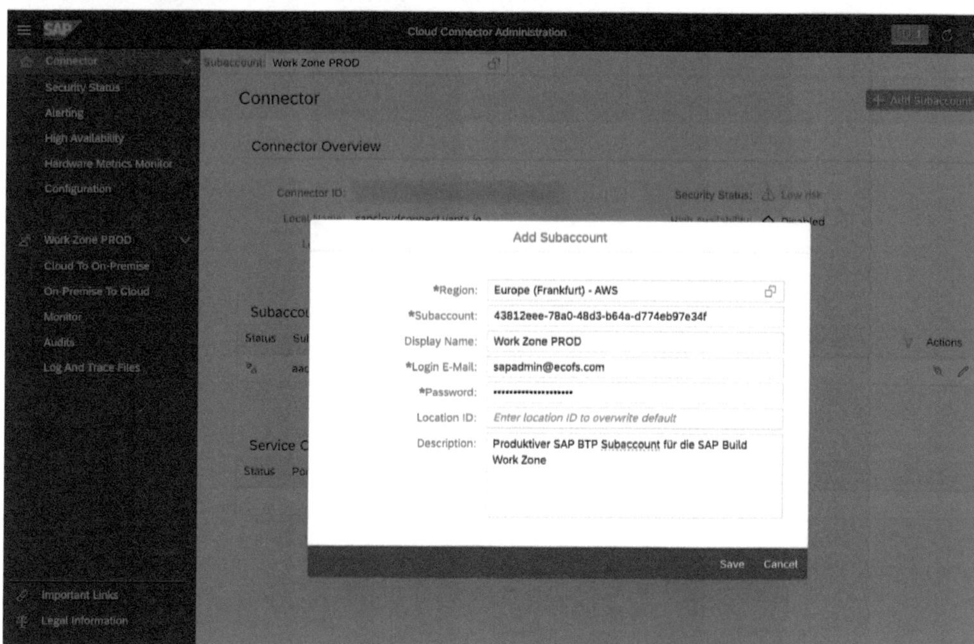

Abbildung 14.15 Verbindung zu einem SAP-BTP-Subaccount aufbauen

Nachdem der Cloud Connector installiert und in der DMZ der EcoFriendly Systems GmbH erstmals aufgerufen wurde, muss zunächst die initiale Verbindung zum SAP-BTP-Subaccount hergestellt werden. Dafür klicken Sie auf den Button **Add Subaccount**. In dem Fenster, das sich öffnet, wird nun der Subaccount eingetragen (siehe Abbildung 14.15). Entscheidend ist hier neben der Angabe der Subaccount-ID (ablesbar auf der Seite **Subaccount Overview** auf der SAP BTP) die Auswahl der richtigen SAP-BTP-Region. Die Unterscheidung der Region orientiert sich an den Hyperscalern (z. B. AWS, Azure, Google Cloud Platform) und am Standort (z. B. Europe/Frankfurt, Europe/Netherlands). Für eine erfolgreiche Authentifizierung sind außerdem die Zugangsdaten eines im Subaccount als *Cloud Connector Administrator* berechtigen S-Users erforderlich.

Zugriffskontrolle für das Backend-System

Wenn der Subaccount erfolgreich verbunden ist, dann erfolgen die Einstellungen für die Zugriffskontrolle im Menü **Cloud To On-Premise**, das über den gleichnamigen Eintrag auf der linken Seite erreichbar ist. Dort klickt man auf den Plus-Button, um eine Verbindung zu einem On-Premise-System einzurichten. Je nach Typ sind entsprechende Angaben zum System notwendig (interner und virtueller Host/Port, Verbindungsprotokoll). Der virtuelle Hostname dient der Verdeckung des »echten« internen Hostnamens nach außen. Per Klick auf das Button-Icon **Check Internal Host** wird sogleich die erfolgreiche Verbindungseinrichtung geprüft. Über den unteren Plus-Button lassen sich nun explizite Pfade auf dem Backend-System für den derzeit ausgewählten SAP-BTP-Subaccount als Ressourcen freigeben (siehe Abbildung 14.16). Das SAP Help Portal gibt zu den für die Content Federation benötigten Pfaden je Systemtyp Aufschluss.

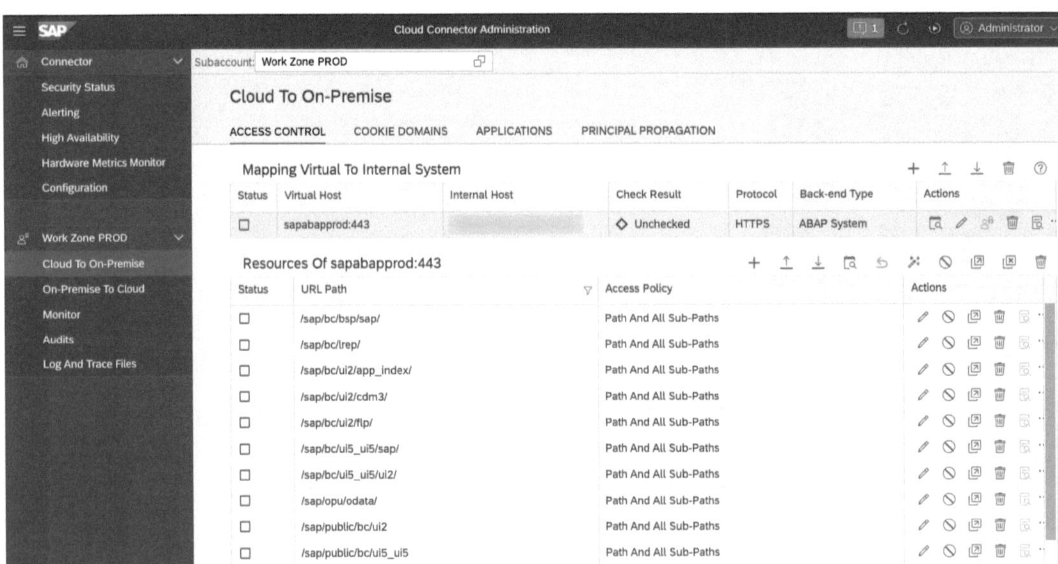

Abbildung 14.16 Für die Content Federation benötigte Systempfade freigeben

Single Sign-on via Principal Propagation

Darüber hinaus erlaubt der Cloud Connector mit der Konfiguration von *Principal Propagation* auf diesem Zugriffsweg auch einen Single-Sign-on, von SAP Build Work Zone über die SAP BTP und den Identity Authentication Service bis hin zur Anwendung auf dem angebundenen Backend-System. Dabei wandelt der Cloud Connector den für die Webauthentifizierung genutzten JSON Web Token (JWT) in ein X.509-Zertifikat für die Authentifizierung in der On-Premise-Umgebung um. Nutzer*innen bekommen von diesem Vorgang beim Zugriff auf ihre Anwendungen idealerweise nichts mit. Zur Konfiguration der Principal Propagation ist die Einrichtung einer Vertrauensbeziehung zum Identity Provider des SAP-BTP-Subaccounts und von Zertifikaten im Cloud Connector sowie im Backend-System notwendig. Der Blogbeitrag aus der SAP Community, den Sie unter der folgenden URL finden, beschreibt den Vorgang anschaulich anhand eines SAP-S/4HANA-Systems: *http://s-prs.de/v1015331*

Alternativ lohnt sich ein Blick in das ebenfalls beim Rheinwerk Verlag erschienene Buch »Cloud Connector für SAP« von Martin Koch und Siegfried Zeilinger (SAP PRESS 2023), das der Principle Propagation ein ganzes Kapitel widmet.

Schließlich braucht es noch zwei Destinations im SAP-BTP-Subaccount:

- eine Design-Zeit-Destination, über die Administrator*innen die per Content Federation bereitgestellten Inhalte in SAP Build Work Zone verbauen können
- eine Laufzeit-Destination, über die Nutzer*innen die Inhalte zur Verwendung innerhalb von SAP Build Work Zone abrufen können

Während erstere zur Authentifizierung über die Authentifizierungsmethode *BasicAuthentication* einen technischen Nutzer verwenden sollte, greift letztere auf die zuvor beschriebene Principal Propagation zurück. Nur so ist sichergestellt, dass die zur Verwendung freigegebenen Inhalte zur Laufzeit auch die personalisierte Berechtigungskonfiguration der jeweiligen Nutzer*innen berücksichtigen. Um die zuvor eingerichtete On-Premise-Verbindung über den Cloud Connector nutzen zu können, verwenden beide Destinations den Proxy Type **OnPremise** und die auf dem virtuellen Host und Port basierende System-URL. In Abbildung 14.17 ist die Laufzeit-Destination mit den zugehörigen Properties zu sehen, wie sie auch im SAP Help Portal für diesen Systemtyp vorgegeben werden.

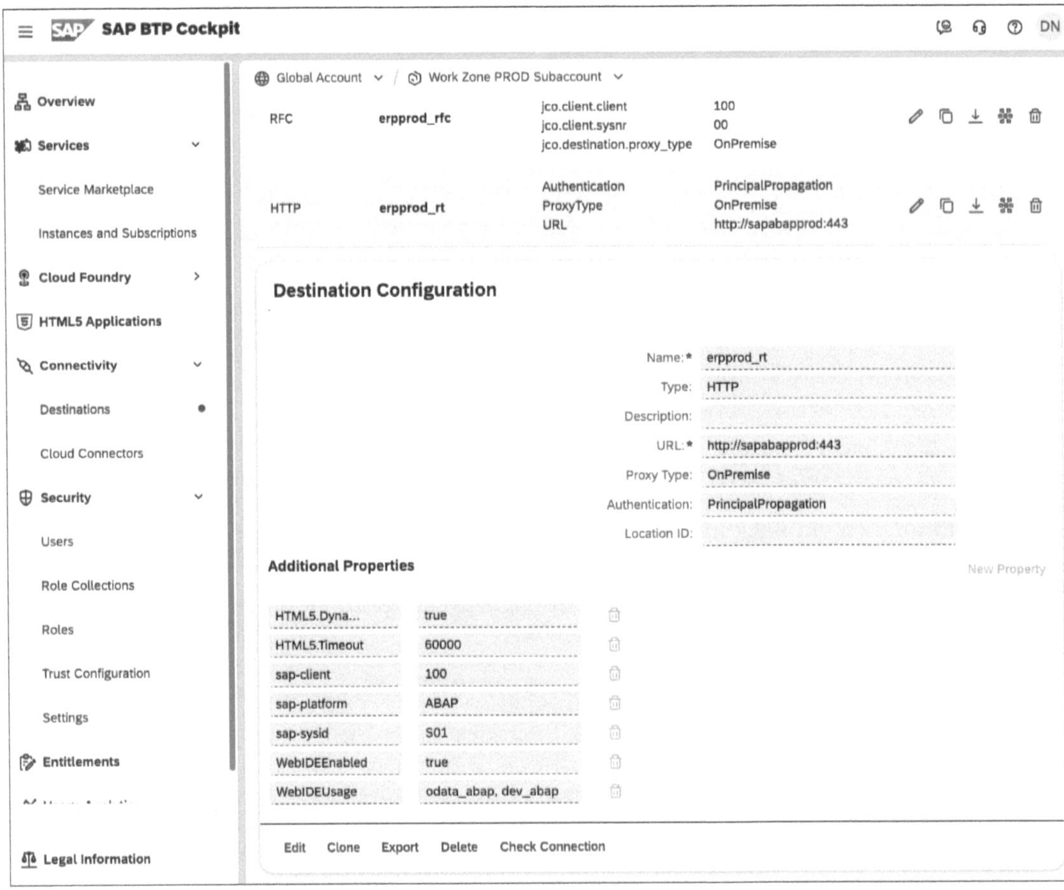

Abbildung 14.17 Vollständige Laufzeit-Destination für den Zugriff auf Inhalte aus einem angebundenen ABAP-System

Rollenbasierte Bereitstellung von Inhalten

Die Bereitstellung von Inhalten (wie Apps, Gruppen, Kataloge, Seiten oder Bereiche) per Content Federation erfolgt rollenbasiert. Über die Transaktion */UI2/CDM3_EXP_SCOPE* im ABAP-System können Administrator*innen die gewünschten Rollen mit ihren jeweiligen Inhaltsberechtigungen auswählen und exponieren. Der vollständige Einrichtungsprozess auf dem Backend-System kann beispielhaft in der SAP Learning Mission »Enhance Your SAP Build Work Zone Site with Federated SAP S/4HANA Content« auf *http://s-prs.de/v1015332* nachvollzogen werden.

Zusätzliche Content Provider anbinden

Sobald mindestens eine Rolle mit zugehörigen Inhalten für die SAP BTP exponiert wurde, ist der letzte notwendige Schritt zur Verbindung des Backend-Systems mit SAP Build Work Zone die Einrichtung eines Content Providers. Diese Aufgabe übernimmt der *Channel-Manager* in SAP Build Work Zone. Standardmäßig ist hier der Channel **HTML5 Apps** vorzufinden. Dahinter verbirgt sich ein von SAP verwalteter App-Router zur Integration von HTML5-Anwendungen, die im gleichen SAP-BTP-Subaccount betrieben werden. Mit einem Klick auf **+ Neu** lassen sich neben Content-Paketen auch zusätzliche Content Provider anbinden – wie auch das ABAP-System der EcoFriendly Systems GmbH.

Im folgenden Dialog, der in Abbildung 14.18 zu sehen ist, sind neben einem passenden Titel und einer technischen ID die zuvor angelegten Design-Zeit- und Laufzeit-Destinations auszuwählen. Mit einem abschließenden Klick auf **Sichern** ist der Content Provider auch schon angelegt. Dem **Status** im Channel-Manager ist zu entnehmen, ob der Verbindungsversuch über die Design-Zeit-Destination erfolgreich war. Der Bericht verrät darüber hinaus, welche und wie viele Inhaltstypen konkret in SAP Build Work Zone übertragen werden konnten. Die entsprechenden Rollen lassen sich anschließend über den Content-Manager im **Content-Explorer** einsehen und der SAP-Build-Work-Zone-Instanz hinzufügen.

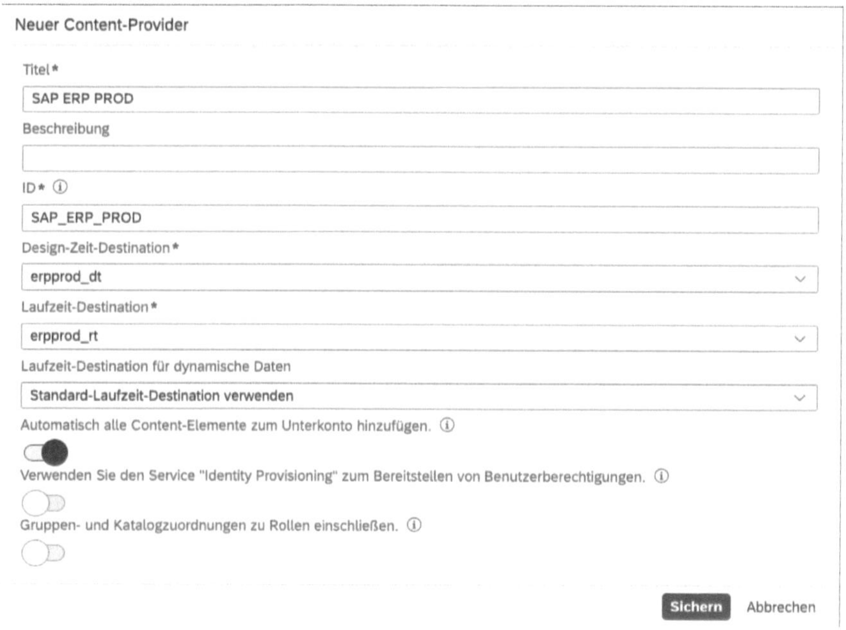

Abbildung 14.18 Zusätzliche Content Provider ergänzen

Provisioning von Rollen aus Backend-Systemen

Rollen, die von zusätzlichen Content Providern in SAP Build Work Zone exponiert wurden, sind grundsätzlich ebenso wie lokal angelegte Rollen den jeweiligen Nutzer*innen zuzuweisen, entweder manuell über das SAP-BTP-Cockpit oder per Role Collection Mapping. Stattdessen können aber auch die Rollenberechtigungen aus dem Backend-System 1 : 1 übernommen werden, wenn sie mithilfe des Identity Provisioning Service der SAP Cloud Identity Services in SAP Build Work Zone übertragen werden. In diesem Fall ist die Option **Verwenden Sie den Service "Identity Provisioning" zum Bereitstellen von Benutzerberechtigungen.** im Dialog zum Anlegen des Content-Providers zu aktivieren. Der Vorgang ist beispielhaft im Blogbeitrag in der SAP Community beschrieben, der unter dem folgenden Link zu finden ist: *http://s-prs.de/v1015333*

UI Integration Cards aus Content-Paketen

Nicht zuletzt lassen sich über den Channel-Manager von SAP Build Work Zone, wie bereits erwähnt, auch Content-Pakete ins System hochladen. Zum aktuellen Zeitpunkt ist die Übernahme von vorgefertigten UI Integration Cards, Seiten und Bereichen aus Content-Paketen in SAP Build Work Zone, Standard Edition möglich. Die EcoFriendly Systems GmbH hat für ihre Zwecke im Rahmen des neuen Applikationsportals verschiedene Karten entwickelt, die entweder auf den Vorlagen von SAP für deklarative Karten basieren oder als sogenannte *Component Cards* über ein eigens umgesetztes UI verfügen. Diese Karten aus Content-Paketen lassen sich – ganz ähnlich wie Remote Content aus angebundenen Content Providern – über ihre entsprechend im Paket mitgelieferte Rolle von SAP Build Work Zone hinzufügen und für den Zugriff durch Nutzer*innen berechtigen. Sobald eine UI Integration Card auf diese Weise den Weg in SAP Build Work Zone gefunden hat, kann sie ebenso wie Anwendungskacheln mit dem Seiteneditor an beliebiger Stelle von Administrator*innen verbaut und bei Bedarf konfiguriert werden.

14.5 Ergebnisse und Vorteile

Nun, da Sie wissen, wie die SAP Build Work Zone, Standard Edition auf der SAP BTP aufgesetzt, eingerichtet und mit Business Content befüllt werden kann, lohnt sich ein abschließender Blick auf das Ergebnis, das EcoFriendly Systems GmbH auf diesem Weg zur Einführung eines Applikationsportals für seine Mitarbeitenden erreicht hat. Die Nutzer*innen steigen beim Aufruf des neuen Portals üblicherweise auf der Startseite ein. Diese empfängt die Mitarbeitenden sogleich mit dem Look-and-feel eines benutzerdefinierten SAP-Fiori-Themes auf Basis des Corporate Brandings der Organisation.

Fokus auf wichtige Aufgaben und Informationen

Wie alle Seiten von SAP Build Work Zone ist auch die Startseite mit dem Seiteneditor gepflegt und in verschiedene Abschnitte (*Sections*) gegliedert worden. Ihr Ziel besteht darin, Nutzer*innen proaktiv und individualisiert auf wichtige Aufgaben und Informationen hinzuweisen sowie einen Einblick in wichtige Kennzahlen zu bieten, ohne dass gleich ein Absprung in eine integrierte Anwendung notwendig wird. Die Reihenfolge der einzelnen Abschnitte ist grundsätzlich variabel. Werden z. B. klassische Anwendungskacheln als besonders wichtig betrachtet, kann der entsprechende Abschnitt durch die SAP-Build-Work-Zone-Administrator*innen nach oben verschoben werden. Eine personalisierte Anpassung durch Nutzer*innen ist aktuell nicht vorgesehen. Nutzungsstatistiken vergleichbarer Systeme zeigen, dass solche Personalisierungsoptionen nur selten genutzt werden.

In Abbildung 14.19 sehen Sie den oberen Teil der Startseite im neuen Applikationsportal. In diesem Fall ist sie temporär an oberster Stelle mit einer Eilmeldung versehen. Dabei kann es sich inhaltlich z. B. um den Ausfall eines wichtigen IT-Systems oder die Ankündigung eines geplanten Wartungsfensters handeln. Technisch verbirgt sich dahinter eine UI Integration Card mit eigenentwickelter Bedienoberfläche auf UI5-Basis (*Component Card*), die über eine API von einem Drittsystem mit Inhalten befüllt wird. Wenn zum aktuellen Zeitpunkt kein redaktioneller Inhalt veröffentlicht ist, wird die UI Integration Card von SAP Build Work Zone als leer erkannt und in der Endnutzeransicht automatisch ausgeblendet.

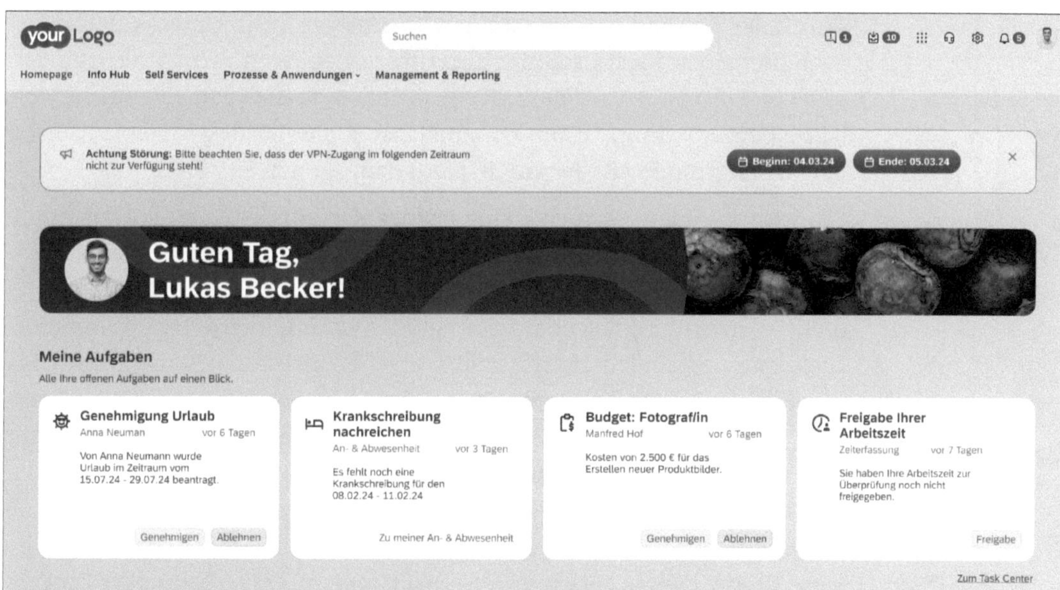

Abbildung 14.19 Begrüßung und Aufgaben im Applikationsportal

Eine persönliche Begrüßung

Auf die Eilmeldung folgt die Begrüßung, die personalisiert auf die jeweilige angemeldete Nutzer*in Bezug nimmt und somit für einen nahbaren Einstieg sorgt. Mit einem integrierten Key-Visual lockert die Begrüßung, die auf der SAP-Vorlage für eine einfache Object Card basiert, das visuelle Erscheinungsbild der Startseite auf. Das Element kann auch dynamisch ausgestaltet werden, um z. B. tageszeitabhängig passenden Content anzubieten, wie etwa einen Link zum unternehmenseigenen Speiseplan zur Mittagszeit. Die personenbezogenen Daten holt sich diese UI Integration Card über die Graph API bei der zentralen Benutzerverwaltung in Microsoft Entra ab.

Der folgende Abschnitt **Meine Aufgaben** besteht effektiv aus einer weiteren UI Integration Card zur Integration der Aufgaben aus dem SAP Task Center, die optisch als eigenständige Cards abgebildet werden. Insbesondere Führungskräfte stehen vor der Herausforderung, bei einer Vielzahl von Aufgaben aus verschiedenen Systemen den Überblick zu behalten. Deshalb werden in diesem Bereich auf der Startseite nicht nur die aktuellen Aufgaben aus den angebundenen Quellsystemen angezeigt: Mit den zugehörigen Interaktionselementen können sie auch direkt von der Startseite von SAP Build Work Zone aus genehmigt oder abgelehnt werden.

Direkte Interaktion mit Workflows

Wurde z. B. ein Urlaubsantrag bereits mündlich abgesprochen, kennt die Führungskraft bereits den Kontext und kann den Antrag ohne weiteren Aufruf der Anwendung genehmigen. Technische Basis für die Aufgaben ist auch hier eine Object Card, um die entsprechenden Informationen zu den jeweiligen Aufgaben aus dem SAP Task Center anzuzeigen. Inhaltliche Vorlage ist der Abschnitt **To Dos** der einfachsten SAP-Lösung für einen zentralen Einstiegspunkt auf der SAP BTP mit dem Namen SAP Start.

Urlaubstage, Zuschläge, Budgets auf einen Blick

Schließlich finden Sie auch **Meine Kennzahlen** auf der Startseite des Applikationsportals (siehe Abbildung 14.20). Mit dem eingeschränkten Funktionsumfang des Vorgängerprodukts SAP Fiori Launchpad war es üblich, lediglich Anwendungskacheln zu integrieren und thematisch zu gruppieren. Dies bedeutete für Nutzer*innen immer einen Absprung: Es musste also ins jeweilige Zielsystem gewechselt und dort gegebenenfalls weiternavigiert bzw. gesucht werden, um zur gewünschten Information zu gelangen. Mit den UI Integration Cards in der SAP Build Work Zone hingegen werden besonders wichtige Inhalte aus angebundenen Systemen direkt auf der Bedienoberfläche dargestellt. Die Bandbreite ist hierbei sehr vielfältig. In diesem Fall hat sich EcoFriendly Systems GmbH für eine kompakte Darstellung von relevantem HR-Content (z. B. Urlaubstage, Zuschläge, Budgets) aus SAP SuccessFactors im Kachelformat entschieden.

Auf die Kennzahlen folgen die klassischen Anwendungskacheln. EcoFriendly Systems GmbH hat sich dazu entschieden, spezifischere Anwendungen auf andere, thematisch gegliederte Bereiche und Seiten auszulagern. Auf der

Startseite finden deshalb im Abschnitt **Anwendungen** nur die meistgenutzten Self-Services der Mitarbeiterschaft ihren Platz. Dynamische Kacheln geben zudem über einen OData-Service bezogene dynamische Daten aus, wie etwa die Anzahl der offenen Aufgaben im SAP Task Center.

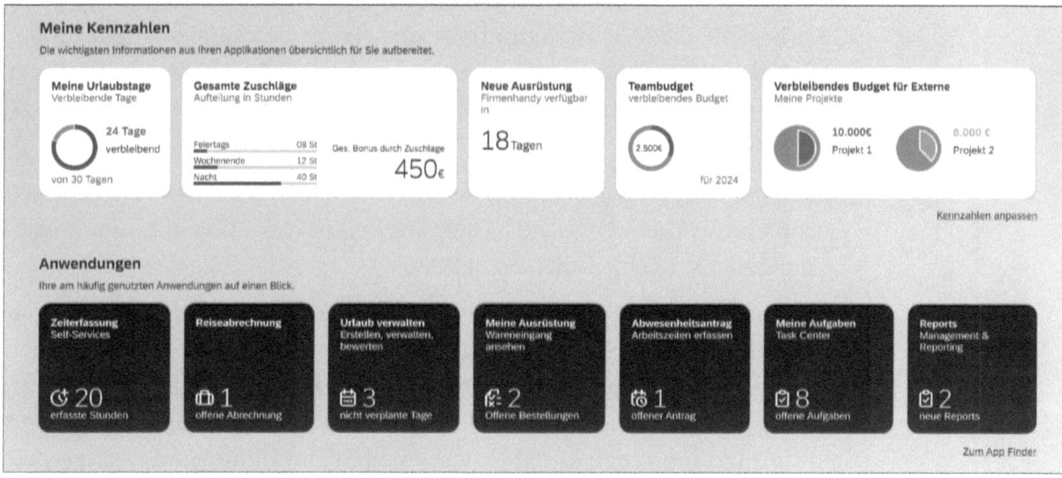

Abbildung 14.20 Kennzahlen und Anwendungen im Applikationsportal

Im Abschnitt **Was gibt es Neues?** schließen sich die prozessrelevanten Informationen an (siehe Abbildung 14.21).

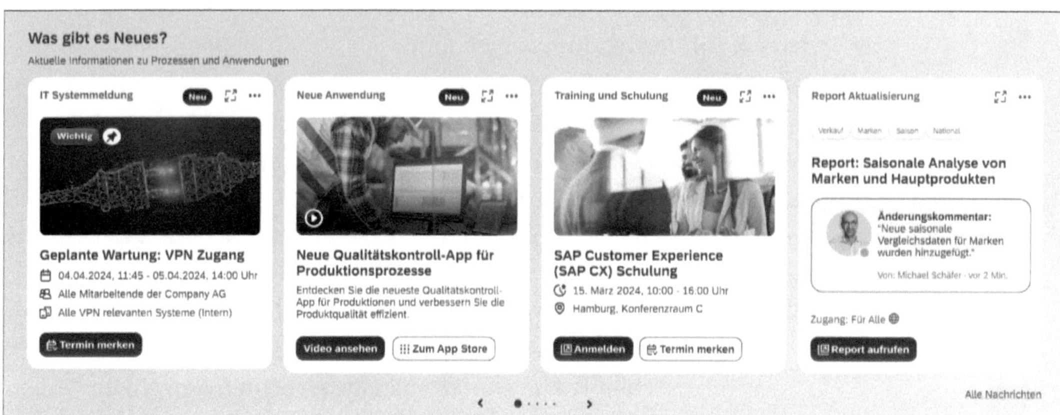

Abbildung 14.21 Aktuelle Informationen im Applikationsportal

Die Anwendungswelt des Unternehmens befindet sich im stetigen Wandel. Neue Plattformen kommen hinzu, Anwendungen verändern sich, alte Anwendungen werden entfernt oder bestehende Anwendungen um neue Funktionen erweitert. Diese Änderungen müssen im Rahmen des Change Managements an die Nutzer*innen kommuniziert und erläutert werden.

Erfolgt dies nicht, kann damit die Akzeptanz des Applikationsportals und der integrierten Anwendungen deutlich beeinträchtigt werden. In der UI Integration Card am Ende der Startseite erhalten die Anwender*innen deshalb einen Überblick der neuesten Nachrichten rund um technische und fachliche Themen, die das Applikationsportal betreffen. Die Component Card bezieht die Nachrichteninhalte aus einem Drittanbieter-Add-on auf Basis der SAP BTP. Als Ablageort für Daten und zum Download angebotener Dokumente kommen *SAP HANA Cloud* sowie *der Object Store on SAP BTP* zum Einsatz.

Neben der Startseite (*Homepage*) setzt EcoFriendly Systems GmbH auf insgesamt vier weitere Bereiche in der SAP Build Work Zone, um die Navigation möglichst übersichtlich zu halten:

- Der **Info Hub** erlaubt einen übergreifenden Zugriff auf wichtige Informationen und Nachrichten. Das Gesamtsystem verfolgt dabei den Ansatz, dass Informationen sowohl zentral über ein Cockpit als auch spezifisch im jeweiligen Geschäftsprozess dargestellt werden. Zusätzlich werden Informationen auch direkt in die Geschäftsanwendungen integriert.
- Im Bereich **Self Services** werden alle Services für Mitarbeitende sowie Führungskräfte gebündelt. Auch hier werden die wichtigsten bzw. am häufigsten genutzten Services über UI Integration Cards direkt mit Informationen aus den angeschlossenen Systemen befüllt. Je nach Rolle der Nutzer*innen werden mehr oder weniger Self-Services in diesem Bereich zur Verwendung angeboten.
- Im Bereich **Prozesse & Anwendungen** werden fachspezifische Landingpages angeboten. Die entsprechenden Seiten sind auf ein typisches Aufgabenfeld zugeschnitten. Das Tätigkeitsprofil der Mitarbeitenden mit den ihnen zugewiesenen Rollen bestimmt dabei die Ausprägung der Seiten, die als thematisch gegliederte Menüpunkte innerhalb des Bereichs zur Verfügung stehen.
- Der Bereich **Management & Reporting** steht über entsprechende Zugriffsberechtigungen exklusiv Führungskräften zur Verfügung. Mit einem inhaltlichen Fokus auf Datenanalysen stehen den Nutzer*innen hier je nach Ausrichtung HR-Kennzahlen, Reports zu Projektergebnissen oder KPI zur Verfügung. Dabei kommen einige Analytical Cards mit entsprechenden grafischen Darstellungen zum Einsatz.

Das einfach strukturierte Bereichskonzept hat sich nach der initialen Konzeptionsphase auch in Usability-Tests als zugänglich und leicht verständlich erwiesen. Durch die stark rollenbasierte Ausrichtung und den hohen Informationsgehalt bereits innerhalb des Einstiegspunktes, den die UI Integration Cards von SAP Build Work Zone ermöglichen, gehören tief verschachtelte Menüs und lange Klickstrecken der Vergangenheit an.

Rückmeldung der User

Die EcoFriendly Systems GmbH betrachtet die Einführung des neuen Applikationsportals auf Basis der SAP Build Work Zone, Standard Edition als Erfolg und ist sehr zufrieden mit den erzielten Ergebnissen. Bisher erfolgte Testläufe und Befragungen unter der Mitarbeiterschaft ergeben vor allem Zeitersparnisse und eine Reduktion von Bedienungsfehlern als messbare Verbesserungen. Die Nutzer*innen schätzen auch die Verfügbarkeit von Informationen und ihre Relevanz für ihren Arbeitsalltag höher ein.

Aus administrativer Sicht schätzt man vor allem das insgesamt schnelle Set-up der SAP Build Work Zone, Standard Edition sowie ihre Flexibilität im Hinblick auf die Möglichkeiten zur Integration von Anwendungen und Informationen aus verteilten Systemen. Gerade die UI Integration Cards stellen hier einen echten Mehrwert im Vergleich zum SAP Fiori Launchpad dar. Self-Services aus dem HR-Bereich wurden per manueller Integration via SAP SuccessFactors integriert; das Gleiche gilt für einzelne Sonderfälle und Webanwendungen. Die bestehende, gewachsene Content-Struktur aus der SAP-S/4HANA-Umgebung sowie vom SAP-Fiori-Frontend-Server werden weiter on premise verwaltet und per Content Federation nahtlos in SAP Build Work Zone konsumiert.

Onboarding und Erweiterung

Nach dem erfolgreichen Roll-out am deutschen Hauptsitz des Unternehmens ist im nächsten Schritt das Onboarding der Produktionsstandorte im EU-Ausland geplant. Mit der Unterstützung von derzeit über 40 Sprachen, sowohl in der Bedienoberfläche als auch dynamisch im Content, ist SAP Build Work Zone hierfür gut gerüstet. Eine weitere Ausbaustufe soll mit der Erweiterung der Navigationsstruktur erfolgen. Da einige interne Abteilungen gerne weiteren, spezifischen Content in das Applikationsportal integrieren möchten, soll das heutige Menü in der Breite wachsen. Für den Fall, dass die zweistufige Navigation aus Bereichen und Seiten in der Standard Edition perspektivisch nicht ausreichen sollte, hält sich EcoFriendly Systems GmbH aber auch weiterhin die Option eines Upgrades auf die Advanced Edition offen.

Schließlich soll auch der mobile Nutzungskontext in Zukunft eine große Rolle spielen – gerade an den Produktionsstandorten, in denen gewerbliche Mitarbeitende häufig keinen Zugriff auf eigene Desktop-Geräte haben. Mit *SAP Mobile Start* zählt eine native App für die führenden mobilen Betriebssysteme Android und iOS zum Standardlieferumfang von SAP Build Work Zone. Diese unterstützt heute bereits den integrierten Aufruf von Anwendungen sowie die Nutzung nativer Geräte-Features, wie etwa Push-Benachrichtigungen oder biometrische Authentifizierungsverfahren. Die Roadmap von SAP sieht für das dritte Quartal 2024 zudem die Unterstützung für in SAP Build Work Zone, Standard Edition dargestellte Integration Cards vor. Im vierten Quartal soll der Support für die Advanced Edition folgen.

14.6 Zusammenfassung

In diesem Kapitel konnten Sie sich davon überzeugen, dass SAP Build Work Zone ein mächtiger Service auf der SAP BTP ist. Als zentraler Einstiegspunkt kann das Produkt für viele Anwendungsfälle ein ideales Bindeglied zwischen der Cloud-Umgebung und bestehenden On-Premise-Systemen sein, das neuartige Lösungsansätze mit wesentlichen Kernfunktionalitäten und Prozessen vereint – frei nach dem SAP-Motto *keep the core clean*. Wenn die Möglichkeiten des Systems ausgenutzt werden, ergibt sich ein nahtloses Nutzungserlebnis, das hybride Systemlandschaften in einem konsistenten User Interface zusammenführt. Wie das in der Praxis gelingen kann, haben wir anhand der Einführung eines beispielhaften Applikationsportals festgestellt, von der initialen Systemeinrichtung über die Konfiguration der notwendigen Services und Funktionen bis hin zur Integration und Ausgestaltung für die Benutzer*innen. Viele weitere Use Cases und Szenarien sind denkbar. Gleichzeitig sind die Produkt-Roadmaps von SAP gut gefüllt. Man darf gespannt sein, welche Möglichkeiten sich in der Zukunft noch ergeben werden.

Kapitel 15
Use Case: SAP Build im Bereich Human Resources

In diesem Kapitel steht die konkrete Umsetzung eines Use Cases im Kontext der Human Resources im Vordergrund. Zusätzlich werden die Vorteile von Low-Code/No-Code im HR-Umfeld beschrieben sowie weitere Anwendungsfälle für SAP Build erarbeitet.

Um wettbewerbsfähig zu bleiben, stehen Unternehmen vor der Herausforderung, ihre Geschäftsprozesse kontinuierlich zu optimieren. Gerade im Zeitalter technologischer Innovationen und einer sich stetig wandelnden Softwareindustrie erfordert dies erhöhte Aufmerksamkeit. Insbesondere im Bereich Human Resources (HR) sind effiziente und agile Prozesse entscheidend, um die Mitarbeitenden bestmöglich zu unterstützen und die Unternehmensziele zu erreichen.

In diesem Kapitel wollen wir uns anschauen, wie durch SAP Build Prozesse verändert werden können, um mit den aktuellen Entwicklungen Schritt zu halten. In Abschnitt 15.1 gehen wir kurz darauf ein, warum Low-Code-/No-Code-Anwendungen insbesondere im HR-Umfeld sinnvoll sein können. In Abschnitt 15.2 erläutern wir, wie der Bereich HR typischerweise gestaltet ist und welche Herausforderungen auf der Tagesordnung stehen. In Abschnitt 15.3 sehen wir uns die Potenziale an, die Low-Code-/No-Code-Technologien wie SAP Build im HR-Kontext mitbringen und wie diese Potenziale aktuell schon genutzt werden. Abschnitt 15.4 steigt schließlich tief in einen existierenden Anwendungsfall ein, der mithilfe von SAP Build Process Automation umgesetzt wurde. Der ausgewählte Anwendungsfall beschreibt den Vorgang eines Gehaltserhöhungsvorschlags, der von einer Führungskraft ausgelöst wird. Im Verlauf des Prozesses wird über die Umsetzung der Gehaltsänderung entschieden und die Änderung gegebenenfalls abgelehnt oder durchgewunken. Abschließend schauen wir uns in Abschnitt 15.5 noch an, welche Prozesse sich neben dem gezeigten Anwendungsfall noch dafür eignen, durch SAP Build unterstützt zu werden.

15.1 Motivation

Prozesse optimieren

In den bisherigen Kapiteln dieses Buches haben wir nun schon häufiger angemerkt, dass die Nutzung von Low-Code-/No-Code-Tools für viele Unternehmen und Bereiche vorteilhaft sein kann. Zunächst wollen wir darauf eingehen, wieso dies vor allem im Bereich HR eine große Rolle spielt. Einerseits bietet der Einsatz von LCNC-Plattformen die Möglichkeit, Prozesse auch ohne große technische Erfahrung zu optimieren. Im Bereich HR gibt es einige, fest definierte Abläufe (wir gehen in Abschnitt 15.2.1 noch näher darauf ein), die oftmals Entscheidungen und Freigaben über Abteilungsgrenzen hinaus beinhalten. SAP Build Apps ermöglicht hier eine grenzüberschreitende Kollaboration, sowohl beim Erstellen der Prozesse und Applikationen als auch beim Bearbeiten der eingehenden Prozessdurchläufe. Angesichts der komplexen Strukturen und vielfältigen Anforderungen im HR-Bereich, in dem zahlreiche Teams, Daten und Prozesse zusammenarbeiten müssen, ist dies von großem Wert.

Prozesse mit hoher Frequenz

Außerdem sind die Prozesse im Bereich HR oftmals so gestaltet, dass sie mit hoher Frequenz durchlaufen werden. Beispiele dafür sind Bewerbungen, Onboarding-Vorgänge, Urlaubsanträge und Leistungsbeschreibungen. Diese oft noch manuell durchgeführten Prozesse können sehr von SAP Build Process Automation profitieren.

Schnelle Anpassungen bei Updates

Andererseits vereinfacht SAP Build das Verwalten und Aktualisieren von Prozessen. Sollte sich einmal etwas am Ablauf ändern, können die Prozesse selbst angepasst werden, ohne dass eine große Anfrage an die IT gestellt werden muss, was zu hohen Aufwänden führen kann. Durch den Einsatz von LCNC wird die Anpassung von Softwareanwendungen durch einfache Drag-and-drop-Codeelemente beschleunigt. So bleiben die Aufwände überschaubar und die Arbeit wird effizient gestaltet.

Schließlich erleichtert LCNC auch die Entwicklung von Analyse- und Reportinganwendungen. Die Entwicklung maßgeschneiderter Monitoring- und Analytics-Lösungen ermöglicht es HR-Manager*innen, wichtige Kennzahlen zu verfolgen und daraus fundierte Entscheidungen abzuleiten.

15.2 Verstehen der HR-Landschaft

All dies sind gute Gründe, sich mit Low-Code/No-Code im HR-Kontext zu beschäftigen. Um noch etwas weiter ausholen zu können und im Anschluss die Einsatzmöglichkeiten vollumfänglich betrachten zu können, schauen wir zunächst an, wie der Bereich HR typischerweise aufgebaut und strukturiert wird.

15.2.1 Prozesse und Herausforderungen

Der Bereich HR umfasst eine Vielzahl von Prozessen, von denen jeder seine eigenen Herausforderungen mit sich bringt. Typischerweise umspannen die Prozesse der HR-Abteilung alle anderen Abteilungen und Unternehmensbereiche, was zu einer erhöhten Komplexität und einer größeren Diversifizierung einzelner Prozessausgestaltungen führt. Wir schauen uns im Folgenden die zentralen Kernprozesse der HR an und sehen, mit welchen Herausforderungen die Prozesse konfrontiert sind:

- **Recruiting**

  Ein Kernprozess ist die Rekrutierung neuer Mitarbeiter*innen. Dabei geht es darum, geeignete Kandidaten für offene Stellen zu identifizieren. Eine Herausforderung ist dabei die große Anzahl von Bewerbungen, die die Verwaltung und Auswahl der richtigen Kandidaten erschwert und eine erhebliche Zeit- und Ressourcenbelastung darstellen kann.

- **Onboarding**

  Ein weiterer wichtiger Prozess ist das Onboarding neuer Mitarbeitenden. Dabei werden neue Teammitglieder in das Unternehmen integriert und mit den Richtlinien, Prozessen und der Kultur des Unternehmens vertraut gemacht. Eine Herausforderung besteht darin, ausreichend Zeit für die Einarbeitung zur Verfügung zu stellen. Darüber hinaus können unklare Rollenverteilungen und Erwartungen zu Problemen führen, die die Effektivität des Onboarding-Prozesses beeinträchtigen können.

- **Leistungsmanagement**

  Leistungsmanagement ist einer der Prozesse, die in der HR-Abteilung ablaufen. Beim Leistungsmanagement geht es um die Bewertung der Leistung der Mitarbeiter*innen. Die Identifizierung der Stärken und Entwicklungsbereiche der Mitarbeitenden ist ebenfalls Teil dieses HR-Prozesses. In diesem Zusammenhang können mangelndes Feedback und Kommunikationsschwierigkeiten sowie mangelnde Unterstützung bei der Personalentwicklung zu Herausforderungen führen. Eine etwas neuere Herausforderung ist die Leistungsbeurteilung von Remote-Teams.

- **Abwesenheitsmanagement**

  Das Abwesenheitsmanagement, das auch ein wichtiger HR-Prozess ist, befasst sich mit der Verwaltung von Urlauben, Krankheitszeiten und anderen Abwesenheiten der Mitarbeiter*innen. Die HR-Abteilung muss sicherstellen, dass arbeitsrechtliche Vorschriften und Richtlinien eingehalten werden und dass die Planung und Verwaltung von Abwesenheiten effizient erfolgt, insbesondere in Spitzenzeiten, wie beispielsweise im Sommer oder während der Schulferien, wenn es zu Personalengpässen kommen kann.

- **Verwalten von Mitarbeiterdaten**

  Die HR-Administration umfasst die Verwaltung von Mitarbeiterdaten, Gehaltsabrechnungen, Arbeitsverträgen und anderen administrativen Aufgaben. Die Verwaltung großer Mengen von papierbasierten Unterlagen kann zu erheblichen Herausforderungen führen und die Effizienz beeinträchtigen. Darüber hinaus stellen Datenschutz- und Compliance-Anforderungen sowie die Minimierung von Fehlern, beispielsweise bei Gehaltsabrechnungen, oft eine große Herausforderung dar.

15.2.2 Grenzen traditioneller HR-Software

Wie im vorangegangenen Abschnitt zu sehen, umfasst der Bereich HR viele Prozesse und Querschnittsthemen. Nicht nur deshalb stößt man hier auf verschiedene Grenzen, insbesondere beim Betrachten von traditioneller HR-Software, die diese Prozesse und Tätigkeiten abbilden und begleiten soll.

Anforderungen an Flexibilität und Aktualität

Eines der Haupthindernisse ist ihre mangelnde Flexibilität. Wie schon erwähnt, kann es schon innerhalb eines Unternehmens verschiedene Ausprägungen eines Prozesses geben (beispielsweise wird im Verkauf eine Leistungsbewertung anders durchgeführt als in der internen IT). Doch auch zwischen Unternehmen gibt es oft große Unterschiede, selbst wenn man sich Unternehmen in derselben Branche anschaut. Dadurch ist es oft schwierig, HR-Software den (oftmals auch wechselnden) Anforderungen innerhalb eines Unternehmens anzupassen. Die Einführung und Erweiterung der Software wird dadurch erheblich erschwert.

User Experience als wichtiger Faktor

Auch die Benutzerfreundlichkeit ist ein wichtiger Aspekt, der die Grenzen traditioneller HR-Software aufzeigt. Herkömmliche HR-Systeme sind manchmal schwer zu bedienen und erfordern umfangreiche Schulungen, um eine gute Nutzung zu gewährleisten. Dies kann sich negativ auf die Nutzerakzeptanz auswirken.

Kostenintensive Implementierung und Wartung

Darüber hinaus können veraltete Technologien oder hohe Kosten die Nutzung traditioneller HR-Software einschränken. Viele dieser HR-Systeme basieren auf veralteten Technologien, die möglicherweise nicht mehr den aktuellen Sicherheitsstandards entsprechen oder mit neuen Technologien nicht mehr kompatibel sind. Die Implementierung und Wartung solcher Systeme kann kostspielig sein.

Zuletzt ist die Fragmentierung von traditioneller HR-Software ein Problem. Die Softwarelandschaft besteht häufig aus separaten Modulen für verschiedene HR-Funktionen wie Personalverwaltung, Leistungsmanagement und Rekrutierung, was zu Inkonsistenzen und Datenisolierung führen kann. Zusätzlich beobachten wir häufig ein hybrides Architektur-Set-up zwischen On-Premise-Lösungen, die um Cloud-Lösungen ergänzt bzw. Schritt für Schritt durch diese ersetzt werden sollen. All diese Faktoren führen dazu, dass HR-Software als Ganzes schnell an seine Grenzen stößt.

Problematische Fragmentierung

15.2.3 Recruit to Retire

Recruit-to-Retire-Prozess

Doch es gibt auch Anbieter, die HR-Software nicht fragmentiert, sondern ganzheitlich sehen. Diese Anwendungen bieten eine umfassende Abdeckung des gesamten Prozesses *Recruit to Retire*, der den gesamten Lebenszyklus von Mitarbeitenden umfasst (siehe dazu Abbildung 15.1). Im Folgenden werden wir den Prozess Schritt für Schritt betrachten, um später über geeignete Ansatzpunkte im Kontext des gesamten Prozesses sprechen zu können.

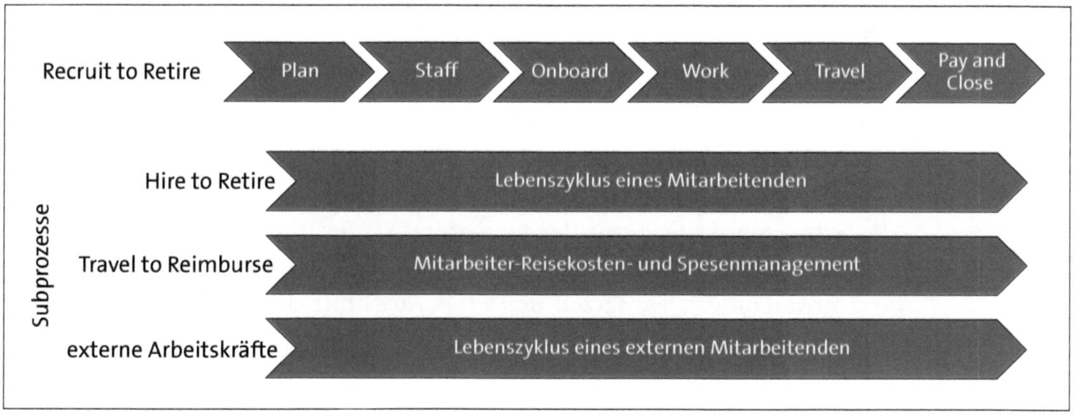

Abbildung 15.1 Überblick auf den Recruit-to-Retire-Prozess

Analyse

Der Prozess beginnt mit einer gründlichen Analyse des Personalbedarfs, bei der die Unternehmen ihren aktuellen und künftigen Arbeitskräftebedarf ermitteln. Diese Analyse ermöglicht es den Unternehmen, die Anzahl und Art der benötigten Mitarbeiter*innen genau zu bestimmen. Darauf aufbauend werden detaillierte Stellenprofile erstellt, in denen die spezifischen Anforderungen und Verantwortlichkeiten für jede Position festgelegt sind. Dabei erfolgt auch eine Budgetplanung für Neueinstellungen, um sicherzustellen, dass die finanziellen Ressourcen des Unternehmens effizient eingesetzt werden.

Staffing

Die Besetzungsphase umfasst dann die Erstellung von Stellenausschreibungen, die Verwaltung der Bewerbungen und die Durchführung von Auswahlverfahren, um die besten Kandidaten auszuwählen. Die Koordination der Vorstellungsgespräche spielt dabei eine zentrale Rolle, um sicherzustellen, dass die Bewerber*innen die Anforderungen der Stelle erfüllen und zur Unternehmenskultur passen.

Onboarding

Nach der Auswahl folgt die **Onboarding**-Phase, in der die neuen Mitarbeiter*innen willkommen geheißen und in das Unternehmen integriert werden. Vordefinierte Prozesse, Onboarding-Dokumente und Schulungspläne werden erstellt, um einen reibungslosen Start zu gewährleisten und sicherzustellen, dass die neuen Mitarbeiter*innen schnell produktiv werden.

Arbeit

Der Bereich **Work** befasst sich mit den operativen Aspekten der täglichen Arbeit. Dazu gehört die Zuweisung von Arbeitsplätzen, die Bereitstellung der erforderlichen Ressourcen sowie die Definition und Optimierung von Arbeitsprozessen. Eine kontinuierliche Leistungskontrolle und -bewertung trägt dazu bei, die Produktivität und Zufriedenheit der Mitarbeitenden aufrechtzuerhalten.

Reisen

Der Bereich **Travel** ist für die Organisation der Dienstreisen zuständig, von der Erfassung der Reiseanträge über die Planung der Reisebudgets bis hin zur Verwaltung der Reisebuchungen und der Reisekostenabrechnung. Dies trägt zu einer effizienten Organisation der Dienstreisen bei.

Bezahlung

Im **Pay**-Bereich werden Gehaltsstrukturen erstellt, die Gehaltsabrechnung automatisiert und Bonus- und Prämienzahlungen berechnet. Ein weiterer Schwerpunkt liegt auf der Einhaltung steuerlicher Vorschriften, um die Rechtskonformität zu gewährleisten. In diesem Teilbereich wird auch unser Anwendungsfall ansetzen, den wir in Abschnitt 15.4 genauer beschreiben.

Austritt

Abschließend folgt der **Close**-Bereich, der die Austrittsprozesse abdeckt. Dies umfasst die Planung von Austrittsgesprächen, die Deaktivierung von Ressourcen und Zugriffsrechten sowie die Archivierung von Mitarbeiterdaten, um einen strukturierten und respektvollen Austritt zu gewährleisten und den Übergang für die Mitarbeitenden und das Unternehmen so reibungslos wie möglich zu gestalten.

Dazu kommen noch zusätzliche Themen, wie Learning Management, Recruiting oder Mitarbeitergespräche, die in vielen Unternehmen noch durch zusätzliche On-Premise-Systeme verwaltet werden. Diese Lösungen sind häufig voneinander isoliert und erfordern separate Infrastrukturen und Wartungszyklen.

15.2.4 Bedarf an innovativen Lösungen

Dies zeigt, dass eine alternative HR-Software-Landschaft dringend gebraucht wird, um den aktuellen Herausforderungen von HR gerecht zu werden. Dort zeichnet sich in den letzten Jahren ein klarer Trend in Richtung Cloud ab, insbesondere bei *SAP SuccessFactors*. Angesichts des Wartungsendes für SAP-on-Premise-Lösungen bis 2027 bzw. 2030, verbunden mit der Möglichkeit einer Wartungsverlängerung, sehen Unternehmen die Migration in die Cloud als strategische Entscheidung, um ihre HR-Systeme zukunftssicher zu machen und den Anforderungen an Flexibilität und Skalierbarkeit gerecht zu werden.

Gute Grundlage durch Stammdatenmanagement

SAP SuccessFactors ist eine robuste Lösung für das Stammdatenmanagement im HR-Bereich. Dies umfasst die Verwaltung von Personalinformationen, Organisationsstrukturen und Mitarbeiterbeziehungen. Es gibt jedoch weitere HR-relevante Themen, die über den Umfang von SAP SuccessFactors hinausgehen. Für diese Themen werden zusätzliche Lösungen benötigt.

Zusätzliche Lösungen von SAP

Dazu gehören beispielsweise *SAP Concur* für das Reisekostenmanagement, *SAP Fieldglass* für das Management externer Mitarbeiter*innen und *SAP S/4HANA Cloud* für die integrierte Unternehmensplanung und -ausführung (zur Veranschaulichung siehe auch Abbildung 15.2).

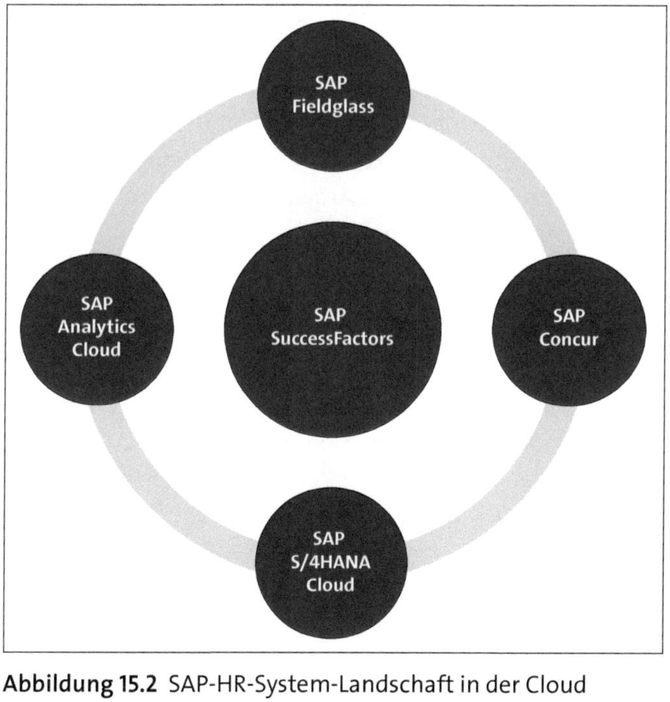

Abbildung 15.2 SAP-HR-System-Landschaft in der Cloud

Durch die Integration dieser Lösungen können Unternehmen ein umfassendes HR-Ökosystem aufbauen, das alle Aspekte des Personalmanagements abdeckt und gleichzeitig eine nahtlose Datenintegration und -analyse ermöglicht.

Eine der größten Herausforderungen besteht jedoch darin, dass viele Unternehmen für die Verwaltung von *Human Capital Management* (HCM), Stammdaten und Zeiterfassung auf das umfassende IT-Fachwissen von HCM-Expert*innen angewiesen sind.

Zusätzlich benötigte Systeme

Auch wenn SAP SuccessFactors für das HCM und Stammdatenmanagement ausreichende Funktionalitäten bietet: Ein Bereich, der jedoch noch nicht gut abgedeckt ist, ist die Lohn- und Gehaltsabrechnung (*Payroll*). Viele Unternehmen entscheiden sich daher für den Einsatz von SAP SuccessFactors für das Stammdatenmanagement, die Zeitwirtschaft und andere HR-Funktionen, während sie die Personalabrechnung weiterhin in ihren bestehenden On-Premise-Systemen oder in SAP S/4HANA durchführen.

Alternativen benötigt

Da der Support für On-Premise-HCM-Systeme in naher Zukunft auslaufen wird, ist es für Unternehmen entscheidend, Alternativen zu finden. Mit SAP SuccessFactors können Unternehmen ihre HR-Funktionen in einem gebündelten System konsolidieren und die Komplexität verschiedener Systeme reduzieren.

SAP Build Work Zone als zentraler Zugriffspunkt

Ein weiterer Vorteil der Cloud-Lösung von SAP SuccessFactors ist die vereinfachte Systemintegration, die es Unternehmen ermöglicht, verschiedene Anwendungen nahtlos miteinander zu verbinden. Mit Funktionen wie SAP Build Work Zone als Einstiegspunkt (siehe Kapitel 11, »SAP Build Work Zone«) können Mitarbeiter*innen zudem auf eine Vielzahl von Anwendungen und Tools zugreifen, um ihre Arbeit effizienter zu erledigen und einen besseren Überblick über ihre Aufgaben zu behalten.

15.3 Low-Code im HR-Bereich

Lücken in bekannten HR-Systemen

Es zeigt sich also, dass der Bereich HR viele Themen umfasst, die aktuell nur schwer durch eine Anwendung abgedeckt werden. Auch im SAP-Umfeld gibt es Themen, die nicht oder nur schwer der Realität im Unternehmen angepasst werden können. Nicht nur klassische Themen wie Leistungsmanagement, Bewerbermanagement oder Urlaubsverwaltung spielen eine Rolle, sondern auch nicht oft so im Fokus stehende Prozesse wie *Employer Branding*, Mitarbeiterengagement, Mitarbeiterentwicklung oder Mitarbeitergesundheit.

Notwendige Digitalisierung von Prozessen

Obwohl die Arbeit von HR-Abteilungen traditionell auf persönlichen Kontakten basiert, ist es dennoch wichtig, Prozesse zu digitalisieren, zu dezentralisieren und zu automatisieren. Gerade durch die vermehrte Ausbreitung von Abteilungen nach Corona in Zeiten von *Homeoffice* und *Remote Work* sollte es ein Hauptanliegen sein, dass Mitarbeiter*innen bestimmte Prozesse auch von außerhalb des Büros anstoßen bzw. begleiten.

Daher ist Low-Code ist seit einiger Zeit ein wichtiges Trendthema im HR-Bereich. Laut einer Studie von CIO, CISO und Computerwoche nutzen bereits 29 % aller HR-Abteilungen Low-Code- und 28 % No-Code-Anwendungen (Quelle: Pesch, Ulli (2022): Was bringen No-Code- und Low-Code-Lösungen in der Personalabteilung?, *http://s-prs.de/v1015334*, [zuletzt abgerufen am 06.08.2024]). Damit ist die HR-Abteilung nach der IT-Abteilung (Low-Code: 44 % und No-Code: 41 %) die Abteilung, die solche Anwendungen am zweithäufigsten einsetzt.

Innovation durch verkürzte Entwicklungszeit

Es gibt mehrere Gründe, warum Low-Code im HR-Bereich so beliebt und weitverbreitet ist. HR-Mitarbeiter*innen können Lösungen schnell entwerfen und implementieren, ohne über umfangreiche Programmierkenntnisse verfügen zu müssen. Durch die verkürzte Entwicklungszeit können Prozesse schnell digitalisiert und der Arbeitsaufwand minimiert werden. Zudem kann der Bedarf an hochspezialisierten Entwicklern reduziert werden.

Flexibilität und Integration

Da HR-Abteilungen oft sehr spezifische eigene Prozesse haben, bieten Low-Code-/No-Code-Plattformen eine hohe Flexibilität, um diese schnell und einfach umzusetzen. Diese Anpassungsfähigkeit ist besonders in einem dynamischen HR-Umfeld von Vorteil. Darüber hinaus ermöglicht SAP Build eine nahtlose Integration mit vielen bestehenden Systemen und Anwendungen, was für viele HR-Abteilungen ein großer Vorteil ist.

Gerade in Zeiten von Cloud-Transformationsprojekten können Low-Code-Anwendungen dazu beitragen, den agilen Entwicklungsansatz zu unterstützen und die Iteration von Lösungen zu erleichtern. Dies ist im HR-Kontext besonders relevant, da sich Prozesse und Anforderungen im Laufe der Zeit ändern können. Dennoch sollten bei der Entwicklung von Low-Code-Anwendungen einige Punkte besonders beachtet werden, insbesondere das Thema Datenschutz und Datensicherheit, um sicherzustellen, dass nur autorisierte Mitarbeiter*innen Zugriff auf die Daten haben. Dies erfordert besondere Aufmerksamkeit und Sorgfalt während des Entwicklungsprozesses und gegebenenfalls eine strengere IT-Governance für Projekte im HR-Umfeld.

15.4 Anwendungsfall: Gehaltsvorschlag

Nachdem wir uns verschiedene Felder im HR-Kontext angeschaut haben, die von Low-Code-Tools profitieren können, schauen wir uns nun einen dieser Anwendungsfälle im Detail an. Wir werden zuerst den Kontext beschreiben, in dem der Anwendungsfall auftritt, um uns dann den Ist-Prozess anzuschauen. Danach werden wir nacheinander auf die Umsetzung mit SAP Build Apps sowie die Prozessgestaltung mit SAP Build Process Automation eingehen.

15.4.1 Prozesskontext

Manueller und langwieriger Prozess

In der heutigen Arbeitswelt sind viele Prozesse noch stark papierbasiert und erfordern zahlreiche interne Abstimmungen. Diese traditionellen Arbeitsweisen können zu Verzögerungen führen und die Effizienz beeinträchtigen. Mitarbeiter*innen müssen häufig Formulare ausfüllen, Dokumente ausdrucken, per Post verschicken und auf eine Rückmeldung warten. Ein typisches Beispiel ist der Gehaltsvorschlagsprozess, der in Unternehmen häufig eine Reihe manueller Schritte und Rückmeldungen umfasst. Dieser manuelle und oft langwierige Prozess kann nicht nur die Produktivität verringern, sondern auch zu Fehlern und Verzögerungen führen.

Papierarbeit reduzieren, Abläufe optimieren

Mit dem technologischen Fortschritt und der Verfügbarkeit digitaler Lösungen stellen sich Unternehmen die Frage, wie sie ihre Arbeitsabläufe optimieren können, um Zeit zu sparen und die Effizienz zu steigern. Die Einführung von Automatisierungstechnologien, elektronischen Formularen und Workflow-Management-Systemen bietet Möglichkeiten, die Abhängigkeit von Papier zu verringern und Prozesse zu vereinfachen. Durch die Modernisierung ihrer Arbeitsabläufe können Unternehmen nicht nur Zeit und Ressourcen sparen, sondern auch die Zufriedenheit ihrer Mitarbeiter*innen steigern und ein agileres und flexibleres Arbeitsumfeld schaffen. In diesem Sinne ist die Suche nach innovativen Lösungen zur Optimierung von Arbeitsprozessen zu einer Priorität geworden, um wettbewerbsfähig zu bleiben und den Anforderungen einer zunehmend digitalen Arbeitswelt gerecht zu werden.

Anwendungsfall: Gehaltsvorschlag

Im folgenden Beispiel wird ein Gehaltsvorschlagsprozess mit den Tools SAP Build Apps und SAP Build Process Automation umgesetzt. Ziel dieses Ansatzes ist es, überflüssige manuelle Arbeiten zu automatisieren und somit einen effizienteren Prozessablauf zu ermöglichen. Mithilfe von SAP Build Apps wurde eine Webanwendung entwickelt, die eine Benutzeroberfläche zur Verfügung stellt. Diese Benutzeroberfläche bietet verschiedene Fenster,

Input-Elemente und Schaltflächen, um die Erstellung eines Gehaltsvorschlags effizienter zu gestalten. Durch den Einsatz von SAP Build Process Automation wird der Genehmigungsprozess für den Gehaltsvorschlag automatisiert durchlaufen. Der Prozess entscheidet automatisch anhand definierter Regeln und Kriterien, ob der Vorschlag genehmigt wird oder nicht.

15.4.2 Ist-Prozess

Der aktuelle Ist-Prozess (siehe Abbildung 15.3) basiert hauptsächlich auf papierbasierten Abläufen und enthält mehrere Abstimmungsrunden innerhalb des Unternehmens. Zu Beginn initiiert eine Führungskraft den Prozess, indem sie über ein Portal ein Gehaltsvorschlagsformular erstellt. Dieses Formular wird dann entweder ausgedruckt und unterschrieben, wenn es per Post verschickt werden soll, oder direkt per E-Mail verschickt, wobei keine Unterschrift erforderlich ist.

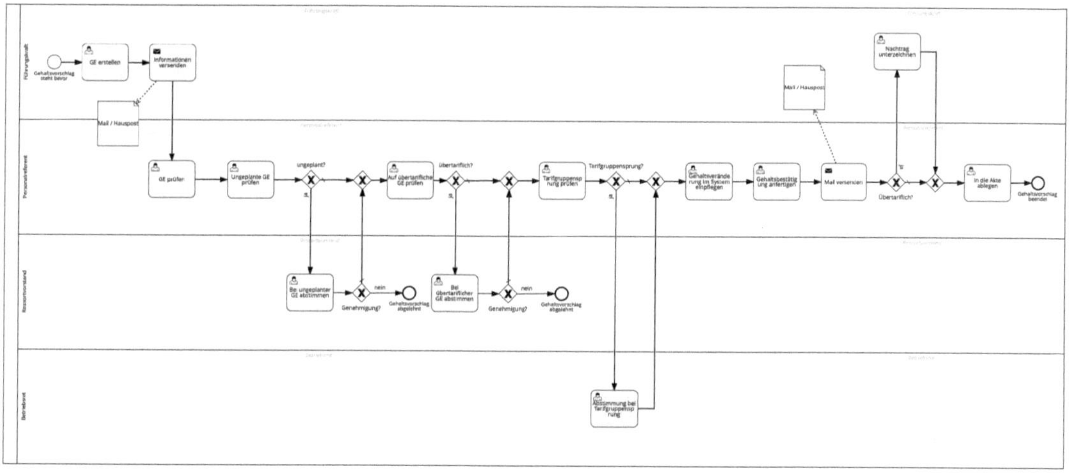

Abbildung 15.3 Ist-Prozess in BPMN-Darstellung

Koordination durch die Personalabteilung

Der Gehaltsvorschlag wird dann an die Personalabteilung, die die Hauptverantwortung für die Koordinierung und Abstimmung trägt, per Hauspost oder E-Mail weitergeleitet. Die Personalabteilung prüft den Antrag auf inhaltliche Richtigkeit und Vollständigkeit, unter anderem ob die Erhöhung in die Personalkostenplanung eingeflossen ist und ob die Stellenbeschreibung und -bewertung angemessen ist. Bei Unklarheiten oder Rückfragen wird der Antrag an die Führungskraft zurückgegeben. Ist die inhaltliche Prüfung erfolgreich abgeschlossen, kann der Prozess fortgesetzt werden. Im Fall einer außerplanmäßigen Gehaltserhöhung erfolgt eine Abstimmung mit dem Abteilungsvorstand. Stimmt dieser dem Gehaltsvorschlag nicht zu, erfolgt eine weitere Abstimmung mit der Führungskraft und der Personalabteilung. Sobald die Personalabteilung zustimmt, wird ein Nachtrag zum Personalkostenplan erstellt. Zu beachten ist, dass Gehaltsänderungen im außertariflichen Bereich immer mit dem Ressortvorstand abgestimmt werden müssen, was eine gesonderte Bestätigung erfordert.

Kommunikationshindernis E-Mail

Sämtliche Kommunikation findet in diesem Prozess, vor der Umstellung mit Low-Code-/No-Code-Tools, per E-Mail statt. Das hat mehrere Auswirkungen: Einerseits wird dabei der Prozess verzögert, wenn Personen nicht verfügbar sind und die Vertretung nicht bekannt oder nicht geregelt ist. E-Mails können gerade in Stoßzeiten untergehen oder vergessen werden. Andererseits obliegt die Einhaltung des Prozesses der Mitarbeiter*innen in der Personalabteilung bzw. der beteiligten Führungskräfte. Für Neueinstellungen kann dieser Prozess undurchsichtig wirken, sofern er nicht ausführlich und transparent dokumentiert ist. Darunter leidet die Mitarbeiterzufriedenheit, was wiederum dem ganzen Unternehmen und seinem Ansehen bei den Mitarbeiter*innen schadet.

15.4.3 Soll-Prozess

Architektur-Blueprint

Durch den Einsatz der SAP-Build-Lösungen SAP Build Apps und SAP Build Process Automation wird der papierbasierte Ablauf im Soll-Prozess vollständig digitalisiert. Die Verbindungen zwischen den einzelnen Services und zu den Drittsystemen wird auch im Architektur-Blueprint in Abbildung 15.4 dargestellt: Der Prozess beginnt mit einer Benutzeroberfläche in SAP Build Apps, die von der Führungskraft ausgefüllt und weitergeleitet wird. Die Abstimmungen werden durch automatisierte E-Mails der SAP Build Process Automation unterstützt. Der Prozess wird nach definierten Regeln und Bedingungen durchlaufen, bis er abgeschlossen ist.

Digitalisierter Prozess mit SAP Build Suite

Durch die Implementierung mit SAP Build Apps und SAP Build Process Automation werden die Schritte der einzelnen Verantwortlichen verkürzt und übersichtlicher dargestellt. Sie müssen lediglich das erhaltene Formular prüfen und genehmigen oder ablehnen. Abhängig von der getroffenen Entscheidung setzt sich der Prozess entsprechend den definierten Regeln fort. Eine detaillierte Erklärung des Soll-Prozesses findet sich in Abschnitt 15.4.4, »Technische Umsetzung mit SAP Build Apps«, und in Abschnitt 15.4.5, »Technische Umsetzung mit SAP Build Process Automation«, sowie in Abbildung 15.5.

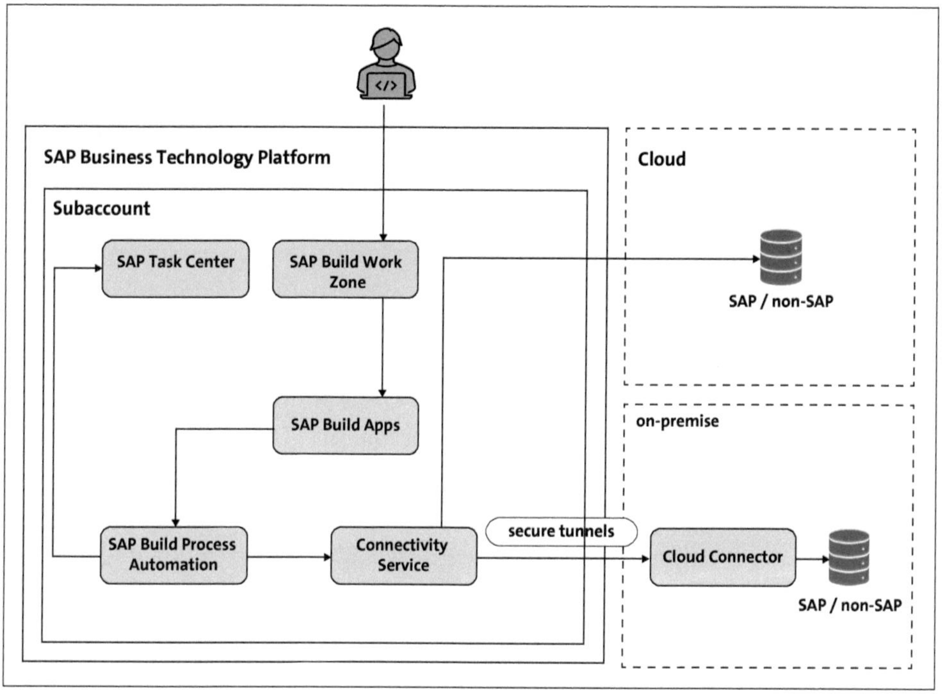

Abbildung 15.4 Architektur-Blueprint der Service-Landschaft

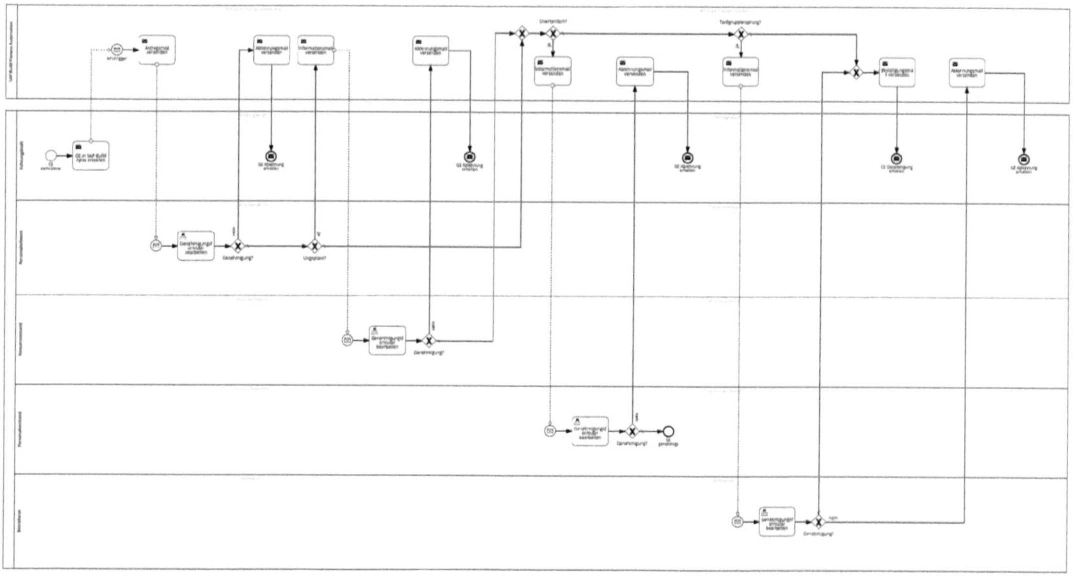

Abbildung 15.5 Soll-Prozess in BPMN-Darstellung

15.4.4 Technische Umsetzung mit SAP Build Apps

Bei anstehenden Gehaltsverhandlungen wird es für Führungskräfte dank einer benutzerfreundlichen App, die in SAP Build implementiert wurde, nun besonders einfach, den Antrag zu erstellen. Da der Prozess also mit einer Benutzeroberfläche startet, werden wir uns die Umsetzung des Prozesses auch zuerst in SAP Build Apps anschauen.

Authentifizierung über Identity Provider

Natürlich darf auch hier nichts ohne Authentifizierung passieren. Die Einsicht in unternehmensinterne Daten, insbesondere in Mitarbeiterdaten und Hierarchien, darf nur über die dafür zuständigen Personen erfolgen. Um dies sicherzustellen, können nur autorisierte Nutzer mit den richtigen Rollen auf die Applikation zugreifen. Die App-Authentifizierung erfolgt über die Standardauthentifizierung der SAP BTP. Dabei meldet sich die Benutzer*in mit ihren SAP-BTP-Anmeldedaten an oder mit dem auf der SAP BTP konfigurierten, unternehmenseigenen *Identity Provider* (IdP).

Sobald die Anwendung geöffnet wird, gelangt die Nutzer*in auf eine Seite, auf der sie den Mitarbeiter oder die Mitarbeiterin für die Gehaltserhöhung auswählen kann, wie in Abbildung 15.6 dargestellt.

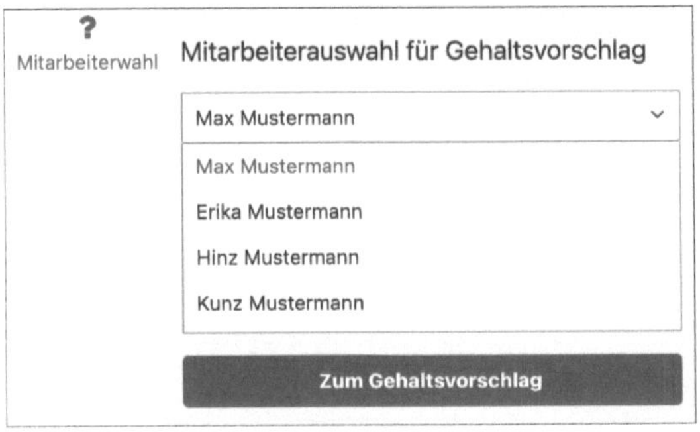

Abbildung 15.6 UI-Ansicht für die Mitarbeiterauswahl

Mitarbeiter*in auswählen

Das Auswahlmenü ist als *Combo Box* in SAP Build Apps realisiert. Es enthält eine Dropdown-Liste und ist mit den Daten aus dem Set **Employee** verbunden, die direkt aus dem SAP-System über eine *OData-Verbindung* bezogen werden und mit der Combo Box über die Datenvariable **EmployeeSet** synchronisiert sind.

> **OData**
>
> OData ist ein HTTP-basiertes Protokoll, das den Datenaustausch und -zugriff zwischen Systemen regelt. Es ist bei vielen SAP-Systemen Standard und muss benutzt werden, um auf SAP-Daten zuzugreifen.

Um sicherzustellen, dass die Daten des EmployeeSet ordnungsgemäß verknüpft werden, wurden verschiedene Einstellungen in den Properties der Combo Box vorgenommen. Im Abschnitt **List of Options** wurden alle erforderlichen Optionen eingetragen. Zusätzlich wurden Output-Variablen mit den gleichen Bezeichnungen wie die Optionen erstellt, um sicherzustellen, dass alle Optionen beim Verknüpfen angezeigt werden.

Backend-Logik in SAP Build Apps

Nach Aktivierung des Buttons **Zum Gehaltsvorschlag** durchläuft die Anwendung eine Reihe logischer Schritte. Zunächst erfolgt das Auslesen des Datensets EmployeeSet. Falls das Auslesen aus irgendwelchen Gründen nicht klappt, wird ein *Alert* ausgelöst. Dieser führt dazu, dass die Nutzer*innen eine Fehlermeldung sehen und wissen, dass ihre Anfrage nicht erfolgreich ausgeführt werden konnte. Erfolgt das Auslesen der Daten allerdings fehlerfrei, wird im Anschluss ein weiteres Datenset, in diesem Fall in das **CurrentSalarySet**, abgerufen. Dies ist entscheidend, um relevante Informationen wie das bisherige Gehalt und weitere relevante Daten zu erhalten, die für die nächsten Schritte und nachfolgende Entscheidungen im Prozess notwendig sind.

Um sicherzustellen, dass die korrekten Daten ausgelesen werden, wird die Personalnummer des ausgewählten Mitarbeiters oder der Mitarbeiterin aus der Combo Box an das auslesende Element der Logiksequenz gebunden. Sollte auch hier das Datenset nicht erfolgreich ausgelesen werden können, wird erneut eine Fehlermeldung angezeigt. Bei erfolgreicher Datenabfrage wird der Nutzer zur nächsten Seite **Gehaltsvorschlag** weitergeleitet. Die gesamte Logik des Buttons ist in Abbildung 15.7 veranschaulicht.

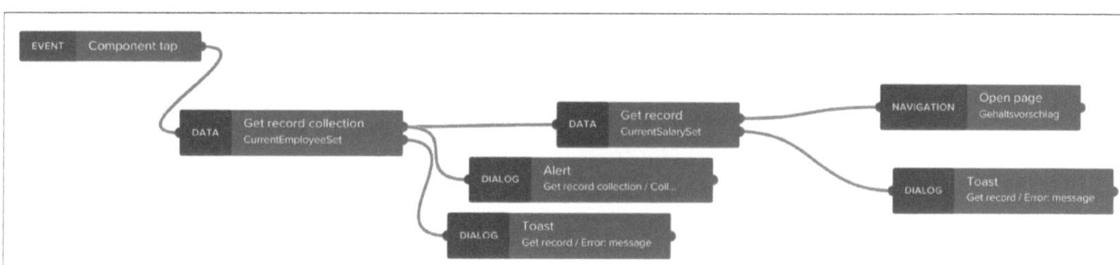

Abbildung 15.7 Sequenzielle Darstellung der Logik des Buttons zum Gehaltsvorschlag

Eingabemaske in SAP Build Apps

Auf der Seite **Gehaltsvorschlag** wird eine Vielzahl von Informations- und Eingabefeldern präsentiert. In der oberen rechten Ecke befindet sich ein Feld zur Eingabe des aktuellen Datums, das später im Prozess verwendet wird. Standardmäßig wird dieses Feld automatisch mit dem heutigen Datum ausgefüllt, jedoch hat der Nutzer auch die Möglichkeit, den Inhalt nach

Bedarf anzupassen. Darunter findet sich eine Übersicht über die aktuellen demografischen Daten des Mitarbeiters bzw. der Mitarbeiterin. Hier werden Informationen wie die Personalnummer, der Name, die Mitarbeiterkategorie, die Planstelle und die Organisationseinheit dargestellt (siehe Abbildung 15.8).

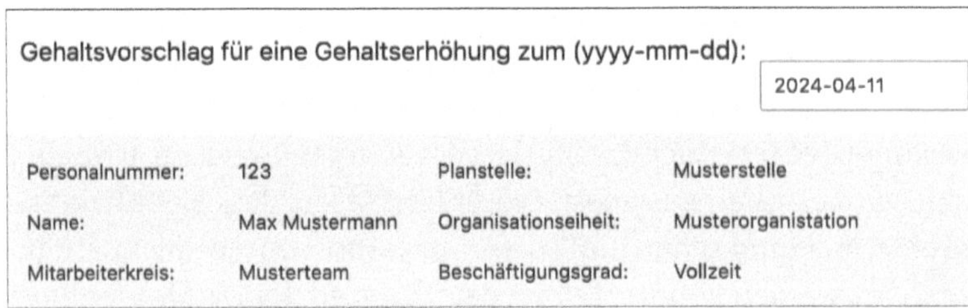

Abbildung 15.8 Demografische Daten pflegen

Referenzdaten zur Gehaltseinstufung

Zusätzlich werden Daten zur aktuellen Gehaltseinstufung angezeigt, wie die Tarifgruppe, das Berufsjahr und verschiedene Zulagen. Diese Daten werden automatisch mithilfe der entsprechenden Page-Parameter vorausgefüllt. Die beschriebene Ansicht ist in Abbildung 15.9 dargestellt. All diese Informationen dienen einerseits dazu, das Vorhaben des aktuellen Gehaltsvorschlags zu validieren, und andererseits dazu, Fehlvorschläge zu verhindern. Durch die übersichtliche Darstellung ist klar, wer gerade Gegenstand des Vorschlags ist und welche Daten danach zur Entscheidung an den Prozess weitergegeben werden.

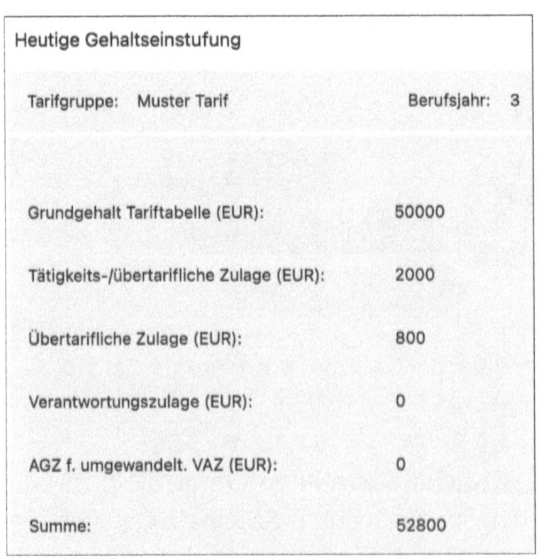

Abbildung 15.9 Heutige Gehaltseinstufung

Berechnung des Gesamtgehalts

Die verschiedenen Werte, die zum Gesamtgehalt beitragen, werden mithilfe einer Formel zusammengezählt. Dazu werden die Typen der zugehörigen Page-Parameter zunächst mithilfe der Funktion **Numb** in Zahlen umgewandelt und anschließend addiert. Danach wird der Gesamtwert mithilfe der Funktion **String** wieder in normalen Text umgewandelt, damit er in der Benutzeroberfläche angezeigt werden kann.

Checkboxen für Genehmigungslogik

Auf der rechten Seite befindet sich das Formular für die Eingabe der Informationen des neuen Gehaltsvorschlags, das vom Nutzer ausgefüllt werden kann (Bearbeitungsansicht dargestellt in Abbildung 15.10). Die Tarifgruppe kann dabei über ein Dropdown-Menü ausgewählt werden, das mit der Datenvariable **TariffGroupSet** verbunden ist. In Abbildung 15.10 sehen Sie diese Verknüpfung in der **Option list**, wo die Daten mit den Werten aus der Schnittstelle befüllt werden. Diese Datensammlung stammt direkt aus dem bestehenden SAP-System. Die Felder **Tarifgruppensprung** und **Erhöhung übertariflich** können durch Aktivierung einer Checkbox ausgefüllt werden.

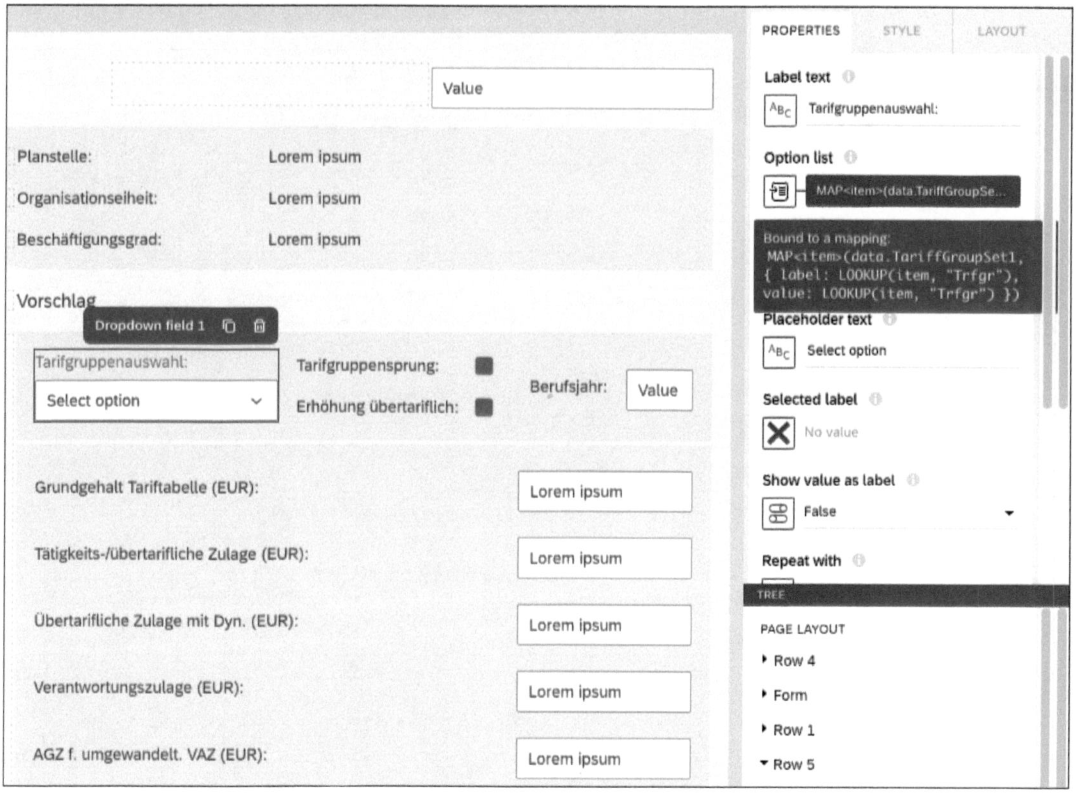

Abbildung 15.10 Formular und Datenmapping in der Bearbeitungsansicht

Weitere Page-Variablen

Weitere Felder umfassen die Berufsjahre, das Tarifgrundgehalt sowie verschiedene Zulagen. Diese Eingabefelder werden vom Nutzer manuell ausgefüllt. Alle eingegebenen Werte werden dann in die entsprechenden Page-Variablen gespeichert. Die Summe der einzelnen Werte wird dann genauso berechnet, wie für die Ist-Werte auf der linken Seite beschrieben.

Berechnung der Gesamtveränderung

Die Gesamtveränderung ergibt sich aus der Differenz zwischen der Soll-Summe und der Ist-Summe. Hierfür werden die einzelnen Werte mithilfe der Funktion **Numb** in Zahlen umgewandelt und nach der Subtraktion wieder in einen String konvertiert.

Zusammenfassung und Absenden

Schließlich werden das Datum und die Summe der letzten Gehaltserhöhung aus den Page-Parametern entnommen. Diese Zusammenfassung ermöglicht eine transparente und effiziente Abwicklung der Gehaltsverhandlungen für Führungskräfte und trägt dazu bei, den Prozess zu optimieren und Fehler zu minimieren. Um das fertig ausgefüllte Formular abzuschicken und den Prozess zu starten, verwendet der Nutzer den Button **Abschicken**. Das komplette User Interface wird in Abbildung 15.11 dargestellt.

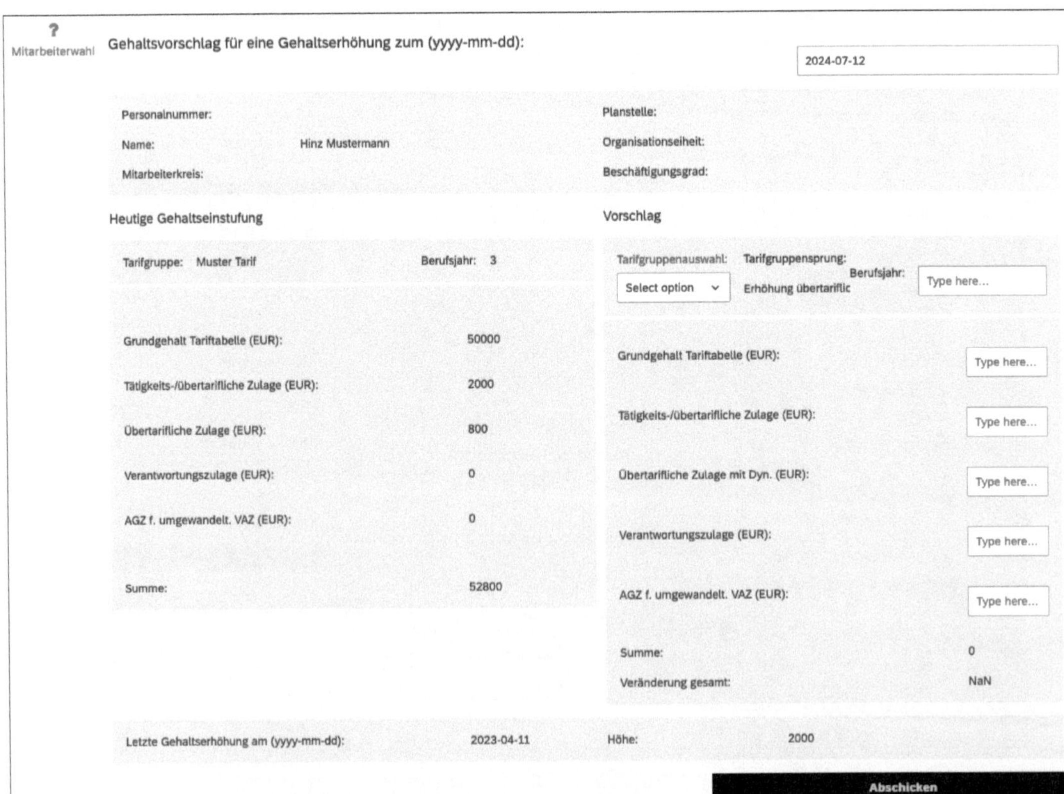

Abbildung 15.11 Formular für Gehaltsvorschlag

Der erste Logikschritt hinter diesem Button füllt Werte in die Datenvariable *TriggerWorkflow*. In Tabelle 15.1 sind alle Werte dargestellt, die in der Datenvariablen gespeichert werden. Dabei wird noch einmal verdeutlicht, welche Daten bereits vorhanden waren, welche durch das Ausfüllen des Formulars hinzugefügt wurden und welche zusätzlich für den anschließenden Prozess angelegt wurden.

Vorhandene und berechnete Daten	Neu angelegte Daten	Zusätzliche Daten für den Prozess
■ Gesamtgehalt Ist-Zustand ■ Gesamtgehalt Soll-Zustand ■ AGZ f. umgewandelt. VAZ (EUR) Soll-Zustand ■ Berufsjahr Soll-Zustand ■ zukünftige Tarifgruppe ■ Veränderung gesamt ■ Gehaltserhöhungsdatum ■ Tarifgruppensprung ■ Erhöhung übertariflich ■ Verantwortungszulage Soll-Zustand ■ Grundgehalt Tariftabelle Soll ■ übertarifliche Zulage Soll ■ tätigkeitsübertarifliche Zulage Soll-Zustand	■ Name ■ AGZ f. umgewandelt. VAZ (EUR) Ist-Zustand ■ Berufsjahr Ist-Zustand ■ Personalnummer ■ derzeitige Tarifgruppe ■ Planstelle ■ E-Mail-Adresse Betriebsrat ■ Mitarbeiterkreis ■ E-Mail-Adresse Vorgesetzter ■ Beschäftigungsgrad ■ Organisationseinheit ■ E-Mail-Adresse Ressortvorstand ■ E-Mail-Adresse Personalreferent*in ■ E-Mail-Adresse Personalvorstand ■ letzte Gehaltserhöhung Datum ■ Verantwortungszulage Ist-Zustand ■ letzte Gehaltserhöhung Betrag ■ Grundgehalt Tariftabelle Ist ■ übertarifliche Zulage Ist-Zustand ■ Tätigkeitsübertarifliche Zulage Ist-Zustand	Workflow-Version (ist immer 1.0)

Tabelle 15.1 Relevante Daten für Gehaltserhöhungsprozess

Die Applikation in SAP Build Apps dient dazu, die Daten zu sammeln und durch die Antragsteller*innen gleich zu validieren. Nachdem die Daten nun gebündelt wurden, können sie zur Verarbeitung an den weiteren Prozess übergeben werden.

15.4.5 Technische Umsetzung mit SAP Build Process Automation

Start des Prozesses in SAP Build Process Automation

Die Daten erreichen den Prozess nun über einen API-Trigger, der durch die Applikation in SAP Build Apps angesprochen wird. Die eben definierten Daten werden übermittelt, sodass der Prozess starten kann. Die Schritte, die danach notwendig sind, werden mithilfe von SAP Build Process Automation durchgeführt und im Folgenden näher beschrieben.

Variablengenerierung durch API-Trigger

Wie Sie in Abbildung 15.12 sehen, beginnt der Prozess direkt mit dem **API-Trigger**, der eine Reihe von Ausgabevariablen erzeugt (siehe Abbildung 15.13), die im vorherigen Schritt durch die Applikation in SAP Build Apps generiert wurden. Diese Variablen sind zentral für den weiteren Verlauf des Prozesses, da von ihnen die Richtungsentscheidungen abhängen werden.

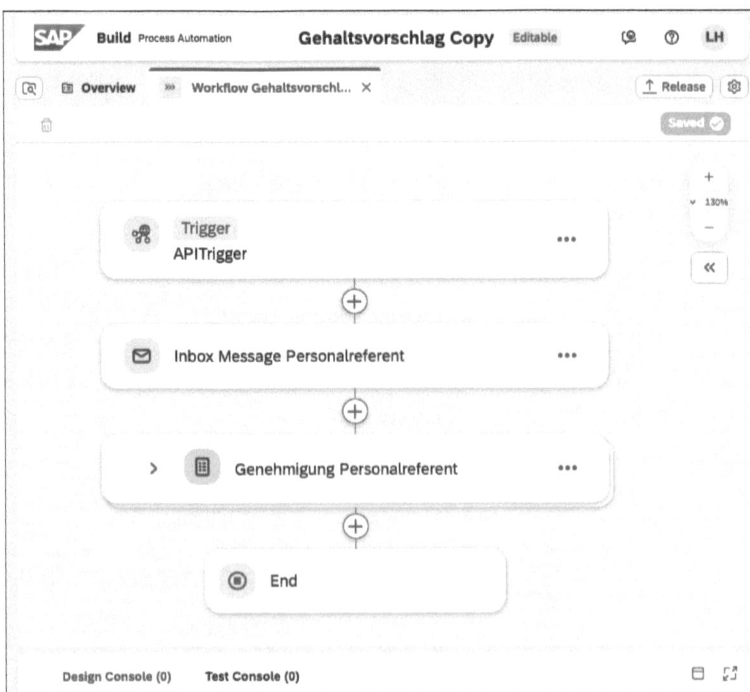

Abbildung 15.12 Prozess des Gehaltsvorschlags in minimierter Version

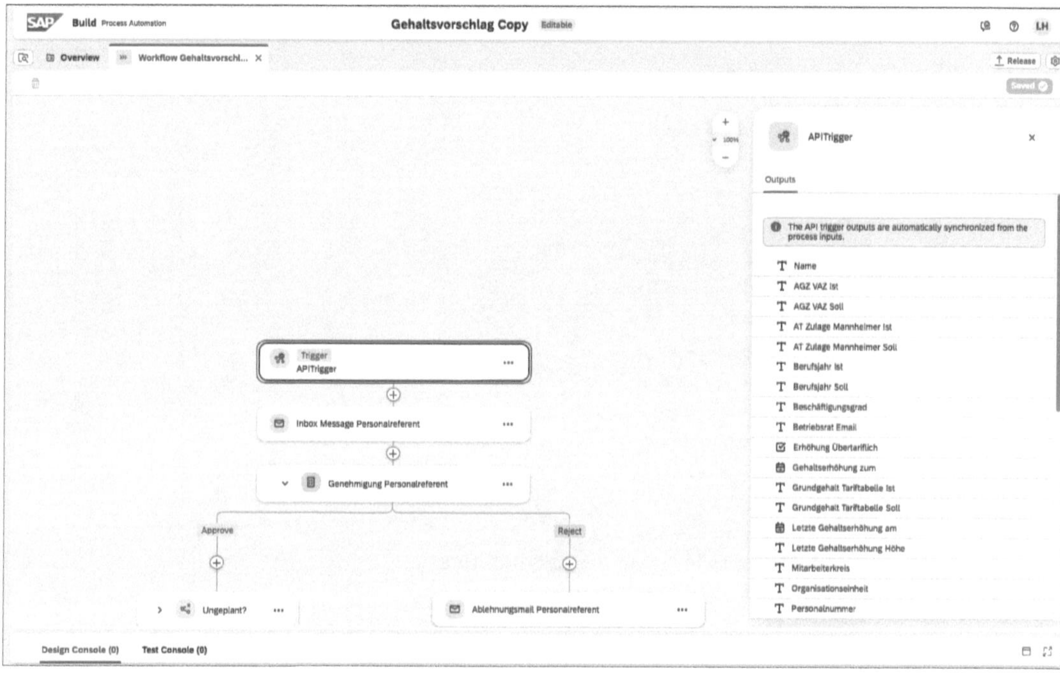

Abbildung 15.13 Variablen des API-Triggers

Benachrichtigungs-E-Mail mit Value Bindings

Die erste Tätigkeit des Prozesses nach dem Anstoß durch den Trigger ist eine E-Mail in die Inbox der Personalreferent*in. Diese E-Mail, wie in Abbildung 15.14 ersichtlich, erscheint aktuell recht knapp formuliert. Durch die möglichen **Value Bindings** auf der linken Seite können allerdings alle relevanten Informationen zum Vorschlag zusätzlich eingebaut werden. Zum einen können das die Daten sein, die in der SAP-Build-Apps-Applikation eingegeben wurden, zum anderen gibt es auch die Möglichkeit, Meta-Informationen, z. B. zum Zeitpunkt des Prozessstarts und zum Nutzer, der den Prozess angestoßen hatte, mitzuschicken. All diese Informationen sind allerdings auch später im Prozess-Task selbst einsehbar und könnten in der E-Mail selbst überfordernd wirken. Deshalb ist es Best Practice, die Benachrichtungs-E-Mail in diesem Fall kurz zu halten.

Genehmigungs-formular für die Inbox

Die Personalreferent*in erhält ein Genehmigungsformular (siehe Abbildung 15.15), das mit den Ausgaben des API-Triggers gefüllt ist. Solche Formulare wie dieses werden direkt in SAP Build Process Automation angelegt und verwaltet, mehr dazu in Kapitel 9, »SAP Build Process Automation«. Diese Aufgabe landet in der persönlichen Inbox der Personalreferent*in und kann dort, gegebenenfalls zusammen mit anderen Inbox-Aufgaben aus anderen Prozessen, der Reihe oder der Priorität nach abgearbeitet werden.

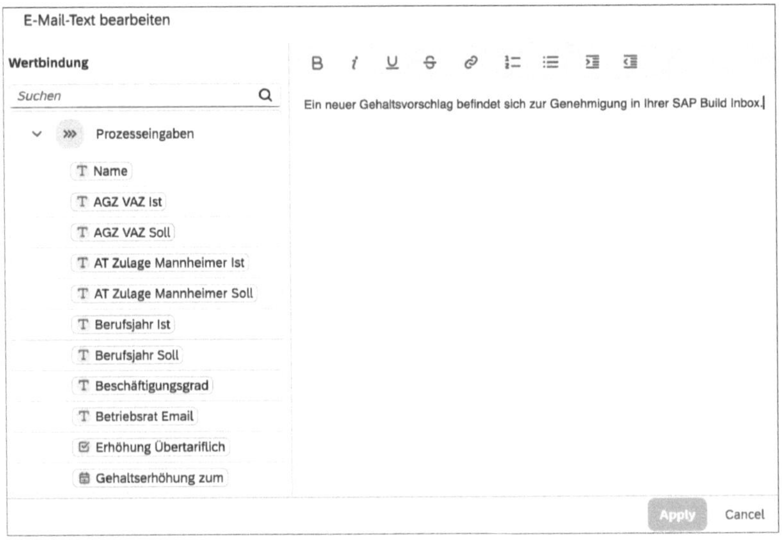

Abbildung 15.14 E-Mail-Benachrichtigung

Abbildung 15.15 Beginn des Genehmigungsformulars

Prüfung des Gehaltsvorschlags durch Personalreferent*in

Anhand der Informationen im Formular kann die Personalreferent*in den Gehaltsvorschlag auf Richtigkeit und Vollständigkeit prüfen. Außerdem wählt sie aus, ob der Gehaltsvorschlag in der Personalkostenplanung enthalten ist. Dieser Schritt wird im weiteren Verlauf des Prozesses noch wichtig. Die Personalreferent*in hat anschließend die Möglichkeit, zusätzlich zu einem Begründungstext, die Anfrage zu genehmigen oder abzulehnen (siehe Abbildung 15.16).

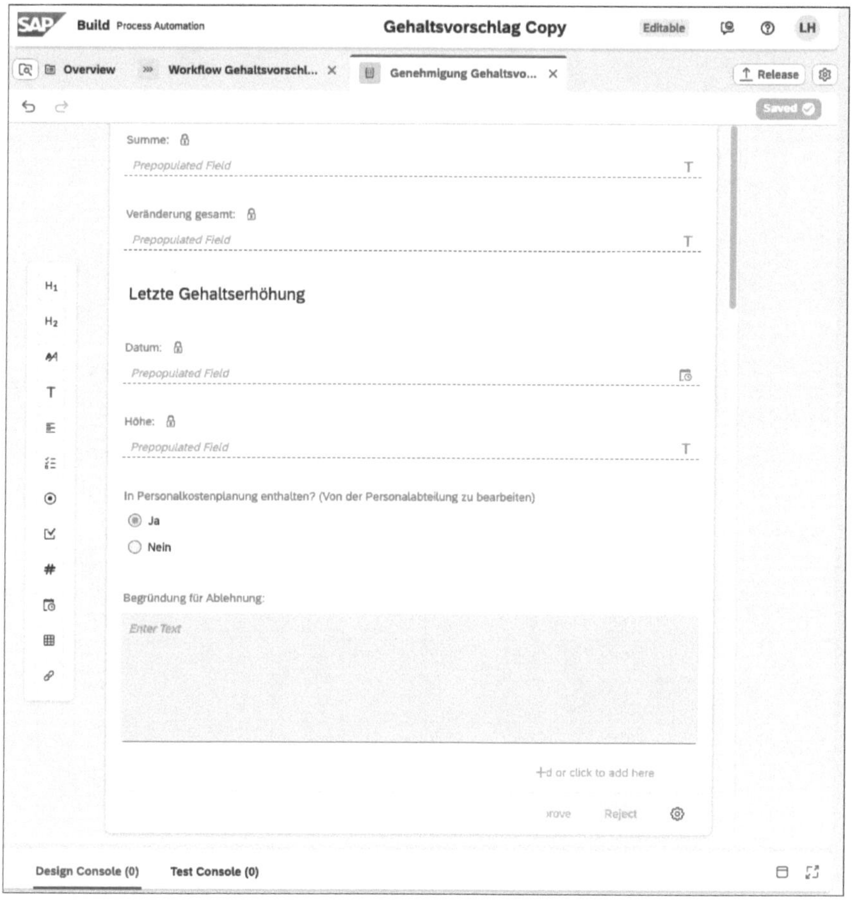

Abbildung 15.16 Ende des Genehmigungsformulars

Versand der Ablehnungs-E-Mail

Im Fall einer Ablehnung des Gehaltsvorschlags wird eine entsprechende Ablehnungs-E-Mail an den Vorgesetzten bzw. den Antragstellenden versendet, und der Prozess wird geschlossen. In Abbildung 15.17 ist diese E-Mail zu sehen. Um Unklarheiten zu verhindern, werden auch hier nur die wichtigsten Informationen mitgeschickt, sodass nachvollziehbar ist, welche Anfrage aus welchem Grund abgelehnt wurde.

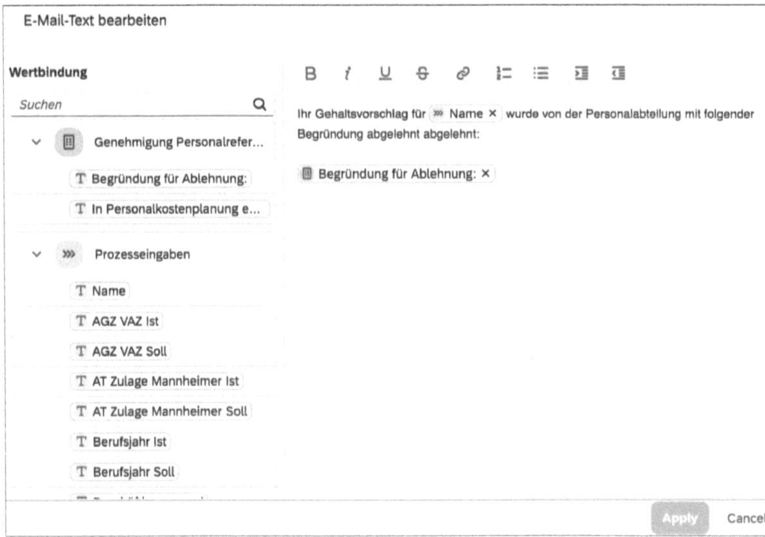

Abbildung 15.17 Ablehnungs-E-Mail

Prozessbedingung Ungeplant

Wird die Anfrage allerdings genehmigt, wird der Prozess mit der Bedingung **Ungeplant?** fortgesetzt. Abbildung 15.18 zeigt den Prozess inklusive einer Unterebene unter den Hauptaktionen. Es wird die Bedingung **Ungeplant?** erstellt und geprüft, ob der Gehaltsvorschlag in der Personalkostenplanung enthalten ist.

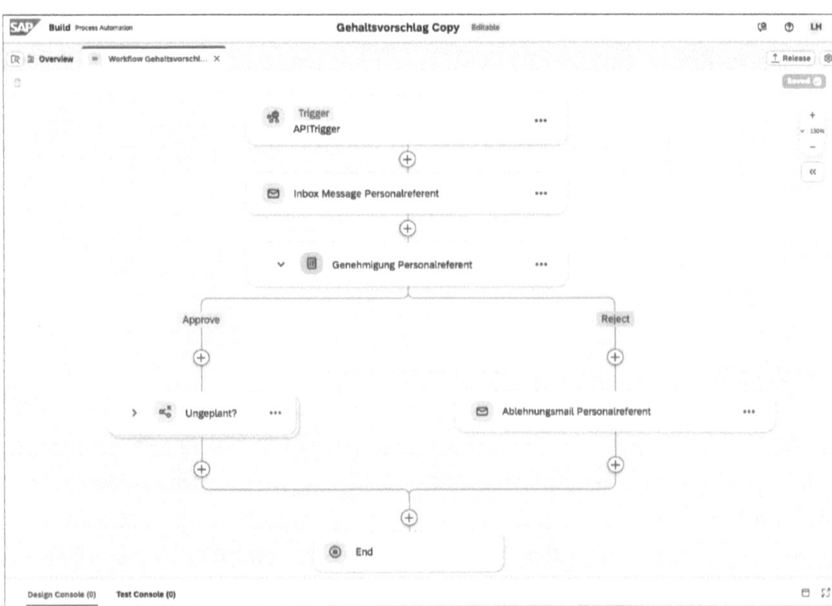

Abbildung 15.18 Prozess des Gehaltsvorschlags inklusive Ebene 1 »Genehmigung Personalreferent«

Wie in Abbildung 15.19 zu sehen, ist dies eine einfache Abfrage einer Variablen mithilfe einer logischen Verknüpfung, in diesem Fall **ist gleich** und dann der Option **Nein**.

Abbildung 15.19 Bearbeitungsmaske der Verzweigungsbedingung »Ungeplant?«

Der Inhalt dieser Variablen wurde durch die Personalreferent*in im vorherigen Schritt kurz vor der Freigabe der Anfrage eingegeben und dient nun dazu, die Anfrage dementsprechend weiterzuleiten.

Geplante vs. ungeplante Vorschläge

Wenn der Gehaltsvorschlag nicht in der Planung enthalten ist (also die Bedingung in diesem Fall erfüllt wird), wird eine E-Mail an den Ressortvorstand gesendet und das Genehmigungsformular muss von dem Ressortvorstand bearbeitet werden, was eine zusätzliche Schleife im Prozessablauf bedeutet. Wenn der Gehaltsvorschlag Teil der Planung ist, wird der Prozess an die Bedingung **Übertariflich** weitergeleitet. Diese Weiterleitung ist an einen konkreten Schritt gebunden, der gleich beschrieben werden wird. Die Sortierung der Schritte ist in Abbildung 15.20 ersichtlich.

Prüfung durch den Ressortvorstand

Das Genehmigungsformular des Ressortvorstandes wird mit allen relevanten Eingabevariablen aus der API vorgefüllt. Am Ende gibt es wie bei den Formularen bisher auch die Möglichkeit, abzulehnen oder zu genehmigen. Im Fall einer Ablehnung wird eine entsprechende Ablehnungs-E-Mail an den Vorgesetzten gesendet und der Prozess ist beendet (wie bereits zuvor in Bezug auf die Ablehnungs-E-Mail beschrieben).

Prozessbedingung »Übertariflich«

Im Fall einer Genehmigung wird der Prozess gemäß der Bedingung **Übertariflich** fortgeführt. Hier kommt auch der zweite Ast wieder ins Spiel, der, wie zuvor schon erwähnt, die eine Schlaufe der Bestätigung durch den Ressortvorstand überspringt. Abbildung 15.21 zeigt diese Schlaufe im Kontext, zusammen mit der Ablehnungs-E-Mail sowie der Bedingung **Übertariflich**.

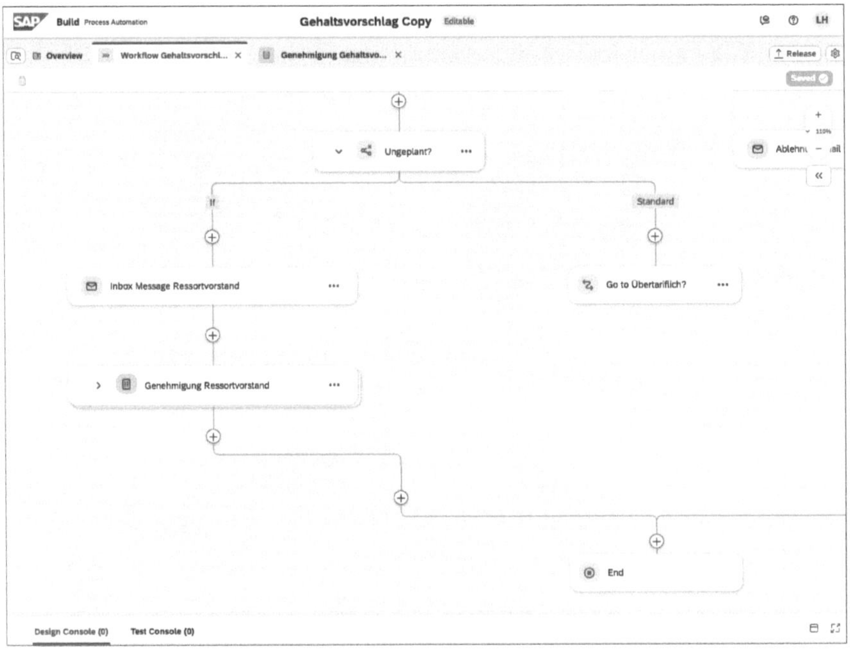

Abbildung 15.20 Prozess Gehaltsvorschlag inklusive Ebene 2 »Ungeplant?«

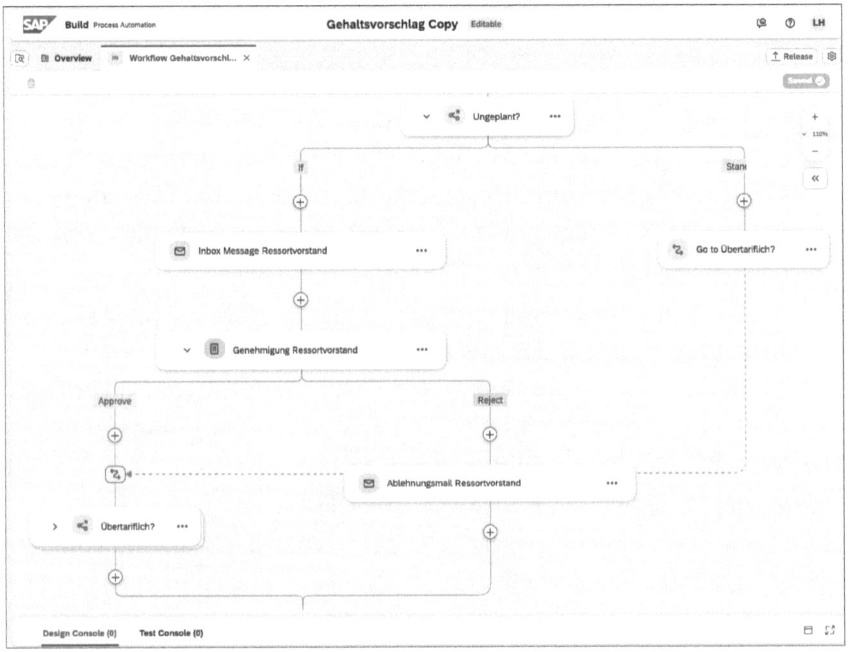

Abbildung 15.21 Prozess des Gehaltsvorschlags inklusive Ebene 3 »Genehmigung Ressortvorstand«

Übertarifliche Erhöhungen

Die Bedingung **Übertariflich** wird geprüft. Die Information dazu wurde ebenfalls zu Beginn vom Prozessersteller angegeben und dient nun dazu, die Anfrage korrekt auszusteuern (siehe auch Abbildung 15.22): Wenn die Erhöhung als übertariflich eingestuft wird, muss der Personalvorstand die Gehaltserhöhung gesondert genehmigen. Ist dies der Fall, wird eine E-Mail-Benachrichtigung an den Personalvorstand gesendet. Außerdem landet der Prozess als Aufgabe im **Task Center** des Personalvorstandes.

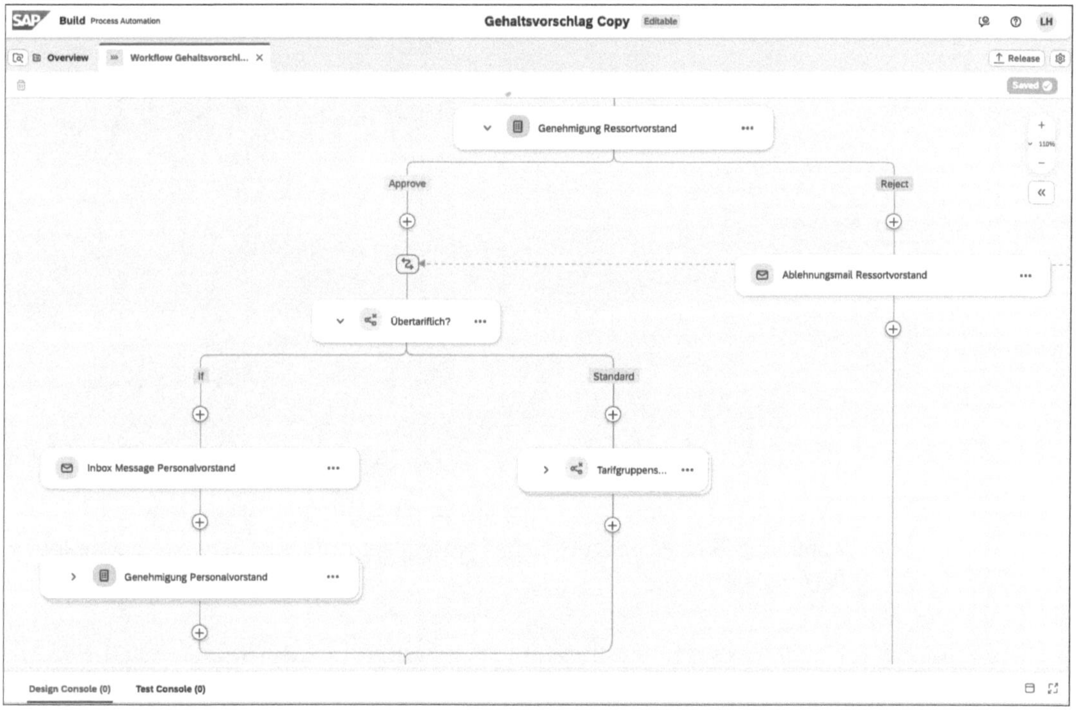

Abbildung 15.22 Prozess des Gehaltsvorschlags inklusive Ebene 4 »Übertariflich?«

Prüfung durch Personalvorstand

Das darin enthaltene Formular wird bearbeitet. Wenn das Formular genehmigt wird, findet eine Weiterleitung zum Schritt **Bestätigungsmail** statt und der Prozess endet mit einer Genehmigung. Im Fall einer Ablehnung wird eine entsprechende Ablehnungs-E-Mail an den Vorgesetzten gesendet, und der Prozess wird beendet (siehe Abbildung 15.23).

Prozessbedingung »Tarifgruppensprung«

Wenn die Erhöhung nicht als übertariflich eingestuft wird, wird die Bedingung **Tarifgruppensprung** geprüft. Genau wie bei der **Übertariflich**-Prüfung wurde auch diese Information ganz zu Beginn beim Prozessanstoß abgefragt. Ist die vorgeschlagene Gehaltserhöhung kein Tarifgruppensprung, springt der Prozessablauf direkt zur Bestätigungs-E-Mail.

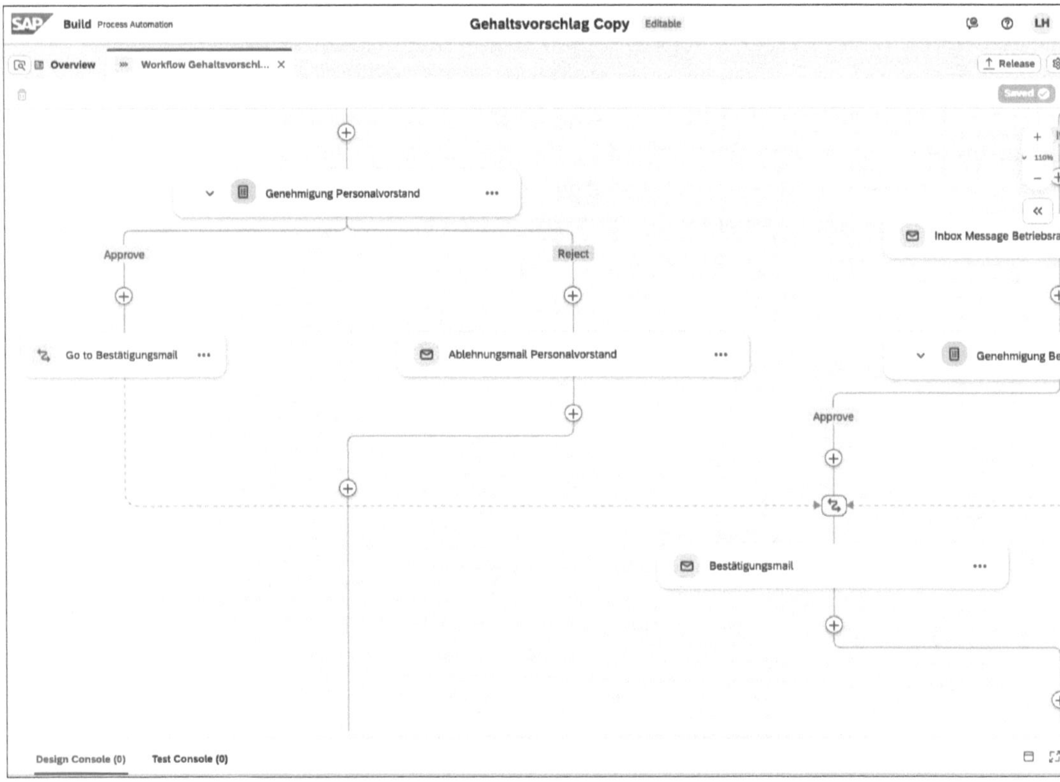

Abbildung 15.23 Prozess des Gehaltsvorschlags inklusive Ebene 5 »Genehmigung Personalvorstand«

Prüfung Betriebsrat

Handelt es sich allerdings um einen Tarifgruppensprung, also ist die Bedingung in unserer Verzweigung **wahr**, muss der Betriebsrat der Gehaltserhöhung zustimmen (siehe auch Abbildung 15.24). Wie bei den vorherigen Schritten auch, wird in diesem Fall eine Benachrichtigung an den Betriebsrat per E-Mail versendet, außerdem erhalten die entsprechenden Mitarbeiter*innen einen Task zur Bestätigung oder Ablehnung in der **Task-Center Inbox.**

Abschluss des Prozesses

Wird im Formular der Gehaltsvorschlag abgelehnt, gibt es eine Benachrichtigungs-E-Mail an den Vorgesetzten, im Fall einer Zustimmung gilt der Vorschlag als genehmigt. Damit ist der Prozess in allen möglichen Ausprägungen abgeschlossen (siehe Abbildung 15.25). Der Prozess endet in einer Bestätigungs-E-Mail an den Vorgesetzten und gilt somit als erfolgreich. Die Gehaltserhöhung kann nun ins System übernommen und durchgeführt werden.

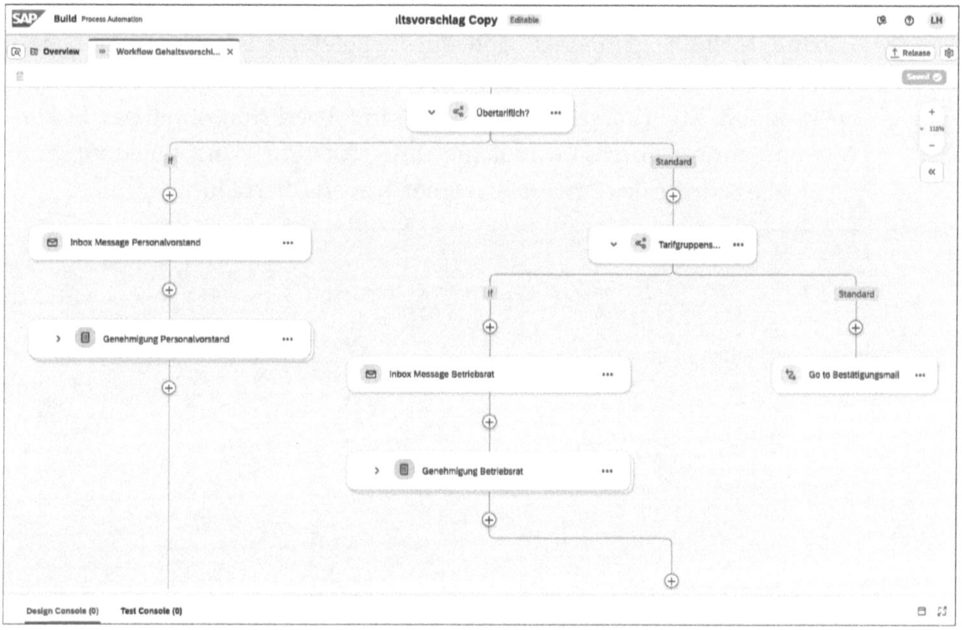

Abbildung 15.24 Prozess des Gehaltsvorschlags inklusive Ebene 5 »Tarifgruppensprung?«

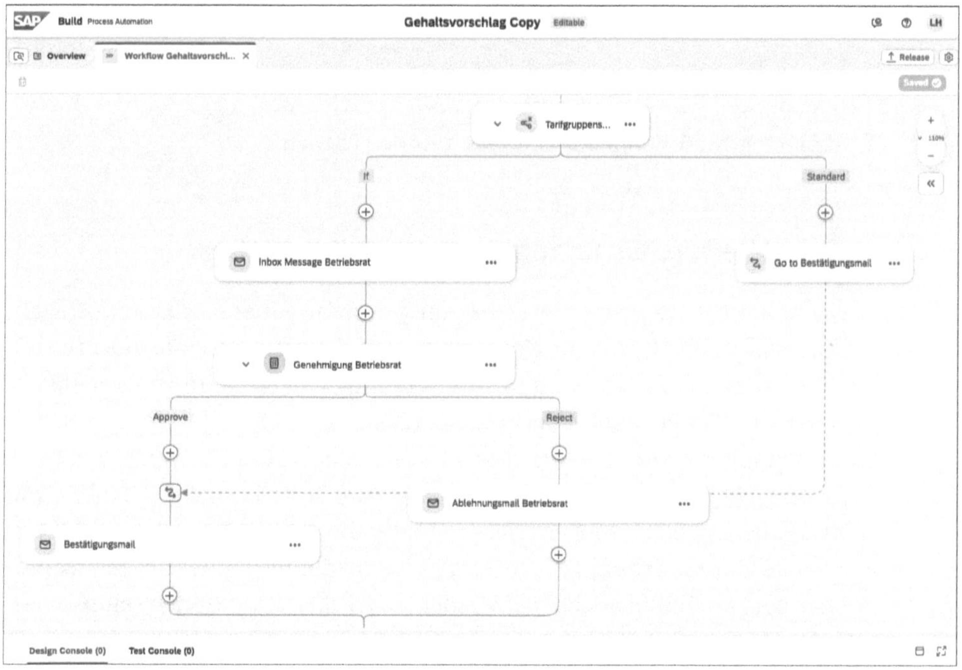

Abbildung 15.25 Prozess des Gehaltsvorschlags inklusive Ebene 5 »Genehmigung Betriebsrat«

Gesamtbetrachtung des Prozesses

Alles in allem umfasst der Prozess 21 Elemente, davon sind neun Elemente allein E-Mail-Benachrichtigungen, die die Beteiligten daran erinnern, dass eine Entscheidung ansteht. Man kann sich nur vorstellen, wie dieser Prozess abläuft, wenn ausschließlich E-Mails involviert sind, ohne dass die konkreten Schritte durch Technologie unterstützt werden. Abbildung 15.26 zeigt alle Schritte des Prozesses in einer groben Übersicht.

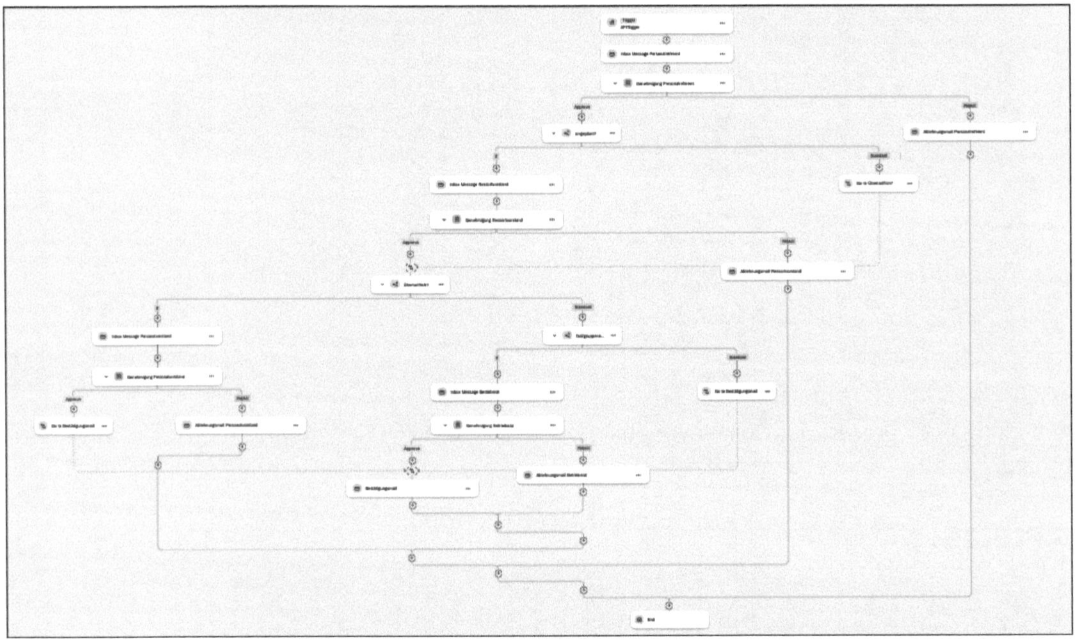

Abbildung 15.26 Kompletter Prozess mit allen Ebenen

15.5 Weitere Einsatzpotenziale im Kontext HR

Nachdem wir im vorherigen Abschnitt tiefer in einen konkreten Anwendungsfall von SAP Build im Kontext von HR eingestiegen sind, möchten wir nun das Bild abrunden und uns weitere Möglichkeiten im HR-Umfeld anschauen. Wie wir bereits festgestellt haben, werden viele Prozesse schon einheitlich durch zentrale HR-Systeme abgebildet und übernommen. Dazu zählen unter anderem die Verwaltung von Bewerbungen, Urlaubs- und Krankheitsregelungen, Zeiterfassung oder die digitale Personalakte. Andererseits gibt es aber einige Prozesse, die entweder nicht oder nur in unzureichender Flexibilität abgebildet werden. Diese Prozesse können selbst innerhalb eines Unternehmens so unterschiedlich ausfallen, dass ein Standard über alle Abteilungen und Unternehmensstrukturen hinweg nicht möglich ist. Hier eignen sich insbesondere Low-Code-/No-Code-Tools perfekt, um schnell und unkompliziert Anpassungen und Erweiterungen von Prozessen einzupflegen.

Prädestiniert für SAP Build

Unserer Erfahrung nach gibt es drei zentrale Bereiche, die besonders prädestiniert für einen Einsatz von SAP Build sind: On- und Offboarding, Schulungsmanagement bzw. Weiterbildungen sowie das Performancemanagement. In den folgenden Abschnitten wollen wir uns diesen drei Bereichen im Detail widmen und Anwendungsfälle für Low-Code/No-Code erarbeiten.

15.5.1 Onboarding und Offboarding

Unterschiedliche Ausprägungen von Prozessen

Wenn neue Mitarbeitende ins Unternehmen kommen oder Mitarbeitende das Unternehmen verlassen, gibt es oft eine Reihe an Schritten, die immer durchgeführt werden müssen, aber von Abteilung zu Abteilung unterschiedlich sein können. Wird z. B. eine Mitarbeiterin in der IT eingestellt, bekommt sie dieselben Schulungen zu Compliance und Datenschutz, hat aber beim IT-Equipment mehr Auswahl, was Hardware und Software auf ihren Geräten angeht. Verlässt ein Mitarbeiter aus der HR das Unternehmen, müssen ähnliche Accounts deaktiviert werden, aber es gibt womöglich andere Anforderungen an das Vernichten von Unterlagen und Notizen.

Oftmals sind diese »Checklisten« irgendwo als Dokument abgelegt, sodass sie immer wieder gesucht, ausgefüllt und archiviert werden müssen. Gerade für wichtige Schulungen wie Compliance, Arbeitsplatzsicherheit oder Datenschutz gilt es ja im Nachgang nachzuweisen, dass diese Schulungen auch wirklich besucht wurden.

Checkliste und Nachweise mit SAP Build

Mithilfe von SAP Build Process Automation wird dieser Nachweis einfach durch das Bestätigen oder Ablehnen von Prozessschritten innerhalb des modellierten On- oder Offboarding-Prozesses übernommen. Die Nachvollziehbarkeit der Prozessschritte macht es leicht, Aktionen wir Schulungsteilnahmen oder Entscheidungen innerhalb des Prozesses zu dokumentieren. Ebenso können inhaltliche Unterschiede, wie eben beschrieben, innerhalb eines Prozesses ausgesteuert werden. Auch (und gerade weil) diese Prozesse sehr greifbar und für alle Angestellten im Unternehmen bekannt sind, eignen sie sich sehr gut, um erste Erfahrungen mit SAP Build zu machen.

Empfehlenswert ist hierbei auch die Nutzung von Guided Experiences: Diese geführten, Workflow-basierten Karten in SAP Work Zone erleichtern es, komplexe mehrstufige Prozesse auszuführen, die gegebenenfalls sogar Aufgaben in mehreren Systemen umfassen. Gerade für Prozesse wie Onboarding und Offboarding sind diese Karten hervorragend geeignet.

15.5.2 Performancemanagement

Verschiedene Abläufe von Performance-Reviews

Ähnlich wie beim On- und Offboarding-Prozess ist das Performancemanagement eine Angelegenheit, die eigentlich überall in Unternehmen durchgeführt wird, aber überall unterschiedliche Ausprägungen haben kann. Hier geht es darum, in regelmäßigen Abständen Gespräche zwischen Mitarbeitenden und Vorgesetzten einzuplanen, über Leistungsindikatoren und Feedback von Kolleg*innen zu sprechen und darauf basierend Gehaltsverhandlungen oder Änderungen von Fokusarbeit oder Priorisierungen einzuleiten. Je nach Unternehmenskultur gibt es dabei manchmal eine zentrale Richtlinie, wann und wie Performance-Reviews durchgeführt werden sollen, manchmal hängt das aber auch ganz individuell von den Vorlieben und Präferenzen der jeweiligen Führungskraft ab.

Erinnerungen an Reviews über Trigger

Mithilfe der neuen Funktion von SAP Build Process Automation können mit *Scheduled Triggers* Prozesse in definierten Zeitabständen gestartet und auch wiederholt werden. So kann beispielsweise für jeden Beurteilungsprozess eingestellt werden, ob ein Gespräch viertel-, halb- oder ganzjährlich stattfinden soll. Nach jedem Trigger werden dann z. B. Kollegen oder Vorgesetzte benachrichtigt und um eine Einschätzung der Performance gebeten, oder es werden andere Systeme angefragt, um Performanceindikatoren aus der täglichen Arbeit abzuleiten.

Folgeaktivitäten triggern

Während des Gesprächs zwischen Mitarbeiter*innen und Vorgesetzten können Notizen innerhalb einer flexiblen SAP-Build-Apps-Applikation festgehalten und protokolliert werden, deren Ergebnisse wiederum in den Workflow von SAP Build Process Automation gespielt werden. Zur Nachvollziehbarkeit werden diese Informationen in der Historie des Workflows gespeichert. Zum Schluss können je nach Bedarf weitere Aktionen getriggert werden, wie beispielsweise der zuvor beschriebene Workflow zur Anpassung des Gehalts, weil im Gespräch die Performance des Mitarbeiters positiv hervorgehoben wurde.

15.5.3 Schulungsmanagement und Weiterbildungen

Eine weitere Folgeaktivität eines Performancegesprächs kann auch die Anmeldung und Teilnahme von Schulungsangeboten oder Weiterbildungen sein. Hier sind, zusätzlich zu den zentralen Prozessen in bekannten HR-Systemen, verschiedene Themen denkbar, die als Workflows über SAP Build abgebildet werden können. Dazu zählen z. B.:

- **Interessenabfrage**: Ein Workflow kann dafür eingesetzt werden, um von Mitarbeiter*innen Interessen abzufragen, die Ergebnisse zu analytischen

Zwecken zu speichern und je nach Interessenschwerpunkten die Mitarbeiter*innen zu den richtigen Angeboten zu führen.

- **Beantragung**: Je nach Unternehmen kann es sein, dass das Bestellen von Schulungen, Schulungsunterlagen oder Weiterbildungsinhalten zentral genehmigt werden muss. Hier kann ein Workflow Abhilfe schaffen, um ohne Zettelwirtschaft eine schnelle Genehmigung an der richtigen Stelle zu bekommen.
- **Nachweis**: Wird die Schulung bzw. Weiterbildung erfolgreich durchgeführt, kann die Teilnahme in einem Workflow mit einer kleinen Applikation bestätigt und für die Zukunft (oder für das nächste Performancegespräch) dokumentiert werden. Ebenso ist eine Weiterleitung der Ergebnisse zurück ins HR-System denkbar.

Keine Grenzen für weitere Einsatzmöglichkeiten

Natürlich sind das alles nur Beispiele. Es soll deutlich werden, dass Vieles denkbar und machbar ist, was vielleicht von etablierten HR-Systemen so nicht geliefert werden kann. Den Anwendungsgebieten ist hier so gut wie keine Grenzen gesetzt, je nach Governance müssen nur die richtigen Leute dazu befähigt werden, eigene Inhalte zu erarbeiten und umzusetzen.

15.6 Zusammenfassung

Bedarf an Flexibilität und Responsivität

In diesem Kapitel konnten Sie sehen, dass SAP Build als Low-Code-/No-Code-Tool sehr gut für den Einsatz im Bereich HR geeignet ist. Der Bedarf an flexiblen und einfach zu nutzenden Tools ist hoch, wenn die Fachabteilung, in diesem Fall die HR-Abteilung, bestimmte Anpassungen oder Prozessabweichungen selbst umsetzen kann. Insbesondere im Kontext von HR, bei der zentrale Systeme nur teilweise den Umfang der Prozesslandschaft abdecken und wir oft mit hybriden Architekturen konfrontiert sind, die On-Premise-Systeme mit Cloud-Systemen verbinden, ist SAP Build ein nützliches Tool.

Wir haben gezeigt, wie einfach es ist, einen normalerweise sehr komplexen Prozess mit mehreren Entscheidungsinstanzen und oftmals langen E-Mail-Ketten mit SAP Build Apps und SAP Build Process Automation in eine übersichtliche Struktur zu bringen. Mithilfe von E-Mail-Benachrichtigungen, klaren Zuständigkeiten und übersichtlichen Oberflächen wird die Arbeit der zuständigen Stellen vereinfacht und werden die Aufgaben klar verteilt. SAP Build Work Zone bietet zusätzlich als Self-Service-Portal für all diese Themen einen zentralen Einstiegspunkt, der Informationen, Aufgaben und Benachrichtigungen an einer Stelle zusammenfasst.

Einfache Digitalisierung und Automatisierung

Nicht nur für den Prozess der Gehaltserhöhung ist diese Kombination von SAP Build Apps und SAP Build Process Automation sinnvoll, sondern auch für die Anwendungsfälle, die in Abschnitt 15.5, »Weitere Einsatzpotenziale im Kontext HR«, beschrieben wurden. Nie war der Anfang von Digitalisierung und Automatisierung von Prozessen so leicht wie heute mit der SAP-Build-Suite.

TEIL V

Umsetzungsempfehlungen und Perspektiven

Kapitel 16
Empfehlungen für den Einsatz

In diesem Kapitel werfen wir einen abschließenden Blick auf die SAP-Build-Suite und klären wichtige Fragen, wie z. B.: Wann sollte SAP Build eingesetzt werden? Wie sieht ein Ende-zu-Ende-Prozess aus? Und wie können Sie die ganze Theorie aus den vorherigen Kapiteln in die Praxis umsetzen?

In den bisherigen Kapiteln haben wir Ihnen einen Überblick über den theoretischen Einsatz, die technische Einrichtung und die potenzielle Anwendbarkeit von SAP Build gegeben. In diesem Kapitel soll es nun darum gehen, wie dieses Wissen konkret in die Tat umgesetzt werden kann. Dabei ist die erste Frage oft: Wo fange ich an? Es scheint unzählige Möglichkeiten zu geben, das erlernte Wissen in die Praxis umzusetzen. Doch die Erfahrung zeigt: Es empfiehlt sich, an mögliche Anwendungsfälle strukturiert heranzugehen, damit die ersten Experimente nicht im Labor bleiben.

Daher schauen wir uns in Abschnitt 16.1 zunächst an, wie sich Anwendungsfälle und Projektideen für eine Umsetzung mit SAP Build qualifizieren lassen. Wir evaluieren Kriterien für gute Use Cases und geben Empfehlungen zu Vergleich und Priorisierung der Anwendungsfälle. Anschließend geben wir Tipps für die ersten Schritte mit SAP Build (siehe Abschnitt 16.2). Wir entwickeln die Idee eines Bootcamps, in dem innerhalb einer begrenzten Zeit der komplette Entwicklungszyklus einer Applikation durchlaufen wird, um am Ende Erfahrungen und Ergebnisse zu evaluieren. Entsprechend den Empfehlungen aus Kapitel 7, »Governance mit SAP Build«, schauen wir uns in Abschnitt 16.3 die verschiedenen Entwicklungsstadien einer Applikation an und übertragen diese Empfehlungen auf die konkrete Umsetzung innerhalb von SAP Build. Um den kompletten Softwarelebenszyklus abzubilden, schauen wir uns abschließend an, wann und wie Änderungen gesteuert und umgesetzt werden können und wann vielleicht der Zeitpunkt gekommen ist, um von SAP Build als No-Code-Lösung auf eine andere Softwarelösung umzusteigen (siehe Abschnitt 16.4 und Abschnitt 16.5).

16.1 Projekt qualifizieren

Use Case auswählen

Der erste Schritt, um mit SAP Build zu starten, ist ein Use Case, den Sie umsetzen möchten. Nicht wenige behaupten, das wäre der schwierigste Schritt überhaupt, über das gesamte Projekt hin gesehen. Und tatsächlich hängt nicht wenig von der richtigen Auswahl des Anwendungsfalls ab. In diesem Abschnitt wollen wir uns anschauen, welche Kriterien es für einen passenden Use Case gibt, welche Fragen sich gleich am Anfang zu stellen lohnen und wie Sie aus einer Reihe von Use Cases die besten für den Anfang bzw. für den Verlauf der Roadmap auswählen können.

[»]

Use Case

Ein Use Case ist ein Anwendungsfall, also ein konkretes Szenario oder eine spezielle Situation, in der Sie Technik nutzen können. Beispiele dafür sind Integrations- oder Erweiterungsszenarien, wie eine Supply-Chain-Erweiterung.

Design-Thinking-Workshop

In vielen Projekten mit SAP Build (in verschiedenen Einsatzbereichen) hat sich gezeigt, dass eine offene Diskussion im Vorfeld über verschiedene Use Cases, beispielsweise in einem Design-Thinking-Workshop, die besten Ergebnisse liefern konnte. Der Mehrwert liegt darin, dass durch die Methoden des Design Thinkings bestehende, eventuell festgefahrene Vorstellungen von Use Cases und Prozessen aufgebrochen und neu zusammengesetzt werden können. Die Atmosphäre eines Workshops, losgelöst vom alltäglichen Arbeitskontext, kann neue Blickwinkel und neue Lösungsmöglichkeiten auf bestehende Anwendungsgebiete öffnen, die für die Erarbeitung von Use Cases sehr hilfreich sind.

Natürlich sind die Anforderungen für Use Cases unterschiedlich, je nach eingesetzter Technologie, weshalb wir die Punkte im Folgenden aufgeschlüsselt für SAP Build Apps, SAP Build Process Automation und SAP Build Work Zone ausführen. Zusammenfassend schauen wir uns danach noch an, wie Anwendungsfälle untereinander verglichen und priorisiert werden können.

16.1.1 Kriterien für einen richtigen Use Case für SAP Build Apps

SAP Build Apps zeichnet sich bekanntlich dadurch aus, dass besonders schnell einfache Benutzeroberflächen mit simplen Funktionen im SAP-Kontext erstellt werden können. Demnach sollten Sie bei der Auswahl von Use Cases darauf achten, ob eine Benutzeroberfläche benötigt wird und ob die Anforderungen an diese in Bezug auf das Benutzererlebnis und die Komplexität mit den Funktionen von SAP Build Apps umgesetzt werden können. Ebenso sollte sichergestellt werden, dass der Sicherheitsbedarf der Applikation bzw. der verarbeiteten Daten dem Feature Scope von SAP Build Apps entspricht (siehe das Dokument zur Feature Scope Description von SAP Build Apps: *http://s-prs.de/v1015335*). Besonders empfehlenswert sind hierbei verschiedene Arten von Applikationen: Erstens sind das Apps, die Informationen für die Nutzenden anzeigen, wie z. B. Master-Detail-View-Applikationen mit Dashboards und Graphen. Zweitens sind es Applikationen, die eine Art von Formularcharakter erfordern, also die von Nutzer*innen verschiedene Arten von Eingaben erfragen oder eine mehrfache Interaktion mit ihnen verlangen. Drittens sind Applikationen sinnvoll, die schnell entwickelt und iteriert werden und vor allem auch auf mobilen Endgeräten laufen sollen. Neben Eingaben in Feldern oder Formularbereichen kann diese Interaktion auch über Aktionen in Form von Buttons geschehen. Dies sind aber keine zwingenden Voraussetzungen für den Einsatz von SAP Build Apps. Auch eine ansprechende Darstellung von Informationen oder Daten kann bereits ausreichend sein.

Kriterien für den Einsatz von SAP Build Apps

Zusätzlich gibt es einige weiche Kriterien, die einen Use Case besonders prädestiniert für den Einsatz von SAP Build Apps machen:

- Sind gegebenenfalls bestimmte Controls oder Teile von Apps schon vorhanden, weil sie in anderen Projekten schon vordefiniert wurden?
- Sind die Daten bereits strukturiert, sodass in der Benutzeroberfläche nur wenig komplexe Handlungen zu erledigen sind?
- Ist es ein einfacher und unkritischer Prozess, der bei Fehlern wenig bis gar keine Kosten verursacht?
- Ist die Abhängigkeit zu anderen Systemen/Prozessen gering, sodass in einem autarken Umfeld entwickelt und experimentiert werden kann?

Sind diese Anforderungen für den Use Case erfüllt, kann es gut sein, dass es sich um einen guten Anwendungsfall für SAP Build Apps handelt. Wichtig ist hierbei, dass der Nutzende im Fokus steht. Es geht hier nicht so sehr um einen Prozess, der im Hintergrund läuft, sondern um eine Applikation, mit der mithilfe einer Benutzeroberfläche interagiert werden kann.

16.1.2 Kriterien für einen richtigen Use Case für SAP Build Process Automation

Im Gegensatz zu den Anforderungen an SAP Build Apps sehen die Anforderungen für SAP Build Process Automation keine bzw. nur schlichte Benutzeroberflächen vor. Die Hauptkomplexität der Anwendung sollte im Hintergrund, im Ablauf des Prozesses liegen. Einzelne, einfache Benutzeroberflächen mit der Anzeige von Informationen und wenigen Interaktionsmöglichkeiten (Akzeptieren, Ablehnen oder Ähnliches) sind dabei noch im Rahmen. Geht es dann um komplexere Oberflächen, kann ein Prozess in SAP Build Process Automation um ein User Interface aus SAP Build Apps ergänzt werden.

Fokus auf Prozesse

Was dagegen unabdingbar ist, ist ein klar definierter Prozess oder Workflow, der innerhalb von SAP Build Process Automation abgebildet werden soll. Dies kann allein oder durch Unterstützung von Business Rules geschehen, die es ermöglichen, komplexere Logikabläufe innerhalb eines Workflows abzubilden. Ebenso ist es möglich, Endpunkte zu integrieren, die entweder Daten im- oder exportieren oder Entscheidungen erleichtern, beispielsweise durch die Integration von künstlicher Intelligenz (siehe Kapitel 8, »KI mit SAP Build«). Zudem ist der Start eines Prozesses wichtig. Typischerweise wird der Prozess durch eine Aktion gestartet, wie beispielsweise durch eine *Action* oder ein anderes Trigger-Event »von außen«, wie z. B. das Eingeben von Informationen in eine SAP-Build-Applikation.

Fokus auf Integrierbarkeit

Ebenfalls wichtig ist das Integrationsvorhaben in weitere Systeme. Oftmals werden Prozesse für andere Systeme automatisiert (siehe auch Kapitel 6, »Systeme mit SAP Build erweitern«), weshalb Informationen von dort empfangen und Entscheidungen dorthin zurückgespielt werden müssen. Wichtig ist hierbei die Integrierbarkeit der betroffenen Systeme. Sind es Cloud-Systeme, die über eine API-Schnittstelle verfügen? Oder sind es On-Premise-Systeme, die über SAP Integration Suite und den Cloud Connector angebunden werden müssen? All diese Faktoren spielen bei Auswahl und Definition eines guten Use Cases eine Rolle.

16.1.3 Kriterien für einen richtigen Use Case für SAP Build Work Zone

Den richtigen Use Case für die SAP Build Work Zone zu finden, ist vermutlich leichter als bei SAP Build Apps oder SAP Build Process Automation. Prädestiniert ist SAP Build Work Zone für Anwendungsfälle, in denen es darum geht, verschiedene Systeme – seien es nun SAP-Lösungen oder Lösungen von Drittanbietern – in eine einheitliche Oberfläche zu packen. Das Vorhandensein von Drittanbieterlösungen ist dabei aber eher ein Kann-Kriterium als eine Notwendigkeit. Am stärksten ist SAP Build Work Zone, wenn es viele verschiedene Tools und Self-Services gibt, die dazu noch unterschiedliche Einstiegsszenarien haben. Dies alles mündet in einem Konzept, das sich *digitaler Arbeitsplatz* nennt: SAP Build Work Zone soll als zentraler Einstiegspunkt für alle Fragen, Aufgaben und Tätigkeiten von Mitarbeitenden dienen.

Fokus auf Gruppen von Mitarbeitenden

Außerdem lohnt sich SAP Build Work Zone, wenn es darum geht, viele Funktionen, Systeme und Informationen nutzerrollenzentriert auszusteuern, sodass nicht alle Mitarbeitenden alle Informationen auf einmal sehen. Ziel ist es, Links, Absprünge, Informationen sowie Aktionen für jede Rolle passend einzurichten und darzustellen. Ein spannendes Konzept sind hierbei die sogenannten *Guided Experiences*. Diese Workflow-basierten Karten ergeben überall dort Sinn, wo es gilt, komplexe mehrstufige Prozesse über mehrere Systeme hinweg auszuführen und die Ergebnisse zu dokumentieren (wie z. B. beim Onboarding oder Offboarding von Mitarbeitenden).

Interaktive Workspaces

Außerdem ist Skalierbarkeit ein großer Faktor, denn SAP Build Work Zone lässt sich schnell und einfach neuen Anforderungen anpassen. Wenn es auch um Kollaboration gehen soll, die innerhalb des Unternehmens gestärkt werden soll, dann sollten Sie auf die Advanced Edition zurückgreifen. Hier können interaktive Workspaces eingerichtet werden, die zusätzlich noch zu den anderen Übersichten mehr können, als »nur« Informationen anzuzeigen.

Zusammengefasst eignet sich diese Kombination demnach besonders gut für Anwendungsfälle für SAP Build Work Zone: eine einheitlich gestaltete Benutzeroberfläche, die aber gleichzeitig personalisierte Inhalte anzeigt.

16.1.4 Vergleich und Priorisierung

Bestenfalls erhalten Sie durch das intensive Brainstorming einige Use Cases, die alle gleichermaßen geeignet sind für die Umsetzung mit der jeweiligen Technologie im Rahmen von SAP Build. Nun geht es darum, den besten Use Case für eine erste Umsetzung zu finden. Faktoren, die bei dieser Auswahl wichtig sein können, sind:

- **Strahlkraft**

  Ein erster Use Case sollte für möglichst viele Personen im Unternehmen verständlich und nützlich sein, damit der Mehrwert der Umsetzung ersichtlich wird. Er sollte gleichzeitig einfach gehalten werden, um möglichst viel Projektionsfläche zu bieten, damit Personen zu weiteren Use Cases inspiriert werden. Use Cases mit SAP Build zeigen ihren Wert vor allem dann, wenn Innovation skalierbar wird.

- **Komplexität**

  Ein erster Use Case darf nicht zu schwierig sein. Die Gefahr besteht, dass man sich gleich am Anfang in technische Tiefen verstrickt, die womöglich nur für diesen Spezialfall gelten, aber generell ein schlechtes Licht auf die Technologie im Ganzen werfen. Natürlich gibt es auch Vorlagen und bereits fertige Lösungen im Store und im SAP Business Accelerator Hub, dennoch sollten Sie sich nicht gleich am Anfang übernehmen.

- **Effekt**

  Natürlich sollte sich der Use Case auch aus wirtschaftlicher bzw. aus unternehmerischer Sicht rechnen. Ein Vergleich basierend auf einer Return-of-Investment-Kalkulation kann hier helfen oder auch eine Einschätzung des Effekts hinsichtlich der Mitarbeiterzufriedenheit.

- **Kosten bei Pro-Code-Umsetzung**

  Als letzter Faktor eignet sich auch die Einschätzung, ob im Vergleich zu einer Umsetzung mit traditionellen Softwareentwicklungsmethoden Kosten durch den Einsatz von SAP Build gespart werden können.

Effort-Effect-Matrix

Diese vier Kriterien lassen sich auf jeweils einer Skala anordnen. Vereinfacht kann in Workshops auch auf eine Effort-Effect-Matrix zurückgegriffen werden, die die Punkte *Komplexität* und *Kosten* unter *Effort* zusammenfasst und die Punkte *Strahlkraft* und *Effekt* unter *Effect*. Die Use Cases mit dem höchsten Effect sowie dem niedrigsten Effort in Kombination eignen sich besonders gut für den Start.

Abbildung 16.1 zeigt eine beispielhafte Effort-Effect-Matrix mit einigen, ausgewählten Beispielfällen. Schauen wir uns die folgenden vier Beispielfälle kurz an:

- **Materialbestellung**

  Ich brauche neue Kugelschreiber für meine Arbeit im Büro. Normalerweise würde ich den Kolleg*innen in der Beschaffung eine E-Mail schreiben, es würde Nachfragen geben, ich liefere weitere Informationen, bevor meine Anfrage angenommen oder abgelehnt wird. Dies könnte mit einem SAP-Build-Process-Automation-Workflow abgelöst werden, in dem automatisch geprüft wird, ob meine Anfrage zu teuer oder angemessen ist.

  Effort: gering, **Effect**: gering

- **Einfache Reisekostenabrechnung**

  Jedes Mal, wenn ich eine Geschäftsreise antrete, muss ich danach eine Reisekostenabrechnung erstellen. Ich muss alle Daten eintragen und darf keine Information vergessen. Zusätzlich muss ich Dokumente anhängen, beispielsweise von Hotelübernachtungen. Mit einer SAP-Build-Apps-Anwendung könnte ich die Abrechnung direkt am Handy erledigen, indem ich Fotos von meinen Belegen direkt hochladen und alle wichtigen Informationen direkt eintragen kann, die dann per E-Mail an die Buchhaltung gehen.

Effort: gering bis mittel, **Effect**: mittel

- **Intelligente Reisekostenabrechnung**

  Mit SAP Build Apps und einem zusätzlichen KI-Service könnte ich die relevanten Reiseinformationen direkt aus den Rechnungen entnehmen (wann die Reise stattfand, wohin, ...) und müsste nichts mehr selbst eintippen. Nach dem Absenden könnte sich die Anwendung direkt mit dem SAP-System verbinden und meine Reise dort als Abrechnung buchen, sodass sie nur noch überprüft und bestätigt werden muss.

  Effort: hoch, **Effect**: hoch

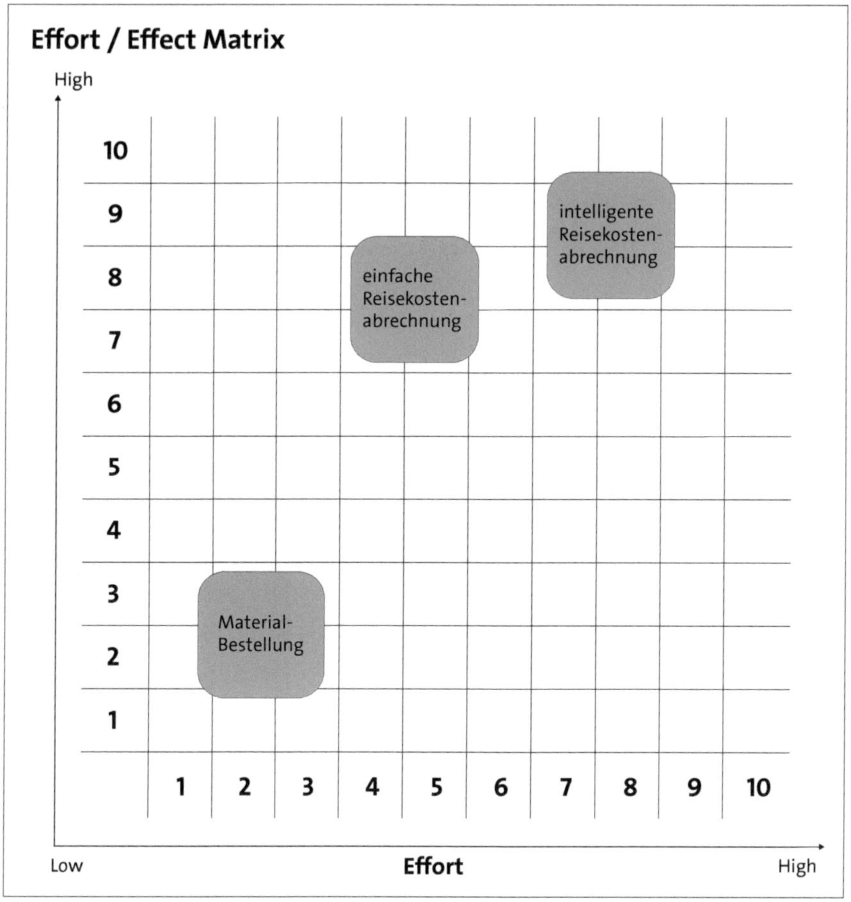

Abbildung 16.1 Effort-Effect-Matrix mit Beispielen

Sie sehen in Abbildung 16.1, dass sich nur der zweite Vorschlag in der linken oberen Ecke befindet, weshalb dieser Use Case ein guter Startpunkt wäre, um erste Erfahrungen zu sammeln. Weitere Features, um den Use Case komplexer zu gestalten, können nach dem ersten Entwurf schließlich immer noch hinzugefügt werden.

16.2 Erste Schritte mit SAP Build

Einfach mal loslegen

Erste Schritte mit einer neuen Software sind oft aufregend, aber manchmal auch frustrierend. Sinnvolle erste Erfahrungen lassen sich beispielsweise mit Onlinetrainings oder einem Hackathon sammeln, wo in ungezwungener Atmosphäre einfach mal »losgelegt« werden kann. Weitreichendere Erfahrungen bietet das Konzept des *Bootcamps*: Hier kann innerhalb einer vorher festgelegten und begrenzten Zeitspanne (z. B. innerhalb von sechs bis acht Wochen) ein erster Use Case mit SAP Build umgesetzt werden, der auch produktiven Mehrwerte für kommende Projekte bietet.

16.2.1 Einen guten Use Case erarbeiten

Bevor wir mit dem Bootcamp beginnen, ist es wichtig, einen guten Use Case für das Bootcamp zu finden. Idealerweise wurde, wie im vorherigen Abschnitt beschrieben, bereits eine Priorisierung der vorhandenen Use Cases vorgenommen, alternativ kann dies auch separat vor einem Bootcamp in kleiner Form durchgeführt werden. Je nach Use Case sollte dann festgelegt werden:

- **Welches Werkzeug ist für die Umsetzung geeignet?**

  Ist es ein Fall für SAP Build Apps, für SAP Build Process Automation oder gegebenenfalls für beide Tools in Kombination? Hier eignet sich womöglich auch eine kurze Demonstration aller Systeme, um den Beteiligten einen ersten Eindruck zu vermitteln und anschließend zu entscheiden, in welche Richtung sich der Use Case entwickeln könnte.

- **Welchen Umfang soll das Bootcamp haben?**

  Welche Grenzen und Minimalziele sollen gesetzt werden? Welche Fragen sollen geklärt werden, auch im Hinblick auf die Entscheidung und Evaluation möglicher zukünftiger Use Cases? Welche Teilprozesse/-abschnitte sollen besonders unter die Lupe genommen werden?

- **Wer soll in das Bootcamp einbezogen werden?**

  Haben diese Personen die notwendigen Kapazitäten oder müssen wir umplanen/Prioritäten verschieben?

- **Sind alle technischen Voraussetzungen gegeben?**
  Gibt es Zugänge für alle Teilnehmer*innen im Bootcamp? Sind alle Daten vorhanden, die wir für den Prozess bzw. die Darstellung in der Benutzeroberfläche benötigen? Können wir im Notfall auf Demo-Daten zurückgreifen? Ist der Zugriff auf mögliche Zweit- oder Drittsysteme geklärt?

Lernen mit Expert*innen

Nach dieser Vorarbeit sollten alle Beteiligten gut gerüstet und motiviert sein, um mit der Arbeit im Bootcamp zu starten. Dabei ist zusätzlich noch zu beachten, dass in einem Bootcamp auch immer jemand mit einbezogen werden sollte, der über eine breite Erfahrung mit den SAP-Build-Technologien verfügt. Dies können Expert*innen von SAP sein, aber auch von Partnerunternehmen, die diese Bootcamps anbieten. Ziel eines Bootcamps ist schließlich das schnelle Einarbeiten in die Technologie, bestenfalls ohne die üblichen Fallstricke am Anfang, deshalb sollten immer auch erfahrene Expert*innen integriert sein.

16.2.2 Mit einem Bootcamp durchstarten

Das Bootcamp setzt sich typischerweise aus mehreren Elementen zusammen, die sich grob in drei Phasen einteilen lassen: die Kick-off-Phase, die Arbeitsphase und die Evaluationsphase.

Kick-off-Phase

Beginn des Bootcamps

In der ersten Phase geht es darum, dass alle den Use Case kennen und verstanden haben und dass die Rollen und Aufgaben grob auf die Teilnehmer*innen verteilt werden. Ein gewollter Nebeneffekt dieser Phase ist das Kennenlernen alle Teilnehmer*innen untereinander (sollten sie sich nicht sowieso schon kennen). Allen Beteiligten sollte von Anfang an klar sein, wie viel Zeit sie während des Bootcamps für die Arbeit mit SAP Build zur Verfügung haben. Dabei sollte ihre tägliche Arbeit so reduziert werden, dass Zeit für das Bootcamp geschaffen wird. Diese Abwesenheiten sollten entsprechend im Voraus eingeplant werden.

Nach der thematischen Einleitung wird das System vorgestellt. Alle Teilnehmer*innen erhalten eine erste Einführung in Funktionen, Best Practices und Lösungsansätze, die im weiteren Verlauf des Bootcamps eine Rolle spielen könnten. Zusätzlich werden auch andere Systeme im Ökosystem gezeigt, eventuelle Integrationen sollten auch hier schon diskutiert bzw. definiert werden.

Empfehlenswert ist auch ein sogenanntes *Solution Design*. Wie in den vorherigen Kapiteln schon mehrmals beschrieben, fallen auch bei Low-Code/No-Code klassische Anforderungen an gute Software nicht automatisch weg: Eine gute User Experience der Lösung gehört ebenso zu einer guten Applikation wie eine effiziente Entwicklung. Dasselbe gilt für das Testen und die Dokumentation. Nur, weil die Methode der Softwareentwicklung eine andere ist, sollten etablierte Standards nicht ignoriert werden.

Umfang festlegen

Manchmal kann ein Prozess oder ein Use Case nicht komplett innerhalb des Bootcamps abgebildet werden. Deshalb sollte der Umfang des Bootcamps sorgfältig abgeklärt werden. Außerdem können hier Mockups und Konzeptarchitekturen helfen, damit alle Teilnehmer*innen des Bootcamps am gleichen Bild der Lösung arbeiten, und gleichzeitig können sie direkt als Vorlage für die spätere, zusätzliche Entwicklung von weiteren Features genutzt werden.

Arbeitsphase

Erfahrungen sammeln und austauschen

Nach der Überprüfung und Abnahme des Konzepts durch die Teilnehmer*innen kann die Entwicklung beginnen. In konzentrierten Sessions, die teilweise durch Technologieexpert*innen begleitet werden können, werden Ergebnisse gemeinsam erarbeitet. Dabei sollte das Lernen und Sammeln von Erfahrungen im Vordergrund stehen, denn es ist klar: Das Tool ist für die meisten Beteiligten Neuland. Mit wiederkehrenden Review-Sessions sowie einem konstanten Erfahrungsaustausch zeigt die Lernkurve für die Teilnehmer*innen bald steil nach oben.

Evaluationsphase

Ergebnisse festhalten

Das Bootcamp schließt mit einem gemeinsamen Testen und einer Evaluation der geleisteten Arbeit. Je nach Fortschritt innerhalb des Bootcamps können schon Vorbereitungen auf weitere Abnahme- oder Go-live-Schritte getätigt werden. In einer Abschlusspräsentation werden die Ergebnisse vorgestellt, sodass allgemeingültige Erfahrungen, offene Aufgaben und weitere Anwendungsmöglichkeiten für die Roadmap festgehalten werden können.

Die Phasen werden in Abbildung 16.2 noch mal anschaulich und in der korrekten zeitlichen Abfolge dargestellt. Wichtig ist hierbei, die Phasen auch den Arbeitsweisen des Unternehmens anzupassen und gegebenenfalls agil vorzugehen, was Evaluation und Auswahl der nächsten Arbeitspakete angeht.

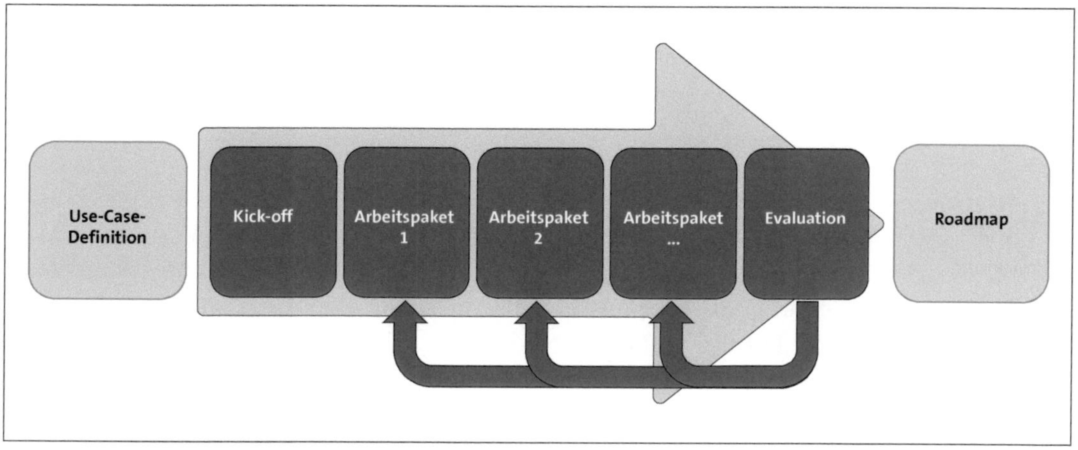

Abbildung 16.2 Bootcamp-Phasen im Überblick

16.2.3 Weitere Verwendung nach dem Bootcamp

Selten wird ein Use Case während eines Bootcamps so weit ausgearbeitet, dass direkt danach ein Go-live denkbar ist. Allerdings sind oftmals die größten Hürden schon genommen: Die App wurde konzeptioniert und in Teilen entwickelt.

Roadmap mit weiteren Aufgaben

Dies geschieht in der Phase nach dem Bootcamp. Das Team (oder Teile des Teams) können ausgehend von der Abschlusspräsentation eine Roadmap mit weiteren Tätigkeitsfeldern erarbeiten oder den Prozess erweitern, falls nur ein Teilprozess im Bootcamp umgesetzt werden konnte.

In den folgenden Schritten sollten Sie auf jeden Fall die Themen, die in Kapitel 7, »Governance mit SAP Build«, besprochen werden, berücksichtigen und alle notwendigen Schritte erledigen, um eine stabile, nachhaltige Lösung umzusetzen. Dies kann auch bedeuten, den Use Case als vollständiges Projekt noch einmal aufzurollen und auf dem Stand des Bootcamps weiterzuarbeiten (oder den Anwendungsfall zu verwerfen, falls dies das Ergebnis des Bootcamps sein sollte).

16.3 Praktische Umsetzung

Ins Projekt starten

Wie bereits in Kapitel 7 beschrieben, gibt es einen allgemeingültigen Prozess, wie SAP-Build-Projekte ablaufen können, aber nicht müssen. Je nach Unternehmensstruktur, Erfahrungen in der Vergangenheit und historisch gewachsenen Gegebenheiten kann der Prozess individuell anders aussehen.

Dennoch möchten wir nun einen Einblick in Best Practices und Anwendungstipps geben, die möglichst allgemeingültig auf einem gemeinsamen Stand des Umsetzungsprozesses basieren.

16.3.1 Entwicklung

Individuelle Entwicklungsphase

Den ersten Schritt der Projektqualifizierung haben wir im Vorfeld des Bootcamps schon behandelt, weshalb wir nun direkt mit der Entwicklung starten, die entweder ausgehend von einem Bootcamp weitergeführt oder komplett neu gestartet werden kann. Typischerweise erfolgt die erste Entwicklung einer Applikation in der Entwicklungsumgebung. Für die späteren Test- und Produktionsphasen wird dann auf ein Transportmanagement zurückgegriffen. Darauf gehen wir im weiteren Verlauf dieses Abschnitts genauer ein.

Die Organisation während der Entwicklungsphase ist bekanntlich sehr individuell und daher dem Unternehmen selbst überlassen. Ob nun agil oder am Stück, in Vollzeit oder Teilzeit entwickelt wird, hängt sicherlich auch vom Team, den Vorlieben und dem Use Case ab. Zwei Themen sind allerdings universell wichtig und auf keinen Fall zu unterschätzen, auch nicht in der Entwicklungsphase von SAP Build: Dokumentation und Tests. Dieser Abschnitt wird durch eine Übersicht von Best Practices abgeschlossen, die Sie beim Entwickeln unbedingt im Hinterkopf behalten sollten.

Tests

Bevor ein Prozess mit SAP Build Process Automation in die Produktivumgebung überführt wird, ist es unerlässlich, diesen ausgiebig zu testen. Der erste Schritt besteht darin, das System zu deployen und die grundlegenden Funktionen zu überprüfen. Dies dient als erster Testlauf, um sicherzustellen, dass die grundlegenden Systemeinstellungen korrekt sind und der Prozess wie erwartet funktioniert.

Testfälle für verschiedene Rollen

Nach dem initialen Deployment sollten spezifische Tests mit vorbereiteten Testfällen durchgeführt werden. Diese Testfälle sollten verschiedene Nutzerrollen umfassen, um sicherzustellen, dass der Prozess für alle möglichen Benutzerkonstellationen funktioniert. Dies ermöglicht eine umfassende Überprüfung der Funktionalität und hilft bei der Identifizierung von potenziellen Problemen, die durch unterschiedliche Benutzerinteraktionen entstehen können.

In SAP Build Process Automation ist es möglich, Test-JSON-Startkontexte zu definieren. Diese Kontexte ermöglichen es, aus dem Monitoring heraus eine Instanz zu starten, ohne alle Eingaben manuell in einer Start-Benutzeroberfläche tätigen zu müssen. Dies erleichtert das Testen erheblich, da nun theoretisch drei Workflows direkt nacheinander gestartet werden können. Die Testfälle müssen jedoch weiterhin manuell ausgeführt werden, um sicherzustellen, dass sie korrekt ablaufen.

Ende-zu-Ende-Test

Ein umfassender Testansatz ist der *Ende-zu-Ende-Test* (E2E), bei dem der gesamte Prozess von der Eingabe bis zur Ausgabe überprüft wird. Wichtig ist, dass die Eingabevalidierung sehr restriktiv ist, insbesondere in Bezug auf falsche Werte. Dadurch wird sichergestellt, dass der Prozess nur mit gültigen Daten arbeitet und Fehler frühzeitig erkannt werden. Teilprozesse können isoliert in sogenannten Sub-Flows getestet werden. Dies ermöglicht eine gezielte Überprüfung einzelner Prozessabschnitte und stellt sicher, dass jeder Teilprozess korrekt funktioniert, bevor er in den Gesamtprozess integriert wird. Durch dieses schrittweise Testen können Sie Fehler leichter identifizieren und beheben, was zu einer höheren Gesamtqualität des Prozesses führt.

Für SAP Build Apps gilt, ähnlich wie für SAP Build Process Automation, dass der Deployment-Vorgang als erster Test gesehen werden kann. Zusätzlich bietet es sich an, im Vorfeld Testfälle für die verschiedenen Rollen zu schreiben, die mit der Applikation interagieren sollen. Meist stellen sich diese Tests in Form von Klickpfaden dar, die am Ende bei der gewünschten Seite oder beim gewünschten Ergebnis landen sollen. Diese Klickpfade stellen nach dem Deployment sicher, dass trotz erfolgreichen Deployment-Vorgangs keine der wichtigen Funktionen zerstört wurde. Im Zweifel können bei SAP-Build-Apps-Applikationen auch bereits bekannte Tools zum automatisierten Testen von Frontend-Applikationen eingesetzt werden (wie z. B. cypress oder Selenium).

Testen in der SAP Build Work Zone

Beim Testen von SAP Build Work Zone sind zwei Themen zentral zu sehen: einerseits das korrekte Rollen-Set-up, andererseits die Funktionalitäten innerhalb der Komponenten. Wenn Sie sich die Rollen anschauen, dann sollten Sie sicherstellen, dass mehrere Test-User mit verschiedenen Rollen zur Verfügung stehen, sodass die Hauptfunktionalitäten und Zugriffsberechtigungen nach größeren Änderungen überprüft werden können. Außerdem bietet es sich an, mit personalisierten Nutzern auch das personalisierte Nutzungserlebnis in SAP Build Work Zone zu testen (d. h., werden mir die richtigen Dateien angezeigt? Sind die Inhalte auf mich oder auf die Rolle zugeschnitten?)

Das Testen der Komponenten ist ein zweischneidiges Schwert. Das Erstellen eines Testkonzepts ist einerseits leichter, da Sie sich in einem modularen Entwicklungsumfeld bewegen, in dem Sie die einzelnen Komponenten unabhängig voneinander und unabhängig vom »großen« System im Hintergrund testen können. Bevor Sie also Komponenten freigeben und sie in die Übersicht von SAP Build Work Zone einbauen, sollten Sie sie ausgiebig testen.

Integrationstests für Komponenten

Andererseits arbeiten die Komponenten oftmals mit Integrationen in Drittsysteme, was das Testen wiederum erschwert. Wenn Fehler auftreten, ist es manchmal nicht so einfach zu erkennen, ob die Fehlerquelle in der Komponente oder im Drittsystem liegt. Mithilfe von Integrationstests und viel Zeit beim Ende-zu-Ende-Testing lässt sich diese Gefahrenquelle entschärfen.

Dokumentation

Generell gilt für die Dokumentation von Projekten mit SAP Build dasselbe, was auch für »normale« Softwareprojekte in Bezug auf Dokumentationsstandards gilt: Alles sollte auch für projektexterne Kolleg*innen verständlich und nachvollziehbar beschrieben sein, damit Onboarding und Übergabe sowie Fehlersuche und Debugging reibungslos funktionieren können. Darüber hinaus finden Sie in diesem Abschnitt weitere Informationen, gegliedert nach den Werkzeugen der SAP-Build-Suite, worauf Sie bei der Dokumentation zusätzlich achten sollten.

Dokumentation von SAP Build Process Automation

Die Dokumentation eines Prozesses in SAP Build Process Automation ist entscheidend für das Verständnis, die Implementierung und den Betrieb des Prozesses. Eine gut strukturierte Dokumentation hilft, alle relevanten Informationen zu erfassen, und stellt sicher, dass alle Beteiligten den Prozess und seine Anforderungen vollständig verstehen. Der Prozess sollte in der Dokumentation als *Business Process Model and Notation* (BPMN) dargestellt werden. Dies bietet eine visuelle Darstellung des gesamten Workflows und erleichtert das Verständnis des Ablaufs und der Interaktionen innerhalb des Prozesses. Außerdem gibt es für die Darstellung in BPMN bereits technische Unterstützung, beispielsweise durch SAP Signavio. Außerdem können in SAP Build Process Automation Prozesse mithilfe generativer KI in natürlicher Sprache beschrieben werden, die dann als Prozess bzw. Workflow automatisch ausformuliert werden. Dies ist besonders im Fall der Dokumentation eines Prozesses ein hilfreicher Zwischenschritt.

Es ist zusätzlich wichtig, alle Entscheidungspfade und die zugrunde liegenden Geschäftsregeln (Business Rules) zu dokumentieren. Dies beinhaltet die Logik, die verwendet wird, um die verschiedenen Pfade innerhalb des Prozesses zu bestimmen und um sicherzustellen, dass alle Regeln transparent und nachvollziehbar sind. Die Dokumentation sollte detaillierte Informationen über alle angebundenen Systeme und APIs enthalten. Dies schließt Systeme von Drittanbietern ein, mit denen der Prozess interagiert.

Es sollte beschrieben werden, wie diese Systeme integriert sind und welche Daten ausgetauscht werden.

Alle im Prozess verwendeten Daten sind zu dokumentieren. Dazu gehört eine detaillierte Beschreibung der Datenquellen, der verwendeten Datenformate und der Art und Weise, wie die Daten im Prozess verarbeitet werden. Die Schnittstellen zwischen SAPUI5 und der Prozessautomatisierung sollten ebenfalls detailliert beschrieben werden. Dies beinhaltet die Eingabe- und Ausgabeparameter, die zwischen den Systemen ausgetauscht werden. Eine saubere Dokumentation der Schnittstellen stellt sicher, dass die Integration reibungslos funktioniert, und erleichtert die Fehlersuche und -behebung. Es ist ebenso wichtig, alle Eingabe- und Ausgabeparameter des Prozesses klar zu dokumentieren. Diese Parameter sollten detailliert beschrieben werden, um sicherzustellen, dass die Daten korrekt eingegeben und verarbeitet werden. Eine klare Dokumentation dieser Parameter hilft, Missverständnisse zu vermeiden und die Datenintegrität zu gewährleisten.

Abschließend sollten die Beschreibungen der Rollen detailliert dokumentiert werden. Dies umfasst alle Benutzerrollen, die innerhalb des Prozesses interagieren, sowie deren spezifische Verantwortlichkeiten und Berechtigungen. Eine klare Definition der Rollen hilft, Verantwortlichkeiten zu klären und die Zusammenarbeit zu optimieren.

Dokumentation von SAP Build Apps

Wie die Dokumentation eines Prozesses ist auch die Dokumentation von SAP Build Apps von entscheidender Bedeutung, um die Entwicklung, Implementierung und Wartung zu optimieren. Eine umfassende und detaillierte Dokumentation stellt sicher, dass alle Beteiligten die Struktur und Funktionalität der Anwendung vollständig verstehen. Jede Seite der Anwendung sollte detailliert beschrieben werden. Dazu gehören die Hauptfunktionen, das Layout und die Benutzeroberfläche jeder Seite. Erklären Sie, welche Elemente und Widgets auf den Seiten vorhanden sind und wie sie miteinander interagieren. Visuelle Darstellungen oder Screenshots können hilfreich sein, um den Aufbau und die Navigation der Seiten besser zu veranschaulichen.

Alle in der Anwendung verwendeten Seitenvariablen und Datenvariablen sollten dokumentiert werden. Diese Variablen sollten detailliert beschrieben werden, einschließlich ihres Zwecks, der gespeicherten Daten und ihrer Initialisierung. Es sollte beschrieben werden, wie die Variablen innerhalb der Anwendung verwendet werden und in welchen Prozessen sie eine Rolle spielen. Alle Datenquellen, die in der Anwendung verwendet werden, sollten erfasst werden. Die Struktur und das Format der Daten sowie die Methoden, mit denen die Daten abgerufen, verarbeitet und gespeichert werden, sollten ebenfalls dokumentiert werden. Alle Datenflüsse sollten in der Dokumentation erfasst werden, um die Integrität und Sicherheit der Daten zu gewährleisten.

Vergessen Sie nicht, die Integrationen mit externen Systemen und APIs zu beschreiben. Dazu gehören detaillierte Informationen über die angebundenen Systeme, die Art der Integration und die ausgetauschten Daten. Darüber hinaus sollten die Endpunkte der APIs, die Authentifizierungsmethoden und die bei der Kommunikation verwendeten Datenformate dokumentiert werden. Das Navigationsschema innerhalb der Anwendung sollte klar erläutert werden. Dazu gehören die Hauptnavigation sowie alle Untermenüs und Links zwischen den Seiten. Die Benutzerführung und die Art und Weise, wie die Benutzer durch die verschiedenen Teile der Anwendung navigieren, sollten beschrieben werden. Eine gut strukturierte Navigation ist entscheidend für ein positives Nutzererlebnis.

Alle wiederverwendbaren Komponenten, die in der Anwendung erstellt werden, sollten dokumentiert werden. Dies beinhaltet eine Beschreibung ihrer Funktionalität, wie sie implementiert sind und in welchen Teilen der Anwendung sie verwendet werden. Wiederverwendbare Komponenten tragen zur Effizienz der Entwicklung bei und sollten klar dokumentiert werden, um ihre Wiederverwendung zu erleichtern.

Der Deployment-Prozess der Anwendung sollte beschrieben werden. Dazu gehören die Schritte und Werkzeuge, die für das Deployment verwendet werden, sowie die Umgebungen, in denen die Applikation deployt wird (z. B. Entwicklungs-, Test- und Produktionsumgebungen). Alle notwendigen Konfigurationen und Einstellungen sind zu dokumentieren, um ein reibungsloses Deployment zu gewährleisten.

Bei SAP Build Work Zone sollten, zusätzlich zu den schon erwähnten Aspekten, noch die Rollen ausführlich beschrieben werden, weil die gesamte Struktur und Logik der Anwendung auf einer guten und durchdachten Definition der Rollenbeschreibungen basiert. Außerdem hat sich in der Vergangenheit gezeigt, dass eine ausführliche Dokumentation der Standardkomponenten für zukünftige Entwicklungen sinnvoll sein kann, da diese Elemente dann umso einfacher von weiteren Entwicklungen wiederverwendet werden können.

Best Practices

Variablennamen

Klare und aussagekräftige Variablennamen sind für die Erstellung von lesbarem und wartbarem Code von grundlegender Bedeutung. Jeder Variablenname sollte den Zweck und die Verwendung klar angeben, um Mehrdeutigkeiten für Entwickler*innen, die mit diesem Programmcode interagieren, zu vermeiden. Zum Beispiel sollte ein Variablenname wie `showSpinner` seine Funktion sofort bei der Steuerung der Sichtbarkeit einer Ladeanzeige in der Benutzerschnittstelle verdeutlichen.

Einheitliche Namensgebung

Eine konsistente Namenskonvention über den gesamten Code hinweg ist entscheidend für eine saubere und organisierte Struktur. Eine konsistente Benennung erleichtert es Entwickler*innen, Variablennamen vorherzusagen und ihren Zweck ohne zusätzlichen Kontext zu verstehen. Es ist ratsam, sich für ein bestimmtes Stilformat wie *camelCase* oder *snake_case* zu entscheiden und dieses im gesamten Projekt beizubehalten.

Wiederverwendbare Komponente

Die Erstellung von Komponenten, die in verschiedenen Teilen der Anwendung verwendet werden können, ist eine bewährte Praxis, die Redundanz reduziert und Konsistenz sicherstellt. Wiederverwendbare Komponenten beschleunigen die Entwicklung erheblich, da bestehende, getestete Komponenten wiederverwendet werden können. Aktualisierungen einer wiederverwendbaren Komponente werden an alle Instanzen weitergegeben, was die Wartung vereinfacht und die Konsistenz sicherstellt.

Datenabfrage

Bei der Datenabfrage sollten Sie darauf achten, dass nur die Daten abgefragt werden, die für die aktuelle Operation oder Ansicht benötigt werden, um die Performance zu optimieren. Der Einsatz von Techniken wie der seitenweisen Abfrage hilft, die Serverbelastung zu reduzieren und die Benutzererfahrung zu verbessern.

Fehlerbehandlung

Die Fehlerbehandlung sollte so gestaltet sein, dass Fehler benutzerfreundlich verwaltet und angezeigt werden. Eine proaktive Fehlerbehandlung, die mögliche Fehlerzustände antizipiert, trägt dazu bei, Fehler frühzeitig zu erkennen und eine reibungslose Benutzererfahrung zu gewährleisten. Techniken wie Benachrichtigung, Protokollierung und Fallback-Mechanismen sollten eingesetzt werden.

16.3.2 Compliance-Check

Der Compliance-Check ist das erste Quality Gate und damit die erste Hürde, die eine Softwareentwicklung passieren muss, um die nächsten Schritte in Richtung Go-live zu gehen. Je nachdem, welche Kriterien durch die unternehmensweite IT-Governance definiert wurden, sollten diese nun im ersten Quality Gate angewendet und ihre Ergebnisse überprüft werden. Entspricht der Stand der Entwicklung den allgemeinen Erwartungen an Sicherheit und Autorisierung? In den nachfolgenden Abschnitten gehen wir noch detaillierter auf die Themenbereiche Sicherheit sowie Zugriffs- und Autorisierungsmanagement ein. Folgende Schritte können allerdings generell helfen, um die beschriebenen Compliance-Kriterien in einem höheren Maße zu erfüllen:

- Die zuständigen Stellen wissen über die Applikation und deren Status Bescheid: Das stellt sicher, dass alle abgeholt und informiert sind und von dem Thema nicht überrascht werden. Es bedeutet auch, dass sich die zuständigen Stellen (sei es im Center of Excellence, CoE oder in der IT) darüber im Klaren sind, dass Laufzeitkosten entstehen (können) und dies eingeplant werden muss. Sollte es in der Governance einen Prozess geben, wie Go-lives oder Versions-Updates gehandhabt werden, dann sollte dieser nun auch angestoßen werden.
- Die genutzten Libraries Softwarelösungen sind up to date: Manchmal gibt es in Libraries gefährliche, offene Stellen, die durch kurzfristige Updates geschlossen werden. Für eine neue Softwarelösung sollte sichergestellt werden, dass all diese Updates Teil der aktuellen Version sind und ausgerollt werden.
- Die Daten in Ihrer Applikation sind (zumindest grundlegend) DSGVO-konform (Datenschutz-Grundverordnung) abgelegt: Werden in der Applikation personenbezogene Daten verarbeitet? Dann sollten Sie spätestens im Compliance Check darauf achten, dass die Daten sicher abgelegt und kontinuierlich gesäubert werden.
- Die Applikation folgt den unternehmensweit definierten Produktstandards: Abweichungen von den Standards sollten, wenn möglich, vermieden werden und falls doch notwendig, sollte dies frühzeitig an die jeweiligen Stellen kommuniziert werden. Diese Standards sichern im Allgemeinen die Einhaltung der Compliance, geben also abschließend ein gutes Bild darüber, ob sich die Entwicklung im erwarteten Rahmen befindet oder nicht.
- Die Applikation folgt SAP-Standards, z. B. der SAP-Cloud-Application-Programming-Model-Entwicklung: Bewegen Sie sich gleich von Anfang an innerhalb der Standards vom SAP Cloud Application Programming Model, sind viele Sicherheitsfunktionalitäten durch die Libraries schon abgedeckt (siehe auch die Dokumentation zu CAP unter *http://s-prs.de/v1015336*).

Rücksprache mit IT-Governance

Bei Fragen oder Unsicherheiten, die nicht direkt geklärt werden können, sollte immer das CoE bzw. die für die IT-Governance zuständige Abteilung der IT einbezogen werden. Nur so kann an einer gemeinsamen Lösung gearbeitet werden und niemand wird am Tag des Go-lives von Themen oder Änderungswünschen überrascht.

Sicherheit

Zusätzlich zu den eben bereits genannten Themenfeldern, wie DSGVO-Konformität oder Sicherheitslücken in genutzten Libraries, gibt es weitere Punkte, auf die Sie im Kontext der Sicherheit achten sollten, wenn Sie das erste Quality Gate passieren möchten:

- Alle vorgeschriebenen und am Anfang eingeplanten Tests wurden erfolgreich durchlaufen. Insbesondere, wenn in den Unternehmensstandards Tests zu Integration oder Datenaustausch vorgeschrieben sind und diese nicht erfüllt werden können, sollte ein großes Augenmerk darauf gelegt werden.
- Alle möglichen Risiken wurden bedacht und ein (grundlegendes) Risk Assessment durchgeführt. Jede Applikation kommt mit bestimmten Risiken, auch wenn sie nur intern und nur für Mitarbeitende zu Verfügung steht. Ein Risk Assessment ist meist schnell erledigt und zeigt anschaulich die Dimensionen von Reaktionen, die im Zweifelsfall durchgeführt werden müssen (wenn z. B. Daten nach außen dringen oder aus Versehen die Datenbank gelöscht wird).
- Die von der Applikation genutzten Secrets wurden in einer sinnvollen Art und Weise abgelegt: Secrets liegen nicht als Klartext im Code, sondern in dem dafür vorgesehenen Credential Store auf der SAP Business Technology Platform (SAP BTP).
- Die Anbindung von Schnittstellen und APIs wurde nachvollziehbar und sauber angelegt: Das bedeutet auch, dass Entwicklungsentscheidungen dokumentiert wurden und eigene Schnittstellen keine offenen Türen nach außen darstellen.

Zugriffs- und Autorisierungsmanagement

Wie bereits in Kapitel 7, »Governance mit SAP Build«, beschrieben, können SAP-Build-Anwendungen wichtige Prozesse berühren und sowohl personenbezogene als auch unternehmenskritische Daten verarbeiten. Deshalb ist es so wichtig, ein gut durchdachtes Zugriffs- und Autorisierungsmanagement zu etablieren, sodass nur die Personen Zugriff auf Apps und Hintergrunddaten haben, die auch wirklich dazu autorisiert sind.

Sicherung über Identity Provider

Wie bei allen Services der SAP BTP wird zur Sicherung der Anwendungen der konfigurierte Identity Provider im zugehörigen SAP-BTP-Subaccount genutzt. Prinzipiell gibt es dort die verschiedenen Rollen, die automatisch von den SAP-Build-Anwendungen erstellt werden. Diese werden automatisch neuen Role Collections hinzugefügt.

Rollenempfehlungen für SAP Build Process Automation

Weiterhin müssen die Zugriffe auf die fertige Applikation sauber und sicher verwaltet werden. Für SAP Build Process Automation können die Zugriffe mittels SAP Build Work Zone einfach und effektiv konfiguriert werden, Zugriffe auf dahinterliegende Systeme können mittels *Principal Propagation*, also durch die systematische und sichere Weitergabe von Berechtigungen, überprüft werden.

[»]

Principal Propagation

Principal Propagation erlaubt es, die Identität von Nutzer*innen in der Cloud zu einem weiteren System oder einem Service weiterzuleiten. Mithilfe eines JSON Web Tokens (JWT) werden Nutzerinformationen ausgetauscht und Berechtigungen festgestellt.

Für SAP Build Process Automation bieten sich zumeist drei verschiedene Nutzerrollen an:

- **ProcessAutomationParticipant**

  Ein normaler Nutzer, der einen Prozess starten kann oder eine aktive Rolle innerhalb des Prozesses hat.

- **ProcessAutomationAdmin**

  Ein Administrator, der das Entstehen von Fehlern beobachtet und gegebenenfalls Prozesse neu starten sowie beenden kann.

- **ProcessAutomationDeveloper**

  Ein Entwickler, der neue Prozesse digitalisiert.

Rolle des Process Owners

Zusätzlich bietet sich noch als Rolle der *ProcessAutomationOwner* an. Diese Rolle bezieht sich auf die Tätigkeit eines *Process Owners*, der weitere Key Performance Indicators (KPIs) in der Process Visibility überwacht und den genauen Verlauf von Prozessen betrachtet. Dies kann von Prozess zu Prozess von unterschiedlichen Personen übernommen werden, deshalb sollte alles konfiguriert werden, dass der Process Owner nur Einblick in die Details des ihm zugeordneten Prozesses erhält. Die letztendliche und übergreifende Konfiguration der Rollen bietet sich, wie schon erwähnt, in SAP Build Work Zone an. Da dieses Tool als zentraler Einstiegspunkt in alle Prozesse und dahinterliegenden Aufgaben dient, sollten hier die Rollen definiert und Berechtigungen vergeben werden, da sie sich von dort aus auf die anderen Tools wie SAP Build Process Automation auswirken.

Innerhalb der Prozesse kann es weitere Unterscheidungen geben, welche Personen auf welche Abschnitte und Daten Zugriff haben können und sollen, aber die zuvor genannten Rollen bilden den Großteil der Standardrollen ab.

Rollenempfehlungen für SAP Build Apps

Bei der Definition von Rollen und Role Collections für SAP Build Apps scheint die Situation einfacher als bei SAP Build Process Automation. Wenn eine SAP-Build-Applikation über das Launchpad konfiguriert werden soll, können die bereits genannten Sicherheitsprinzipien ebenfalls (in gekürzter Form) genutzt werden:

- **BuildAppsAdmin**

  Ein Administrator, der volle Kontrolle über die Konfiguration der SAP-Build-Apps-Instanz hat.
- **BuildAppsDeveloper**

  Ein Entwickler, der nur die Projekte sehen kann, zu denen er explizit hinzugefügt worden ist.

Rollen für Nutzer*innen

Zusätzlich sollten weitere Rollen für die Nutzer*innen der Applikation angelegt werden. Hier ist es schwer, Vorgaben oder Vorschläge zu machen, da die Rollen und Role Collections je nach Applikation und Anwendungsfall individuell gestaltet werden sollten. Typischerweise finden sich eventuell einfache Benutzerrollen sowie Administratorrollen im Rollenkonzept wieder sowie gegebenenfalls eine Einteilung nach Fachbereichen oder Untergruppen.

Rollenempfehlungen für SAP Build Work Zone

Möglichst einfaches Rollenkonzept

Ein zentraler Baustein bei der Arbeit mit SAP Build Work Zone sind die Rollen. Deshalb ist es hier auch so wichtig, ein besonderes Augenmerk auf die Formulierung der richtigen Rollen zu legen, und gleichzeitig ist es schwierig, allgemeingültige Empfehlungen zu geben. Generell gilt: Es lohnt sich, das Rollenkonzept möglichst einfach zu halten und bestenfalls eine Single Source of Truth zu etablieren, die Sie nutzen können, um in vielen verschiedenen Systemen die Rechte pro User und Rolle abzuleiten. Sei es eine Einteilung nach Fachbereichen, nach Promotionsebene oder nach Arbeitskontext – die Zuordnung und Vergabe von Rollen sollte möglichst einheitlich sein, über alle Systeme hinweg. Dies wird im Optimalfall innerhalb der unternehmensweiten Governance definiert, die z. B. auch erlauben kann, Überschneidungen von Rollen korrekt abzubilden (etwa für die App-Entwicklung im Finanz- oder im HR-Bereich). Mehr Informationen zum Thema Governance finden Sie in Kapitel 7, »Governance mit SAP Build«.

16.3.3 Transport und Akzeptanztest

In Kapitel 7 haben wir bereits darüber gesprochen, wie wichtig es ist, eine Lösung auf verschiedenen Umgebungen bereitzustellen, damit sich fortlaufende Entwicklung und produktive Nutzung nicht in die Quere kommen. Nun möchten wir uns anschauen, wie diese Voraussetzung auch mit SAP Build umgesetzt werden kann.

Testumgebung, Produktionsumgebung

Nachdem wir die Arbeit in der Entwicklungsumgebung begonnen haben, steht nun der Transport in die anderen Ebenen bevor: zuerst in die Test- und dann in die Produktionsumgebung. Obwohl die Umsetzung vielleicht nicht so einfach erscheint, wie es im DevOps-Kontext für Pro-Code-Anwendungen der Fall ist, können wir auch für SAP Build die verschiedenen Umgebungen aufbauen und den Entwicklungsstand mittels einer Deployment-Pipeline von einer zur nächsten Ebene deployen.

Da es in unserem Fall von Low-Code-Anwendungen keinen Code gibt, der diese Verschiebung durchführen oder anstoßen könnte, kann der Transport bei Prozessartefakten in SAP Build Process Automation über *SAP Cloud Transport Management* gesteuert werden. Durch die verschiedenen Umgebungen können Entwickler*innen ihren Stand in produktionsähnlicher Umgebung vollumfänglich testen, bevor die Anwendung produktiv gesetzt wird.

[»]

SAP Cloud Transport Management

Mithilfe von SAP Cloud Transport Management können Sie Softwareliefergegenstände (d. h. Artefakte und applikationsspezifische Inhalte) von Accounts in verschiedenen Umgebungen verwalten, wie z. B. der Transport über mehrere Runtimes.

Im Folgenden gehen wir nun genauer darauf ein, wie das Aufsetzen und Konfigurieren von SAP Cloud Transport Management am besten aussehen sollte, um mit SAP Build zu harmonieren.

Einrichten des Transportmanagements

SAP-Cloud-Transport-Management einrichten

Zunächst benötigen Sie eine Instanz von SAP Cloud Transport Management in einem eigenen Tenant bzw. Subaccount. Da Sie über Subaccount-Grenzen hinweg Inhalte transferieren wollen, muss die Verwaltung dieser Transaktion in einem gesonderten Subaccount stattfinden, der für die Steuerung der Transaktion zuständig ist. Dies ist der erste Schritt, der für die Einrichtung des Transportmanagements getan werden muss, und er muss zwingend vor allen anderen getan werden, weil sonst die notwendigen Informationen für die nächsten Schritte fehlen.

SAP Content Agent

Der Service SAP Content Agent hilft dabei, Inhalte von verschiedenen Cloud-Lösungen zu veröffentlichen oder in andere Subaccounts zu schieben, z. B. für SAP S/4HANA, Cloud Integration oder SAP Build Process Automation.

SAP-Content-Agent-Services anbinden

Im zweiten Schritt werden nun SAP-Content-Agent-Services eingerichtet, sowohl im Quell-Tenant (in unserem Beispiel *Dev*) als auch im Ziel-Tenant (in unserem Beispiel *Test*). Diese SAP-Content-Agent-Services verlinken die Inhalte von SAP Build für die Kommunikation nach »außen« zu den anderen Subaccounts. Nur so können die Inhalte, wie bei uns beispielsweise der Prozess, richtig exportiert und danach wieder importiert werden.

Destination einrichten

Der dritte Schritt ist die Einrichtung von Destinations an verschiedenen Stellen. Destinations sind dabei Informationen, die zur technischen Kommunikation zwischen Systemen benötigt werden, wie z. B. Ziel-URL, Benutzername, Passwort oder andere Authentifizierungsinformationen. Diese erste Destination müssen Sie zunächst mit dem Namen **TransportManagementService** im Quell-Tenant anlegen (z. B. in der Destination-Übersicht im SAP BTP Cockpit, siehe Abbildung 16.3).

Abbildung 16.3 Destination-Übersicht im SAP BTP Cockpit

Diese Destination zeigt auf den Tenant von SAP Cloud Transport Management. Dies stellt die Kommunikation vom SAP-Build-Service über den SAP Content Agent zu SAP Cloud Transport Management sicher. Die zweite Destination geht in die andere Richtung, sie zeigt aus dem SAP-Cloud-Transport-Management-Tenant auf den Quell-Tenant, ebenfalls mit dem Namen **TransportManagementService**. Somit können sowohl Informationen aus dem Quell-Tenant heraus an SAP Cloud Transport Management als auch Informationen aus SAP Cloud Transport Management an den Quell-Tenant gesendet werden.

Die letzte Destination zeigt nun aus dem SAP-Cloud-Transport-Management-Tenant auf den Ziel-Tenant und stellt sicher, dass die Inhalte dort über den SAP Content Agent an die richtige SAP-Build-Instanz geschickt werden. Je nach Set-up können hier auch mehrere Destinations für mehrere Stages angelegt und eingerichtet werden.

Wiederholte Verbindung

Best Practice ist es jedoch, von einem Schritt zum nächsten zu gehen: Dafür werden die Inhalte aus der Testumgebung in die Produktionsumgebung importiert. Daher muss die Einrichtung von Destinations (also das Anlegen von Quell- und Ziel-Tenant) für die Verbindung zwischen *Test* und *Prod* wiederholt werden (siehe gestrichelte Linien in Abbildung 16.4).

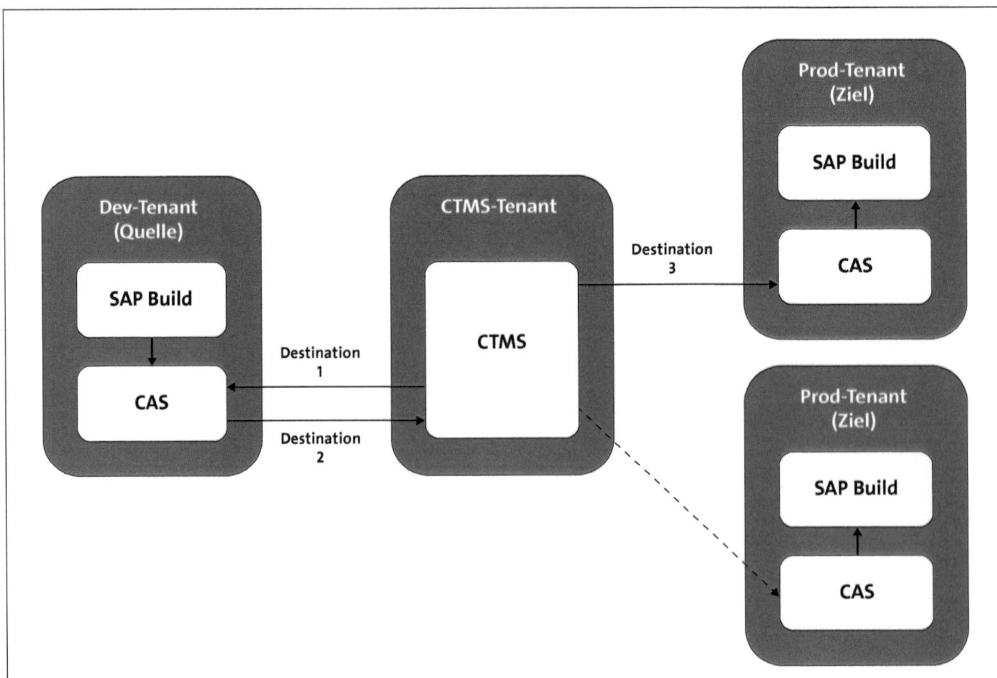

Abbildung 16.4 Verbindungen und Destinations beim Aufsetzen des Transportmanagements

Zusätzlich sollten nun noch in SAP Cloud Transport Management die richtigen Transport Routes und Nodes definiert werden. Weitere Informationen dazu finden Sie in den jeweiligen SAP-Dokumentationsseiten unter: *http://s-prs.de/v1015337*

Transport anstoßen

Transportieren und Importieren

Wie kann die eben geschaffene Verbindung nun genutzt werden? In der Quellinstanz von SAP Build wird der entsprechende Prozess aufgerufen, der transportiert bzw. »promotet« werden soll. Für jeden Prozess sind in der Übersicht mehrere Versionen aufgelistet. Für die Version, die zum Transport auf die nächste Ebene bereit ist, bei uns Testing, wird mit dem Button **Promote** der Transportvorgang angestoßen. In SAP Cloud Transport Management muss nun für diesen Transportvorgang der richtige Target-Node ausgewählt werden, sodass der Transport auch zunächst in die Testing-Instanz durchgeführt wird. Mit einem Klick auf **Import** wird die Übertragung an den Ziel-Tenant weitergeleitet. Dort sollte sich nun rechts unten in der Leiste ein Hinweis auf einen neuen Eintrag in der Importschlange finden. Über diesen Button gelangen Sie auf die Übersicht und können den Prozess aus dem Development-Tenant mit einem Klick importieren (Quelle: *http://s-prs.de/v1015337*). Langfristiges Ziel der Lösung wird ein sogenannter *Governance Control Tower* sein, der einen Überblick über alle Projekte inklusive Transportstatus und Transportmanagement liefert.

User Acceptance Tests (UAT)

Testfälle erstellen

Nachdem die Anwendung in die nächste Instanz gebracht wurde, ist es möglich, das erste direkte Feedback von Nutzer*innen einzuholen. Sofern zuvor User Storys geschrieben wurden, können diese nun dafür genutzt werden, Testfälle zu formulieren. Testfälle bestehen einfach gesprochen aus Aktionen und den erwarteten Reaktionen. In einer Anwendung kann dies z. B. ein Klickpfad sein, der zu einer bestimmten Seite führen soll. Bei einer Prozessautomatisierung könnten das Eingabewerte sein, die zu bestimmten Ausgabewerten führen sollen. Diese Testfälle und die dazugehören Erklärungen und Lösungen sollten möglichst einfach formuliert sein, sodass die testenden Personen die Tests selbstständig durchführen können. Dennoch sollten die testenden Personen Fachanwender*innen sein, die sich mit den Inhalten der Anwendung bereits auskennen.

Diese Form des Testens eignet sich hervorragend dazu, die Benutzererfahrung zu prüfen, gibt aber auch erste Hinweise darauf, wie Dokumentation und Hilfematerialien geschrieben und ergänzt werden müssen, sodass möglichst viele Fragen geklärt werden können. Sobald die Fachanwender*innen zufrieden sind bzw. alle Testfälle abgearbeitet wurden sowie alle gefundenen Defekte behoben werden konnten, kann die Applikation eine Ebene weiter zur Produktion gehen.

16.3.4 Go-live im Produktivsystem

Roll-out Schritt für Schritt

Mithilfe der soeben beschriebenen Technik können über SAP Cloud Transport Management Daten ebenfalls ins Produktivsystem übertragen (oder »promotet«) werden. Zum Freigeben und Teilen des Zugangs bietet sich, wie ebenfalls bereits erwähnt, SAP Build Work Zone an.

Erfahrungsgemäß ist es von Vorteil, die Applikation erst Schritt für Schritt freizugeben. Ein kompletter Roll-out an viele User gleich zu Beginn birgt die Gefahr, dass noch nicht erkannte Fehler direkt eine große Anzahl von Menschen betreffen, die dann gegebenenfalls in ihrer Arbeit blockiert werden. Best Practice ist hierbei eine Phase von Beta-Testern, die über die möglichen Probleme am Anfang Bescheid wissen und regelmäßig Feedback geben sowie in engem Austausch mit der Entwicklung stehen. Nach und nach kann dann an alle Nutzer*innen ausgerollt werden.

16.4 Wartung, Instandhaltung und Erweiterung

Softwareentwicklung ist meist nicht linear, sondern ein Kreis (siehe Abbildung 16.5). Ist eine Anwendung einmal produktiv, wird sie gewartet, überwacht und weiterentwickelt. Gerade im Cloud-Umfeld ist es wichtiger denn je, sich dies in Erinnerung zu rufen.

Meistens gibt es in Unternehmen eine Roadmap mit Bestandteilen, die der Anwendung bzw. der Anwendungslandschaft nach und nach hinzugefügt werden sollen (siehe dazu Abschnitt 16.4.3). Doch auch während des Betriebs fallen Tätigkeiten an, die den gesamten *Softwarelebenszyklus* betreffen.

Dazu gehören Support, Monitoring und Change Management, um die aufkommenden Anfragen während des Supports auch bearbeiten zu können. Die nächsten Abschnitte befassen sich mit genau diesen Themen und beleuchten Best Practices, die es in diesem Kontext bei SAP Build gibt.

[»]

Change Management

In der IT bedeutet Change Management, Anfragen und Änderungswünsche aufzunehmen, zu priorisieren und in Umsetzung transparent einzuplanen.

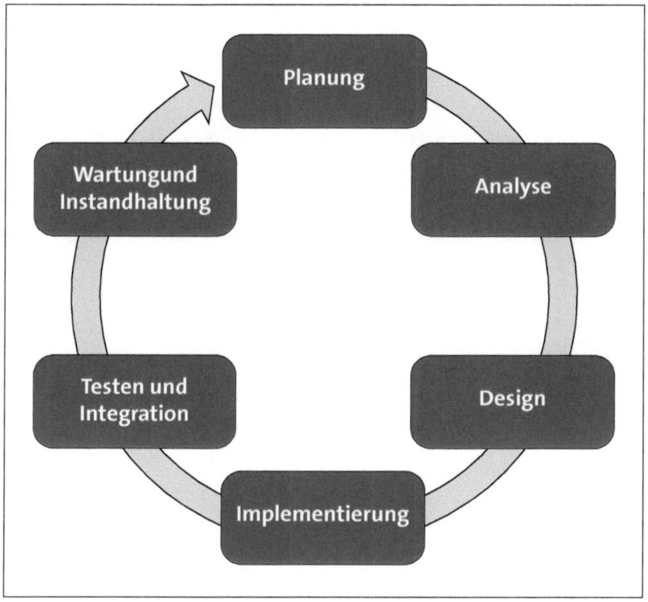

Abbildung 16.5 Klassischer Softwarelebenszyklus

16.4.1 Support und Monitoring

Um ein optimales Nutzererlebnis zu garantieren, sollten Applikationen, ob nun Low-Code oder nicht, dauerhaft überwacht werden, sodass auf mögliches Fehlverhalten schnell und proaktiv reagiert werden kann. Zusätzlich sollten Fehler, sofern sie nicht über das Monitoring erkannt wurden, durch Nutzer*innen gemeldet und behoben werden können. Diese beiden Ebenen, die im laufenden Betrieb wichtig sind, fassen wir unter den Begriffen Monitoring und Support zusammen.

Standardisiertes Hosting

SAP Build Apps bietet keine expliziten Tools zum Monitoring der Anwendung selbst an. Dies ist aber bei den meisten Frontend-Anwendungen der Fall und deshalb auch nicht zwingend notwendig. Der Service wird direkt von SAP standardisiert gehostet, dadurch werden Ausfälle und Störungen im Betrieb von SAP Build Apps durch den Support der SAP verwaltet. Die Administrator*innen der betroffenen SAP-BTP-Instanz werden dabei über eine E-Mail benachrichtigt und können die Nutzer*innen entsprechend informieren.

Monitoring via Process Visibility

Bei SAP Build Process Automation gibt es dagegen eine hauseigene Monitoringfunktion, die sich dafür anbietet, Prozesse und Anwendungen innerhalb des Service zu überwachen: die *Process Visibility* (siehe dazu auch Abbildung 16.6).

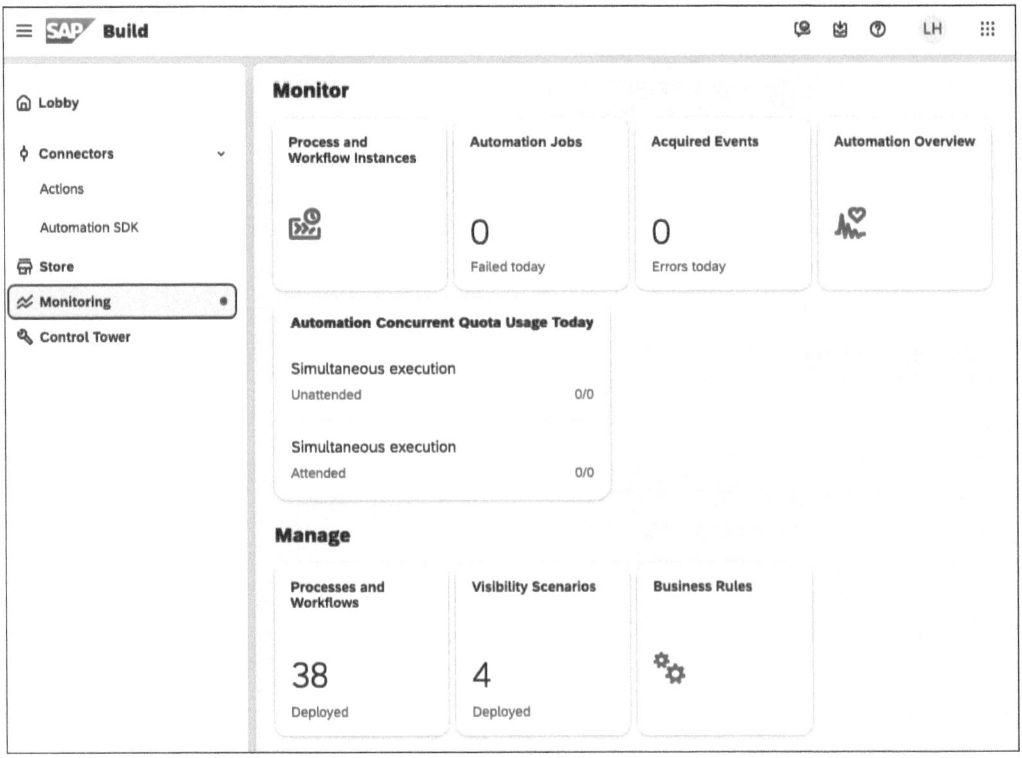

Abbildung 16.6 Monitoringübersicht

Einsicht in Fehlermeldungen

Dieses Tool ermöglicht neben der Analyse der Prozesse und ihrer Resultate außerdem eine schnelle Analyse von fehlerhaften Prozessen durch Fehlermeldungen aus dem System. Die Process Visibility ist erreichbar über **SAP Build Process Automation • Monitoring • Process and Workflow Instances** (siehe Abbildung 16.7).

Hier ist es außerdem möglich, weitere Informationen zu etwaigen Fehlermeldungen zu erhalten. Das Protokoll gibt mit dedizierten Fehlermeldungen weitere Hinweise, warum der Prozess fehlgeschlagen ist, und bietet auch die Option an, den Prozess direkt zu wiederholen. Zusätzlich können im Prozess weitere, manuelle Hinweise gespeichert werden, die beim nachträglichen Nachverfolgen von Prozessablauf und Fehlerquellen hilfreich sein können.

Benachrichtigungen bei Fehlern

Eine Best Practice ist es außerdem, bei besonders kritischen Prozessen auf sogenannte *Notifications* zurückzugreifen. Wie in der Dokumentation beschrieben, können bei bestimmten Prozessresultaten APIs getriggert und E-Mails gesendet werden, um auf den Ablauf des Prozesses aufmerksam zu machen (siehe auch *http://s-prs.de/v1015338*).

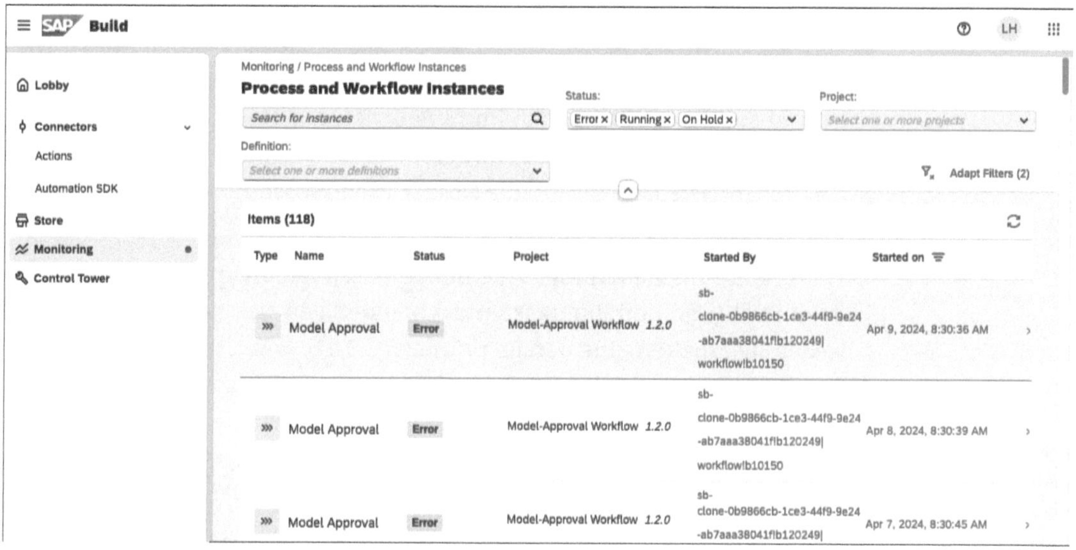

Abbildung 16.7 Process Visibility

16.4.2 Change Management

Nicht nur Fehler können durch die Nutzer*innen über die Software zurückgemeldet werden, auch Wünsche oder Änderungsanfragen sind nicht selten. Um diese gewünschten Änderungen nicht komplett am Softwareentwicklungsprozess vorbei und nachträglich zu integrieren, bietet sich ein ausgearbeitetes Change Management an.

Neue Features in den Backlog

Dies lehnt sich grob an den bekannten, agilen Arbeitsrhythmus an, bei dem Feature Requests im Backlog aufgenommen, anschließend priorisiert und geschätzt und letztendlich eingeplant und umgesetzt werden. Auch im Low-Code-/No-Code-Umfeld hat sich diese Arbeitsweise etabliert, sodass kein Wildwuchs und keine Ad-hoc-Implementierungen stattfinden. Außerdem kann so den Nutzer*innen klar kommuniziert werden, welche Features auf der Roadmap stehen und wann mit den Änderungen in welcher Reihenfolge zu rechnen ist, sodass sich diese darauf einstellen können.

16.4.3 Road to Roadmap

Feedback in die Roadmap

Gutes Change Management sollte demnach automatisch zu einer gefüllten Roadmap führen. Wenn die Nutzer*innen, die die Anwendung womöglich täglich nutzen, miteinbezogen werden, Feedback geben und Wünsche äußern dürfen, werden dadurch eine Menge an Ideen für neue Features oder neue Applikationen generiert.

Entwicklung ist keine Sackgasse Eine gefüllte Roadmap ist aus verschiedenen Gründen wichtig: Sie verhindern die Entwicklung von Sackgassen, wenn Sie sich den langfristigen Themen bewusst sind. Sie zeigen, dass die Entwicklung niemals abgeschlossen ist und die Nutzer*innen sich immer auf aktuelle Updates und Weiterentwicklungen freuen können. Es fördert zudem die Planbarkeit von Änderungen im Unternehmen, wenn die Nutzer*innen wissen, wann sie in Zukunft mit Änderungen zu rechnen haben.

Wie gelangt man allerdings zu einer gefüllten Roadmap? Es gibt verschiedene Strategien und die meisten davon erledigen sich fast von allein. Entweder Sie erhalten eine bereits priorisierte Liste von Use Cases aus der Effort-Effect-Matrix (siehe Abschnitt 16.2.1) oder Sie nutzen wie beschrieben das Feedback der Nutzer*innen.

Immer aktuell bleiben Außerdem lohnt es sich, gleich zu Beginn verschiedene Bereiche zu identifizieren, in denen die Einführung der Technologie auch in Zukunft sinnvoll sein könnte. Diese Priorisierung, zusammen mit der Roadmap des Produkts selbst, bietet grundsätzlich eine gute Basis, um immer aktuell zu bleiben und keine Entwicklung zu verpassen.

16.5 Grenzen von SAP Build

Selbst wenn alle hier genannten Punkte und Kriterien, um ein gutes SAP-Build-Projekt durchzuführen, auch wirklich umgesetzt wurden, hat SAP Build natürlich auch seine Grenzen. Sie sollten natürlich immer im Hinterkopf behalten, dass es sich um ein Low-Code-/No-Code-Tool handelt, das für »einfache« Use Cases gedacht ist und nicht sämtliche Softwareentwicklung ersetzen soll.

Regelmäßige Updates Das wichtigste Thema dabei ist hauptsächlich, dass SAP Build ein Cloud-Tool ist, das regelmäßig Updates erhält. Sie arbeiten immer auf der neuesten Version, was manchmal dazu führt, dass Sie es sich nicht aussuchen können, ob Sie mit den Updates arbeiten möchten oder lieber warten sollten, bis ein gesammeltes Update Sinn ergibt. Einerseits sichert diese Eigenschaft immer die aktuellen Entwicklungen, andererseits sind manche Features eben noch nicht so weit und stehen vielleicht noch auf der Roadmap für zukünftige Updates.

[!]

Aktuelles Release beachten

Bitte beachten Sie, dass die in diesem Buch beschriebenen Funktionen und Grenzen von SAP Build den aktuellen Stand zum Zeitpunkt der Veröffentlichung (September 2024) darstellen.

Außerdem ist die Menge an Dokumentationen, Blogposts und Hilfeseiten noch nicht so ausführlich, wie Sie es vielleicht von anderen (SAP-)Produkten her kennen. Die Community um die SAP-Build-Suite baut sich gerade erst auf, in den vergangenen Monaten ist hier auch schon viel geschehen. Doch regelmäßige Updates und Umstrukturierungen der Suite führen auch hier schnell zu veralteten Quellen. Dies gilt für alle drei Teile der SAP-Build-Suite gleichermaßen. Dennoch gibt es auch spezifische Grenzen der Teilbereiche, bei denen es sich lohnt, gegebenenfalls genauer hinzuschauen.

16.5.1 Grenzen von SAP Build Process Automation

Machbarkeit überprüfen

Eine Grenze, über die man des Öfteren stolpert, wenn man mit SAP Build Process Automation arbeitet, ist die der Machbarkeit. Prinzipiell ist das Tool sehr vielseitig und wandelbar, doch bestimmte Dinge lassen sich nur mit Workarounds (oder gar nicht) umsetzen. Ein Beispiel dafür ist die wiederholte Ausführung von Prozessen (beispielsweise einmal am Tag), was aktuell (noch) nicht möglich ist. Besonders hinschauen sollten Sie auch bei der Integration anderer Systeme, bei denen die API entweder am besten schon vorkonfiguriert ist oder direkt importiert werden kann, bevor Sie hier vor (im bildlichen Sinne) verschlossenen Türen stehen.

Mehrsprachigkeit

Eine weitere Grenze zeigt sich in der Mehrsprachigkeit von Prozessen. Aktuell ist es noch nicht möglich, einen Prozess für mehrere Sprachen gleichzeitig zu konfigurieren. Wenn beispielsweise E-Mails in mehreren Sprachen verschickt werden sollen (beispielsweise aufgrund von Sprachvorlieben der Empfänger), müssen mehrere E-Mail-Verzweigungen erstellt und gepflegt werden, im Extremfall sogar ganz eigene Prozesse. Dies kann bei mehrsprachigen Prozessen schnell zu vielen Prozessduplikaten führen, was wiederum erhöhte Aufwände für Pflege und Change Requests bei diesen Prozessen bedeutet. Dieses Feature soll allerdings bald umgesetzt werden.

Zusätzlich sind die Design- und Visualisierungsoptionen für E-Mails und Formulare bisher stark eingeschränkt. Zurzeit ist nur das Format *one-column* möglich, bei dem Informationen untereinander dargestellt werden. Komplexere Darstellungen sowie ein richtiges Design der Oberflächen und E-Mails ist bislang nicht möglich.

Nutzungserfahrung

Teilweise gibt es starke Einschränkungen, was die Nutzbarkeit und User Experience angeht. Variablen wie das Startdatum eines Workflows müssen etwa mithilfe eines Workarounds eingerichtet werden. Bestimmte, von anderen Tools bekannte Arbeitsweisen (wie z. B. Copy-and-paste) funktionieren etwa nur im RPA Automation Editor, aber nicht in SAP Build Process Automation. Doch auch hier zeigt ein Blick in die Roadmap, dass die User

Experience in Zukunft im Vordergrund stehen wird. Die Editoren werden in Zukunft angeglichen werden, ebenso soll es z. B. möglich sein, Prozesse komplett über die Interaktion im Chat mit einer künstlichen Intelligenz zu erstellen.

16.5.2 Grenzen von SAP Build Apps

Zusammenarbeit

Bei der Arbeit mit SAP Build Apps zeigen sich die Grenzen vor allem bei der Kollaboration von mehreren Entwickler*innen an einem Softwareartefakt. Man sollte sich dessen bewusst sein und sich absprechen, wer gerade an welchem Bereich arbeitet, um Überschneidungen bzw. Überschreibungen zu verhindern.

Weitere Faktoren, die in Zukunft allerdings womöglich durch Updates gelöst werden, sind das Erstellen von Vorlagen und Templates sowie die Performance der Applikation im Allgemeinen. Bislang müssen Projekte heruntergeladen und als »Template« extern geteilt werden, um Designvorlagen oder Navigationselemente in verschiedenen Softwareprojekten parallel nutzen zu können. Dies soll in Zukunft durch Templates und geteilte Komponenten ersetzt werden.

16.5.3 Grenzen von SAP Build Work Zone

Mögliche Integrationen

SAP Build Work Zone ist durch seine Modularität generell schon sehr flexibel im Hinblick auf die Ausweitung der Grenzen des Tools. Allerdings fehlt gerade im Hinblick auf das Tool als zentralem Dreh- und Angelpunkt für Mitarbeitende eines Unternehmens eine ausführliche Microsoft-Teams- und Sharepoint-Integration. Das Zugreifen auf Daten und die Benachrichtigung bei Updates in bestimmten Dokumenten wären wünschenswerte Funktionalitäten für die Zukunft.

Zusätzliche Funktionalitäten und vorgefertigte Komponenten könnten vermehrt über den SAP Business Accelerator Hub bereitgestellt werden. Aktuell wird dies schon in Teilen gemacht, allerdings nur für die Bereiche HR und SCM/IBP. Allerdings haben verschiedene Use Cases gezeigt (z. B. der Anwendungsfall des Retail-Portals), dass solche Komponenten auch für andere LoBs bzw. spezifische Industrien interessant sein könnten.

Weitere ausbaufähige Stellen sind z. B. der weiterführende, funktionale Aufbau von Guided Experiences, die im Zusammenspiel mit SAP Build Process Automation Workflow-basierte Karten zur Verfügung stellen, um komplexe, mehrstufige Prozesse in SAP Build Work Zone ausführen zu können. Generell, so liest sich zumindest die SAP Roadmap, sollen die ganzen Bestandteile der SAP-Build-Suite in Zukunft stärker miteinander verbunden werden, sodass SAP Build Apps, SAP Build Process Automation, SAP Build Work Zone, SAP Build Code und auch ABAP Hand in Hand für ein gutes Nutzererlebnis sorgen.

16.6 Fazit

In diesem Kapitel haben Sie gesehen, dass das Wissen über Theorie und Bestandteile der SAP-Build-Suite nur eine Seite der Medaille ist. Viel spannender wird es allerdings, wenn dieses Wissen auch in die Praxis umgesetzt wird. Zuerst haben wir uns angeschaut, wie man passende Use Cases für die einzelnen Bestandteile der SAP-Build-Suite findet. Sie haben dann das Konzept eines Bootcamps kennengelernt, bei dem man in kurzer Zeit schon erste Ziele und Erfolge feiern kann. Anschließend haben wir uns Best Practices in der Umsetzung von Projekten mit den verschiedenen Tools angeschaut und über die Grenzen der einzelnen Suite-Bestandteile gesprochen. Letztendlich macht man Erfahrungen nur, indem manchmal auch etwas schiefgeht. Gerade in der IT-Branche haben wir oft das Gefühl, dass Projekte um jeden Preis erfolgreich sein müssen, auch wenn man dabei Neuland betritt. Mit den Bootcamps und kleineren Use Cases können wir uns allerdings Situationen erschaffen, in denen Scheitern erlaubt und gewünscht ist. Die IT-Community lebt von Erfahrung und Austausch. Die SAP Builders Community sowie SAP-Blogs und -Netzwerke sind hervorragende Orte, um über Scheitern und Erfolge zu sprechen und anderen die Chance zu geben, aufgrund eigener Erfahrungen zu wachsen. Nutzen Sie diese Gelegenheit und sprechen Sie über die Erfahrungen, die Sie in Ihren Projekten machen, sodass andere noch bessere Anwendungen mit der SAP-Build-Suite bauen können.

Kapitel 17
Ausblick: Pro-Code-Entwicklung mit SAP Build

Nachdem Sie in den vorangegangenen Kapiteln die Kernfunktionen von SAP Build einzeln und anhand verschiedener Use Cases kennengelernt haben, möchten wir Ihnen in diesem Kapitel einen Einblick in das KI-gestützte Pro-Code-Tool im Werkzeugkasten von SAP Build geben: SAP Build Code.

Laut IDC verbringen professionelle Anwendungsentwickler*innen weniger als 20 % ihrer Zeit mit der eigentlichen Anwendungsentwicklung. Der Großteil ihrer Zeit wird mit weniger wertschöpfendenden Aufgaben verbracht (Quelle: IDC (2023): Market Analysis Perspective: Worldwide Modern and Edge Application Development and Developer Trends 2023). SAP zielt darauf ab, diese Effizienz deutlich zu steigern. SAP ist führend im Bereich künstlicher Intelligenz für Geschäftsanwendungen, kurz *Business AI*. Mit *SAP Build Code* wird nun ein Produkt ausgeliefert, das Sie in die Lage versetzt, mehr Zeit in die Erstellung und Erweiterung von Anwendungen für Unternehmenssoftware zu investieren.

17

In diesem Kapitel geben wir Ihnen daher einen Überblick über die Funktionen und Grundlagen von SAP Build Code. Nachdem wir in Abschnitt 17.1 die Grundlagen erklärt haben, steigen wir in Abschnitt 17.2 tiefer in das Werkzeug ein. In Abschnitt 17.3 lernen Sie verschiedene Möglichkeiten kennen, wie Sie SAP Build sinnvoll im Unternehmen einsetzen. Wir beenden das Kapitel und den inhaltlichen Teil dieses Buches mit einer Zusammenfassung und einem Ausblick auf das, was Sie in Zukunft erwartet (siehe Abschnitt 17.4).

Low-Code und Pro-Code in SAP Build

Bitte beachten Sie, dass SAP Build zum Zeitpunkt der Veröffentlichung dieses Buches als Marke sowohl für die Low-Code-Lösungen als auch für SAP Build Code übergreifend genutzt wird.

17.1 Grundlagen von SAP Build Code

Wie bereits erwähnt, verbringen Entwickler*innen weniger als 20 % ihrer Zeit mit der Anwendungsentwicklung. Aufgaben rund um das Testen, Sicherheit und Performancemanagement nehmen einen Großteil der Zeit in Anspruch. Aus diesem Grund hat SAP eine Lösung für Programmierung (Coding), Testen, Integrationen und Application Lifecycle Management entwickelt, die die Entwicklungs- und die Laufzeitumgebung (Design Time und Runtime) zusammenführt. Dabei wird auf vorhandenen Entwicklungswerkzeugen, wie SAP Business Application Studio, SAP Fiori Elements und SAP Mobile Services, aufgebaut und eine schlüsselfertige Umgebung einschließlich starker generativer KI-Funktionen erstellt. Diese Lösung ist SAP Build Code. SAP Build Code basiert auf der SAP Business Technology Platform (SAP BTP). Das bedeutet, dass Sie beim Einsatz von SAP Build Code von den zahlreichen Vorteilen der SAP BTP profitieren, einschließlich Authentifizierung, Autorisierung und Datenschutz. Auf diese Weise können Sie Ihre Geschäftsanwendungen betreiben und darauf vertrauen, dass SAP sich um Sicherheit und Datenschutzbelange kümmert.

Was verbirgt sich hinter SAP Build Code? Da sind zunächst einmal die von KI unterstützten Anwendungsservices:

- SAP Cloud Application Programming Model, Java, JavaScript, Entwicklung mit dem SAP-Datenmodell
- Entwicklung von Benutzeroberflächen
- mobile Services mit SDK und MDK
- Dokumentenmanagement

Zu SAP Build Code gehört auch die Laufzeitumgebung (Runtime):

- CI/CD-Pipeline (Continuous Integration and Delivery)
- Autorisierung
- Event Broker
- Application Autoscaler
- Alert Notification
- Cloud Logging
- Connectivity
- Destination
- Feature Flag

SAP Build Code wird zusammen mit den anderen auch in diesem Buch besprochenen Lösungen von SAP Build und SAP Integration Suite sowie der

ABAP-Umgebung auf der SAP-HANA-Datenbank verwendet. Dieses Zusammenspiel der unterschiedlichen Services stellt eine wesentliche Verbesserung bei der Nutzung von SAP-BTP-Services dar, wie auch in Abbildung 17.1 zu sehen.

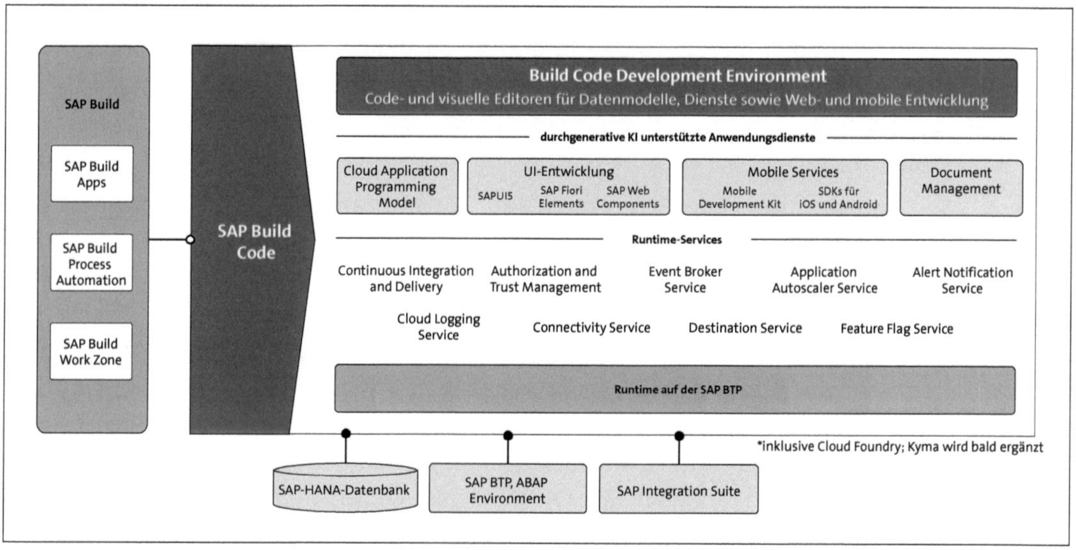

Abbildung 17.1 SAP Build Code

KI-gestützte Programmierung

Generative KI hat die IT-Branche in den letzten zwei Jahren maßgeblich beeinflusst. Das Thema ist in aller Munde und erfreulicherweise bietet SAP führende, auf generativer KI basierende Lösungen an, die sich bereits jetzt großer Beliebtheit erfreuen. Im Jahr 2023 führte SAP die Lösung *Joule* auf dem Markt ein. Joule ist ein digitaler Assistent bzw. Copilot, der die Produktivität im gesamten SAP-Portfolio steigern soll. Joule wird aktuell in das gesamte SAP-Lösungsportfolio integriert. In SAP Build Code ist Joule bereits integriert, um so eine KI-gestützte Codeentwicklung zu ermöglichen. Mit der KI-Codegenerierung können Sie schnell Anwendungen und Anwendungslogik erstellen – und das alles auf Basis von Beschreibungen in natürlicher Sprache.

Guided Experiences und Vorlagen

Guided Experiences und vorgefertigte Vorlagen zur Entwicklung von Benutzeroberflächen sowie mobilen und Full-Stack-Anwendungen erleichtern die Arbeit von Entwickler*innen erheblich. Die Vorlagen sind auf die SAP-Entwicklung zugeschnitten. Vorgefertigten Integrationen, Schnittstellen (APIs) und verfügbare Business-Services ermöglichen die nahtlose Integration von SAP- und Drittanbieteranwendungen sowie die Anbindung von Daten, um die Produktivität zu steigern. SAP Build Code basiert ebenso wie die restlichen SAP-Build-Lösungen auf der SAP BTP und nutzt die Vorteile vieler bewährter SAP-BTP-Funktionen, einschließlich der Funktionen für die Authentisierung, Autorisierung und den Datenschutz.

Fusion Development

SAP Build Code liefert ein erweitertes *Fusion Development*, sodass sie effektiv mit anderen professionellen Entwickler*innen und Business-Expert*innen zusammenarbeiten können. Apps können auch zusammengesetzt werden mit SAP-Build- und ABAP-Lösungen, damit Sie das jeweilig beste Werkzeug zur Unterstützung haben, um ihre Aufgaben zu erledigen.

Einschätzung der Nutzer*innen

Zwischen der Ankündigung auf der TechEd 2023 und der Markteinführung Anfang 2024 wurde SAP Build Code mit 75 Organisationen umfassend pilotiert, wobei der Schwerpunkt auf der Softwareentwicklung mit generativer KI lag. Die Organisationen schätzen, dass die Gesamtbetriebskosten (Total Cost of Ownership) von Erweiterungen um den Faktor 10 niedriger sein könnten als bei der Entwicklung von Erweiterungen ohne SAP BTP und SAP Build. Allein die Entwicklungsaufwand kann durch den Einsatz von generativer KI um geschätzte 30 % reduziert werden. Lifecycle Management mit CI/CD-Pipeline, Governance, Sicherheit, Berechtigungs- und Rollenverwaltung und das Zusammenspiel von Pro-Code und Low-Code sind weitere Faktoren für nachhaltige Kostensenkungen.

Erinnern Sie sich noch an die Zeit vor SAP S/4HANA, als alle SAP ECC on premise nutzten? Um die Anwendung zu customizen, war es neben der Parametrisierung der Software auch möglich, die Codelinie von SAP ECC zu modifizieren, um das gewünschte Ergebnis zu erzielen. Das ist nun nicht mehr notwendig. Mit SAP Build Code können Sie SAP S/4HANA und andere Unternehmenssysteme mit SAP Best Practices schnell erweitern. Und mit vorgefertigten Integrationen, Schnittstellen (APIs) und Business-Services können Sie es schnell und einfach mit all Ihren Unternehmenssoftwaresystemen verbinden.

Clean Core

Der Begriff *Clean Core* wird für SAP-Kunden immer wichtiger. Bei modernen Anwendungen, insbesondere solchen in der Cloud, ist es besonders wichtig, den Softwarekern unverändert zu lassen (*keep the core clean*). Anstatt den Code der Software anzupassen, nutzen Sie heute Entwicklungswerkzeuge, um Erweiterungen zu bauen und so die gewünschten Ergebnisse zu erzielen. SAP Build Code ist dabei eine mächtige Lösung für Entwickler*innen, um Unternehmensanwendungen zu erstellen und zu modifizieren und gleichzeitig den Kern »sauber« zu halten, der wiederum die Vorteile von SAP-Innovationen und einen klaren Upgrade-Pfad ermöglicht. Dies ist der beste Weg, um Personalisierung zu erreichen und einen Clean Core zu gewährleisten.

Erweiterungen

Sehen wir uns an, wie der Clean Core ermöglicht wird, während gleichzeitig Unternehmenssoftware erweitert wird: Auf der einen Seite steht SAP

S/4HANA. Die Lösung soll angepasst werden, um die spezifischen Anforderungen abzudecken. Auf der anderen Seite ermöglicht die SAP BTP den Kunden, Erweiterungen side by side, also nebeneinander, mit Application-Development-Werkzeugen von Low-Code bis Pro-Code durchzuführen. Low-Code-Lösungen wie SAP Build Apps und SAP Build Process Automation ermöglichen Business-Expert*innen oder Citizen Developern, Systeme zu erweitern, ohne zu programmieren, also ohne Code zu schreiben. Auf diese Weise erreichen Sie sowohl den Clean Core als auch die Personalisierung und die Geschäftsergebnisse, die für Ihren Erfolg entscheidend sind. Unabhängig davon, ob Sie Low-Code-Tools oder eine professionelle Entwicklungsumgebung, Java, JavaScript oder ABAP-Umgebungen verwenden – SAP hat die richtige Lösung für Ihre Anforderungen bei der Anwendungsentwicklung.

17.2 Tieferer Einstieg in SAP Build Code

Ziel

SAP Build Code bietet Ihnen eine Vielzahl von Möglichkeiten. Entwickeln Sie Full-Stack-Anwendungen basierend auf dem SAP Cloud Application Programming Model (CAP), Frontend-Anwendungen basierend auf SAP Fiori Elements oder Freestyle-SAPUI5-Anwendungen. Entwickeln Sie mobile Anwendungen, bauen Sie Ihre App einmal auf und lassen Sie sie nativ auf Ihren mobilen Geräten (Android und iOS) und als Webanwendung im Browser laufen. SAP Build Code bietet integrierte Leitfäden für Entwickler*innen, um aus dem SAP Developer Guide zu lernen und Best Practices zu übernehmen.

Lösung

SAP Build Code ist eine schlüsselfertige Entwicklungsumgebung zum Codieren, Testen, Integrieren und Verwalten von Anwendungen. Design-Time-, Anwendungs- und Runtime-Services und Werkzeuge werden in einem Angebot bereitgestellt. Der integrierte Copilot Joule nutzt zudem fortgeschrittene generative künstliche Intelligenz innerhalb der SAP-Build-Code-Entwicklungsumgebung, um Datenmodelle, Services und Geschäftslogik zu generieren, die alle auf SAP-zentrierte Programmierrichtlinien abgestimmt sind. Beispieldaten und Unit-Tests können generiert werden, um die Produktivität zu erhöhen. SAP Build Code kann für alle Branchen und Unternehmensgrößen eingesetzt werden.

Mission

Wenn Sie selbst mit SAP Build Code einsteigen möchten, können Sie eine Testversion ausprobieren. Im SAP Discovery Center finden Sie auch eine kostenfreie Mission (**Get Started with SAP Build Code and Joule using Generative AI**), die Ihnen den Einstieg erleichtern soll (siehe *https://discovery-center.cloud.sap/serviceCatalog/sap-build-code*). Diese Mission dauert einen

Tag und Sie lernen dabei, wie Sie SAP Build Code einrichten, Ihre erste Full-Stack-Anwendung mit SAP Build Code entwickeln und Joule zur Codegenerierung auf Basis von generativer KI nutzen. Voraussetzung für die Durchführung der Mission ist die kostenlose Testversion (SAP Build Code Free Plan Entitlement oder SAP BTP Trial). Dabei entwickeln Sie eine vollständige Anwendung mit SAP Fiori unter Verwendung von Joule in SAP Build Code. In dieser Mission nutzen Sie die Möglichkeiten der generativen KI von Joule, um einen CAP-Service mit SAP Build Code zu erstellen. Dabei lernen Sie, wie Ihnen künstliche Intelligenz bei der Anwendungsentwicklung helfen kann.

Mission starten und selbst aktiv werden

Jetzt sind Sie dran, werden Sie selbst aktiv. Navigieren Sie zum zuvor genannten Link im SAP Discovery Center, wählen Sie dort dann **Related Missions** aus und die Mission aus. Starten Sie die Mission mit einem Klick auf **Start Mission**. und erstellen Sie Ihr eigenes System. Nutzen Sie dazu den SAP Build Code Booster und wählen Sie alle Komponenten aus. Sie sehen dann den Startbildschirm **Lobby** (siehe Abbildung 17.2).

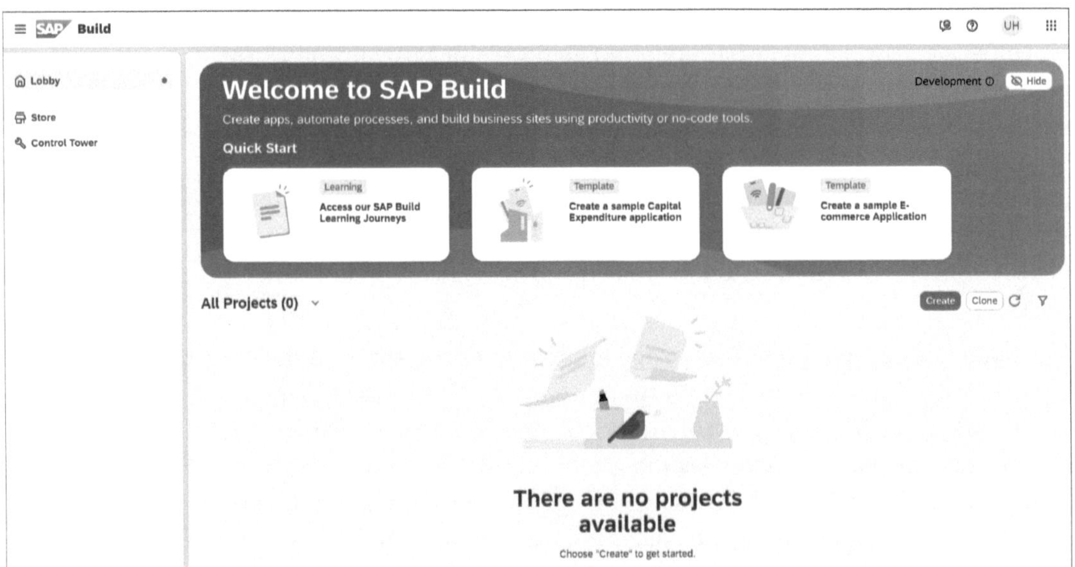

Abbildung 17.2 Lobby von SAP Build

[+]

Theme von SAP Build ändern

Unten links auf dem Zahnrad können Sie einen dunklen oder hellen Bildschirmhintergrund auswählen.

Von der Lobby aus können Sie Ihr erstes SAP-Build-Code-Projekt anlegen. Das Projekt öffnet sich im SAP Business Application Studio, das ist die Entwicklungsumgebung von SAP Build Code. Öffnen Sie dort Joule, indem Sie in der linken Menüleiste (siehe Abbildung 17.3) auf das Diamant-Icon klicken. Hier geben Sie nun den Text auf Englisch ein. In dem Beispiel geht es um eine Kundenbonuskarte (**Create a customer loyalty app**). Das von Joule generierte Ergebnis können Sie übernehmen und sehen im Storyboard, wie die Business-Objekte angelegt werden. Joule hat das CAP-Datenmodell und den OData-Service angelegt. Zudem hat Joule ein paar Beispieldaten angelegt. In Abbildung 17.3 sehen Sie das Studio mit den Business-Objekten und Joule.

Abbildung 17.3 SAP Business Application Studio und Joule

Eine gute Arbeitserleichterung ist die Erstellung von Testdaten. Dabei können beispielsweise fünf Zeilen Beispieldaten angelegt und diese über einen Prompt in Joule weiter verbessert werden. Abbildung 17.4 zeigt die angelegten Beispiel- oder Testdaten.

Als Nächstes verbessern Sie im Storyboard die Business-Logik. Dabei kann die Kauflogik weiter verbessert werden, sodass es für jeden Kauf Bonuspunkte gibt. Nach dem gleichen Verfahren können Sie die Business-Logik für die Einlösung der Bonuspunkte weiter verbessern. Sie akzeptieren den Code und erstellen die Benutzeroberfläche (UI). Im Storyboard wählen Sie aus, dass Sie eine UI-Applikation anlegen wollen. Sie legen einen List Report an, um die Einkäufe zu managen. Gleiches wiederholen Sie für die Kunden und die Einlösung. Wenn die App fertig ist, klicken Sie auf den grünen Pfeil oben rechts, um das Ergebnis anzuschauen.

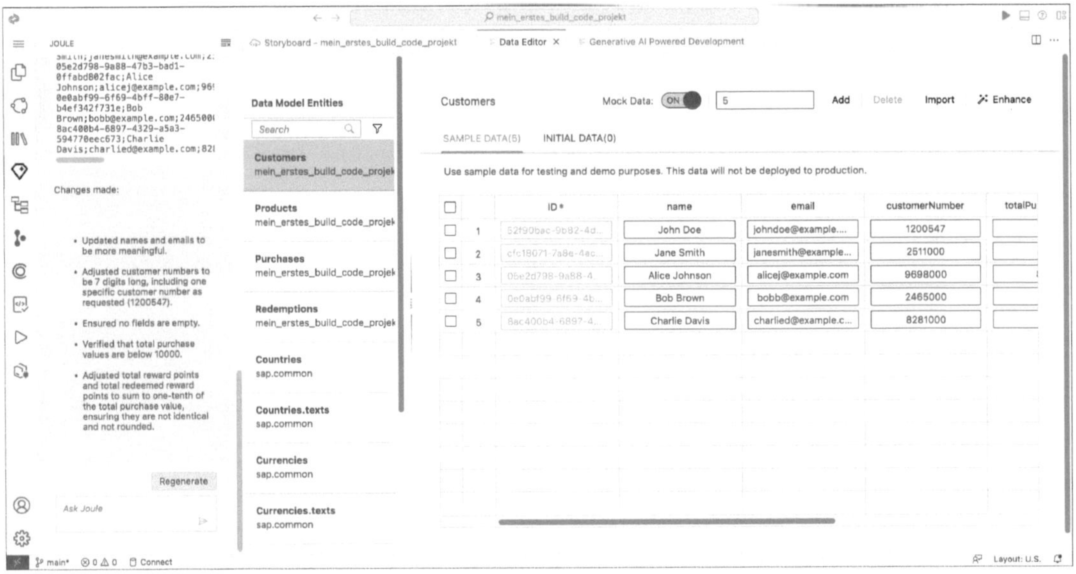

Abbildung 17.4 Testdaten

Damit haben Sie die Mission erfolgreich beendet. Wenn die Codegenerierung wunschgemäß funktioniert, lässt sich damit in kurzer Zeit eine Anwendung entwickeln.

17.3 Einsatzmöglichkeiten

Für Kunden, die bisher das SAP Business Application Studio als Entwicklungsumgebung genutzt haben, gibt es einen einfachen, automatisierten Upgrade-Pfad auf SAP Build Code. Allen Kunden von SAP Business Application Studio wird ein zeitnaher Umstieg auf SAP Build Code empfohlen.

Wie bereits erwähnt, wird SAP Build Code für Side-by-Side-Erweiterungen für SAP S/4HANA und andere SAP-Lösungen empfohlen. Das Ziel von SAP ist es, die Gesamtkosten um Größenordnungen niedriger zu halten als bei der Entwicklung von Erweiterungen auf Hyperscaler-Plattformen, ohne zumindest teilweise SAP BTP und SAP Build zu nutzen.

Beispiel-Prompts für Joule

Falls Sie ein paar Beispiele für Prompts benötigen, haben wir Ihnen hier einige Beispieltexte auf Englisch gesammelt, die Sie in Joule für die folgenden Anwendungen eingeben können:

- App zur Kundenbindung
- Bestellservice
- Serviceticket

[zB]

Prompt für eine Customer-Loyalty-App

Create an app for a customer loyalty program where purchase points represent one tenth the total value of purchases for each customer and this is recorded as well as the basic data about the customer, including the total points, total purchase value, number of purchases and how many of the customer's purchase points have been redeemed.

[zB]

Prompt für einen Order-Service

An app with orders, order items and products. Each order has many order items. Each order item refers to a product. Add at least 5 realistic properties to each entity.

[zB]

Prompt für ein Serviceticket

Develop a business app for a ticketing system that enables customers to submit tickets and agents to handle and resolve them efficiently. The server should be capable of receiving ticket submissions from various channels, such as email, phone, or web portal, and storing the necessary customer information and ticket details in a database. It should also include functionalities for assigning tickets to agents based on availability, expertise, and workload.

17.4 Zusammenfassung und Ausblick

Lösungsüberblick

Fassen wir zusammen, was wir über SAP Build Code wissen, und schauen uns dazu den Lösungsüberblick in Abbildung 17.5 an.

Definition

SAP Build Code bietet KI-Codegenerierung mit dem Copilot Joule und ist für die Entwicklung von Java- und JavaScript-Anwendungen optimiert. Die Lösung liefert eine schlüsselfertige Umgebung für die Programmierung, das Testen, die Integration und das Lebenszyklusmanagement von Anwendungen.

Vorteile

Zu den entscheidenden Vorteilen von SAP Build Code gehören folgende Aspekte:

- Erzielen Sie einen sauberen Kern (Clean Core) durch die Entwicklung von Side-by-Side-Erweiterungen mit SAP Build Code auf SAP BTP.
- Optimieren Sie die Effizienz von Entwickler*innen mit generativer KI, Produktivitätswerkzeugen und Application Lifecycle Management.
- Ermöglichen Sie Entwickler*innen die Erstellung und Erweiterung leistungsstarker Ende-zu-Ende-Geschäftsanwendungen mit der Programmiersprache ihrer Wahl.
- Nutzen Sie die Interoperabilität zwischen klassischen Entwicklungs- und Low-Code-Entwicklungswerkzeugen.

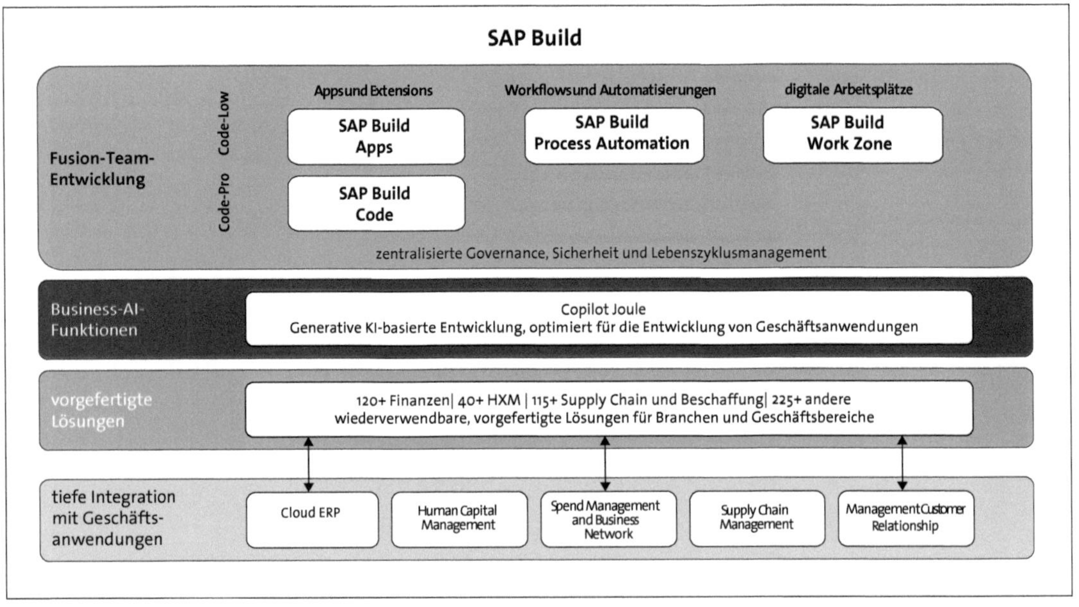

Abbildung 17.5 Überblick über SAP Build

Wesentliche Fähigkeiten

Lassen Sie uns abschließend noch einmal einen Blick auf die Schlüsselfunktionen werfen:

- Differenzierung der Cloud-Lösung durch ein stabiles Fundament, eine zukunftssichere Lösung, die mit verschiedenen Editionen von SAP S/4HANA arbeitet und Optionen zur Qualitätssicherung enthält
- Ermöglicht Entwickler*innen, schneller und intelligenter zu programmieren; Codegenerierung auf Basis generativer KI, einfaches Application Lifecycle Management

- Entwicklung von Anwendungen und Erweiterungen; Integration mit SAP- und Nicht-SAP-Systemen
- einfacher Zugang für alle Arten von Entwickler*innen mit zentraler Lobby; ermöglicht Fusion Development.

Kurz gesagt gibt es keine bessere Entwicklungsumgebung für SAP-Erweiterungen als SAP Build mit SAP Build Code auf SAP BTP, da alles aus einer Hand kommt und die Kosten über die gesamte Laufzeit deutlich geringer sind.

Customize, Integrate, Extend

Wenn Sie sich noch an die Anfänge von SAP R/3 und die Begeisterung der Anwender*innen und Entwickler*innen über das Konzept der einfachen Erweiterbarkeit mit *Customize, Integrate, Extend* erinnern, also die Parametrisierung der Software durch Setzen von Schaltern, die Integration von Finanz- und Logistikströmen und damit die Vermeidung von Doppelerfassung von Daten und schließlich die Erweiterung von Software mit der SAP-eigenen Programmiersprache ABAP im ZZ-Namensraum, bekommen Sie ein gutes Gefühl dafür, wie es SAP gelungen ist, dieses Konzept mit SAP BTP, SAP Build und SAP Integration Suite für SAP S/4HANA in die Cloud zu übertragen.

Damit wird auch klar, warum die Bestrebungen und die Roadmap in die Richtung gehen, dass die einzelnen Lösungen noch enger zusammenwachsen. SAP Build wird zu einer Extension Suite mit Low-Code- und Pro-Code-Möglichkeiten, generativer KI und Joule-Erweiterbarkeit. Dies wird auch in Abbildung 17.5 dargestellt. SAP Build Code wird Bestandteil der SAP-Build-Familie und unterstützt mit CAP die Programmiersprachen Java und JavaScript. Die ABAP-Umgebung wird sich an SAP Build annähern und den Ansatz Clean Core mit Side-by-Side-Erweiterungen und In-App-Extensions unterstützen. Auch hier wird generative KI eine wesentliche Rolle spielen, sei es bei Code-Explainability (Dokumentation und Erklärung des Programmcodes) oder Codemigration. Denn der ABAP-Code muss auf ABAP Cloud migriert werden, und auch dabei kann generative KI wiederum sehr hilfreich sein.

Hier wird es wichtig, um eine gute Benutzererfahrung zu gewährleisten, die Erweiterbarkeit direkt aus den SAP-Anwendungen heraus zu ermöglichen und mit Best Practices auf die richtigen Entwicklungswerkzeuge hinzuweisen. Gerade das relativ neue Thema der generativen KI steht noch am Anfang und wird in den nächsten Jahren sicherlich noch einige Erweiterungen sehen.

Das Autorenteam

Stefan Bohlmann ist Inhaber und Gründer von VANTAiO, einem auf digitale Arbeitsplätze spezialisierten SAP-Partner. Als Diplom Informatiker war er mehrere Jahre technischer Berater bei der SAP AG in Walldorf und gründete im Jahr 2001 zusammen mit Partnern sein erstes Unternehmen, das sich auf Unternehmensportale mit SAP-Technologien spezialisierte. Seit 2015 beschäftigt sich Stefan mit seinem Team intensiv mit den Cloud-Technologien von SAP und entwickelt eigene Add-ons auf Basis der SAP BTP. Seine aktuellen Themenschwerpunkte sind Innovation und Digitalisierung mit der SAP Business Technology Platform und insbesondere SAP Build Work Zone.

Jakob Frankenbach ist Head of Development und SAP BTP Solution Architect bei der sovanta AG, mit mehr als zehn Jahren Erfahrung in agilen Softwareprojekten. Sein Spezialgebiet ist die Konzeption und Umsetzung cloud-nativer Lösungsarchitekturen für innovative Unternehmenssoftware auf der SAP Business Technology Platform. In seiner Freizeit ist Jakob passionierter Läufer, Gamer und treuer Fan von Eintracht Frankfurt.

Larissa Haas ist SAP Cloud Solution Architect bei der sovanta AG und betreut in dieser Rolle seit fünf Jahren Projekte im Cloud-Umfeld. Ursprünglich als Data Scientist gestartet, liegen ihr besonders die Automation-Projekte mit KI und SAP Services wie SAP Build Process Automation oder dem GenAI Hub besonders am Herzen. Außerdem ist Larissa in der Python- und pyData-Community aktiv und reist für Roundnet-Turniere durch ganz Europa.

Christoph Häberlein ist Manager für Digitalisierung und Innovation bei Deloitte Consulting. Er ist seit mehr als 12 Jahren in der Beratungsbranche tätig. Als ABAP- und Fiori-Entwickler begleitete er schon viele Kunden auf dem Weg in die Digitalisierung ihrer Prozesse. Immer auf der Suche nach spannenden Technologien im SAP-Umfeld verschrieb er sich schon früh der SAP Business Technology Platform. Im Zuge eines Projekts lernte er schließlich das SAP-Build-Portfolio kennen, insbesondere SAP Build Apps. Christoph hat einen Abschluss als Diplom-Informatiker von der Universität Würzburg.

Christian Hanusch ist als Technologie- und Entwicklungsberater bei der AGILITA AG tätig. Zu seinen Kernkompetenzen zählen das Design und die Entwicklung von Anwendungen sowie das dazugehörige Projektmanagement in enger Zusammenarbeit mit den Kunden. Als Vorreiter im Bereich SAP Build wird seine Arbeit maßgeblich durch die Werkzeuge der SAP-Build-Portfolios unterstützt: Seine Affinität zu neuen Technologien ermöglicht es ihm, Herausforderungen der Kunden kosteneffizient und pragmatisch zu lösen.

Ulrich Hoffmann ist bereits seit 1996 bei SAP tätig. Aktuell ist er als leitender Produktmanager SAP BTP und Leiter des AI Competence Center im Bereich Anwendungsentwicklung, Automatisierung und Integration tätig. Aufgrund seiner langjährigen Zugehörigkeit zu SAP war er vor seiner Tätigkeit als Produktmanager in verschiedenen Funktionen tätig, unter anderem als Vertriebsleiter, Beratungsleiter, Partnermanager und Solution Expert. Zudem leitete Herr Hoffmann zahlreiche Sonderprojekte für den Vorstand und die erweiterte Geschäftsleitung. Herr Hoffmann lebt in Heidelberg und ist dort im Vorstand einer Non-Profit-Organisation, dem Förderverein Altstadtgemeinde Heidelberg. Privat reist Ulrich Hoffmann gerne.

Markus Marenbach ist Geschäftsführer von VANTAiO und beschäftigt sich seit mehr als 30 Jahren mit den Herausforderungen von Unternehmen aus der IT-Perspektive, insbesondere im Kontext von Internetlösungen, Unternehmensportalen und digitalen Arbeitsplätzen. Nach seinem Studium begann Markus seinen beruflichen Werdegang als Softwareentwickler im Bereich Business Intelligence und Data Warehouse. Anschließend war er mehrere Jahre in einem mittelständischen Systemhaus als Produktmanager für Web Content Management tätig. Seit 2015 ist er bei VANTAiO maßgeblich an der Produktgestaltung und -entwicklung einer innovativen Kommunikationssoftware auf Basis der SAP Business Technology Platform beteiligt.

Alina Meiseberg hat bis 2024 bei der sovanta AG als Data Scientist gearbeitet und betreute in dieser Rolle fünf Jahre lang Projekte im Cloud-Umfeld rund um Data Science und Process Automation. Gemeinsam mit Kunden digitalisierte sie verschiedene Prozesse und führte neue KI-Lösungen ein. In ihrer Freizeit ist Alina eine aktive Wanderin und begeisterte Köchin.

Thomas Neuhaus ist Head of Digital Experience bei der AGILITA AG in der Schweiz – ein digitaler Evangelist und Daniel Düsentrieb! Er treibt das Thema bei der AGILITA voran, zeigt Kunden die Chancen der Digitalisierung auf und berät sie bei der Entwicklung und Umsetzung von Konzepten und Strategien. SAP Build ist dabei ein wichtiges Instrument, um SAP-AppHaus-Workshop-Prototypen zu erstellen und diese bis zur produktiven Applikation weiterzuentwickeln.

Dominik Neumann ist Principal Consultant bei VANTAiO. Nach Stationen im Marketing, User Experience Design und Product Ownership in der agilen Webentwicklung beschäftigt er sich seit 2021 maßgeblich mit der Konzeption und Umsetzung von Lösungen auf Basis der SAP Business Technology Platform, die einen echten Mehrwert im Arbeitsalltag der Anwender*innen schaffen. Seine fachlichen Schwerpunkte liegen in der Realisierung von digitalen Arbeitsplätzen, HR- und Applikationsportalen und der Integration mit SAP- sowie Nicht-SAP-Systemen in hybriden IT-Landschaften.

Michael Schwarz ist Cloud-Architekt bei der AGILITA AG. Der Diplom-Informatiker startete seine SAP-Karriere 2001 und durchlief in den folgenden 16 Jahren viele unterschiedliche Rollen bei SAP SE. Seine Stärke ist es, zuzuhören und sich in Kundensituationen hineinzuversetzen. Seine authentische Art ist die Basis, um gemeinsam mit den Kunden Innovationen voranzutreiben. Neben der Architektur beschäftigt er sich mit der SAP-AppHaus-Methodik, wie z. B. dem Human Centered Approach for Innovation.

Index

L

M

N

O

P

R

S